大家小书 文库

国学必读（上）

钱基博 著

江西教育出版社
JIANGXI EDUCATION PUBLISHING HOUSE

图书在版编目（C I P）数据

国学必读 / 钱基博著. -- 南昌 : 江西教育出版社, 2018.8

（大家学术文库）

ISBN 978-7-5705-0184-7

Ⅰ. ①国… Ⅱ. ①钱… Ⅲ. ①国学－通俗读物 Ⅳ. ①Z126-49

中国版本图书馆 CIP 数据核字(2018)第 036364 号

国学必读

GUOXUE BIDU

钱基博　著

江西教育出版社出版

(南昌市抚河北路 291 号　邮编：330008)

各地新华书店经销

山东泰安新华印务有限责任公司印刷

635 毫米×960 毫米　16 开本　39.25 印张　字数 565 千字

2018 年 8 月第 1 版　2020 年 1 月第 2 次印刷

ISBN 978-7-5705-0184-7

定价：92.00 元

赣教版图书如有印装质量问题，请向我社调换　电话：0791-86706047

投稿邮箱：JXJYCBS@163.com　电话：0791-86705643

网址：http://www.jxeph.com

“大家学术文库”编者按

中国学术，昉自伏羲画卦，至周公制礼作乐而规模始备。其后，王官失守，孔子删述六经，创为私学，是为诸子百家之始。《庄子》曰：“道术将为天下裂。”孔子殁后，儒分为八；墨子殁后，墨分为三。诸子周游天下，游说诸侯，皆以起衰救弊、发明学术为务，各国亦以奖励学术、招徕人才为务，遂有田齐稷下学官之设。商鞅变法，诗书燔而法令明；始皇一统，儒士坑而黔首愚，当此之时，学在官府，以吏为师，先王之学，不绝如缕。至汉高以匹夫起自草泽，诛暴秦，解倒悬，中国学术始获一线生机。其后，汉惠废挟书之律，民间藏书重见天日。孝武之世，董子献“罢黜百家，表彰六经”之策，定六经于一尊。其后，虽有今古之分、儒释之争、汉宋之异、道学心学之别、义理考据之殊，而六经独尊之势，未曾移也。

及鸦片战起，国门洞开，欧风美雨，遍于中夏，诚“三千年未有之变局”。当此之时，国人震于列强之船坚炮利，思有以自强；又羡于西人之政教修明，思有以自效。于是有“变法守旧之争”“革命改良之争”“排满保皇之争”，而我国固有之学术传统，亦因之而起变化。清季罢科举而六经独尊之势蹙，蔡孑民废读经而六经独尊之势丧。当此之时，立论有疑古、信古、释古之别，学派有“古史辩”与“学衡”之争，学说有“文学革命”“思想革命”“文字革命”“伦理革命”诸说，师法有“师俄”“师日”“师西”之分，众说纷纭，莫衷一是，百家争鸣，复见于近代。

民国诸家，为阐明道术、解救时弊，著书立说、授课讲学，其学术思想，历久弥新，至今熠熠生辉，予人启迪。然近人著作，汗牛充栋，多如恒河之沙，使人难免望书兴叹，不知从何下手，穷其一生，亦难以卒读。因此之故，我社特精选最具代表性之近人著作62种，分为6辑，依次出版，俾读者略窥学术门墙，得进学之阶。此次选辑出版，虽未能穷尽近人学术之精品，难免有遗珠之憾；然能示人以门径，使人借此以知近人学术规模之宏大、体系之完密，亦不失我社编辑出版“大家学术文库”之初衷。

此次出版，为适应今人阅读习惯，提升丛书品质，我社特对所选书籍做了必要之编辑加工。总体说来，约有如下诸端：

一、改繁体竖排为简体横排；
二、核查各书引文，改讹正误；
三、规范各书之标点符号用法，为一些书加新式标点；
四、校改原稿印刷产生之错字、别字、衍字、脱字；
五、凡遇同一书稿中同一人名有两种及以上不同写法者，一律统改为常用写法。

除以上所举五点之外，其余一仍其旧，力求完整保持各书原貌。

然限于编者之有限学力，书中疏漏之处，在所难免，尚祈广大方家、读者诸君不吝批评斧正。

编者

2017年6月（农历丁酉郁蒸）

目录

卷下　国故概论

序言

余读《孟子》书，至《万章》篇："颂其诗，读其书。"《周礼·春官·大师》注："颂之言诵也。""颂其诗"，即"诵其诗"。于诗曰诵，于书曰读，而知诵与读之有别。段玉裁《说文解字注》云："讽，诵也。诵，讽也。读，籀书也。"《大司乐》："以乐语教国子：兴道讽诵言语。"注："倍文曰讽。以声节之曰诵。"倍同背，谓不开读也。诵则非直背文，又为吟咏，以声节之。《周礼经注》析言之，讽、诵是二。许统言之，讽诵是一。《竹部》："籀，读书也。"《鄘风传》曰："抽，读也。"《方言》曰："抽，读也。"盖籀、抽古通用。《史记》"䌷史记石室金匮之书"，字亦作抽。抽绎其义蕴，至于无穷，是之谓读。故卜筮之辞曰籀，谓抽绎易义而为之也。太史公作《史记》，曰"余读高祖侯功臣"，曰"太史公读列侯至便侯"，曰"太史公读秦楚之际"，曰"余读谍记"，曰"太史公读《春秋谱谍》"，曰"太史公读《秦记》"，皆谓抽绎其事以作表也。然则孟子之为学也.，盖读与诵异品，诗以诵，书以读。荀子《劝学》篇："学恶乎始？恶乎终？"曰："其数则始乎诵经，终乎读礼。"杨倞注："经，谓诗书；礼，谓典礼。"诗书可诵，典礼则读而不诵。诵者，玩其文辞之美；读者，索其义蕴之奥。《乐记》曰："广其节奏，省其文采，以绳德厚。"诵之法也。《孟子》曰："博学而详说之，将以反说约。"读之法也。古人之所谓诵，今人曰读；古人之所谓读，今人曰看。曾涤生《谕儿子纪泽书》云："看者，如尔去年看《史记》、《汉书》、韩文、《近思录》，今年看《周易折中》之类，是也。读者，如《四书》、《诗》、《书》、《易》、《左传》诸经，《昭明文选》、李、杜、韩、苏之诗，韩、欧、曾、王之文，非高声朗诵，则不能得其雄伟之概；非密咏恬吟，则不能探其深远之韵，二者不可偏废。”是曾氏之教其子，亦看与读并重。而今日之谈国文教学者，只言读本而无看本，譬如两轮之废其只，双足之刖其一，则甚矣其为跛形不具之国文教学也！窃以为，读之文宜主情，看之文宜主理；读之文宜有序，看之文宜有物；读之文宜短，而看者不宜过短；读之文宜美，而看者不必尽美。鼓之舞之之谓作，情文相生者，读之文也；长篇大论，善启发人悟而条达疏畅者，看之文也。余承乏此校，诸子勖学者多乞正于余。余因最录五十四家文八十篇、杂记七十八则，言非一端，写成此编，而析为二部：曰《文学通论》，凡自魏文帝以下三十七家文四十四篇、杂记七十五则，读之而古今文章之利病可以析焉；曰《国故概论》，凡自唐陆德明以下二十家文三十六篇、杂记三则，读之而古今学术之源流于是备焉。先之以《文学通论》者，曾涤生有言：“古圣观天地之文、兽迒鸟迹而作书契，于是乎有文。文与文相生而为字，字与字相续而成句，句与句相续而成篇……古圣之精神语笑，胥寓于此。差若毫厘，谬以千里。词气之缓急，韵味之厚薄，属文者一不慎，则规模立变，读书者一不慎，则卤莽无知。”故知舍文学，无以为通国学之邮矣。题之曰《国学必读》，而不曰“国文”者，盖国文不过国学之一，而国学可以赅国文言之也。曰“必读”者，谓非籀读此编，观其会通，未足与语于国学也。虽然，我则既言矣：“古人曰读，今人曰看。”胡为生今反古，不题曰“必看”而曰“必读”？曰：按之《说文》：“看，睎也。睎，望也。”《孟子》：“望望然去。”《释名》：“望，茫也。远视茫茫也。”则是看之为言望也，有远视茫茫不求甚解之意焉，未若读之为好学深思，籀绎其义蕴至于无穷也！而弁之以作者录，以时代先后为次，可以知人论世，觇学风之嬗变焉。其不知者，盖阙如也。余文质无底，然自计六岁授书，迄今三十年，所读巨细字本，亡虑三千册，四书五经之外，其中多有四五过者，少亦一再过，提要钩元，厘乃得此！然则此一编也，即以为我中国数千年国学作品之统计簿也可。曾涤生曰："书籍之浩浩，著述者之众，若江海，然非一人之腹所能饮也，要在慎择焉而已。"余则慎择之矣。太史公曰："非好学深思，心知其意，固难为浅见寡闻道。"杜元凯曰："学者原始要终，寻其枝叶，究其所穷，优柔自求，餍饫自趋，若江海之浸，膏泽之润，涣然冰释，怡然理顺，然后为得。"古之读书者盖如是也。噫！微斯人，吾谁与归！

民国十二年二月十八日无锡钱基博序于江苏省立第三师范学校

卷上　文学通论

作者录

魏文帝，姓曹名丕，字子桓，曹操之长子也。少好文学，以著述为务。自所勒成，垂百篇。又使诸儒撰集经传，随类相从，凡千余篇，号《皇览》。录《典论·论文》。

梁昭明太子，姓萧名统，字德施，武帝之长子也。生而聪睿，读书数行并下，过目皆忆。每游宴祖道，赋诗至十数韵，或作剧韵，皆属思便成，无所点易。恒自讨论坟籍，集古今人文章得六十卷，名曰《文选》，古人总集推为弁冕。早卒，简文帝集所著文，得二十卷。录《文选序》。

梁简文帝，名纲，字世缵，武帝第三子也。幼而敏睿，六岁能属文。武帝面试，把笔便成，叹曰："常以东阿为虚，今则信矣。"读书十行俱下，经目必记。辞藻艳发，然伤于轻靡，时号宫体。集一百卷。录《与湘东王论文书》。

宋苏子瞻，名轼，眉山人。博通经史，师父洵为文，既而得之于天。尝自谓作文如行云流水，初无定质。其体涵浑光芒，雄视百代。有《易书传》、《论语说》、《仇池笔记》、《东坡志林》、《东坡全集》、《东坡词》等，凡数百卷。录《答谢民师论文书》。

明苏平仲，名伯衡，建安人。博洽群籍，为古文有声。太祖置礼贤馆，平仲与焉。擢翰林院编修。有《苏平仲集》十六卷。录《瞽说》。

明唐荆川，名顺之，字应德，武进人。嘉靖中会试第一。兼资文武，于学无所不窥。为文章汪洋纡折，当明中叶，屹为大宗。著有

《荆川集》十二卷，学者称荆川先生。官至右佥都御史，巡抚凤阳。崇祯中，追谥襄文。录《与茅鹿门主事论文书》。

明顾亭林，名炎武，字宁人，昆山人，居亭林镇，号亭林。明亡，不仕，周游四方，载书自随。其学主博学有耻，敛华就实。凡国家典制、郡邑掌故、天文仪象、河漕兵农之属，莫不穷究原委。晚益笃志六经，精研考证，遂开清代朴学之风。所著《日知录》最为精诣，又有《左传杜解补正》、《九经误字》、《石经考》、《音学五书》、《吴韵补正》、《天下郡国利病书》、《肇域志》、《二十一史年表》、《历代帝王宅京记》、《昌平山水记》、《山东考古录》、《求古录》、《金石文字记》、《谲觚》、《菰中随笔》、《救文格论》、《亭林诗文集》等数十种。录《日知录》论诗文十一则。

清魏善伯，名际瑞，初名祥，宁都人。性敏强记，于兵刑礼制律法，皆穷析原委。于古人文无专好，其自为文，亦不孜孜求古人之法。虽颇嗜《庄子》、《史记》，为文遇意成章，如风水之相遭，如云在天，卷舒无定，得《庄》、《史》之意，然未尝稍有摹仿。有《伯子文集》十卷。录《伯子论文》九则。

清魏凝叔，名禧，号勺庭，与兄际瑞、弟礼皆以文章名世，时称宁都三魏，而禧才名尤高。有《叔子诗集》八卷，《文集》二十二卷。录《日录论文》七则。

清侯朝宗，名方域，商丘人。明末，随父兵部侍郎恂官京师，与桐城方以智、如皋冒襄、宜兴陈贞慧以气类相推许，称四公子。入清，中顺治乡试副榜。初放意声伎，已而悔之，发愤为诗古文，取法韩、欧，才气横溢。有《壮悔堂文集》十卷、《遗稿》一卷、《四忆堂诗集》六卷。录《与任王谷论文书》。

清方望溪，名苞，字灵皋，桐城人。康熙进士，累官礼部侍郎。论学以宋儒为宗，其说经皆推衍程朱之学，尤致力于《春秋》、《三礼》。文学欧、归，严于义法，为桐城派之初祖。所著有《周官辨》、《周官集注》、《周官析疑》、《春秋通论》、《春秋直解》、《礼记析疑》、《丧礼或问》、《仪礼析疑》、《春秋比事目录》、《左传义法举要》、《删定管子荀子史记注》、《补正离骚正义》、《删定通志堂宋元经解》、《望溪文集》。录《古文约选序例》、《书韩退之平淮西碑后》、《与孙以宁论作传体要书》。

清刘海峰，名大櫆，字才甫，桐城人，副贡生。乾隆时，累举鸿词经学，皆报罢。为文喜学《庄子》，尤力追昌黎。方望溪见之大惊服，语人曰："吾文何足算，邑子刘生乃国士尔！"自是名大著。姚惜抱从之游，世遂有桐城派之目。诗格亦高，有《海峰文集》十卷、《诗集》八卷。录《论文偶记》五则。

清姚惜抱，名鼐，字姬传，桐城人，乾隆进士，累官郎中。其论学主集义理、考据、词章之长，不拘汉、宋门户。桐城自方望溪、刘海峰倡为古文，而惜抱继之，选《古文辞类纂》以明义法，天下言文章者推桐城为宗。所著有《左传补注》、《公羊补注》、《穀梁补注》、《国语补注》、《九经说》、《惜抱轩诗文集》、《笔记》。学者称惜抱先生。录《复鲁絜非论文分阴柔阳刚书》。

清阮芸台，名元，仪征人，乾隆进士，累官体仁阁大学士，加太傅。历官中外，所至以提倡学术自任。在史馆倡修儒林传，在粤设学海堂，在浙设诂经精舍，又辑《经籍纂诂》，校刊《十三经注疏》，汇刻《学海堂经解》等书。所著曰《研经室集》，三十四卷。卒谥文达。录《文言说》。

清章实斋，名学诚，会稽人，乾隆进士，官国子监典籍。邃于史学，以纂修方志为时所重。所著有《文史通义》、《校雠通义》、《札迻》、《乙卯丙辰札记》、《实斋文钞》。录《文集》、《古文十弊》。

清恽子居，名敬，号简堂，乾隆举人，累官江西吴城同知。自言其学非汉非宋，不主故常。治古文得力于韩非、李斯，与苏明允相上下，近法家言，世称阳湖派。有《大云山房文稿》八卷。录《大云山房文稿二集叙录》、《上曹俪笙侍郎书》。

清梁茝林，名章钜，长乐人。嘉庆进士，累官至江苏巡抚，兼署两江总督。所著有《经尘》、《夏小正通释》、《论语孟子三国志旁证》、《金石书画题跋》、《退庵随笔》、《楹联丛话》、《浪迹丛谈》等书七十余种。录《退庵论文》两则。

清李申耆，名兆洛，武进人，嘉庆进士，官凤台知县。工诗古文，精考证，尤精舆地之学，刊有《李氏五种》。时论盛推方、姚，崇散行而薄骈偶，崇八家而轻六朝。而申耆则以为唐宋作者，无不导源汉魏，汉魏之骈偶，实唐宋散行之祖。辑《骈体文钞》七十一卷，以当桐城姚氏之《古文辞类纂》。于是阳湖派别张一军，与桐城抗颜行矣。有《养一斋文集》二十卷。录《骈体文钞序》。

清包慎伯，名世臣，泾县人，嘉庆举人，官新喻县知县。好兵家言，熟于盐漕河政得失，论文亦独辟蹊径。著有《安吴四种》三十六卷。录《文谱》、《张翰风论诗书》、《与杨季子论文书》、《再与杨季子论文书》。

清方植之，名东树，桐城人。博览经史，能诗文，与同里姚莹石甫、上元管同异之、梅曾亮伯言四人，皆称姚惜抱高第弟子。中岁研究义理，一宗朱子，著《汉学商兑》，以攻考据家之失。又有《大意尊闻》、《书林扬觯》、《一得拳膺录》、《昭昧詹言》、《仪卫堂文集》等书。录《昭昧詹言》论诗文二十二则。

清曾涤生，名国藩，湘乡人，道光进士，累官礼部侍郎，丁忧归。会洪杨事起，遂团练乡勇，连复沿江各省，封毅勇侯，为同治中兴功臣第一。以大学士任两江总督，卒于官，谥文正。论学谓义理、考据、词章三者，缺一不可。所为古文，师桐城姚氏义法，而运以汉赋瑰丽之气，厥为桐城之别子焉。所著有《曾文正公全集》一百八十九卷。录《复李眉生论古文家用字之法书》、《复陈右铭太守论文章禁约书》、《求阙斋日记》论文九则。

清张廉卿，名裕钊，武昌人，道光举人，官内阁中书。研究训诂，专主音义，而师曾涤生为古文，又独得于《史记》之谲怪。盖文气雄骏不及曾，而意思之恢诡，词句之廉劲，亦自成一家。所著有《左氏服贾注考证》、《今文尚书考证》、《濂亭文钞》。录《答吴挚父论学古人在因声求气书》、《答刘生论文章之道莫要于雅健书》。

清吴挚甫，名汝纶，桐城人，同治进士，官冀州知州。光绪末，充北京大学堂总教习，加五品卿衔，游日本，考察教育制度，著《东游丛录》。笃嗜古文辞，私淑同里姚惜抱氏。少长，受知曾涤生，文益宏肆高洁。其教始学，必本周秦古籍，由训诂以求通其文词，而要以能知当时之变备缓急。日本学者踔海请业，远近以文字求是正者四面而至。所著有《易说》、《诗说》、《深州风土记》、《诗文集》。录《与姚仲实论文书》、《与严几道论译西书书》。

清严几道，名复，字又陵，侯官人。光绪二年，以福建船政学生派赴英国海军学校，试辄最。归国，累官海军协都统，一等参谋官。于学无所不窥，举中外治术学理，靡不究极原委，抉其失得，证明而会通之，六十年来，治西学者无其比也！译有《天演论》、《原富》、《群学肄言》、《穆勒名学》、《群己权界论》、《社会通诠》。中国人之知治欧西政治、经济、哲学诸科，盖自氏启其机鐍焉。录《译〈天演论〉例言》。

清马眉叔，名建忠，丹徒人。光绪三年，以郎中派赴法国政治学院听讲。明年，试最，得优奖，试卷刊法报，传诵一时。仿欧西葛郎玛，取《学》、《庸》、《论》、《孟》、《左》、《公》、《穀》、《史》、《汉》、韩文兼及诸子《语》、《策》，为之字栉句比，繁称博引，比例而同之，触类而长之，穷古今之简篇，字里行间，求其会通，辑为一书，名曰《文通》，创前古未有之业。中国之有文典，自马氏始。录《文通序》、《文通例言》。

梁任公，名启超，字卓如，新会人，受公羊学于南海康有为，最为高第弟子。其始论学术，则自荀卿以下，汉唐宋明清学者，掊击无完肤。而钻研之深，则亦以为国学之根柢极深厚，终有其不可磨灭者存。而于文章，夙不喜桐城派古文。幼年为文，学晚汉魏晋，颇尚矜练。既而自解放，务为平易畅达，时杂以俚语、韵语及外国语法，纵笔所至不检束，学者竞效之，号新文体。老辈则痛恨，诋为野狐。然其文条理明晰，而富于情感，娓娓有致。中国政学维新之动机，要不得不归功于梁氏焉。所著《饮冰室文集》以外，有《墨经校释》、《中国历史研究法》、《清代学术概论》、《盾鼻集》、《梁任公近著》、《讲演集》等书。录《中学以上作文教学法》。

胡适之，名适，绩溪人，绩溪胡氏，本以经学传家。而胡氏在美留学，兼治文学、哲学，于西洋哲学史尤研究有得，授博士学位。归国，任北京大学教授。一面倡建设的文学革命之论，而以国语的文学打倒桐城派古文之旧势力，一面又主张整理国故之议，以刷新国学之面目。其于中国学术界摧陷廓清之功，信不可没。惟其衡评国学，过重知识论，而功利之见太深，此其所短。所著有《中国哲学史大纲》、《章实斋年谱》、《胡适文存》、《尝试集》等书，录《文学改良刍议》、《谈新诗》、《论短篇小说》、《国语文法概论》。

章行严，名士钊，长沙人，尝游学英国，喜谈逻辑之学。民国之初，尝主《民立日报》，又创办《独立周报》、《甲寅杂志》。其为文条析事理，如晓事人语，洞彻中边，罕与伦比。国人喜读焉。所刊有《中等国文典》、《甲寅杂志存稿》等书。录《答容挺公论译名书》。

胡步曾，名先骕，江西南昌人，美国加利福尼亚大学农科学士，庐山森林局副局长，现任东南大学植物学教授。顾胡氏治植物学，而好谈文学，与胡适之故交友，而论文学则断断不相下焉。录《中国文学改良论》。

陆步青，名殿扬，江苏吴县人，毕业于上海南洋公学，曾任江苏省立第五中学教务主任，现任江苏省立第一中学校长兼南京高等师范学校英文讲师。录《修辞学与语体文》。

胡寄尘，名怀琛，安徽泾县人，毕业于上海南洋中学，曾任《太平洋报》、《神州日报》主笔，神州女学、沪江大学讲师。录《新派诗说》。

蔡观明，名达，江苏东台县人，南通师范学校国文专修科毕业，现任江苏省立第七中学教员，著有《文学通义》、《孤桐馆诗》。录《诗之研究》。

愈之即胡愈之，商务印书馆编辑。

西谛即郑振铎，商务印书馆编辑。

钱基博，字子泉，一字潜，无锡人。幼年为文，学《战国策》，喜纵横不拘绳墨，既而泽之以汉魏，字矜句练。又久而以为厚重少姿致，叙事学陈寿，议论学苏轼，务为平易畅达。而论学则诂经谈史，旁涉百家，博学而无所成名。诋之者谓其博而不精，喜为附会，殆实录也。录《我之中国文学的观察》。

作者待访录

胡以鲁
容挺公

一

魏文帝《典论·论文》

文人相轻，自古而然。傅毅之于班固，伯仲之间耳，而固小之，与弟超书曰：“武仲以能属文，为兰台令史，下笔不能自休。”夫人善于自见，而文非一体，鲜能备善。是以各以所长，相轻所短。里语曰：“家有敝帚，享之千金。”斯不自见之患也。今之文人，鲁国孔融文举、广陵陈琳孔璋、山阳王粲仲宣、北海徐干伟长、陈留阮瑀元瑜、汝南应玚德琏、东平刘桢公干，斯七子者，于学无所遗，于辞无所假，咸以自骋骥騄于千里，仰齐足而并驰。以此相服，亦良难矣！盖君子审己以度人，故能免于斯累而作论文。王粲长于辞赋，徐干时有齐气，然粲之匹也。如粲之《初征》、《登楼》、《槐赋》、《征思》，干之《玄猿》、《漏卮》、《圆扇》、《橘赋》，虽张、蔡不过也。然于他文，未能称是。琳、瑀之章表书记，今之俊也。应玚和而不壮，刘桢壮而不密，孔融体气高妙，有过人者，然不能持论，理不胜辞，以至乎杂以嘲戏，及其所善，扬、班俦也。常人贵远贱近，向声背实，又患暗于自见，谓己为贤。夫文本同而末异，盖奏议宜雅，书论宜理，铭诔尚实，诗赋欲丽。此四科不同，故能之者偏也，唯通才能备其体。文以气为主，气之清浊有体，不可力强而致。譬诸音乐，曲度虽均，节奏同检，至于引气不齐，巧拙有素，虽在父兄，不能以移子弟。盖文章经国之大业，不朽之盛事。年寿有时而尽，荣乐止乎其身，二者必至之常期，未若文章之无穷。是以古之作者，寄身于翰墨，见意于篇籍，不假良史之辞，不托飞驰之势，而声名自传于后。故西伯幽而演《易》，周旦显而制《礼》，不以隐约而弗务，不以康乐而加思。夫然，则古人贱尺璧而重寸阴，惧乎时之过已。而人多不强力，贫贱则慑于饥寒，富贵则流于逸乐，遂营目前之务，而遗千载之功。日月逝于上，体貌衰于下，忽然与万物迁化，斯志士之大痛也！融等已逝，唯干著论，成一家言。

二

梁昭明太子《文选序》

式观元始，眇觌玄风，冬穴夏巢之时，茹毛饮血之世，世质民淳，斯文未作。逮乎伏羲之王天下也，始画八卦，造书契，以代结绳之政，由是文籍生焉。《易》曰："观乎天文以察时变，观乎人文以化成天下。"文之时义远矣哉！若夫椎轮为大辂之始，大辂宁有椎轮之质；增冰为积水所成，积水曾微增冰之凛。何哉？盖踵其事而增华，变其本而加厉，物既有之，文亦宜然。随时变改，难可详悉。尝试论之曰：《诗序》云："诗有六义焉：一曰风，二曰赋，三曰比，四曰兴，五曰雅，六曰颂。"至于今之作者，异乎古昔。古诗之体，今则全取赋名。荀、宋表之于前，贾、马继之于末，自兹以降，源流实繁：述邑居，则有《凭虚》、《亡是》之作；戒畋游，则有《长杨》、《羽猎》之制。若其纪一事、咏一物，风云草木之兴，鱼虫禽兽之流，推而广之，不可胜载矣！又楚人屈原，含忠履洁，君匪从流，臣进逆耳，深思远虑，遂放湘南。耿介之意既伤，壹郁之怀靡想。临渊有怀沙之志，吟泽有憔悴之容。骚人之文，自兹而作。诗者，盖志之所之也，情动于中而形于言。《关雎》、《麟趾》，正始之道著；《桑间》、《濮上》，亡国之音表。故风雅之道，粲然可观。自炎汉中叶，厥涂渐异。退傅有《在邹》之作，降将著"河梁"之篇，四言五言，区以别矣。又少则五字，多则九言，各体互兴，分镳并驱。颂者，所以游扬德业，褒赞成功。吉甫有“穆若”之谈，季子有“至矣”之叹。舒布为诗，既言如彼，总成为颂，又亦若此。次则箴兴于补阙，戒出于弼匡。论则析理精微，铭则序事清润。美终则诔发，图像则赞兴。又诏诰教令之流，表奏笺记之列，书誓符檄之品，吊祭悲哀之作，答客指事之制，三言八字之文，篇辞引序，碑碣志状，众制锋起，源流间出。譬陶匏异器，并为入耳之娱；黼黻不同，俱为悦目之玩。作者之致，盖云备矣。余监抚余闲，居多暇日。历观文囿，泛览辞林，未尝不心游目想，移晷忘倦。自姬、汉以来，眇焉悠邈，时更七代，数逾千祀。词人才子，则名溢于缥囊；飞文染翰，则卷盈乎缃帙。自非略其芜秽，集其清英，盖欲兼功，太半难矣。若夫姬公之籍，孔子之书，与日月俱悬，鬼神争奥，孝敬之准式，人伦之师友，岂可重以芟夷，加之剪截。老、庄之作，管、孟之流，盖以立意为宗，不以能文为本，今之所撰，又以略诸。若贤人之美辞，忠臣之抗直，谋夫之话，辨士之端，冰释泉涌，金相玉振，所谓坐狙丘，议稷下，仲连之却秦军，食其之下齐国，留侯之发八难，曲逆之吐六奇，盖乃事美一时，语流千载，概见坟籍，旁出子史。若斯之流，又亦繁博，虽传之简牍，而事异篇章，今之所集，亦所不取。至于记事之史，系年之书，所以褒贬是非，纪别异同，方之篇翰，亦已不同。若其赞论之综缉辞采，序述之错比文华，事出于沉思，义归乎翰藻，故与夫篇什杂而集之，远自周室，迄于圣代，都为三十卷，名曰《文选》云耳。

三

梁简文帝《与湘东王论文书》

吾辈亦无所游赏，止事披阅。性既好文，时复短咏，虽是庸音，不能阁笔，有惭技痒，更同故态。比见京师文体，懦钝异常，竞学浮疏，争为阐缓。元冬修夜，思所不得，既殊比兴，正背风骚。若夫六典三礼，所施则有地，吉凶嘉宾，用之则有所。未闻吟咏情性，反拟《内则》之篇；操笔写志，更摹《酒诰》之作。迟迟春日，翻学《归藏》；湛湛江水，遂同《大传》。吾既拙于为文，不敢轻有掎摭。但以当世之作，历方古之才人，远则扬、马、曹、王，近则潘、陆、颜、谢，而观其遣辞用心，了不相似。若以今文为是，则古文为非；若昔贤可称，则今体宜弃。俱为盍各，则未之敢许。又时有效谢康乐、裴鸿胪文者，亦颇有惑焉。何者？谢客吐言天拔，非出于自然，时有不拘，是其糟粕；裴氏乃是良史之才，了无篇什之美。是为学谢则不届其精华，但得其冗长；师裴则蔑绝其所长，惟得其所短。谢故巧不可阶，裴亦质不宜慕。故胸驰臆断之侣，好名忘实之类，方分肉于仁兽，逞却步于邯郸，入鲍忘臭，效尤致祸。决羽谢生，岂三千之可及；伏膺裴氏，惧两唐之不传。故玉徽金铣，反为拙目所嗤；《巴人》、《下里》，更合郢中之听。《阳春》高而不和，妙声绝而不寻。竟不精讨锱铢，核量文质，有异巧心，终愧妍手。是以握瑜怀玉之士，瞻郑邦而知退；章甫翠履之人，望蛮乡而叹息。诗既若此，笔又如之。徒以烟墨不言，受其驱染；纸札无情，任其摇襞。甚矣哉，文之横流，一至于此！至如近世谢朓、沈约之诗，任昉、陆倕之笔，斯实文章之冠冕，述作之楷模。张士简之赋，周升逸之辩，亦成佳手，难可复遇。文章未坠，必有英绝领袖之者，非弟而谁！每欲论之，无可与语，晤思子建，一共商榷。辩兹清浊，使如泾渭；论兹月旦，类彼汝南。朱白既定，雌黄有别，使夫怀鼠知惭，滥竽自耻。譬斯袁绍，畏见子将；同彼盗牛，遥羞王烈。相思不见，我劳如何！

四

宋苏子瞻《答谢民师论文书》

轼受性刚简，学迂材下，坐废累年，不敢复齿缙绅。自还北海，见平生亲旧，惘然如隔世人，况与左右无一日之雅，而敢求交乎！数赐见临，倾盖如故，幸甚过望，不可言也。所示书教及诗赋杂文，观之熟矣。大略如行云流水，初无定质，但常行于所当行，常止于不可不止，文理自然，姿态横生。孔子曰："言之不文，行之不远。"又曰："辞达而已矣！"夫言止于达意。疑若不文，是大不然。求物之妙，如系风捕影，能使是物了然于心者，盖千万人而不得一遇也，而况能使了然于口与手者乎！是之谓辞达。辞至于能达，则文不可胜用矣！扬雄好为艰深之词，以文浅易之说，若正言之，则人人知之矣。此正所谓雕虫篆刻者！其《太玄》、《法言》皆是类也，而独悔于赋，何哉？终身雕虫，而独变其音节，便谓之经，可乎？屈原作《离骚经》，盖风雅之再变者，虽与日月争光可也。可以其似赋而谓之雕虫乎？使贾谊见孔子，升堂有余矣，而乃以赋鄙之，至与司马相如同科。雄之陋，如此比者甚众，可与知者道，难与俗人言也，因论文偶及之耳。欧阳文忠公言："文章如精金美玉，市有定价，非人所能以口舌定贵贱也。"纷纷多言，岂有能益于左右，愧悚不已！

五

明苏平仲《瞽说》

尉迟楚好为文，谓空同子曰："敢问文有体乎？"曰："何体之有！《易》有似《诗》者，《诗》有似《书》者，《书》有似《礼》者。何体之有！""有法乎？"曰："初何法！典谟训诰，国风雅颂，初何法！""难乎？易乎？"曰："吾将言其难也，则古《诗》三百篇多出于小夫妇人；吾将言其易也，则成一家言者，一代不数人。""宜繁宜简？"曰："不在繁，不在简。状情写物在辞达，辞达，则一二言而非不足；辞未达，则千百言而非有余。""宜何如？"曰："如江河。""何也？"曰："有本也。如键之于管，如枢之于户，如将之于三军，如腰领之于衣裳。""何也？"曰："统摄也。如置阵，如构居第，如国建都。""何也？"曰："谨布置也。如草木焉，根而干，干而枝，枝而叶而葩。"曰："何也？"曰："条理精畅而有附丽也。如手足之十二脉焉，各有起，有出，有循，有注，有会。""何也？"曰："支分脉别，而荣卫流通也。如天地焉，包涵六合而不见端倪。""何也？"曰："气象沉郁也。如张海焉，波涛涌而鱼龙张。""何也？"曰："浩汗诡怪也。如日月焉，朝夕见而令人喜。""何也？"曰："光景常新也。如烟雾舒而云霞布。""何也？"曰："动荡而变化也。如风霆流而雨雹集。""何也？"曰："神聚而冥会也。如重林，如邃谷。""何也？"曰："深远也。如秋空，如寒冰。""何也？"曰："洁净也。如太羹，如玄酒。”“何也？”曰：“隽永也。如濑之旋，如马之奔。”“何也？”曰：“回复驰骋也。如羊肠，如鸟道。”“何也？”曰：“萦迂曲折也。如孙吴之兵。”“何也？”曰：“奇正相生也。如常山之蛇。”“何也？”曰：“首尾相应也。如父师之临子弟，如孝子仁人之处亲侧，如元夫硕士，端冕而立乎宗庙朝廷。”“何也？”曰：“端严也，温雅也，正大也。如楚庄王之怒，如杞梁妻之泣，如昆阳城之战，如公孙大娘之舞剑。”“何也？”曰：“激切也，雄壮也，顿挫也。如菽粟，如布帛，如精金，如美玉，如出水芙蓉。”“何也？”曰：“有补于世也，不假磨砻雕琢也。”“将乌乎以及此也？”曰：“《易》、《诗》、《书》、二《礼》、《春秋》所载，左丘明、高、赤所传，孟、荀、庄、老之徒所著，朝焉，夕焉，讽焉，咏焉，习焉，斯得之矣。虽然，非力之可为也。圣贤道德之光华，积于中而发乎外，其言不期文而文，譬犹天地之化，雨露之润，物之魂魄以生华蔓羽毛，极人力所不能为，孰非自然哉！故学于圣人之道，则圣人之言，莫之致而致之矣！学于圣人之言，非惟不得其道，并其所谓言，亦且不能至矣！”尉迟楚出以告公乘丘曰：“楚之于文也，其犹在山径之间欤？微空同之道吾出也，吾不知大道之恢恢。于是尽心焉，将于文侗焉无难能者矣。”

六

明唐荆川《与茅鹿门主事论文书》

熟观鹿门之文，及鹿门与人论文之书，门庭路径，与鄙意殊有契合，虽中间小小异同，异日当自融释，不待喋喋也。至如鹿门所疑于我本是欲工文字之人，而不语人以求工文字者，此则有说。鹿门所见于我者，殆故吾也，而未尝见夫槁形灰心之吾乎？吾岂欺鹿门者哉！其不语人以求工文字者，非谓一切抹杀，以文字绝不足为也。盖谓学者先务，有源委本末之别耳。文莫犹人，躬行未得，此一段公案，姑不敢论，只就文章家论之。虽其绳墨布置，奇正转折，自有专门法师，至于中一段精神命脉骨髓，则非洗涤心源、独立物表、具今古只眼者不足以与此。今有两人，其一人心地超然，所谓千古只眼人也，即使未尝操纸笔呻吟学为文章，但直据胸臆，信手写出，如写家书，虽或疏卤，然绝无烟火酸馅习气，便是宇宙间一样绝好文字；其一人犹然尘中人也，虽其专专学为文章，其于所谓绳墨布置，则尽是矣，然翻来覆去，不过是这几句婆子舌头语，索其所谓真精神与千古不可磨灭之见，绝无有也，则文虽工而不免为下格。此文章本色也。即如以诗为喻，陶彭泽未尝较声律、雕句文，但信手写出，便是宇宙间第一等好诗。何则？其本色高也。自有诗以来，其较声律、雕句文，用心最苦而立说最严者，无如沈约，苦却一生精力，使人读其诗，只见其细缚龌龊，满卷累牍，竟不能道出一两句好话。何则？其本色卑也。本色卑，文不能工也，而况非其本色者哉！且夫两汉而下，文之不如古者，岂其所为绳墨转折之精之不尽如哉。秦汉以前，儒家者有儒家本色，至如老庄家有老庄本色，纵横家有纵横本色，名家、墨家、阴阳家皆有本色，虽其为术也驳，而莫不皆有一段千古不可磨灭之见。是以老家必不肯剿儒家之说，纵横必不肯借墨家之谈，各自其本色而鸣之为言。其所言者，其本色也。是以精光注焉，而其言遂不泯于世。唐宋而下，文人莫不语性命、谈治道，满纸炫然，一切自托于儒家。然非其涵养畜聚之素，非真有一段千古不可磨灭之见，而影响剿说，盖头窃尾，如贫人借富人之衣，庄农作大贾之饰，极力装做，丑态尽露，是以精光枵焉，而其言遂不久湮废。然则秦汉而上，虽其老、墨、名、法、杂家之说而犹传，今诸子之书是也。唐宋而下，虽其一切语性命、谈治道之说而亦不传，欧阳永叔所见唐四库书目，百不存一焉者是也。后之文人，欲以立言为不朽计者，可以知所用心矣。然则吾之不语人以求工文字者，乃其语人以求工文字者也，鹿门其可以信我矣！虽然，吾槁形而灰心焉久矣，而又敢与知文乎！今复纵言至此，吾过矣，吾过矣！此后鹿门更见我之文，其谓我之求工于文者耶，非求工于文者耶？鹿门当自知我矣！一笑！

七

明顾亭林《日知录》论诗文十一则

文须有益于天下　文之不可绝于天地间者，曰：明道也，记政事也，察民隐也，乐道人之善也。若此者，有益于天下，有益于将来，多一篇，多一篇之益矣。若夫怪力乱神之事，无稽之言，剿袭之说，谀佞之文，若此者，有损于己，无益于人，多一篇，多一篇之损矣。

先生与友人书曰："孔子之删述六经，即伊尹、太公救民于水火之心，而今之注虫鱼、命草木者，皆不足以语此也。故曰：'载之空言，不如见之行事。'夫《春秋》之作，言焉而已。而谓之行事者，天下后世用以治人之书，将欲谓之空言而不可也！愚不揣有见于是，故凡文之不关于六经之指、当世之务者，一切不为。而既以明道救人，则于当今之所通患，而未尝专指其人者，亦遂不敢以避也。"

文人摹仿之病　近代文章之病，全在摹仿。即使逼肖古人，已非极诣，况遗其神理而得其皮毛者乎？且古人作文，时有利钝。梁简文《与湘东王书》云："今人有效谢康乐、裴鸿胪文者，学谢，则不届其精华，但得其冗长；师裴，则蔑弃其所长，惟得其所短。”宋苏子瞻云：“今人学杜甫诗，得其粗俗而已。”金元裕之诗云：“少陵自有连城璧，争奈微之识碔砆。”夫文章一道，犹儒者之末事，乃欲如陆士衡所谓“谢朝华于已披，启夕秀于未振”者，今且未见其人，进此而窥著述之林，益难之矣！效《楚辞》者必不如《楚辞》，效《七发》者必不如《七发》。盖其意中先有一人在前，既恐失之，而其笔力复不能自遂，此寿陵余子学步邯郸之说也。洪氏《容斋随笔》曰：“枚乘作《七发》，创意造端，丽辞谀旨，上薄骚些，故为可喜。其后继之者，如傅毅《七激》、张衡《七辩》、崔骃《七依》、马融《七广》、曹植《七启》、王粲《七释》、张协《七命》之类，规仿太切，了无新意。傅玄又集之以为《七林》，使人读未终篇，往往弃之几格。柳子厚《晋问》乃用其体，而超然别立机杼，激越清壮，汉晋诸文士之弊，于是一洗矣！东方朔《答客难》自是文中杰出，杨雄拟之为《解嘲》，尚有驰骋自得之妙。至于崔骃《达旨》、班固《宾戏》、张衡《应间》，皆章摹句写，其病与《七林》同。及韩退之《进学解》出，于是一洗矣！”其言甚当。然此以辞之工拙论尔，若其意，则总不能出于古人范围之外也。《曲礼》之训：“毋剿说，毋雷同。”此古人立言之本。

文章繁简　韩文公作《樊宗师墓铭》曰：“维古于辞必已出，降而不能乃剽贼。后皆指前公相袭，从汉迄今用一律。”此极中今人之病。若宗师之文，则惩时人之失而又失之者也。作书须注，此自秦汉以前可耳，若今日作书，而非注不可解，则是求简而得繁，两失之矣。子曰：“辞达而已矣。”辞主乎达，不论繁与简也。繁简之论兴，而文亡矣。《史记》之繁处，必胜于《汉书》之简处。《新唐书》之简也，不简于事而简于文，其所以病也。“时子因陈子而以告孟子。陈子以时子之言告孟子。”此不须重见而意已明。“齐人有一妻一妾而处室者，其良人出，则必餍酒肉而后反。其妻问所与饮食者，则尽富贵也。其妻告其妾曰：‘良人出，则必餍酒肉而后反。问其所与饮食者，尽富贵也。而未尝有显者来，吾将瞷良人之所之也。’”“有馈生鱼于郑子产，子产使校人畜之池。校人烹之，反命曰：‘始舍之，圉圉焉，少则洋洋焉，悠然而逝。’子产曰：‘得其所哉！得其所哉！’校人出，曰：‘孰谓子产智？予既烹而食之，曰：得其所哉！得其所哉！’”此必须重叠而情事乃尽。此孟子文章之妙。使人《新唐书》，于齐人，则必曰：“其妻疑而瞷之。”于子产，则必曰：“校人出而笑之。”两言而已矣。是故辞主乎达，不主乎简。刘器之曰：“《新唐书》好简略其辞，故其辞多郁而不明。”此作史之病也。且文章岂有繁简邪？昔人之论谓“如风行水上，自然成文”。若不出于自然，而有意于繁简，则失之矣。当日《进新唐书表》云：“其事则增于前，其文则省于旧。”《新唐书》所以不及古人者，其病正在此两句也！《黄氏日钞》言：“苏子由《古史》改《史记》，多有不当。如《樗里子传》，《史记》曰：‘母，韩女也。樗里子滑稽多智。’《古史》曰：‘母，韩女也，滑稽多智。’似以母为滑稽矣。然则樗里子三字，其可省乎？《甘茂传》，《史记》曰：‘甘茂者，下蔡人也。事下蔡史举，学百家之说。’《古史》曰：‘下蔡史举，学百家之说。’似史举自学百家矣。然则事之一字，其可省乎？”以是知文不可以省字为工。字而可省，太史公省之久矣！

文人求古之病　《后周书·柳虬传》：“时人论文体有今古之异。虬以为‘时有今古，非文有今古’。”此至当之论。夫今之不能为二汉，犹二汉之不能为《尚书》、《左氏》，乃剿取《史》、《汉》中文法以为古，甚者猎其一二字句，用之于文，殊为不称。以今日之地为不古，而借古地名；以今日之官为不古，而借古官名；舍今日恒用之字，而借古字之通用者，皆文人所以自盖其俚浅也。《唐书》郑余庆奏议类用古语，如“仰给县官马万蹄”，有司不晓何等语，人訾其不适时。宋陆务观《跋前汉通用古字韵》曰：“古人读书多，故作文时偶用一二古字，初不以为工，亦自不知孰为古、孰为今也。近时乃或钞掇《史》、《汉》中字入文辞中，自谓工妙，不知有笑之者。偶见此书，为之太息。书以为后生戒。”元陶宗仪《辍耕录》曰：“凡书官衔，俱当从实，如廉访使、总管之类，若改之曰监司、太守，是乱其官制。久远莫可考矣。”何孟春《余冬序录》曰：“今人称人姓，必易以世望，称官，必用前代职名，称府州县，必用前代郡邑名，欲以为异。不知文字间，著此何益于工拙？此不惟于理无取，且于事复有碍矣。李姓者称陇西公，杜曰京兆，王曰琅邪，郑曰荥阳，以一姓之望而概众人，可乎？此其失自唐五季间孙光宪辈始。《北梦琐言》称冯涓为长乐公，《冷斋夜话》称陶谷为五柳公，类以昔人之号而概同姓，尤是可鄙。官职郡邑之建置，代有沿革，今必用前代名号而称之，后将无所考焉！此所谓于理无取，而事复有碍者也。”于慎行《笔麈》曰：“《史》、《汉》文字之佳，本自有在，非谓其官名地名之古也。今人慕其文之雅，往往取其官名地名以施于今，此应为古人笑也！《史》、《汉》之文，如欲复古，何不以三代官名施于当日，而但记其实邪？文之雅俗，固不在此，徒混淆失实，无以示远，大家不为也。予素不工文辞，无所模拟，至于名义之微，则不敢苟，寻常小作，或有迁就，金石之文，断不敢于官名、地名，以古易今。前辈名家，亦多如此。”

古人集中无冗复　　古人之文，不特一篇之中无冗复也，一集之中亦无冗复。且如称人之善，见于祭文，则不复见于志；见于志，则不复见于他文。后之人，读其全集，可以互见也。又有互见于他人之文者，如欧阳公作《尹师鲁志》，不言近日古文自师鲁始，以为范公祭文已言之，可以互见，不必重出。盖欧阳公自信己与范公之文并可传于后世也，亦可见古人之重爱其言也。刘梦得作《柳子厚文集序》曰：“凡子厚名氏与仕与年暨行己之大方，有退之之志若祭文在。”又可见古人不必其文之出于己也。

引古必用原文　　凡引前人之言，必用原文。《水经注》引盛弘之《荆州记》曰：“江中有九十九洲。楚谚云：‘洲不百，故不出王者。’桓玄有问鼎之志，乃增一洲以充百数。僭号数旬，宗灭身屠。及其倾败，洲亦消毁。今上在西，忽有一洲自生，沙流回薄，成不淹时。其后未几，龙飞江汉矣。”注乃北魏郦道元作，而记中所指今上，则为南宋文帝以宜都王即帝位之事，古人不以为嫌。

五经中多有用韵　　古人之文，化工也，自然而合于音，则虽无韵之文，而往往有韵。苟其不然，则虽有韵之文，而时亦不用韵，终不以韵而害意也。三百篇之诗，有韵之文也，乃一章之中，有二三句不用韵者，如“瞻彼洛矣，维水泱泱”之类是矣。一篇之中，有全章不用韵者，如《思齐》之四章、五章，《召旻》之四章是矣。又有全篇无韵者，《周颂·清庙》、《维天之命》、《昊天有成命》、《时迈》、《武》诸篇是矣。说者以为当有余声。然以余声相协而不入正文，此则所谓不以韵而害意者也。孔子赞《易》十篇，其《彖》、《象传》、《杂卦》五篇用韵，然其中无韵者亦十之一；《文言》、《系辞》、《说卦》、《序卦》五篇不用韵，然亦间有一二，如“鼓之以雷霆，润之以风雨。日月运行，一寒一暑。乾道成男，坤道成女”。“君子知微知彰，知柔知刚，万夫之望”。此所谓化工之文，自然而合者，固未尝有心于用韵也。《尚书》之体本不用韵，而《大禹谟》：“帝德广运，乃圣乃神，乃武乃文。皇天眷命，奄有四海，为天下君。”《伊训》：“圣谟洋洋，嘉言孔彰。惟上帝不常，作善，降之百祥；作不善，降之百殃。尔惟德罔小，万邦惟庆；尔惟不德罔大，坠厥宗。”《太誓》：“我武惟扬，侵于之疆，取彼凶残，我伐用张，于汤有光。”《洪范》：“无偏无陂，遵王之义。无有作好，遵王之道。无有作恶，遵王之路。无偏无党，王道荡荡。无党无偏，王道平平。无反无侧，王道正直。”皆用韵。又如《曲礼》：“行，前朱鸟而后玄武，左青龙而右白虎，招摇在上，急缮其怒。”《礼运》：“玄酒在室，醴泉在户，粢醍在堂，澄酒在下。陈其牺牲，备其鼎俎，列其琴瑟管磬钟鼓，修其祝嘏，以降上神，与其先祖，以正君臣，以笃父子，以睦兄弟，以齐上下，夫妇有所，是谓承天之祜。”《乐记》：“夫古者天地顺而四时当，民有德而五谷昌，疾疢不作而无妖祥，此之谓大当。然后圣人作为父子君臣以为纪纲。”《中庸》：“故君子不可以不修身，思修身，不可以不事亲；思事亲，不可以不知人；思知人，不可以不知天。”《孟子》：“师行而粮食，饥者弗食，劳者弗息。睊睊胥谗，民乃作慝。方命虐民，饮食若流。流连荒亡，为诸侯忧。”凡此之类，在秦汉以前，诸子书并有之。太史公作赞，亦时一用韵，而汉人乐府诗，反有不用韵者。

古诗用韵之法 古诗用韵之法，大约有三：首句、次句连用韵，隔第三句而于第四句用韵者，《关雎》之首章是也。凡汉以下诗及唐人律诗之首句用韵者源于此。一起即隔句用韵者，《卷耳》之首章是也。凡汉以下诗及唐人律诗之首句不用韵者源于此。自首至末，句句用韵者，若《考槃》、《清人》、《还》、《著》、《十亩之间》、《月出》、《素冠》诸篇，又如《卷耳》之二章、三章、四章，《车攻》之一章、二章、三章、七章，《长发》之一章、二章、三章、四章、五章是也。凡汉以下诗，若魏文帝《燕歌行》之类源于此。自是而变，则转韵矣。转韵之始，亦有连用隔用之别，而错综变化，不可以一体拘。于是有上下各自为韵，若《兔罝》及《采薇》之首章，《鱼丽》之前三章，《卷阿》之首章者。有首末自为一韵，中间自为一韵，若《车攻》之五章者。有隔半章自为韵，若《生民》之卒章者。有首提二韵，而下分二节承之，若《有瞽》之篇者。此皆诗之变格，然亦莫非出于自然，非有意之为也。

先生《音学五书序》曰："《记》曰：'声成文，谓之音。'夫有文斯有音，比音而为诗，诗成然后被之乐，此皆出于天，而非人之所能为也。三代之时，其文皆本出于六书，其人皆出于族党庠序，其性皆驯化于中和，而发之为音，无不协于正。然而《周礼》大行人之职，九岁，属瞽史论书名、听声音，所以一道德而同风俗者，又不敢略也。是以《诗》三百五篇，上自《商颂》，下逮陈灵，以十五国之远、千数百年之久，而其音未尝有异。帝舜之歌，皋陶之赓，箕子之陈，文王周公之系，无弗同者。故三百五篇，古人之音书也。魏晋以下，去古日远，词赋日繁，而后名之曰韵。至宋周颙、梁沈约而四声之谱作。然自秦汉之文，其音已渐戾于古，至东京益甚。而休文作谱，乃不能上据《雅》、《南》，旁摭《骚》子，以成不刊之典，而仅按班、张以下诸人之赋，曹、刘以下诸人之诗所用之音，撰为定本，于是今音行而古音亡，为音学之一变。下及唐代，以诗赋取士，其韵一以陆法言《切韵》为准，虽有同用独用之注，而其分部未尝改也。至宋景祐之际，微有更易。理宗末年，平水刘渊始并二百六韵为一百七韵，黄公绍作《韵会》因之以迄于今，于是宋韵行而唐韵亡，为音学之再变。世日远而传日讹，此道之亡，盖二千有余岁矣！炎武潜心有年，既得《广韵》之书，乃始发悟于中而旁通其说。于是举唐人以正宋人之失，据古经以正沈氏、唐人之失，而三代以上之音，部分秩如，至赜而不可乱。乃列古今

> 音之变而究其所以不同，为《音论》二卷。考正三代以上之音，注三百五篇，为《诗本音》十卷。注《易》，为《易音》三卷。辨沈氏部分之误，而一一以古音定之，为《唐韵正》二十卷。综古音为十部，为《古音表》二卷。自是而六经之文乃可读。其他诸子之书，离合有之，而不甚远也。天之未丧斯文，必有圣人复起，举今日之音而还之淳古者。"

诗有无韵之句　诗以义为主，音从之。必尽一韵无可用之字，然后旁通他韵，又不得于他韵，则宁无韵。苟其义之至当而不可以他字易，则无韵不害，汉以上往往有之。"暮投石壕村，有吏夜捉人。"两韵也，至当不可易。下句云："老翁逾墙走，老妇出门看。"则无韵矣，亦至当不可易。古辞《紫骝马歌》中有"舂谷持作饭，采葵持作羹"，二句无韵。李太白《天马歌》中有"白云在青天，丘陵远崔嵬"，二句无韵。《野田黄雀行》首二句"游莫逐炎洲翠，栖莫近吴宫燕"，无韵。《行行且游猎篇》首二句"边城儿，生年不读一字书"，无韵。

古人不用长句成篇　古人有八言者，"胡瞻尔庭有县貆兮"是也。有九言者，"凛乎若朽索之驭六马"是也。然无用为全章者，不特以其不便于歌也，长则意多冗，字多懈。七言排律所以从来少作，作亦不工者，何也？意多冗也，字多懈也。为七言者，必使其不可裁而后工也，此汉人所以难之也！

诗体代降　三百篇之不能不降而《楚辞》，《楚辞》之不能不降而汉魏，汉魏之不能不降而六朝，六朝之不能不降而唐也，势也。用一代之体，则必似一代之文而后为合格。诗文之所以代变，有不得不变者。一代之文，沿袭已久，不容人人皆道此语。今且千数百年矣，而犹取古人之陈言，一一而摹仿之，以是为诗，可乎？故不似，则失其所以为诗；似，则失其所以为吾。李杜之诗，所以独高于唐人者，以其未尝不似而未尝似也。知此者可与言诗也已矣！

八

清魏善伯《伯子论文》九则

善养其气　诗文不外情、事、景，而三者情为本。然置顿不得法，则情为章句所昵。尤贵善养其气，故无窘窒懈累之病。古人为文，虽有伟词俊语，亦删而舍之者，正恐累气而节其不胜也。收结恒须紧束，或故为散弛懈缓者，亦如劳役之际，闭目偃倚，乃不至于困竭也。

文章有法　孟浩然"气蒸云梦泽，波撼岳阳城"，杜工部"吴楚东南坼，乾坤日夜浮"，力量气魄，已无可加。而孟则继之曰："欲济无舟楫，端居耻圣明。"杜则继之曰："亲朋无一字，老病有孤舟。"皆以索摸幽渺之情，摄归至小。两公所作，不谋而合，可见文章有法。若更求博大高深者以称之，必无可称，而力竭反蹶，无完诗矣。咏物专事刻画，即事极力铺叙，是皆不可以语诗也。

人之为人写其独至　人之为人，有一端独至者，即生平得力所在，虽曰一端，而其人之全体著矣。小疵小癖，反见大意，所谓"颊上三毫，眉间一点"是也。今必合众美以誉人，而独至者反为浮美所掩。人精神聚于一端，乃能独至，吾之精神亦必聚于此人之一端，乃能写其独至。太史公善识此意，故文极古今之妙。

存瑕　古人文字，有累句、涩句、不成句处而不改者，非不能改也，改之或伤气格，故宁存其自然。名帖之存败笔，古琴之仍焦尾是也。昔人论《史记·张苍传》有“年老口中无齿”句，宜删曰“老无齿”。《公羊传》“齐使跛者逆跛者，秃者逆秃者，眇者逆眇者”，宜删云“各以类逆”。简则简，而非公羊、史迁之文，又于神情特不生动。知此说者，可悟存瑕之故矣！

宜简不宜简　文章有宜简者，《孟子》“河东凶亦然”是也。有不宜简者，“今王鼓乐于此”、“先生以利说秦楚之王”是也。鼓乐者忧喜不同情，说秦、楚者义利不同效。情相比而苦乐著，效相较而利害明。两军相遇，将卒各斗也，移民移粟，述事而已。事止语毕，复则无味也。又有宜简而不得不详者，如《舜典》“二月东巡狩，五月南，八月西，十有一月朔”。典例所存，四时四方，不可偏废也。礼制皆同，不烦重叙，而约之曰“如岱礼”，变之曰“如初”，又变之曰“如西礼”，委宛屈轶，斐然成章也。文有自然之情，有当然之理。情著为状，理著为法。是断然而不容穿凿者也。

南北曲　南曲如抽丝，北曲如轮枪；南曲如南风，北曲如北风；南曲如酒，北曲如水；南曲如六朝，北曲如汉魏；南曲自然者，如美人淡妆素服，文士羽扇纶巾，北曲自然者，如老僧世情物价，老农晴雨桑麻；南曲情联，北曲势断；南曲圆滑，北曲劲涩；南曲柳颤花摇，北曲水落石出；南曲如珠落玉盘，北曲如金戈铁马。若贵坚重，贱轻浮，尚精紧，卑流荡，喜干净，厌烦碎，爱老成，黜柔弱，取大方，弃鄙小，求蕴藉，忌粗率，则南北所同也。北曲步步桥高，南曲层层转落；北曲枯折见媚，南曲宛转归正；北曲似粗而深厚，南曲似柔而筋节；北白似生似呆，南白贵温贵雅；北白或过文，或眼目，或案断，南白有穿插，有挑拨，有埋伏；北白冗则极冗，简则极简，南白停匀而已。作诗，题难于诗；作曲，白难于曲。

作文如作瘿瓢籐杖　作文如作瘿瓢籐杖，本色不雕一毫，水磨又极精细。止任元朴者粗恶不堪，专事工夫者矫揉无味也！

文章烦简　文章烦简，非因字句多寡，篇幅长短。若庸絮懈蔓，一句亦谓之烦。切到精详，连篇亦谓之简。

引证古事　引证古事，以对举二事为妙。如《孟子》："王不待大，汤以七十里，文王以百里。""以大事小"，则"汤事葛，文王事昆夷"；"以小事大"，则"太王事獯鬻，勾践事吴"；"王请大之"，则"文王之勇"、"武王之勇"；"不召之臣"，则"汤之于伊尹"、"桓公之于管仲"；"百世之师"，则伯夷、柳下惠；"不为臣不见"，则段干木、泄柳；"宋行王政"，则汤征葛、武王东征；"养勇"，则北宫黝、孟施舍。盖单举，则似一事偶合，对举二事，则其理若事无不确者，而证辨之力亦厚。

九

清魏凝叔《日录论文》七则

文之工者美必兼两　文之工者，美必兼两。每下一笔，其可见之妙在此，却又有不可见之妙在彼。譬如作屋，左砂高耸，右砂低卸，必须培高右砂方称。拙者举土填石，人一见知为补石砂之阙，巧者只栽竹树，令高与左齐，人一见只赏叹林木幽茂之妙，而不知其意实补石砂低卸也。又文字首尾照应之法，有明明缴应起处者，有竟不顾者，有若无意牵动者，有反骂破通篇大意，实是照应收拾者。不明变化，则千篇一律，而文亦易入板俗矣。又古文接处用提法，人所易知，转处用驻法，人所难晓。凡文之转，易流便无力，故每于字句未转时，情势先转，少驻而后下，则顿挫沉郁之意生。譬如骏马下阪，虽疾驱如飞，而四蹄著石处，步步有力。若驽马下峻阪，只是滑溜将去，四蹄全作主不得。更有当转而不用转语，以开为转，以起为转者，以起为转，转之能事尽矣！或问："学古人而不袭其迹，当由何道？"曰："平时不论何人何文，只将他好处沉酣遍历诸家，博采诸篇，刻意体认，及临文时，不可著一名人、一名文在胸，则触手与古法会，而自无某人某篇之迹。盖模拟者，如人好香，遍身便佩香囊。沉酣而不模拟者，如人日夕往香肆中，衣带间无一毫香物，却通身香气迎人也。”

文之往而复还　文之感慨痛快驰骤者，必须往而复还。往而不还，则势直气泄，语尽味止。往而复还，则生顾盼，此呜咽顿挫所从出也。

文有得水分有得山分　欧文之妙，只是说而不说，说而又说，是以极吞吐往复参差离合之致。史迁加以超忽不羁，故其文特雄。彭躬庵《叙和公南海西秦》诗曰：“字字句句拔起耸立，险秀异常，分明是一幅笔山图也。山无波澜、无转折，却以峰峦为波澜，起顿为转折。”尝论文有得水分者，有得山分者，子瞻水分多，故波澜动荡，退之山分多，故峰峦峭起。此序亦是山分文字。

意之属与不属　又尝论古乐府，以跳脱断缺为古，是已。细求之：语虽不伦，意却自属，但章法妙，人不觉耳。然竟有各成一段，上下意绝不相属者，却增减他不得，倒置他不得，此是何故？盖意虽不属，而其节之长短起伏，合之自成片段，不可得而乱也。语不伦而意属者，譬如复冈断岭，望之各成一山，察之皆有脊脉相连；意不属而节属者，譬如一林乱石，原无脉络，而高下疏密，天然位置，可入画图。知此者可与读文矣。

翻旧为新之法　善作古文者，有窥古人作事主意，生出见识，却不去论古人，自己凭空发出议论，可惊可喜，只借古事作证。盖发己论，则识愈奇；证古事，则议愈确。此翻旧为新之法，苏氏多用之。

作论有三不必二不可　作论者有三不必、二不可：前人所已言、众人所易知、摘拾小事，无关系处，此三不必作也；巧文刻深以攻前贤之短，而不中要害、取新出异以翻前人之案，而不切情实，此二不可作也。作论须先去此五病，然后乃议文章耳。

改文　善改文者，有移花接木之妙，如上下段本不相干，稍为贯串，便成一气是也；有改头易面之妙，如倒置前后，改易字句，便另成一种格调是也；有脱胎换骨之妙，如原本说寒，将要紧处改换，翻成说热是也。深味此法，自己作文，亦增多少境界矣。

善改不如善删　东房言：“作文者善改不如善删。”此可得学简之法。然句中删字，篇中删句，集中删篇，所易知也。善作文者，能于将作时删意，未作时删题，便省却多少笔墨。能删题，乃真简矣。

一〇

清侯朝宗《与任王谷论文书》

仆少年溺于声伎，未尝刻意读书，以此文章浅薄，不能发明古人之旨。然其大略，亦颇闻之矣：大约秦以前之文主骨，汉以后之文主气。秦以前之文若六经，非可以文论也。其他如《老》、《韩》诸子，《左传》、《战国策》、《国语》，皆敛气于骨者也。汉以后之文，若《史》、若《汉》、若八家，最擅其胜，皆运骨于气者也。敛气于骨者，如泰、华三峰，直与天接，层岚危蹬，非仙灵变化，未易攀陟，寻步计里，必蹶其趾。姑举明文如李梦阳者，亦所谓蹶其趾者也。运骨于气者，如纵舟长江大海间，其中烟屿星岛，往往可自成一都会，即飓风忽起，波涛万状，东泊西注，未知所底，苟能操舵觇星，立意不乱，亦自可免漂溺之失。此韩、欧诸子所以独嵯峨于中流也。六朝选体之文，最不可恃。士虽多而将嚣，或进或止，不按部伍。譬如用兵者，调遣旗帜声援，但须知此中尚有小小行阵，遥相照应，未必全无益，至于摧锋陷敌，必更有牙队健儿，衔枚而前，若徒恃此，鲜有不败。今之为文，解此者罕矣。高者又欲舍八家，跨《史》、《汉》而趋先秦，则是不筏而问津，无羽翼而思飞举，岂不怪哉？顷见足下所为杜周、张汤诸论，奇确圆畅，若有余力，仆目中所仅见，殚思著述，必当成名。然亦少有失，觉引天道报施汤、周处，稍涉觎缕。行文之旨，全在裁制，无论细大，皆可驱遣。当其闲漫纤碎处，反宜动色而陈，凿凿娓娓，使读者见其关系，寻绎不倦。至大议论，人人能解者，不过数语发挥，便须控驭归于含蓄。若当快意时，听其纵横，必一泻无复余地矣。譬如渴虹饮水，霜隼搏空，瞥然一见，瞬息灭没，神力变态，转更夭矫。足下以为何如？

一一

清方望溪《古文约选序例》

古文所从来远矣！六经、《语》、《孟》，其根源也。得其枝流，而义法最精者莫如《左传》、《史记》，然各自成书，具有首尾，不可以分剟。其次《公羊》、《穀梁》传、《国语》、《国策》，虽有篇法可求，而皆通纪数百年之言与事，学者必览其全而后可取精焉。惟两汉书疏及唐宋八家之文，篇各一事，可择其尤，而所取必至约，然后义法之精可见。故于韩取者十二，于欧十一，余六家或二十、三十而取一焉。两汉书疏，则百之二三耳。学者能切究于此，而以求《左》、《史》、《公》、《穀》、《语》、《策》之义法，则触类而通矣。虽然，此其末也。先儒谓韩子因文以见道，而其自称则曰："学古道，故欲兼通其辞。"群士果能因是以求六经、《语》、《孟》之旨而得其所归，躬蹈仁义，自勉于忠孝，则立德立功以仰答我皇上爱育人材之至意者，皆基于此。是则余为是编以助流政教之本志也夫！

一、《三传》、《国语》、《国策》、《史记》为古文正宗，然皆自成一体，学者必熟复全书而后能辨其门径，入其窔奥。故是编所录，惟汉文散文及唐宋八家专集，俾承学治古文者先得其津梁，然后可溯流穷源，尽诸家之精蕴耳。

二、周末诸子，精深闳博，汉、唐、宋文家皆取精焉。但其著书，主于指事类情，汪洋自恣，不可绳以篇法。其篇法完具者，间亦有，而体制亦别，故概弗采录，览者当自得之。

三、在昔论议者，皆谓古文之衰自东汉始。非也。西汉惟武帝以前之文，生气奋动，倜傥排宕，不可方物，而法度自具。昭、宣以后，则渐觉繁重滞涩，惟刘子政杰出不群，然亦绳趋尺步，盛汉之风，邈无存矣。是编自武帝以后至蜀汉，所录仅三之一，然尚有以事宜讲问，过而存之者。

四、韩退之云："汉朝人无不能为文。"今观其书疏吏牍，类皆雅饬可诵。兹所录仅五十余篇，盖以辨古文气体，必至严，乃不杂也。既得门径，必纵横百氏而后能成一家之言。退之自言"贪多务得，细大不捐"是也。

五、古文气体，所贵清澄无滓。澄清之极，自然而发其光精，则《左传》、《史记》之瑰丽浓郁是也。始学而求古、求典，必流为明七子之伪体。故于《客难》、《解嘲》、《答宾戏》、《典引》之类，皆不录。虽相如《封禅书》亦姑置焉。盖相如天骨超俊，不从人间来，恐学者无从窥寻而妄摹其字句，则徒敝精神于蹇浅耳。

六、子长《世表》、《年表》、《月表》序，义法精深变化，退之、子厚读经、子，永叔史志论，其源并出于此。孟坚《艺文志·七略序》淳实渊懿，子固序群书目录、介甫序《诗》、《书》、《周礼义》，其源并出于此。概勿编辑，以《史记》、《汉书》，治古文者必观其全也。独录《史记》自序，以其文虽载家传后而别为一篇，非史说本文耳。

七、退之、永叔、介甫俱以志铭擅长。但序事之文，义法备于《左》、《史》，退之变《左》、《史》之格调，而阴用其义法，永叔摹《史记》之格调，而曲得其风神；介甫变退之之壁垒，而阴用其步伐。学者果能探《左》、《史》之精蕴，则于三家志铭，无事规橅而自与之并矣。故于退之志铭，奇崛高古精深者皆不录。录马少监、柳柳州二志，皆变调，颇肤近。盖志铭宜实征事迹，或事迹无可征，乃叙述久故交亲而出之以感慨，《马志》是也；或别生议论，可兴可观，《柳志》是也。于永叔，独录其叙述亲故者，于介甫，独录其别生议论者，各三数篇，其体制皆师退之，俾学者知所从入也。

八、退之自言："所学在辨古书之真伪，与虽正而不至焉者。"盖黑之不分，则所见为白者，非真白也。子厚文笔古隽而义法多疵，欧、苏、曾、王亦间有不合，故略指其瑕，俾瑜者不为揜耳！

九、《易》、《诗》、《书》、《春秋》及《四书》，一字不可增减，文之极则也。降而《左传》、《史记》、韩文，虽长篇，句字可薙芟者甚少。其余诸家，虽举世传诵之文，义枝辞冗者或不免矣。未便削去，姑钩划于旁，俾观者别择焉。

一二

清方望溪《书韩退之平淮西碑后》

碑记墓志之有铭，犹史有赞论，义法创自太史公，其指意辞法，必取之本文之外。班史以下，有括终始事迹以为赞论者，或于本文为复矣。此意惟韩子识之，故其铭辞，未有义具于碑志者。或体制所宜，事有覆举，则必以补本文之间缺。如此篇，兵谋战功详于序，而既平后情事则以铭出之，其大指然也。前幅盖隐括序文，然序述比数世乱，而铭原乱之所生。序言官怠，而铭兼民困。序载战降之数，铭具出兵之数。序标洄曲、文城收功之由，而铭备时曲、陵云、邵陵、郾城、新城比胜之迹。至于师道之刺，元衡之伤，兵顿于久屯，相度之后至，皆前序所未及也。欧阳公号为入韩子之奥窔，而以此类裁之，颇有不尽合者。介甫近之矣，而气象则过隘。夫秦周以前，学者未尝言文，而文之义法，无一之不备焉。唐宋以后，步趋绳尺，犹不能无过差。东乡艾氏乃谓文之法至宋而始备，所谓强不知以为知者耶？

一三

清方望溪《与孙以宁论作传体要书》

昔归震川尝自恨足迹不出里闬，所见所闻，无奇节伟行可纪。承命为征君作传，此吾文所托以增重也，敢不竭其愚心。所示群贤论述，皆未得体要，盖其大致不越三端：或详讲学宗指及师友渊源，或条举平生义侠之迹，或盛称门墙广大，海内向仰者多。此三者，皆征君之末迹也。三者详，而征君之志事隐矣。古之晰于文律者，所载之事，必与其人之规模相称。太史公传陆贾，其分奴婢装资，琐琐者皆载焉。若萧、曹世家而条举其治绩，则文字虽增十倍，不可得而尽矣。故尝见义于《留侯世家》曰："留侯所从容与上言天下事甚众，非天下所以存亡，故不著。"此明示后世缀文之士以虚实详略之权度也。宋元诸史，若市肆簿籍，使览者不能终篇，坐此义不讲耳。征君义侠，舍杨、左之事，皆乡曲自好者所能勉也。其门墙广大，乃度时揣己，不敢如孔、孟之拒孺悲、夷之，非得已也。至论学，则为书甚具，故并弗采著于传上，而虚言其大略。昔欧阳公作《尹师鲁墓志》，至以文自辨。而退之之志李元宾，至今有疑其太略者。夫元宾年不及三十，其德未成，业未著，而铭辞有曰："才高乎当世，而行出乎古人。"则外此尚安有可言者乎？仆此传出，必有病其太略者。不知往者群贤所述，惟务征实，故事愈详而义愈狭。今详者略，实者虚，而征君所蕴蓄，转似可得之意言之外。他日载之家乘，达于史官，慎毋以彼而易此。惟足下的然昭晰，无惑于群言，是征君之所赖也，于仆之文，无加损焉。如别有欲商论者，则明以喻之。

一四

清刘海峰《论文偶记》五则

神为主，气辅之　　行文之道，神为主，气辅之。曹子桓、苏子由论文以气为主，是矣！然气随神转，神浑则气灏，神远则气逸，神伟则气高，神变则气奇，神深则气静，故神为气之主。至专以理为主，则未尽其妙。盖人不穷理读书，则出词鄙倍空疏。人无经济，则言虽累牍，不适于用。故义理、书卷、经济者，行文之材料，神气、音节者，行文之能事也。

神气见于音节，音节准于字句　　文章最要气盛，然无神以主之，则气无所附，荡乎不知其所归。神气者，文之最精处也；音节者，文之稍粗处也；字句者，文之最粗处也。然予谓论文而至于字句，则文之能事尽矣。盖音节者，神气之迹也；字句者，音节之规也。神气不可见，于音节见之，音节无可准，于字句准之。

音节为神气之迹，字句为音节之矩　　音节高，则神气必高；音节下，则神气必下。故音节为神气之迹。一句之中，或多一字，或少一字，一字之中，或用平声，或用仄声，同一平字、仄字，或用阴平、阳平、上声、去声、入声，则音节迥异，故字句为音节之矩。积字成句，积句成章，积章成篇，合而读之，音节见矣，歌而咏之，神气出矣。近人论文，不知有所谓音节者，至语以字句，必笑以为末事，此论似高实谬。作文若字句安顿不妙，岂复有文字乎！

无一定之律，而有一定之妙　凡行文字句短长、抑扬高下，无一定之律而有一定之妙，可以意会，不可以言传。学者求神气而得之音节，求音节而得之字句，思过半矣。其要只在读古人文字时，设以此身代古人说话，一吞一吐，皆由彼而不由我。烂熟后，我之神气即古人之神气，古人之音节，都在我喉吻间，合我喉吻者，便是与古人神气音节相似处，自然铿锵发金石。

文之所贵　文贵奇，所谓珍爱者，必非常物。然有奇在字句者，有奇在意思者，有奇在笔者，有奇在丘壑者，有奇在气者，有奇在神者。字句之奇，不足为奇，气奇，则真奇矣。读古人文，于起灭转接之间，觉有不可测识处，便是奇气。文贵高。穷理则识高，立志则骨高，好古则调高。文贵大。道理博大，气脉洪大，丘壑远大，丘壑中必峰峦高大，波澜阔大，乃可谓之远大。文贵远。远必含蓄，或句上有句，或句下有句，或句中有句，或句外有句，说出者少，不说出者多，乃可谓远。文贵简。凡文笔老则简，意真则简，辞切则简，理当则简，味淡则简，气蕴则简，品贵则简，神远而含藏不尽则简，故简为文章尽境。文贵疏。凡文力大则疏。宋画密，元画疏；颜、柳字密；钟、王字疏；孟坚文密，子长文疏。凡文气疏则纵，密则拘；神疏则逸，密则劳；疏则生，密则死。文贵变。《易》曰："虎变文炳，豹变文蔚。"又曰："物相杂，故曰文。"故文者，变之谓也。一集之中，篇篇变；一篇之中，段段变；一段之中，句句变。神变，气变，境变，音变，节变，句变，字变，唯昌黎能之。文贵瘦，须从瘦出而不宜以瘦名。盖文至瘦，则笔能屈曲尽意而言无不达。然以瘦名，则文必狭隘。公、穀、韩非、王半山之文，极高峻难识，学之有得，便当舍去。文贵华。华正与朴相表里，以其华美，故可贵重。所恶于华者，恐其近俗耳。所取于朴者，谓其不著粉饰耳。不著粉饰而精彩浓丽，自《左传》、《庄子》、《史记》而外，其妙不传。文贵参差。天之生物，无一无偶，而无一齐者。故虽排比之文，亦以随势屈曲贯注为佳。文贵去陈言。昌黎论文，以去陈言为第一要义。《樊宗师志铭》云："惟古于词必己出，降而不能乃剽贼。后皆指前公相袭，自汉迄今用一律！"今人行文，反以用古人成语，自谓有出处，自矜为典雅，不知其为袭也、剽贼也。文字是日新之物，若陈陈相因，安得不腐臭！原本古文意义，到行文时，欲须重加铸造一样言语，不可便直用古人，此谓去陈言。未尝不换字，却不是换字法。行文最贵品藻，无品藻不成文字。如曰浑、曰浩、曰雄、曰奇、曰顿挫、曰跌宕之类，不可胜数。然有神上事，有气上事，有体上事，有色上事，有声上事，有味上事，有识上事，有情上事，有才上事，有格上事，有境上事，须辨之甚明。文章品藻最贵者，曰雄，曰逸。欧阳子逸而未雄，昌黎雄处多逸处少。太史公雄过昌黎而逸处更多于雄处，所以为至。"

一五

清姚惜抱《复鲁絜非论文分阴柔阳刚书》

辱书引义谦而见推过当，非所敢任。鼐自幼迄衰，获侍贤人长者为师友，剽取见闻，加臆度为说，非真知文，能为文也，奚辱命之哉！盖虚怀乐取者，君子之心，而诵所得以正于君子，亦鄙陋之志也。鼐闻天地之道，阴阳刚柔而已。文者，天地之精英，而阴阳刚柔之发也。惟圣人之言，统二气之会而弗偏。然而《易》、《诗》、《书》、《论语》所载，亦间有可以刚柔分矣。值其时其人告语之体，各有宜也。自诸子而降，其为文无弗有偏者。其得于阳与刚之美者，则其文如霆，如电，如长风之出谷，如崇山峻崖，如决大川，如奔骐骥。其光也如杲日，如火，如金缪铁。其于人也，如凭高视远，如君而朝万众，如鼓万勇士而战之。其得于阴与柔之美者，则其文如升初日，如清风，如云，如霞，如烟，如幽林曲涧，如沦，如漾，如珠玉之辉，如鸿鹄之鸣而入寥廓。其于人也，漻乎其如叹，邈乎其如有思，暖乎其如喜，愀乎其如悲。观其文，讽其音，则为文者之性情形状，举以殊焉。且夫阴阳刚柔，其本二端，造物者糅而气有多寡。进绌，则品次亿万以至于不可穷，万物生焉。故曰："一阴一阳之为道。"夫文之多变，亦若是也。糅而偏胜，可也。偏胜之极、一有一绝无，与夫刚不足为刚，柔不足为柔者，皆不可以言文。今夫野人孺子闻乐，以谓声歌弦管之会尔。苟善乐者闻之，则五音十二律，必有一当，接于耳而分矣。夫论文者，岂异于是乎？宋朝欧阳、曾公之文，其才皆偏于柔之美者也。欧公能取异己者之长而时济之，曾公能避所短而不犯，观先生之文，殆近于二公焉。抑人之学文，其功力所能至者，陈理义必明当，布置取舍、繁简廉内不失法，吐辞雅驯不芜而已。古今至此者，盖不数数得，然尚非文之至。文之至者，通乎神明，人力不及施也。先生以为然乎？

一六

清方植之《昭昧詹言》论诗文二十二则

朱子论文所忌：意凡思缓。政公六一居士传。软弱。没紧要。不仔细。辞意一直无余。浮浅。不稳。絮。说理要精细，却不要絮。巧。东坡时伤巧。昧晦。荆公、子固。不足。政公。轻。冗。南丰欧后山文一事可思。薄。

朱子云："学文、学诗，须看得一家文字熟，向后看他人亦易知。"姬传云："凡学诗文，且当就此一家用功。良久，尽其能，真有所得，然后舍而之他。不然，未有不失于孟浪者。"见道语、经济语，惟于旁见侧出，忽然露出，乃妙。或即古人指点，或即事指点，即物指点，愈不伦不类，愈远妙不测。正而，古人只似带出。似借指点，或借证明，而措语必精警，从无正衍实说者。思积而满，乃有异观溢出为奇。

创意　艰苦。避凡俗、浅近、熟腐，凡人意中所有。

造言　刻意求与古人远。常人笔下皆同者别造一番。

选字　避庸旧。熟须换生，又不可僻。虚字须老。

隶事　避陈言不是求僻，乃博观而选用之故。

文法　以断为贵。逆摄。突起。倒挽。不许一笔平接。入不言，出不辞。离合虚实，参差伸缩。

章法　　有见于起处，有见于中间，有见于末。或二句顿上起下，或二句横截，有奇有正。

气脉　　草蛇灰线多即用之以为章法，则成粗俗莽夫。气，所以行也。脉，所以缩章法而隐者也。章法，形骸。脉，所以来形骸也。语不接而意换。

起法　　横空而来。快刀劈下。巨笔重压。勇猛勇现。

转接　　横。逆。离。忌顺接正接。

束法　　倒截。逆挽。不测。

顿挫　　往往用之未转接前。有往必收，无垂不缩。

豫吞　　此最是精神旺处，与一直下者不同。《庄》、《孟》多此法。

离合　　专主行文言。横截。逆提。倒挽。补插。遥接。

伸缩　　专主叙事言。

参差　　用之行文，局阵，叙情事。

交代　　题面。归宿。题之情事。

事外曲致　　诡变。似庄实讽。似缓实迫。愈悲愈恢。

截断　　断愈多，愈便用奇，愈斩峭。断而后接，用横，用对面，用逆，用离，用侧，用遥接，大放开倏收转。

原本前哲，却句句直书即目，所以能避陈言。

姬传云："凡学诗文，必先知古人迷闷难似处，否则其人必终于此事无望。"

以上论古诗者多，然多可通之于文。植翁自谓多属微言，戴存庄亦谓陶、谢、杜、韩、苏、黄诸公不肯为此显白烦絮之言。此书直揭数千年微言奥旨，然若古大家所得尤深，所见必尤有精于此者。

一七

清恽子居《大云山房文稿二集叙录》

昔者班孟坚因刘子政父子《七略》为《艺文志》，序六艺为九种，圣人之经，永世尊尚焉。其诸子则别为十家，论可观者九家，以为“虽有蔽短，合其要归，亦六经之支与流裔”。至哉此言，论古之圭臬也！敬尝通会其说：儒家体备于《礼》及《论语》、《孝经》，墨家变而离其宗。道家、阴阳家，支骈于《易》。法家、名家，疏源于《春秋》。纵横家、杂家、小说家，适用于《诗》、《书》，孟坚所谓《诗》以正言，《书》以广听也。惟《诗》之流，复别为诗赋家，而《乐》寓焉。农家、兵家、术数家、方技家，圣人未尝专语之，然其体亦六艺之所孕也。是故六艺要其中，百家明其际会；六艺举其大，百家尽其条流。其失者，孟坚已次第言之，而其得者，穷高极深，析事剖理，各有所属。故曰：“修六艺之文，观九家之言，可以通万方之略。”后世百家微而文集行，文集敝而经义起，经义散而文集益漓。学者少壮至老，贫贱至贵，渐渍于圣贤之精微，阐明于儒先之疏证，而文集反日替者，何哉？盖附会六艺，屏绝百家，耳目之用不发，事物之赜不统，故性情之德不能用也。敬观之前世：贾生自名家、纵横家入，故其言浩汗而断制。晁错自法家、兵家入，故其言峭实。董仲舒、刘子政自儒家、道家、阴阳家入，故其言和而多端。韩退之自儒家、法家、名家入，故其言峻而能达。曾子固、苏子由自儒家、杂家入，故其言温而定。柳子厚、欧阳永叔自儒家、杂家、词赋家入，故其言详雅有度。杜牧之、苏明允自兵家、纵横家入，故其言纵厉。苏子瞻自纵横家、道家、小说家入，故其言逍遥而震动。至若黄初甘露之间，子桓、子建气体高朗，叔夜、嗣宗情识精微，始以轻隽为适意，时俗为自然。风格相仍，渐成轨范，于是文集与百家判为二途。熙宁、宝庆之会，时师破坏经说，其失也凿；陋儒襞积经文，其失也肤。后进之士，窃圣人遗说，规而画之，睇而斫之，于是经义与文集并为一物。太白、乐天、梦得诸人，自曹魏发情，静修、幼清、正学诸人，自赵宋得理。递趋递下，卑冗日积，是故百家之敝，当折之以六艺；文集之衰，当起之以百家。其高下远近华质，是又在乎人之所性焉，不可强也已！敬一人之见，恐违大雅，惟天下好学深思之君子教正之！

一八

清恽子居《上曹俪笙侍郎书》

前者敬在宁都上谒，先生过听彭临川之言，谆然以昔人之所以为古文者下问。侍坐之顷，未能达其心之所欲言。回县后，窃愿一陈其不敏。而下官之事上者，如古之奏记，如笺，如启，皆束于体制，涂饰巧伪，殊无足观，至前明之禀，几于隶胥之辞矣。古者自上宰相，至于侪等相往复，皆曰书。其言疏通曲折，极其所至而后已。谨以达之左右，惟先生教正之。古文，文中之一体耳，而其体至正不可余，余则支；不可尽，尽则敝；不可为容，为容则体下。方望溪先生曰："古文虽小道，失其传者七百年。"望溪之言若是，是明之遵岩、震川，本朝之雪苑、勺庭、尧峰诸君子，世俗推为作者，一不得与乎望溪之所许矣。望溪谨厚，兼学有源本，岂妄为此论耶？盖遵岩、震川，常有意为古文者也。有意为古文，而平生之才与学，不能沛然于所为之文之外，则将依附其体而为之。依附其体而为之，则为支、为敝、为体下，不招而至矣。是故遵岩之文赡，赡则用力必过，其失也少支而多敝。震川之文谨，谨则置辞必近，其失也少敝而多支。而为容之失，二家缓急不同，同出于体下。集中之得者十有六七，失者十而三四焉。此望溪之所以不满也。李安溪先生曰："古文韩公之后，惟介甫得其法。”是说也视望溪之言有加甚焉。敬常即安溪之意推之：盖雪苑、勺庭之失，毗于遵岩而锐过之，其疾征于三苏氏。尧峰之失毗于震川，而弱过之，其疾征于欧阳文忠公。欧与苏二家所蓄有余，故其疾难形。雪苑、勺庭、尧峰所蓄不足，故其疾易见。噫，可谓难矣！然望溪之于古文，则又有未至者，是故旨近端而有时而歧，辞近醇而有时而窳。近日朱梅崖等于望溪有不足之辞，而梅崖所得，视望溪益卑隘。文人之见日胜一日，其力则日逊焉，是亦可虞者也！敬生于下里，以禄食趋走下吏，不获与世之大人君子相处，而得其源流之所以然。同州诸前达，多习校录，严考证，成专家，为赋咏者或适意自恣。而大江南北，以文名天下者，几于昌狂无理，排溺一世之人，其势力至今未已，敬为之动者数矣！所幸少乐疏旷，未尝捉笔求若辈所谓文之工者而浸润之。其道不亲，其事不习，故心不为所陷而渐有以知其非。后与同州张皋文、吴仲伦、桐城王悔生游，始知姚姬传之学，出于刘海峰，海峰之学，出于方望溪。及求三人之文观之，未足以餍其心所欲云者。由是由本朝推之于明，推之于宋唐，推之于汉于秦，断焉析其正变，区其长短，然后知望溪之所以不满者，盖自厚趋薄，自坚趋瑕，自大趋小，而其体之正，不特遵岩、震川以下未之有变，即海峰、姬传亦非破坏典型、沈酣淫彼者，不可谓传之尽失也。若是则所谓支、为敝、为体下，皆其薄、其瑕、其小为之。如能尽其才与学以从事焉，是支者如山之立，敝者如水之去腐，体下者如负青天之高，于是积之而为厚焉，敛之而为坚焉，充之而为大焉，且不患其传之尽失也。然所谓才与学者，何哉？曾子固云：“明必足以周万事之理，道必足以适天下之用，智必足以通难知之意，文必足以达难显之情。”如是而已。皋文最渊雅，中道而逝。仲伦才弱，悔生气败。敬蹉跎岁时，年及五十，无所成就必矣。天下之大，当必有具绝人之能，荒江老屋，求有以自信者，先生能留意焉，则斯事之幸也！

一九

清李申耆《骈体文钞序》

少读《文选》，颇知步趋齐梁。后蒙恩入庶常，台阁之制，例用骈体，而不能致工，因益搜辑古人遗篇，用资时习。区其巨细，分为三编，序而论之曰：天地之道，阴阳而已。奇偶也，方圆也，皆是也。阴阳相并俱生，故奇偶不能相离，方圆必相为用。道奇而物偶，气奇而形偶，神奇而识偶。孔子曰："道有变动，故曰爻。爻有等，故曰物。物相杂故曰文。"又曰："分阴分阳，迭用柔刚，故易六位而成章。"相杂而迭用，文章之用，其尽于此乎！六经之文，班班具存。自秦迄隋，其体递变，而文无异名。自唐以来，始有古文之目，而目六朝之文为骈俪。而为其学者，亦以是为与古文殊路。既歧奇偶为二，而于偶之中，又歧六朝与唐与宋为三。夫苟第较其字句，猎其影响而已，则岂徒二焉三焉而已！以为万有不同，可也！夫气有厚薄，天为之也。学有纯驳，人为之也。体格有迁变，人与天参焉者也。义理无殊途，天与人合焉者也。得其厚薄纯杂之故，则于其体格之变，可以知世焉。于其义理之无殊，可以知文焉。文之体，至六代而其变尽矣。沿其流极而溯之以至乎其源，则其所出者一也。吾甚惜夫歧奇偶而二之者之毗于阴阳也。毗阳则躁剽，毗阴则沉腿，理所必至也。

于相杂迭用之旨，均无当也。

上编著录若干首，皆庙堂之制，奏进之篇，垂诸典章，播诸金石者也。夫拜飏殿陛，敷颂功德，同德对越，表里诗书者也，义必严以闳，气必厚以愉，然后绎以精微之思，奋以瑰烁之辞，故高而不瓠，华而不缛，雄而不矜，逶迤而不靡。马、班已降，知者盖希。或猥琐补叙以为平通，或诘屈雕琢以为奇丽，朴即不文，华即无实，未有能振之者也。至于诏令章奏，固亦无取俪词，而古人为之，未尝不沉详整静，茂美渊懿，训词深厚，实见于斯。岂得以唐宋末流，浇皶浮抵，兼病其本哉！故亦略存大凡，使源流可知耳。

中编著录若干篇，指事述意之作也。或缜密而端悫，或豪侈而佚荡。盖指事欲其曲以尽，述意欲其深以婉。泽以比兴，则词不迫切。资以故籍，故言为典章也。韩非、淮南，已导先路。王符、应劭，其流孔长。立言之士，时有取焉。然枝叶已繁，或披其本，以仲宣之覃精，而子桓病其体弱，亦学者之通患也。碑志之文，本与史殊体。中郎之作，质有其文，可为后法，故录之尤备焉。

下编著录若干篇，多缘情寄兴之作。战国诙谐，辨谲者流，实肇厥端。其言小，其旨浅，其趣博，往往托思于言表，潜神于旨里，引情于趣外，是故小而能微，浅而能永，博而能检就其褊者，亦润理内苞，秀采外溢，不徒以镂绘为工，逋峭取致而已。后之作者，乃以为游戏，佻侧洸荡，忘其所归，遂成俳优，病尤甚焉。尺牍之美，非关造作，妍媸雅郑，每肖其人。齐梁启事短篇，藻丽间见，既非具体，无关效法，而存一概，可知也。

二〇

清阮芸台《文言说》

古人无笔墨纸砚之便，往往铸金刻石，始传久远。其著之简策者，亦有漆书刀削之劳，非如今人下笔千言，言事甚易也。许氏《说文》：“直言曰言，论难曰语。”《左传》曰：“言之无文，行之不远。”此何也？古人以简策传事者少，以口舌传事者多，以目治事者少，以口耳治事者多，故同为一言，转相告语，必有愆误，说文言从口从辛，辛，愆也。是必寡其词协其音以文其言，使人易于记诵，无能增改，且无方言俗语杂于其间，始能达意，始能行远。孔子于《易》，所以著《文言》之篇也！古人歌、诗、箴、铭、谚语，凡有韵之文，皆此道也。《尔雅·释训》主于训蒙，子子孙孙以下，用韵者三十二条，亦此道也。孔子于《乾》、《坤》之言，自名曰文，此千古文章之祖也。为文章者不务协音以成韵，修词以达远，使人易诵易记，而惟以单行之语，纵横恣肆，动辄千言万字，不知此乃古人所谓直言之言，论难之语，非言之有文者也，非孔子之所谓文也！《文言》数百字，几于句句用韵，孔子于此发明乾坤之蕴，诠释四德之名，几费修词之意，冀达意外之言，《说文》曰词，意内言外也。盖词亦言也，非文也。《文言》曰：“修词立其诚。”《说文》曰：修说也。词之饰者乃得为文，不得以词即文也。要使远近易诵，古今易传，公卿学士皆能记诵，以通天地万物，以警国家身心。不但多用韵，抑且多用偶，即如乐行、忧违，偶也。长人、合礼，偶也。和义、干事，偶也。庸言、庸行，偶也。闲邪、善世，偶也。进德、修业，偶也。知至、知终，偶也。上位、下位，偶也。同声、同气，偶也。水湿、火燥，偶也。云龙、风虎，偶也。本天、本地，偶也。无位、无民，偶也。勿用、在田，偶也。潜藏、文明，偶也。道革、位德，偶也。偕极、天则，偶也。隐见、行成，偶也。学聚、问辨，偶也。宽居、仁行，偶也。合德、合明，合序、合吉凶，偶也。先天、后天，偶也。存亡、得丧，偶也。余庆、余殃，偶也。直内、方外，偶也。通理、居体，偶也。凡偶皆文也。于物，两色相偶而交错之，乃得名曰文，文即象其形也。《考工记》曰：青与白谓之文，赤与白谓之章。《说文》曰：文，错画也，象交文。然则千古之文，莫大于孔子之言《易》。孔子以用韵比偶之法，错综其言，而自名曰文。何后人之必欲反孔子之道而自命曰文，且尊之曰古也！

二一

清梁茝林《退庵论文》两则

文笔　今人自编其所著之集，大概分诗与文两目而已。古人则不然：六朝以前多以文笔对举，或以诗笔对举。诗即有韵之文，可以文统之，故昭明《文选》奄有诗歌。笔则专指纪载之作，故陆机《文赋》所列诗赋十体，不及传志也。《南史·颜延之传》："竣得臣笔，测得臣文。"刘勰《文心雕龙》云："无韵者笔，有韵者文。"此以文与笔分言之也。《梁书·刘潜传》："三笔六诗。"又《庾肩吾传》："诗既若此，笔又如之。"杜少陵诗称"贾笔韩诗"，赵璘《因话录》称"孟诗韩笔"，此以诗与笔分言之也。《宋书·傅亮传》："高祖登庸之始，文笔皆是记室参军滕演。"《魏书·温子昇传》："台中文笔，皆子昇为之。"《北齐书·李广传》："集其文笔十卷，魏收为之序。"《陈书·陆炎传》："其所制文笔，多不存本。"《刘师知传》："博涉书传，工文笔。"《徐伯阳传》："年十五，以文笔称。"《北史·魏高祖纪》："好为文章，诗赋铭颂有大文笔，马上口授。"《南齐书·晋安王子懋传》："文章诗笔，乃是佳事。"《北史·萧圆肃传》："撰时人诗笔为《文海》四十卷。"此以合文笔诗笔而为言者也。至梁元帝《金楼子·立言》篇："以杨榷前言，抵掌多识者谓之笔；咏叹风谣，流连哀思者谓之文。”又云“至如文者，惟须绮縠纷披，宫徵靡曼，唇吻摇会，性灵摇荡”云云，语尤分晰。今人于文笔二字之分，不讲久矣！

韵　或疑文必有韵之语为不尽然，不知此刘彦和之说也。《文心雕龙·总术》篇云：“今之常言，有文有笔。无韵者笔，有韵者文。”彦和精于文理者，岂欺人哉！近人中知此理者颇鲜，阮芸台先生曾详言之，曰：“所谓韵者，乃章句中之音韵，非但句末之韵脚也。六朝不押韵之文，其中奇偶相生，顿挫抑扬，皆有合乎宫羽。故沈休文作《谢灵运传论》曰：‘五色相宣，八音协畅，由乎元黄律吕，各适物宜。欲使宫羽相变，低昂舛节，若前有浮声，则后须切响。一简之内，音韵尽殊。两句之中，轻重悉异。妙达此旨，始可言文。’言之最为畅晓。昭明所选，亦不尽有韵脚之文，而奇偶相生，宫羽悉协。溯其原本，乃出于经。孔子自名其言《易》者曰‘文’，此千古文章之祖。《文言》固有韵矣，而亦有平仄声音焉。即如湿燥龙虎睹八句，上下何等声音！无论龙虎二句不可颠倒，若改作龙虎燥湿睹，即无声音矣。无论其德、其名、其序、其吉凶，四者不可错乱，若倒不知退于不知亡不知丧之后，即无声音矣。《文言》以后，以时代相次，则及于卜子夏之《诗大序》。《序》曰：‘情发于声，声成文谓之音。’又曰：‘主文而谲谏。’又曰：‘长言之不足，则嗟叹之。’郑康成释声成文为宫商上下相应，释主文为与乐之宫商相应。此子夏直指诗之声音为文，不指翰藻也。凡文，在声为宫商，在色为翰藻。即如《文言》云龙风虎一节，乃千古宫商奇偶之祖；非一朝一夕之故一节，乃千古嗟叹成文之祖。子夏《诗序》情发声成一节，乃千古声韵性情之祖。故曰：‘韵者，即声音也。声音，即文也。’然则今人所便单行之文，极其奥衍奔放者，乃古之笔，非古之文也。”沈休文之说，或可横指为八代之衰。孔子、子夏之文体，岂不衰哉？

二二

清包慎伯《文谱》

余尝以隐显回互激射说古文。然行文之法，又有奇偶、疾徐、垫拽、繁复、顺逆、集散。不明此六者，则于古人之文，无以测其意之所至，而第其诣之所极。垫拽、繁复者，回互之事。顺逆、集散者，激射之事。奇偶、疾徐，则行于垫拽、繁复、顺逆、集散之中，而所以为回互激射者也。回互激射之法备，而后隐显之义见矣。是故讨论体势，奇偶为先。凝重多出于偶，流美多出于奇。体虽骈，必有奇以振其气；势虽散，必有偶以植其骨。仪厥错综，致为微妙。《尚书》“钦明文思”，一字为偶；“安安”，叠字为偶；“允恭克让”，二字为偶。偶势变而生三，奇意行而若一。“光被四表格于上下”，语奇也，而意偶。“克明峻德”四字一句奇。“以亲九族”十六字四句偶。“协和万邦”十字三句奇，而“万邦”与“九族”、“百姓”语偶。“时雍”与“黎民于变”意偶。是奇也而偶寓焉。“乃命羲和”节奇。“若天”、“授时”隔句为偶。中六字纲目为偶。“分命”、“申命”四节，体全偶而词悉奇。“帝曰咨”节奇。“期三百”十七字参差为偶。“允厘”八字颠倒为偶，而意皆奇。故双意必偶，“钦明”、“允恭”等句是也。单意可奇可偶，“光被”、“允厘”等句是也。虽文字之始基，实奇偶之极轨。批根为说，而其类从。慧业所存，斯为隅举。次论气格，莫如疾徐。文之盛在沉郁，文之妙在顿岩，而沉郁顿宕之机，操于疾徐，此之不可不察也。《论语》“觚不觚”句，疾也；“觚哉觚哉”，徐也。“其然”句，徐也；“岂其然乎”句，疾也。此两句为疾徐也。《大学》“一家仁一国兴仁”节，疾也；“尧舜率天下以仁”节，徐也。《孟子》“王曰何以利吾国”节，徐也；“未有仁而遗其亲”节，疾也。此两节为疾徐也。“天子适诸侯曰巡守”一百四十九字徐；“先王无流连之乐”十六字疾。“国君进贤”一百二十二字徐；“故曰国人杀之”十七字疾。“尊贤使能，俊杰在位”五节徐；“信能行此五者”一节疾。此通篇为疾徐也。有徐而疾不为激，有疾而徐不为纡，夫是以峻缓交得而调和奏肤也。垫拽者，为其立说之不足耸听也，故垫之使高；为其抒议之未能折服也，故拽之使满。高则其落也峻，满则其发也疾。垫之法有上有下。《孟子》：“知而使之，是不仁也。不知而使之，是不知也。仁智，周公未之尽也！”又曰：“且以文王之德，百年而后崩，犹未洽于天下。武王周公继之，然后大行。”《韩非》：“今有不才之子，父母怒之，弗为改，乡人谯之，弗为劝，师长教之，弗为变。”又云：“禹利天下，子产存郑，皆以得谤。”又云：“视锻锡，察青黄，区冶不能以必剑。发齿吻形容，伯乐不能以必马。”又云：“侈而惰者贫，力而俭者富，今征敛于富人以施布于贫家。”《史记》：“尝以十倍之地，百万之众，叩关而攻秦。秦人开关延敌，九国之师，逡巡逃遁而不敢进。”又云“非有仲尼、墨翟之贤，陶朱、猗顿之富”者，皆上垫也。《孟子》：“管仲、曾西之所不为也。”又云：“非所以纳交于孺子之父母也，非所以要誉于乡党朋友也，非恶其声而然也。”《韩非子》：“磐石千里，不可谓富。象人百万，不可谓强。”《史记》：“藉使子婴有庸主之才，仅得中佐。”又云：“向使二世有庸主之行，而任忠贤，臣主一心，而忧海内之患。”又云：“是所重者在于色乐珠玉，而所轻者在于人民”者，皆下垫也。拽之法有正有反。《孟子》：“万取千焉，千取百焉，不为不多矣，苟为后义而先利。”又云：“文王以民力为台为沼，而民欢乐之。予及汝偕亡，民欲与之偕亡。”又云："此惟救死而恐不赡。"《荀子》："螾无爪牙之利，筋骨之强，上食槁壤，下饮黄泉，用心一也。蟹六跪而二螯，非蛇蟺之穴无可托足者，用心躁也。是故无冥冥之志者，无昭昭之明；无惛惛之用者，无赫赫之功。"又云："今之学者，入乎耳，出乎口。口耳之间，则四寸耳，安能美七尺之躯！"《韩非》："今有构木钻燧于夏后之世者，必为鲧禹笑矣。有决渎于殷周之世者，必为汤武笑矣。"又云："人主之左右，不必智也。人主于人有所智而听之，因与左右论其言，是与愚人论智也。人主之左右，不必贤也。人主于人有所贤而礼之，因与左右论其行，是与不肖论贤也。"《吕览》："民农则朴，朴则易用，易用则边境安，主位尊。民农则重，重则少私义，少私义则公法立力专一。民农则其产复，其产复则重徙，重徙则死其处而无二虑。"又云："马者伯乐相之，造父御之，贤主乘之，一日千里，无御相之劳而有其功。"《史记》："天下以定，秦王之心，自以为关中之固，金城千里，子孙帝王万世之业也。秦王既没，余威振于殊俗。"又云"二世不行此术而重之以无道"者，皆正拽也。《孟子》："天子能荐人于天，不能使天与之天下。诸侯能荐人于天子，不能使天子与之诸侯。大夫能荐人于诸侯，不能使诸侯与之大夫。"又云："而居尧之宫，逼尧之子，是篡也！"又云："将戕贼杞柳而后以为桮棬，如将戕贼杞柳而以为桮棬。"又云："金重于羽者，岂谓一钩金？"又云："是君臣父子兄弟终去仁义怀利以相接。"《荀子》："乐姚冶以险，则民流慢鄙贱矣。流慢则乱，鄙贱则争，争乱则兵弱城犯，敌国危之。"又云："且夫暴国之君，谁与至哉？彼其所与至者，必其民也。而其民之亲我欢若父母，其好我芬若椒兰。彼反顾其上，则若灼黥，若仇讐。人之情，虽桀跖，又岂肯为其所恶，贼其所好？"《韩非》："法术之士，操五不胜之势，以岁数而又不得见。当涂之人，乘五胜之资，而旦暮独说于前。"又云："智士者远见而畏于死亡，必不从重人矣。廉士者修而羞与佞臣欺其主，必不从重人矣。是当涂之徒属，非愚而不知患，即汙而不避奸者也。大臣挟愚汙之人，上与之欺主，下与之收利侵渔。"《史记》："秦并海内，兼诸侯，南面称帝，以四海养，天下斐然向风。"又云："今秦二世立，天下莫不引领而观其政。夫寒者利短褐，饥者甘糟糠，民之嗸嗸，新主之资也”者，皆反拽也。《孟子》“知虞公之不可谏而去之秦”一百二十二字，《荀子》“凡生于天地之间者，有血气之属必有知”一百八十一字，旋垫旋拽，备上下反正之致。文心之巧，于斯为极。是故垫拽者，先觉之鸿宝，后进之梯航。未悟者既望洋而不知，闻声者复震惊而不信。然得之则为蹈厉风发，失之则为朴樕辽落。姬嬴之际，至工斯业。降至东京，遗文具在，能者仅可十数，论者竟无片言。千里比肩，百世接踵，不其谅已。至于繁复者，与垫拽相需而成，而为用尤广。比之诗人，则长言咏叹之流也。文家之所以极情尽意，茂豫发越也。《孙武子》“声不过五，五声之变，不可胜听也。色不过五，五色之变，不可胜观也。味不过五，五味之变，不可胜尝也。战胜不过奇正，奇正之变，不可胜穷也”者，繁也。“奇正相生，如循环之无端，孰能穷之”者，复也。《孟子》：“谷与鱼鳖不可胜食，材木不可胜用。七十者衣帛食肉，黎民不饥不寒。”又云“天下之欲疾其君者，皆欲赴想于王”者，繁也。“然则一羽之不举，为不用力焉。”又曰：“昔者禹抑洪水而天下平。”又曰：“口之于味也，有同嗜焉。”又曰“乡为身死而不受，今为宫室之美为之”者，复也。“离娄之明”节，繁也。“圣人既竭目力”节，复也。“乐民之乐者，民亦乐其乐。忧民之忧者，民亦忧其忧。乐以天下，忧以天下。”又云：“君子以仁存心，以礼存心。仁者爱人，有礼者敬人。爱人者人恒爱之，敬人者人恒敬之。”繁而兼复也。“得道者多助，失道者寡助。寡助之至，亲戚畔之；多助之至，天下顺之。以天下之所顺，攻亲戚之所畔。”复而兼繁者也。《荀子》之《议兵》、《礼论》、《乐论》、《性恶》篇，《吕览》之《开春》、《慎行》、《贵直》、《不苟》、《似顺》、《士容》论，《韩非》之《说难》、《孤愤》、《五蠹》、《显学》篇，无不繁以助澜，复以邕趣。复如鼓风之浪，繁如卷风之云。浪厚而荡，万石比一叶之轻；云深而釀，零雨有千里之远。斯诚文阵之雄师，词囿之家法矣！然而文势之振，在于用逆，文气之厚，在于用顺。顺逆之于文，如阴阳之于五行，奇正之于攻守也。《论语》“公叔文子之臣大夫僎”，逆而顺也。“君取于吴为同姓，谓之吴《孟子》”，顺而逆也。《孟子》“无恒产而有恒心者，惟士为能”，本言当制民产，先言取民有制。又先言民之陷罪，由于无恒心，而无恒心，本于无恒产，并先言惟士之恒心，不系于恒产，则逆之逆也。“天下大悦而将归己”章，“桀纣之失天下”章，全用逆。“君子之所以异于人者”章，全用顺。深求童习之编，自得伐柯之则。略举数端以需善择。集散者，或以振纲领，或以争关纽，或奇特形于比附，或指归示于牵连，或错出以表全神，或补述以完风裁。是故集则有势有事，而散则有纵有横。《左传》：“君将纳民于轨物者也。故讲事以度轨量谓之轨，取材以章物采谓之物。不轨不物，谓之乱政。”又云：“将修先君之怨于郑，而求宠于诸侯，以和其民。”《孟子》：“是故君子有终身之忧，无一朝之患。”又云：“彼陷溺其民，王往而征之，夫谁与王敌？”又云：“仁不可为众也。夫国君好仁，天下无敌。”又云：“或劳心，或劳力。劳心者治人，劳力者治于人。治于人者食人，治人者食于人。”《韩非子》：“是以赏莫如厚而信，使民利之。罚莫如重而必，使民畏之。法莫如一而固，使民知之。”又云：“夫离法者罪，而诸先生以文学取；犯禁者诛，而群侠以私剑养。故法之所非，君之所取，吏之所诛，上之所养也。”又云：“故明主之国，无书简之文，以法为教。无先生之语，以吏为师。无剑私之捍，以斩首为勇。”又云：“强则能攻人者也，治则不可攻者也。治强不可责于外，内政之修也。”是集势者也。《孟子》引“经始灵台”、“时日曷丧”，征古以明意。说“不违农时”、“五亩之宅”，缘情以比事。《吕览》专精证验，《韩非》旁通喻释。《史记》载祠石坠履而西楚遂以迁鼎；述厕鼠惊人而上蔡无所税驾；曲逆意远，见于俎上；淮阴志异，得之城下；临卬窃赀，好畤分橐；衔晦既殊，心迹斯别。右游侠之克崇退让，而知在位之专恣睚眦；称权利之致于诚壹，而知居上之不收穷民。是集事者也。二帝同典，止纪都俞。五臣共谟，乃书陈告。是纵散者也。然龙门帝纪，已属有心避就；金华臣传，遂至仅存阀阅。宋濂作《九国春秋》，事迹悉详记中。诸臣列传势难重出，寂寥已甚，今吴任臣书即窃其本也。求其继声，未易屈指。《史记》廉将军矜功争列，与避居连文以美震悔之忠；长平侯重揖客，讳击伤，于本传不详以叹尊容之广。程、李名将，而行酒辨其优劣；汲、郑长者，而廷论讥其局趣。是横散者也。然而六法备具，其于文也，犹鱼兔之筌蹄，肤发之脂泽也。《易》曰："观乎人文，以化成天下。"士君子能深思天下所以化成者，求诸古，验诸事，发诸文，则庶乎言有物，而不囿于藻采雕绘之末技也夫！

二三

清包慎伯《答张翰风论诗书》

追惟矮屋一夕之谈，等于笙磬，而临歧握手，唯以苦吟为诫。仁者之赠，心佩不忘。更今三月，竟断韵语，而箧中旧草，未忍焚弃，篇什颇充，不能庄写，附缄去书，敬以相属。宋氏以来，言诗必曰唐，近人乃盛言宋，而世臣独尚六朝。尚六朝者，皆以排比靡丽为工，而世臣独求顿挫悠扬，以邕目送手挥之旨。是以游历数州，未遇可言，何意足下远隔千里，乃为同术！然足下专推阮、陶，世臣则兼崇陆、谢。尝谓诗本合于陈思而别于阮、陆，至李、杜而复合，既合而其末遂分而不可止，此则同之微异者也。盖格莫峻于步兵，体莫宏于平原。步兵之激扬易见，平原之鼓荡难知。天挺两宗，无独有偶。太冲追步公干，安仁接武仲宣，虽云遒丽，无足与参。彭泽沉郁绝伦，惟以率语为累，然上攀阮而下启鲍，孟、韦非其嗣也。康乐清脆夷犹，以行沉郁，如夏云秋涛，乘虚变灭。故论陶于独至，时出谢右，以言竟体芳馨，去之抑远。宣城得其清脆，而沉郁无闻。参军有其沉郁，而犹夷不显。醴陵、开府，庶几具体，而江则格致较轻，微伤边幅。庾则铅华已重，反累清扬。是故善学者必别其流，善鉴者必别其源。景阳、景纯祖述步兵而变为沉响，彦升、法曹宪章康乐而发以么弦。子坚神骨俊逸，倡太白之前声；处道气体高妙，飞子美之嚆矢。是必心契单微，未易与吠声逐迹者说也。三唐杰士，厥有七贤。郑公首赋凭轼　少保续咏临河，高唱复古，珍比素丝。伯玉之骀宕，子寿之精能，次山之柔厚，并具炉冶，无偭高曾，抗坠安详，极于李、杜。所谓一字一句，若奋若搏，彼建安词人，不得居其右者矣！事斯以来，历年三五，师心所向，宗尚如斯。徒以见闻狭隘，材力怯薄，躬之不逮，良用为耻耳。窃谓先王治世之大经，君子淑身之大法，必以礼乐。而礼坏乐崩，来自近古，端绪仅存，唯藉诗教。夫言诗教于今日，难矣！然而纪述必得其序，指斥必依其伦，礼也。危苦者等其曲折，哀思者怀其旧俗，乐也。凡所以化下风上，言无罪而闻足戒者，今之诗，不犹之古乎？世臣生长孤露，早涉忧患，而能饬其领缘，勿迩奇邪，颇谓以诗自泽，言为心声，可意逆而得也。足下幸赐观览，汰其疵类，使得遵录定本，留存异日，庶几自讼有方，时资省察，达则不昧初心，穷则力贞素志，丽泽之益，斯为不负。此间已无可留，半月后便作归计。敝居去歙，近在三程，或能襆被过访，面承指授。天寒殊重，不具欲言。

二四

清包慎伯《与杨季子论文书》

辱书询为古文之要，词意勤恳，世臣何可以当此耶！足下性嗜古书，尤躭齐梁诸子，而下笔顾清迴柔厚，骎骎有西汉之意。世臣僿陋偃蹇，何足以称盛指。谨言其所知而足下择之：窃谓自唐氏有为古文之学，上者好言道，其次则言法。说者曰："言道者，言之有物者也。言法者，言之有序者也。"然道附于事而统于礼。子思叹圣道之大，曰："礼仪三百，威仪三千。"孟子明王道而所言要于不缓民事，以养以教，至养民之制，教民之法，则亦无不本于礼。其离事与礼而虚言道以张其军者，自退之始，而子厚和之。至明允、永叔，乃用力于推究世事，而子瞻尤为达者。然门而言道之语，涤除未尽，以致近世治古文者，一若非言道，则无以自尊其文，是非世臣所敢知也！天下之事，莫不有法，法之于文也尤精而严。夫具五官，备四体，而后成为人。其形质配合乖互，则贵贱妍丑分焉，然未有能一一指其成式者也。夫孟、荀，文之祖也，子政、子云，文之盛也。典型具在，辙迹各殊。然则所谓法者，精而至博，严而至通者也。又有言为文不可落人窠臼，托于退之尚异之旨者。夫窠臼之说，即《记》所讥之剿说雷同也。比如有人焉，五官端正，四体调均，遍视数千万人而莫有能同之者，得不谓之真异人乎哉？而戾者乃欲颠倒条理，删节助字，务取诘屈以眩读者，是何异自憾状貌之无以过人，而抉目截耳，折筋刲胁，蹒行于市，而矜诩其有异于人人也耶？至于退之诸文，序为差劣，本供酬酢，情文无自，是以别寻端绪，仿于策士讽谕之遗，偶著新奇，旋成恶札，而论者不察，推为功宗。其有焙绎前人名作，摘其微疵，抑扬生议以尊己见，所谓蠹生于木而反食其木。又或寻常小文，强推大义。二者之蔽，王、曾尤多。夫事无大小，苟能明其始末，究其义类，皆足以成至文，固不必悉本忠孝，攸关家国也。凡是陋习，染人为易，而熙甫、顺甫乃欲指以为法，岂不谬哉！文类既殊，体裁各别，然惟言事与记事为最难。言事之文，必先洞悉所事之条理原委，抉明正义，然后述现事之所以失，而条画其补救之方。记事之文，必先表明缘起，而深究得失之故，然后述其本末，则是非明白，不惑将来。凡此二类，固非率尔所能，而古今能者必宗此法。机势万变，栝枢无改。至纪事而叙入其人之文，则为尤难。《史记》点窜《内外传》、《战国策》诸书，遂如己出。班氏袭用前文，微有增损，而截然为两家。斯如制药冶金，随其镕范，形依手变，性与物从，非具神奇，徒嫌依傍。马、班纪载旧文，多非原本。故《史记》善贾生推言之论，而班氏《典引》直指以为司马。《始皇纪》后，亦兼载贾、马之名。贾生之文入《汉书》者，已属摘略，而其局度意气，与《过秦》殊科，则知其出于司马删润无疑也。比及陈、范所载全文，多形芜秽，或加以删薙，辄又见为碎缺。故子瞻约赵抃之牍以行己意，而介甫叹为子长复出者，盖深知其难也。《通鉴》删采忠宣，能使首尾完具，利害毕陈，原父炉锤，斯为可尚。世臣从前纂《汪容甫遗集》，曾采未成互异之稿，足为完篇，笔势一如容甫。容甫故工文，体势又略与予近，犹易为力。至作《谷西阿传》，采录其奏议三篇。西阿人能自立，而文笔芜靡，不及其意。世臣因其事必宜传，又恐一加润色，将与国史互异，致启后人之疑，故止为之删削移动，较量篇幅，十不存五，而未尝改易一字，醇茂痛快，顿可诵读。既与原文殊观，又不乱以己意，较之子瞻所作，难易倍蓰，非足下其谁与喻此耶！世臣自幼失学，惟好究事物之情状，足下所志略同。鄙人前后杂文数十百篇，足下大都见之。其是否有合古人立言之旨，以及与近世闻人所言古文相承之法，是否同异，世臣不能自知，又将何以为足下告耶！

二五

清包慎伯《再与杨季子论文书》

辱赐还答，知不以前书为差谬，幸甚，幸甚！然奖借逾分，又有未甚喻意之处，故复进以相闻，惟足下照察。足下谓“圣道即王道，研究事务，擘画精详，则道已寓于文，故更无道可言”。固非世臣所任，而亦非世臣意也。世臣生乾隆中，比及成童，见百为废驰，贿赂公行，吏治汙而民气郁，殆将有变，思所以禁暴除乱，于是学兵家；又见民生日蹙，一被水旱，则道殣相望，思所以劝本厚生，于是学农家；又见齐民跬步，即陷非辜，奸民趋死如骛而常得自全，思所以饬邪禁非，于是学法家。既已求三家之学于古，而饥驱奔走者数十年，验以人情地势，殊不相远。斟古酌今，时与当事论说所宜，虽补偏救弊之术，偶蒙采纳，皆有所效，然极世臣学识之所至，尚未知其能为富强否耶。民富则重犯法，政强则令必行，故过富强者为霸，过霸者为王。诗人之颂王业，曰“如茨如梁”，又曰“莫不震叠”，未有既贫且弱而可言王道者也。故谓富强非王道之一事者，陋儒也！若遂以富强为王道，古先其可诬乎？荀子曰：“学，始于诵诗，终于安礼。学至于礼而止。”孟子曰：“动容周旋中礼者，盛德之至也。”孔子曰“齐之以礼”、“有礼则安”，以礼为国乎何有！世臣溯自有识，迄于中身，非礼之念，时生于心，非礼之行，时见于事，惟不敢荡检逾闲，窃自附于乡党自好之末而已！而足下乃取文以载道之危言，致其推崇。前书方以言道自张为前哲之病，而足下更为此说，是重吾过也！足下又谓“苦学彦昇、季友而不能近，以致词气生涩，非能入汉”。夫太白俯首宣城而不珍建安，子美诗亲子建而苦学阴、何，智过其师，事有天授。故足下之近汉也，得于天，而好彦昇、季友，由于学。然彦昇、季友独到之处，亦汉人所无，足下好之，无庸更疑也。至询及晋卿往复论文之旨，足下疑世臣之别有秘密乎？晋卿古文之学，出于其舅氏张皋文先生。皋文受于刘才甫之弟子王悔生，盖即熙甫、望溪相承之法。而晋卿才力桀骜，下笔辄能自拔。然世臣识晋卿时，晋卿未弱冠，迄今二十年，每论文，则判然无一语相合，而读其文，则必叹赏无与比方。晋卿亦以世臣一览，便见其深，每有所作，必以相示，不以论议殊途为意。是殆所谓能行者未必能言也。又询及选学与八家优劣及国朝名人孰为近古。夫《文选》所载，自周秦以及齐梁，本非一体，八家工力至厚，莫不沉酣于周秦两汉子史百家，而得体势于韩公子、《吕览》者为尤深。徒以薄其为人，不欲形诸论说，然后世有识，饮水辨源，其可掩耶！自前明诸君泥子瞻“文起八代”之言，遂斥选学为别裁伪体。良以应德、顺甫、熙甫诸君，心力悴于八股，一切诵读，皆为制举之资，遂取八家下乘横空起议照应钩勒之篇以为准的。小儒目眯，前邪后许，而精深闳茂，反在屏弃。于是有反其道以求之者，至谓八家浅薄，务为藻饰之词，称为选学，格塞之语，诩为先秦。夫六朝虽尚文采，然其健者，则缓急疾徐，纵送激射，同符《史》、《汉》，貌离神合，精彩夺人。至于秦汉之文，莫不洞达骀宕，刿目怵心，间有语不能通，则由传写讹误及当时方言，以此为师，岂为善择。退之酷嗜子云，碑板或至不可读，而书说健举浑厚，宜为宗匠。子厚劲厉无前，然时有摹拟之迹，气伤缜密。永叔奏议怵怛明畅，得大臣之体，翰札纡徐易直，真有德之言，而序记则为庸调。明允长于推勘，辨驳一任峻急。介甫词完气健，饶有远势。子固茂密安和而雄强不足。子瞻机神敏妙，比及暮年，心手相忘，独立千载。子由差弱，然其委婉敦缛，一节独到，亦非父兄所能掩。足下试各取其全集读之，凡为三百年来选家所遗者，大抵皆出入秦汉，而为古人真脉所寄也，其与《选》学殊途同归。贵乡汪容甫颇有真解，惜其骛逐时誉，耗心饾饤。然有至者，固足为后来先路矣。国初名集，所见甚鲜，就中可指数者：侯朝宗随人俯仰，致近俳优。汪钝翁简点瞻顾，仅足自守。魏叔子颇有才力，而学无原本，尤伤拉杂。方望溪视三子为胜，而气仍寒怯。储画山典实可尚，度涉市井。刘才甫极力修饰，略无菁华。姚姬传风度秀整，边幅急促。张皋文规形抚势，惟说经之文为善。恽子居力能自振，而破碎已甚，碑志小文，乃有完璧。凡此九贤，莫不具标能擅美，独映当时之志，而盖棺论定，曾不足以塞后人之望。白驹过隙，来者难诬。足下齿方弱冠，秀出时流。然生材非难，成材为难。惟望以世臣之荒落为鉴，及时自勉，则斯文之幸也。

二六

清章实斋《文集》

集之兴也，其当文章升降之交乎！古者朝有典谟，官存法令，风诗采之闾里，敷奏登之庙堂，未有人自为书，家存一说者也。刘向校书，叙录诸子百家，皆云出于古者某官某氏之掌，是古无私门著述之征也。余详外篇。自治学分途，百家风起，周秦诸子之学，不胜纷纷，识者已病道术之裂矣，然专门传家之业，未尝欲以文名。苟足显其业而可以授传于其徒，诸子俱有学徒传授，管、晏二子书多纪其身之事，《庄子》亦记学将死之言，《韩非》存韩篇之终以李斯驳议，皆非本人所撰，盖为其学者各据闻见而附益之尔。则其说又遂止于是，而未尝有参差庞杂之文也。两汉文章渐富，为著作之始衰。然贾生奏议，编入《新书》，即《贾子书》，唐《集贤书目》始有《新书》之名。相如词赋，但记篇目，《艺文志》司马相如赋二十九篇，次屈原赋二十五篇之后，而《叙录》总云诗赋一百六家一千三百一十八篇，盖各为一家言，与《离骚》等。皆成一家之言，与诸子未甚相远，初未尝有汇次诸体，裒焉而为文集者也。自东京以降，讫乎建安黄初之间，文章繁矣。然范、陈二史文苑传始于《后汉书》。所次文士诸传，识其文笔，皆云所著诗赋碑箴颂诔若干篇，而不云文集若干卷，则文集之实已具，而文集之名犹未立也。《隋志》云别集之名，东京所创，盖未深考。自挚虞创为《文章流别》，学者便之，于是别聚古人之作，标为别集，则文集之名，实仿于晋代。陈寿定《诸葛亮集》二十四篇，本云诸葛亮故事，其篇目载《三国志》，亦子书之体。而《晋书·陈寿传》云定《诸葛集》，寿于目录标题夹称诸葛氏集，盖俗误云。而后世应酬牵率之作，决科俳优之文，亦泛滥横裂而争附别集之名，是刘略所不能收，班志所无可附。而所为之文，亦矜情饰貌，矛盾参差，非复专门名家之语，无旁出也。夫治学分而诸子出，公私之交也；言行殊而文集兴，诚伪之判也。势屡变，则屡卑，文愈繁，则愈乱。苟有好学深思之士，因文以求立言之质，因散而求会同之归，则三变而古学可兴。惜乎！循流者忘源，而溺名者丧实。二缶犹且以钟惑，况滔滔之靡有抵极哉！昔者向、歆父子之条别，其《周官》之遗法乎！聚古今文字而别其家，合天下学术而守于正，非历代相传有定式，则西汉之末，无由直溯周秦之源也。《艺文志》有录无书者亦归其类，则刘向以前必有传授矣。且《七略》分家亦未有确据，当是刘氏失其传。班《志》而后，纷纷著录者，或合或离，不知宗要。其书既不尽传，则其部次之得失，叙录之善否，亦无从而悉考也。荀勖《中经》有四部，诗、赋、图赞，与汲冢之书归丁部。王俭《七志》以诗赋为文翰志，而介于诸子军书之间。则部集之渐日开，而尚未居然列专目也。至阮孝绪撰《七录》，惟技术、佛、道分三类，而经典、纪传、子兵、文集之四录，已全为唐人经史子集之权舆。是集部著录，实仿于萧梁，而古学源流，至此为一变，亦其时势为之也。呜呼！著作衰而有文集，典故穷而有类书。学者贪于简阅之易，而不知实学之衰；狃于易成之名，而不知大道之散。江河日下，豪杰之士，从狂澜既倒之后，而欲障百川于东流，其不为举世所笑而指目牵引为言词，何可得耶！且名者，实之宾也。类者，例所起也。古人有专家之学，而后有专门之书；有专门之书，而后有专门之授受。郑樵盖尝云尔。即类求书，因流溯源，部次之法明，虽三坟五典，可坐而致也。自校雠失传，而文集类书之学起。一编之中，先自不胜庞杂，后之兴者，何从而窥古人之大体哉！夫《楚词》，屈原一家之书也，自《七录》初收于集部，《隋志》特表楚词类，因并总集、别集为三类，遂为著录诸家之成法。充其义理，则相如之赋，苏李之五言，枚生之七发，亦当别标一目而为赋类、五言类、七发类矣。总集、别集之称，何足以配之！其源之滥，实始词赋不列专家，而文人有别集也。《文心雕龙》，刘勰专门之书也，自《集贤书目》收为总集，《隋志》已然。《唐志》乃并《史通》、《文章龟鉴》、《史汉异议》为一类，遂为郑《略》、马《考》诸子之通规。郑《志》以《史通》入通史类，以《雕龙》入文集类。夫渔仲校雠义例最精，犹舛误若此，则俗学之薄习已久矣。充其义例，则魏文《典论》、葛洪《史抄》、张骘《文士传》《典论·论文》篇如《雕龙》、《史抄》如《史汉异议》、《文士传》如《文章龟鉴》，类皆相似。亦当混合而入总集矣。史部子部之目，何得而分之？《典论》子类也，《史抄》、《文士传》史类也。其例之混，实由文集难定专门，而似者可乱真也。著录既无源流，作者标题遂无定法。郎蔚之《诸州图经集》，则史部地理而有集名矣；《隋志》所收。王方庆《宝章集》，则经部小学而有集名矣；《唐志》所收。元觉《永嘉集》，则子部释家而有集名矣。《唐志》所收。百家杂艺之末流，识既庸阇，文复鄙俚，或抄撮古人，或自命小数，本非集类，而纷纷称集者，何足胜道！虽曾氏《隆平集》亦从流俗，当改为传志，乃为相称。然则三集既兴，九流必混，学术之迷，岂特黎丘有鬼，歧路亡羊而已耶！

二七

清章实斋《古文十弊》

余论古文辞义例，自与知好诸君书，凡数十通，笔为论著，又有《文德》、《文理》、《质性》、《黠陋》、《俗嫌》、《俗忌》诸篇，亦详哉其言之矣。然多论古人，鲜及近世。兹见近日作者所有言论与其撰著，颇有不安于心，因取最浅近者条为十通，思与同志诸君相为讲明。若他篇所已及者不复述，览者可互见焉。此不足以尽文之隐，然一隅三反，亦庶几其近之矣。

一曰：凡为古文辞者，必先识古人大体，而文辞工拙又其次焉。不知大体，则胸中是非不可以凭，其所论次，未必俱当事理。而事理本无病者，彼反见为不然而补救之，则率天下之人而祸仁义矣！有名士投其母氏行述，请大兴朱先生作志，叙其母之节孝，则谓“乃祖衰年病废卧床，溲便无时。家无次丁，乃母不避秽亵，躬亲薰濯”。其事既已美矣，又述“乃祖于时戚然不安。乃母肃然对曰：‘妇年五十，今事八十老翁，何嫌何疑！’”。呜呼！母行可嘉，而子文不肖甚矣！本无介带，何有嫌疑！节母既明大义，定知无是言也。此公无故自生嫌疑，特添注以斡旋其事，方自以为得体，而不知适如冰雪肌肤，剜成疮痏，不免愈痕愈濯瘢矣！人苟不解文辞，如遇此等，但须据事直书，不可无故妄加雕饰，谓之剜肉为疮，此文人之通弊也！

二曰：《春秋》书内不讳小恶。岁寒知松柏之后雕，然则欲表松柏之贞，必明霜雪之厉，理势之必然也。自世多嫌忌，将表松柏而又恐霜雪怀惭，则触手皆荆棘矣！但大恶讳，小恶不讳，《春秋》之书内事，自有其权衡也。江南旧家辑有宗谱。有群从先世为子聘某氏女，后以道远家贫，力不能婚，恐失婚时，伪报子殇，俾女别聘。其女遂不食死，不知其子故在。是于守贞殉烈两无所处，而女之行事，实不愧于贞烈，不忍泯也。据事直书，于翁诚不能无歉然矣！第《周官·媒氏》“禁嫁殇”，是女本无死法也。《曾子问》：“娶女有日，而其父母死，使人致命女氏。”注谓：“恐失人嘉会之时。”是古有辞昏之礼也。今制：“婿远游三年无闻，听妇告官别嫁。”是律有远绝离昏之条也。是则某翁诡托子殇，比例原情，尚不足为大恶而必须讳也。而其族人动色相戒，必不容于直书，则匿其辞曰：“书报幼子之殇，而女家误闻以为婿也。”夫千万里外，无故报幼子殇，而又不道及男女昏期，明者知其无是理也，则文章病矣！人非圣人，安能无失。古人叙一人之行事，尚不嫌于得失互见也。今叙一人之事，而欲顾其上下左右前后之人，皆无小疵，难矣。是之谓八面求圆，又文人之通弊也！

三曰：文欲如其事，未闻事欲如其人者也。尝见名士为人撰志，其人盖有朋友气谊，志文乃仿韩昌黎之志柳州也，一步一趋，惟恐其或失也。中间感叹世情反复，已觉无病费呻吟矣。末叙丧费出于贵人及内亲竭劳其事。询之其家，则贵人赠赙稍厚，非能任丧费也。而内亲，则仅一临穴而已，亦并未任其事也。且其子俱长成，非若柳州之幼子孤露，必待人为经理者也。诘其何为失实至此，则曰：“仿韩志柳墓终篇有云：‘归葬费出观察使裴君行立，又舅弟卢遵既葬子厚，又将经纪其家。’附纪二人，文情深厚，今志欲似之耳。”余尝举以语人，人多笑之，不知临文摹古，迁就重轻，又往往似之矣！是之谓削趾适屦，又文人之通弊也！

四曰：仁智为圣，夫子不敢自居。瑚琏名器，子贡安能自定。称人之善，尚恐不得其实，自作品题，岂宜夸耀成风耶？尝见名士为人作传，自云：“吾乡学者，鲜知根本，惟余与某甲为功于经术耳。”所谓某甲，固有时名，亦未见必长经术也。作者乃欲援附为名，高自标榜，恧矣！又有江湖游士，以诗著名，实亦未足副也。然有名实远出其人下者，为人作诗集序，述人请序之言曰：“君与某甲齐名，某甲既以弁言，君乌得无题品？”夫齐名本无其说，则请者必无是言，而自诩齐名，藉人炫己，颜颊不复知忸怩矣！且经援服、郑，诗攀李、杜，犹曰“高山景仰”！若某甲之经，某甲之诗，本非可恃，而犹藉为名，是之谓私署头衔，又文人之通弊也！

五曰：物以少为贵，人亦宜然也。天下皆圣贤，孔、孟亦弗尊尚矣。清言自可破俗，然在典午，则滔滔皆是也。前人讥《晋书》列传同于小说，正以采掇清言，多而少择也。立朝风节，强项敢言，前史侈为美谈。明中叶后，门户朋党，声气相激，谁非敢言之士？观人于此，君子必有辨矣。不得因其强项申威，便标风烈，理固然也。我宪皇帝澄清吏治，裁革陋规，整饬官方，惩治贪墨，实为千载一时。彼时居官，大法小廉，殆成风俗。贪冒之徒，莫不望风革面，时势然也。今观传志碑状之文，叙雍正年府州县官，盛称“杜绝馈遗，搜除积弊，清苦自守，革除例外供支。”其文洵不愧于循吏传矣。不知彼时逼于功令，不得不然。千万人之所同，不足以为盛节，岂可见奄寺而颂其不好色哉！山居而贵薪木，涉水而宝鱼虾，人知无是理也。而称人者乃独不然，是之谓不达时势，又文人之通弊也！

六曰：史既成家，文存互见。有如《管晏列传》，而勋详于《齐世家》，张耳分题，而事总于《陈余传》，非惟命意有殊，抑亦详略之体所宜然也。若夫文集之中，单行传记，凡遇牵联所及，更无互著之篇，势必加详，亦其理也。但必权其事理，足以副乎其人，乃不病其繁重尔。如唐平淮西，韩碑归功裴度，可谓当矣。后中谗毁，改命于段文昌，千古为之叹惜。但文昌徇于李愬，愬功本不可没，其失犹未甚也。假令当日无名偏裨，不关得失之人，身后表阡，侈陈淮西功绩，则无是理矣。朱先生尝为故编修蒋君撰志，中叙国家前后平定准回要略，则以蒋君总修方略，独力勤劳，书成身死而不得叙功故也。然志文雅健，学者慕之。后见某中书舍人死，有为作家传者，全袭蒋志原文。盖其人尝任分纂数月，于例得列衔名者耳，其实于书未寓目也，是与无名偏裨居淮西功，又何以异？而文人喜于摭事，几等军吏攘功，何可训也！是之谓同里铭旌。昔有夸夫，终身未膺一命，好袭头衔，将死，遍召所知，筹计铭旌题字。或徇其意，假藉例封、待赠、修职、登仕诸阶，彼皆掉头不悦。最后有善谐者，取其乡之贵显，大书"勋阶师保殿阁部院某国某封某公同里某人之柩"，人传为笑。故凡无端而影附者，谓之同里铭旌，不谓文人亦效之也。是又文人之通弊也！

七曰：陈平佐汉，志见社肉。李斯亡秦，兆端厕鼠。推微知著，固智士之相机。搜间传神，亦文家之妙用也。但必得其神志所在，则如图画名家，颊上妙于增毫。苟徒慕前人文辞之佳，强寻猥琐以求其似，则如见桃花而有悟，遂取桃花作饭，其中岂复有神妙哉！又近来学者喜求征实，每见残碑断石，余文剩字，不关于正义者，往往藉以考古制度，补史缺遗，斯固善矣。因是行文贪多务得，明知赘余非要，却为有益后世，推求不惮辞费。是不特文无体要，抑思居今世而欲备后世考征，正如董泽矢材，可胜暨乎！夫传人也，文如其人，述事者，文如其事，足矣。其或有关考征，要必本质所具。即或闲情逸出，正为阿堵传神。不此之务，但知市菜求增，是之谓画蛇添足，又文人之通弊也！

八曰：文人固能文矣，文人所书之人，不必尽能文也。叙事之文，作者之言也，为文为质，惟其所欲，期如其事而已矣。记言之文，则非作者之言也，为文为质，期于适如其人之言，非作者所能自主也。贞烈妇女，明诗习礼，固有之矣。其有未尝学问，或出乡曲委巷，甚至佣妪鬻婢，贞节孝义，皆出天性之优，是其质虽不愧古人，文则难期于儒雅也。每见此等传记，述其言辞，原本《论语》、《孝经》，出入《毛诗》、《内则》，刘向之传、曹昭之诫，不啻自其口出，可谓文矣。抑思善相夫者，何必尽识鹿车鸿案；善教子者，岂皆熟记画荻丸熊。自文人胸有成竹，遂致闺修皆如板印。与其文而失实，何如质以传真也！由是推之，名将起于卒伍，义侠或奋闾阎，言辞不必经生，记述贵于宛肖。而世有作者，于斯多不致思，是之谓优伶演剧。盖优伶歌曲，虽耕氓役隶，矢口皆叶宫商，是以谓之戏也。而记传之笔，从而效之，又文人之通弊也！

九曰：古人文成法立，未尝有定格也。传人适如其人，述事适如其事，无定之中，有一定焉。知其意者，旦暮遇之。不知其意，袭其形貌，神弗肖也。往余撰和州故给事成性志传，性以建言著称，故采录其奏议。然性少遭乱离，全家被害，追悼先世，每见文辞，而《猛省》之篇，尤沉痛可以教孝，故于终篇全录其文。其乡有知名士赏余文曰："前载如许奏章，若无《猛省》之篇，譬如行船，鹢首重而舵楼轻矣。今此娄尾，可谓善谋篇也！"余戏诘云："设成君本无此篇，此船终不行耶？"盖塾师讲授四书文义，谓之时文，必有法度以合程式，而法度难以空言，则往往取譬以示蒙学。拟于房室，则有所谓间架结构；拟于身体，则有所谓眉目筋节；拟于绘画，则有所谓点睛添毫；拟于形家，则有所谓来龙结穴。随时取譬，然为初学示法，亦自不得不然，无庸责也。惟时文结习，深锢肠腑，进窥一切古书古文，皆此时文见解，动操塾师启蒙议论，则如用象棋枰布围棋子，必不合矣。是之谓井底天文，又文人之通弊也！

十曰：时文可以评选，古文经世之业，不可以评选也。前人业评选之，则亦就文论文可耳。但评选之人，多非深知古文之人。夫古人之书，今不尽传，其文见于史传。评选之家，多从史传采录。而史传之例，往往删节原文以就隐括，故于文体所具，不尽全也。评选之家，不察其故，误谓原文如是，又从而为之辞焉。于引端不具而截中径起者，诩谓发轫之离奇。于刊削余文而遽人正传者，诧为篇终之崭峭。于是好奇而寡识者转相叹赏，刻意追摹，殆如左氏所云"非子之求而蒲之觅"矣！有明中叶以来，一种不情不理，自命为古文者，起不知所自来，收不知所自往，专以此等出人思议，夸为奇特，于是坦荡之涂，生荆棘矣！夫文章变化，侔于鬼神。斗然而来，戛然而止，何尝无此景气，何尝不为奇特！但如山之岩峭，水之波澜，气积势盛，发于自然，必欲作而致之，无是理矣。文人好奇，易于受惑，是之谓误学邯郸，又文人之通弊也！

二八

清曾涤生《复李眉生论古文家用字之法书》

接手书，承询虚实譬喻异诂等门，属以破格相告，若鄙人有所秘惜也者。仆虽无状，亦何敢稍怀吝心！特以年近六十，学问之事，一无所成，未言而先自愧赧。昔在京师，读王怀祖、段茂堂诸书，亦尝研究古文家用字之法。来函所询三门：虚实者，实字而虚用，虚字而实用也。何以谓之实字虚用？如："春风风人，夏雨雨人。"上风、雨，实字也；下风、雨，则当作养字解，是虚用矣。"解衣衣我，推食食我。"上衣、食，实字也；下衣、食，则当作惠字解，是虚用矣。"春朝朝日，秋夕夕月。"上朝、夕，实字也；下朝、夕，则当作祭字解，是虚用矣。"入其门，无人门焉者。入其闺，无人闺焉者。"上门、闺，实字也；下门、闺，则当作守字解，是虚用矣。后人或以实者作本音读，虚者破作他音读，若风读如讽，雨读如吁，衣读如裔，食读如嗣之类，古人曾无是也。何以谓之虚字实用？如：步，行也，虚字也。然《管子》之六尺为步，韩文之步有新船，《舆地》之瓜步、邀笛步，《诗经》之国步、天步，则实用矣。薄，迫也，虚字也。然因其丛密而林曰林薄，因其不厚而帘曰帷薄，以及《尔雅》之屋上薄，《庄子》之高门悬薄，则实用矣。覆，败也，虚字也，然《左传》设伏以败人之兵，其伏兵即名曰覆，如郑突为三覆以待之、韩穿帅七覆于敖前，是虚字而实用矣。从，顺也，虚字也。然《左传》于位次有定者，其次序即名曰从，如荀伯不复从、竖牛乱大从，是虚字而实用矣。然此犹就虚字之本义而引伸之也，亦有与本义全不相涉而借此字以名彼物者。如：收，敛也，虚字也，而车之铃名曰收。贤，长也，虚字也，而车毂之大穿名曰贤。畏，惧也，虚字也，而弓之渊名曰畏。峻，高也，虚字也，而弓之挂弦处名曰峻。此又器物命名，虚字实用之别为一类也。至用字有譬喻之法，后世须数句而喻意始明，古人止一字而喻意已明。如：骏，良马也。因其良而美之，故《尔雅》骏训为大。马行必疾，故骏又训为速。《商颂》之"下国骏庞"，《周颂》之"骏发尔私"，是取大之义为喻也。《武成》之"侯卫骏奔"，《管子》之"弟子骏作"，是取速之义为喻也。膍，牛百叶也，或作肶，或作毗，音义并同。牛百叶重叠而体厚，故《尔雅》、《毛传》皆训为厚。《节南山》之"天子是毗"，《采菽》之"福禄膍之"，是取厚之义为喻也。宿，夜止也，止则有留义，又有久义。子路之"无宿诺"，《孟子》之"不宿怨"，是取留之义为喻也。《史记》之"宿将"、"宿儒"，是取久之义为喻也。渴，欲饮也，欲之则有切望之义，又有急就之义。郑笺《云汉诗》曰"渴雨之甚"，石苞《檄吴书》曰"渴赏之士"，是取切望之义为喻也。《公羊传》曰"渴葬"，是急就之义为喻也。至于异诂云者，则无论何书，处处有之，大抵人所共知，则为常语。人所罕闻，则为异诂。昔郭景纯注《尔雅》，近世王伯申著《经传释词》，于众所易晓者，皆指为常语而不甚置论。惟难晓者，则深究而详辨之。如淫，训为淫乱，此常语，人所共知也。然如《诗》之"既有淫威"，则淫训为大。《左传》之"淫刑以逞"，则淫训为滥。《书》之"淫舍梏牛马"，《左》之"淫刍荛者"，则淫当训为纵。《庄子》之"淫文章"、"淫于性"，则淫字又当训为赘。皆异诂也。党，训乡党，此常语，人所共知也。然《说文》云："党，不鲜也。"党字从黑，则色不鲜，乃是本义。《方言》又云："党，智也。"郭注以为解寤之貌。乡射礼"侯党"，郑注以为"党，旁也"。《左传》"何党之乎"，杜注以为"党，所也"。皆异诂也。展，训为舒展，此常语也。即《说文》训展为转，《尔雅》训展为诚，亦常语，人所共知也。然《仪礼》“有司展群币”，则展训为陈。《周礼》“展其功绪”，则展训为录。《旅獒》“时庸展亲”，则展当训为存省。《周礼》之“展牺牲”、“展钟”、“展乐器”，则展又当训为察验。皆异诂也。此国藩讲求故训，分立三门之微意也。古人用字，不主故常，初无定例，要之各有精意运乎其间。且如高平曰阜，大道曰路，土之高者曰冢、曰坟，皆实字也。然以其有高广之意，故《尔雅》、《毛传》于此四字均训为大。“四牡孔阜”、“尔殽既阜”、“火烈具阜”、“阜成兆民”，其用阜字，俱有盛大之意。王者之门曰路门，寝曰路寝，车曰路车，马曰路马，其用路字，俱有正大之意。长子曰冢子，长妇曰冢妇，天官曰冢宰，友邦曰冢君，其用冢字，俱有重大之意。《小雅》之“牂羊坟首”，《司烜》之“共坟烛”，其用坟字，俱有肥大之意。至三坟五典，则高大矣。凡此等类，谓之实字虚用也可，谓之譬喻也可，即谓之异诂也亦可。阁下见读《通鉴》，司马公本精于小学，胡身之亦博极群书，即就《通鉴》异诂之字，偶一钞记，或他人视为常语而己心以为异，则且钞之，或明日视为常语，而今日以为异，亦姑钞之。久之多识雅训，不特譬喻虚实二门可通，即其他各门，亦可触类而贯彻矣！聊述鄙见，以答盛意。

二九

清曾涤生《复陈右铭太守书》

大著粗读一过，骏快激昂，有陈同甫、叶水心诸人之风！仆昔备官朝列，亦尝好观古人之文章。窃以自唐以后，善学韩公者，莫如王介甫氏。而近世知言君子，惟桐城方氏、姚氏所得尤多。因就数家之作而考其风旨，私立禁约，以为有必不可犯者，而后其法严而道始尊。大抵剽窃前言，句摹字拟，是为戒律之首。称人之善，依于庸德，不宜褒扬溢量，动称奇行异征，邻于小说诞妄者之所为。贬人之恶，又加慎焉。一篇之内，端绪不宜繁多，譬如万山旁薄，必有主峰，龙衮九章，但挈一领，否则首尾衡决，陈义芜杂，兹足戒也。识度曾不异人，或乃竞为僻字涩句以骇庸众，斫自然之元气，斯又才士之所同蔽，戒律之所必严。明兹数者，持守勿失，然后下笔，造次皆有法度，乃可专精以理吾之气，深求韩公所谓与相如、子云同工者。熟读而强探，长吟而反复，使其气若翔翥于虚无之表，其辞跌宕俊迈而不可以方物。盖论其本，则循戒律之说，词愈简而道愈进，论其末，则抗吾气以与古人之气相翕。有欲求太简而不得者，兼营乎本末，斟酌乎繁简。此自昔志士之所为毕生矻矻，而吾辈所当勉焉者也！国藩粗识途径，所求绝少，在军日久，旧业益荒，忽忽衰老，百无一成，既承切问，略举所见以资参证。

三〇

清曾涤生《求阙斋日记》论文九则

谋篇布势是一段最大工夫　古文之道，谋篇布势，是一段最大工夫。《书经》、《左传》每一篇空处较多，实处较少，旁面较多，正面较少。精神注于眉宇目光，不可周身皆眉，到处皆目也。线索要如蛛丝马迹，丝不可过粗，迹不可太密也！

熟　古人文笔，有云属波委官止神行之象，实从熟后生出。所谓文入妙来无过熟者，此也。

布局　古文之布局，须有千岩万壑、重峦复嶂之观，不可一览而尽，又不可杂乱无纪。

文欲气盛在段落清　为文全在气盛，欲气盛，全在段落清。每段分束之际，似断不断，似咽非咽，似吞非吞，似吐非吐，古人无限妙境，难于领取。每段张起之际，似承非承，似提非提，似突非突，似纾非纾，古人无限妙用，亦难领取。

奇辞大句须得气以行　奇辞大句，须得瑰玮飞腾之气驱之以行。凡堆重处皆化为空虚，乃能为大篇，所谓气力有余于文之外也。否则气不能举其体矣！

阳刚之美与阴柔之美　吾尝取姚姬传先生之说：文章之道，分阳刚之美，阴柔之美。大抵阳刚者气势浩瀚，阴柔者韵味深美。浩瀚者，喷薄而出之；深美者，吞吐而出之。就吾所分十一类言之：论著类、词赋类宜喷薄，序跋类宜吞吐；奏议类、哀祭类宜喷薄，诏令类、书牍类宜吞吐；传志类、叙记类宜喷薄，典志类、杂记类宜吞吐。其一类中微有区别者：如哀祭类虽宜喷薄，而祭郊社祖宗则宜吞吐。诏令类虽宜吞吐，而檄文则宜喷薄。书牍类虽宜吞吐，而论事则宜喷薄。此外各类，皆可以是意推之。

雄直怪丽茹远洁适　　尝慕古文境之美者，约有八言：阳刚之美，曰雄直怪丽；阴柔之美，曰茹远洁适。蓄之数年，而余未能发为文章，略得八美之一，以副斯志。是夜将此八言各作十六字赞之，至次日辰刻作毕，附录如下：

雄　　划然轩昂，尽弃故常。跌宕顿挫，扪之有芒。

直　　黄河千曲，其体仍直。山势如龙，转换无迹。

怪　　奇趣横生，人骇鬼眩。易玄山经，张韩互见。

丽　　青春大泽，卉卉初葩。诗骚之韵，班扬之华。

茹　　众义辐凑，吞多吐少。幽独咀含，不求共晓。

远　　九天俯视，下界聚蚊。寤寐周孔，落落寡群。

洁　　冗意陈言，類字尽芟。慎尔褒贬，神人共监。

适　　心境两闲，无营无待。柳记欧跋，得大自在。

古文古诗最可学者　　偶思古文古诗最可学者，占八句云：《诗》之节，《书》之括。《孟》之烈，韩之越。马之咽，庄之跌。陶之洁，杜之拙。

古文之道与骈体通　　古文之道，与骈体相通。由徐、庾而进于任、沈，由任、沈而进于潘、陆，由潘、陆而进于左思，由左思而进于班、张，由班、张而进于卿、云。韩退之之文，比卿、云更高一格。解学韩文，则窥六经之阃奥矣！

三一

清张廉卿《答吴挚父论学古人之文在因声以求气书》

来书过以文事见推，且虚怀谘度，谆谆无已，裕钊则何足以知此！虽然，既承下问，不敢不竭其愚。古之论文者曰："文以意为主，而辞欲能副其意，气欲能举其辞。譬之车然，意为之御，辞为之载，而气则所以行也。"其始在因声以求气，得其气，则意与辞往往因之而并显，而法不外是矣！是故契其一，而其余可以绪引也。盖曰意，曰辞，曰气，曰法，之数者，非判然自为一事，常乘乎其机而绲同以凝于一，惟其妙之一出于自然而已。自然者，无意于是，而莫不备至，动皆中乎其节，而莫或知其然。日星之布列，山川之流峙，是也。宁惟日星山川，凡天地之间之物之生而成文者，皆未尝有见其营度而位置之者也，而莫不蔚然以炳，而秩然以从。夫文之至者，亦若是焉而已。观者因其既成而求之，而后有某者某者之可言耳。夫作者之亡也久矣，而吾欲求至乎其域，则务通乎其微，以其无意为之，而莫不至也。故必讽诵之深且久，使吾之气与古人浙合于无间，然后能深契自然之妙，而究极其能事。若夫专以沉思力索为事者，固时亦可以得其意，然与夫心凝形释，冥合于言议之表者，则或有间矣。故姚氏暨诸家因声求气之说为不可易也。吾所求于古人者，由气而通其意以及其辞与法，而喻乎其深。及吾所自为文，则一以意为主，而辞气与法胥从之矣。阁下以为然乎？阁下为苦中气弱，讽诵久则气不足载其辞。裕钊迩岁亦正病此。往在江宁闻方存之云："长老所传：刘海峰绝丰伟，日取古人之文，纵声读之。姚惜抱则患气羸，然亦不废哦诵，但抑其声使之下耳！"是或亦一道乎？裕钊比所遇多乖舛，又迫忧患，于此事恐终无所就。阁下才高而志远，年盛而气锐，它日必能绍邑中诸老盛业！用敢进其粗有解于文字者以为涓埃之裨，惟亮察不宣。

三二

清张廉卿《答刘生论文章之道莫要于雅健书》

蚤春承寄示文数首，入秋，又得手书，勤拳恳至，足下之用心，何其近古人也！足下诸文，所为尊君事略，最肫挚可爱。读《老子》中一段词甚高，闯然入古人之室矣！前幅微觉用力太重，少自然之趣。他文识议并超出凡近，而亦时不免病此。夫文章之道，莫要于雅健。欲为健而厉之已甚，则或近俗。求免于俗而务为自然，又或弱而不能振。古之为文者，若左丘明、庄周、荀卿、司马迁、韩愈之徒，沛然出之，言厉而气雄，然无有一言一字之强附而致之者也。措焉而皆得其所安，文惟此最为难。知其难也，而以意默参于二者之交，有机焉以寓其间，此固非黾莫所能企，而亦非口所能道，治之久而一旦悠然自得于其心，是则其至焉耳。至之之道无他，广获而精导，熟讽而湛思，舍此则未有可以速化而袭取之者也。吾告子止于是矣。夫文之为事至深博，而裕钊所及知者止于是。其所不及知者，不敢以相告也。以足下之才，循而致之以不倦，他日必卓有所就。此乃称心而言，非相誉之辞也。足下勿以疑而自沮焉，可也。足下文，知友中多求观者，故且欲留此，俟他日再奉还耳。惟亮察不宣。

三三

清吴挚甫《与姚仲实论文书》

在津盘桓数日，深敬深敬！大著匆匆读竟，所附记者，大抵得于所闻，非有心得相益。文事利病，亦有不必人言，徐乃自知者。从此不懈，所诣必日进。桐城诸老气清体洁，海内所宗，独雄奇瑰玮之境尚少。盖韩公得扬、马之长，字字造出奇崛，欧阳公变为平易，而奇崛乃在平易之中。后儒但能平易，不能奇崛，则才气弱薄，不能复振，此一失也。曾文正公出而矫之，以汉赋之气运之，而文体一变，故卓然为一代大家。近时张廉卿又独得于《史记》之谲怪。盖文气雄俊不及曾，而意思之恢诡、辞句之廉劲，亦能自成一家。是皆由桐城而推广以自为开宗之一祖，所谓有所变而后大者也！说道说经，不易成佳文。道贵正，而文者必以奇胜。经则义疏之流畅，训诂之繁琐，考证之该博，皆于文体有妨，故善为文者尤慎于此。退之自言“执圣之权”，其言道止《原性》、《原道》等三篇而已。欧阳辨《易》论《诗》诸篇，不为绝作，其他可知。至于常理凡语，涉笔即至者，用功深，则不距自远，无足议也！

三四

清吴挚甫《与严几道论译西书书》

来示谓新旧二学，当并存具列，且将假自它之耀以祛蔽揭翳，最为卓识。某前书未能自达所见，语辄过当。本意谓中国书籍猥杂，多不足行远。西学行，则学人日力，夺去太半，益无暇浏览向时无足轻重之书。而姚选古文，则万不能废，以此为学堂必用之书，当与六艺并传不朽也。若中学之精美者，固亦不止此等。往时曾太傅言："六经外有七书，能通其一，即为成学。七者兼通，则间气所钟，不数数见也！"七书者，《史记》、《汉书》、《庄子》、韩文、《文选》、《说文》、《通鉴》也。某于七书，皆未致力，又欲妄增二书：其一姚公此书，余一则曾公《十八家诗钞》也。但此诸书，必高材秀杰之士，乃能治之。若资性平钝，虽无西学，亦未能追其涂辙。独姚选古文，即西学堂中，亦不能弃去不习。不习，则中学绝矣！世人乃欲编造俚文以便初学，此废弃中学之渐，某所私忧而大恐者也。区区妄见，敬以奉质。别纸垂询数事。某浅学不足仰副明问，谨率陈臆说，用备采择。欧美文字，与我国绝殊，译之似宜别创体制，如六朝人之译佛书，其体全是特创。今不但不宜袭用中文，并亦不宜袭用佛书。窃谓以执事雄笔，必可自我作古。又妄意彼书固自有体制，或易其辞而仍其体，似亦可也。不通西文，不敢意定。独中国诸书，无可仿效耳。来示谓“行文欲求尔雅，有不可阑入之字，改窜则失真，因仍则伤洁”。此诚难事。鄙意与其伤洁，毋宁失真。凡琐屑不足道之事，不记何伤？若名之为文，俚俗鄙浅，荐绅所不道，此则昔之知言者无不悬为戒律。曾氏所谓辞气远鄙也。文固有化俗为雅之一法，如左氏之言“马矢”，庄生之言“矢溺”，公羊之言“登来”，太史之言“夥颐”。在当时固皆以俚语为文，而不失为雅。若《范书》所载铁胫、尤来、大抢、五楼、五蟠等名目，窃料太史公执笔，必皆芟薙不书。不然，胜、广、项氏时必多有俚鄙不经之事，何以《史记》中绝不一见？如今时鸦片馆等比，自难入文，削之似不为过。倘令为林文忠作传，则烧鸦片一事，固当大书特书，但必叙明原委，如史公之记《平准》、班氏之叙《盐铁论》耳，亦非一切割弃，至失事实也。姚郎中所选文，似难为继，独曾文正《经史杂抄》，能自立一帜。王黎所续，似皆未善。国朝文字，姚春木所选《国朝文录》较胜于《廿四家》。然文章之事，代不数人，人不数篇。若欲备一朝掌故，如“文粹”、“文鉴”之类，则世盖多有。若谓足与文章之事，则姚郎中之后，止梅伯言、曾太傅及近日武昌张廉卿数人而已。其余盖皆自郐也。来示谓“欧洲国史，略似中国所谓长篇纪事本末等比”。然则欲译其书，即用曾太傅所称叙记、典志二门，似为得体。此二类，曾公于姚郎中所定诸类外，特建新类，非大手笔不易辨也。欧洲记述名人，失之过详，此宜以迁、固史法裁之。文无翦裁，专以求尽为务，此非行远所宜。中国间有此体，其最著者，则孟坚所为《王莽传》。若《穆天子》、《飞燕》、《太真》等传，则小说家言，不足法也。欧史用韵，今亦以韵译之，似无不可，独雅词为难耳。中国用韵之文，退之为极诣矣。私见如此，未审有当否？

三五

清严几道《译〈天演论〉例言》

一译事三难：信、达、雅。求其信，已大难矣。顾信矣，不达，虽译，犹不译也，则达尚焉。海通已来，象寄之才，随地多有，而任取一书，责其能与于斯二者，则已寡矣。其故在浅尝一也；偏至二也；辨之者少三也。今是书所言，本五十年来西人新得之学，又为作者晚出之书。译文取明深义，故词句之间，时有所慎到附益，不斤斤于字比句次，而意义则不倍本文。题曰“达恉”，不云“笔译”，取便发挥，实非正法。什法师有云：“学我者病！”来者方多，幸勿以是书为口实也！

一西文句中名物字，多随举随释，如中文之旁支，后乃遥接前文，足意成句。故西文句法，少者二三字，多者数十百言，假令仿此为译，则恐必不可通，而删削取径，又恐意义有漏。此在译者将全文神理融会于心，则下笔抒词，自然互备。至原文词理本深，难于共喻，则当前后引衬以显其意。凡此经营，皆以为达。为达，即所以为信也。

一《易》曰：“修辞立诚。”子曰：“辞达而已。”又曰：“言之无文，行之不远。”三者乃文章正轨，亦即为译事楷模。故信、达而外，求其尔雅。此不仅期以行远已耳，实则精理微言，用汉以前字法句法，则为达易，用近世俗利文字，则求达难。往往抑义就词，毫厘千里，审择于斯二者之间，夫固有所不得已也，岂钓奇哉！不佞此译，颇贻艰深文陋之讥，实则刻意求显，不过如是。又原书论说，多本名数格致及一切畴人之学，倘于之数者向未问津，虽作者同国之人，言语相通，仍多未喻，矧夫出以重译也耶！

一新理踵出，名目纷繁，索之中文，渺不可得。即有牵合，终嫌参差。译者遇此，独有自具衡量，即义定名。顾其事有甚难者，即如此书上卷导言十余篇，乃因正论理深，先敷浅说。仆始翻巵言，而钱塘夏穗卿曾佑病其滥恶，谓“内典原有此种，可名‘悬谈’”。及桐城吴丈挚父汝纶见之，又谓“巵言既成滥词，悬谈亦沿释氏，均非能自树立者所为。不如用诸子旧例，随篇标目为佳”。穗卿又谓：“如此则篇自为文，于原书建立一本之义稍晦。”而悬谈、悬疏诸名，悬者，乖也，乃会撮精旨之言，与此不合，必不可用。于是乃依其原目，质译导言，而分注吴之篇目于下，取便阅者。此以见定名之难。虽欲避生吞活剥之诮，有不可得者矣！他如物竞、天择、储能、效实诸名，皆由我始。一名之立，旬月踟蹰，我罪我知，是存明哲。

三六

清马眉叔《文通序》

昔古圣开物成务，废结绳而造书契，于是文字兴焉。夫依类象形之谓文，形声相益之谓字。形也，声也，阅世递变，而相沿讹谬至不可殚极。上古渺矣，汉承秦火，郑、许辈起，务究元本，而小学乃权舆焉。自汉而降，小学旁分，各有专门。欧阳永叔曰：《尔雅》出于汉世。正名物讲说资之，于是有训诂之学。许慎作《说文》，于是有偏旁之学。篆隶古文，为体各异，于是有字书之学。五声异律，清浊相生，而孙炎始作字音，于是有音韵之学。吴敬甫分三家：一曰体制，二曰训诂，三曰音韵。胡元瑞则谓小学一端，门径十数，有博于文者，义者，音者，迹者，考者，评者，统类而要删之，不外训诂、音韵、字书三者而已。三者之学，至我朝始称大备。凡诂释之难，点画之细，音韵之微，靡不详稽旁证，求其至当。然其得失异同，匿庸与嗜奇者又往往互相主奴，聚讼纷纭，莫衷一是。则以字形字声，阅世而不能不变，今欲于已变之后，以返求夫未变之先，难矣。盖所以证其未受之形与声者，第据此已变者耳。藉令沿源讨流，悉其元本，所是正者，一字之疑，一音之讹，一画之误已耳。殊不知古先造字，点画音韵，千变万化，其赋以形，而命以声者，原无不变之理。

而所以形其形而声其声者，神其形声之用者，要有一成之律，贯乎其中，历千古而无或少变。盖形与声之最易变者，就每字言之，而形声变而犹有不变者，就集字成句言之也。《易》曰："艮其辅，言有序"。《诗》曰："出言有章"，曰"有序"，曰"有章"，即此有形有声之字，施之于用，各得其宜，而著为文者也。传曰："物相杂谓之文。"《释名》谓"会集众采以成锦绣"。会集众字以成词谊，如锦绣然也。今字形字声之最易变者，则载籍极博，转使学者无所适从矣。而会集众字以成文，其道终不变者，则古无传焉。士生今日而不读书为文章则已，士生今日而读书为文章，将发古人之所未发，而又与学者以易知易能，其道奚从哉？《学记》谓"比年入学，中年考校，一年视离经辨志"。其疏云："离经，谓离析经理，使章句断绝也。"《通雅》引作"离经辨句"，谓丽于六经，使时习之，先辨其句读也。徐邈音豆。皇甫茂正云："读书未知句度，下视服杜。"度即读，所谓句心也。然则古人小学，必先讲解经理，断绝句读也明矣。夫知所以断绝句读，必先知所以集字成句成读之义。刘氏《文心雕龙》云："夫人之立言，因字生句，积句成章，积章成篇。篇之彪炳，章无疵也。章之明靡，句无玷也。句之清英，字不妄也。振本而末从，知一而万毕矣。"顾振本知一之故，刘氏亦未有发明。慨夫蒙子入塾，首授以四子书，听其终日伊吾。及少长也，则为之师者，就书衍说，至于逐字之部分类别，与夫字与字相配成句之义，且同一字也，有弁于句首者，有殿于句尾者，以及句读先后参差之所以然，塾师固昧然也。而一二经师自命，与攻乎古文词者，语之及此，罔不曰："此在神而明之耳，未可以言传也！"噫嘻！此非循其当然而不求其所以然之蔽也哉！后生学者，将何考藉而问道焉？上稽经史，旁及诸子百家，下至志书小说，凡措字遣辞，苟可以述吾心中之意以示今而传后者，博引相参，要皆有一成不变之例。愚故罔揣固陋，取《四书》、《三传》、《史》、《汉》、韩文为历代文词升降之宗，兼及诸子《语》、《策》为之字栉句比，繁称博引，比而同之，触类而长之，穷古今之简篇，字里行间，涣然冰释，皆有以得其会通，辑为一书，名曰《文通》。部分为四：首正名。天下事之可学者各自不同，而其承用之名，亦各有主义而不能相混。

佛家之根尘法相，法律家之以准皆各及其即若，与夫军中之令，司官之式，皆自为条例。以及屈平之灵修，庄周之因是，鬼谷之捭阖，苏张之纵横，所立之解，均不可移置他书。若非预为诠解，标其立义之所在，而为之界说，阅者必洸洋而不知所谓，故以正名冠焉。次论实字。凡字有义理可解者，皆曰实字。即其字所有之义而类之，或主之，或宾之，或先焉，或后焉，皆随其义以定其句中之位，而措之乃各得其当。次论虚字。凡字无义理可解，而惟用以助辞气之不足者，曰虚字。刘彦和云："至于夫惟盖故者，发端之首唱。之而于以者，札句之旧体。乎哉矣也，亦送末之常科。"虚字所助，不外此三端，而以类别之者因是已。字类既判，而联字分疆，胥有定准，故以论句豆终焉。虽然，学问之事，可授受者规矩方圆，其不可授受者，心营意造。然即其可授受者，以深求夫不可授受者，而刘氏所论之文心，苏辙氏所论之文气，要不难一蹴贯通也。余特怪伊古以来，皆以文学有不可授受者在，并其可授受者而不一讲焉。爰积十余年之勤求深讨以成此编，盖将探夫自有文字以来至今未宣之秘奥，启其缄縢，导后人以先路，挂一漏万，知所不免。所望后起有同志者悉心领悟，随时补正以臻美备，则愚十余年力索之功，庶不泯也已！

三七

清马眉叔《文通例言》

是书本旨专论句读，而句读，集字所成者也。惟字之在句读也，必有其所，而字字相配，必从其类，类别而后进论夫句读焉。夫字类与句读，古书无论及者。故字类与字在句读所居先后之处，古亦未有其名。夫名不正则言不顺，《语》曰：“必也正名乎！”是书所论者三：首正名，次字类，次句读。

古经籍历数千年传诵至今，其字句浑然，初无成法之可指。乃同一字也，同一句也，有一书迭见者，有他书互见者，是宜博引旁征，互相比拟，因其当然以进求其所同所异之所以然，而后著为典则，义类昭然。但其间不无得失，所望后之同志，匡其不逮，俾臻美备。

此书在泰西名为“葛郎玛”。“葛郎玛”者，音源希腊，训曰字式，犹云学文之程式也。各国皆有本国之葛郎玛，大旨相似，所异者，音韵与字形耳。童蒙入塾，先学切音，而后授以葛郎玛。凡字之分类，与所以配用成句之式具在。明于此，无不文从字顺，而后进学格致数度，旁及舆图史乘，绰有余力，未及弱冠，已斐然有成矣。此书系仿葛郎玛而作，后先次序，皆有定程。观是书者稍一凌躐，必至无从领悟。如能自始至终，循序渐进，将逐条详加体味，不惟执笔学中国古文词，即有左宜右宜之妙，其于泰西古今之一切文字，以视自来学西文者，盖事半功倍矣！

构文之道，不外虚实两字。实字，体骨；虚字，神情也。而经传中实字易训，虚字难释。《颜氏家训》有《音辞》篇，于古训罕有发明。独赖《尔雅》、《说文》二书解释经传之词气，最为近似。然亦时有结鞫为病者。至以虚实之字，措诸句读间，凡操笔为文者，皆知当然。而其当然之所以然，虽经师通儒，亦有所不知。间尝为《孟子》"亲之欲其贵也，爱之欲其富也"两句中之两其字皆指象言，何以不能相易？《论语》"爱之能勿劳乎，忠焉能勿诲乎"两句之法相似，何为之焉二字，变用而不得相通？"俎豆之事，则尝闻之矣。军旅之事，未之学也"两句之法，矣也二字，何亦不能互变？凡此之类，曾以叩攻小学者，则皆知其如是，而卒不知其所以如是。是书为之曲证分解，辨析毫厘，务令学者知所区别，而后施之于文，各得其当。若未得其真解，必将穷年累月，伊吾不辍，执笔之下，犹且与耳谋，与口谋，方能审其取舍。劳逸难易，迥殊霄壤！

此书为古今来特创之书。凡事属创见者，未可徒托空言，必确有凭证而后能见信于人。为文之道，古人远胜今人，则时运升降为之也。古文之运，有三变焉。春秋之世，文运以神。《论语》之神淡，《系辞》之神化，《左传》之神隽，《檀弓》之神疏，庄周之神逸。周秦以后，文运以气。《国语》之气朴，《国策》之气劲，《史记》之气郁，《汉书》之气凝，而《孟子》则独得浩然之气。下此则韩愈氏之文，较诸以上运神运气者，愈为仅知文理而已。今所取为凭证者，至韩愈氏而止。先乎韩文而非以上所数者，如《公羊》、《穀梁》、《荀子》、《管子》亦间取焉。维排偶声律者，等之自郐以下耳。凡所取书，皆取善本以是正焉。

书中正文，只叙义例，不参引书句，则大旨易明。正文内各句，有须引书为证者，则从《十三经注疏》体，皆低一格写，示与正文有别。引《论语》、《孟子》、《大学》、《中庸》与《公羊》、《穀梁》，只举《论》、《孟》、《学》、《公》、《穀》一字以冠引书之首。《国语》、《国策》，只举《语》、《策》，而以所引《语》、《策》之国名冠之。

《公》、《穀》之后，缀以某公某年。引《左氏》则不称《左》，单标公名与其年。《庄子》只称篇名。《史记》只称某某本纪，某某世家，列传八书亦如之。《前汉》只称某帝，某传某志。若引他史，必称史名，如《后汉》、《三国》、《晋书》之类。韩文单举篇名，且删其可省者。

诸所引书，实文章不祧之祖，故可取证为法。其不如法者，则非其祖之所出，非文也。古今文词经史道家，姚姬传氏之所类纂，曾文正之杂钞，旁如诗赋词曲，下至八股时文，盖无有能外其法者。

凡引书句，易与上下文牵合误读，今于所引书句俱用小字居中印。于所引书名篇名之旁以线志之，以示区别。

三八

胡以鲁《论译名》

传四裔之语者曰译，故称译必从其义。若袭用其音，则为借用语，音译二字，不可通也。借用语固不必借其字形。字形虽为国字，而语非己有者，皆为借用语。且不必借其音也。外国人所凑集之国字，揆诸国语不可通者，其形其音虽国语，其实仍借用语也。借用语原不在译名范围内，第世人方造音译之名，以与义译较长短，故并举而论之。

社会不能孤立，言语又为交际之要具，自非老死不相往还。如昔之爱斯几摩人者，其国语必不免外语之侵入。此侵入之外语，谓之借用语。然言语为一社会之成俗，借用外语，非其所习，亦非其所好也。不习不好，而犹舍己从人，如波兰人之于俄语者可不论，不然者，必其事物思想非所固有，欲创新语，其国语又有所短，不得已而后乞借者也。固有之事物思想少而国语不足以为译者，概言之，即其国之文化，相形见绌，而其国语之性质，又但宜借用，不宜义译耳。波斯语中，亚剌伯语居多数，英语中，拉丁、希腊、法语等居七分之五；日语中，汉语等居半，是其彰明较著者也。吾国语则反是。自来中国与外国交通，惟印度佛法入中国时，侏离之言随之，所谓多义、此无、顺古、生善以及此土所无者，皆著为例，称五不翻也。然迄今二千有余载，佛法依然，不翻之外语，用者有几？顶礼佛号以外，通常殆无闻也。外患之侵，无代蔑有，外语之防，则若泾与渭。征服于蒙古者百年，而借用歹以代不好，如郑思肖所称者，殆为仅有之例。征服于满洲者亦几三百年，语言则转以征服之，借为我用者殆绝无也。殆于晚近，欧西文物盛传，借用外语者方接踵而起。持之有故，言之成理者，约举之，盖有六派：

（一）象形文字，多草昧社会之遗迹，思想变迁，意标依旧，于是以为非外语不足以表彰新颖之名词。嫌象形之陋，主张借用外语者，此一派也。

（二）意标文字，多望文生义之蔽。名词为通俗所滥用，习为浮华，泛然失其精义，则利用外语之玄妙以严其壁垒，此一派也。

（三）侨居其地，讽诵其书，对于外语名词，联想及其文物，乡往既深，起语词包晕之感。以为非斯词必不足以尽斯义者，此一派也。

（四）名词之发达不同，即其引伸之义不能无异，辗转假借，又特异于诸语族之所为，藉以表彰新事新理所含众义，往往不能吻合，则与其病过不及，毋宁仍外语之旧，以保其固有之分际，此一派也。

（五）习俗不同，则事功异；风土不同，则物产异。西势东渐，文物蒸蒸，吾国名词，遂无以应给之。此土所无，宜从主称者，此一派也。

（六）北宋之亡，民日以媮。文敝言废，常用不过千名而止，事物虽繁，莫能自号。述易作难，姑且因循者，此又一派也。

最后二派，鉴于事实不得已，前之四派，则持名理以衡言语者也。今先向名理论者一为解说，然后就事实论者商榷焉。

天地之始无名也。名之起，缘于德业之摹仿。草昧之人，摹仿不出感觉感情二事，则粗疏迷离之义，遂为名词先天之病矣。此麦斯牟拉之所云，诸国语之所大同者也。习俗既成，虽哲者无能为力，竭其能事，亦惟定名词之界说，俾专用于一途，或采方言借用语以刷新其概念耳。然方言借用语既未尝不同病。定义之功，新奇之感，又不过一时而止，习久则用之泛滥，义亦流而为通俗，粗疏迷离，又如故矣！疗后天病者，其法其功亦不过如前而止。费文豪之大力，作一时之补苴。思想之进化，与言语之凝滞，其相去终不可以道里计。二十世纪光明灿烂新世界，聆其名词，非不新颖玄妙也，语学者一追溯其本义，则索然于千百年之上矣。象形文字，固其彰明较著者，音标语亦复如是也。通常用语，既因循旧名而不变，学术新语，亦大抵取材于希腊、拉丁而损益之。其旧社会之文化，未尝高出于吾国，其措义独能适用于今乎？知其不适而徒取音之标义，乃利其晦涩以自欺也，则非学者所当为。将利用其晦涩以免通俗之滥用也，其效亦不过一时。习用之而知其本义，则粗疏迷离之感，既同于意标，习用之而不知，则生吞活剥之弊，或浮于望文生义矣。推其本原，一由人心措词张皇欲为之，一由联想习惯性为之。科学不能私名词为己有，即不得祛其病而去，语无东西，其敝一也。人心既有张皇欲矣，发语务求其新颖，冀以耸人之听闻。闻者固亦有张皇欲而以新颖为快也。新名词既奏其效，遂于不甚适用处，亦杂凑而尝试之，辗转相传，名词遂从此泛滥矣。淫巧浮动之国民，其张皇之欲望，其习惯之变迁愈甚，则此泛滥之病愈剧。泛滥者日久而厌倦也，则与外语相接触，即取而借用之。苟其文化较逊，则对于借用语，不惟有新颖之感，亦且不胜崇拜之情焉。一见闻其名词，恍乎其事其物，皆汹涌而靡遗，是所谓包晕之感也。此感既深，对于借用语，遂神秘之无以易，而不悟此包晕者，为吾心自发之联想，为名词后起之义。及至习以为常，吾心之役于外语者，盖已久矣。使向者独立自营，虽事物非吾固有，而名与实习，固亦能如是也。名者，实之宾而已，视用为转移，何常之有！虽名词既成后，引伸之义，不能无异同。然如吾国语者，易于连缀两三词成一名词，义之过不及处，仍得藉两三义之杂糅，有以损益之也。

例如逻辑，犹吾国之名学也。论者以名之义不足以概逻辑，遂主张借用之而不译。夫不足云者，谓从夕从口取冥中自命之义，其源陋也，谓通俗之义多端也，谓引伸之义不同也，亦谓西洋之逻辑，褎然成一科学，尤非吾国昔之名学比也。是固然矣。然逻辑一词源于希腊，训词、训道，其本义之褊陋略同。引伸词与道之义，举凡一切言之成理，本条理以成科者，皆结以逻支。逻支者，逻辑之语尾音变也。吾国语，特木强难变耳。刑名、爵名、文名、散名，其引伸处亦有同者。假借之义，诚不若吾国之多，然能以之为科学而研究之，则斟酌损益，仍非无术。曰演绎名理，曰归纳名理，望而知其为名学之专名，其义所涵，视隐达逻辑、题达逻辑之但作内引外引解者，有过之，无不及也。岂得以其易解易泛之故，因噎废食哉？况教师就任曰隐达，折减以去亦曰题达。易地皆然，浮泛之病，不自吾始乎？培根后之逻辑，与亚利斯多德氏所草创者较，其内容之精粗，相去悬如，培根甚且斥亚氏之逻辑为无裨于人知。然斥之而犹袭用其名不变者，希腊、拉丁语固为西洋诸国语之母，向且诵其书以学逻辑之学矣，深入人心，积重难变，概念随用，义为转移，无待乎变更。强欲变更，而词义肤浅之国语，又有所不足也。不足云者，文化短绌，未尝具此概念。语词之发达，又以在物质在感觉者居多，表形上之思，粗笨不适也。吾国语自与外语接触以来，对外文化之差，既非若波斯之于亚刺伯，英之于拉丁、希腊，日本之于我，词富形简，分合自如，不若音标之累赘，假名之粗率。数千年来，自成大社会，其言语之特质，又独与外语异其类，有自然阻力若此，此借用语所以至今不发达于吾国也。

况意标文字中，取借用音语杂糅之，诘屈聱牙，则了解难。词品不易辗转，则措词句度难。外语之接触不仅一国，则取择难。同音字多，土音方异，则标音难。凡此诸难事，解之殆无术也。主张借用语者，宁不为保重学术计乎？对于通俗，则磔格不能入，徒足神秘其名词而阁束之。稍进者，据吾国所定学校之学科，宜已通解一二之外语，即无需此不肖之赘疣。更进则悉外语之源流，当益鄙以羊易牛之无谓矣！形象粗笨，如德语，对外新名词亦勉取义译，且不复借材于希腊、拉丁之旧语。十二三世纪以来，伊之邓堆、英之仓沙、德之加堆等，无不以脱弃外语、厘正国语为急者，盖国家主义教育之趋势也。弹琵琶，学鲜卑语者，方洋洋盈耳，挽之犹恐不及，奈何推而助之耶？

理之曲直若彼，势之顺逆，计之得失若此。吾于是决以义译为原则，并著其例如下：

（一）吾国故有其名，虽具体而微，仍以固有者为译名。本体自微而著，名词之概念，亦自能由屈而伸也。例如名学原有概念，虽不及今之西洋逻辑，然其学进，其名之概念必能与之俱进，亦犹希腊逻辑之于今日也。

（二）吾国故有其名，虽概念少变，仍以故有者为译。概念由人，且有适应性，原义无妨其陋，形态更可不拘也。例如谷一稔为年，月一周为月，一夜转为日，今者用阳历，概念虽少变，以之表四季三十日十二辰之时依然者，无妨沿用吾旧名。以四季为年，季节之义，亦原于农时。以月周为月，对夜而称日照时间为日，西语亦大略相同，至今未见其不通也。以序数称日略“日”之语词，则犹我国以基数称日耳，亦未尝以“号”相称也。无病呻吟何为哉？

（三）吾国故有其名，虽废弃不用，复其故有。人有崇古之感情，修废易于造作也。例如俗名洋火，不可通也。吾国固有悴儿、火寸等称，《天禄识余》载杭人削木为小片，薄如纸，镕硫黄涂木片顶分许，名曰发烛，又曰焠儿。史载周建德六年，齐后妃贫者以发烛为业。宋陶公谷《清异录》云：夜有急，苦于作灯缓，有知者披杉条染硫黄，置之待用。一与火遇，得焰穗然，呼为引光奴。今遂有货者，易名火寸。曷取而用之？

（四）但故有之名，新陈代谢既成者，则用新语。言语固有生死现象，死朽语效用自不及现行语也。例如质剂非不古雅也，第今者通用票据，则译日人所谓手形者，亦自译作票据而已。又如古之冠，不同于今之帽。免冠，又非若今之行礼也，有译脱帽为免冠者，事物不称，饰从雅言，百药所以见讥于子玄也！

（五）吾国未尝著其名，日本人曾假汉字以为译，而其义于中文可通者从之。学术，天下公器。汉字，又为吾国固有。在义可通，尽不妨假手于人也。例如社会、淘汰等语，取材于汉籍，主观、客观等，与邦人所译不谋而合。尤觇书同文者，其名尽可通用也。

（六）日人译名，虽于义未尽允洽，而改善为难者，则但求国语之义可通者因就之。名词固难求全，同一挂漏，不如仍旧也。例如心理学，以心之旧义为解，诚哉其不可通。第在彼取义希腊，亦既从心概念屈伸，今义已无复旧面目矣！欲取一允当之新名不可得，则因陋就简而已！

（七）日人译名，误用吾故有者，则名实混淆，误会必多，亟宜改作。例如经济义涵甚广，不宜专指钱谷之会计，不若译生计之为愈。场合为吴人方言，由场许转音，其义为处，不能泛指境遇、分际等义也。又如治外法权，就吾国语章法解之，常作代动字之治字下缀以外字者，宜为外国或外人之隐名，若欲以外为状词，其上非常用名字者不可（例如化外）。黄遵宪译《日本国志序》，治外法权概译为领事裁判权，固其所也。然则译作超治法权或超治外法权何如？

（八）故有之名，国人误用为译者，亦宜削去更定。误用者虽必废弃语，第文物修明之后复见用，则又淆惑矣。是宜改作者。第近似相假借者，则言语所应有，自不必因外名之异，我亦繁立名目耳。例如镛锑，本火齐珠也，今借锑以译金类元素之名。汽，本水涸也，今借汽以译蒸气之名，则不可。第如炱煤曰煤，古树入地所化，亦因其形似曰煤，则不妨假借，不必因外语异名而此亦异译也。必欲区别，加限制字可已。

（九）彼方一词而众义，在我不相习，易于淆惑者，随其词之用义分别译之。例如“梭威稜帖”（sovereingty）一词，英人假借之至于三义。吾译应从其运用之方面及性质，或译主权，或译统治权，或译至高权，不能拘于一也。又如财产权、物权、所有权，英人以“伯劳伯的”（property）一词概之者，在译者则宜分别之。此假借不同也。（不悟假借之异，宜有各执一端以相讼者矣）又有西语简陋而吾国特长者，亦不当从其陋，如伯叔舅之称无别，从表兄弟之称无别，斯所谓窕语也，自亦宜分别为译。旧邦人事发达万端，西方恒言，在吾为窕语者，固不知凡几也。

（十）彼方一词，而此无相当之词（即最初四条所举皆不存也）者，则并集数字以译之。汉土学术不精，术语自必匮乏，非必后世呰窳之故也。故事事必兴废以傅会，不惟势有所难，为用亦必不给。况国语发展有多节之倾向，科学句度以一词为术语，亦蹇跛不便乎！例如“爱康诺米”（economy），译为理财，固偏于财政之一部，计学之计字，独用亦病跛畸，不若生计便也。

（十一）取主名之新义（如心理等词，改善为难者），非万不得已，毋取陈腐以韬晦。例如“非罗沙非”（philosophy），日人译为哲学，已得梗概。章师太炎译为玄学，尤阐其精义。爱智二字，造者原为偶然，还从其陋，甚无谓也。

（十二）取易晓之译名，毋取暧昧旧名相淆乱。例如“狃脱”（neuter），原为不偏，译作中或中立可也。假罔两之鬼名以混之，则惑矣。又如文法上诸名词，《马氏文通》所译皆畅明易晓。不曰动字而曰云谓，不曰介词而曰介系，则诚文人所以自盖浅陋者哉！

（十三）宜为世道人心计，取其精义而斟酌之于国情，勿舍本齐末，小学大遗以滋弊。例如权利、义务，犹盾之表里二面，吾国义字约略足以当之。自希腊有正义即权力之说，表面之义方含权之意。而后世定其界说，有以法益为要素者，日人遂撷此二端，译作权利，以之专为法学上用语，虽不完，犹可说也。一经俗人滥用，遂为攘权夺利武器矣。既不能禁通俗之用，何如慎其始而译为理权哉。义务之务字，含有作为之义，亦非其通性也。何如译为义分。

（十四）一字而诸国语并存者，大抵各有其历史事实及国情，更宜斟酌之，分别以为译。例如吾国旧译同一自由也，拉丁旧名曰“立白的”（liberty），以宽肆为意；盎格鲁萨克逊本语云“勿黎达姆”（freedom），则以解脱为意。盖罗马人遇其征服者，苛酷而褊啬，得享较宽之市民权者，便标为三大资格之一，与英人脱贵族大地主之束缚者不同也。此译亦既不易改作矣，后有类此者，宜慎厥始。

（十五）既取译义，不得用日人之假借语（日人所谓宛字也）。既非借用，又不成义，非驴非马，徒足以混淆国语也。例如手形、手续等等，乃日人固有语，不过假同训之汉字撇掇以成者，读如国语，而实质仍日语也，徒有国语读音之形式，而不能通国语之义，则仍非国语。读音之形式既非，实质失其依据，则亦非复日本语，名实相淆，莫此为甚。票据之故有语，程叙之译语，未见其不适也，是亦不可以已乎？

（十六）既取义译，不必复取其音。音义相同之外语，殆必不可得，则两可者，其弊必两失也。例如么匿、图腾，义既不通，音又不肖，粗通国文者，或将视为古语，通外语者又不及联想之为外语，似两是而实皆非，斯又焉取斯哉？即如几何有义可解矣，然数学皆求几何，于斯学未尝有特别关联也。彼名“几何米突”，原义量地几何地之义也。割截其半，将何别于地质学、地球学、地理学等之均以几何二音为冠者乎？音义各得其一部，不如译为形学多矣！

（十七）一字往往有名字动字两用者，译义宁偏重于名字，所以尊严名词概念也。用为动字，则或取其他动字以为助。例如“题非尼荀”（definition），日人译为定义，此译为界说。就吾国语句度言之，名字上之动词，常为他动，其全体亦即常为动词。定义有兼摄“题文”（define）动字之功，然非整然名词也，宁取界说，虽木强而辞正。欲用为动词，则不妨加作为等字。

（十八）名词作状词用者，日译常赘的字，原于英语之“的”（ty）或“的夫”（tive）语尾，兼取音义也。国语乃之字音转。通俗用为名代者，羼杂不驯，似不如相机斟酌也。例如名学的、形学的，可译为名理、形理。国家的、社会的，可译为国家性、社会性。人的关系、物的关系，可译为属人关系、属物关系。道德的制裁、法律的制裁，可译为道德上制裁、法律上制裁。相机斟酌，不可拘也。

（十九）日语名词，有其国语前系，或日译而不合吾国语法者，义虽可通，不宜袭用，防淆乱也。例如相手、取缔等，有相取前系而不可通者，十五条既概括之矣。即如打击、排斥、御用、入用等，带有前系词，及所有、持有等，诸译名义非不可通者，然不得混用。此非专辟外语也，外语而与国语似而其法度异，足以乱国语纲纪者，不得不辟也。

（二十）器械之属，故有其名者，循而摭之；故无其名者，自我译之。名固不能以求全，第浅陋、迷信、排外、媚外等义不可有。例如洋火，浅陋也；钟曰自鸣，迷信也；何如循旧名曰淬儿、曰钟乎？欧语语源，亦大抵钟之旧名。餐曰番餐，排外也；曰大餐，曰大餐间，曰大衣，大帽，又由排外变而为媚外。若为大势所趋，则余欲无言。不然，欲区别之，冠以西字、洋字可也。必欲号称新奇，如古之称胡麻饭、贯头衣，各与以译名，亦无不可，乌所用其感情哉！

此以义译为原则者也。第事物固有此土所无而彼土专有者，则比字属名以定其号。终不可题号者，无妨从其主称。

（一）人名以称号著，自以音为重，虽有因缘，不取义译。如摩西以水得名者，不能便取其义而名之曰水。严格言之，如慕容、冒顿之慕、冒，轻唇音，且宜读古重唇以肖其原名也（阏氏迄今犹读胭脂者，其严格者也）。然读史在知其为人，苟但求西史普通智识，则人名亦不妨略肖国人姓名以便记忆，收声等无妨从略。华盛顿、拿破仑等名，通俗知之，蒙古、印度史中人名，虽学子不能记忆。无他，相似者易为习，诘诎者难为单节语国民识也。孔、孟二名之作罗马音也，赘有 us 拉丁语尾，西人遂一般习知之，且未尝误会其为希腊、罗马人也。以汉音切西名，势必不肖，不肖而犹强为之，无非便不解西文者略解西史耳。然则曰叶斯比，曰亚利斯多德，庸何伤。至谓为解西文者说法，则纯用西文，且读作其人本国语之音，是固鄙意所期也。

（二）地名取音与人名同。可缘附者不妨缘附，如新嘉坡是也。可略者无妨从略，如桑港是也。国名、洲名之习用者，不妨但取首音，如亚洲、英国是也。音声学应有之损益，无妨从惯习而损益之，如美利坚、重音在母音后之第二节，其母音往往不成声。如俄罗斯欲明辨首音之重音，或至别添一音，此所谓不同化也。是也。其所异于人名者，则可译无妨译义，如喜望峰、地中海、黑海、红海等是已。第渺茫之义及国家之名一成不可译。如或谓吾国支那之名本于缯儿，然不能称支那曰缯儿。尼达兰义为洼地，不能称尼达兰曰洼地。日本之名虽自我起，既成则不能更曰扶桑。

（三）官号各国异制，多难比拟，不如借用其名以核其实，如单于、汗且渠、当户、百里玺天德，皆其例也。然法制日趋大同，官职相似者日多，既相似，故不妨通用此号。而非汉官所有，特为作名，如左右贤王、僮仆都尉，古亦有其例也。

（四）鸟兽草木之名，此土所有者，自宜循《尔雅》、《本草》诸书，摭其旧名。此土所无而有义可译者，仍不妨取义，如知更鸟、勿忘草等是也。无义可译，则沿用拉丁旧名，然亦宜如葡萄、苜蓿，取一二音以为之，俾同化于国语也。

（五）金石化学之名亦然。金银盐礬故有者不必论。有义者，则如酒精、苹果酸等取义译。无义者，则依拉丁首一二音作新名，然音不可强用他义之旧名（例如锑本有火齐珠之义，不可以为原素名），义不可漫撷不确定一端之义（例如轻气在当时以其为原素中之最轻，今则义变而名竅矣），斟酌尽善，则专家之务也。

（六）理学上之名最难迻译。向有其名，如赤道、黄道者仍旧贯。确有其义，如温带、寒带者从义译。专名无关于实义者，不妨因故有之陋，如星以五行名，电以阴阳名，无损于其实也。似专名而义含于其名者则宜慎重，称“爱耐而几”（energy）曰储能，称“伊太”（ether）曰清气，漫加状词，殆未有不误谬者。“爱耐而几”，固有储有行；“伊太”在理想中，无从状其清浊也。爱耐而几，或可译作势乎？伊太，则伊太而已矣。

（七）机械之属，有义可译者，如上第二十条所云。无可译者，则仿后三四条作新名，璧柳珂玻，古原有其例也。“亚更”（organ），不能译原义曰机。“批阿娜”（piano）不能译原义曰清平，而曰风琴、洋琴，则淆矣。无已，其亦借音作名，如古之琵琶乎？

（八）玄学上多义之名不可译，如内典言般若，犹此言智慧，而智慧不足以尽之。亚利斯多德言“奴斯”（nous），犹此言理，而理不足以尽之。名之用于他者，犹无妨其不尽。玄学则以名词为体，以多义为用者，不可以不尽也。

（九）宗教上神秘之名不可译，如“曼那”（manus），译为甘露，则史迹讹淆。涅槃，译为乌有，则索然无味。佛义为知者，不能号为知者。基督义为灌顶，不能称其灌顶王也。

（十）史乘上一民族一时特有之名不可译，如法律史上罗马人之自由权、市民权、氏族权，称曰“三加普”（triacaputa），不能译加普曰资格，政治史上希腊人放逐其国人之裁判法曰“亚斯托剌西斯姆”（ostracism），不能译其义曰国民总投票等是也。

美诗人普来乌德氏尝语其友曰：“观君数用法兰西语。果使精练英语，无论何种感想，自有语言可表，安用借法语为也！”德文豪加堆且曰：“表示感想，惟国语为最适切。”诚哉！好用外语者，盖未尝熟达国语也。自史籀之古书凡九千名，非苟为之也。有其文者必有其谚言，秦篆杀之，《凡将》诸篇继作，及邧氏时，亦九千名。衍乎邧氏者，自《玉篇》以逮《集韵》，不损三万字，非苟为之。有其文者必有其谚言：刻玉曰琢。刻竹以为书曰篆。黑马之黑，与黑丝之黑，名实眩也，则别以骊、缁。青石之青，青笋之青，名实眩也，则别以苍筤、琅玕。白鸟之白，白雪之白，白玉之白，名实眩也，则别以皠、皑、皦。怨偶，匹也；合偶，匹也。其匹同，其匹之情异，则别以逑、仇。马之重迟，物之重厚，其重同，其重之情异，则别以笃、竺。此犹物名也，更以动静名言之：直言曰经。一曲一直曰迂。自圆心以出辐线，稍前益大曰耍。两线平行略倾，渐远而合成交角曰皀。车小缺复合曰辍。釜气上蒸曰融。南北极半岁见日，半岁不见日，曰暨。东西半球两足相抵曰僢。简而别，昭而切，则孳乳之用，具众理而应万事。古者术语固无虞其匮乏也。后世俗偷文敝，使术名为废语。于是睹外货，则目眩神摇，习西学，则心仪顶礼。耳食而甘，觉无词以易，乞借不足，甚且有倡用万国新语者。习于外而忘其本，滔滔者盖非一日矣！欧语殊贯，侵入犹少，日人之所矫揉者，则夺乱陵杂，不知其所底止也。吾虽于义译五六条下，著日人译语，不妨从同，然集一政党，亦必曰国民、曰进步、曰政友、曰大同俱乐部，亦何呰媮至于斯极乎！国语，国民性情节族所见也。汉土人心故涣散，削于外族者再，所赖以维持者厥惟国语。使外语蔓滋，陵乱不修，则性情节族沦夷，种族自尊之念亦将消杀焉，此吾所为涓涓而悲也！综上所著三十条，更为之申言曰：故有其名者，举而措之，荀子所谓散名之在万物者，从诸夏之成俗曲期也。故无其名者，骈集数字以成之。国语释故、释言而外，复有释训，非联缔两字，即以双声、叠韵成语，此异于单举。又若事物名号合用数言，放勋、重华，古圣之建名，阿衡、祈父，官僚之定名，是皆两义并为一称，犹西语合希腊、拉丁两言为一名也。今通俗用言虽不过二千，其不至甚忧匮乏者，犹赖此转移，盖亦吾国语之后天发达也。音少义多，单举易淆，明体达用，莫便于此。荀子所谓累而成文，名之丽也，无缘相拟，然后仿五不翻之例，假外语之一二音作之，荀子所谓有循于旧名，有作于新名也。

本斯三端，著为三十例，冀于斯道稍有所贡献，当否不敢知也。至于切要之举，窃以为宜由各科专家集为学会，讨论抉择，折衷之于国语国文之士，复由政府审定而颁行之。例如日本，法政家之名从国法，学术之名从学会，国家主要用品如军舰、飞艇等名，则由政府布告以完定之。名正则言顺，庶几百官以治，万民以察乎？

三九

容挺公《致甲寅记者论译名》

记者足下：顷读贵志《译名》一首，《逻辑》二首，音译之说，敬闻命矣。如“依康老蜜”，如“逻辑”，如“萨威稜帖”，如“札斯惕斯”等，学名术语，兼示其例。又闻《庸言报》载有胡君以鲁《论译名》一首，于夙昔尊论，有所指弹。愚未读《庸言》，弗详胡说。窃思足下于迻译究心甚深，持说甚坚。愚于此本极疏陋，直觉所见未能苟同，怀疑填臆，请得陈之：“逻辑”及“依康老蜜”二语，倘指科学，用作学名，则愚颇以音译为不适。盖科学之职志，无千古不易之范围，故其领域之张，咸伴时代之文明而进。即同一时代，学者之解释区划，言人人殊。无论何一科学，初未尝有一定之职，故一学成科之始，学者为之授名，后其学递衍递变，名则循而不易。是故“逻辑”与“依康老蜜”，在欧文原义业不能尽涵今日斯学之所容，而今刺取其音，用之以名斯学，指为最切，物曲影直，恐无此理。谓义译有漏义，而音译已不能无漏，初无彼此，其漏也等。谓义译须作界，而音译更不能不作界。同是作界，二者所费之力，姑不计其多寡，然就读者用者主客两观之，觉为学术说明时，往往诸学名列举对称以示诸学之轇轕，或以明所述事物之属性，又或行文之便，用为副词，苟音译义译杂用，长名短名错出，不妙之处，浅而易明。若就读者一方言之，觉羌无意趣之学语，自非专门学者无由通其义，直觉既不望文生义，联想亦难观念类化。凡俗念佛，咒诵万遍，了无禅悟，将毋类是。今世科学，不能与佛典等观，固欲举科学概念，化为尽人常识者也。且果如斯说，将见现有百科学名，几无一完卵，势非一一尽取而音译之不可。愚观日人辞书，除人名、地名、物名，其精神科学名辞，鲜有音译者。即地名、物名，有时亦以义译出之。愚不同尊说，并无特见，不过体诸经验，比长度短，谓终未可以彼易此。又如“萨威稜帖”及“札斯惕斯”二语，虽或义为多涵，颇难适译。例以佛典多涵不译，似从音为便。愚谓我邦文学，虽木强难化，不若欧文之柔而易流，然精神的文明，为我邦之古产，凡外域精神科学之名辞，若以邦文遂译，纵不皆吻合，亦非绝无相近者。其完全合致者，则直取之；不实不尽者，则浑融含蓄以出之。如此以译名视原名，纵不能应有者尽有，或亦得其最大部分之最大涵义。抑方今之急，非取西学移植国中之为尚，曾食而化之，吐而出之之尚。西学入国，为日已长，即今尚在幼稚之域。我国学者于移植之功，固不能无怍，然第一味移植，遂谓克尽能事，亦未见其可！尊论谓厘名与义而二之。名为吾所固有者不论，吾无之，则径取欧文之音而译之，名为一事，义又为一事。义者，为名作界也；名者，为物立符也。作界之事，诚有可争，作符之事，则一物甲之而可，乙之亦可，不必争也。惟以作界者作符，则人将以争界者争符，而争不可止等语。昔张横渠作《箴愚》、《订顽》，程子见之，谓恐启争端，为改题《东铭》、《西铭》，皆命名息争之说也。又有若贵志以“甲寅”为号，容别有寄托，然息争一端，必为作用之一，此即愚浑融含蓄之说也。夫一事一象，有涵义甚富者，乃今欲檃括于一语之中，即智力绝特之士，孰不感其难能。即在愚最大部分之最大涵义之说，甲以此为大，乙或以彼为更大，争端仍不可免。然学问之事，必不能无所争，而亦无取乎息争。非第不许息争，为消极之作用，将有以启争求积极之成功，则有争宁足忧，无争又宁足喜。苟学者各竭其心思，新名竞起，将由进化公理，司其取舍权衡。其最适者，将于天择人择，不知不识之间，岿然独存。精确之名既定，则学术自伴之而进。即如足下手定之名，自出世之日始，固已卷入于天演中。将来之适不适，存不存，人固无能为，今亦不能测。惟一番竞争，一番淘汰，所谓最大部分之最大涵义，或可于残存者遇之。此时以其所得，以视译音得失何如，终有可见。然即在音译，已不能免与义译派之争，是固欲无争，反以来争。且两派之争，绝无折衷余地，所谓争不可止，斯诚争不可止。愚又闻“逻辑”与“依康老蜜”二学，日儒传习之初，异译殊名，纷纷并起，更时既久，卒定于一，举世宗之。然而涵义之争，今亦不已，而亦终无穷期。尊论急以作界者作符，则人将以争界者争符，而争不可止者。观此，见争符者之终有止境，与乎争界者不必并其符而亦相争，似与尊论作一反比。迩来日本学界喜以假名调欧字，彼邦学者已多非之。然此乃一时之流行品，非所论于译例也。说者又虑义译多方，期统一于政府。惟政府之力，亦不能过重视之。盖惟人名、地名暨乎中小学教科书所采用之名辞，政府始能致力，稍进恐非所及。然即就可及者为之，仍须在学者自由译述之后，政府从而取舍，颁诸全国以收统一之用。若谓聚少数之学者，开一二会议，举学术用语一一规定而强制施行之，亦未见其可也。愚自忘谫陋，自拟译例：凡欧文具体名辞，其指物为吾有者，则直移其名名之，可毋俟论。其为中土所无者，则从音。无其物而有其属者，则音译而附属名。至若抽象名辞，则以义为主。遇有势难兼收并蓄，则求所谓最大部分之最大涵义。若都不可得，苟原名为义多方，在此为甲义则甲之，在彼为乙义则乙之。仍恐不周，则附原字或音译以备考。非万不获已，必不愿音译。此例简易浅白，与佛典五不翻之例未合，与尊论亦有不同，诚愿拜闻高论，匡我不足。前足下于论译名时，曾许异日更当详述。仆不自量，雅欲献其肤见，作大论之引端。倘蒙不鄙，愿假明教。不宣。

四〇

章行严《答容挺公论译名》

来书所论各节，委曲周至，一读倾心，非精于译例者不能道其只字，甚盛，甚盛！惟足下所言，有稍稍误会鄙意者，有终为鄙意不欲苟同者。推贤者不耻下问之心，广孔氏各言尔志之义，请得为足下渎陈之：愚之主张音译，特谓比较而善之方，非以为绝宜无对之制。且施行此法，亦视其词是否相许，尤非任遇何名，辄强为之。足下以愚言“译事以取音为最切”，致来“物曲影直”之讥。又以愚说所之，“百科学名，都为羌无意趣之译语”，实则愚自执笔论此，未尝为此绝对之言也。夫以音定名之利，非音能概括涵义之谓，乃其名不滥，学者便于作界之谓。如译 Logic 为逻辑，非谓雅里士多德、倍根、黑格尔、穆勒诸贤以及将来无穷之斯学巨子所有定义，悉于此二字收之，乃谓以斯字名斯学。诸所有定义，乃不至蹈夫迷惑抵牾之弊也。果尔，则足下谓“科学……领域之张，咸伴时代之文明而进，即同一时代，学者之解释区画，言人人殊”，适足以张义译之病，而转证音译之便也。足下亟称日人，谓其“辞书鲜从音译”，且“逻辑一名，彼邦传习之初，殊名纷起，卒定于一，举国宗之”，则愚知其所译逻辑之名，乃论理学也。论理学（scienceofreasoning）云者，斯学稚时之定义，其浅狭不适用，初学犹能辨之。今既奉为定名，于斯别求新义。是新义者，非与论理一义，渺不相涉，即相涉，而仅占其小部。总而言之，作界之先，当先为一界曰：“论理学者，非论理学也。”名界抵触，至于如此！宁非滥订名义者之恶作剧！是果何如直取西名之能永保尊严者乎？足下谓：“义译须作界，音译更不能不作界。”此就界而论，尊说诚是。若只言译事，定音与义胡择？则义译固然，音译乃不尔也。义译之第一障害，即在定名之事，混于作界。先取一界说以为之名，继得新界，前界在法当弃，而以为名之故，不得不隶新界于弃界之下。若取音译，则定名时与界义无关涉，界义万千，随时吐纳，绝无束缚驰骤之病。利害相校，取舍宜不言可知。循是而谈，苟音译之说学者采之，一名既立，无论学之领域，扩充至于何地，皆可永守勿更。其在义译，则难望此。逻辑初至吾国，译曰“辨学”。继从东籍，改称“论理”。侯官严氏陋之，复立“名学”。自不肖观之，辨义第一，名义次之，论理最为劣译。东学之徒，首称论理，名辨俱无取焉。内地人士，似右严译，次称东名。吾邦初传之号，反若无睹。今吾学子，似俱审逻辑为一学科矣。其名胡取，尚无定论。然则足下所谓“一学成科之始，学者为之授名，后其学递衍递变，名则循而不易”。以译事论，音译诚将有然，义译似未易语是。足下取证日人，谓“一名既定，学者相率用之，不更交相指摘”，以破愚“争符不止”之说。不知是乃彼邦学者习为苟安以唱宗风，首当矫正，而乃甘蹈其覆也耶！且彼之为此，亦以其名沿用既久，势已难于爬梳，故出于迁就一途。则吾人乍立新名，允当借镜于兹，勿将苟简褊狭之思，以重将来难返之势。足下乃谓为可法，愚窃为智者不取也。足下以天演公例，施之译林，然当知适者生存，适者未必即为良者。且据晚近学者所收例证，择种所留，其为不良之尤者，往往有之。以故为真正进化计，天演论已当改造。以论问学，义尤显然。今言逻辑，请以辨、名、论理三名抛之吾国学界，听其推移演进，以大势观之，得收最后胜利，或为论理，如日人之今运然。是则足下所信“一番竞争，一番淘汰，所谓最大部分之最大涵义，或可于残存者遇之”。愚则以为最小部分之最小涵义，亦或可于残存者遇之也！盖百事可以任之自然，惟学问之事，端赖先觉，非服食玩好，人有同嗜者可比。此乃提倡之道，不得等之强制之科。足下达者，当不以为妄。至音译有弊，诚如足下所云。愚虽右之，未敢忽视。故愚用斯法，亦择其可用者用之，非不问何症，惟恃一方也。足下所拟译例，就义译一方，用意极为周到，愚请谨志，相与同遵。惟足下遇义译十分困难时，因忆及鄙说，不无几微可论之价，则亦书林之幸也！妄陈乞教。

四一

梁任公《中学以上作文教学法》

一

本讲义为中学以上国文教师讲授及学生自习之用，意在研究文章构造之原则，俾学者有规矩准绳之可循。讲义开始之前，应自行划定所讲之范围及体例如下：

第一，作文第一步工夫，本应注意文法，但此事应该别有专书教授，而且在高等小学期间内该已大略授过，所以本讲义把这部分姑且剔开，专从全篇结构上讲。

第二，本讲义所用教材，专限于文言文，其语体文一概从略。并非对于语体文有什么不满，只因为：

一、本讲义预备中学以上教学用。假定学生在小学期间对于语体文已有相当之素养，到中学以上无专门教授语体文之必要。

二、文言文行用已二千多年，许多精深的思想和优美的文学作品，皆用他来发表，所以学生应该学习他，最少也要能读他，能解他，而学习的期间，以中学为最宜。

三、文言和语体，我认为是一贯的，因为文法所差有限得很。而会作文言的人，当然会作语体。或者可以说文言用功愈深，语体成就愈好。所以中学以上，在文言下些工夫，于语体文也极有益。

四、语体尚在发达幼稚时代，可以充学校教材的作品不很多。文言因为用得久了，名作林立，要举模范，俯拾即是，所以教授较为方便。

因为以上四种原故，所以我主张中学以上国文科以文言为主。但这是专从讲授一面说，至于学生自作，当然不妨语文并用。或专作语体，亦无不可。因为会作文与否，和文学作得好歹，所重不在体裁而在内容。这些道理，下文再说。

第三，文章可大别为三种：一记载之文；二辩论之文；三情感之文。而一篇之中，虽然有时或兼两种，或兼三种，但总有所偏重，我们勉强如此分类，当无大差。作文教学法，本来三种都应教，都应学。但第三种情感之文，美术性含得格外多，算是专门文学家所当有事，而中学学生以会作应用之文为最要，这一种不必人人皆学。而且本讲义亦为时间所限，所以仅讲前两种为止。至于第三种的研究法，我上半年在清华学校，曾有一篇颇长的讲义，名曰《中国韵文里头所表现的情感》，诸君若对于这方面有兴味，不妨拿来参考参考。

第四，本讲义从教授方面讲居多，但学生很可以用来自习，或者得益更多，亦未可知。

第五，所引模范文，因没有汇辑成书，故仅以最通行者为限，而且所引势难举全文，望诸君觅原本比对参考才好。

二

今论记载文作法：凡叙述客观的事实者为记载文，而其种类可大别为四：

一、记物体之内容或状态。　如替一部书作提要，替一幅图画作记，说明一种制度的实质，说明一件东西的特性之类。

二、记地方之形势或风景。　记形势的如方志之类，记风景的如游记之类。

三、记个人言论行事及性格。　简单的如列传之类，详细的如行状年谱之类。而其中复可分为一人专传、多人合传。

四、记事件之原委因果。小之记一人一家所发生的事件，大之记关于全国家全人类的事件。短之记以一日或几点钟为起讫的事件，长之记数千年继续关系不断的事件。

上四类中，第一类最为易记。因为范围是有限制的，观察力容易集中，性质是固定的，让我们慢慢地翻来覆去观察，不会变样子。第二类也还易记。因为性质虽然不免变化，比较的还属固定，空间的范围虽然复杂，可以由我们画出界限部分来。第三类的记载便较难。头一件因为人类生活，总须有相当的时间经过，才能表明，而时间最是变动不居的。第二件因为要想明白一个人的真相，不能光看他外表的行事，还要看他内在的精神，不能专从大处看，有时还要从小处看。所以作一篇好传记，实不容易。至于第四类的记载便更难了。要知道一件事的原委因果，总要把时间关系观察清楚，把人的要素物的要素分析明白。种种极复杂状态，都拼拢在一处，非大大的费一番组织工夫，不能记述得恰好。然无论做何类记载文，有两个原则总要严守的：

　　第一要客观的忠实。记载文既以叙述客观的事实为目的，若所记的虚伪或讹舛或阙漏，便是与目的相反。所以对于材料之搜集要求其备，鉴别要求其真，观察要求其普遍而精密。而尤要者，万不可用主观的情感，夹杂其中，将客观事实，任意加减轻重。要而言之：凡作一篇记载之文，便要预备到后来作可靠的史料。一面对于事实负严正责任，一面对于读者负严正责任。而学生初学作文时，给他这种观念，不惟把“文德”的基础立得巩固，即以文体论，也免了许多枝叶葛藤。

　　第二叙述要有系统。客观的事实，总是散漫的、断续的，若一条一条的分开胪列——像孔子所作《春秋》一般，只能谓之记载，不能谓之文。既要作文，总须设法把散漫的排列起来，把断续的连贯起来。未动笔以前，先要观察事实和事实的关系，究竟有多少主要脉络，把全篇组织先立出个系统，然后一切材料能由我自由驾驭。而教学生作文，从此入手，不惟文章容易成就，而且可以养成他部分的组织能力。

三

以上泛论记载文的纲领已完，以下便举实例分论各种作法。

记载文有把客观事实全部记载者。例如韩昌黎《画记》(《古文辞类纂》卷五十一)，记的是一幅田猎人物画手卷。用四百多个字，把画中人马及其他动物杂器物五百多件全部叙入，能令我们读起来，仿佛如见原画。我常推它是《昌黎集》中第一杰作。他这篇杰作，实很费一番组织工夫，才能构成。他先把全画人物分为四大部：一人，二马，三其他动物，四杂器物。第一第二部用列举的记叙法，第三第四部用概括的记叙法。他把这个组织系统先行立定，再行驾驭画中的材料。写人的状态应最详，他便用精密的列举，先写大人，后写妇人小孩。大人之中，先写骑马的，次写别种动作的。骑马之中，又种种分类，别种动作中，又种种分类，叙明作某种状态者若干人，某种状态者又若干人，而总结之以“凡人之事三十有二，为人大小百二十有三，而莫有同者焉”。次叙马，亦列举其状态，而不举每种状态所占之马数，总结处，却与叙人同一笔法，说道：“凡马之事二十有七，马大小八十有三，而莫有同者焉。”次叙其他动物，则但云：“牛大小十一头，橐驼三头……”但举其数，不复状其状态。次叙杂器物，则分兵器、服用器、游戏器三类，统记其总数“二百五十有一具”，更不分记其器有若干具了。而其余山水树林等情形，文中一字不见，但我们从他写人马状态里头，大约可以推度得出来。这篇文，用那么短篇幅，写那么琐屑复杂的状态，能令人对于客观的原样，一目了然，而且在文章上很发生美感。问他何以能如此呢？主要工夫，全在有系统的分类观察。把主从轻重先弄明白，再将主要部分一层一层的详密分类，自然能以简御繁。我们想练习观察事物的方法，这便是一个模范。

这种叙述法，施诸一幅呆板的画，或尚适用。因为画中人物虽然复杂，毕竟同属画出来的东西，想把全部叙下，还有办法。若所叙的对象含有各种不同性质，你想要全部一丝不漏都叙下，结果一定闹到主从不分明，把应叙倒反落掉，令读者如堕五里雾中了。所以叙事文通例，总是限于部分的记述。纸面的记述，虽仅限于一部分，而能把全部的影子摄进来，便算佳文。

部分记述之主要方法有四：

一、侧重法
二、类概法
三、鸟瞰法
四、移进法

侧重法专注意题中某一点或某几点，其余或带叙，或竟不叙。最显著的例，如陈群等之《魏律序略》(《晋书·刑法志》引)，目的专在记魏律与秦汉律篇章之异同。而起首便说道："旧律所难知者，由于六篇篇少故也。篇少，则文荒。文荒，则事寡。事寡，则罪漏。是以后人少增，更与本体相离。今制新律，宜都总事类，多其篇条。"这几句，把改律的动机和宗旨都简单明了提出。以下便将旧律某篇某篇如何不合论理，如何不便事实，据何种理由增加某篇、挪动某条，至末后总结一笔："凡所定增十三篇，故就五篇，合十八篇。于正律九篇为增，于旁章科令为省矣！"全文不过七百字，然而叙述得非常得要领。我们试把它仔细研究一遍，便可以制成一个极明了的"汉魏律篇章对照表"。它对于许多法律上重要问题，都没有提及，所记专集中于这一点。正惟集中于这一点，所以对于这部分，确能充分说明，遂成为天地间有用且不朽之文。

凡遇着一个廓大的题目，应该叙述的有许多部分，最好专择一部分为自己兴味所注者以之为主，其余四方八面的观察都拱卫着他，自然会把这部分的真相看得透，说得出。别的部分，只好让别人去研究说明。这种方法，虽然可以说是文家取巧，其实也是做学问切实受用的一种途径。

侧重法，只要能把所重的说得透切，本来无论侧重哪一点皆可。但能够把题目最重的地方看清楚，然后用全力侧重他，自然更好。我刚才说过："部分的叙述，须能全部影子摄进来。"想以部分摄全部，非从最重要处落脉不可。比方攻击要塞，侧重法是专打一个炮台，所打的若是主力炮台，自然比打普通炮台效力更大了。例如有一个题目在此：《记德国新宪法》，不会用侧重法的人，想要把全宪法各部分平均叙述，一定闹到写了几万字，还是茫然无头绪。会用侧重法的人，便认定某几点重要，其余都不管。但是同一样的侧重法，侧重得握要，文章价值自分高下。例如侧重新宪法和旧宪法比较，看帝制与共和异同何在，原不失为一种好方法，但关于共和之建设，各国大略相同，就令从这方面详细解剖，仍不足以说明德宪特色。我有位朋友张君劢做过这一篇文，专把德宪中关于"生产机关社会有"的条文和关于"生计会议"的组织及权限详细说明，其余多半从略，这便是极有价值的一篇文字。因为这两点，是从来别国宪法所未有，德国新宪能在今后立法界有绝大价值，就靠这两点。

凡一件事实，总容得许多观察点，所以一个题目，容得有许多篇好文章。教授学生时，最好是择些方面多的题目，先令学生想想这题目可以有几个观察点，等他们答完之后，教师把几个正当观察点逐一指出，然后令各生自认定一个观察点做去，既认定时，便切戒旁骛以免思路混杂，凡所有资料，皆凭这观察点为去取。经过这样的训练，学生自然会把侧重法应用得很好了。

但前文讲的观察点之比较选择，万不要忘却，倘若所选之点，太不关痛痒，总不能成为正当的好文章。例如《史记·管晏列传》叙个人关涉琐事居大半，太史公自己声明所侧重的观察点，说道："至其书世多有之，是以不论，论其轶事。"他既有了这几句话，我们自然不能责他不合章法。但替两位政治家作传，用这种走偏锋的观察法，无论如何，我总说是不该。

四

类概或类从法者，所记述的对象，不能有所偏重，然而又不能偏举，于是把他分类，每类絜出要领，把所有资料，随类分隶，这种模范作品，最可学的是《史记·西南夷传》：

> 西南夷君长以什数，夜郎最大。其西南靡莫之属以什数，滇最大。自滇以北君长以什数，印都最大。此皆魋结，耕田，有邑聚。
>
> 其外西自同师以东，北至楪榆，名为巂、昆明，皆编发，随畜迁徙，毋常处，毋君长。地方可数千里。
>
> 自巂以东北，君长以什数，徙、筰都最大。自筰以东北，君长以什数，冉駹最大。其俗或土著，或移徙。在蜀之西，自冉珑以东北，君长以什数，白马最大。皆氐类也。此皆巴蜀西南外夷也。

这篇传叙述的川边、川南、云南、贵州一带氐、羌、苗、蛮诸种族情形异常复杂，虽在今日，尚且很难理清头绪。太史公却能用极简净的笔法，把形势写得了如指掌。他把他们分为三大部，用土著、游牧及头发的装束等等做识别。每一大部中复分为若干小部，每小部举出一个或两个部落为代表。代表者之特殊地位固然见出，其他散部落亦并不罣漏。到下文虽然专记几个代表国——如滇、夜郎等——的事情，然已显出这些事情是西南夷全体的关系。这是详略繁简的最好标准。

凡记载条理纷繁之事物，欲令眉目清楚，最好用这方法。用这方法最要注意的工夫是分类。分类所必要的原则有三：第一要包括，第二要对等，第三要正确。包括是要所分类能包含该事物之全部。对等是要所分类性质相等。正确是要所分类有互排性，不相混合。例如说中国有汉、满、蒙、回、藏五族，这个分类，便不包括，因为把蛮子、猓猡等族漏掉了。例如把日月及金木水火土五星名为七曜，便是不对等。因为日月和五行星不同性质。例如把中国书分为经、史、子、集四部，便是不正确。因为有许多书可以入这部，也可以入那部，或者入这部不对，入那部也不对。分类本来是一件极难的事。以严格论，每种事物，非专门家不能为适当的分类。但要学生思想缜密，非教他们多做这层工夫不可。学做记事文，尤以为紧要途径。好在学生学别种功课时，已经随时得有分类的智识。教授作文时，一面他们已学过的功课当题目，叫他们就所听受者加详加密分类，一面别出新题目，叫他们自己找标准去分类。如此则作文科与别科互相联络，学生无形间可以两面受益。

把分类分清之后，要看文章的体裁篇幅何如。若是一篇长文乃至著一部书，应该逐类都详细说明，那便循着步骤说去就是了。倘若限于篇幅要剪裁，那么学《史记·西南夷列传》，先将眉目提清，再把各类的重要部分重笔特写以概其余。这是作文求简洁的最好法门。

试再举两个分类的例：各史儒林传自《晋书》以下都不分类了，我们读起来，便觉得流派不明。《史记》、《汉书》、《后汉书》所叙各儒者，都不以年代为次，但以各人所专经为分类。.《后汉书》更分得清晰，每部经分今文家、古文家，两家中又分派，每派各举出几个代表人物，读过去，自然把一代经术原流派别都了然。所以《晋书》以下的儒林传，可以说是无组织的。前三史是有组织的，《后汉书》是组织得最精密巧妙的。

又如魏默深著的《元史》，体例和旧史很有不同。他立的传很少，应立传的都把他分类，他只用开国功臣、平金功臣、平蜀功臣、平宋功臣、某朝相臣、某朝文臣、治历治水诸臣等等名目做列传标题，把人都纳在里头，于是凡关于这一类人所做的事，都归拢在一处。每篇之首，把事的大纲，提絜清楚，用几个重要人物做代表，其余二三等人附带叙入，事迹既免罣漏，又免重复，又主从分明。比较各史，确应认为有进步的组织。这段是讲的著书体例，教学生作文或说不到此。但以文章构造的理法论，构造几十卷书，却和构造几百字的短文，不外一理。总要令学生知道怎样才算有组织，怎样才算组织得好。做有组织的文字，下笔前甚难，下笔后便易。做无组织的文，恰恰相反。同是一种材料，组织得好，费话少而能令读者了解，且有兴趣。组织得不好，便恰恰相反。想学记载文的组织文吗？分类便是最重要的一步工夫了。

五

鸟瞰法和前两法不同：前两法都要精密的观察，鸟瞰法只要大略观察。像一只鸟飞在空中，拿斜眼一瞥下面的人民城郭，像在腾高二千尺的飞机上头，用照相镜照取山川形势。这种观察法，在学问上很是必要。前人有两句诗说得好："不识庐山真面目，只缘身在此山中。"若仅有部分的精密的观察，结果会闹成显微镜的生活，镜圈里的情形虽然看得无微不至，圈子外却是茫然。如此则部分与部分间的相互关系看不出来，甚至连部分的位置也是模糊，决不能算是看出该事物的真相。鸟瞰法虽然是只得着一个朦胧的影子，但这影子却是全个的。

这个方法，凡做一部书的提要，或做一个人的略传，一件事的略记，都要用他。而且在一篇长文中，总须有地方用他。

鸟瞰法的最好模范，莫如《史记·货殖列传》。从"汉兴海内为一"起，到"燕代田畜而事蚕"止，这几大段讲的是当时经济社会状况。物的方面，把各地主要都市所在，与及物产的区画，交通的脉络，人的方面，把各地历史的关系，人民性质遗传上好处坏处，习惯怎样养成，职业怎样分布，都说到了。他全篇大略分为六部：一、关中（陕西），当时帝都，把陇（甘肃）、蜀（四川）附入。二、三河（河南），把种、代、赵、中山（山西及直隶之一部）附入，又附论郑、卫（河南）。三、燕（直隶），把辽东附人。四、齐鲁（山东）。五、梁、宋（山东、河南间）。六、三楚。西楚指江淮上游一带（湖北及河南、四川之各一部），东楚指江淮下游一带（江苏、安徽附浙江），南楚指东南大部分（安徽、江西、湖南、广东、广西）。他分类不见得十分正确，所论亦互有详略，加以太史公一派固有的文体，很有些缭纠，像不易理出头绪。但他能把各地的特点说出，各地相互间的关系处处联络，确是极有价值的一篇大文。

鸟瞰法的文做得好不好，全看他能不能提挈起全部的概要。试举两篇同题目的为例：汉朝的高诱做了一篇《吕氏春秋序》（现在冠于原书篇首），清朝的汪中也同样有一篇（《述学补遗》）。高诱的钞《史记·吕不韦列传》，占了四分之三，都是说吕氏的故事。其实吕氏并非学者，这书又是他的门客所编，与本人无甚关系。况且这些话，《史记》都说过，何必再说呢？末段才说到这书的内容，说："此书所尚，以道德为标的，以无为为纲纪，以忠义为品式，以公方为检格……"全是空话。而且四句之中，便有重复。我们读了，绝不能对于这部书得何等印象。汪中的便不是这样。他说他某篇某篇采自儒家言，某篇某篇采自道家言，某篇某篇采自法家、墨家、兵家、农家言，末后总结说："是书之成，不出于一人之手，故不名一家之学，而为后世修文御览华林编略（书类）之所托始，《艺文志》列之杂家，良有以也。"我们读了这篇序，就令看不见原书，然而全书的规模性质，都可以理会了。

六

移进法和前三项不同：前三项都是立在一个定点上从事观察，或立在旁边，或立在高顶，或精密的观察局部，或粗略的观察全体。要之作者拣择一个定点站住，自然邀同读者也站定这一点，把我观察所得传达给他。移进法恰与相反。作者不站定一点，循着自己所要观察的路线，挪同自己去就他，自然也邀同读者跟着自己走，沿路去观察。这种作法，《汉书·西域传》便是一个好例。

《西域传序》先叙述西域交通的两条路，说道："自玉门、阳关出西域有两道。从鄯善傍南山北波河（颜注云波河循河也）西行至莎车，为南道。南道西逾葱岭，则出大月氏、安息。自车师前王庭随北山波河西行至疏勒，为北道。北道西逾葱岭，则出大宛、康居、奄蔡。”因为这些地方初通中国，一般人不知其所在，不能像什么关中、河内、燕、蓟、齐、鲁，提起名来，大家都会想象他在某地点，所以这篇传换一种记载法，先把两条大路点清眉目，后入本传正文，就跟着路线叙去。路线是从南道往，从北道归。头一段说：“出阳关自近者始，曰婼羌……西北至鄯善乃当道云。”自此便顺着南道叙鄯善且末……经过葱岭中的西夜子合，度岭叙罽宾、安息、大月氏，算是南道的最远点。跟着趋北，叙北道最远点的康居、大宛。回头入葱岭，叙捐毒、莎车、疏勒。顺着北道东归，最后到车师前后王庭而止。其不当两大路之冲者，则随其所附近之路线插叙。每叙一国，都记明去长安若干千里。他这种组织法，和本书的地理志迥别，好像带着我们沿着两条路线往返旅行一遍，能够令我们容易明白，且有兴味。

和这个一样的作法，如柳子厚的游记，内中《始得西山宴游记》、《钴鉧潭记》、《钴鉧潭西小丘记》、《至小丘西小石潭记》、《袁家渴记》、《石渠记》、《石涧记》、《小石城山记》等，一连十多篇，其字句之研炼，笔法之隽拔，人人共赏，不必我再下批评。最妙是把他逐日发见的名胜，挨次分篇叙述，令我们读起来，好像跟他去游览，和他得同等的快乐，这就是移进法的好处。

移进法自然用在地理方面的记载最相宜，因为观察点跟着地段挪移，是最便的。但跟着时间挪移也可以。就历史的记载而论，纪传体是站在一个定点上观察的，编年体就是跟着时间挪移的。所以《左传》、《通鉴》里头许多好文章，极能引人入胜。还有许多好小说，令读者不能中断，非追下去看完不可，都因为用移进法用得入妙。

所写对象，本来有空间时间的层次。作文时一步一步移进去，自是这一类作法的正格。亦有本身原无层次，作者自己创造出层次来移进。汪容甫有篇名作《广陵对》，便是绝好模范。汪是扬州人，这篇《广陵对》，是说扬州在历史的关系，替自己乡土大吹特吹，用近人通用的命题，也可以标为《历史的扬州》。扬州史迹本来甚多，若平铺直叙说去，不惟无味，亦且一定错乱罣漏。他把所有史迹，先行分类，最初所况一类，是没有什么成功，然而关系很重大的。从楚汉之交的召平说起，次以汉末三国的臧洪，东晋祖约、苏峻，构难时的郗鉴，桓元僭逆时的刘毅，萧梁侯景作乱时的祖皓、来嶷，唐武后革命时的徐敬业，宋篡周时的李重进，宋亡时抗拒蒙古的李庭芝，明亡时抵抗满洲的史可法，恁么多件事，并为一类，都是忠愤爱国的一流。总束一句道："历十有八姓，二千余年，而亡城降子，不出于其间。"引起读者的眼光，看扬州成了忠义之乡了！然而这些什有九都是失败的史迹，而且主其事者，多半不是扬州人。于是他进一步叙本土人成功者为一类，内中又分两小类。先从守境之功说起，叙三国时陈登的匡琦之战说起，两宋时韩世忠的大仪之战，宋元之交赵葵的新塘之战。继叙进取建设之功，则晋拒苻秦时谢玄的淝水之战，隋平陈时贺若弼的白水冈之战，五代朱温割据时扬行密的清口之战。令我们读起来，便觉得扬州地方，真是举足可以为轻重于天下，扬州人之武勇，真个如荼如火。末后一段叙扬州人在扬州以外所做的事，历举十几位，各种人物都有，又把我们眼光引到别方面去，觉得扬州真是人才渊薮了！这篇文章字字句句都沉炼，笔笔都跳荡，固然是他特别，令人可爱的原因，然而最主要者，实在他的章法。本来只有许多平面的材料，他会把他分类，造出层次，从这个观察点移到那个观察点，每移一度，令人增加一重趣味，这可以说是故意造出来的移进法。我们懂得这种法门，无论遇着什么题目，都可以应用了。

七

以上四法，第一第二类记载文——即记物件之内容或状态，记地方之形势或风景——最为适用。因为这两类所记载，都属事物的静态，专用"物理的或数理的观察法"便够，至于第三第四两类——即记人记事——最要紧的是能写出他的动态，非兼用"化学的观察法"不可。以下当别论这两类文的作法。

凡记述一个人，最要紧的是写出这个人与别人不同之处。人类性格十有八九是共通的，尤其是同一时代同一社会之人人，相类似之点尤多，好像用同我的模子铸出来的一般。虽然，人类之所以异于他物者，因为人类性格只有相类似，不会相雷同。所以一个模子可以铸几千万绝对同样式的钱，一个马群可以养出千百个绝对同性质的马，一个社会中想找两个绝对同样的人，断断找不出。相类似是人类的群性，不雷同是人类的个性。个性惟人类才有，别的物都不能有。凡记人的文字，唯一职务在描写出那人的个性。

近世写实派大家莫伯桑初学作文时，他先生教他同时观察十个车夫的动作，作十篇文章，把他们写出，每篇限一百字。这是从最难求出个性处，刻意去求，这种个性发见得出，别的自然容易了。莫伯桑经过这一番训练之后，文思大进，后来常常举以教人。《水浒传》写一百零八个强盗，要想写得个个面目不同，虽然不算十分成功，但总有十来个各各表出他的个性，这部书所以成不朽之作就在此。懂得这种道理，对于传记文作法，便有入手处了。

小说体的文，写个人特性，全凭作者想象力如何；传记体的文，写个人特性，全凭作者观察力如何。有了相当的想象力观察力，怎样才能把所想象所观察尽量的恰肖的传出，全凭作者技术如何。技术千变万化，虽然没有什么原则可指，但古今中外传记名手，大率有一种最通用的技术，是凡足以表现传中人个性的言论行事，无论大小，总要淋漓尽致，委曲详尽的极力描写，令那人人格跃然于纸上。宁可把别方面大事抛弃，而在这种关键中，绝不爱惜笔墨。这种作法，在欧洲则布鲁特奇之《英雄传》，在中国则司马迁之《史记》，最能深入其中三昧。今试将《史记》杂举几篇为例：

一 《廉颇蔺相如传》记蔺相如完璧归赵及渑池之会两事，从始至末，一言一动，都记得不漏，这是详记大事之法。因为这两件大事，最足表现相如的个性，所以专用重笔写他，其余小事都不叙。廉颇的大事，三回伐齐，两回伐魏，一回伐燕，传中前后只用三四十个字便算写过，绝不写他如何作战，如何战胜，因为这些战术战功，是良将所通有，不足以特表廉颇的人格。倒是廉颇怎样的妒忌蔺相如，经相如退让之后，怎样的肉袒谢罪，失势得势时候，怎么的对付宾客，晚年亡命在外，思念故国，怎么的“一饭斗米肉十斤，被甲上马，示尚可用”，这些小事，写得十分详细。读起便可以知道廉颇为人短处在褊狭，长处在重意气，识大体。

二 《郦食其列传》记食其想见汉高祖，找同里骑士做引线，教他几句话，说道：“臣里中有郦生，年六十余，长八尺，人皆谓之狂生，生自谓我非狂生。”记他自己这几句话，便把一位胸有经纬，倜傥不群的老名士，活画出来。又写他初见高祖时，高祖怎样的“倨床使两女洗足”，郦生怎样的“长揖不拜”，高祖怎样骂，郦生怎样的和他对骂，说道：“足下欲诛无道秦，不宜倨见长者。”到后来郦生说齐归汉，齐人上了当责备他，他说：“而公不为若更言。”（老子不和你说废话）便摄衣就烹。这些话本来都是小节，太史公却处处注意，务将他话的原样和说话的神气都传出，便能把这老名士的人格活现。

三 《信陵君列传》说他怎样的待侯嬴，怎样的待朱亥，怎样的待博徒毛公卖浆薛公，这几件事，说得委曲详尽，几占全篇之半，而且把他的事业都穿插在这几个人身上，便活画出极有奇气的一位贵公子，而且把当时社会背景都刻画出来。

八

记事文——前述第四类所谓记一事之原委因果者，在各种记载文中最为难做。因为凡事情总不会独立，孤立的事情，便无记载之价值。凡一篇记事文，总是把许多人许多时候的动作聚拢一处来记。严格的说，并非记一物事，乃是记一组事，并非把各件各件叙述得详明正确便算了，一定要把许多性质不同的事，前后八面相照应，厘然成为一组，所以甚难。

难固然是难，但也有个很容易的方法。什么方法呢？整理空间时间的关系。因为凡同一时间所发生的事实，必异其空间；同一空间所发生的事实，必异其时间。作者但能把这两种关系观察清楚，叙述得有法度，自然会把满盘散沙的事件，弄成一组了。

记事文最难的，莫如记战争。学会记战争，别的文自迎刃而解。因为战争非一人所为，其成败因果，非一人一时一地之事。倘使有一部分叙述得罣漏或错误，便把全篇弄成不可解。所以教授记事文作法，最好将下文所列《左传》、《通鉴》中之战记，令学生先行细读，再由教师综合比较，向学生说明记载原则。

《左传》

秦晋韩原之战

晋楚城濮之战

晋齐鞌之战

晋楚邲之战

晋楚鄢陵之战

吴楚柏举之战

《资治通鉴》

秦汉之交巨鹿之战

王莽时昆阳之战

三国时赤壁之战

东晋时淝水之战

此外好的还不少，为参考用，自然愈多愈妙。头一步讲习，就恁么多篇，也够引例说明之用了。

一回大战争所包含的事实如此其复杂，若要一一记载无遗，实为事势上所绝对不可能。善作战记的人，专以叙述胜败因果为主要目的，于是定出一个原则：凡有关于胜败者，虽小必录；无关于胜败者，虽大必弃。守定这个原则，对于材料去取，便有把握。

材料搜齐选定之后，怎样排列呢？就要从时间空间两方面分别整理。就时间论，每回战争总可分为三大段：

一、战前　所应叙述者为战争动机，两造准备，两造心理状态，两造行动及其位置等等。

二、战时　两造接触之实况。

三、战后　战事之收束，及因战争发生之直接影响、间接影响。

战记通例，大率叙战前者居十之七八，叙战时及战后者不过居其二三。因为胜败原因，多半在开火以前便已决定。且每回战事，也是事前酝酿甚久，一到开火，事势便急转直下。事实上时间分配，战前和战时差不多也是八与二之比例，所以注重战前是普遍原则。像《通鉴》昆阳之战，叙战时几占三分之一，实属一种例外。《左传》每篇叙战时实况的文句多极简。最奇怪的如邲之战，全文六千多字，内中确为叙战时实况者，只有“车驰卒奔，乘晋师”七个字。而且连这七个字，也属空话。然而两方胜败原因，已能令读者了然。其余各篇写战时的语句都极少，诸君试回去细细校阅，自能见出。战后收束，如鞍之战，韩之战，邲之战，都叙得较详，几占全文六分之一或五分之一。因为战后所发生的影响，能令从前局面生大变动，而且为后来新事实的原因，所以比较的要详叙。

聚集大多数人，在一大空间内行动，非先明了各部分所占的位置不可，所以记载时要整理空间。战纪通例，大率叙战事实时，先把地理上形势随时逗点，令读者对于这方面知识得有准备。叙到临战时，才把当时形势明显指出。因为两造地位屡屡转移，所以到临时点叙最好。但也不一定，有时亦在一篇之首先叙清楚。倘若位置始终无大变化，便可以如此办法。

整理空间，莫如用图。没有图的文章，能令读者可以据文置图便是佳文。例如《通鉴》巨鹿之战：

> 章邯已破项梁，以为楚地兵不足忧，乃渡河北击赵，大破之，引兵至邯郸，张耳与赵王歇走入巨鹿城，王离围之。陈馀北收常山兵，得数万人，军巨鹿北。章邯军巨鹿南棘原。赵数请救于楚。……楚王召宋义……置以为上将军……项羽为次将……以救赵……齐将田都助楚救赵。宋义行至安阳，留四十六日不进。……章邯筑甬道属河饷王离，王离兵食多，急攻巨鹿。巨鹿城中食尽，兵少。……陈馀使五千人先当秦军，至皆没。当是时，齐师燕师皆来救赵，张敖亦北收代兵，得万余人来，皆壁馀旁，未敢先击。项

羽已杀卿子冠军（宋义），乃渡河救巨鹿……绝章邯甬道。王离军乏食。……项羽乃悉引兵渡河……围王离，与秦军遇，九战，大破之。章邯引兵却。

我们根据这段记事，便可以制图如下。

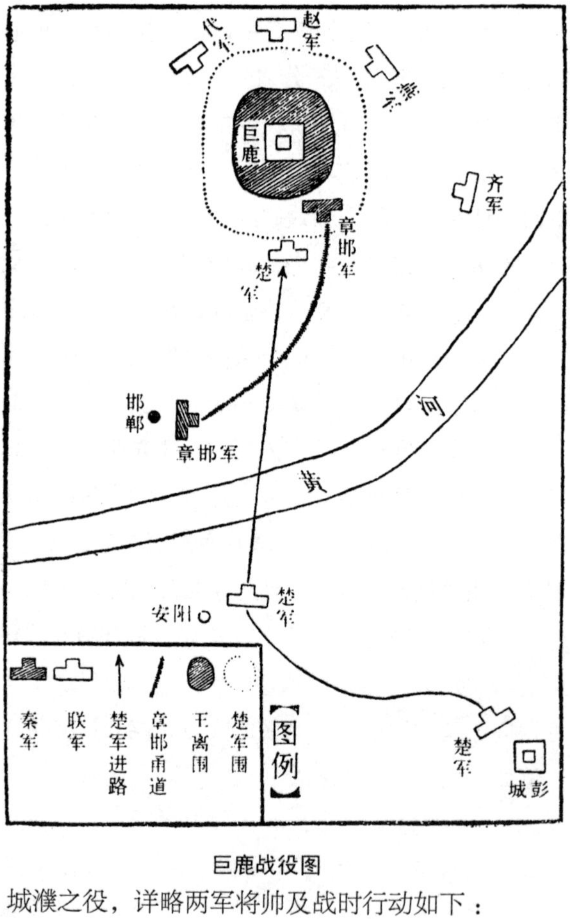

巨鹿战役图

《左传》城濮之役，详略两军将帅及战时行动如下：

晋原轸将中军，郤溱佐之。狐毛将上军，狐偃佐之。栾枝将下军，胥臣佐之。……晋师陈于莘北。胥臣以下军之佐当陈、蔡。（楚）子玉以若敖之六卒将中军。子西将左。子上将右。胥臣蒙马以虎皮，先犯陈、蔡。陈、蔡奔，楚右师溃。狐毛设二旆而退之，栾枝使舆曳柴而伪遁。楚师驰之，原轸、郤溱以中军公族横击之，狐毛、狐偃以上军夹攻子西。楚左师溃，楚师败绩。子玉收其卒而止，故不败。

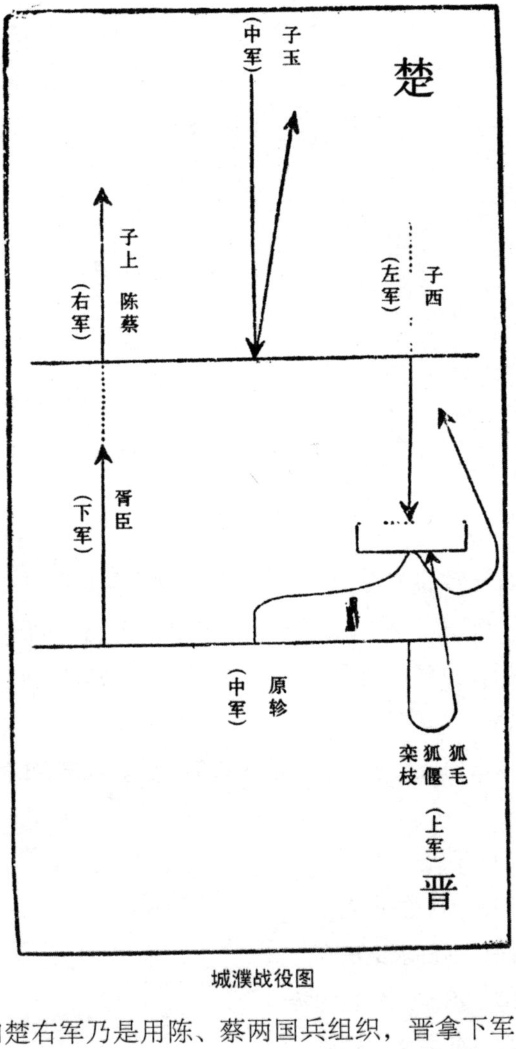

城濮战役图

观此知楚右军乃是用陈、蔡两国兵组织，晋拿下军之一半对付他，因为他不是楚人，力较脆弱，先破他以挫敌锋。楚中军是精锐所萃，不动他。第二步便以全力对付楚左军。本来楚左军正面之敌，是晋上军，至是晋三军协力专向他，下军伪遁，中军横击，上军夹攻。到楚两翼全溃，中军无战斗勇气，战事便算了结。据此可以制图如上。

四二

胡适之《文学改良刍议》

今之谈文学改良者众矣，记者末学不文，何足以言此。然年来颇于此事，再四研思，辅以友朋辩论，其结果所得，颇不无讨论之价值。因综括所怀见解，列为八事，分别言之，以与当世之留意文学改良者一研究之。

吾以为今日而言文学改良，须从八事入手。八事者何？

一曰，须言之有物。
二曰，不摹仿古人。
三曰，须讲求文法。
四曰，不作无病之呻吟。
五曰，务去烂调套语。
六曰，不用典。
七曰，不讲对仗。
八曰，不避俗字俗语。

一曰须言之有物　吾国近世文学之大病，在于言之无物。今人徒知“言之无文，行之不远”，而不知言之无物，又何用文为乎？吾所谓“物”，非古人所谓“文以载道”之说也。吾所谓“物”，约有二事：

（一）情感　《诗序》曰：“情动于中而形诸言。言之不足，故嗟叹之。嗟叹之不足，故咏歌之。咏歌之不足，不知手之舞之，足之蹈之也。”此吾所谓情感也。情感者，文学之灵魂。文学而无情感，如人之无魂，木偶而已，行尸走肉而已！（今人所谓“美感”者亦情感之一也）

（二）思想　吾所谓“思想”，盖兼见地、识力、理想三者而言之。思想不必皆赖文学而传，而文学以有思想而益贵，思想亦以有文学的价值而益贵也。此庄周之文，渊明、老杜之诗，稼轩之词，施耐庵之小说，所以夐绝千古也！思想之在文学，犹脑筋之在人身，人不能思想，则虽面目姣好，虽能笑啼、感觉，亦何足取哉！文学亦犹是耳。

文学无此二物，便如无灵魂无脑筋之美人，虽有秾丽富厚之外观，抑亦末矣！近世文人沾沾于声调字句之间，既无高远之思想，又无真挚之情感，文学之衰微，此其大因矣。此文胜之害，所谓言之无物者是也。欲救此弊，宜以质救之。质者何？情与思二者而已。

二曰不摹仿古人　文学者，随时代而变迁者也。一时代有一时代之文学，周秦有周秦之文学，汉魏有汉魏之文学，唐宋元明有唐宋元明之文学。此非吾一人之私言，乃文明进化之公理也。即以文论，有《尚书》之文，有先秦诸子之文，有司马迁、班固之文，有韩、柳、欧、苏之文，有语录之文，有施耐庵、曹雪芹之文，此文之进化也。试更以韵文言之：《击壤》之歌，《五子》之歌，一时期也。三百篇之诗，一时期也。屈原、荀卿之骚赋，又一时期也。苏、李以下，至于魏晋，又一时期也。江左之诗，流为排比，至唐而律诗大成，此又一时期也。老杜、香山之“写实”体诸诗（如杜之《石壕吏》、《羌村》，白之《新乐府》），又一时期也。诗至唐而极盛，自此以后，词曲代兴。唐五代及宋初之小令，此词之一时代也。苏、柳（永）、辛、姜之词，又一时代也。至于元之杂剧传奇，则又一时代矣。凡此诸时代，各因时势风会而变，各有其持长，吾辈以历史进化之眼光观之，决不可谓古人之文学皆胜于今人也。左氏、史公之文奇矣，然施耐庵之《水浒传》，视《左传》、《史记》何多让焉！《三都》、《两京》之赋富矣，然以视唐诗、宋词，则糟粕耳。此可见文学因时进化，不能自止。唐人不当作商周之诗，宋人不当作相如、子云之赋——即令作之，亦必不工。逆天背时，违进化之迹，故不能工也。

既明文学进化之理，然后可言吾所谓“不摹仿古人”之说。今日之中国，当造今日之文学，不必摹仿唐宋，亦不必摹仿周秦也。前见“国会开幕词”，有云：“于铄国会，遵晦时休。”此在今日而欲为三代以上之文之一证也。更观今之“文学大家”，文则下规姚、曾，上师韩、欧，更上则取法秦汉魏晋，以为六朝以下无文学可言，此皆百步与五十步之别而已，而皆为文学下乘。即令神似古人，亦不过为博物院中添几许“逼真赝鼎”而已。文学云乎哉！昨见陈伯严先生一诗云：

> 涛园钞杜句，半岁秃千毫。所得都成泪，相过问奏刀。万灵噤不下，此老仰弥高。胸腹回滋味，徐看薄命骚。

此大足代表今日“第一流诗人”摹仿古人之心理也。其病根所在，在于以“半岁秃千毫”之工夫，作古人的钞胥奴婢，故有“此老仰弥高”之叹。若能洒脱此种奴性，不作古人的诗，而惟作我自己的诗，则决不致如此失败矣。

吾每谓今日之文学，其足与世界“第一流”文学比较而无愧色者，独有白话小说（我佛山人、南亭亭长、洪都百炼生三人而已）一项。此无他故，以此种小说皆不事摹仿古人（三人皆得力于《儒林外史》、《水浒》、《石头记》，然非摹仿之作也），而惟实写今日社会之情状，故能成真正文学。其他学这个，学那个之诗古文家，皆无文学之价值也。今之有志文学者，宜知所从事矣。

三曰须讲文法　　今之作文作诗者，每不讲求文法之结构。其例至繁，不便举之，尤以作骈文律诗者为尤甚。夫不讲文法，是谓“不通”。此理至明，无待详论。

四曰不作无病之呻吟　此殊未易言也。今之少年往往作悲观，其取别号则曰“寒灰”、“无生”、“死灰”，其作为诗文，则对落日而思暮年，对秋风而思零落，春来则惟恐其速去，花发又惟惧其早谢。此亡国之哀音也。老年人为之犹不可，况少年乎？其流弊所至，遂养成一种暮气，不思奋发有为，服劳报国，但知发牢骚之音，感喟之文，作者将以促其寿年，读者将亦短其志气，此吾所谓无病之呻吟也。国之多患，吾岂不知之？然病国危时，岂痛哭流涕所能收效乎？吾惟愿今之文学家作费舒特（Fichte），作玛志尼（Mazzini），而不愿其为贾生、王粲、屈原、谢皋羽也。其不能为贾生、王粲、屈原、谢皋羽，而徒为妇人醇酒丧气失意之诗文者，尤卑卑不足道矣！

五曰务去烂调套语　今之学者，胸中记得几个文学的套语，便称诗人。其所为诗文，处处是陈言烂调，“蹉跎”、“身世”、“寥落”、“飘零”、“虫沙”、“寒窗”、“斜阳”、“芳草”、“春闺”、“愁魂”、“归梦”、“鹃啼”、“孤影”、“雁字”、“玉楼”、“锦字”、“残更”……之类，累累不绝，最可憎厌。其流弊所至，遂令国中生出许多似是而非，貌似而实非之诗文。今试举吾友胡先骕先生一词以证之：

> 荧荧夜灯如豆，映幢幢孤影，凌乱无据。翡翠衾寒，鸳鸯瓦冷，禁得秋宵几度？么弦漫语，早丁字帘前，繁霜飞舞。袅袅余音，片时犹绕柱。

此词骤观之，觉字字句句皆词也，其实仅一大堆陈套语耳。“翡翠衾”、“鸳鸯瓦”，用之白香山《长恨歌》则可，以其所言乃帝王之衾之瓦也。“丁字帘”、“么弦”，皆套语也。此词在美国所作，其夜灯决不“荧荧如豆”，其居室尤无“柱”可绕也。至于“繁霜飞舞”，则更不成话矣。谁曾见“繁霜”之“飞舞”耶？

吾所谓务去烂调套语者，别无他法，惟在人人以其耳目所亲见亲闻、所亲身阅历之事物，一一自己铸词以形容描写之，但求其不失真，但求能达其状物写意之目的，即是工夫。其用烂调套语者，皆懒惰不肯自己铸词状物者也。

六曰不用典　吾所主张八事之中，惟此一条最受朋友攻击，盖以此条最易误会也。吾友江亢虎君来书曰：

所谓典者，亦有广狭二义。饾饤獭祭，古人早悬为厉禁，若并成语故事而屏之，则非惟文字之品格全失，即文字之作用亦亡。……文字最妙之意味，在用字简而涵义多，此断非用典不为功。不用典，不特不可作诗，并不可写信，且不可演说。来函满纸“旧雨”、“虚怀”、“治头治脚”、“舍本逐末”、“洪水猛禽”、“发聋振聩”、“负弩先驱”、“心悦诚服”、“词坛”、“退避三舍”、“滔天”、“利器”、“铁证”……皆典也。试尽抉而去之，代以俚语俚字，将成何说话？其用字之繁简，犹其细焉。恐一易他词，虽加倍蓰，而涵义仍终不能如是恰到好处，奈何？

此论甚中肯要。今依江君之言，分典为广狭二义，分论之如下：

（一）广义之典，非吾所谓典也。广义之典约有五种：

（甲）古人所设譬喻，其取譬之事物，含有普通意义，不以时代而失其效用者，今人亦可用之。如古人言：“以子之矛，攻子之盾。”今人虽不读书者，亦知用“自相矛盾”之喻，然不可谓为用典也。上文所举例中之“治头治脚”、“洪水猛禽”、“发聋振聩”……皆此类也。盖设譬取喻，贵能切当，若能切当，固无古今之别也。若“负弩先驱”、“退避三舍”之类，在今日已非通行之事物，在文人相与之间，或可用之，然终以不用为上。如言“退避”，千里亦可，百里亦可，不必定用“三舍”之典也。

（乙）成语　成语者，合字成辞，别为意义。其习见之句，通行已久，不妨用之。然今日若能另铸“成语”，亦无不可也。

“利器”、“虚怀”、“舍本逐末”……皆属此类。此非典也，乃日用之字耳。

（丙）引史事　引史事与今所论议之事相比较，不可谓为用典也。如老杜诗云：“未闻殷周衰，中自诛褒妲。”此非用典也。近人诗云：“所以曹孟德，犹以汉相终。”此亦非用典也。

（丁）引古人作比　此亦非用典也。杜诗云：“清新庾开府，俊逸鲍参军。”此乃以古人比今人，非用典也。又云：“伯仲之间见伊吕，指挥若定失萧曹。”此亦非用典也。

（戊）引古人之语　此亦非用典也。吾尝有句云：“我闻古人言：‘艰难惟一死。’”又云：“‘尝试成功自古无’，放翁此语未必是。”此乃引语，非用典也。

以上五种为广义之典，其实非吾所谓典也。若此者可用可不用。

（二）狭义之典，吾所主张不用者也。吾所谓用典者，谓文人词客不能自己铸词造句以写眼前之景，胸中之意，故借用或不全切，或全不切之故事陈言以代之，以图含混过去，是谓“用典”。上所述广义之典，除戊条外，皆为取譬比方之辞，但以彼喻此，而非以彼代此也。狭义之用典，则全为以典代言，自己不能直言之，故用典以言之耳。此吾所谓用典与非用典之别也。狭义之典亦有工拙之别。其工者偶一用之，未为不可，其拙者则当痛绝之。

（子）用典之工者　此江君所谓用字简而涵义多者也。客中无书，不能多举其例，但杂举一二，以实吾言：

（1）东坡所藏“仇池石”，王晋卿以诗借观，意在于夺。东坡不敢不借，先以诗寄之，有句云：“欲留嗟赵弱，宁许负秦曲。传观慎勿许，间道归应速。”此用蔺相如返璧之典，何其工切也！

（2）东坡又有《章质夫送酒六壶，书至而酒不达》，诗云：“岂意青州六从事，化为乌有一先生！”此虽工，已近于纤巧矣！

（3）吾十年前尝有《读十字军英雄记》一诗云：“岂有酖人羊叔子，焉知微服赵主父？十字军真儿戏耳，独此两人可千古。”以两典包尽全书，当时颇沾沾自喜，其实此种诗，尽可不作也。

（4）江亢虎代华侨诔陈英士文有“未悬太白，先坏长城。世无鉏霓，乃戕赵卿”四句，余极喜之。所用赵宣子一典，甚工切也。

（5）王国维咏史诗：“虎狼在堂室，徙戎复何补？神州遂陆沉，百年委榛莽。寄语桓元子，莫罪王夷甫。”此亦可谓使事之工者矣。

上述诸例，皆以典代言，其妙处终在不失。设譬比方之原意，惟为文体所限，故譬喻变而为称代耳。用典之弊，在于使人失其所欲譬喻之原意，若反客为主，使读者迷于使事用典之繁，而转忘其所为设譬之事物，则为拙矣！古人虽作百韵长诗，其所用典不出一二事而已。(《北征》与白香山《悟真寺诗》皆不用一典）今人作长律，则非典不能下笔矣。吾尝见一诗八十四韵，而用典至百余事，宜其不能工也。

（丑）用典之拙者　用典之拙者，大抵皆懒惰之人，不知造词，故以此为躲懒藏拙之计。惟其不能造词，故亦不能用典也。总计拙典亦有数类：

（1）比例泛而不切，可作几种解释，无确定之根据。今取王渔洋《秋柳》一章证之：

娟娟凉露欲为霜，万缕千条拂玉塘。浦里青荷中妇镜，江干黄竹女儿箱。空怜板渚隋堤水，不见琅琊大道王。若过洛阳风景地，含情重问永丰坊。

此诗中所用诸典无不可作几样说法者。

（2）僻典使人不解。夫文学，所以达意抒情也，若必求人人能读五车之书，然后能通其文，则此种文可不作矣。

（3）刻削古典成语，不合文法。“指兄弟以孔怀，称在位以曾是”（章太炎语），是其例也。今人言“为人作嫁”亦不通。

（4）用典而失其原意。如某君写山高与天接之状，而曰“西接杞天倾”是也。

（5）古事之实有所指，不可移用者，今往往乱用作普通事实。如古人灞桥折柳以送行者，本是一种特别土风。阳关、渭城亦皆实有所指。今之懒人不能状别离之情，于是虽身在滇、越，亦言灞桥；虽不解阳关、渭城为何物，亦皆言“阳关三叠”、“渭城离歌”。又如张翰因秋风起而思故乡之莼羹鲈脍，今则虽非吴人，不知莼鲈为何味者，亦皆自称有“莼鲈之思”。此则不仅懒不可救，直是自欺欺人耳！

凡此种种，皆文人之下下工夫，一受其毒，便不可救。此吾所以有“不用典”之说也。

七曰不讲对仗　排偶乃人类言语之一种特性，故虽古代文字，如老子、孔子之文，亦间有骈句。如："道可道，非常道。名可名，非常名。无名天地之始，有名万物之母。故常无，欲以观其妙。常有，欲以观其徼。”此三排句也。“食无求饱，居无求安。”“贫而无谄，富而无骄。”“尔爱其羊，我爱其礼。”此皆排句也。然此皆近于语言之自然，而无牵强刻削之迹，尤未有定其字之多寡，声之平仄，词之虚实者也。至于后世文学末流，言之无物，乃以文胜。文胜之极，而骈文律诗兴焉，而长律兴焉。夫骈文律诗之中，非无佳作，然佳作终鲜。所以然者何？岂不以其束缚人之自由过甚之故耶？（长律之中上下古今无一首佳作可言也）今日而言文学改良，当“先立乎其大者”，不当枉废有用之精力于微细纤巧之末，此吾所以有废骈废律之说也。即不能废此两者，亦但当视为文学末技而已，非讲求之急务也。

今人犹有鄙夷白话小说为文学小道者，不知施耐庵、曹雪芹、吴趼人皆文学正宗，而骈文律诗乃真小道耳。吾知必有闻此言而却走者矣。

八曰不避俗语俗字　吾惟以施耐庵、曹雪芹、吴趼人为文学正宗，故有“不避俗字俗语”之论也（参观上文第二条下）。盖吾国言文之背驰久矣！自印度佛书输入，译者以文言不足以达意，故以浅近之文译之，其体已近白话。其后佛氏讲义语录尤多用白话为之者，是为语录体之原始。及宋人讲学以白话为语录，此体遂成讲学正体。明人因之。当是时，白话已久入韵文，观唐宋人白话之诗词可见也。及至元时，中国北部已在异族之下三百余年矣（辽金元）。此三百年中，中国乃发生一种通俗行远之文学。文则有《水浒》、《西游》、《三国》……之类，戏曲则尤不可胜计。（关汉卿诸人，人各著剧数十种之多。吾国文人著作之富，未有过于此时者也）以今世眼光观之，则中国文学当以元代为最盛，可传世不朽之作，当以元代为最多，此可无疑也。当是时，中国之文学最近言文合一，白话几成文学的语言矣。使此趋势不受阻遏，则中国几有一“活文学”出现，而但丁、路得之伟业（欧洲中古时，各国皆有俚语，而以拉丁文为文言，凡著作书籍皆用之，如吾国之以文言著书也。其后意大利有但丁 [Dante] 诸文豪，始以其国俚语著作。诸国踵兴，国语亦代起，路得 [Luther] 创新教始以德文译《旧约》、《新约》，遂开德文学之先。英法诸国亦复如是。今世通用之英文新、旧约，乃一六一一年译本，距今才三百年耳。故今日欧洲诸国之文学，在当日皆为俚语。迨诸文豪兴，始以“活文学”代拉丁之死文学，有活文学而后有言文合一之国语也），几发生于神州。不意此趋势骤为明代所阻，政府既以八股取士，而当时文人如何、李七子之徒，又争以复古为高，于是此千年难遇言文合一之机会，遂中道夭折矣。然以今世历史进化的眼光观之，则白话文学之为中国文学之正宗，又为将来文学必用之利器，可断言也（此“断言”乃自作者言之，赞成此说者今日未必甚多也）。以此之故，吾主张今日作文作诗，宜采用俗字俗语。与其用三千年前之死字（如“于铄国会，遵晦时休”之类），不如用二十世纪之活字；与其作不能行远不能普及之秦汉六朝文字，不如作家喻户晓之《水浒》、《西游》文字也。

上述八事，乃吾年来研思此一大问题之结果。远在异国，既无读书之暇晷，又不得就国中先生长者质疑问难，其所主张容有矫枉过正之处。然此八事皆文学上根本问题，一一有研究之价值，故草成此论，以为海内外留心此问题者作一草案。谓之刍议，犹云未定草也，伏惟国人同志有以匡纠是正之。

四三

胡适之《谈新诗》

一

（略）

二

我常说文学革命的运动，不论古今中外，大概都是从“文的形式”一方面下手，大概都是先要求语言文字文体等方面的大解放。欧洲三百年前，各国国语的文学起来代替拉丁文学时，是语言文字的大解放。十八十九世纪法国嚣俄、英国华次活（Wordsworth）等人所提倡的文学改革，是诗的语言文字的解放。近几十年来，西洋诗界的革命，是语言文字和文体的解放。这一次中国文学的革命运动，也是先要求语言文字和文体的解放。新文学的语言是白话的，新文学的文体是自由的，是不拘格律的。初看起来，这都是“文的形式”一方面的问题，算不得重要，却不知道形式和内容，有密切的关系。形式上的束缚，使精神上不能自由发展，使良好的内容不能充分的表现。若想有一种新内容和新精神，不能不先打破那些束缚精神的枷锁镣铐。因此中国近年的新诗运动，可算得是一种“诗体的大解放”。因为有了这一层诗体的大解放，所以丰富的材料、精密的观察、高深的理想、复杂的感情方才能跑到诗里去。五七言八句的律诗，决不能容丰富的材料。二十八字的绝句，决不能写精密的观察。长短一定的七言五言，决不能委婉达出高深的理想与复杂的感情。

最明显的例，就是周作人君的《小河》长诗。这首诗是新诗中的第一首的杰作，但是那样细密的观察，那样曲折的理想，决不是那旧式的诗体词调所能达得出的。周君的诗太长了，不便引证。我且举我自己的一首诗作例：

应该

他也许爱我——也许还爱我——但他总劝我莫再爱他。
他常常怪我。
这一天他眼泪汪汪的望着我，
说道："你如何还想着我？
想着我，你又如何能对他？
你要是当真爱我，
你应该把爱我的心爱他，
你应该把待我的情待他……
他的话句句都不错——
上帝帮我！
我“应该”这样做！

这首诗的意思神情，都是旧体诗所达不出的。别的不消说，单说“他也许爱我，也许还爱我”这十个字的几层意思，可是旧体诗能表得出的吗？再举康白情君的《窗外》：

窗外的闲月，
紧恋着窗内蜜也似的相思。
相思都恼了，
他还涎着脸儿在墙上相窥。
回头月也恼了，
一抽身儿就没了。
月倒没了，
相思倒觉着舍不得了。

这个意思，若用旧诗体，一定不能说得如此细腻。

就是写景的诗，也须有解放了的诗体，方才可以有写实的描画。例如杜甫诗“江天漠漠鸟飞去”，何尝不好？但他为律诗所限，必须对上一句“风雨时时龙一吟”，就坏了！简单的风景，如“高台芳树，飞燕蹴红英，舞困榆钱自落”之类，还可用旧诗体描写，稍微复杂细密一点，旧诗就不够用了。如傅斯年君的《深秋永定门晚景》中的一段：

……那树边，地边，天边，
如云，如水，如烟，
望不断——一线。
忽地里扑喇喇一响，
一个野鸭飞去水塘，
仿佛像大车音浪，漫漫的工——东——当。
又有一种说不出的声息，若续若不响。

这一段的第六行，若不用有标点符号的新体，决做不到这种完全写实的地步。又如俞平伯君的《春水船》中的一段：

……对面来了个纤人，
拉着个单桅的船徐徐移去。

双橹挂在船唇，
皺面开纹，
活活水流不住。
船头晒着破网，
渔人坐在板上，
把刀劈竹拍拍的响。
船口立个小孩，又憨又蠢，
不知为什么，
笑迷迷痴看那黄波浪……

这种朴素真实的写景，乃是诗体解放后最足使人乐观的一种现象。

以上举的几个例，都可以表示诗体解放后诗的内容之进步。我们若用历史进化的眼光来看中国诗的变迁，便可看出自“三百篇”到现在，诗的进化没有一回不是跟着诗体的进化来的。“三百篇”中虽然也有几篇组织很好的诗，如“氓之蚩蚩”、“七月流火”之类，又有几篇很妙的长短句，如“坎坎伐檀兮”、“园有桃”之类，但是“三百篇”究竟还不曾完全脱去“风谣体”（ballad）的简单组织。直到南方的骚赋文学发生，方才有伟大的长篇韵文，这是一次解放。但是骚赋体用兮些等字煞尾，停顿太多又太长，太不自然了。故汉以后的五七言古诗删除没有意思的煞尾字，变成贯串篇章，便更自然了。若不经过这一变，决不能产生《焦仲卿妻》、《木兰辞》一类的诗。这是二次解放。五七言成为正宗诗体以后，最大的解放，莫如从诗变为词。五七言诗是不合语言之自然的，因为我们说话，决不能句句是五字或七字。诗变为词，只是从整齐句法变为比较自然的参差句法。唐五代的小词，虽然格调很严格，已比五七言诗自然的多了。如李后主的“剪不断，理还乱，是离愁。别是一般滋味在心头”，这已不是诗体所能做得到的了。试看晁补之的《蓦山溪》：

……愁来不醉，不醉奈愁何？
汝南周，东阳沈，
劝我如何醉？

这种曲折的神气，决不是五七言诗能写得出的。又如辛稼轩的《水龙吟》：

> ……落日楼头，断鸿声里，江南游子，
> 把吴钩看了，阑干拍遍，
> 无人会，登临意。

这种语气，也决不是五七言的诗体能做得出的。这是三次解放。宋以后，词变为曲，曲又经过几多变化，根本上看来，只是逐渐删除词体里所剩下的许多束缚自由的限制，又加上词体所缺少的一些东西，如衬字套数之类。但是词曲无论如何解放，终究有一个根本的大拘束。词曲的发生，是和音乐合并的。后来虽有可歌的词，不必歌的曲，但是始终不能脱离“调子”而独立，始终不能完全打破词调曲谱的限制。直到近来新诗发生，不但打破五言七言的诗体，并且推翻词调曲谱的种种束缚，不拘格律，不拘平仄，不拘长短，有什么题目，做什么诗，诗该怎样做，就怎样做。这是第四次的诗体解放。这种解放，初看去似乎很激烈，其实只是“三百篇”以来的自然趋势。自然趋势逐渐实现，不用有意的鼓吹去促进他，那便是自然进化，自然趋势。有时被人类的习惯性、守旧性所阻碍，到了该实现的时候，均不实现，必须用有意的鼓吹去促进他的实现，那便是革命了。一切文物制度的变化，都是如此的。

三

上文我说新体诗是中国诗自然趋势所必至的，不过加上了一种有意的鼓吹，使他于短时间内猝然实现，故表面上有诗界革命的神气。这种议论很可以从现有的新体诗里寻出许多证据。我所知道的“新诗人”，除了会稽周氏兄弟之外，大都是从旧式诗、词、曲里脱胎出来的。沈尹默君初作的新诗，是从古乐府化出来的。例如他的《人力车夫》：

日光淡淡，白云悠悠，
风吹薄冰，河水不流。
出门去雇人力车。街上行人，往来很多；车马纷纷，不知干些甚么？
人力车上人，个个穿棉衣，个个袖手坐，还觉风吹来，身上冷不过。车夫单衣已破，他却汗珠儿颗颗往下堕。

稍读古诗的人都能看出这首诗是得力于《孤儿行》一类的古乐府的。我自己的新诗，词调很多，这是不用讳饰的。例如前年做的《鸽子》：

云淡天高，好一片晚秋天气！
有一群鸽子，在空中游戏。
看他们三三两两，
回环来往，
夷犹如意。
忽地里翻身映日，白羽衬青天，鲜明无比。

就是今年做诗，也还有带着词调的，例如《送任叔永回四川》的第二段：

你还记得，我们暂别又相逢，正是赫贞春好。
记得江楼同远眺，云影渡江来，惊起江头鸥鸟。
记得江边石上，同坐看潮回，浪声遮断人笑。
记得那回同访友，日暗风横，林里陪他听松啸。

懂得词的人一定可以看出这四长句用的是四种词调里的句法。这首诗的第三段便不同了：

这回久别再相逢，便又送你归去，未免太匆匆。

多亏得天意多留你两日，使我做得诗成相送。
万一这首诗赶得上远行人，
多替我说声："老任珍重！珍重！"

这一段便是纯粹新体诗。此外新潮社的几个新诗人——傅斯年、俞平伯、康白情——也都是从词曲里变化出来的，故他们初做的新诗，都带着词或曲的意味音节。此外各报所载的新诗也很多带着词调的。例太多了，我不能遍举，且引最近一期的《少年中国》（第四期）里周无君的《过印度洋》：

圆天盖着大海，黑水托着孤舟。
也看不见山，那天边只有云头。
也看不见树，那水上只有海鸥。
哪里是非洲？哪里是欧洲？
我美丽亲爱的故乡却在脑后！
怕回头，怕回头，
一阵大风，雪浪上船头，
飕飕，吹散一天云雾一天愁。

这首诗很可表示这一半词一半曲的过渡时代了。

四

我现在且谈新体诗的音节。

现在攻击新诗的人，多说新诗没有音节。不幸有一些做新诗的人，也以为新诗可以不注意音节。这都是错的。攻击新诗的人，他们自己不懂得"音节"是什么，以为句脚有韵，句里有"平平仄仄"、"仄仄平平"的调子，就是有音节了。中国字的收声，不是韵母（所谓阴声），便是鼻音（所谓阳声），除了广州入声之外，从没有用他种声母收声的，因此中国的韵最宽。句尾用韵，真是极容易的事，所以古人有“押韵便是”的挖苦话。押韵乃是音节上最不重要的一件事。至于句中的平仄，也不重要。古诗：“相近日已远，衣带日已缓。浮云蔽白日，游子不顾返。”音节何等响亮！但是用平仄写出来，便不能读了。

平仄仄仄仄，平仄仄仄仄。
平平仄仄仄，平仄仄仄仄。

又如陆放翁：“我生不逢柏梁建章之宫殿，安得峨冠侍游宴？”头上十一个字是“仄平仄平仄平仄平平平仄”，读起来何以觉得音节很好呢？这是因为一来这一句的自然语气是一气贯注下来的，二来呢，因为这十一个字里面，逢宫叠韵，梁章叠韵，不柏双声，建宫双声，故更觉得音节和谐了。

诗的音节，全靠两个重要分子：一是语气的自然节奏，二是每句内部所用字的自然和谐。至句末的韵脚，句中的平仄，都是不重要的事。语气自然，用字和谐，就是句脚无韵也不要紧的。例如上文引晁补之的词：“愁来不醉，不醉奈愁何？汝南周，东阳沈，劝我如何醉？”这二十个字语气又曲折，又贯串，故虽隔五个“小顿”方才用韵，读的人毫不觉得。

新体诗也有用旧体诗词的音节方法来做的。最有功效的，如沈尹默君的《三弦》：

中午时候，火一样的太阳，没法去遮阑，让他直晒长街上。静悄悄少人行路，只有悠悠风来，吹动路旁杨树。

谁家破大门里，半院子绿茸茸细草，都浮着闪闪的金光。

旁边有一段低低的土墙，挡住了个弹三弦的人，却不能隔断那三弦鼓荡的声浪。

门外坐着一个穿破衣裳的老年人，双手抱着头，他不声不响。

这首诗从见解意境上和音节上看来，都可算是新诗中一首最完全的诗。看他第二段“旁边”以下一长句中，旁边是双声，有一是双声，段、低、低、的、土、挡、弹、的、断、荡、的十一个都是双声。这十一个都是“端透定”（D，T）的字，模写三弦的声响，又把“挡”、“弹”、“断”、“荡”四个阳声的字，和七个阴声的双声字（段、低、低、的、土、的、的）参错夹用，更显出三弦的抑扬顿挫。苏东坡把韩退之听琴诗改为弹琵琶的词，开端是“呢呢儿女语，灯火夜微明。恩冤尔汝来去，弹指泪和声”。他头上连用五个极短促的阴声字，接着用一个阳声的“灯”字，下面“恩冤尔汝”之后，又用一个阳声的“弹”字，也是用同样的方法。

吾自己也常用双声叠韵的法子来帮助音节的和谐。例如《一颗星儿》一首：

> 我爱你这个顶大的星儿，
> 可惜我叫不出你的名字。
> 平日黄昏时候，
> 霞光遮尽了满天星。
> 今天风雨后，闷沉沉的天气，
> 我望遍天边，寻不见一点半点光明，
> 回转头来，
> 只有你在那杨柳高头依旧亮晶晶地。

这首诗“气”字一韵以后，隔开三十三个字方才有韵，读的时候全靠“遍、天、边、见、点、半、点”一组叠韵字（遍、边、半、明又是双声字），和“有、柳、头、旧”一组叠韵字夹在中间。故不觉得“气”、“地”两韵隔开那么远。

这种音节方法，是旧诗音节的精彩（参看清代周春的《杜诗双声叠韵谱》），能够容纳在新诗里，固然也是好事。但是这是新旧过渡时代的一种有趣味的研究，并不是新诗音节的全部。新诗大多数的趋势，依我们看来，是朝着一个公共方向走的。那个方向便是“自然的音节”。

自然的音节是不容易解说明白的，我且分两层说：

第一先说“节”——就是诗句里面的顿挫段落。旧体的五七言诗是两个字为一节的。随便举例如下：

红绽—雨肥—梅（两节半）
江间—波浪—兼天—涌（三节半）
王郎—酒酣—拔剑—斫地—歌—莫哀（五节半）
我生—不逢—柏梁—建章—之—宫殿（五节半）
又—不得—身在—荥阳—京索—间（四节外两个破节）
终—不似—一朵—钗头—颤袅—向人—欹侧（六节半）

新诗句子的长短是无定的，就是句里的奏节，也是依着意义的自然区分与文法的自然区分来分析的。白话里的多音字比文言多得多，并且不止两个字的联合，故往往有三个字为一节，或四五个字为一节的。例如：

万一—这首诗—赶得上—远行人
门外—坐着—一个—穿破衣裳的—老年人
双手—抱着头—他—不声—不响
旁边—有一段—低低的—土墙—挡住了个—弹三弦的人
这—天—他—眼泪汪汪的—望着我—说道你如何—还想着我？
想着我—你又如何—能对他？

第二再说“音”——就是诗的声调。新诗的声调有两个要件：一平仄要自然；二用韵要自然。白话里的平仄与诗韵的平仄，有许多大不相同的地方。同一个字，单独用来是仄声，若同别的字连用，成为别的字的一部分，就成了很轻的平声了。例如“的”字“了”字都是仄声。在“扫雪的人”和“扫尽了东边”里便不成仄声了。我们简直可以说：“白话诗里，只有轻重高下，没有严格的平仄。”例如周作人君的《两个扫雪的人》的两行：

祝福你扫雪的人！
我从清早起在雪地里行走，不得不谢谢你。

“祝福你扫雪的人”上六个字都是仄声，但是读起来自然有个轻重高下。“不得不谢谢你”六个字，又都是仄声，但是读起来也有个轻重高下。又如同一首诗里有“一面尽扫，一面尽下”八个字都是仄声，但读起来不但不拗口，并且有一种自然的音调。白话诗的声调，不在平仄的调剂得宜，全靠这种自然的轻重高下。

至于用韵一层，新诗有三种自由：第一用现代的韵，不拘古韵，更不拘平仄韵；第二平仄可以互相押韵，这是词曲通用的例，不单是新诗如此；第三有韵固然好，没有韵也不妨。新诗的声调既在骨子里——在自然的轻重高下，在语气的自然区分——故有无韵脚，都不成问题。例如周作人君的《小河》虽然无韵，但是读起来自然有很好的声调，不觉得是一首无韵诗。我且举一段如下：

……小河的水是我的好朋友，
他曾经稳稳的流过我面前，
我对他点头，他对我微笑，
我愿他能够放出了石堰，
仍然稳稳的流着，
向我们微笑……

又如周君的《两个扫雪的人》中一段：

……一面尽扫，一面尽下；
扫尽了东边，又下满了西边；
扫开了高地，又填平了洼地。

这是用内部词句的组织来帮助音节，故读时不觉得是无韵诗。

内部的组织——层次、条理、排比、章法、句法——乃是音节的最重要方法。我的朋友任叔永说：“自然二字，也要点研究。”研究并不是叫我们去讲究那些“蜂腰”、“鹤膝”、“合掌”等等玩意儿，乃是要我们研究内部的词句应该如何组织安排，方才可以发生和谐的自然音节。我且举康白情君的《送客黄浦》一章作例：

送客黄浦，

我们都攀着缆——风吹着我们的衣服——站在没遮阑的船边楼上。

看看凉月丽空，

才显出淡妆的世界。

我想世界上只有光，

　只有花，

　只有爱！

我们都谈着——

谈到日本二十年的戏剧，

也谈到“日本的光，的花，的爱”的须磨子。

我们都相互的看着。

只是寿昌有所思，

他不看着我，

他不看着别的那一个，

这中间充满了别意，

但我们只是初次相见。

五

我这篇随便的诗谈，做得太长了。我且略谈“新诗的方法”，作一个总结的收场。

有许多人曾问我做新诗的方法。我说做新诗的方法，根本上就是做一切诗的方法。新诗除了“新体的解放”一项之外，别无他种特别的做法。

这话说得太笼统了，听的人自然又问那么做一切诗的方法，究竟是怎样呢？

我说诗须要用具体的做法，不可用抽象的说法。凡是好诗，都是具体的。越偏向具体的，越有诗意诗味。凡是好诗，都能使我们脑子里发生一种——或许多种——明显逼人的影像，这便是诗的具体性。

李义山诗："历览前贤国与家，成由勤俭败由奢。"这不成诗。为什么呢？因为他用的是几个抽象的名词，不能引起什么明了浓丽的影像。

"绿垂风折笋，红绽雨肥梅"是诗。"芹泥垂燕嘴，蕊粉上蜂须"是诗。"四更山吐月，残夜水明楼"是诗。为什么呢？因为他们都能引起鲜明扑人的影像。

"五月榴花照眼明"是何等具体的写法！

"鸡声茅店月，人迹板桥霜"是何等具体的写法！

"枯藤老树昏鸦，小桥流水人家，古道西风瘦马，夕阳西下，断肠人在天涯！"这首小曲里有十个影像，连成一串，并作一片萧瑟的空气，这是何等具体的写法！

以上举的例，都是眼睛里起的影像。还有引起听官里的明了感觉的，例如上文引的"呢呢儿女语，灯火夜微明，恩冤尔汝来去弹指泪和声"，是何等具体的写法！

还有能引起读者浑身的感觉的。例如姜白石词："暝入西山，渐唤我一叶夷犹乘兴。"这里面四个合口的双声字，读的时候使我们觉得身在小舟里，在镜平的湖水上荡来荡去。这是何等具体的写法！

再进一步说·.凡是抽象的材料，格外应该用具体的写法。看《诗经》的《伐檀》：

> 坎坎伐檀兮，置之河之干兮。
> 河水清且涟漪。
> 不稼不穑，胡取禾三百廛兮？
> 不狩不猎，胡瞻尔庭有县貆兮？

社会不平等，是一个抽象的题目，你看他却用如此具体的写法。

又如杜甫的《石壕吏》，写一天晚上，一个远行客人在一个人家寄宿，偷听得一个出差的公人同一个老太婆的谈话，寥寥一百二十个字，把那个时代的征兵制度、战祸、民生痛苦，种种抽象的材料，都一齐描写出来了。这是何等具体的写法！

再看白乐天的《新乐府》那几篇好的——如《折臂翁》、《卖炭翁》、《上阳宫人》——都是具体的写法。那几篇抽象的议论——如《七德舞》、《司天台》、《采诗官》——便不成诗了。

旧诗如此，新诗也如此。现在报上登的许多新体诗。很多不满人意的。我仔细研究起来，那些不满人意的诗，犯的都是一个大毛病——抽象的题目，用抽象的写法。

那些我不认得的诗人做的诗，我不便乱批评，我且举一个朋友的诗做例。傅斯年君在《新潮》四号里，做了一篇散文叫做《一段疯话》，结尾两行说道：

> 我们最当敬重的是疯子，最当亲爱的是孩子。疯子是我们的老师，孩子是我们的朋友。
>
> 我们带着孩子，跟着疯子走，走向光明去。

有一个人在北京《晨报》里投稿，说傅君最后的十六个字是诗不是文。后来《新潮》五号里傅君有一首《前倨后恭》的诗——一首很长的诗，我看着说这是文，不是诗。

何以前面文是诗，后面的诗反是文呢？因为那前面十六个字是具体的写法，后面的长诗是抽象的题目，用抽象的写法。我且钞那诗中的一段，就可明白了：

> 倨也不由他，恭也不由他。
> 你还赧他。
> 向你倨，你也不削一块肉；向你恭，你也不长一块肉。
> 况且终竟他要向你变的，理他呢！

这种抽象的议论，是不会成为好诗的。

再举一个例。《新青年》六卷四号里面沈尹默君的两首诗，一首是《赤裸裸》：

人到世间来，本来是赤裸裸。
本来没污浊，却被衣服重重的裹着，这是为什么？
难道清白的身，不好见人么？
那污浊的裹着衣服，就算免了耻辱么？

他本想用具体的譬喻来攻击那些作伪的礼教，不料结果还是一篇抽象的议论，故不成为好诗。还有一首《生机》：

刮了两日风，又下了几阵雪。
山桃虽是开着，却冻坏了夹竹桃的叶。
地上的嫩红芽，更僵了发不出。
人人说天气这般冷，草木的生机，恐怕都被摧折。
谁知道那路旁的细柳条，他们暗地里却一齐换了颜色。

这种乐观，是一个很抽象的题目，他却用最具体的写法，故好。

我们徽州俗话说自己称赞自己的是“戏台里喝采”。我这篇新诗谈里常引我自己的诗做例，也不知犯了多少次“戏台里喝采”的毛病，现在且再犯一次，举我的《老鸦》做一个“抽象的题目用具体的写法”的例罢：

我大清早起，
站在人家屋角上哑哑的啼。
人家讨厌我，
说我不吉利。
我不能呢呢喃喃讨人家的欢喜。

四四

胡适之《论短篇小说》

一　什么叫做“短篇小说”

中国今日的文人，大概不懂“短篇小说”是什么东西。现在的报纸杂志里面，凡是笔记杂纂不成长篇的小说，都可叫做“短篇小说”。所以现在那些“某生，某处人，幼负异才……一日，游某园，遇一女郎，睨之，天人也……”一派的烂调小说，居然都称为“短篇小说”。其实这是大错的。西方的“短篇小说”（英文叫做 short story），在文学上有一定的范围，有特别的性质，不是单靠篇幅不长，便可称为“短篇小说”的。

我如今且下一个“短篇小说”的界说：短篇小说是用最经济的文学手段，描写事实中最精彩的一段或一方面，而能使人充分满意的文章。

这条界说中，有两个条件最宜特别注意。今且把这两个条件分说如下：

（一）事实中最精彩的一段或一方面　譬如把大树的树身锯断，懂植物学的人看了树身的“横截面”，数了树的“年轮”，便可知道这树的年纪。一人的生活，一国的历史，一个社会的变迁，都有一个“纵剖面”和无数“横截面”。从纵面看去，须从头到尾，才可看见全部。而横面截开一段，若截在要紧的所在，便可把这个“横截面”代表这一人，或这一国，或这一个社会。这种可以代表全部的部分，便是我所谓“最精彩”的部分也。譬如西洋照相术未发明之前，有一种“侧面剪影”（silhouette），用纸剪下人的侧面，便可知道是某人。这种可以代表全形的一面，便是我所谓“最精彩”的方面。若不是“最精彩的”所在，决不能用一段代表全体，决不能用一面代表全形。

（二）最经济的文学手段形容“经济”两个字，最好是借用宋玉的话：“增之一分则太长，减之一分则太短；着粉则太白，施朱则太赤。”须要不可增减，不可涂饰，处处恰到好处，方可当“经济”二字。因此凡可拉长演作章回小说的短篇，不是真正“短篇小说”。凡叙事不能畅尽，写情不能饱满的小说，也不是真正“短篇小说”。

能合我所下的界说的，便是理想上完全的“短篇小说”。世间所称“短篇小说”，虽未能处处都与这界说相合，但是那些可传世不朽的“短篇小说”，决没有不具上文所说两个条件的。如今且举几个例：西历一八七〇年，法兰西和普鲁士开战，后来法国大败，巴黎被攻破，出了极大的赔款，还割了两省地，才能讲和。这一次战争，在历史上就叫做普法之战，是一件极大的事。若是历史家记载这事，必定要上溯两国开衅的原因，中记战争的详情，下寻战与和的影响，这样记法，可满几十本大册子。这种大事，到了“短篇小说家”的手里，便用最经济的手腕，去写这件大事的最精彩的一段或一面。我且不举别人，单举Daudet和Maupassant两个人为例。Daudet所做普法之战的小说有许多种，我曾译出一种叫做《最后一课》（La derniere classe），全篇用法国割给普国两省中一省的一个小学生的口气，写割地之后，普国政府下令不许再教法文法语，所写的乃是一个小学教师教法文的“最后一课”。一切割地的惨状，都从这个小学生眼中看出，口中写出。还有一种叫做《柏林之围》（Lesiege de

Berlin)，写的是法皇拿破仑第三出兵攻普鲁士时，有一个曾在拿破仑第一麾下的老兵官，以为这一次法兵一定要大胜了，所以特地搬到巴黎，住在凯旋门边，准备着看法兵凯旋的大典。后来这老兵官病了，他的女儿天天假造法兵得胜的新闻去哄他。那时普国的兵已打破巴黎。普兵进城之日，他老人家听见军乐声，还以为是法兵破了柏林奏凯班师呢！这是借一个法国极强时代的老兵，来反照当日法国大败的大耻，两两相形，真可动人！

Maupassant 所做普法之战的小说也有多种，我曾译他的《二渔夫》(Deux amis)，写巴黎被围的情形，却都从两个酒鬼身上着想。还有许多篇，如 Mile. Fili. 之类，或写一个妓女被普国兵士掳去的情形，或写法国内地村乡里面的光棍，乘着国乱，设立军政分府，作威作福的怪状……都可使人因此推想那时法国兵败以后的种种状态。这都是我所说的"用最经济的手段，描写事实中最精彩的片段，而能使人充分满意"的短篇小说。

二　中国短篇小说略史

短篇小说的定义，既已明了，如今且略述中国短篇小说的小史。

中国最早的短篇小说，自然要数先秦诸子的寓言了。《庄子》、《列子》、《吕览》诸书所载的寓言，往往有用心结构，可当短篇小说之称的。今举二例，第一例见于《列子·汤问》篇：

> 太形王屋二山，方七百里，高万仞，本在冀州之南，河阳之北。
>
> 北山愚公者，年且九十，面山而居，惩山之塞出入之迂也，聚室而谋曰："吾与汝毕力平险，指通豫南，达于汉阴，可乎？"杂然相许。其妻献疑曰："以君之力，曾不能损魁父之丘，如太形、王屋何？且焉置土石？"杂曰："投诸渤海之尾，隐土之北。"
>
> 遂率子孙荷担者三夫，叩石垦壤，箕畚运于渤海之尾。邻人京城氏之孀妻有遗男，始龀，跳往助之。寒暑易节，始一返焉。

> 河曲智叟笑而止之曰："甚矣！汝之不惠！以残年余力，曾不能毁山之一毛。其如土石何？"
>
> 北山愚公长息曰："汝心之固，固不可彻，曾不若孀妻弱子！虽我之死，有子存焉。子又生孙，孙又生子，子又有子，子又有孙，子子孙孙，无穷匮也。而山不加增，何苦而不平？"河曲智叟亡以应。
>
> 操蛇之神闻之，惧其不已也，告之于帝。帝感其诚，命夸娥氏二子负二山，一厝朔东，一厝雍南。自此冀之南，汉之阴，无陇断焉。

这篇大有小说风味。第一因为他要说至诚可动天地，却平空假造一段太形、王屋两山的历史。第二这段历史之中，处处用人名地名，用直接会话，写细事小物，即写天神，也用操蛇之神，夸娥氏二子等私名，所以看来好像真有此事。这两层，都是小说家的家数。现在的人，一开口便是某生某甲，真是不曾懂得做小说的 ABC。

第二例见于《庄子·徐无鬼》篇：

> 庄子送葬，过惠子之墓，顾谓从者曰："郢人垩漫其鼻端，若蝇翼，使匠石斫之。匠石运斤成风，听而斫之，尽垩而鼻不伤，郢人立不失容。宋元君闻之，召匠石曰：'尝试为寡人为之。'匠石曰：'臣则尝能斫之。虽然，臣之质死久矣！'自夫子（谓惠子）之死也，吾无以为质矣！吾无与言之矣！"

这一篇写"知己之感"，从古至今，无人能及。看他写垩漫其鼻端，若蝇翼，写匠石运斤成风，都好像真有此事，所以有文学的价值。看他寥寥七十个字，写尽无限感慨，是何等"经济的"手腕！

自汉到唐这几百年中，出了许多杂记体的书，却都不配称做短篇小说。最下流的，如《神仙传》和《搜神记》之类不用说了。最高的如《世说新语》，其中所记，有许多很有短篇小说的意味，却没有短篇小说的体裁。如下举的例：

(1) 桓公北征，经金城，见前为琅琊时种柳，皆已十围，慨然曰："木犹如此，人何以堪！"攀枝执条，泫然流泪。

(2) 王子猷居山阴，夜大雪，眠觉开室，命酌酒，四望皎然。因起彷徨，咏左思《招隐》诗，忽忆戴安道。时戴在剡，即便夜乘小船就之。经宿方至，造门不前而返。人问其故，王曰："吾本乘兴而来，兴尽而返，何必见戴！"

此等记载，都是拣取人生极精彩的一小段，用来代表那人的性情品格，所以我说《世说》很有短篇小说的意味。只是《世说》所记都是事实，或是传闻的事实，虽有剪裁，却无结构，故不能称做短篇小说。

比较说来，这个时代的散文短篇小说，还该数到陶潜的《桃花源记》。这篇文字，命意也好，布局也好，可以算得一篇用心结构的短篇小说。此外便须到韵文中去找短篇小说了。韵文中《孔雀东南飞》一篇，是很好的短篇小说，记事言情，面面都到。但比较起来，还不如《木兰辞》更为经济。

《木兰辞》记木兰的战功，只用"将军百战死，壮士十年归"十个字，记木兰归家的那一天，却用了一百多字。十个字记十年的事，不为少。一百多字记一天的事，不为多。这便是文学的经济。但是比较起来，《木兰辞》还不如古诗《上山采蘼芜》更为神妙。那诗道：

上山采蘼芜，下山逢故夫。长跪问故夫："新人复何如？""新人虽言好，未若故人姝。颜色类相似，手爪不相如。新人从门入，故人从阁去。新人工织缣，故人工织素。织缣日一匹，织素五丈余。将缣来比素，新人不如故。"

这首诗有许多妙处。第一他用八十个字，写出那家夫妇二口的情形，使人可怜那被逐的故人，又使人痛恨那没有心肝想靠着老婆发财的故夫。第二他写那人弃妻娶妻的事，却不用从头说起，不用说"某某，某处人，娶妻某氏，甚贤，已而别有所爱，遂弃前妻而娶新欢"，他只从这三个人的历史中挑出那日从山上采野菜回来遇着故夫的几分钟，是何等经济的手腕，是何等精彩的片段！第三他只用“上山采蘼芜，下山逢故夫”十个字，便可写出这妇人是一个弃妇，被弃之后，非常贫苦，只得挑野菜度日。这是何等神妙手段！懂得这首诗的好处，方才可谈短篇小说的好处。

到了唐朝，韵文散文中都有很妙的短篇小说，像韵文中杜甫的《石壕吏》是绝妙的例。那诗道：

> 暮投石壕村，有吏夜捉人，老翁逾墙走，老妇出门看。吏呼一何怒，妇啼一何苦！听妇前致词：“三男邺城戍。一男附书至，二男新战死。生者且偷生，死者长已矣！室中更无人，惟有乳下孙！有孙母未去，出入无完裙。老妪力虽衰，请从吏夜归。急应河阳役，犹得备晨炊。”夜久语声绝，如闻泣幽咽。天明登前途，独与老翁别！

这首诗写天宝之乱，只写一个过路投宿的客人，夜里偷听得的事，不插一句议论，能使人觉得那时代征兵之制的大害，百姓的痛苦，丁壮死亡的多，差役捉人的横行，一一都在眼前，捉人捉到生了孙儿的祖老太太，别的更可想而知了！

白居易的《新乐府》五十首中，尽有很好的短篇小说，最妙的是《新丰折臂翁》一首。看他写：“是时翁年二十四，兵部牒中有名字，夜深不敢使人知，偷将大石捶折臂”，使人不得不发生“苛政猛于虎”的思想。白居易的《琵琶行》也可算得一篇很好的短篇小说。白居易的短处，只因为他有点迂腐气，所以处处要把做诗的“本意”来做结尾。即如《新丰折臂翁》，篇末加上“君不见开元宰相宋开府”一段，便没有趣味了。又如《长恨歌》一篇，本用道士见杨贵妃带来信物一件事作主体。白居易虽做了这诗，心中却不信道士见杨妃的神话，所以他不但说杨妃所在的仙山“在虚无缥渺中”，还要先说杨妃死时“金钿委地无人收，翠翘金雀玉搔头”，竟直说后来天上带来的“钿合金钗”是马嵬坡拾起的了。自己先不信，所以说来便不能叫人深信。人说赵子昂画马，先要伏地作种种马相。做小说的人，也要如此，也要用全副精神替书中人物设身处地，体贴入微。做短篇小说的人，格外应该如此。为什么呢？因为短篇小说要把所挑出的最精彩的一段作主体，才可有全神贯注的妙处。若带点迂气，处处把本意点破，便是把书中事实作一种假设的附属品，便没有趣味了！

唐朝的散文短篇小说很多，好的却实在不多。我看来看去，只有张说的《虬髯客传》可算得上品的短篇小说。《虬髯客传》的本旨，只是要说“真人之兴，非英雄所冀”，他却平空造出虬髯客一段故事，插入李靖红拂一段情史，写到正热闹处，忽然“太原公子裼裘而来”，遂使那位野心豪杰绝心于事国，另去海外开辟新国。这种立意布局，都是小说家的上等工夫。这是第一层长处。这篇是历史小说，凡做历史小说，不可全用历史上的事实，却又不可违背历史上的事实。全用历史的事实，便成了演义体，如《三国演义》和《东周列国志》，没有真正小说的价值。若违了历史的事实，如《说岳传》使岳飞的儿子挂帅印，打平金国，虽可使一班愚人快意，却又不成历史的小说了。最好是能于历史事实之外，造成一些似历史的事实，写到结果却又不违背历史的事实。如法国大仲马的《侠隐记》写英国暴君查理第一世为克林威尔所囚时，有几个侠士出了死力，百计想把他救出来，每次都到将成功时，忽又失败。写来极闹热动人，令人急煞，却终不能救免查理第一世断头之刑，故不违背历史的事实。又如《水浒传》所记宋江等三十六人，是正史所有的事实。《水浒传》所写宋江在浔阳江上吟反诗，写武松打虎杀嫂，写鲁智深大闹和尚寺等事，处处闹热煞，却终不违历史的事实。而《虬髯客传》的长处，正在他写了许多动人的人物事实，把历史的人物和非历史的人物穿插夹混，叫人看了，竟像那时真有这些人物事实。但写到后来虬髯客飘然去了，依旧是唐太宗得了天下，一毫不违背历史的事实。这是历史小说的方法，便是《虬髯客传》的第二层长处。此外还有一层好处。唐以前的小说，无论散文韵文，都只能叙事，不能用全副气力描写人物。《虬髯客传》写虬髯客极有神气，自不用说了。就是写红拂、李靖等配角，也都有自性的神情风度。这种写生手段，便是这篇的第三层长处。有这三层长处，所以我敢断定这篇写《虬髯客传》，是唐代第一篇短篇小说。宋朝是章回小说发生的时代，如《宣和遗事》和《五代史平话》等书，都是后世章回小说的始祖。《宣和遗事》中记杨志卖刀杀人，晁盖等八人路劫生辰纲，宋江杀阎婆惜诸段，便是施耐庵《水浒传》的稿本。从《宣和遗事》变成《水浒传》，是中国文学史上一大进步。但宋朝是"杂记小说"极盛的时代，故《宣和遗事》等书，总脱不了杂记体的性质，都是上段不接下段，没有结构布局的。宋朝的"杂记小说"颇多好的，但都是不配称做短篇小说。短篇小说是有结构局势的，是用全副精神气力贯注到一段最精彩的事实上的。"杂记小说"是东记一段，西记一段，如一盘散沙，如一篇零用账，全无局势结构的。这个区别，不可忘记。

明清两朝的短篇小说，可分白话与文言两种。白话的短篇小说可用《今古奇观》作代表。《今古奇观》是明末的书，大概不全是一人的手笔。书中共有四十篇小说，大要可分两派：一是演述旧作的。一是自己创作的。如《吴保安弃家赎友》一篇，全是演唐人的《吴保安传》，不过添了一些琐屑节目罢了。但是这些加添的琐屑节目，便是文学的进步。《水浒》所以比《史记》更好，只在多了许多琐屑细节。《水浒》所以比《宣和遗事》更好，也只在多了许多琐屑细节。从唐人的吴保安变成《今古奇观》的吴保安；从唐人的李汧公变成《今古奇观》的李汧公；从汉人的伯牙、子期变成《今古奇观》的伯牙、子期——这都是文学由略而详，由粗枝大叶而琐屑细节的进步。此外那些明人自己创造的小说，如《卖油郎》，如《洞庭红》，如《乔太守》，如《念亲恩孝女藏儿》，都可称很好的短篇小说。依我看来，《今古奇观》的四十篇之中，布局以《乔太守》为最工，写生以《卖油郎》为最工。《乔太守》一篇，用一个李都管做全篇的线索，是有意安排的结构。《卖油郎》一篇，写秦重、花魁娘子、九妈、四妈各到好处。《今古奇观》中虽有很平常的小说，比起唐人的散文小说，已大有进步了。唐人的小说，最好的莫如《虬髯客传》。但《虬髯客传》写的是英雄豪杰，容易见长。《今古奇观》中大多数的小说写的都是些琐细的人情世故，不容易写得好。唐人的小说，大都属于理想主义。《今古奇观》中如《卖油郎》、《徐老仆》、《乔太守》、《孝女藏儿》便近于写实主义了。至于由文言的唐人小说，变成白话的《今古奇观》，写物写情，都更能曲折详尽，那更是一大进步了。

只可惜白话的短篇小说，发达不久，便中止了。中止的原因，约有两层：第一，因为白话的章回小说发达了，做小说的人，往往把许多短篇略加组织，合成长篇。如《儒林外史》和《品花宝鉴》名为长篇的章回小说，其实都是许多短篇凑拢来的。这种杂凑的长篇小说的结果，反阻碍了白话短篇小说的发达了。第二，是因为明末清初的文人，很做了一些中上的文言短篇小说，如《虞初新志》、《虞初续志》、《聊斋志异》等书里面，很有几篇可读的小说。比较起来，还该把《聊斋志异》来代表这两朝的文言小说。《聊斋》里面如《续黄粱》、《胡四相公》、《青梅》、《促织》、《细柳》诸篇，都可称为短篇小说。《聊斋》的小说，平心而论，实在高出唐人的小说。因蒲松龄虽喜说鬼狐，但他写鬼狐，却都是人情世故，于理想主义之中，却带几分写实的性质，这实在是他的长处。只可惜文言不是能写人情世故的利器。到了后来，那些学《聊斋》的小说，更不值得提起了。

三　结论

最近世界文学的趋势，都是由长趋短，由繁多趋简要——简与略不同，故这句话与上文说由略而详的进步并无冲突。诗的一方面，所重的在于“写情短诗”（lyrical poetry，或择抒情诗。）像 Homer Milton Dante 那些几十万字的长篇，几乎没有人做了。就有人做，十九世纪尚多此种。也很少人读了。戏剧一方面，莎士比亚的戏，有时竟长到五出二十幕（此所指乃 Hamlet 也），后来变到五出五幕，又渐渐变成三出三幕，如今最注重的是“独幕剧”了。小说一方面，自十九世纪中段以来，最通行的是短篇小说。而长篇小说如 Tolstoy 的《战争与和平》，竟是绝无而仅有的了。所以我们简直可以说“写情短诗”、“独幕剧”、“短篇小说”三项，代表世界文学最近的趋势。这种趋向的原因，不止一种。（一）世界的生活竞争，一天忙似一天。时间越宝贵了，文学也不能不讲究经济。若不经济，只配给那些吃了饭没事做的老爷太太们看，不配给那些在社会上做事的人看了。（二）文学自身的进步，与文学的经济有密切关系。斯宾塞说："论文章的方法，千言万语，只是'经济'一件事。"文学越进步，自然越讲求经济的方法。有此两种原因，所以世界的文学，都趋向这三种最经济的体裁。今日中国的文学，最不讲经济。那些古文家和那《聊斋》滥调的小说家，只会记某时到某地，遇某人作某事的死账，毫不懂状物写情，是全靠琐屑节目的。那些长篇小说家，又只会做那无穷无极《九尾龟》一类的小说，连体裁布局都不知道，不要说文学的经济了。若要救这两种大错，不可不提倡那最经济的体裁，不可不提倡真正的短篇小说。

四五

胡适之《国语文法概论》

第一篇　国语与国语文法

什么是国语？　我们现在研究国语文法，应该先问什么是国语，什么是国语文法。“国语”这两个字很容易误解。严格说来，现在所谓“国语”，还只是一种尽先补用的候补国语，并不是现任的国语。这句话的意思是说：这一种方言，已有了做中国国语的资格，但此时还不曾完全成为正式的国语。

一切方言，都是候补的国语，但先须先有两种资格，方才能够变成正式的国语：

第一，这一种方言，在各种方言之中，通行最广。

第二，这一种方言，在各种方言之中，产生的文学最多。

我们试看欧洲现在的许多的国语，哪一种不是先有了这两项资格的？当四百年前，欧洲各国的学者都用拉丁文著书通信，和中国人用古文著书通信一样。那时各国都有许多方言，还没有国语。最初成立的是意大利的国语。意大利的国语，起先也只是突斯堪尼（Tuscany）的方言，因为通行最广，又有了但丁（Dante）、鲍卡曲（Bocoacio）等人用这种方言做文学，故这种方言由候补的变成正式的国语。英国的国语，当初也只是一种“中部方言”，后来渐渐通行，又有了乔叟（Chaucer）与卫克立夫（Wycliff）等人的文学，故也由候补的变成正式的国语。此外法国、德国及其他各国的国语，都是先有这两种资格，后来才变成国语的。

我们现在提倡的国语，也俱有这两种资格：第一，这种语言是中国通行最广的一种方言——从东三省到西南三省（四川、云南、贵州），从长城到长江，那一大片疆域内，虽有大同小异的区别，但大致都可算是这种方言通行的区域。东南一角，虽有许多种方言，但没有一种通行这样远的。第二，这种从东三省到西南三省，从长城到长江的普通话，在这一千年之中，产生了许多有价值的文学的著作。自从唐以来，没有一代没有白话的著作。禅门的语录和宋明的哲学的语录自不消说了，唐诗里已有许多白话诗。到了晚唐，白话诗更多了。寒山和拾得的诗，几乎全是白话诗。五代的词里，也有许多白话词。李后主的好词，多是白话的。宋诗中更多白话。邵雍与张九成虽全用白话，但做的不好。陆放翁与杨诚斋的白话诗，便有文学的价值了。宋词变为元曲，白话的部分更多。宋代的白话小说，如《宣和遗事》之类，还在幼稚时代。自元到明，白话的小说方才完全成立。《水浒传》、《西游记》、《三国志》，代表白话小说的“成人时期”。自此以后，白话文学遂成了中国一种绝大的势力。这种文学有两层大功用：（一）使口语成为写定的文字，不然，白话绝没有代替古文的可能。（二）这种白话文学书通行东南各省，凡口语的白话及不到的地方，文学的白话都可侵入，所以这种方言的领土遂更扩大了。

这两种资格，缺了一种都不行。没有文学的方言，无论通行如何远，决不能代替已有文学的古文，这是不用说的了。但是若单有一点文学，不能行到远地，那也是不行的。例如广东话也有绝妙的“粤讴”，苏州话也有“苏白”的小说，但这两种方言通行的区域太小，故必不能成为国语。

我们现在提倡的国语，是一种通行最广、最远，又曾有一千年的文学的方言。因为他有这两种资格，故大家久已公认他作中国国语的唯一候选人，故全国人此时都公认他为中国国语，推行出去，使他成为中国学校教科书的用语，使他成为中国报纸杂志的用语，使他成为现代和将来的文学用语，这是建立国语的唯一的方法。

什么是国语文法？　凡是一种语言，总有他的文法。天下没有一种没有文法的语言，不过内容的组织彼此有大同小异的区别罢了。但是有文法和有文法学不同。一种语言尽管有文法，却未必一定有文法学。世界文法学发达最早的，要算梵文和欧洲的古今语言。中国的文法学发生最迟。古书如公羊、穀梁两家的《春秋传》，颇有一点论文法的话，但究竟没有文法学出世。清朝王引之的《经传释词》用归纳的方法来研究古书中“词”的用法，可称得一部文法书。但王氏究竟缺乏文法学的术语和条理，故《经传释词》只是文法学未成立以前的一种文法参考书，还不曾到文法学的地位。直到马建忠的《文通》出世（光绪二十四年，西历一八九八），方才有中国文法学。马氏自己说：“上稽经史，旁及诸子百家，下至志书小说，凡措字遣词，苟可以述吾心中之意以示今而传后者，博引相参，要皆有一成不变之例。”（《文通前序》）又说：“斯书也，因西文已有之规矩，于经籍中求其所同所不同者，曲证繁引，以确知华文义例之所在。”（《后序》）到这个时代，术语也完备了，条理也有了，方法也更精密了，故马建忠能建立中国文法学。

中国文法学何以发生的这样迟呢？我想有三个重要的原因：第一，中国文法本来很容易，故人不觉得文法学的必要。聪明的人自能“神而明之”，笨拙的人，也只消用“书读千遍，其义自见”的笨法，也不想有文法学的捷径。第二，中国的教育，本限于很少数的人，故无人注意大多数人的不便利，故没有研究文法学的需要。第三，中国语言文字孤立几千年，不曾有和他种高等语言文字相比较的机会。只有梵文与中文接触最早，但梵文文法太难，与中文文法相去太远，故不成为比较的材料。其余与中文接触的语言，没有一种不受中国人的轻视的，故不能发生比较的研究的效果。没有比较，故中国人从来不曾发生文法学的观念。

这三个原因之中，第三原因更为重要：欧洲自古至今，两千多年之中，随时总有几种平等的语言文字互相比较，文法的条例，因有比较，遂更容易明白。我们的语言文字，向来没有比较参证的材料，故虽有王念孙、王引之父子那样高深的学问，那样精密的方法，终不能创造文法学。到了马建忠，便不同了。马建忠得力之处，全在他懂得西洋的古今文字，用西洋的文法作比较参考的材料。他研究"旁行诸国语言之源流，若希腊、若拉丁之文词，而属比之，见其字别种而句司字，所以声其心而形其意者，皆有一定不易之律。而因以律夫吾经籍子史诸书，其大纲盖无不同。于是因所同以同夫所不同者。"(《后序》) 看这一段，更可见比较参考的重要了。

但如马建忠的文法，只是中国古文的文法。他举的例，到韩愈为止。韩愈到现在，又隔开一千多年了。《马氏文通》是一千年前的古文文法，不是现在的国语的文法。马建忠的大缺点，在于缺乏历史进化的观念。他把文法的条例，错认作"一成之律，历千古而无或稍变"。(《前序》) 其实从《论语》到韩愈，中国文法已经过很多的变迁了。从《论语》到现在，中国文法也不知经过了多少的大改革。那不曾大变的，只有那用记诵摹仿的方法勉强保存的古文文法。至于民间的语言，久已自由变化，自由改革，自由修正，到了现在，中国的文法——国语的文法与各地方言的文法——久已不是马建忠的"历千古而无或少变"的文法了！

国语是古文慢慢的演化出来的，国语的文法，是古文的文法慢慢的改革修正出来的。中国的古文文法虽不很难，但他的里面还有许多很难说明的条例。我且举几个很浅的例罢。

（例一）知我者其天乎？（《论语》）

（例二）莫我知也夫？（《论语》）

（例三）有闻之，有见之，谓之有。(《墨子·非命中》)

（例四）莫之闻，莫之见，谓之亡。（同上）

这两个“我”字都是“知”字的“止词”，这四个“之”字都是“见”字、“闻”字的“止词”。但（例二）与（例四）的“我”字与“之”字，都必须翻到动字的前面，为什么呢？因为古文有一条通则：

凡否定句里做止词的代名词，必须在动词的前面。

这条通则很不容易懂，更不容易记忆，因为这通则规定三个条件：（一）否定句。故（例一）与（例三）不适用他。（二）止词。只有外动词可有止词，故别种动词不适用他。（三）代名词。故“不知命”、“不知人”、“莫知我艰”等句，虽合上二个条件，而不合第三条件，故仍不适用他。当从前没有文法学的时候，这种烦杂的文法，实在很少人懂得。就是那些号称古文大家的，也说不出一个所以然来。不过因为古书上是“莫我知”，古文家也学作说“莫我知”；古书上是“不汝贷”，古文家也学作说“不汝贷”；古书上是“莫之闻，莫之见”，古文家也决不敢改作“莫闻之，莫见之”。他们过惯了鹦鹉的生活，觉得不学鹦鹉，反不成生活了！马建忠说的那“一成之律，历千古而无或少变”，正是指那些鹦鹉文人这样保存下来的古文文法。但是一般寻常百姓，却是不怕得罪古人的。他们觉得“莫我知”、“不汝贷”、“莫之闻，莫之见”一类的文法，实在很烦难，很不方便，所以他们不知不觉的遂改作“没人知道我”，“不饶你”，“没人听过他，也没人见过他”——这样一改，那种很不容易懂又不容易记的文法，都变成很好讲，又很好记的文法了。

这样修正改革的结果，便成了我们现在的国语的文法。国语的文法，不是我们造得出来的，他是几千年的演化的结果，他是中国“民族的常识”的表现与结晶。“结晶”一个名词，最有意味。譬如雪花的结晶，或松花蛋（即皮蛋）白上的松花结晶，你说他是有意做成的么？他确是自然变成的，确是没有意识作用的。你说他完全无意识么？他确又有规则秩序，绝不是乱七八糟的。雪花的结晶，绝不会移作松花的结晶。国语的演化全是这几千年“寻常百姓”自然改变的功劳，文人与文法学者全不曾过问。我们这般老祖宗，并不曾有意的改造文法，只有文法不知不觉的改变了。但改变的地方，仔细研究起来，却又是很有理的，的确比那无数古文大家的理性还高明的多。因此我们对于这种玄妙的变化，不能不脱帽致敬，不能不叫他一声“民族的常识的结晶”。

至于国语的演化是进步呢？还是退步呢？——这个问题太大了，太有趣味了，决不是可以这样简单说明的，故下章专讨论这个问题。

第二篇　国语的进化

一

现在国语的运动，总算传播得很快很远了。但是全国的人，对于国语的价值，还不曾有明了正确的见解。最错误的见解，就是误认白话为古文的退化。这种见解，是最危险的阻力。为什么呢？因为我们既认某种制度文物为退化，决没有还肯采用那种制度文物的道理。如果白话真是古文的退化，我们就该仍旧用古文，不该用这退化的白话。所以这个问题——“白话是古文的进化呢？还是古文的退化呢？”——是国语运动的生死关头。这个问题不能解决，国语文与国语文学的价值，便不能确定。这是我所以要做这篇文章的理由。

我且先引那些误认白话为文言的退化的人的议论。近来有一班留学生出了一种周刊，第一期便登出某君的一篇《平新旧文学之争》。这篇文章的根本主张，我不愿意讨论，因为这两年的杂志报纸上，早已有许多人讨论过了。我只引他论白话退化的一段：

> 以吾国现今之文言与白话较，其优美之度，相差甚远！常谓吾国文字至今日虽未甚进化，亦未大退化。若白话则反是。盖数千年来，国内聪明才智之士，虽未尝致力于他途，对于文字却尚孳孳研究，未尝或辍。至于白话，则语言一科不讲者久！其乡曲愚夫，闾巷妇稚，谰言俚语，粗鄙不堪入耳者无论矣。即在士夫，其执笔为文，亦尚雅洁可观，而听其出言，则鄙俗可噱，不识者几不辨其为

斯文中人！……以是入文，不惟将文学价值扫地以尽，且将为各国所非笑！

这一段说文言“虽未甚进化，亦未大退化”，白话却大退化了。我再引孙中山先生的《孙文学说》第一卷第三章的一段：

> 中国文言殊非一致。文字之源本出于言语，而言语每随时代以变迁。至于为文，虽亦有古今之殊，要不能随言语而俱化。……始所歧者甚仅，而分道各驰，久且相距愈远。顾言语有变迁而无进化，而文字则虽仍古昔，其使用之技术实日见精研。所以中国言语为世界中之粗劣者，往往文字可达之意，言语不得而传。是则中国人非不善为文，而拙于用语者也。亦惟文字可传久远，故古人所作，摹仿匪难，至于言语，非无杰出之士妙于修辞，而流风余韵，无所寄托，随时代而俱湮，故学者无所继承。然则文字有进化，而言语转见退步者非无故矣。抑欧洲文字基于音韵，音韵即表言语，言语有变，文字即可随之。中华制字以象形会意为主，所以言语虽殊，而文字不能与之俱变。要之此不过为言语之不进步，而中国人民非有所阙于文字。历代能文之士，其所创作突过外人，则公论所归也。盖中国文字成为一种美术，能文者直美术专门名家，既有天才，复以其终身之精力赴之，其造诣自不易及。

孙先生直说：“文字有进化，而语言转见退步。”他的理由，大致也与某君相同。某君说文言因为有许多文人专心研究，故不曾退步，白话因为没有学者研究，故退步了。孙先生也说文言所以进步，全靠文学专家的终身研究他。又说中国文字是象形会意的，没有字母的帮助，故可以传授古人的文章，但不能记载那随时代变迁的言语。语言但有变迁，没有进化。文字虽没有变迁，但用法更“精研”了！

我对于孙先生的《孙文学说》曾有很欢迎的介绍，《每周评论》第三十一号。但是我对于这一段议论，不能不下一点批评。因为孙先生说的话，未免太笼统了，不像是细心研究的结果。即如他说：“言语有变迁而无进化。”试问他可曾研究言语的“变迁”是朝什么方向变的？这种“变迁”何以不能说是“进化”？试问我们该用什么标准来定那一种“变迁”为“进化的”，那一种“变迁”为“无进化的”？若不曾细心研究古文变为白话的历史，若不知道古文和白话不同之点究竟在什么地方，若不先定一个“进化”、“退化”的标准，请问我们如何可说白话有变迁而无进化呢？如何可说文字有进化而语言转见退步呢？

某君用的标准是“优美”和“鄙俗”。文言是“优美”的，故不曾退化。白话是“鄙俗可噱”的，故退化了。但我请问我们又拿什么标准来分别“优美”与“鄙俗”呢？某君说：“即在士夫，其执笔为文亦尚雅洁可观，而听其出言，则鄙俗可噱，不识者几不辨其为斯文中人！”请问“斯文中人”的话又应该是怎样说法？难道我们都该把我字改作予字，他字改作其字，满口“雅洁可观”的之乎者也，方才可算作“优美”吗？“梦为远别啼难唤，书被催成墨未浓”固可算是美，“衣裳已施行看尽，针线犹存未忍开”又何尝不美？“别时言语在心头，那一句依他到底？”完全是白话，又何尝不美？《晋书》说王衍少时，山涛称赞他道：“何物老妪，生宁馨儿？”后来不通的文人把“宁馨”当作一个古典用，以为很“雅”很“美”。其实“宁馨”即是现在苏州、上海人的“那哼”，但是这般不通的文人一定说“那哼”就“鄙俗可噱”了！《王衍传》又说王衍的妻郭氏把钱围绕床下，衍早晨起来见钱，对婢女说：“举阿堵物去。”后来的不通的文人又把“阿堵物”用作一古典，以为很“雅”很“美”。其实“阿堵”即是苏州人说的“阿笃”，官话说的“那个”、“那些”，但是这班不通文人一定说“阿笃”、“那个”、“那些”都是“鄙俗可噱”了！

所以我说“优美”还须要一个标准，“鄙俗”也须要一个标准。某君自己做的文言未必尽“优美”，我们做的白话未必尽“鄙俗可噱”。拿那没有标准的“优美”、“鄙俗”来定白话的进化退化，便是笼统，便是糊涂。

某君和孙先生都说古文因为有许多文人终身研究，故不曾退化。反过来说白话因为文人都不注意，全靠那些“乡曲愚夫，闾巷妇稚”自由改变，所以渐渐退步，变成“粗鄙不堪人耳”的俗话了。这种见解是根本错误的。稍稍研究言语学的人，都该知道文学家的文学，只可定一时的标准，决不能定百世的标准。若推崇一个时代的文学太过了，奉为永久的标准，那就一定要阻碍文字的进化。进化的生机，被一个时代的标准阻碍住了，那种文学就渐渐干枯，变成死文字或半死的文字。文字枯死了，幸亏那些“乡曲愚夫，闾巷妇稚”的白话还不曾死，仍旧随时变迁。变迁便是活的表示，不变迁便是死的表示。稍稍研究言语学的人，都该知道一种文字枯死或麻木之后，一线生机，全在那些“乡曲愚夫，闾巷妇稚”的白话。白话的变迁，因为不受那些“斯文中人”的干涉，故非常自由。但是自由之中，却有个条理次序可寻。表面上很像没有道理，其实仔细研究起来，都是有理由的变迁，都是改良，都是进化。

简单一句话，一个时代的大文学家，至多只能把那个时代的现成语言结晶成文学的著作，他们只能把那个时代的语言的进步，作一个小小的结束。他们是语言进步的产儿，并不是语言进步的原动力。有时他们的势力，还能阻碍文字的自由发达。至于民间日用的白话，正因为文人学者不去干涉，故反能自由变迁，自由进化。

二

本篇的宗旨，只是要证明上节末段所说的话，要证明白话的变化，并非退步，乃是进化。

立论之前，我们应该定一个标准。怎样变迁才算是进化？怎样变迁才算是退步？

这个问题太大，我们不能详细讨论，现在只能简单说个大概。

一切器物制度，都是应用的。因为有某种需要，故发明某种器物，故创造某种制度。应用的能力增加，便是进步；应用的能力减少，便是退步。例如车船两物，都是应付人类交通运输的需要的。路狭的地方有单轮的小车，路阔的地方有双轮的骡车，内河有小船，江海有大船。后来陆地交通有了人力车、马车、火车、汽车、电车，水路交通有了汽船，人类的交通运输更方便了，更稳当了，更快捷了。我们说小车、骡车变为汽车、火车、电车是大进步，帆船、划船变为汽船也是大进步，都只是因为应用的能力增加了。一切器物制度，都是如此。

语言文字也是应用的。语言文字的用处极多，简单说来：(一)是表情达意。(二)是记载人类生活的过去经验。(三)是教育的工具。(四)是人类共同生活的惟一媒介物。我们研究语言文字的退化进化，应该根据这几种用处，定一个标准：表情达意的能力增加吗？记载人类经验更正确明白吗？还可以做教育的利器吗？还可以作共同生活的媒介物吗？这几种用处增加了，便是进步，减少了，便是退化。

现在先泛论中国文言的退化：

(1)文言达意表情的功用久已减少至很低的程度了。禅门的语录，宋明理学家的语录，宋元以来的小说——这种白话文学的发生，便是文言久已不能达意表情的铁证。

(2)至于记载过去的经验，文言更不够用。文言的史书传记，只能记一点极简略极不完备的大概。为什么只能记一点大概呢？因为文言的自身本太简单了，太不完备了，决不能有详细写实的记载，只好借"古文义法"做一个护短的托词。我们若要知道某个时代的社会生活的详细记载，只好向《红楼梦》和《儒林外史》一类的书里去找寻了。

(3)至于教育一层，这二十年的教育经验，更可以证明文言的绝对不够用了。二十年前，教育是极少数人的特殊权利，故文言的缺点还不大觉得。二十年来，教育变成了人人的权利，变成了人人的义务，故文言的不够用，渐渐成为全国教育界公认的常识。今年全国教育会的国语教科书的议案，便是这种公认的表示。

(4)至于作社会共同生活的媒介物，文言更不中用了。从前官府的告示，"圣谕广训"一类的训谕，为什么要用白话呢？不是因为文言不能使人人懂得吗？现在的阔官僚到会场演说，摸出一篇文言的演说辞，哼了一遍，一个人都听不懂。明天登在报上，多数人看了还是不懂！再看我们的社会生活——在学校听讲，教授演说，命令仆役，叫车子，打电话，谈天，辩驳——哪一件是用文言的？我们还是"斯文中人"，尚且不能用文言作共同生活的媒介，何况大多数的平民呢?

以上说语言文字的四种用处，文言竟没有一方面不是退化的。上文所说，同时又都可证明白话在这四方面，没有一方面的应用能力不是比文言更大得多。

总括一句话，文言的种种应用能力，久已减少到很低的程度，故是退化的。白话的种种应用能力，不但不曾减少，反增加发达了，故是进化的。

现在反对白话的人，到了不得已的时候，只好承认白话的用处，于是分出“应用文”与“美文”两种，以为“应用文”可用白话，但是“美文”还应该用文言。这种区别，含有两层意义：第一他承认白话的应用能力，但不承认白话可以作“美文”。白话不能作“美文”，是我们不能承认的。但是这个问题和本文无关，姑且不谈。第二他承认文言没有应用的能力，只可以拿来做无用的美文。即此一端，便是古文报丧的讣闻！便是古文死刑判决书的主文！

天下的器物制度，决没有无用的进化，也决没有用处更大的退化！

三

上节说文言的退化和白话的进化，都是泛论的。现在我要说明白话的应用能力是怎样增加的——就是要说明白话怎样进化。上文我曾说“白话的变迁，因为不受文人的干涉，故非常自由。但是自由之中，却有个条理次序可寻。表面上很像没有道理，其实仔细研究起来，都是有理由的变迁，都是改良，都是进化。”本节所说，只是要证明这一段话。

从古代的文言，变为近代的白话，这一大段历史有两个大方向可以看得出：（一）该变繁的都渐渐变繁了。（二）该变简的都变简了。

（一）该变繁的都变繁了　变繁的例很多，我只能举出几条重要的趋向：

第一，单音字变为复音字。中国文中，同音的字太多了，故容易混乱。古代字的尾音除了韵母之外，还有 p、k、t、m、n、ng、h 等，故区别还不很难。后来只剩得韵母和 n、ng、h 几种尾音，便容易彼此互混了。后来“声母”到处增加起来，如轻唇重唇的分开，如舌头舌上的分开等，也只是不知不觉的要补救这种容易混乱的缺点。最重要的补救方法，还是把单音字变为复音字。例如师、狮、诗、尸、司、私、思、丝八个字，有些地方的人读成一个音，没有分别。有些地方的人分作“尸”（师、狮、诗、尸）、“厶”（私、思、司、丝）两个音，也还没有大分别。但说话时，这几个字都变成了复音字，师傅、狮子、死尸、尸首、偏私、私通、职司、思想、蚕丝，故不觉得困难。所以我们可以说单音字变成复音字，为中国语言的一大进化。这种变化的趋势起得很早，《左传》的议论文有许多复音字，如：“散离我兄弟，挠乱我同盟，倾覆我国家……倾覆我社稷，帅我蝥贼以求荡摇我边疆。”汉代的文章用复音字更多。可见这种趋势在古文本身已有了起点，不过还不十分自由发达。白话因为有会话的需要，故复音字也最多。复音字的造成约有几种方法：

（1）同义的字拼成一字。例如规矩、法律、刑罚、名字、心思、头脑、师傅……

（2）本字后加“子”、“儿”等语尾。例如儿子、妻子、女子、椅子、桌子、盆儿、瓶儿……这种语尾，如英文之 -Let，德文之 -Clhen-Lein，最初都有变小和变亲热的意味。

（3）类名上加区别字。例如石匠、木匠、工人、军人、会馆、旅馆、学堂、浴堂……

（4）重字。例如太太、奶奶、慢慢、快快……

（5）其他方法，不能遍举。

这种变迁有极大的重要。现在的白话所以能应付我们会话讲演的需要，所以能做共同生活的媒介物，全靠单音字减少，复音字加多。现在注音字母所以能有用，也只是因为这个缘故。将来中国语言所以能有采用字母的希望，也只是因为这个缘故。

第二，字数增加。许多反对白话的人，都说白话的字不够用，这话是大错的。其实白话的字数比文言多的多。我们试拿《红楼梦》用的字，和一部《正续古文辞类纂》用的字相比较，便可知道文言里的字，实在不够用。我们做大学教授的人，在饭馆开一个菜单，都开不完全，却还要说白话字少，这岂不是大笑话吗？白话里已写定的字也就不少了，还有无数没有写定的字，将来都可用注音字母写出来。此外文言里的字，除了一些完全死了的字之外，都可尽量收入。复音的文言字，如法律、国民、方法、科学、教育等字自不消说了，有许多单音字，如诗、饭、米、茶、水、火等字，都是文言白话共同可用的。将来做字典的人，把白话小说里用的字和各种商业、工艺通用的专门术语搜集起来，再加上文言里可以收用的字，和新学术的术语，一定比文言常用的字要多好几十倍。文言里有许多字久已完全无用了，一部《说文》里可删的字也不知多少。

以上举了两条由简变繁的例。变繁的例很多，如动词的变化，如形容词和状词的增加……我们不能一一列举了。章太炎先生说：

> 有农牧之言，有士大夫之言。……而世欲更文籍以从鄙语，冀人人可以理解，则文化易流，斯则左矣！今言“道”、“义”，其旨固殊也。农牧之言“道”，则曰“道理”，其言“义”，亦曰“道理”。今言“仁人”、“善人”，其旨亦有辨也。农牧之言“仁人”则曰“好人”，其言“善人”亦曰“好人”。更文籍而从之，当何以为别矣？夫里闾恒言，大体不具，以是教授，是使真意讹淆，安得理解也？（《章氏丛书·检论五》）

这话也不是细心研究的结果。文言里有许多字的意思最含混，最纷歧。章先生所举的“道”、“义”等字，便是最普通的例。试问文言中的“道”字有多少种意义？白话用“道”字许多意义，每个各有分别。例如“道路”、“道理”、“法子”等等。“义”字也是如此。白话用“义气”、“意义”、“意思”等词来分别“义”字的许多意义。白话用“道理”来代替“义”字时，必有“义不容辞”一类的句子，因为

“义”字这样用法，与“理”字本无分别，故白话也不加分别了。即此一端，可见白话对于文言应该分别的地方，都细细分别，对于文言不必分别的地方，便不分别了。白话用“好人”代“仁人”、“善人”，也只是因为平常人说“仁人君子”，本来和“善人”没有分别。至于儒书里说的“仁人”，本不是平常人所常见的（如“惟仁人放流之”等例），如何能怪俗话里没有这个分别呢？总之文言有含混的地方，应该细细分别的，白话都细细分别出来，比文言细密得多。章先生所举的几个例，不但不能证明白话的“大体不具”，反可以证明白话的变繁变简，都是有理由的进化。

（二）该变简的都变简了　上文说白话更繁密，更丰富，都是很显而易见的变迁。如复音字的便利，如字数的加多，都是不能否认的事实。现在我要说文言里有许多应该变简的地方，白话里都变简了。这种变迁，平常人都不大留意，故不觉得这都是进化的变迁。我且举几条最容易明白的例：

第一，文言里一切无用的区别都废除了。文言里有许多极没有道理的区别。如《说文》豕部说，豕生三月叫做“豯”，一岁叫做“豵”，二岁叫做“豝”，三岁叫做“豣”；又牝豕叫做“豝”，牡豕叫做“豭”。马部说，马二岁叫做“驹”，三岁叫做“駣”，八岁叫做“馴”；又马高六尺为“骄”，七尺为“騋”，八尺为“龙”；牡马为“骘”，牝马为“骀”。羊部说，牝羊为“牂”，牡羊为“羝”；又夏羊牝曰“羭”，夏羊牡曰“羖”。牛部说，二岁牛为“犕”，三岁牛为“犙”，四岁牛为“牭”。这些区别，都是没有用处的区别。当太古畜牧的时代，人同家畜很接近，故有这些繁琐的区别。后来的人离开畜牧生活日远了，谁还能记得这些麻烦的区别？故后来这些字都死去了，只剩得一个“驹”字代一切小马，一个“羔”代一切小羊，一个“犊”字代一切小牛。这还是不容易记的区别，所以白话里又把“驹”、“犊”等字废去，直用一个“类名加区别字”的普通公式，如“小马”、“小牛”、“公猪”、“母猪”、“公牛”、“母牛”之类，那就更容易记了。三岁的牛直叫做“三岁的牛”，六尺的马直叫做“六尺的马”，也是变为“类名加区别字”的公式。从前要记无数烦难的特别名词，现在只须

记得这一个公式就够用了。这不是一大进化吗？（这一类的例极多不能遍举了）

第二，繁杂不整齐的文法变化多变为简易画一的变化了。我们可举代名词的变化为例。古代的代名词很有一些麻烦的变化，例如：

（1）吾我之别。“如有复我者，则吾必在汶上矣。”又“如有用我者，吾其为东周乎？”又“今者吾丧我。”可见吾字常用在主格，我字常用在目的格（目的格一名受格，《文通》作宾次）。

（2）尔汝之别。“丧尔子，丧尔明，尔罪三也，而曰汝无罪欤？”可见名词之前的形容代词（领格白话的“你的”）应该用尔。

（3）彼之其之别。上文的两种区别，后来都是渐渐的失掉了，只有第三身的代名词，在文言里至今还不曾改变。“之”字必须用在目的格，决不可用在主格。“其”字必须用在领格。

这些区别，在文言里不但没有废除干净，并且添上了余、予、侬、卿、伊、渠等字，更麻烦了。但是白话把这些无谓的区别，都废除了，变成一副很整齐的代名词。

第一身：我、我们、我的、我们的
第二身：你、你们、你的、你们的
第三身：他、他们、他的、他们的

看这表，便可知白话的代名词，把古代剩下的主格和目的格的区别一齐删去了。领格虽然分出来，但是加上“的”字语尾，把“形容词”的性质更表示出来，并且三身有同样的变化，这确是白话的一大进化。

这样的例，举不胜举。古文“承接代词”有“者”、“所”两字：一个是主格、一个是目的格。现在都变成一个“的”字了。

（1）古文　（主格）为此诗者，其知道乎？

（目的格）播州非人所居。

（2）白话　（主格）做这诗的是谁。

（目的格）这里不是人住的。

又如古文的“询何代词”有谁、孰、何、奚、曷、胡、恶、焉、安等字。这几个字的用法很复杂（看《马氏文通》二之五），很不整齐。白话的“询问代词”只有一个“谁”问人，一个“什么”问物，无论主格、目的格、领格都可通用。这也是一条同类的例。

我举这几条例，来证明文言里许多繁复不整齐的文法变化，在白话里都变简易画一了。

第三，许多不必有的句法变格，都变成容易的正格了。中国句法的正格是：

（1）鸡鸣　狗吠

（格）　主词—动词

（2）子见南子

（格）　主词——外动词——止词

但是文言中有许多句子是用变格的。我且举几个重要的例：

（1）否定句的止词（目的格）若是代名词，当放在动词之前。

（例）莫我知也夫！　不作“莫知我”。

吾不之知。　不作“不知之”。

吾不汝贷。　不作“不贷汝”。

（格）　主词——否定词——止词——外动词

白话觉得这种句法是很不方便的，并且没有理由，没有存在的必要，因此白话遇到这样的句子，都改作正格。

（例）没有人知道我。

我不认识他。

我不赦你。

（2）询问代词用作止词时（目的格），都放在动词之前。

（例）吾谁欺？客何好？客何能？

问臧奚事？

（格）主词——止词——外动词

这也是变格，白话也不承认这种变格有存在的必要，故也把他改过来，变成正格。

（例）我欺谁？你爱什么？你能做什么？

（格）主词——外动词——止词

这样一变，就更容易记得了。

（3）承接代词"所"字是一个止词（目的格），常放在动词之前。

（例）己所不欲，勿施于人。

天所立大单于。

（格）主词——止词——动词

白话觉得这种倒装句法也没有保存的必要，所以也把他倒过来，变成正格。

（例）你自己不要的，也不要给人。

天立的大单于。

（格）主词——动词——止词

这样一变更方便了。

以上举出的三种变格的句法，在实用上自然很不方便，不容易懂得，又不容易记得，但是因为古文相传下来是这样倒装的，故那些“聪明才智”的文学专门名家，都只能依样画葫芦，虽然莫名其妙，也只好依着古文大家的“义法”做去。这些“文学专门名家”因为全靠机械的熟读，不懂得文法的道理，故往往闹出大笑话来。但是他们决没有改革的胆子，也没有改革的能力，所以中国文字在他们手里实在没有什么进步。中国语言的逐渐改良，逐渐进步——如上文举出的许多例——都是靠那些无量数的“乡曲愚夫，闾巷妇稚”的功劳！

最可怪的，那些没有学问的“乡曲愚夫，闾巷妇稚”虽然不知不觉的做这种大胆的改革事业，却并不是糊里糊涂的一味贪图方便，不顾文法上的需要。最可怪的，就是他们对于什么地方应该改变，什么地方不应该改变，都极有斟酌，极有分寸。就拿倒装句法来说，有一种变格的句法，他们丝毫不曾改变。

（例）杀人者　知命者

（格）动词——止词——主词

这种句法，把主词放在最末，表示“者”是一个承接代词。白话也是这样倒装的。

（例）杀人的　算命的　打虎的

这种句法，白话也曾想改变过来，变成正格：

（例）谁杀人，谁该死。谁不来，谁不是好汉。谁爱听，尽管来听。

但是这种变法，总不如旧式倒装法的方便，况且有许多地方仍旧是变不过来。

（例）“杀人的是我”这句若变为“谁杀人，是我”，上半便成疑问句了。

（又）“打虎的武松是他叔叔”这句决不能变为“谁打虎武松是他的叔叔”。

因此白话虽然觉得这种变格很不方便，但是他又知道变为正格更多不便，倒不如不变了罢。

以上所说，都只是要证明白话的变迁，无论是变繁密了，或是变简易了，都是很有理由的变迁。该变繁的，都变繁了。该变简的，都变简了。就是那些该变而不曾变的，也都有一个不能改变的理由。改变的动机，是实用上的困难。改变的目的，是要补救这种实用上的困难。改变的结果，是应用能力的加多。这是中国国语的进化小史。

这一段国语进化小史的大教训，莫要看轻了那些无量数的“乡曲愚夫，闾巷妇稚”，他们能做那些文学专门名家所不能做又不敢做的革新事业！

第三篇　文法的研究法上

我觉得现在国语文法学最应该注重的，是研究文法的方法。为什么我们应该这样注意方法呢？第一，因为现在虽有一点古文的文法学，但国语的文法学还在草创的时期，我想若想预备做国语文法学的研究，应该先从方法下手。建立国语文法学，不是一件容易做的事。方法不精密，决不能有成效。第二，一种科学的精神全在他的方法。方法是活的，是普遍的。我们学一种科学，若单学得一些书本里的知识，不能拿到怎样求得这些知识的方法，是没有用的，是死的。若懂得方法，就把这些书本里的知识都忘记了，也还不要紧，我们不但求得出这些知识来，我们还可以创造发明，添上许多新知识。文法学也是如此。不要说我们此时不能做一部很好的国语文法书，就是有了一部很好的文法书，若大家不讲究文法学的方法，这书终究是死的，国语文法学终究没有进步的希望。古人说："鸳鸯绣取从君看，不把金针度与人。"这是很可鄙的态度！我们提倡学术的人，应该先把"金针"送给大家，然后让他们看我们绣的鸳鸯，然后教他们大家来绣一些更好更巧妙的鸳鸯。

研究文法的方法，依我看来，有三种必不可少的方法：

（一）归纳的研究法。
（二）比较的研究法。
（三）历史的研究法。

这三种之中，归纳法是根本法，其余两种是辅助归纳法的。

一　归纳的研究法

平常论理学书里说归纳法是"从个体的事实里求出普遍的法则来"的方法。但是这句话是很含糊的，并且是很有弊病的。因为没有下手的方法，故是含糊的。因为容易使人误解归纳的性质，故有弊病。宋朝的哲学家讲"格物"，要人"即物而穷其理"。初看去，这也是"从个体的事实里求出普遍的法则"的归纳法了。后来王阳明用这法子去格庭前的竹子，格了七天，格不出什么道理来，自己反病倒了。这件事很可使我们觉悟。单去观察个体事物，不靠别的帮助，便想从个体事物里抽出一条通则来，是很不容易做到的事——也许竟是不可能的事。从前中国人用的"书读千遍，其义自见"的笨法，便是这一类的笨归纳。

现在市上出版的论理学书讲归纳法最好的还要算严又陵先生的《名学浅说》，这部书是严先生演述耶芳斯（Jevons）的《名学要旨》做成的。耶芳斯的书，虽然出版的很早，但他讲归纳法，实在比弥尔（J.S.Mill 穆勒约翰）一系的名学家讲的好。耶芳斯的大意是说归纳法，其实只是演绎法的一种用法。分开来说，归纳法有几步的工夫：

第一步，观察一些同类的“例”。

第二步，提出一个假设的“通则”，来说明这些“例”。

第三步，再观察一些新例，看他们是否和假设的通则相符合。若无例外，这通则便可成立。若有例外，须研究此项例外，是否有可以解释的理由，若不能解释，这通则便不能成立。一个假设不能成立，便须另寻新假设，仍从第二步做起。

这种讲法的要点，在于第二步提出假设的通则。而第三步即用这个假设，做一个大前提，再用演绎的方法来证明或否证这个假设的大前提。

这种讲法太抽象了，不容易懂得。我且举一条例来说明他：白话里常用的“了”字，平常用来表示过去的动词，如：“昨天他来了两次，今天早上他又来了一次。”这是容易懂得的。但是“了”字又用在动词的现在式，如：

大哥请回，兄弟走了。

又用在动词的将来式，如：

你明天八点钟若不到此地，我就不等你了。

你再等半点钟，他就出来了。

这种字，自然不是表示过去时间的。他表示什么呢？这种用法究竟错不错呢？

我们可试用归纳法的第一步，先观察一些“例”：

（例一）他若见我这般说，不睬我时，此事便休了。

（例二）他若说：“我替你做。”这便有一分光了。

（例三）他若不肯过来，此事便休了。

（例四）他若说："我来做。"这光便有二分了。

（例五）第二日他若依前肯过我家做时，这光便有三分了。

我看了《水浒传》里这几条例，心里早已提出一个假设：这种"了"字，是用来表示虚拟的口气（Subjunctive Mood）的。上文引的五个例，都是虚拟（假定）的因果句子，前半截的虚拟的因，都有"若"字表出，故动词可不必变化；后半截虚拟的果，都用过去式的动词表出，如"便休了"、"便有了"，都是虚拟的口气。因为是虚拟的，故用过去式的动词，表示未来的动作。

这个假设是第二步。有了这个假设的通则，我再做第三步，另举一些例：

（例六）我们若去求他，这就不是品行了。（《儒林外史》）

（例七）若还是这样傻，便不给你娶了。（《石头记》）

这两例都与上五例相符合。我再举例：

（例八）你这中书早晚是要革的了。（《儒林外史》）

（例九）我轻身更好逃窜了。（《儒林外史》）

这都是虚拟的将来，故用"了"字。我再举例：

（例十）只怕你吃不得了。（《水浒》）

（例十一）可怜我那里赶得上，只怕不能够了。（《石头记》）

（例十二）押司来到这里，终不成不进去了。（《水浒》）

这都是疑惑不定的口气，故都用虚拟式。我再举例：

（例十三）好汉息怒。且饶恕了，小人自有话说。（《水浒》）

（例十四）不要忘了许我的十两银子。（《水浒》）

（例十五）你可别多嘴了。（《石头记》）

这些本是命令的口气，因为命令式太重了，太硬了，故改用虚拟的口气，便觉得婉转柔和了。试看下文的比较，便懂得这个虚拟式的重要：

命令的口气	**虚拟的口气**
放手！	放了手罢。
不要忘记！	不要忘了。
别多嘴！	你可别多嘴了。

我举这些例来证明第二步提出的假设：这种“了”字是用来表示虚拟的口气的。这个假设若是真的，那么这一类的“了”字，应该都可用这个假设去解释。第三步举的例果然没有例外，故这条通则可以成立。

这种研究法，叫做归纳的研究法。我在上文说过归纳法是根本法，凡不懂得归纳法的决不能研究文法。故我要再举一类的例，把这个方法的用法说的格外明白些。

马建忠作《文通》用的方法很精密，我们看他自己说他研究文法的方法：

> 古经籍历数千年传诵至今，其字句浑然，初无成法之可指。乃同一字也，同一句也，有一书迭见者，有他书互见者。是宜博引旁证，互相比拟，因其当然以进求其所同所异之所以然，而后著为典则，义类昭然。

他又说：

> 愚故罔揣固陋，取《四书》、《三传》、《史》、《汉》、韩文……兼及诸子《语》(《国语》)、《策》(《国策》)，为之字栉句比，繁称博引，比例而同之，触类而长之，穷古今之简篇，字里行间，涣然冰释，皆有以得其会通。

这两段说归纳的研究法都很明白。我们可引《文通》里的一条通则来做例：

（例一）寡人好货。寡人好色。寡人好勇。

（例二）客何好？客何事？客何能？

例一的三句，都是先“主词”，次“表词”，次“止词”（主词《文通》作起词，而表词《文通》作语词）。例二的三句，都是先“主词”，次“止词”，“表词”最后。何以“寡人好货”的“货”字，不可移作“寡人货好”？何以“客何好”不可改作“客好何”？

我们用归纳法的第一步，看了这例二的三个例，再举几个同类的例：

（例三）吾何修而可以比于先王观也？（《孟子》）

（例四）生揣我何念？（《史记》）

看了这些例，我们心里起一个假设：

（假设一）凡“何”字用作止词，都该在动词之前。

这是第二步。我们再举例：

（例五）夫何优何惧？（《论语》）

（例六）客何为也？（《史记》）

这些例都可以证明这个假设可以成为通则，我们且叫他做“通则一”。这是第三步。

这个“何”字的问题，是暂时说明了。但我们还要进一步问：何以“何”字用作止词便须在动词之前呢？我们要解答这问题，先要看看那些与“何”字同类的字，是否与“何”字有同样的用法。先看“谁”字：

（例七）寡人有子，未知其谁立焉？（《左传》）

（例八）朕非属赵君，当谁任哉？（《文选》）

（例九）吾谁欺？欺天乎？（《论语》）

从这些例上可得一个通则。

（通则二）凡“谁”字用作止词，也都在动词之前。

次举“孰”字的例：

（例十）后之人，其欲闻仁义道德之说，孰从而听之？（韩文）

次举“奚”字：

（例十一）问臧奚事，则挟策读书；问穀奚事，则博塞以游。（《庄子》）

（例十二）子将奚先？（《论语》）

次举“胡”、“曷”等字：

（例十三）胡禁不止？（《汉书》）

（例十四）曷令不行？（《汉书》）

我们有这些例，可得许多小通则，可知何、谁、孰、奚、曷、胡等字，用作止词时，都在动词之前。但这些字都是“询问代名词”，故我们又可得一个大通则：

凡询问代词用作止词时，都该在动词之前。

这条通则，我们可再举例来试证，若没有例外，便可成立了。

得了这条通则，我们就可以知道“客何好”的“何”字，所以必须放在“好”字之前，是因为“何”字是一个询问代词用作止词。这就是《文通》的《例言》说的：“博引旁证，互相比拟，因其当然以进求其所同所异之所以然。”我们若把上文说的手续，合为一表，便更明白了。

客何好？客何能？
吾何修？
夫何忧何惧？
（通则一）凡何字作止词，应在动词前。

未知谁立？
当谁任哉
吾谁欺？
（通则二）凡谁字作止词，应在动词前。

孰从而听之？……（通则三）孰字同。

问臧奚事？
问穀奚事？
…（通则四）奚字同。

胡禁不止？…（通则五）胡字同。

曷令不行？…（通则六）曷字同。

（总通则）凡询问代词用作止词时，都在动词之前。

这就是《文通》自序说的：“比例而同之，触类而长之……皆有以得其会通。”这就是归纳的研究法。

二　比较的研究法

比较的研究法，可分作两步讲：

第一步，积聚些比较参考的材料，越多越好。在国语文法学上，这种材料，大都是各种“参考文法”，约可分作四类。

（1）中国古文文法——至少要研究一部《马氏文通》。

（2）中国各地方言的文法——如中国东南各省的各种方言的文法。

（3）西洋古今语言的文法——英文法，德文法，法文法，希腊拉丁文法等。

（4）东方古今语言的文法——如满蒙文法，梵文法，日本文法等。

第二步，遇着困难的文法问题时，我们可寻思别种语言里有没有同类或大同小异的文法。若有这种类似的例，我们便可拿他们的通则来帮助解释我们不能解决的例句。

（1）若各例彼此完全相同，我们便可完全采用那些通则。

（2）若各例略有不同，我们也可用那些通则来参考，比较出所以同和所以不同的地方，再自己定出通则来。

我且举上篇用的虚拟口气"了"字作例。我们怎样得到那个假设呢？原来那是从比较参考得来的。我看了《水浒传》里的一些例，便想起古文里的"矣"字，似乎也有这种用法，也有用在现在和未来的时间的，例如：

诺，吾将仕矣。(《论语》)

原将降矣。(《左传》)

如有复我者，则吾必在汶上矣。(《论语》)

如有不嗜杀人者，则天下之民，皆引领而望之矣。(《孟子》)

我于是翻开《马氏文通》，要看他如何讲法。《文通》说：

矣字者，所以决事理已然之口气也。已然之口气，俗间所谓"了"字也。凡"矣"字之助句读也，皆可以"了"字解之。

《文通》也用“了”字来比较“矣”字，我心里更想看他如何解释。他说：

> 言效之句，率以“矣”字助之。(《孟子》：如有不嗜杀人者，则天下之民皆引领而望之矣。)……“矣”字者，决已然之口气也，而效则惟验诸将来。“矣”字助之者，盖效之发见有待于后，而“效”之感应已露于先矣。(言效之句，即我说的虚拟的效果句子)

这一段话的末句说的很错误，但他指出“言效之句率以‘矣’字助之”一条通则，确能给我一个暗示。我再看他讲“吾将仕矣”一类的文法：

> “吾将仕矣”者，犹云吾之出仕于将来，已可必于今日也。其事虽属将来，而其理势已可决其如是而无他变矣。

他引的例有“今日必无晋矣”，“孺子可教矣”，“三年无改于父之道，可谓孝矣”等句。他说这些“矣”字，“要不外了字之口气”。他说：

> “了”者，尽而无余之辞。而其为口气也，有已了之了，则“矣”字之助静字(即形容词)而为绝句也，与助句读之往事也。有必了之了，则“矣”字之助言效之句也。此外诸句之助“矣”字而不为前例所概者，亦即此已了必了之口气也。是则“矣”字所助之句，无不可以“了”字解之矣。

我看了这一段，自然有点失望。因为我想参考“矣”字的文法，来说明“了”字的文法。不料马氏却只用了“了”字的文法，来讲解“矣”字的文法。况且他只说“已了必了之口气”，说的很含糊不明白。如孔子对阳货说“吾将仕矣”，决没有“必了”的口气，决不是如马氏说的“吾之出仕于将来，已可必于今日”的意思。又如他说：

“言效之句”所以用“矣”字，是因为“效之发见有待于将来，而效之感应已露于先矣”，这种说法，实无道理。什么叫做“效之感应”？

但我因《文通》说的“言效之句”，遂得着一点暗示。我因此想起这种句子，在英文里往往用过去式的动词来表示虚拟的口气，别国文字里，也往往有这种办法。我因此得一个假设：我举出的那些“了”字的例，也许都是虚拟的口气罢？

我得着这个“假设”以后的试证工夫，上章已说过了。我要请读者注意的是：这个假设是从比较参考得来的。白话里虚拟的口气“了”字，和古文里的“矣”字，并不完全相同（如“请你放了我罢”一类的句子是古文里没有的），和别国文字里的虚拟口气，也不完全相同（如英文之虚拟口气，并不单靠过去式的动词来表示。别国文字也如此）。但不同之中，有相同的一点，就是虚拟的口气有区别的必要。马氏忽略了这个道理，以为一切“矣”字都可用“已了”、“必了”两种“了”字来解说，所以他说不明白。我们须要知道：那些明明是未了的动作，以须用那表示已了的“矣”字或“了”字？我们须要知道古文里“已矣乎”、“行矣夫子”、“休矣先生”一类的句子，和白话里“算了罢”、“请你放了我罢”、“不要忘了那十两银子”——决不能用“已了”、“必了”四个字来解说，只有“虚拟的口气”一个通则，可以包括在内。

这一类的例，是要说明比较参考的重要的。若没有比较参考的材料，若处处全靠我们从事实里“挤”出一些通则来，那就真不容易了。我再举一类的例来说明没有参考材料的困难：六百多年前，元朝有个赵悳著了一部《四书笺义》，中有一段说：

> 吾、我二字，学者多以为一义。殊不知就己而言则曰吾，因人而言则曰我。“吾有知乎哉？”就己而言也。“有鄙夫问于我”，因人之问而言也。

清朝杨复吉的《梦阑琐笔》引了这段话，又加按语道：

> 按此条分别甚明。“二三子以我为隐乎？”我，对二三子而言。“吾无隐乎尔”，吾，就己而言也。“我善养吾浩然之气。”我，对公

孙丑而言；吾，就己而言也。

后来俞樾把这一段钞在《茶香室丛钞》（卷一）里，又加上一段按语道：

以是推之："予惟往来朕攸济。"予即我也，朕即吾也。"越予冲人，不卬自恤。"予即我也，卬即吾也。其语似复而实非复。

我们看这三个人论吾、我二字的话，便可想见没有参考文法的苦处了。第一，赵惪能分出一个"就己而言"的吾，和"因人而言"的我，总可算是读书细心的了。但这个区别，实在不够用。试看《庄子》"今者吾丧我"一句，又怎样分别"就己"、"因人"呢？若有"主词"、"止词"等等文法术语，便没有这种困难了。第二，杨复吉加按语说"此条分别甚明"，不料他自己举出的四个例，便有两种是大错的！"我善养吾浩然之气。"这个"我"字与上文几个"我"字，完全不同；这个"吾"字和上文几个"吾"字，又完全不同！倘使当时有了"主格"、"受格"、"领格"等等术语、等等通则可作参考比较的材料，这种笑话也可以没有了。第三，俞樾解释"予"、"朕"、"卬"三个字，恰都和赵惪的通则相反。这种错误，也是因为没有文学的知识作参考，故虽有俞樾那样的大学者，也弄得不清楚这个小小的区别。到了我们的时代，通西文的人多了，这种区别便毫不成困难问题了。我们现在说：

"吾"、"我"二字，在古代文字中有三种文法上的区别：

（甲）主格用"吾"为常。

（例）吾有知乎哉？

吾其为东周乎？

吾丧我。

（乙）领格用"吾"。

（例）吾日三省吾身。

犹吾大夫崔子也。

吾道一以贯之。

（丙）受格（止词司词）用“我”。

（例一）夫召我者而岂徒哉！如有用我者，吾其为东周乎？

如有复我者，则吾必在汶上矣。

以上为外动词的“止词”。

（例二）有鄙夫问于我。

孟孙问孝于我。

善为我辞焉。

以上为“介词”后的“司词”。

这些区别，现在中学堂的学生都懂得了，都不会缠不清楚了。

故有了参考比较的文法资料，一个中学堂的学生可以胜过许多旧日的大学问家；反过来说，若没有参考比较的文法资料，一个俞樾，反不如今日一个中学生。

现在我们研究中国文法自然不能不靠这些“参考文法”的帮助。我们也知道天下没有两种文法是完全相同的，我们也知道中国的言语自然总有一些与别种言语不相同的特点。但我们决不可以因此遂看轻比较研究的重要。若因为中国言语文字有特点，就菲薄比较的研究，那就成了“因为怕跌倒，就不敢出门”的笨伯了！近来有人说研究中国文法，须是“独立而非摹仿的”。他说：

何谓独立而非摹仿的？中国文字与世界各国之文字（除日本文颇有与中国文相近者外）有绝异者数点：其一，主形。其二，单节音，而且各字上有平上去入之分。其三，无语尾等诸变化。其四，字词（《说文》：词意内言外也）文位确定。是故如标语（即《马氏文通》论句读编卷系七适按：此似有误，疑当作“卷十彖一系七”。所举之一部分），如足句之事，如说明语之不限于动字，如动字中“意动”、“致动”（如“饮马长城窟”之饮谓之致动，“彼白而我白之”之第二白字谓之意动）等之作成法，如词与语助字之用，皆国文所特有者也。如象字比较级之变化，如名词中固有名字普通名字等分类，如主语之绝对不可缺，皆西文所特有，于国文则非甚必要。今使不研究国文所特有，而第取西文所特有者，一一摹仿之，则削趾适屦，扞格难通，一也。比喻不切，求易转难，二也。为无用之分析，徒劳记忆，三也。有许多无可说明者，势必任诸学者之自由解释，系统既异，归纳无从，四也。其勉强适合之部分，用法虽亦可通，而歧义亦所不免，五也。举国中有裨实用之变化而牺牲之，致国文不能尽其用，六也。

是故如主张废灭国文则已，若不主张废灭者，必以治国文之道治国文，决不能专以治西文之道治国文也。（《学艺杂志》第二卷第三号陈承泽《国文法草创》页五至六）

陈先生这段话是对那“摹仿”的文法说的。但他所指的“摹仿”的文法，既包括《马氏文通》在内（原文页六至八注六），况且世间决无“一一摹仿”的笨文法，故我觉得陈先生实在是因为他自己并不曾懂得比较研究的价值，又误把“比较”与“摹仿”看作一事，故发这种很近于守旧的议论。他说的“必以治国文之道治国文”一句话，和我所主张的比较的研究法，显然处于反对的地位。试问什么叫做“以治国文之道治国文”？从前那种“书读千遍，其义自见”的笨法，真可算是几千年来我们公认的“治国文之道”，又何必谈什么“国文法”呢？到了谈什么“动字”、“象字”、“主语”、“说明语”等等文法学的术语，我们早已是“以治西文之道治国文”了——难道这就是“废灭国文”吗？况且若不从比较的研究下手，若单用“治国文之道治国文”，我们又如何能知道什么为“国文所特有”，什么为“西文所特有”呢？陈先生形容那“摹仿”文法的流弊，说：“其勉强适合之部分，用法虽亦可通，而歧义亦所不免。”我请问难道我们因为有“歧义”，遂连那“适合的部分”和“可通的用法”都不该用吗？何不大胆采甩那“适合”的通则，再加上“歧义”的规定呢？陈先生又说：“有许多无可说明者，势必任诸学者之自由解释，系统既具，归纳无从。”这句话更奇怪了！“学者自由解释”，便不是“摹仿”了，岂不是陈先生所主张的“独立的”文法研究吗？何以这又是一弊呢？

中国语言文字的研究，这几千年来，真可以算“独立”了。几千年“独立”的困难与流弊，还不够使我们觉悟吗？我老实规劝那些高谈“独立”文法的人：中国文法学今日的第一须要取消“独立”，但“独立”的反面，不是“摹仿”，是“比较与参考”。比较研究法的大纲，让我重说一遍：

> 遇着困难的文法问题时，我们可寻思别种语言里，有没有同类或大同小异的文法。
>
> 若有这种类似的例，我们便可拿他们的通则来帮助释我们不能解决的例句。
>
> 若各例彼此完全相同，我们便可完全采用那些通则。
>
> 若各例略有不同（陈先生说的歧义），我们也可用那些通则来做参考，比较出所以同和所以不同的地方，再自己定出新的通则来。

三　历史研究法

比较的研究法，是补助归纳法的，历史的研究法，也是补助归纳法的。

我且先举一个例，来说明归纳法不用历史法的危险。我的朋友刘复先生著的一部《中国文法通论》，也有一长段讲“文法的研究法”。他说：

> 研究文法，要用归纳法，不能用演绎法。
>
> 什么叫做“用归纳法而不用演绎法”呢？譬如人称代词（即《文通》的“指名代字”）的第一身（即《文通》的“发语者”），在口语中只有一个“我”字，在文言中却有我、吾、余、予四个字，假使我们要证明这四个字的用法完全相同，我们先应该知道，代名词用在文中，共有主格、领格、受格三种地位（即《文通》的主次、

偏次、宾次)。而领格之中，又有附加“之”字与不附加“之”字两种。受格之中，又有位置在语词(verb)之后，和位置在介词之后两种。于是我们搜罗了实例来证明他：

A 主格。

1. 我非生而知之者。(《论语》)

2. 吾日三省吾身。(同)

3. 余虽为之执鞭。(《史记》)

4. 予将有远行。(《孟子》)

B 一，领格不加“之”字的。

1. 可以濯我缨。(《孟子》)

2. 非吾徒也。(《论语》)

3. 既无武守，而又欲易余罪。(《左传》)

4. 是予所欲也。(《孟子》)

B 二，领格附加“之”字的。

1. 我之怀矣，自贻伊戚。(《左传》)

2. 吾之病也。(韩愈《原毁》)

3. 是余之罪也夫。(《史记》)

4. 如助予之叹息。(欧阳修《秋声赋》)

C 一，受格在语词后的。

1. 明以教我。(《孟子》)

2. 嫂尝抚汝指吾而言曰。(韩愈《祭十二郎文》)

3. 女为惠公来求杀余。(《左传》)

4. 尔何曾比予于管仲。(《孟子》)

C 二，受格在介词后的。

1. 为我作君臣相悦之乐。(《孟子》)

2. 为吾谢苏君。(《史记·张仪列传》)

3. 与余通书。(《史记》)

4. 天生德于予。(《论语》)

到这一步，我们才可以得一个总结，说我、吾、余、予四个字用法完全一样。这一种方法，就叫作归纳法。(《中国文法通论》页一七)

这一大段，初看起来，很像是很严密的方法，细细分析起来，就露出毛病来了。第一个毛病，是这一段用的方法，实在是演绎法，不是归纳法，是归纳法的第三步（看本书第二篇），不是归纳法的全部。刘先生已打定主意“要证明这四个字的用法完全相同”，故他只要寻些实例来证实这个大前提。他既不问“例外”的多少，也不想说明“例外”的原因，也不问举的例是应该认为“例外”呢，还是应该认为“例”。如C一（2）“嫂尝抚汝指吾而言曰”一句，这“吾”字自是很少见的，只可算是那不懂文法的韩退之误用的“例外”，不能用作“例”。此外如A（1）在《论语》里确是“例外”。B—（1）与B二都是诗歌，也都是“例外”。若但举与大前提相符合的来作“例”，不比较“例”与“例外”的多少，又不去解释何以有“例外”，这便是证明一种“成见”，不是试证一种“假设”了。所以我说他是演绎法，不是归纳法。

第二个毛病更大了。刘先生举的例，上起《论语》，下至韩愈、欧阳修，共占一千五百年的时间。他不问时代的区别，只求合于通则的“例”，这是绝大的错误。这一千五百年中间，中国文法也不知经过了多少大变迁。即如从孔子到孟子的二百年中间，文法的变迁已就很明显了。孔子称他的弟子为“尔”、“汝”，孟子便称“子”了。孔子时代用“斯”，孟子时代便不用了。阳货称孔子用“尔”，子夏、曾子相称，亦用“尔”、“汝”，孟子要人“充无受尔汝之实”，可见那时“尔”、“汝”已变成轻贱的称呼了。即如“吾”、“我”二字，在《论语》、《檀弓》时代，区别的很严。“吾”字用在主格，又用在领格，但决不用在受格。“我”字专用在受格，但有时要特别着重“吾”字，便用“我”字代主格的“吾”字，如：“尔爱其羊，我爱其礼。”如：“我非生而知之者。”“我则异于是。”都是可以解释的“例外”。到了秦汉以后，疆域扩大了，语言的分子更复杂了，写定了的文言，便不能跟着那随时转变的白话变化。白话渐渐把指名代词的“位次”（case）的区别除去了，但文字里仍旧有“吾”、“我”、“尔”、“汝”等字。后人生在没有这种区别的时代，故不会用这种字，故把这些字随便乱用。故我们不可说：

吾、我两字用法完全相同。

我们只可说：

吾、我两字，在《论语》、《檀弓》时代的用法是很有区别的，后来这种区别在语言里渐渐消灭，故在文字里也往往随便乱用，就没有区别了。

如此方才可以懂得这两个字在文法上的真位置。余、予二字，也应该如此研究。我们若不懂得这四个字的历史上的区别，便不能明白这四个字所以存在的缘故。古人不全是笨汉，何以第一身的指名代词，用得着四个“用法完全相同”的字呢？

这种研究法，叫做“历史的研究法”。

为什么要用历史的研究法呢？我且说一件故事：清朝康熙皇帝游江南时，有一天，他改了装，独自出门游玩。他走到一条巷口，看见一个小孩子眼望着墙上写的“此路不通”四个字。皇帝问他道：

“你认得这几个字么？”那孩子答道：“第二个是‘子路’的路字；第三个是‘不亦说乎’的不字；第四个是‘天下之通丧’的通字；只有头一个字我不曾读过。”皇帝心里奇怪，便问他读过什么书。他说读过《论语》。皇帝心里更奇怪了，难道一部《论语》里，没有一个“此”字吗？他回到行宫，翻开《论语》细看，果然没有一个“此”字。皇帝便把随驾的一班翰林叫来，问他们《论语》里共有几个“此”字。他们有的说七八十个，有的说三四十个，有的说二三十个，皇帝大笑。这个故事很有意思。顾亭林《日知录》说：

《论语》之言“斯”者七十，而不言“此”。《檀弓》之言“斯”者五十有二，而言“此”者一而已。《大学》成于曾氏之门人，而一卷之中言“此”者十九。语言轻重之间，世代之别，从可知矣。

其实何止这个“此”字。语言文字是时时变易的，时时演化的。当语言和文字不曾分离时，这种变迁演化的痕迹都记载在文字里，如《论语》、《檀弓》与《孟子》的区别，便是一例。后来语言和文字分开，语言仍旧继续不断的变化，但文字都渐渐固定了。故虽然有许多“陈迹”的文法与名词保存在文字里，但这种保存，完全是不自然的保存，是“莫名其妙”的保存。古人有而后人没有的文法区别，虽然勉强保存，究竟不能持久，不久就有人乱用了。我们研究文法，不但要懂得那乱用时代的文法，还应该懂得不乱用时代的文法。有时候我们又可以看得相反的现象，有时古代没有分别的，后来倒有分别。这种现象也是应该研究的。故我们若不懂得古代“吾”、“我”有分别，便不懂得后来这两个字何以并用。若不懂得后来“吾”、“我”无分别，便不懂得白话单用一个“我”字的好处。但是若不懂得古代主格与领格同用“吾”字，便不懂得后来白话分出“我”与“我的”的有理。

因为我们要研究文法变迁演化的历史，故须用历史的方法来纠正归纳的方法。

历史的研究法，可分作两层说：

第一步，举例时，当注意每个例发生的时代，每个时代的例排在一处，不可把《论语》的例和欧阳修的例排在一处。

第二步，先求每一个时代的通则，然后把各时代的通则互相比较。

（A）若各时代的通则是相同的，我们便可合为一个普遍的通则。

（B）若各时代的通则彼此不同，我们便应该进一步，研究各时代变迁的历史，寻出沿革的痕迹和所以沿所以革的原因。

我们可举白话文学里一个重要的例：前年某省编了一部国语教科书，送到教育部请审查。教育部审查的结果，指出书里“这花红的可爱”、“鸟飞的很高”一类的句子，说“的”字都应该改作“得”字。这部书驳回去之后，有人对部里的人说：“这一类的句子里，《水浒传》皆作‘得’,《儒林外史》皆作‘的’，你们驳错了。”后来陈颂平先生把这事告诉我。我的好奇心引我去比较《水浒传》、《石头记》、《儒林外史》三部书的例，不料我竟因此寻出一条很重要的通则。

先看《水浒传》的例（都在第一回及楔子）：

（1）最是踢得好脚气毬。

（2）高俅只得来淮西临淮州。

（3）这高俅我家如何安得着他?

（4）小的胡乱踢得几脚。

（5）你既害病，如何来得?

（6）俺如何与他争得?

（7）免不得饥餐渴饮。

（8）母亲说他不得。

（9）此殿开不得。

（10）太公到来，喝那后生不得无礼。

（11）极是做得好细巧玲珑。

（12）母亲说得是。

（13）史进十八般武艺，一一学得精熟，多得王进尽心指教，点拨得件件都有奥妙。

（14）方才惊吓得苦。

（15）惊得下官魂魄都没了。

（16）惊得洪太尉目瞪口呆。（此句亚东本作“的”，后见光绪丁亥同文本，果作“得”，可见举例时不可不注意版本。我作《尔汝篇》，论领格当用“尔”。今本《虞书》有“天之历数在汝躬”一句，然《论语》引此句正作“尔躬”，可见《尚书》经过汉人之手，已不可靠了）

次举《石头记》的例（都在卷二十二至卷二十五）：

（17）薛大妹妹今年十五岁，虽不是整生日，也算得将笄之年。

(18)别人拿他取笑,都使得。

(19)贾环只得依他……宝玉只得坐了。

(20)你但凡立得起来,到你大房里……也弄个事儿管管。

(21)告诉不得你。

(22)等那件事成了,可也加倍还得起他。

(23)婶娘身上生得单弱,事情又多,亏婶娘好大精神,竟料理的周周全全。要是差一点儿的,早累的不知怎样了。

(24) 只见一个十五六岁的丫头,生的倒也十分精细干净。(比较上文(23)"生得单弱"一条及下(25)条)

(25)只见这人生的长容脸面,长挑身材。

(26)舅舅说的有理。(比较上文(12)条)

(27)说的林黛玉扑嗤的一声笑了。

(28)吓的这个调儿还只管胡说。

(29)树上桃花吹下一大斗来,落得满身满书满地都是花片。

(30)弄得你黑眉乌嘴的。

(31)林黛玉只当十分荡得利害。

(32)但问他疼得怎样。

再举《儒林外史》的例(都在楔子一回):

(33) 世人一见功名,便舍着性命去求他。自古及今,那一个是看得破的。

(34) 只靠着我替人家做些针黹生活寻来的钱,如何供得你读书?

(35)不然老爷如何得知你会画花?

(36)有甚么做不得?

(37)彼此呼叫,还听得见。

(38)我眼见得不济事了。

(39)都不得有甚好收场。

（40）闹的王冕不得安稳。

（41）这个法却定的不好。

（42）一阵怪风刮的树木都飕飕的响。

（43）王冕同秦老吓的将衣袖蒙了脸。

（44）娘说的是。

（45）这也说得有理。（比较（44）条）

（46）照耀得满湖通红。

（47）尤其绿得可爱。

（48）乡间人见画得好，也有拿钱来买的。

以上从每部书里举出十六个例，共四十八个例。《水浒传》最早（依我的考证是明朝中叶的著作），比《儒林外史》与《石头记》至少要早二百多年。《水浒传》的十六个例一概用“得”字。《石头记》与《儒林外史》杂用“得”、“的”两字。这种排列法，是第一步下手工夫。

第二步，求出每一个时代的例的通则来做比较。我们细看《水浒传》的十六个例，可以看出两种绝不相同的文法作用：

（甲）自（1）至（10）的“得”字都含有可能的意思。“踢得几脚”即是“能踢几脚”。“如何安得”，“如何来得”，“如何争得”，即是“如何能安”，“如何能来”，“如何争得”。“免不得”，即是“不能免”。“说他不得”，即是“不能说他”。以上是表能够的意思。“开不得”即是“不可开”，“不得无礼”即是“不可无礼”。以上是表可以的意思。

（乙）自（11）至（16）的得字，是一种介词，用来引出一种状词或状词的分句的。这种状词或状词的分句，都是形容前面动词或形容词的状态和程度的。这个“得”字的意义和到字相仿（得与到同声，一音之转），大概是“到”字脱胎出来的。“说得是”即是“说到是处”。“警吓得苦”即是“警吓到苦处”。“学得精熟”即是“学到精熟的地步”。“惊得洪太尉目瞪口呆”即是“惊到洪太尉目瞪口呆的地步”。这都是表示状态与程度的。（凡介词之后都该有“司词”，但得

字之后名词可以省去，故很像无“司词”。其实是有的，看到字诸例便知）

于是我们从《水浒》的例里求出两条通则：

（通则一）“得”字是一种表示可能性的助动词。他的下面或加止词，或加足词，或不加什么。

（通则二）“得”字又可用作一种介词，用在动词或形容词之后，引起一种表示状态或程度的状词或状语。

其次我们看《石头记》的十六个例，可分出三组来：

（第一组）（17）至（22）六条的“得”字，都是表示可能性的助动词。如“也算得”等于“也可算”，“只得依他”等于“只能依他”。这一组没有一条“例外”。

（第二组）（23）至（28）六条，五次用“的”，一次用“得'都是表示状态或程度的状语之前的“介词”。（23）条最可注意：

生得单弱。

料理的周周全全。

累的不知怎样了。

“生得”的“得”字明是误用的“例外”。下文（24）、（25）两条都用“生的”，更可证（23）条的“得”字是“例外”。

（第三组）（29）至（32）四条，都是与第二组完全相同的文法，但都用“得”不用“的”——是第二组的“例外”。

再看《儒林外史》的十六个例，也可分作三组：

（第一组）（33）至（39）七条的“得”字都表示可能的助动词，与《石头记》的第一组例完全相同，也没有一个“例外”。

（第二组）（40）至（44）五条，用的“的”字，都是状语之前的介词，与《石头记》的第二组例也完全相同。

（第三组）（45）至（48）四条，又是例外了。这些句子与第二组的句子文法上完全相同，如“说的是”与“说得有理”可有什么文法上的区别？

我们拿这两部时代相近的书，和那稍古的《水浒传》比较，得了两条通则：

（通则三）《水浒传》里表示可能的助动词“得”字，在《石头记》和《儒林外史》里仍旧用“得”字（参考“通则一”）。

（通则四）《水浒传》里用来引起状语的介词“得”字（通则一），在《石头记》和《儒林外史》里多数改用“的”字，但有时仍旧用“得”字。

综合起来，我们还可得一条更大的通则：

（通则五）《水浒传》的时代，用一个“得”字表示两种不同的文法，本来很不便。但那两种“得”字声音上微有轻重的不同。那表示可能的“得”字，读起来比那介词的“得”字要重一点，故后那轻读的“得”字，就渐渐的变成“的”字。但这个声音上的区别，是很微细的，当时又没有文法学者指出这个区别的所以然，故做书的人，一面分出一个“的”字，一面终不能把那历史传下来的“得”完全丢去，故同一个意义，同一种文法，同一段话里往往乱用“的”、“得”两字。但第一种“得”表示可能的助动词，很少例外。

如此，我们方才算得是真正懂得这两个字变迁沿革的历史。这种研究法叫做历史的研究法。这种研究的用处很大，即如我们举的“得”字与“的”字的例，我们可以因此得一条大教训，又可以因此得一条文法上的新规定。

什么教训呢？凡语言文字的变迁，都有一个不得不变的理由。我们初见白话书里“得”、“的”两字乱用，闹不清楚——差不多有现在“的”、“底”两字胡闹的样子——我们一定觉得很糊涂，很没有道理。但我们若用“比例而同之，触类而长之”的方法，居然也可以寻出一个不得不变的道理来。这又是我在第一篇里说的“民族常识结晶”的一个证据了。

什么是文法上的新规定呢？凡语言文字的自然变化是无意的，是没有意识作用的，是“莫名其妙”的，故往往不能贯彻他的自然趋势，不能完全打破习惯的旧势力，不能完全建设他的新法式。即如“得”字的一种用法，自然分出来，变成“的”字，但终不能完全丢弃那历史上遗传下来的“得”字。现在我们研究了这两个字的变迁沿革和他们所以变迁沿革的原因，知道了“的”、“得”两字所以乱用，完全是一种历史的“陈迹”，我们便可以依着这个自然趋势，规定将来的区别：

(1) 凡“得”字用作表示可能的助动词，一律用“得”字。

(2) 凡动词或形容词之后的“得”字，用来引起一种状词或状语的，一律用“的”字。

有了这几条新规定以后，这两个字便可以不致胡乱混用了。(现在“的”、“底”两字所以闹不清楚，只是因为大家都不曾细心研究这个问题所以发生的原因)

以上我说研究文法的三种方法完了。归纳法是基本方法。比较法是帮助归纳法，是供给我们假设的材料的。而历史法是纠正归纳法的，是用时代的变迁一面来限制归纳法，一面又推广归纳法的效用，使他组成历史的系统。

四六

胡步曾《中国文学改良论》

自陈独秀、胡适之创中国文学革命之说，而盲从者风靡一时。在陈、胡所言，固不无精到可采之处，然过于偏激，遂不免因噎废食之讥。而盲从者方为彼等外国毕业及哲学博士等头衔所震，遂以为所言者在在合理，而视中国文学果皆陈腐卑下不足取，而不惜尽情推翻之。殊不知彼等立言，大有所蔽也。彼故作堆砌艰涩之文者，固以艰深文其浅陋，而此等文学革命家，则以浅陋文其浅陋，均一失也。而前者尚有先哲之规模，非后者毫无文学之价值者所可比焉。某不佞，亦曾留学外国，寝馈于英国文学，略知文学源流，素怀改良文学之志，且与胡适之君之意见多所符合，独不敢为卤莽灭裂之举，而以白话推倒文言耳！今试平心静气以论文字之改良，读者或不以其头脑为陈腐，而不足以语此乎？

文学自文学，文字自文字。文字仅取其达意，文学则必于达意之外，有结构，有照应，有点缀，而字句之间有修饰，有锻炼。凡曾习修辞学作文学者咸能言之，非谓信笔所之，信口所说，便足称文学也。故文学与文字迥然有别。今之言文学革命者，徒知趋于便易，乃昧于此理矣！

或谓欧西各国言文合一，故学文字甚易，而教育发达。我国文言分离，故学问之道苦，而教育亦受其障碍而不能普及。实则近年来文学之日衰，教育之日敝，皆司教育之职者之过，而非文学有以致之也。且言文合一，谬说也。欧西言文，何尝合一？其他无论矣。即以戏曲论，夫戏曲本取于通俗也，何莎士比亚之戏曲，所用之字至万余？岂英人日用口语，须用如此之多之字乎？小说亦本以白话为本者也。今试读Charlotte Bronte之著作，则见其所用典雅之字极夥。其他若Dr.Johnson之喜用奇字者，更无论矣。且历史家如Macaulay、Preseott、Green等，科学家如达尔文、赫胥黎、斯宾塞尔等，莫不用极雅驯极生动之笔，以纪载一代之历史，或叙述辩论其学理，而令百世之下，犹以其文为规范，此又何如耶？夫口语之所用之字句多写实，文学所用之字句多抽象。执一英国农夫，询以perception、conception、conuscisness、freedom of will、refection、stimulation、trance、meditation、suggestion等名词，彼固无从而知之，即敷陈其义，亦不易领会也。且用白话以叙说高深之理想，最难剀切简明。今试用白话以译Bergson之创制天演论，必致不能达意而后已。若欲参入抽象之名词，典雅之字句，则又不为纯粹之白话矣！又何必不用简易之文言，而必以驳杂不纯之口语代之乎？

且古人之为文，固不务求艰深也。故孔子曰："辞达而已矣。"今试以《左传》、《礼记》、《国语》、《国策》、《论》、《孟》、《史》、《汉》观之，除少数艰涩之句外，莫不言从字顺，非若《书》之《盘庚》、《大诰》，《诗》之《雅》、《颂》可比也。至韩欧以还之作者，尤以奇僻为戒，且有因此而流入枯槁之病者矣。此等文学苟施以相当之教育，犹谓十四五龄之中学生，不能领解其义，吾不之信也。进而观近人之著，如梁任公之《意大利建国三杰传》、《噶苏士传》，何等简明显豁，而亦不失文学之精神。下至金圣叹之批《水浒》，动辄洋洋万言，莫不痛快淋漓，纤悉必达，读之者几于心目十行而下，宁有艰涩之感！又何必白话之始能达意，始能明了乎？凡此皆中学学生能读能作之文体，非《乾凿度》、《穆天子传》之比也。若以此为犹难，犹欲以白话代之，则无宁划除文字，纯用语言之为愈耳！

更进而论美术之韵文。韵文者，以有声韵之辞句，傅以清逸隽秀之词藻，以感人美术道德宗教之感想者也。故其功用不专在达意，而必有文采焉，而必能表情焉，写景焉，再上则以能造境为归宿。弥尔敦、但丁之独绝一世者，岂不以其魄力之伟大，非常人所能摹拟耶？我国陶、谢、李、杜过人者，岂不以心境冲淡，奇气恣横，笔力雄沉，非后人所能望其肩背耶？不务于此，而以为白话作诗，始能写实，能述意。初不知白话之适用与否为一事，诗之为诗与否又一事也。且诗家必不能尽用白话，征诸中外皆然。彼震于外国毕业而用白话为诗者，曷亦观英人之诗乎？Wordsworth、Browning、Byron、Tennyson，此英人近代最著名之诗家也。如Wordsworth之《重至汀潭寺》(*Tinten Abbey*)诗，理想极高洁而冲和，岂近日白话诗家所能作者？即其所用之字，如seclusion、sportive、vagsant、tranqurl、trivial、aspect、sublime、serene、corporeal、perplexity、recompense、grating、interfused、behold、ecstasy等，岂白话中常见之字乎？其他若Byron之The Prisoner of Chillon，Tennyson之Enone，Longfellow之Evangeline，皆雅词正音也。至Browning之Rabbr Ben Ezra，则尤为理想高超之作，非素习文学者不能穷其精蕴，岂元白之诗，爨妪皆解之比耶？其真以白话为诗者，如Robert Burnes之歌谣，《新青年》所载Lady A. Lindsay之Auld Robin Gray等诗是，然亦诗中之一体耳。更观中国之诗，如杜工部之《兵车行》、《赠卫八处士》、《哀江头》、《哀王孙》、《石壕吏》、《垂老别》、《无家别》、《梦李白》诸古体，及律诗中之《月夜》、《月夜忆舍弟》、《阁夜》、《秋兴》、《诸将》诸诗，皆情文兼至之作。其他唐宋名家，指不胜屈，岂皆不能言情达意，而必俟今日之白话诗乎？如刘半农之《相隔一层纸》一诗，何如杜工部之"朱门酒肉臭，路有冻死骨"十字之写得尽致？至如沈尹默之《月夜诗》："霜风呼呼的吹着；月光明明的照着；我和一株顶高的树并排立着；却没有靠着。"与其《鹌子宰羊》诸诗，直毫无诗意存于其间，真可覆瓿矣。试观阮大铖之《村夜》："坐听柴扉响，村童夜没还。为言溪上月，已照门前山。暮气千峰领，清宵独树间。徘徊空影下，襟露已斑斑。”其造境之高，岂可方物？即小诗如“小娃撑小艇，偷采白莲回。不解藏踪迹，浮萍一道开”，亦较沈氏之月夜有情致也。不此之辨，徒以白话为贵，又何必作诗乎？

不特诗尚典雅，即词典亦莫不然。故柳屯田之“愿奶奶兰心蕙性”之句，终为白圭之玷，比之周清真之“如今向渔村水驿，夜如岁，焚香独自语”，同一言情，而有仙凡之别。然周之“许多烦恼，只为当时一晌留情”之句，犹为通人所垢病焉！至如曲则《牡丹亭》“原来姹紫嫣红开遍”一折，亦必用姹紫嫣红、断井颓垣、良辰美景、赏心乐事、雨丝风片、烟波画船、锦屏人、韶光诸雅词以点缀之，不闻其非俗语而避之也。且无论何人，必不能以俗语填词而胜于汤玉茗此折之绝唱，则可断言之矣。

以上所陈，为白话不能全代文言之证。即或能代之，然古语有云：“利不十，不变法。”即如今日之世界语，虽极便利，然欲以之完全替代各国语言文字，则必不可能之事也。且语言若与文字合而为一，则语言变而文字亦随之而变。故英之 Chaucer 去今不过五百余年，Spencer 去今不过四百余年，以英国文字为谐声文字之故，二氏之诗，已如我国商周之文之难读。而我国则周秦之书，尚不如是，岂不以文字不变，始克臻此乎？向使以白话为文，随时变迁，宋元之文，已不可读，况秦汉魏晋乎？此正中国言文分离之优点，乃论者以之为劣，岂不谬哉！且《盘庚》、《大诰》之所以难于《尧典》、《舜典》者，即以前者为殷人之白话，而后者乃史官文言之记述也。故宋元语录与元人戏曲，其为白话大异于今，多不可解。然宋元人之文章，则与今日无别。论者不思其便利，而欲故增其困难乎？抑宋元以上之学，已可完全抛弃而不足惜，则文学已无流传于后世之价值，而古代之书籍，可完全焚毁矣，斯又何解于西人之保存彼国之古籍耶？且 Chaucer、Spencer 即近至莎士比亚、弥尔敦之诗文，已有异于今日之英文。而乔、斯二氏之文，已非别求训诂即不能读，何英美中学尚以诸氏之诗文教其学子，而不限于专门学者始研究之乎？盖人之异于物者，以其有思想之历史，而前人之著作，即后人之遗产也。若尽弃遗产以图赤手创业，不亦难乎？某亦非不知文学须有创造之能力，而非陈陈相因，即尽其能事者。然亦非既能创造，则昔人之所创造，便可唾弃之也。故瓦特创造汽机，后人必就瓦特所创造者而改良之，始能成今日优美之成绩，而今日之汽机，无一非脱胎于瓦特汽机者。故创造与脱胎相因而成者。吾人所斥为摹仿，而非脱胎。陈陈相因，是谓摹仿。去陈出新，是谓脱胎。故《史》、《汉》创造而非摹仿者也，然必脱胎于周秦之文。俪文，创造而非摹仿者也，亦必脱胎于周秦之文。韩、柳，创造而革俪文之弊者也，亦必脱胎于周秦之文。他若五言、七言古诗，五律、七律、乐府、歌谣、词曲，何者非创造，亦何者非脱胎者乎？故欲创造新文学，必浸淫于古籍，尽得其精华而遗其糟粕，乃能应时势之所趋，而创造一时之新文学，如斯始可望其成功。故俄国之文学，其始脱胎于英法，而今远驾其上，即善用其遗产而能发扬张大之耳！否则盲行于具茨之野，即令或达，已费无限之气力矣！故居今日而言创造新文学，必以古文学为根基而发扬光大之，则前途当无可限量。否则徒自苦耳！

四七

陆步青《修辞学与语体文》

一　修辞学的定义

修辞学的定义，有新旧两派：

（1）旧派修辞学是一种学术（art），叫我们用一种工具（声音或符号）发表我们的思想。

（2）新派修辞学是一种学术，叫我们怎样用一种工具发表我们的思想而生出一类需要的感应（Required Response）。

新派的定义，说修辞学的目的一方面，比旧派的定义较为圆满一点。怎么能够生出需要的感应来呢？这是修词的道理。现在举个例来证明一下：如我们要想开窗，对仆从说“开窗”，他便把窗打开了。这就是需要的感应。若对朋友，必要说“请开窗”，对不相识的人，必要说“费你的心开开窗”，他才来开窗，我们需要的感应，才能生出。否则你说：“喂！开窗！”这种口气，有哪个来应命呢？

有许多人以为修辞学是一种仅仅修饰词章用的东西，这是误解。

其实无论说话、作文，有效力的都合修辞学的宗旨。修辞学在说话尚不十分要紧，在作文则要紧非常。因为说出来的话，没得需要的感应，或者还可以改过调头重新再说，发表出来的文章，没得需要的感应，则无改良之余地了。

二　语体文的目的

语体文（白话文）的一种目的，至少要推广新文化、新思潮，使感应快，效率大。其实文言文亦可以推广新文化、新思潮，不过懂的人少，感应效率远不及语体文罢了！

譬如五一纪念日，要做一篇文章来劝导劳工，用文言文，则感应慢而效率小，若用语体文，则感应快而效率大，可以断言的。

由此以观，语体文的目的和修辞学的目的，需要的感应都是一样的，没什么分别了，所以今天把修辞学与语体文连拢来讲。

三　语体文的文体

文体（Style）不分文言白话，能够得到感应，发生效力，就是好的，否则不好。不过比较起来，白话文对于得到感应，发生效力，要容易得多。

要发生效力，得到感应，有两个原素（elements）:（一）表达（expression），（二）感触（impression）。前者表达自己的意思，后者感触旁人的情感。语体文对于这两个原素较易达到，文言文则较难。譬如讲一种笑话，一定是语体文占优胜的。语体文的文体，究竟应该怎么样呢？现在分做四项说：

（一）正确（correctness）

说话作文，能够使人明白，因为内中含着共同了解心（普遍心）。

如我们指一张桌子，说："这是桌子。"大家都能知道，即是大家都有桌子的了解心。所以要使说话作文的效率增加，必要推广公众了解心。推广的法子有三个：

（A）去土语　文言文没有土语，故懂文理者一看了然。语体文则夹杂许多土语。就我看见的来说，如"很好"，有人说"不推班"；"那里"，有人说"那块"；"不很长"，有人说"欠长"。此外还有"出风头"等等，都是一个两个地方的土语，究竟能否通行全国，是个疑问。所以要推广公众了解心，先要把土语去掉。

（B）一定的文法　现在的语体文，各做各样。上海有几种出版物，是从《红楼梦》里变出来的，有许多语句，都不合现在的用。如"的"、"底"、"地"、"方才"、"那吗"等等字，都是乱七八糟用的，没有一定的法子。这怎么能使人明白呢？所以要推广公众了解心，必要有一定的文法。

（C）点句　大概语体文的点法，多半采用西洋文的符号。但未曾学过西洋文者，或学得不十分清楚者，往往都会弄错。如"我不晓得怎么样好"这个句子，我看见有人背后加了个疑问号，这何尝是疑问呢？所以要推广公众了解心，对于点句也要留心。

（二）明白（clearness）

（A）系统（unity）　作文并不是堆文砌字，要整理自己的思想。譬如我今天演说，我预先必定要做一番整理的手续。旧式文章，对于整理的手续很缺乏，所以往往有重复的毛病。

再有一层：作一篇文，总要只有一个意思，才有力量。如江苏省议会的漾电，头一段说学潮，中段说司法问题，末段又说省议会本身的问题，人家看了以后，不晓得何重何轻，何去何从。又如报纸上的广告，说《新体国语教科书》怎样怎样的好，后头又说本书局还有什么什么书，都很不对。这样复杂的意思，既说此，又说彼，实在淆人听闻。一个人对于一件事的感应容易，对于多少事的感应难，就不免有顾此失彼之虑了。

（B）组织（coherence）　作文有组织，则上下文贯串，否则有两种毛病：（一）晦涩，（二）含糊。犯这两种毛病最厉害的，就是

（甲）宾主颠倒。我看见一个句子："新思潮鼓吹的时候，欧战还未发生。"细察上下文，应该说："欧战未发生的时候，新思潮已在那里鼓吹了。"这是不留心宾主的错误。（乙）代名词太多。例如一个句子："张先生告诉我：'他已经见过李先生。他允许他即刻对王先生讲，叫他把前天他留在他那里的书，即刻送还他。'"这样多的"他"字，究竟代的哪个呢？殊属欠明了。现在把他除掉几个，加上几个名词来代，变为：

张先生告诉我："他已经见过李先生。李允许他即刻对王先生讲，叫王把前天李留在他那里的书即刻送还张。"

像这样名词，虽重复几遍，却清楚了。

现在"她"字争得不了，实在男女性不明白，是不十分要紧的。何以呢？因为像上面的例，即使没有男女性的分别，滥用代名词，也不明了的。况且知道分别男女性用法的人很少，不能公众了解。有种外国文的惯格，像法文中冠词的分性，西洋文中的复数等等，我们做中国文，尽可以不必引进来。

（三）语势（force）

（A）简括（brevity）　简括的文章，最有势力，最能感触人。长篇大论的文章，啰啰唆唆，人看见他一览无余，毫无想象的余地，往往生厌弃心。报纸上所载的文章，人家多半看短评小论。投稿的文章，短的比长的格外欢迎，都是这个缘故。然短文亦不容易做，人说五分钟的演讲最难，却是最有效率，这句话很有道理。

现在举几个例证明简括的文章的力量。如该撒克服西里亚时，其报告书只有三字：Veni，Vidi，Vici。译成英文Icame，Isaw，Iconquered。人家看见，很可以想象他战胜迅速的情景。又如一个笑话：一个寡妇想再醮，不好怎样开口。有个讼师代他写出八个字：

夫死无嗣，翁鳏叔壮。

你看这八个字，吐出他要改嫁的意思，何等的有力量！所以凡属做文章，句子要短，节段要短，篇幅要短，绝不可累累拖拖。现在做语体文的，最犯这个毛病，无谓的接续词（conjuntion）触目皆是。例如昨天南京学生联合会开游艺大会的传单，内中说：

> 诸位……游艺大会是什么东西？……说是没有看过。那我们老实告诉：请你赶快来看我们为筹款开的游艺大会。因为其中的内容，大有可观。技能的表演，固不容说，就是各种游戏，都可以使你看得满足愉快。所以这种盛会，虽不见得是绝后，的确可说是空前……

你看“因为”、“所以”这两个接续词，有什么意味？把他除掉，实在还要坚强呢！

（B）注重（emphasis） 做文章能够在一首一尾着重，易使阅者节省脑力，而且易得真意。平常演说者不晓这个道理，一登台便说：“今天没有预备……要请大家原谅。”或说：“鄙人得与诸君同聚一堂，非常愉快……”作文者也往往用这种话起头，究其实毫无意义。如果说得好，做得好，自然不消作无谓之客气（hackneyed expression），否则即作客气，有哪个能原谅你呢？这都是耗费阅者听者的时间罢了。所以做文章，应该把前提在前，结束在后，以着重全篇的主意。

（四）流利（ease）

（A）句法（structure） 句法不要过于摹仿外国文的构造。因外国文的构造，与中国文不同。若纯用外国文的构造来作中国文，研究过外国文者或能了解，未研究过外国文者读了艰涩异常，易生不快之感。试问我国研究过外国文的人多呢，还是未研究过外国文的人多呢？当然是未研究过的多。所以想把文章的效力增加，需要的感应增大，就把句法照中国式的构造表演出来。例如：

> 他有比从前更多的谷余剩了。

这是有点像外国文的构造，念起来殊属不顺口，且意思亦不十分明了。若改变一下：

他余剩的谷，比从前更多了。

这样一来，何等流利，何等显明！

英国人摹仿拉丁文者，人家叫他做 Johnsonism，盖讥讽他过于矫揉造作，摹仿外国文的构造。我很希望我国作语体文的，千万不要流于 Johnsonism。

（B）音调（euphony）　语体文对于音调，最不讲究，这是大错！因为音调与记忆有关。譬如诘屈聱牙的人名，很难记忆，童谣俗谚，入耳不忘，在在都可以证明。所以我主张语体文要注意一点音调。新体诗最好押韵，否则亦要自然流利。

（C）留心别字　文章可以代表作者的人格，别字也会损害作者的人格。譬如写信给人，写得不好，别字满纸，则人家必定要起轻侮之心，因而效力减小，感应没有。我看见许多白话文，常有误“夠”作“够”，误“偏”作“徧”，误“蹩脚”作“别脚”……这都是不留心别字的缘故。

（D）修饰（furnish）　我们作文总有错误的地方，既有错误，便要去修饰才是。与其给别人指摘，何如自己更正呢？戈尔斯密（Goldsmith）的文字非常流利，即是从“修饰”得来。他不但作的时候小心修饰，即出版到二次三次，他还要修正的。这是很可以效法的。

四　总结

以上所讲的，是（一）修辞学的定义；（二）语体文的目的；（三）语体文的文体。现在总结一下做语体文应该注意两件事：

（一）要合对面人的心理　无论说话作文，无论对于哪一个，合乎心理，则效力大、感应速，否则效力小、感应迟，这是一定的道理。威尔逊总统与劳动界的演说，和在国会里的演说，意思差不多，工具则大不相同，即是为此。莎士比亚的文章何以足传千古呢？因他对于各种人的心理，都能深晓，而且写得淋漓尽致。又如古来之哲学家孔子、孟子、卢骚等，他们的话，无非合乎当时所处的环境。即杜威的演讲也是如此。所以我们作文，必定要适合现代的心理，才不至虚费笔墨。

（二）精炼（refinement）　做文章必要用一番精炼工夫。刀锯越磨越利，思想也越磨越利。现在语体文不加磨琢，往往失之太长。好像中国出产之糖盐里面，有许多东西可以拿掉。若能磨琢，则词华虽少，然却精湛可嘉。譬如外国舶来之糖盐，即质料少些，而甜度咸度则较中国远甚！

精炼由经验而来，多多练习，便可得到。如瓦匠砌砖，用刀一敲，不大不小，恰得其当，皆因其经验丰富，而且能够控制的缘故。

做语体文应该注意的两件事，既如上述。现在还有两种最普通的“误会”，应该辟除：

（一）以为关于科学的职业的文章，不要修辞学。修辞学，原来不专限文学一部分。凡用一种工具，要得感应与效力者，都在范围以内。普通以为工业、商业、农业……这些职业的文章不要修辞学，这是大错！因为构造都是一样，不过专门名词不同罢了。其他科学的文章，也是离不了修辞学的。所以这种误会，应该辟除。

（二）以为语体文不必应用修辞学。有一部分人以为工具（语体文）一换，结果便好，这是误会得很！何以呢？譬如中国式的房屋不好，改造洋式的房子，不用图样，能行么？修辞学不是什么，就是做文的图样。无论文言语体，都要应用。所以语体之不必应用修辞学的误会，也应该辟除。

四八

胡寄尘《新派诗说》

绪论

吾作此文，吾须略言吾之大意。新派二字，是对于旧派而言，即不满意于普通所谓“旧体诗”，故别创新派也。然则何以不名“新体”？盖吾于普通所谓“新体诗”，亦有不满意之处，故名新派以示与新体有分别耳。总之新派诗，即合新旧二体之长而去其短也。何谓合二体之长而去其短？此言甚长，试于下文分章论之。

第一章　诗在文学上之位置

今欲论诗，当先知诗在文学上居于若何之位置，然后知诗之为可贵与否。窃谓诗在文学上有五种特质如下：

（一）诗为最古之文学。吾人普通之见解，则谓先有语言，后有文字，既有文字，则整齐而有韵者谓之诗，不整齐而无韵者谓之文。然愚窃谓在未有文字之前，当先有一种整齐而有韵之语言，或为四字，或为五字，以便记忆。是即古谣谚之滥觞也。此言虽无确证，然揆之于理，当不大谬。即今所传者，如："日出而作，日入而息。"亦在唐尧时已有之。诗字首见于《虞书》，曰："诗言志，歌永言。"蔡注："心之所之谓之志。心有所之，必形于言，故曰'诗言志'。既形于言，又必有长短之节，故曰'歌咏言'。"是诗与歌实一物也。歌之见于《尚书》者，有："股肱喜哉！元首起哉！百工熙哉！"有："皇祖有训，民可近，不可下。民为邦本，本固邦宁。"皆以歌为名者也。由此观之，在唐虞时，诗已盛行矣。

（二）诗为最简之文字。研究文学者，有言世界文字以汉文为最简。愚窃谓汉文之中，以诗为最简。尝取英文写景之语译，为汉文字，数可省去其半。又将其文译为诗，则又省去数字。今试列举如下：

英文　It was a fine summer day,and the country looked beautiful. The oats were still green,but yellow ears of wheat bend their heads to and fro as they felt the gentle breeze.

汉文　夏日郊原，天气清朗。燕麦犹青，而麰穗低头，当风摇曳。

汉诗　夏初燕麦依然绿，麰穗低头摇晚风。

字面虽未尽译出，然精神全在是矣！汉诗以十四字包括一切，其简便为何如哉！

（三）诗为最整齐之文字。古诗每章字句虽不规定，然较之散文，整齐多矣！

（四）诗为有音节之文字。此尽人所知，无俟再言者也。

按惟其能简洁、整齐、有音节，故自然呈美观。

（五）诗为最能感人之文字。惟其美也，故能感人。惟其感人之深，故其效用为极大。舜命夔典乐以养性情，育人才，事神祇，和上下。大禹曰："劝之以九歌。"孔子曰："兴于诗，成于乐。"可见其功用之大。太康逸豫灭德，五子进谏，乃独作歌。岂非以歌之感人，独深于寻常言语耶？后人读书，亦多喜读韵文，不喜读散文，即此意也。

由以上诸点观之，则诗在文学上，居于若何之位置，可以知矣。

第二章　旧体诗之长

旧体诗之长处，既如第一章所言，兹不复赘。惟后世渐渐失其真意，流弊滋多，如下章所述是也。

第三章　旧体诗之流弊

旧体诗自汉魏而后，体制大备，而真意亦日失。六朝靡靡，无足论矣。有唐一代，号称最盛，然能真知诗之为用者，白太傅一人耳！白太傅之新乐府，以老妪能解之笔墨，写当时社会之形状，是即今日新体诗之特长也。此外郊寒岛瘦，温李浮薄，固然去诗之真意日远，即太白仙才，少陵史才，以今日眼光视之，实犹是特别阶级之文学也。两宋而还，复有枯寂一派，几乎生气已尽。朱明七子，貌似古而神离。前清作者亦大抵不能出其范围，而末流所趋，愈趋愈下，此新体诗之所以乘隙而起也！兹更条举旧体诗之流弊如下：

（一）以典丽为工者。　沧海月明珠有泪，蓝田日暖玉生烟。

（二）以炼字为工者。　山吞残日暮，水挟断云流。

（三）以炼句为工者。　香稻啄残鹦鹉粒，碧梧栖老凤凰枝。

（四）以巧对为工者。　拳石画临黄子久，胆瓶花插紫丁香。

（五）以巧意为工者。　风吹古木晴天雨，月照平沙夏夜霜。

（六）以格调别致为工者。　白菡萏香初过雨，红蜻蜓弱不禁风。

（七）以险怪为工者。　代灯山鬼火，煮茗毒龙涎。

（八）以生硬为工者。　花淫得罪陨，莺辩知时逃。

（九）以乖僻为工者。　芍药花开菩萨面，棕榈叶散夜叉头。

（十）以香艳为工者。　遥夜定嫌香蔽膝，闷心应弄玉搔头。

以上种种，均所谓“在面子上做工夫”是也。此外讲魄力，讲神韵，讲骨格，虽比讲面子较胜，但仍不免为特别阶级之文学，去诗之真意仍远也。

第四章　新体诗之长

新体诗继旧体诗而起，自必有其特长之处，然后能哄动一时。论其长处，略有四说如下：

（一）新体诗为白话的，能遍及于各种社会，非若旧体诗为特别阶级之文学也。如下面所举：

鸽子　胡适

云淡天高，好一片晚秋天气！
有一群鸽子，在空中游戏。
看他三三两两，回环来往，夷犹如意！
忽地里翻身映日，白羽衬青天，鲜明无比！

（二）新体诗是社会实在的写真，非若旧体诗之为一人的空想也。如下面所举：

人力车夫　胡适

“车子！车子！”
车来如飞，
客看车夫，忽然中心酸悲。
客问车夫：“你今年几岁？拉车拉了多少时？”
车夫答客：“今年十六岁，拉过三年车了。你老别多疑。”
客告车夫：“你年纪太小，我不坐你车。我坐你车，我心惨凄！”
车夫告客：“我半日没生意，我又寒又饥。你老的好心肠，饱不了我的饿肚皮。我年纪小拉车，警察还不管。你老又是谁？”
客人点首上车说：“拉到内务部西。”

（三）新体诗为现在的文字，非若旧体诗为死人的文字也。如下面所举：

背枪的人　仲密

早起出门，走过西珠市。
行人稀少，店铺多还关闭。
只有一个背枪的人，站在大马路里。
我本愿人卖剑买犊，卖刀买牛，怕见恶狠狠的兵器。
但他长站在守望面前，指点道路，维持秩序。
只做大家公共的事，
那背枪的人，也是我们的朋友，我们的兄弟。

（四）新体诗是神圣的事业，非若旧体诗为玩好品也。如下面所举：

想　玄庐

（一）

平时我想你，七日一来复。
昨日我想你，一日一来复。
今朝我想你，一时一来复。
今夜我想你，一刻一来复。

（二）

予的自由，不如取的自由。
取得自由，才是夺不去的自由。
夺了去放在那里？
依旧朝朝莫莫在你心头，在我心头。

第五章　新体诗之短

新体诗既有上述各种长处，宜乎其能代旧体诗而行矣。但其精神上虽有上述之长，而形式上实有种种短处。诗既称为审美的文学，天然以精神形式两方面皆美为目的，不然，却不成其为诗矣。今新体诗之短处，可略举如下：

（一）繁冗。吾于第一章，既言诗为最简之文字，则诗之所以能美者，简字实为原质之一。今新体诗既犯繁冗，是即与此原则相反，则其不能美也明矣。

（二）参差不齐。整齐为中国文字所独有。诗为文字中之尤整齐者也。新体诗之格式，来自欧美，故多参差不齐。殊不知欧洲文字不能整齐，中国文字能整齐，正是彼此优劣之分，今奈何自弃吾长而学其短耶？然在欧文不能整齐之中，偶有整齐之式，彼亦惊为天造地设之妙文，吾人读之，亦最便于上口。如 There is a will there is a way，是其例也。殊不知此等结构，在中国文字中，数见不鲜。今人去吾所长而不用，不知何故？

（三）无音节。诗之所以能感人者，全在乎音节。帝舜命夔之言，道之详矣。“诗言志，歌永言。声依韵，律和声。八音克谐，无相夺伦，神人以和。”古人之诗，节奏之长短，音韵之高下，必求合乎五声六律。雅颂而后，惟有乐府。中晚唐以来，此传久失，一变而为平仄声，然声调铿锵，便于口而悦于耳。若新体诗，则不讲音节，读之不能上口，听之不能入耳，何能感人！

或曰：“为以上种种所束缚，则新体诗之真精神，何由发挥？仍然旧体诗乎？”此说余甚不承认。读者试读毕下文，自能知之。且余之所谓新派诗者，即欲以旧格式运新精神也。

第六章　中国诗与欧美诗之比较

新体诗之格式，既从欧美输入，故吾论中国诗与欧美诗之比较，亦与本题有密切之关系。欲比较彼此特殊之点，可录中英文互译诗四首于左，以见一斑。

李白　独坐敬亭山

众鸟高飞尽，孤云独去闲。相看两不厌，只有敬亭山。

The birds have all floun to there roost in tree,the last cloud has just floated lazily by. But we never tire of each other,not we,as we sit there together—Mountains and I.

雪兰　冬日诗　A Song

A widow bird sate mourning for her love,upon a wintry bough;The frozen wind crept on above,The freezing stream below,there was no leaf upon the forest bare,no flower upon the ground. And little motion in the air. Except the millwheel's sound.

J.B.Shelley

前诗中文译本

孤鸟栖寒枝，悲鸣为其曹。池水初结冰，冷风何萧萧！荒林无宿叶，瘠土无卉苗。万籁俱寥寂，惟闻喧桔皋！

细观以上四诗，就文字结构而论，则中国诗实比欧洲诗为佳，即简洁与整齐是也。此系各国文字根本上不同之故。如欧文 of、in、on、upon、to 等字，须用处太多，往往一句之中，必须有此等字加上，方能结构成句。若中文则此等赘字甚少，其在诗中，更绝无而仅有。今新体诗多用“的”字、“了”字，“我们”、“他们”等字，以致不能简，不能整，是即传染欧洲诗之病也。

第七章　新体诗与旧体白话诗之比较

纯用白话，取能普及一般社会，此新体诗之特长也。然旧体诗中，亦正不少白话诗。今试略举数首如下以资比较：

李白　夜坐

床前明月光，疑是地上霜。举头望明月，低头思故乡。

孟浩然　寻菊花潭主人不遇

行至菊花潭，村西日已斜。主人登高去，鸡犬空在家。

袁凯　京师得家书

江水三千里，家书十五行。行行无别语，只道早还乡。

贡性之　涌金门见柳

涌金门外柳垂金，三日不来绿成阴。折取一枝入城去，教人知道已早春。

唐寅　一世歌

人生七十古来少，前除幼年后除老。中闲光景不多时，又有炎霜与烦恼。花前月下得高歌，急须满把金樽倒。世上钱多赚不尽，朝里官多做不了。官大钱多心转忧，落得自家头白早。春夏秋冬捻指间，钟送黄昏鸡报晓。请君细数眼前人，一年一度埋芳草。草里高低多少坟，一年一半无人扫。

旧体白话诗，亦几乎人人能解。然其结构之整齐，声调之悠扬，比新体诗为优矣！

第八章　新体诗与旧体写实诗之比较

新体诗贵乎写社会实在的情形，亦为其特长，然旧体诗亦有之。兹录数首如下：

白居易　卖炭翁

卖炭翁，伐薪卖炭南山中。满面尘灰烟火色，两须苍苍十指黑。卖炭得钱何所营？身上衣裳口中食。可怜身上衣正单，心忧炭贱愿天寒。夜来城上一尺雪，晓驾炭车碾冰辙。牛困人饥日已高，市南门外泥中歇。翩翩两骑来是谁？黄衣使者白衫儿。手把文书口称敕，回车叱牛牵向北。一车炭重千余斤，官使驱将惜不得！半匹红纱一丈绫，系向牛头充炭值！

戴清　仓草谣

县仓官买米，野田民食草。民命岂足惜，官位自当保！六城保单来，今年豆麦好！

又　卖儿叹

弃儿非不仁，盎中久无粟。卖之与富翁，尚得饱尔腹。爹娘携钱归，一文一寸肉！

以上不过略举数首以见一斑。如白居易之《秦中吟》、《新乐府》，可谓全体如此。所叙之事，皆实实在在，对于贫民，尤能代诉所苦，今日新体诗家，无以过此也。

第九章　新体诗与歌谣之比较

中国文字天然简净明洁，故虽闾巷歌谣，亦自成节奏，可咏可歌。兹录吾乡山歌两首如下。此歌命意本无足取，但观其音节格调，视新体诗为何如耳?

其一

的的姑娘快活多，走出门来便唱歌。手挟金弓银弹子，百花园里打莺哥。

其二

做天难做四月天，蚕要温和麦要寒。种菜哥哥要天雨，采桑娘子要晴干。

其三

荷花开在我身边，莲子如珠粒粒圆。采过荷花采莲子，摇来摇去一支船。

第十章　新派诗之出现

新旧体诗互有长短，既如以上各章所述。旧体诗中，虽亦有兼备新体之长者，然在旧体中究属少数。今所提倡之新派诗，即以此等诗为标准，用以描写今日社会情形及发挥最新思潮。略举其条例如下：

一、命名。以旧体诗之格调，运新体诗之精神，命名新派诗，以别于新体。

二、宗旨。已明白简洁之文字，写光明磊落之襟怀，唤起优美尚之感情，养成温和敦厚之风教。

三、宗派。以不假雕饰，天然优美，乐而不淫，哀而不伤为标准，祛除旧体。“特别阶级文学”、“死文学”、“空泛文学”、“玩好品”各弊，并祛除新体“繁冗”、“不整齐”、“无音节”各弊。

四、体例。以五言七言为正体，多作古诗绝诗，少作律诗。

五、音韵。初学不可不知平仄，学成而后可以不拘。用韵暂以通行本诗韵为准，其韵目注明古相通者通用之。

六、词采。不用僻典，不用生字。

七、戒律。必有真性情，好事实，然后以诗发挥之，描写之，不作浮泛空疏之诗，不作应酬干禄之诗，不作限字和韵等诗。

附新派诗录

说新派诗既毕，更录鄙人近作于其后，即本诸新派诗条例而为者也。当世明达，幸有以教我。若云为新派诗之标准，则吾岂敢！

长江黄河

长江长，黄河黄。滔滔汩汩，浩浩荡荡！来自昆仑山，流入太平洋，灌溉十余省，物产何丰穰！沉浸四千载，文化吐光芒。长江长，黄河黄。我祖国，我故乡！

《采茶词》四首

朝也采山茶，莫也采山茶。出门晓露湿，归来夕阳斜。出门约女伴，上山采茶去。山后又山前，迷却来时路。昨日新芽短，今曰新芽长。不惜十指劳，只怕不满筐。自从谷雨前，采到清明后。茶苦与茶甜，何人去消受？

《饲蚕诗》四首

日出采桑去，日莫采桑归。渐见桑叶老，不觉蚕儿肥。今日蚕一眠，明日蚕二眠。蚕眠人不眠，辛苦有谁怜！春蚕口中丝，阿侬身上衣。要我衣上好，莫使蚕儿饥！蚕老变为蛹，蛹老变为蛾。饲蚕复饲蚕，一春便已过！

《自由钟》八年四月作，记某国人之独立也。

竖起独立旗，撞动自由钟，美哉好国民，不愧生亚东！心如明月白，血洒桃花红，区区三韩地，莫道无英雄！悠悠千载前，本是箕子封。人民美而秀，土地膏而丰。那肯让异族，长作主人翁！一声春雷动，偏地起蛰虫。祖国人人爱，公理天下同。我愿和平会，慎勿装耳聋！

老树

庭前有老树，春来抽条新。枯荣有变化，同此本与根。人生亦如此，嬗递秋与春。死我而有子，子死而有孙。根本苟不斫，血脉常是亲！老幼体屡变，生死理未真。眼前儿童辈，都是千岁人！

明月

明月无老少，万古常如兹。皎皎当中天，夜夜扬清辉。忽被大地妒，才盈便使亏。虽曰有圆时，长圆不可期！借问此缺痕，茫茫何时弥？

送春诗

当日喜春来，今日送春去。来也从何方，去也向何处。问春春不言，留春春不住。芳草远连天，便是春归路。

流水

门前水，直通江，我心随水去，迢迢到他方。他方有故人，道路远且长。不能长相见，但愿毋相忘！

落花

落花飞，飞满天。花开有人爱，花落无人怜。花开又花落，一年复一年。此是第几番？问花花无言。

四九

蔡观明《诗之研究》

今天所讲的题目很泛，若要切实发挥，决非一二次会期所能了事，所以只要在广阔的范围里，画出狭小的部分来讲讲。现在所画的范围，就是在新诗与旧诗的异同上研究。

要讲新旧诗的异同，先要明白诗究竟是什么东西，其性质如何，内容如何，效用如何。把这几层明白，就可以晓得无论是新诗旧诗，必须要什么样子，才可算是诗，否则就不是诗。那新旧的问题，是无关于算诗不算诗的问题的，就同人的男女老少虽有分别，却无关于是人不是人的问题一般。所以先讲怎样才是诗。

诗是文中之一体。从广义说，凡有韵的皆是诗。古时的骚赋，近古词曲弹词，现在的戏曲小调，皆是诗。这是就形式方面说，然而已经非常重要。因为无韵的文字，歌唱起来，决没有押韵的好听，所以万不得已的时候，就用语尾音押韵。即如劳动的人出力抬东西的时候所叫喊的口号，虽是随口乱说，但是尾音总是同的。所以诗的押韵，是第一个要素。所以要押韵，就是因为音节好听。所以要音节好听，就是因为要歌唱。《书经》上说："诗言志，歌永言。声依永，律和声。"就是说明诗要用韵的好证据。《诗经》上《周颂》

虽亦有几篇无韵的诗，但是《周颂》实有缺误。《商颂》、《鲁颂》皆是一篇数章，《周颂》则每篇一章，于此可见其有缺误，故不能说是古时是有无韵诗。

至于诗的目的，是要表现情绪，所以内容无论是主观的思想、客观的事物，总含着表情绪的作用。西洋人分诗为纪事、抒情两种。西洋是否有纯粹的纪事诗没有，我不敢断言，因为我于西洋文学研究得少。但就我所晓得的一部分，则凡是叙事诗，总有寄托：或是以事实为一种象征，或是在叙事的当中自然流露出作者的意见来，也与我们中国的一样。所以我敢断言说：纵有纯粹的纪事诗，用写实方法做的纪事诗，也是很少的一种例外，也决不是好诗。做诗的人，叙一件事，必定对于这件事有一种动机，或有一种态度，所以《诗经·小雅·宾之初筵》是叙饮宴的礼，《小序》说是卫武公刺时之作。《大雅·皇矣》是叙文王伐密阮诸国的事，《小序》说是美周。可见客观里面，有主观存在。诗的功用本来与音乐相近，是要感动他人的情绪。但是作者不能把情绪充满在作品里，怎样能够引动读者的词情?所以西洋人论诗也以情绪为主。《诗序》说："在心为志，发言为诗。情动于中而形于言。言之不足，故嗟叹之，嗟叹之不足，故永歌之。"可见做诗歌的动机，全在人心的情绪。所以情绪也是诗的一种要素。

此外还有一种要素，就是描写的艺术了。叙事教人如同身历其境，抒情教人有深切的同情，方是好诗。宋朝梅圣俞说做诗的法子是"写难状之景，如在目前，传不尽之意，在于言外"。这两句话，是说尽诗的能事了。再概括起来，描写的法子，有两个字，就是求真。然而求真就不容易。西洋人对于文艺，主张写实，主张发挥个性，主张创造，无非也是求真。可见得中西艺术的根本，都是相同的了。但是求真，指描写实事而言。诗里面往往有想象的意境，或是传说的神话。这种描写，只要写到如在目前，近于实有其事，就是好艺术了。

以上三种具备的，就是诗。否则不能算诗，不过是直言，是散文罢了。然而现在主张新诗的人，首先打破第一个条件，不肯押韵，这是冒诗的牌子做散文。虽说其中也有表现的情绪、描写的艺术，但这两项，是诗以外的文章所同有的要素。就同人类如若去了灵性，身上再长上点毛，与猿猴便无大分别了。一定指猿猴算人，谁也不能承认。那么指散文算诗，岂不也是事同一律么？但是主张新诗的人，也有比旧时进步的，就是在后二项上颇有功绩。而在描写上求真，尤比一部分旧时模拟古人、堆砌词藻的，反得诗意。不过不能指定这是新诗的特点。我国古诗人，善于表现情绪的固多，而描写的真实，也决非现在一般新诗家所及。不过六朝的时候以及元明以后，模拟的风气大盛，所以多数诗家不免轻意重词，描写失真。倘若新诗家在这一点上补救向来的流弊，自然是很好的。无如他们未曾做出好诗，先做出一种不能算诗的诗。艺术上并不能突过古人，也并不能学到欧美名家，专在破坏声韵格律上用力，真可笑得很！

我是承认诗是要革新的。革新的方法：第一是思想上的革新。采取最新的思想，最新的学说，表现在诗里面，不要学古人只在六经诸子中寻取糟粕来装头盖面。第二是风格上的创造。凡能成为名家的诗文，总有特别风格。然而古来诗派，已是很多，要别出心裁、自成一家，很不容易。幸而现在欧美文学输入，我们正好融会起来，成一种新风格、新诗派。好比字体到清朝已很难变，郑板桥用隶意作楷书，用画兰竹意作行草，便成一派。这才算善变。取欧美文学的风格来参和，要如郑板桥写字，自然可以成为名家了！现在西洋文学与我国不同之处，就在精密周详上。这就是他们科学思想比我们容易进步的原因。我们观察事物，若能用科学方法来分析他，叙述起来，必定有一种新风格的。第三是体裁的解放。不要认定五言、七言、古风、律、绝是诗，要采取欧美的体裁而参合中国有韵文的旧体，扩张诗之境界。尤其要注意于流行的曲调，求其作诗与音乐相附丽，作成一种可歌的诗，因而灌输新思想于全国。这三项的改革，是我以为讲究新诗的人，应该注意的。但是我虽有志于此，却至今未曾着手，就是因为事关重大，不是轻易可做的。现在的新诗家主张的理论，往往不错，然而成绩不好，未必不是看得太容易，没有充分预备的弊病呢！我所要说的话如此，恐怕传出去，新旧两派总不肯引为同志。但这是我纯粹用冷静的脑筋研究所得结果，决没有丝毫感情作用的。那么，听我这一番话的人，也要用冷静的脑筋研究一下，才可以发见真正的判断。我很希望有这一种人。

尚有几句要说的话，就是：做诗在今日，并不是件好事。今日的国家，我们应做的事很多，应研究的学问也很多，何必虚掷光阴，在这白首难穷的专门之业上用功！我国人最懒惰，惰于办事，就逃入于空虚的学问中；惰于学问，就逃入于浮丽的文词中，实在不是好现象。若是别无路走，走入这一条路，就当在此处寻一个安身立命的去处。以上所说，皆是我所找出的安身立命的地方。谁能在此安定了身，立定了命，这全在各人的天才学问功力上分别了。

五〇

愈之《文学批评其意义及方法》

（一）什么是文学批评？“文学批评”这一个名词，在西洋已经有过数千年的历史了，可是在我们中国还是第一次说及。中国人本来缺少批评的精神，所以那种批评文学，在我国竟完全没有了。我国文学思想很少进步，多半许是这个缘故。近年新文学运动一日盛似一日，文艺创作也一日多似一日，但同时要是没有批评文学来做向导，那便像船没有了舵，恐怕进行很困难罢。所以我想现在研究新文学的人，对于文学批评，似乎应该有相当的注意。文学批评在西洋，差不多成为一门独立的科学。要把他的意义、历史、派别详细研究，自然不是几千个字所能尽的。现在暂且参考莫尔顿的《文学的近代研究》（*Moultion's The Modern Study of Literature*）、黑德生的《文学研究指导言》（*Hudson's An Introduction to the Study of Literature*）、韩德的《文学的原则和问题》（*Hunt's Literature, its Principles and Problems*）和别几部书做了这篇，权作在我国介绍文学批评的引子罢。那么什么叫做文学批评呢？先说“批评”一字。最先创立批评的人，是希腊大哲亚里士多德。据德赖顿（Dryden）说，批评的意义，就亚里士多德所指，乃是“公允地判断之标准”（Astandard of judging well)。盖莱和施各德(*Gayley and Scott*)合著的《文学批评的方法和材料》(*Methods and Materials of Literary Criticism*)里，把“批评”这字向来所用的意义分为五类，便指：

(1)指摘(fault-finding)的意义。(2)赞扬(to praise)的意义。(3)判断(to judge)的意义。(4)比较(to compare)及分类(to classify)的意义。(5)评赏(to appreciate)的意义。批评家对于这五种意义，有的以为只应该包含一种或数种，有的主张都包含在“批评”范围之内。又近代大批评家阿诺尔(Mathaw Arnold)说“批评”便是“把世间所知所思最好的东西，去学习或传布的一种无偏私的企图”(A disinterested endeavor to learn and propagate the best that is known and thought in the world)。这一个界说，要算最精密确切了！批评的企图，在于学习和传布，可见批评家的任务，在于积极——赞扬或评赏——方面，不在消极——指摘或批判——方面。近代的批评，这种倾向尤其显著。我们一说到批评，每以为批评便是批驳，便是攻击，这是一种误解。批评和批驳不同。批驳，是对于虚伪的思想智识而发的，批评的对象恰巧相反，乃是最高尚最良好的，不是虚伪的东西。我们一说到批评，又以为批评便是纠正，批评家居于较高的地位，和先生纠正学生的课作一般，这也是一种误解。批评家不必一定居于较高的地位。批评的目的，是学习和传布，却不是纠正。批评家乃是贤弟子，决不是严师。我们一说到批评，又以为批评的态度便是怀疑的态度，这也是一种误解。怀疑派是否定一切的，批评家不过对于所批评的东西加以分析或综合，对于他的本身价值，却始终是肯定的。至于文学批评(literary criticixm)，是批评的一种。笼统的说一句，凡一切对于文学著作或文学作家的批评，都可以称作文学批评。其实是不然。“文学的”批评(literary criticism)和“文学”的批评(criticism of literature)不同。对于文学著作或文学作家的批评，也许是哲学的，也许是科学的，也许是神学的，也许是政治的，这些都不好算做文学批评。因为文学批评，乃指讨论文学趣味或艺术性质的批评而言。譬如柏拉图的《理想国》，是文学著作，但提昆绥(De quincey)的《理想国》批评，却不是文学批评，因为里面所讨论的，全属政治的性质，所以只可算作政治的批评。托尔斯泰是个文学作家，但是毛德（Maude）的《托尔斯泰传》，却不全是文学批评，因为这书讨论文学的地方很少，所以只不过是宗教的批评、哲理的批评。反之爱狄生（Addison）的《悲剧与喜剧》（*Tragedy and Comedy*）和托尔斯泰的《莎士比亚论》，却完全是文学批评，因为这两部书都是就文学的见地，来批评文学著作或文学作家的。钱玄同的《儒林外史新序》，一部分可以算得文学批评。但是蔡元培的《石头记索隐》，却只是历史的批评，不是文学的批评。又可见中国古来训诂之学，也只是字句的批评（verbal criticism），不好算文学批评。又像现代西洋批评界最流行的审美批评（esthetic critism），有一部批评家也不承认为文学批评，因为这种批评方法，完全是以艺术为本位的。但是像这一类的限制，未免过于严格了罢！闲话少说。现在引用亨德（Hunt）所定，文学批评乃是："用以考验文学著作的性质和形式的学术。"（Science and art which has to do with the examination of the quality and form of literary authorship's. Literature，its Principles and Problems，p.127）此处"学术"二字，是指科学及艺术。文学批评的目的，在于采集及建立批评的法则，所以可算一种科学。又要用了这种法则，把批评文学的自身当作文学著作的标本，所以又可算是一种艺术。

（二）文学批评与批评文学　但是文学上所谓"批评"，其实也是文学的一种。文学和批评的分别，只不过文学是批评人生的，批评乃是批评文学的。所以一个是直接的批评人生，一个是间接的批评人生。批评家把作品中的作者个性表现出来，也和文学创作家把小说或戏剧中人物的个性表现出来一般。一本有价值的文学著作，和一件有价值的人生事业，都可以当作文学的题材。艺术的过程，也和人生的活动一般，是繁复而且多方面的。所以真的文学批评，在一方面亦是一种文学创作。譬如像阿诺尔的《批评论文》（*Essays in Critcism*），在一方面，目的是在批评华治华斯（Wordswarth）、摆伦（Byron）等人的著作的，我们读了阿诺尔的论文，对于华治华斯他们的作品，可以得到许多了解。但在一方面，不管他批评什么，这几篇论文的本身，却一样具有文学的价值。因为这几篇论文里，有批评家自己的个性，自己的思想，自己的方法，自己的目的包含在内。就算我们对于阿诺尔的批评不能满意，或者他的批评于我们没什么用处，他的论文，还是很有价值的。阿诺尔是这样，别的批评家也是这样。因此可知文学批评，起先虽当作一种研究文学的工具，但后来他的任务，却不只限于做工具，竟变了文学的一种形式了！近代西洋出版事业发展，文学作品极其众多，所以批评文学也极其丰富。而且批评文学，比纯粹创作的文学尤其发达。文学杂志和日刊周刊的文学栏里面，批评的作品往往占到十之八九。一种文学著作，有许多的批评，而批评又有批评的批评，又有批评的批评的批评。譬如锡娄（Sherer）批评弥尔顿的《失乐园》（*Paradise Lost*），阿诺尔又批评锡娄的批评。这样的闹去，大家反把弥尔顿的原著忘却了。这种批评文学发达的情形，确是近代文学上一种奇异的现象。

（三）因袭的批评与近代的批评　现在该讲到文学批评的方法了。要知道批评方法的不同，须先把文学批评的历史略略研究一下。英国莫尔顿把西洋的批评学说分为二个时期：从希腊亚里士多德文艺复兴之后，这是因袭的批评（traditional criticism）。到了最近代，便是近代的批评（modern criticism）。什么叫因袭的批评呢？便是拿亚里士多德的批评法式来做标准的那种批评。亚里士多德是文学批评的始祖，他做的那部《诗学》（*Poetics*）是文学批评最先的著作。所以后来许多因袭的批评家，都拿这一部书当作文学批评的标准。亚里士多德的《诗学》，目的在于建立文学的法式。但因为他是希腊人，古代希腊是文化的中心，希腊人只知有希腊，旁的东西都看作“野蛮”（barbarian），所以亚里士多德的批评法式，也只以希腊文学为根据。《诗学》里所定的文学规律，都是从希腊的悲剧（tragedy）和叙事诗（epic）里归纳而成的。譬如像他所定的戏剧上的三一律——时间一致、地方一致、所作一致的规律——后世批评家当作不可移易的法则。其实这种规律，是从古代希腊戏剧家欧力批提斯（Euripides）、沙福克尔斯（Saphocles）的戏曲里抽象出来的，当作批评古代希腊文学的法式，自然是很适当。但是后来因袭的批评家，守住这种法式，批评中古和近代的文学，那就未免刻舟求剑了！譬如像意大利文艺复兴时代，拟古派批评家仍旧拿了古代希腊的形式批评来批评那时的文学。那时创作方面个性解放，情绪发展，要想拿了死板的批评规律束缚丰富活动的创作，你道做得到么？到了近代，浪漫文学勃兴之后，不但文学上的体裁格调比从前繁复得多，便是思想也有世界共通的倾向，和希腊文学比起来，真有天壤之别，你道还是亚里士多德定下来的形式批评所能概括的吗？但是这种因袭的批评法，在十七八世纪却很流行。那时欧洲古学复兴，西洋人一切都推重希腊，所以文学上也拿希腊悲剧和叙事诗里的法则来做标准。那种批评，最著名的便是英国爱迭生（Addison，十七世纪人）对于弥尔顿的《失乐园》（*Paradise Lost*）的批评，和法国福禄特尔对于莎士比亚的批评。爱迭生拿因袭批评法上的根本要素，研究弥尔顿的著名著作，所以很多不满意的地方。福禄特尔对于莎士比亚也竭力攻击，说他的文学是“野蛮的醉汉的想象之果”，因为莎士比亚的戏曲虽然很富于情绪，但是从形式批评上看来，却没一篇不违背三一律的。这种形式的批评法，据弥尔顿说有三个缺点：（1）忘却文学的统一。（2）忘却文学的自然进化。（3）迷信一派的批评原理，变成偏见，便排斥文学的归纳观察。因为这样，因袭的批评法，到了近代，已不能称职。近代西洋的文学批评，逐渐退步。批评，本来是居于创作之先的，是指导创作的。近代的因袭批评法，因为不能和创作适应，反落在创作后面，失却原来的地位了。近代的批评，和这种因袭的批评，面目便大不相同了。因袭的批评法是单拿希腊文学做标准的，但是近代的批评法，却是拿世界文学来做标准了。换句话说：因袭的批评是以希腊文学为分野线，所以一切的批评规律都是从希腊的悲剧和叙事诗中归纳出来的。近代的批评以世界文学为分野线，所以注重文学的统一和进化。这种近代的批评，在一方面想从世界文学中寻出最普遍的文学原理，在一方面却想用主观的方法，把各种作品的特点分析出来。因袭的批评是客观的，近代的批评是主观的。因袭的批评是形式的，近代的批评是个位的。总而言之，近代的批评，是适应于近代文学的。现代文学中，批评所以还能够占着重要的位置，就因为这一番革新的缘故！

近代的批评所占范围很广，所以又可分为四种方式（types）——据莫尔顿的分类一便是：（1）归纳的批评。（2）推理的批评。（3）判断的批评。（4）自由或主观的批评。把各种特殊的文学加以说明和分类，这便是归纳的批评（inductive　criticism）。这种批评法，是一切批评法式的基础。用了这种归纳出来的结论，建立文学的原则和文学的哲学（philosophy of literature），这便是推理的批评（speculative criticism）。用了这种假定的文学原则，估量文学的价值、判断文学的优劣，这便是判断的批评（judical criticism）。这种批评，便是管领创作的批评。除这三种以外，还有种法式：把批评的著作当作独立的文学，把批评家认为作家，这种批评法式，就叫自由或主观的批评（free or subjective criticism）。

近代的批评方法，种类很多，而且也没有一定的分类法。除上面所讲的四种方式之外，还有什么科学的批评（scientific criticism）、伦理的批评（moral criticsm）、鉴赏的批评（appreciative criticism）、审美的批评（aesthetic criticism）、印象的批评（impressive criticism）。法国的泰奴（Taine），是科学批评的创始者。法朗西（A France），是印象批评的泰斗。英国的阿诺特和露斯金（Ruskin）是著名鉴赏批评家。但是这些批评方法，现在说不了许多，以下只把近代批评的方法当中最重要的两个法式——归纳的批评法和判断的批评法——介绍一下，而且里面所引用的，多半是从黑德生所著的《文学研究导言》里采下来的，这也应该声明。

（四）归纳的批评法　文学批评的功用，从大体讲来，可分为二种：把文学作品的内容分析或比较一下，使读者明白作品的真相，这便是“说明”（to interpret）；用了一种标准，评定文学作品的价值、他的优点和弱点，这便是“判断”（to judge）。判断的批评，目的在于判断作品的价值。归纳的批评，目的在于说明作品的内容。近代的批评当中，说明比判断更重要得多。因为在判断以前，须把作品的内容充分了解才好。所以说明总在判断之先的。而且近代批评家多相信只要把文学作品的内容详细说明，价值自然显而易见，无待于评判。所以评判家的职务，只在说明，不在判断。照此看来，可见归纳批评法是很重要了。

但是说明文学作品的内容，绝不是简单的事情。归纳评判家的职务，却是很大而很难的。归纳评判的目的：第一要贯彻著作的中心。第二要辨出著作的中力（power）和美（beauty）的质素。第三要分别著作当中所包含的东西，哪一种是暂时的，哪一种是永久的。第四要把著作中的意义分析出来，列成方式。第五要说明著作家有意识或无意识的受着指导和支配的那种艺术的和道德的原则。凡是含蓄（impliat）在作品之内的，批评家应该把他显示（explicit）出来。作品中一部分和他部分相互的关系，或各部分和全体的关系，批评家都应该细细表白出来。作品中散在各处的质点，埋在各节的线索，批评家都应该探寻钩引出来。把一种著作解说（explain）、展开（unfold）照明（illuminate）了之后，才能够把他的内容、他的精神、他的艺术，赤裸裸的放在读者眼前。这便是归纳批评的目的，归纳批评的任务。

归纳批评所用的方法，全是科学的方法。莫尔顿说得好："归纳的批评，是在归纳科学的范围内。"所以这种批评，简直不是文学，已成了一种科学了。归纳的批评完全采用科学的研究态度。准确和公正无私，是科学的要素，也就是归纳批评的态度。莫尔顿拿旧式的判断批评和新式的归纳批评两两对照，分别出三个重要的异点：第一，判断批评所讨论的，大半是作品价值的高下问题，这是出于科学范围以外的。他说："一个地质学家决不会赞扬一块红砂石，说他是模范的岩石，也不会做了文字去嘲骂冰世纪。"归纳的批评家，也和科学家一般，只问种类的异同，不问程度的高下。譬如对于莎士比亚和班琼生（Ben Jonson）的戏剧，只把他们的艺术方法细细分别，和植物学家分别乔木灌木一般。假如说他们两人谁高谁低，便出归纳批评的范围了。虽然有时也把一个作家和别个作家，一种作品和别种作品互相比较，但这不是比较高下，不过想借此显出作家或作品的特点罢了。第二，判断的批评家，对于文学的法则，看作和道德的戒律、国家的法律一般，以为是从外面来束缚艺术家的。道德的戒律、国家的法律，都是从外面造成，把人限制在这里面。归纳的批评家却以为文学上不该有这种法律。文学法则也和自然法则一般，是从自然现象中归纳出来的。譬如说莎士比亚的戏曲法则，这种法则决不是先已有人编定了，来限制莎士比亚的，不过是从他的戏曲中归纳出来罢了。我们说星球遵守着重力法则，意义并不是说星球有遵守重力法则的义务。星球自身，是不会知道什么法则的。我们说莎士比亚遵守着他的戏曲法则，意义也是这样。所以批评家的职务，并不是去考查莎士比亚到底是遵守着法则不是，不过是想从莎士比亚戏曲中发见他的法则罢了。第三，判断的批评有个固定的标准，用了这标准来审判作品的价值。这种标准因人而异，因时而异，差不多没有两个批评家所定的标准是相同的。而且这些标准，都不过是假定的。归纳的批评家，却不承认这种标准，而且委实不信这种固定的标准是可能的。他相信文学和自然现象一般，乃是进化的产物。文学的历史，是不绝进化的，所以用了一种假定的标准去束缚不绝进化的文学，是万万做不到的。这样看来，文学批评完全是一种研究态度，不应该涉及作品价值的问题，不应该涉及我们个人的感觉。泰奴曾说："文学批评家乃是个植物学家，不过一个拿文学做主题，一个是拿植物做主题罢了。"知道了这个，便明白归纳批评的大意了。归纳的批评法，仔细分别起来，依着归纳方法的不同，又可以分作二派：第一派的代表要算是莫尔顿——上文已经介绍过好几次。他的批评法主张把作品公平研究，不判定作品的价值。但是他的研究范围，只以作品的本身为限，只把作品的顺序整理一下，作品的内容记述出来，就算完事。他最有名的批评著作《戏曲家的莎士比亚》(*Shakespeare as a Dramatic Artist*)，便是这样的。第二派的归纳法，比莫尔顿更进一步，不单是研究作品的本身，更研究作者的时代和环境。这一派的代表批评家要算法国的圣皮伟(Sainte Beuve)和泰奴。泰奴说："人种、环境、时代是构成艺术的三要素。"所以研究一种作品，很注重作者的人物、环境、时代。明白了这三件事情，对于作品的内容才能充分了解。他的批评著作很多，最有名的是一部《英国文学史》(*Histoire dela literature Anglaise*)。他的批评方法，采用纯粹的科学归纳法，所以又称为"科学的批评"(scientific criticism)。还有一件事该说说：现在有人把 Criticism 这个字译作“批评主义”，更说新文学应该注重自由的创作精神，所以不可把西洋的批评主义认为天经地义。这话我不敢十分赞同。因为 Criticism 这字，照亚里士多德原定的意义，自然也可以说是指“批评的标准”、“批评的原则”。但是近代的 Criticism 却不一定是有固定的“标准”或“主义”的。近代文学中最流行的，已不是那有固定“主义”的因袭批评，乃是没有“主义”的归纳批评，这是应该注意的呵。

（五）判断的批评法　但是归纳的批评法，虽然占着重要的地位，也不过批评法式的一种，单用了这一种法式，究竟不能使我们心满意足。此外判断的方法，还是省不了的。文学究竟和自然科学不同，文学涉及个性和情绪等问题，在自然科学中却没有这些。研究植物学或地质学的人，他的职务，只在于说明那东西到底是什么，怎么会变到这样，余外的事情，便一概不管了。文学却不然，除掉说明“什么”和“怎么”之外，更要研究艺术的和思想的价值。所以近代的批评家，虽然也有许多主张绝对的废去判断的方法，但是大多数的意见，却仍旧承认判断批评的重要。譬如像莫尔顿批评莎士比亚的戏曲，所用的虽然全是归纳的方法，但是他所以要把莎士比亚的艺术详细说明，仍旧是因为莎士比亚具有伟大的艺术价值，所以至少在出发时候，他无论如何，是要用着判断方法的。

在文学上判断，乃是一种普遍的倾向。小学生对于教科书里的文字，也晓得评论好歹。小孩们口里所讲的故事，哪一桩有趣，哪一节没趣，他们自己也都有定评。我们遇见朋友手里拿着一部新书，总得问一声“这部书好不好”，所以判断的批评，乃是我们研究文学时发生的一种自然的要求。到了近代，作品的价值问题，更加困难复杂了。从前认为天经地义的文学法则，现在应该重新批判，重新评价了。因此判断的方法，更有重要的价值。判断果然难得成功，而且批评家要寻出一致的判断标准，是办不到的。但我们却不能因为这样，便因噎废食。归纳的方法，虽然很好，判断的方法，可是仍旧不能废除的。在判断的批评中，批评家是俨然一个裁判官。他宣告艺术上哪个优，哪个劣，哪个好，哪个不好，哪个错误，哪个不错误。他把各种艺术的价值相互比较，所以又称为价值的批评（criticism of values）。英国的判断批评家麦考赉（Lord Macaulay），把自己比为无冠的帝王，把他的著作室比为帝王的宝座，他手定的文学原则，便是法律，古今文学作家，便都是臣属，照品级排列着，受他的判断。但是这种判断方法，到了最近代，已不大流行。近代的批评家，已不是帝王，不能拿自己的命令当作法律了。近代的判断批评，受两个条件的限制，要是超过了这限制，便不免于错误。那两个条件是：(1) 除非经过了归纳的批评，不能便下判断。这个道理，明白得很。因为作品的内容未曾完全说明，单拿固定的标准来下判断，是免不了错误的。旧式因袭批评的最大缺点，也在乎此。所以批评文学作品，应该拿归纳方法当作第一步，拿判断方法当作第二步。(2) 判断批评，最重的是批评家的个性。判断批评中所表现的，不是文学作品，倒是批评家自己的思想、自己的情感。譬如批评莎士比亚和弥尔顿的著作的，有福禄特尔、维翰孙（Johnson）、波魄（Pope）、爱迭生这几个人。福禄特尔所下的判断，和约翰孙不同。约翰孙所下的判断，和波魄不同。波魄所下的判断，又和爱迭生不同。但是莎士比亚总是一个莎士比亚，弥尔顿也不会有两个弥尔顿，所不同的，不过是他们四个人的思想艺术罢了。所以他们四个人的批评当中所表现的，与其说是莎士比亚、弥尔顿的思想艺术，不如说是他们四个人的思想艺术。所以文学的判断，是因人而异的。我们想拿了一个人的判断，概括一切的判断，无论如何，总是不可能的！

五一

西谛《整理中国文学的提议》

中国素以文教之邦著称，中国文学发达的历史，也至少在三千年以上，历代帝王且时时下崇“文”之诏令，以中国人之如此重视文学，以中国文学所历年代之如此长久，宜其能蓬蓬勃勃，产生无量数之杰作了！然而除诗歌与论文杂著之外，其余戏剧、小说、批评文学之类，并不发达，这是什么原故呢？原来中国人所崇的“文”，并不是“文学”的“文”，乃是所谓“六经之道”，为帝王保守地位的“文”。其他真正文学，则提倡者决无其人。诗歌最容易发泄人的真情，故最发达。至小说之类，则所谓文人者，且鄙夷之而不屑为。《四库总目提要》且以：“词曲二体，在文章技艺之间，厥品颇卑，作者勿贵……王圻《续文献通考》以《西厢记》、《琵琶记》尽入经籍类中，全失论撰之体裁，不可训也。”至于近代因西洋小说介绍进来的原故，大家才稍稍承认小说在文艺上的地位，但是一般人还不十分明了文学究竟是什么，也不大知道中国文学真价的所在。有人以学校中的“功课表”算为文学，也有人把宋元理学、汉人章句也叙入文学史之中，又有人以陶潜来同俄国的托尔斯泰来相比。中国文学真还在朦胧阴影之中，没有露出新明的阳光呢！

所以我们要明白中国文学的真价，要把中国人的传说的旧文学观改正过，非大大的先下一番整理的功夫，把金玉从沙石中分析出来不可。

前次文学研究会在上海开会时，我曾提出一个问题，请大家研究，就是“整理中国文学的范围与方法”。当时大家曾讨论了一回，因为这个问题的复杂与重大，时间又是太短，所以没有议出什么结果来。

现在我先把自己的意见，简简单单的写出来，请研究中国文学的诸位先生给我些教正。

（一）整理的范围　文学的范围极不易确定。如果我们说：“《诗经》是文学，《西游记》是文学。”或是：“《日知录》不是文学，《朱子语录》不是文学。”那是谁也不会反对的。如果一进到文学与非文学的边界，那末便不易十分确定了。譬如问：“王充《论衡》是不是文学？”“《北梦琐言》、《世说新语》算不算文学？”或是：“《陆宣公奏议》、《贾子新书》是不是文学？”便不易立刻回答了。至少也要把文学的性质懂得清楚，并且把这种书的价值与影响研究得详详细细，才能够无疑的回答说：“这是文学。”或“这不是文学。”

欲确定中国文学的范围，尤为不易。中国的书目，极为纷乱。有人以为集部都是文学书，其实不然，《离骚草木疏》也附在集部。所谓“诗话”之类，尤为芜杂。即在“别集”及“总集”中，如果严格讲起来，所谓“奏疏”、所谓“论说”之类，够得上称为文学的，实在也很少。还有二程（程颢、程颐）集中多讲性理之文，及卢文弨、段玉裁、桂馥、钱大昕诸人文集中多言汉学考证之文，这种文字，也是很难叫他做文学的。最奇怪的是子部中的小说家。真正的小说如《水浒》、《西游记》等倒没有列进去，他里边所列的，却反是那些惟中国特有的“丛谈”、“杂记”、“杂识”之类的笔记。我们要把中国文学的范围，确定一下，真有些不容易。

现在凭我个人的臆断，姑且把他分为九类如下：

（一）诗歌　这里诗歌一字，所包括的颇广。自四言的诗，五言、六言、七言的诗，以至乐府、词、长歌、赋等等都包含在内。词是从诗变化出来的。中国旧的分类虽与诗分开，其实性质是一样，只不过音调不同而已。赋自《离骚》以后，作者继出，而《离骚》实为后世诗人之祖，故赋也不能与诗分开。还有民间歌谣，也须附在这一类中。

（二）杂剧传奇　元人杂剧及汤若望、李渔、蒋士铨诸人之作，都包括在内。董解元的《西厢记》，体例与王实甫不同，他这本书是预备给一个人唱演的，不是预备给许多人扮演的，后世弹词与他极为相近，亦可附在此类。

（三）长篇小说　中国长篇小说极少，自宋元以后，始有作者。而所谓文人学士，对于这种书并不重视。所以除了《水浒》、《西游记》、《三国志》、《红楼梦》、《镜花缘》、《儒林外史》以及其他历史小说如《开辟演义》、《东周列国志》、《秦汉演义》之类百余种以外，长篇小说几于绝无仅有。

（四）短篇小说　唐人的短篇小说，如《虬髯客传》、《马燕传》、《柳毅传》、《长恨歌传》、《霍小玉传》等，都是价值极高的。自唐以后，作者绝少。蒲留仙之《聊斋》与流行民间之《今古奇观》，可以附在此类。

（五）笔记小说　此为中国所特有者。《四库总目》所列子部小说家，几皆为此类。而往往一书中，有许多篇是杂记掌故的，有许多篇是记奇闻的，还有许多是杂记经籍考证及音义的，不能把他们完全当为小说。

（六）史书传记　长篇传记，中国极少。至于史书，则《左传》、《史记》、两《汉书》、《三国志》之类，都是有很高的文学价值的。他们的影响极大，后世言文者多称左、马。在文学史上，他们与《诗经》、《离骚》是有同等的重要的。

（七）论文　论文在中国文学中，占有很重要的地位。周秦诸子及贾谊、扬雄、王充、仲长统、韩愈、苏轼、黄宗羲诸人所作的《论衡》、《昌言》、《明夷待访录》之类，一面与思想界极有关系，一面在文学上也各有相当的地位。

（八）文学批评　中国的文学批评，极不发达。刘彦和的《文心雕龙》，算是一部最大的著作。章学诚之《文史通义》亦多新意。其余如诗品、诗话、词话及《唐诗纪事》之类，大半都是不大合于文学批评的原则的。

（九）杂著　如书启、奏议、诏令、赞、铭、碑文、祭文、游记之类，皆归于这一类。

以上九类，略可以把中国文学包括完尽。惟文学与非文学之间，界限极严而隐，有许多奏议、书启是文学，有许多奏议、书启便不能算是文学。所以要定中国文学的范围，非靠研究者有极精确的文学不可。

（二）整理的方法　我们研究一种学问，不能受制于他人所预定的研究方法之下，所以同样的，我们也决不敢替别人定什么整理的或研究的方法。但是至少限度，研究的趋向我想总要稍稍规定一下。因为这种研究的趋向，正如走路一样，无论走到哪里去，都是非经过这一个地方不可的。譬如在培根以前，研究学问都只信仰相传的成说，并不自己考察。在达尔文以前，讲生物原理的人，也都只相信上帝造物之说，并不去研究生物进化之原理。到了培根、达尔文以后，则研究学问的自然而然的都趋向于归纳的研究与进化论一方面了。又如十八世纪以前，西欧的批评文学家都以希腊的传统的学说为惟一的批评的方针。莎士比亚的戏剧，因为不遵守亚里斯多德定下的“三一律”，便被当时的人攻击得很厉害。到十八世纪以后，文学的研究者便没有人信仰这“三一律”，而另有他们自己的新趋向了。如果在现在的时候，而还有人拿“上帝创造说”来批评“进化论”，或拿“三一律”来做现在的戏剧的准绳，则这人是个“非愚则妄”的人了！所以我们站在现代而去整理中国文学，便非有：

（一）打破一切传袭的文学观念的勇气与

（二）近代的文学研究的精神不可了。

现在先就第一项略说一下：中国文学所以不能充分发达，便是吃了传袭的文学观念的亏。大部分的人都中了儒学的毒，以文为载道之具，薄词赋之类为“雕虫小技”而不为。其他一部分的人，则自甘于做艳词美句，以文学为一种忧时散闷闲时消遣的东西。一直到了现在，这两种观念还未完全消灭。便是古代许多很好的纯文学，也被儒家解释得死板板的，无一毫生气。《诗经》里很好的一首抒情诗：

关关雎鸠，在河之洲。窈窕淑女，君子好逑。参差荇菜，左右流之。窈窕淑女，寤寐求之。求之不得，寤寐思服。悠哉悠哉，辗转反侧。

被汉儒解释，便变成“后妃之德也，风之始也，所以风天下而正夫妇也”了。虽然朱熹能够打破这种解释，而仍把他加上儒家的桎梏，说什么此人此德，世不常有，求之不得，则无以配君子而“成其内治之美”。最可笑的是：

喓喓草虫，趯趯阜螽。未见君子，忧心忡忡。亦既见止，亦既觏止，我心则降。

陟彼南山，言采其蕨。未见君子，忧心惙惙。亦既见止，亦既觏止，我心则说。

陟彼南山，言采其薇。未见君子，我心伤悲。亦既见止，亦既觏止，我心则夷。

一首诗明明是“诸侯大夫行役在外，其妻独居，感时物之变而思其君子如此”（朱熹的话）之意，汉儒却把他当做“大夫妻能以礼自防”之意，当做叙述妇人适人，未见其夫与既见其夫的心境变化之文，这真是大错特错了。第一段“未见君子”，解做“在途时”，还勉强可通。至第二段、第三段，则出嫁之女要跑到南山去采蕨、采薇。做什么？下边紧接着“未见君子”。“在途时”则更说不通了！出嫁之女，走到途中，忽然跑到南山去采蕨、采薇，到底是怎么一回事呢？还有奇怪的！诗中“未见君子，我心伤悲”，明明是言未见其夫，故而悲痛，汉儒却解做“嫁女之家，不息火三日，思相离也”。如果要是说女思相离的话，那末见夫前与见夫后总是一样的相思，为什么见了夫后，便“我心则夷”呢？这种曲解强释，完全是中了儒家的“礼教”之毒之故，所以不许有怀春之士，不许有思夫之妇，而非把他们拿来装饰儒家“礼教”的门面不可。其实孔子选诗的本意，岂是每首都含有宣传他的主义的意义在内么？

《离骚》与其后的各种小说，也同样的受了这种曲解的灾祸。自《史记》有“屈平疾王听之不聪也，谗谄之蔽明也，邪曲之害公也，方正之不容也，故忧愁幽思而作《离骚》”之言，为是后之注骚者，几无一语不解为怨诽，无一语不解为思君。自朱熹作《通鉴纲目》贬曹魏，以三国正统予刘而不予曹，于是后之评《三国演义》者，几无一处不以作者为贬曹操，为是写曹操的奸恶的，无论曹操的一举一动，都以为是奸谋，是恶行。评《红楼梦》者竟有逐回斥责贾母为祸首的。评《西游记》者，则有以此书为言医药之书，逐回都是谈论医理的。如此附会之处，几于无书无之。中国人的儒教的文学观因此养成，根柢深固，莫能拔除。为儒者所不道的稗官小说，开卷亦必说了许多大道理，无论书中内容如何。而其著书之旨，则必为“劝忠劝孝”。甚至著淫书者，开头亦必说他著此书是为“劝书惩淫”。这种文学观，是我们所必要打破的。还有一种无谓的文学正统的争论，如言古文者鄙骈体为不足道，言骈体者亦斥古文为淡薄，言宋诗者遂唾弃别时代的一切作品以为不足学之类，我们都应一概打破。

文学贵独创。前人之所以嘉惠后人者，惟无形中的风格的影响与潜在心底的思想的同情而已。摹袭之作，绝无佳构。而中国文学则以仿古为高，学古为则。屈子有《离骚》，扬雄则作《反骚》。枚乘作《七发》，而《七启》之属，遂相继而产生。言诗者不言此诗家之性质何在，独哏哏然举某诗似杜子美，某诗似黄山谷，一若学古人而似，即为诗人之最大成功者。言散文者亦然，作者评者莫不以摹学左、孟、《史记》、昌黎为荣。这种奴性，真非从根本上推倒不可。

总之我们研究中国文学，非赤手空拳，从平地上做起不可。以前的一切评论，一切文学上的旧观念，都应一律打破。无论研究一种作品，或是研究一时代的文学，都应另打基础。就是有许多很好的议论，我们对他极表同情的，也是要费一番洗刷的工夫，把他从沙石堆中取出，而加之以新的证明、新的基础。

说到这里，必定有人要问我："旧的既然要打破，那末新的呢？新的文学的观念是怎样的呢？"

在这个地方，我且乘便把第二项近代的文学研究的精神说一说。我们的新的文学研究的基础，便是建筑在这"近世精神上面的"。

这近代的文学研究的精神是怎样的呢？ B. G. Nmilion 在他的《文学的近代研究》(*Modern Studuy of literature*）一书里说得很详细。他以为近代的精神，便是（一）文学统一的观察。（二）归纳的研究。（三）文学进化的观念。

所谓文学的统一观，便是承认文学是一个统一体，与一切科学哲学是一样的，不能分国单独研究或分时代单独研究。因为古代的文学，与近代的文学是有密切的关系的。这一国的文学，与那一国的文学也是有密切的关系的。我们研究文学，应该以"文学"为单位，不应当以"国"或以"时代"为单位。我们中国的文学研究者，则不惟没有世界的观念，便连一国或一时代的统一研究，也还不曾着意。他们惟知道片段的研究一个或几个作家，用这种的文学统一观，来代替他们片断的个人研究，实是很必要的。

但是说来可怜，中国人便连这片断的个人研究，也不曾研究得好呢！他们所谓研究，便是做"年谱"与"注释"，能够对于一个作家的性格与作品，有一种明了的切实的批评的，实在是万不得一！

"归纳的观察"，是研究一切学问的初步。无论我们做个人的研究工夫也好，做一部分或全部分的中国文学的研究工夫也好，我们必须应用这"归纳的观察法"，把作品与作家仔仔细细研究个公同的原则与特质出来。

所谓"进化的观念"，便是把"进化论"应用到文学上来。许多人反对讲"文学进化"，以为文学是感情的结晶，人类的感情，自太古至现代，并没有什么进化，所以荷马的史诗，我们还是同样的赞赏。如言进化，则荷马之诗，必将与希腊的幼稚的科学知识同归消灭了。其实这是不然的。"进化"二字，并不是作"后者必胜于前"的解释，不过说明某事物一时期一时期的有机的演进或蜕变而已。所以说英国文学的进化，由莎士比亚而史格的，而丁尼生，并不是说丁尼生、莎士比亚一定好。这种观念是极重要的。中国人都以为文学是不会变动的，凡是古的都是好的，古人必可以作为后起之人的模范，所谓“学杜”、“学韩”，都是受这种思想的支配。如果有了进化的观念，文学上便不会再有这种固定的偶像出现。后起的文学，也决不会再受古代的传袭的文学观的支配了。

这种研究的趋向，是整理中国文学的人大家都要同走的大路，万不可不求其一致。至于各人要做什么工作，则尽可以凭各人兴趣与志向做去，不必别人代为预先计划。不过据我的意见，中国文学的整理，现在刚在开始之时，立刻便要做全部文学的整理功夫，似乎野心太大了些。最好是先有局部的研究，然后再进为全体的研究，才能精密详确。局部的研究，可分为：（一）一部作品的研究。（二）一个作家的研究。（三）一个时代的研究。（四）一个派别的研究。（五）一种体裁的研究。但这种局部研究，有时也要关涉全体的。如从事一个作家的研究，对于作家在文学史上的地位与影响，是必须研究的。他的性质，他的作品风格，他的人生观，都是要细细的观察的。从事一个作品研究也是如此。除了研究他的风格与所抱含的思想外，至少还须知道他的作品的历史与性格，及这作品在文学史上的地位与影响。因为时间关系，这篇短文便如此的匆匆结束了。还有许多话，只好待以后再说。

五二

钱基博《我之中国文学的观察》

一　导言

诸君以博粗治文字，属演讲中国文学，又重以敝校校长陈先生之命，博不敢以固辞，试述“我之中国文学的观察”。

“我之中国文学的观察”云者，与我之中国文学的意见不同。盖意见者，主观之批评；而观察之所据者，则客观之事实也。意见当自作主张，而观察必依于事实，则有不容师心自用者，不可不察也！

“我之中国文学的观察”云者，又与我之中国文学的研究不同。忆民国八年敝校开暑期讲习会，博尝讲“国文研究法”，论中国文学宜以何道治之而可。诸君当日必有在座者，而博今之所欲言者，则在中国文学宜根据何种事实观察而能得其真际。盖“国文研究法”之所研究者，在吾人文学创作能力之修养，而今与诸君言者，则在搜集古今之文学作品，由各个的观察，而为整个的说明也。向之所重者，自我能力之修养，而今之所重者，他人作品之观察。此又不可不辨也。

自北大胡适之先生倡“文学革命”以来，亦既数年于兹。有言俄罗斯文学者，有言爱尔兰文学者，有言英、德、法、美各国文学者，博窃以为此可以言外国文学之介绍，而非所论于中国文学革命之大业也。苟欲竟中国文学革命之大业，不可不先于中国固有之文学，下一番精密观察功夫。犹之“教育改进社”之企图中国教育改进，不可不先以“实际教育调查社”之组织也。博鲁不能治外国文学，顾狂瞽之见，窃以为橘逾淮尚为枳，迁地不尽为良，何况文学为一国国性之表现，而可舍己芸人，取非其有耶？此我之中国文学的观察，所为不同于人云亦云者也！幸有以教之。

二　文学之定义

欲观察中国文学，不可不先知何谓文学。

文学之定义亦不一：

（甲）狭义的文学　专指美的文学而言。所谓美的文学者，论内容则情感丰富，而不必合义理；论形式则音韵铿锵，而或出以整比，可以被弦诵，可以欣赏。梁昭明太子序《文选》：“譬诸陶匏为入耳之娱，黼黻为悦目之玩者也。若夫姬公之籍，孔父之书……老庄之作，管孟之流，盖以立意为宗，不以能文为本。今之所撰，又以略诸。若贤人美辞，忠臣之抗直，谋夫之话，辨士之端，冰释泉涌，金相玉振，所谓坐狙丘，议稷下，仲连之却秦军，食其之下齐国，留侯之发八难，曲逆之吐六奇，盖乃事美一时，语流千载，概见坟籍，旁出子史，若斯之流，又亦繁博，虽传之简牍，而事异篇章，今之所集，亦所不取。至于记事之史，系年之书，所以褒贬是非，纪别异同，方之篇翰，亦已不同。若夫赞论之综缉辞采，序述之错比文华，事出于沉思，义归于翰采，故与夫篇什杂而集之……名曰《文选》云耳。”所谓“篇什”者，《诗》雅颂十篇为一什，后世因称诗卷曰篇什。由萧序上文观之，则赋耳，诗耳，骚耳，颂赞耳，箴铭耳，哀诔耳，皆韵文也。然则经非文学也，姬公之籍、孔父之书。子非文学也，老庄之作、管孟之流。史非文学也，惟赞论之综缉辞采，序述之错比文华，事出沉思，义归翰采，与夫诗赋骚颂之成篇什者，方得与于斯文之选耳。六朝人尝言：“有韵者谓之文，无韵者谓之笔。”持此以衡，虽唐宋韩、柳、欧、苏、曾、王八家之文，亦不得得以厕于文学之林。以事虽出于沉思，而义不归于翰采，盖以立意为宗，不以能文为本者也。

文学限于韵文，此义盖有由来。然吾人倘必持狭义以绳文学，则所谓文学者，殆韵文家之专利品耳！倘求文学之平民化，则不得不舍狭义而取广义。

（乙）广义的文学　文学二字，始见《论语》。子曰："博学于文。""文"，指诗书六艺而言，不限于韵文也。孔门四科，文学子游、子夏，不闻游、夏能韵文也。班固撰《汉书·艺文志》，凡六略，六艺百三家，诸子百八九十家，皆入焉。倘以狭义的文学绳之，六略之中堪入艺文者，惟诗赋百六家耳。其六艺百三家，则萧序所谓"老庄之作，管孟之流，盖以立意为宗，不以能文为本"者也。然则文学者，述作之总称，用以会通众心，互纳群想，而表诸文章，兼发知情。知以治教，情以彰感，譬如舟焉，知如其柁，情为帆棹；知标理悟，情通和乐，得乎人心之同然矣！

三　中国文学之起源

诗歌者，一切文学最初之方式也。无论何国，皇古第一部流传之文学作品，必为诗歌集。证诸周作人《欧洲文学史》、郑振铎《俄国的诗歌》、见《民铎杂志》第三卷第二号。瞿世英《希腊文学研究》见《改造》第四卷第五号。而可知也。今年《东方杂志》第十九卷第十号载有《荷马史诗伊丽雅底研究》一文，所谓《荷马史诗》者，希腊第一部流传文学作品，殆即西洋第一部流传之文学作品焉。

《诗经》为中国古代之诗歌集，固也。然诗三百篇，惟《商颂》五篇为商人之遗诗耳，余皆周人作也。若商以前，曰虞，曰夏，不传诗歌而有证书，即《书》之《虞书》、《夏书》也。是我国皇古第一部流传之文学作品，非诗歌而政书也。然则"诗歌一切文学最初之方式"一语，殆于中国文学有例外耶？曰：是不然。虞夏有书无诗，非无诗也，诗佚不传耳。然遗文坠简，有可考见者：尧之世有《康衢歌》、《列子》：尧微服游于康衢，闻童儿谣曰：立我蒸民，莫匪尔极。不识不知，顺帝之则。尧喜问曰：

谁使尔为此？童儿曰：我问之大夫。问大夫，大夫曰：古诗也。《击壤歌》，皇甫谧《高士传》：帝尧之世，天下太和，百姓无事，壤父年八十余而击壤于道中……曰：日出而作，日入而息。凿井而饮，耕田而食。帝何德于我哉！舜之世有《明良喜起歌》、《尚书·稷益》：帝庸作歌……曰：股肱喜哉！元首起哉！百工熙哉！皋陶拜手稽首……乃赓续载歌曰：元首明哉！股肱良哉！庶事康哉！又歌曰：元首丛脞哉！股肱惰哉！万事隳哉！《卿云歌》、《尚书大传》：帝乃倡之曰：卿云烂兮，纠缦缦兮，日月光华，旦复旦兮。《南风歌》，《尸子》：帝舜弹五弦之琴，以歌南风，其诗曰：南风之薰兮，可以解吾民之愠兮。南风之时兮，可以阜吾民之财兮。皆唐虞之遗诗也。是则我国皇古流传之第一部文学作品，虽非诗歌，而诗歌为一切文学之最初方式，则固中国文学之所不能异也。盖人禀七情以生，应物斯感，感物吟志，情动于中而形于声。声成文谓之音。譬诸林籁结响，泉石激韵，夫岂外铄，盖自然耳！朱襄来阴之乐，包牺罔罟之章，葛天之八阕，娲皇之充乐，其声诗之鼻祖也。惟生民之初，文字未著，徒有讴歌吟咏，纵令土鼓苇籥，必无文字雅颂之声。如此则时虽有乐，容或无诗，譬之则苗瑶之秧歌耳。是以缙绅士夫，莫得而载其辞焉，厥为有音无辞之世。是后鸟迹代绳，文字初炳，作始于牺皇之八卦，大备于黄帝之六书，而年世渺邈，声采靡追。唐虞文章，则焕乎始盛，始有依声按谱，诵其言，咏其声，播之篇什而为诗，如所传《康衢》、《击壤》诸歌者。班固曰：诵其言谓之诗，咏其声谓之歌。特未及孔子编而放失者多耳！虽然，古诗放失之多，岂徒唐虞之古也哉！史称纣无道，为武王所灭，封其庶兄微子启于宋，修其礼乐以奉商后。其后政衰，商之礼乐日以放失。七世至戴公时，大夫正考甫得《商颂》十二篇于周太师，归以祀其先王。至孔子编诗，而又亡其七篇。是则《商颂》七篇，所存焉者廑耳！虽然，《乐记》曰："商者五帝之遗声也。"《白虎通》：黄帝、颛顼、帝喾、帝尧、帝舜五帝也。是五帝之诗亡，而五帝之声未亡。《记》曰："商人尚声，天威大声，《商颂》也。"即以《商颂》五篇为五帝之诗歌也可。惟诗歌为一切文学最初之方式，此狭义的文学所谓必限于韵文也。

夷考初民诗歌之动机有二：一赞美，二恋爱。

（甲）赞美诗　由赞美自然之美好，进而赞美人物之伟大，又进而赞美伟大人格化之天帝。舜之《卿云》、《南风》诸歌，即诗之赞美自然者也。诗之《雅》、《颂》，则赞美人物之伟大及伟大人格化之天帝者多焉。

（乙）恋爱诗　诗《周南》、《召南》开卷之第一篇，《关关雎鸠》，即男女恋爱之诗也。其余如《桃夭》、《汉广》、《草虫》、《摽有梅》、《静女》、《桑中》、《硕人》、《女曰鸡鸣》、《有女同车》、《狡童》、《褰裳》、《野有蔓草》、《溱洧》之属，更难仆数。

四　中国文学之沿革

中国文学之沿革，此兴彼仆，如水波之相续，循环起伏。就内容论，虽质点不同，后波之水，非复前波。而就外形论，则逝者如斯，后波之起，还仍前波。此日本人著支那文学史者所不知也。日本人著支那文学史，不过罗举作品，说明来历，可谓之书目提要，而不能谓之文学史也。史之大用，在能详考前因后果之沿革，说明此兴彼仆之波动。试陈其略：

中国文学之沿革，就内容论，则浪漫文学与现实文学迭兴仆；就外形论，则白话文学与文言文学迭兴仆；而就文言论文言，则又散文与骈文迭兴仆。此其大略也。

（甲）浪漫文学与现实文学　现实文学者，现实描写之文学也。浪漫文学者，超现实描写之文学也。浪漫文学富感兴，骛玄想，而现实文学则主理知，记实在。浪漫文学辞繁不杀，而现实文学则语约而意尽。《论语》，现实文学也，而《孟子》则富有浪漫之色彩矣！《春秋》，现实文学也，而《左氏传》则饶有浪漫之兴味矣！《老子》虽主玄识，而文则谨约，犹不脱现实风度也。《庄子》洸洋自恣以适己，《天下篇》所谓谬悠之说，荒唐之言，无端崖之辞，则浪漫文学矣！此可以悟浪漫文学与现实文学之不同。

春秋以前之文学，现实文学也。其代表作品：《尚书》记言，《周礼》、《仪礼》记政制，《春秋》记事，其为现实文学，无疑也。或曰：“《易》为中国古代之玄学，岂亦现实文学乎？”曰：“《易》之为玄学，人所知也。《易》之为社会玄学，或人之所不知也。社会玄学与玄学异。《老子》，玄学也；《易》，社会玄学也。玄学主玄识，而社会玄学则不能离现实之社会而言玄识。玄学托想微妙，出乎天天，而社会玄学出乎天天，又须入乎人人。此社会玄学与玄学之不同也。《易》之为书，不过观天地之法象，说明人事之推迁，一卦以表一事，如《需》表饮食，《蒙》表教育，《讼》表辩讼，《师》表师众等。类出乎天天之玄，即寓诸人事社会之内。故曰：“《易》，现实文学也。”或又曰：“《诗》可以兴，可以观，可以群，可以怨。岂非春秋以前之浪漫文学乎？”曰：“是又不然。《诗》者，先王以是经夫妇，成孝敬，厚人伦，美教化，移风俗，故诗有三体焉：一曰风，二曰雅，三曰颂。风者治道之遗化。雅以为后世法。颂者，美盛德之形容，以其成功告于神明者也。则是诗者，寓感兴于现实，未尝超现实也。”

战国之盛也，而超现实之浪漫文学兴焉。史之《战国策》，子之《庄》、《列》，集之《楚词》，其代表作品也。《庄》、《列》之寓言也，则触蛮可以立国，蕉鹿可以听讼。《离骚》之抒愤也，则帝阙可以上九天，鬼情可以察九地。他如纵横驰说之士，飞箝捭阖之流，徙蛇引虎之营谋，桃梗土偶之问答，愈出愈奇，不可思议，非复春秋以前现实文学之作品矣！

汉之兴也，有邹杨、枚乘、庄忌之徒，文学之士极盛一时。而司马相如、司马迁先后辉映，标然特出，为后世骈散大宗。司马相如者，蜀人，好读书、击剑。作《子虚赋》，武帝读而善之。因杨得意言，上令尚书给笔札，为《游猎赋》。相如以子虚，虚言也，为楚称；乌有先生者，乌有此事也，为齐难；无是公者，无是人也。明天子之义，故空藉此三人为词，以推天子诸侯之苑囿。其卒意归之于节俭，因以风谏。奏之，天子大悦。其《哀二世赋》、《大人赋》、《长门赋》、《难蜀父老》、《封禅文》数篇，皆传于世。太史公以为《大人赋》飘飘有凌云之气，似游天地之间。意相如之文，虽本于骚而加靡丽，然有雄博之意，非后人摹拟所能及也。而当时淮南王安，亦好书，招致食客方术之士数千人，作为《内书》二十一篇，《外书》甚众。又有《中篇》八卷，言神仙黄白之术，亦二十余万言。武帝方好艺文，以安属为诸父，辨博善为文辞，甚首重之。今所传《淮南子》仅存二十一篇，盖《内篇》也。其书虽摭集各家之说，而文特绵密。当时文学若邹杨、枚乘、主父偃、严安、终军、枚皋、东方朔之属，皆应对有方，篇章不匮，遗风余采，莫与比盛。而司马迁承其先人之职，发愤著书，网罗天下放失旧闻，考之行事，稽其成败兴坏之理，凡百三十篇。博尝评以八字曰："其文则史，其情则骚。"自序其书曰："意有所郁结……故述往事，思来者。"凡天地之间，万物之变，可惊可愕，可以娱心，使人忧，使人悲者，子长尽取而为文章，是以变化出没，磊落而多感慨，雄而肆，婉而多风，可谓极浪漫文学之能事也！降而至于魏晋之际，而中原士大夫，罔不骛玄谈、喜庄老。浪漫文学之意味也！擅藻采，富感兴，浪漫文学之色彩也！厥为浪漫文学极盛之时期焉！

唐之韩愈氏出，宋苏轼撰《韩文公庙碑》，以为"文起八代之衰"，其实亦不过归真返朴，一变浪漫文学之作风而返之现实而已。自是而后，宋之欧欧阳修、苏苏洵、苏轼、苏辙、曾曾巩、王王安石，元之虞虞集、揭揭奚斯、黄黄溍、柳柳贯，明之宋宋濂、李李东阳、归归有光、唐唐顺之，以迄清初之侯侯方域、魏魏禧、汪汪琬三家，中叶之桐城三家方苞、刘大櫆、姚鼐，一派相承，皆以韩愈为依归。然而文章渐习为窠臼，但具形貌而无其实，千篇一律，万首雷同，而学者或厌弃之矣。于是仁和龚自珍起。自珍性跌宕，不检细行，喜为要眇之思。其文辞俶诡连犿，杂糅庄佛，有魏晋以前浪漫之作风，当时之人勿善也。虽然，晚清文学思想之解放，自珍实与有力焉！新会梁任公言："光绪间，所谓新学家者，大率人人皆经过崇拜龚氏之一时期。"迄于今日，而浪漫文学之作风，方兴未艾也。章太炎善谈经，一时有大师之目，而文章则右八代而轻唐宋，尝称康有为文时有善言，而稍谲奇自恣。而梁任公之文，则汪洋恣肆以适己，以新知附益旧学，日益宏肆矣。虽其文之奥显华质不一，而谲奇自恣之为浪漫文学则如出一辙焉。

（乙）白话文学与文言文学　白话文言之争议，不过最近四五年间事耳。然我国之有白话文，由来已旧。蔡孑民先生在北女高师演说《国文之将来》，有一语为人传诵者，即"文言是用古人的话，来传达今人的意思"一语是也。然而古人之语果即今之所谓文言乎？此语羌无故实，似失之武断也。胡适之先生著《文学改良刍议》，便只说："吾国言文之背驰久矣。"此语便有分晓。盖吾国言文背驰，不是自古如此。若论自古只有白话文，而无文言文，古人自有古人之话，古人自有古人用话，作一种通俗之白话文书，即《尚书》、《诗经》是也。

夷考《尚书》之《尧典》、《皋陶谟》、《高宗肜日》、《西伯戡黎》、《微子》、《洪范》、《康诰》、《无逸》、《君奭》、《立政》、《顾命》、《文侯之命》诸篇，当日对话之文也。《甘誓》、《汤誓》、《盘庚》、《牧誓》、《多士》、《费誓》、《秦誓》诸篇，当众演说之辞也。《大诰》、《多方》、《吕刑》诸篇，当日告示之文也。太史陈诗，以观民风，而十五国风则采自民间歌谣。斯二者，在当日义取通俗，文不雅驯。格之训至也，来也；殷之训中间之中也；采之训事也；肆之言于是也；刘之言杀也；诞与纯之言大也；台与印之言我也；莫莫之言茂密也；揖揖之言会聚也；薨薨之言群飞也；惄之言饥也；旁旁之言驰驱也；迈之言去也，行也；监之言终了也；伾伾之言有力也……古人当日用语，随在可以考见。然则《尚书》者，古人之白话文也。《诗经》者，古人之白话诗也。惟语不能无随时变迁，后人读而不易晓，遂觉为“诘屈聱牙”焉。《尔雅》一书，有《释诂》、《释言》、《释训》四篇，是即以中古以来通用之文言，而注释诗书之古语也。蔡先生云：“司马迁《史记》……记唐虞的事，把钦字都改作敬字，克字都改作能字……记古人的事，还要改用今字。”若自不佞观之：司马迁以敬改钦，以能改克，乃是依中古以来通用之文言改订唐虞时代之古语，而非如蔡先生所云“记古人的事，改用今字”也。此为中国最古之白话文。此外十三经之中，如《周礼》、《春秋》、《左氏传》、《孝经》、《论语》、《孟子》、《礼记》之类，皆文言而非白话，与《尚书》、《诗经》不同。所以字句之间，后人读之易晓，便不似《尚书》、《诗经》之聱牙涩舌，此可以见今之所谓文言，是从古到今通用，而不似古人的话之受时间的制限。《书·盘庚》“乃话民之弗率”，东坡书传曰：“民之弗率……以话言晓之。”是《盘庚》之为古人的话，明也。而《盘庚》之诘屈聱牙特甚。孔子作《易》《乾》、《坤》两卦文言，明明题曰“文言”而不称做话，然而句法字法，与今之所谓文言无异，更可见古人的话，自另有一种，而非即今之所谓文言也。考文言创于老子，而孔子问礼老子，遂以老子《道德》五千言之文体，赞《易》《乾》、《坤》两卦，正其名曰“文言”，文言多用韵偶，多用虚字，皆仿自老子，为前此所未有。以为三千弟子之模式文。于是孔门著书，皆用文言。左丘明受经仲尼，著《春秋传》，文言也。有子、曾子之门人，记夫子语，成《论语》一书，亦文言也。曾子问孝于仲尼，而与门人弟子之言，门弟子类记而成《孝经》，亦文言也。《檀弓》、《礼运》皆子游之门人所记，亦文言也。可见仲尼之徒，著书立说，无不用夫子之文言者。故曰："夫子之文章，可得而闻也。"虽然，夫子之文章，不曰诵而曰闻者，盖古用简策，文字之传写不便，往往口耳相授。阮元曰："古人以简策传事者少，以口舌传事者多；以目治事者少，以口耳传事者多。故同为一言，转相告语，必有衍误。是必寡其词，协其音，以文其言，使人易于记诵，无能增改，且无方言俗语杂于其间，始能达意，始能行远。此孔子于《易》所以著《文言》之篇。"然则文言非古人之话，明也。孔子作而文言兴，白话废矣。盖春秋百二十国，孔子三千弟子，七十二贤，所占国籍不少。当日国语既未统一，如使人人各操国语著书，则鲁人著书，齐人读之不解，齐人著书，鲁人读之不解。观于《公羊》、《穀梁》已多齐语、鲁语之分，更何论南蛮鴂舌，如所称吴楚诸国！孔子曰："辞达而已。""达"，即《论语》"己欲达而达人"之"达"。达之云者，时不限古今，地不限南北，尽人能通解之谓也。如之何而能尽人通解也？自孔子言之，只有用文言之一法。孔子曰："书同文。"又曰："言之无文，行之不远。"此"远"字指空间言，非指时间言，是"纵横九万里"广远之远，而非"上下五千年"久远之远。推孔子之意，若曰："当今天下，各国国语虽不同，然书还是同文。倘使吾人言之无文，只可限于方隅之流传，而传之远处，则不行矣！"所谓言之有文者，即阮元所谓"寡其辞，协其音……无方言俗语杂于其间"之言。嗣是而后，名、法、墨、道之子，马、班、范、陈之史，建安七子之集，皆文言矣。

六朝时，印度佛典输入，译者以文言不足以达意，故以浅近之文译之，其体已近白话。其后佛氏讲义语录，尤多用白话为之者。是为语录体之始。及宋儒讲学，以白话为语录，此体遂成讲学文字正体。宋元以后，小说之演义体兴，仿于宋之《宣和遗事》，而《水浒》、《西游》、《三国》之属，盛扬其焰，纯以白话为之，家弦户诵，亦说部正体。宋诗如邵雍《击壤集》，不避俗语俗字，遂别成一派。至明代陈献章、庄泉等以讲学家自名者，大抵宗之。讲学家诗之为《击壤集》，犹讲学家文之为语录也。元剧之白话亦不一。盖宋朝而后，中国之白话文学与文言文学中分天下。然文之韩、柳、欧、苏，诗之李、杜、苏、黄，文学正统，必仍以文言为归。至晚近胡适之倡文学革命之论，而白话体寖欲篡文言之统而代之矣！然佛典译而语录兴，欧书译而白话盛，是白话文之中兴，必在外国文学翻译时代。意者，孔子所创之文言文学，与外国输入之思想，有不相体合者耶！

（丙）散文与骈文　孔子作《易文言传》，其体骈散互用，华质相宣，郁郁乎文哉。战国已降，骈体与散文歧途，渐趋词胜而词赋昌。驯至于南北朝，俪体独盛，此一时期也。然物穷则变，《唐书·韩愈传》载："愈常以为魏晋以还，为文者多相偶对，而经诰之旨，不复振起。故所为文，抒意立言，自成一家，后学之士，取为师法。"于是俪体衰而散文又日以益炽。语详拙著《中国文学史概论》，兹不多赘。

五　中国文学之分类

侯官严几道先生尝言："西国动植诸学，大半功夫存于别类。类别而公例自见，此治有机品诸学之秘诀也。"博谓中国之文学的观察，亦不可不注意分类，以分类不讲，即不能即异见同，籀为公例也。

考梁昭明太子《文选》分赋、诗、骚、七、诏、册、令、教、策、文、表、上书、启、弹事、笺、奏、记、书、移、檄、难、对问、设论、辞、序、颂、赞、符命、史论、史、述、赞论、连珠、箴、铭、诔、哀文、碑文、墓志、行状、吊文、祭文各体。苏东坡讥其编次无法。盖文有名异而实同者，只当括而归之一类中。如骚、七、难、对问、设论、辞之类，皆词赋也。表、上书、弹事，皆奏议也。笺、启、奏、记、书，皆书牍也。诏、册、令、教、檄、移，皆诏令也。序及诸史论赞，皆序跋也。颂、赞、符命，同出褒扬。诔、哀、祭、吊，并归伤悼。此等昭明皆一一分之，徒乱耳目。至清姚鼐辑《古文辞类纂》，定为论辨、序跋、奏议、书说、赠序、诏令、传状、碑志、杂记、箴铭、颂赞、辞赋、哀祭十三类，而诗歌摈不列入，似未为备。曾文正《经史百家杂钞》约为三门，曰著作，曰告语，曰记载，则简而当矣。此皆以文学之体裁分也。虽然，文学之分类，一以体裁为主，似不免太落迹象，拘于形式而忽于内容。必以内容之分类辅之而加以观察，则文之表里精粗无不到，全体大用无不明矣！

若论文学之内容，可分三类：一曰说理，二曰记事，三曰表情。论辨、序跋，说理之类也。传状、碑志、杂记，记事之类也。书说、赠序、箴铭、颂赞、诗赋、诗歌、哀祭，表情之类也。说理欲其显，不欲其奥。记事欲其实，不欲其夸。抒情欲其真，不欲其饰。列表如下：

中国文学分类第一表

- **（一）说理**
  - **论辨**
  - **序跋**
- **（二）记事**
  - **传状**
  - **碑志**
  - **杂记**
- **（三）表情**
  - **书说**
  - **赠序**
  - **箴铭**
  - **颂赞**
  - **词赋**
  - **诗歌**
  - **哀祭**

人知诗之有赋、比、兴，而不知一切文学可以赋、比、兴分类也。诗赋勿论，试以散文为例：

（甲）赋者直陈其事　例如荀子《性恶篇》、韩非《说难》、贾谊《过秦论》、韩愈《师说》、柳宗元《封建论》，说理文之出于赋者也。太史公《报任少卿书》、诸葛亮《出师表》、李密《陈情表》、韩愈《送董邵南序》、柳宗元《与许京兆孟容书》、《与萧翰林俯书》，表情文之出于赋者也。其余传状碑志之属，记事之文出于赋者尤夥焉！

（乙）比者以彼喻此　例如庄子《马蹄》、《胠箧》、《山木》诸篇，韩愈《获麟解》、《守戒》、《杂说》，说理文之出于比者也。韩愈《毛颖传》、柳宗元《种树郭橐驼传》、《梓人传》，记事文之出于比者也。韩愈《应科目时与人书》、《为人求荐书》、《复上宰相书》、《送杨少尹序》、《送温处士赴河阳军序》，表情文之出于比者也。

（丙）兴者托物兴辞例如庄子《逍遥游》、欧阳修《集古录序》，说理文之出于兴者也。太史公《伯夷列传》、《屈贾列传》、《李广列传》、《游侠列传》，柳宗元山水诸记，记事文之出于兴者也。杨恽《报孙会宗书》、韩愈《送孟东野序》，表情文之出于兴者也。

此中国文学内容之分类之又一种也。若细论之，则一体文学自有一体文学之赋比兴。兹更列文学分类第二表如下：

中国文学分类第二表

- （一）说理
  - （甲）论辨
    - （子）赋
    - （丑）比
    - （寅）兴
  - （乙）序跋
    - （子）赋
    - （丑）比
    - （寅）兴
- （二）记事
  - （甲）传状
    - （子）赋
    - （丑）比
    - （寅）兴
  - （乙）碑志
    - （子）赋
    - （丑）比
    - （寅）兴
  - （丙）杂记
    - （子）赋
    - （丑）比
    - （寅）兴
- （三）表情
  - （甲）书说
    - （子）赋
    - （丑）比
    - （寅）兴
  - （乙）赠序
    - （子）赋
    - （丑）比
    - （寅）兴
  - （丙）箴铭
    - （子）赋
    - （丑）比
    - （寅）兴

中国文学分类第二表

- （三）表情
  - （丁）颂赞
    - （子）赋
    - （丑）比
    - （寅）兴
  - （戊）词赋
    - （子）赋
    - （丑）比
    - （寅）兴
  - （己）诗歌
    - （子）赋
    - （丑）比
    - （寅）兴
  - （庚）哀祭
    - （子）赋
    - （丑）比
    - （寅）兴

李仲蒙曰："叙物以言情谓之赋，情尽物也。索物以托情谓之比，情附物也。触物以起情谓之兴，物动情也。赋直而兴微，比显而兴隐。比之与兴，虽同是托外物，但比意虽切而却浅，兴意似阔而味长。"其大较然也。若论吾人行文，体各有宜。则论辨、序跋、书说、传状、碑志、杂记宜赋。书、说、箴铭、词赋宜比。颂赞、赠序、游记、词赋、诗歌、哀祭宜兴。所谓一体文字自有一体文字之赋比兴者，特就古人成文为之分类焉尔。

六　有价值之文学作品

博以为有价值之文学作品，不可不以下列条件为标准：（甲）就作意论，（一）独创，（二）共喻；（乙）就修辞论，（一）简，（二）尽。

（甲）独创与共喻　"辟去常解"，"独抒己见"之谓"独创"。如"白香山诗，老妪都解"之谓"共喻"。自常人论之：二者似相违反，盖意之独创者，必是常人所不喻；而众所共喻者，必落寻常窠臼而非创解。然博所谓"独创"者，非故为高论，谬戾于人情，如苏东坡所云“喜为异说而不让，敢为高论而不顾”也。昔人论文，有两语最好，曰：“人人笔下所无，敢为高论而不顾”也。“人人笔下所无”，斯为独创。“人人意下所有”，斯能“共喻”。所谓文学家者，无他谬巧，不过窥人心未发之隐而以文章发之耳！惟其为人心之未发之隐，初虽百思不得，若无人能道片语只字者，及文学家采而发之，则有似人人欲言，读之涣然怡然，不啻口出。此无他，以其得人心之同然也。以其得人心之同然，故能“共喻”。以其为人心未发之隐，非文学家不发，故为“独创”。盖意不独创，无以见作者之智；文匪共喻，无以见作者之人仁。仁者，人也。孔子曰：“人之为道而远人，比可以为道。”然则人之为文而远人，独可以为文乎？“夫仁者……己欲达而达人”，此文之所以贵“共喻”也！吾观当代作者，非意不独创之患，而文不共喻之患。如章太炎之文奥谷，康南海之文谲奇，虽意多创，而文欠共喻。若夫以共喻之文抒独得之见者，其惟梁任公乎？

或曰：“此自论文言耳。若曰一百话出之，则焉有不共喻者。”虽然，言不可以若是其几也！夫百话之所以胜文言者，原取其“共喻”，而今之所谓百话文，未见“共喻”。南京陆殿扬教授轮“修辞与语体文”，尝言：“说话作文，能使人明白，因为内中含着公共了解心。……现在的语体文各做各样……‘的’、‘底’、‘地’、‘方才’、‘那吗’……等字都是乱七八糟用。……有两种毛病：一晦涩，二含糊。犯这两种毛病最厉害的：（甲）宾主颠倒。我曾看见一个句子：‘新思潮鼓吹的时候，欧战远未发生。’细查上下文，应该说：‘欧战未发生的时候，新思潮已经在哪里鼓吹了！’这是不留心宾主的错。（乙）代名词太多。例如一个句子：‘张先生告诉我：他已经见过李先生。他允许他即可对王先生讲，叫他把前天留在那里的书，即可送还与他。’这样多的他字，究竟代的那个？殊欠明了。……句法不要过于摹仿外国文……例如：‘他有比从前更多的谷余剩了。’这是有点向外国文构造，念起来殊属不顺口，且意思亦不十分明瞭。”然而今之作白话文者，最喜摹仿外国文，宾主次之颠倒不伦，代名词之多，最不注意考究。名曰“言文一致”，然而不成其为文，亦且不成为言。以称为“文”，必有组织；以称曰“言”，必能共喻。夫白话之所以胜文言者，以其“共喻”也。昔人评文言文之善者，必曰“明白如话”，而今之不善为白话文者，乃拗戾不顺口，过于文言。使白话而不能“共喻”，拗于文言，则亦奚以白话文为哉！此博之所为哓哓也。

（乙）简与尽　若论修辞之妙，全在简而能尽。然辞之简者，往往不能尽意；而能尽意者，又苦辞繁不杀。子即能尽而不能简，苏老泉以为孟子之文语约而意尽，此言未当。语约意尽四字，可以评《论语》而不可以评孟子。自古以来，修辞之简而能尽者，其惟《论语》之议论、《檀弓》之记事乎？试举数例：

例一《论语》 子曰：巧言令色，鲜矣仁！

通章不过七字，而有描写，有论断。“巧言令色”四字，活画出一个“口说公道话”，“满面和气”的人，是描写。而夫子却直断以“鲜矣仁”三字，可谓老干无枝。

例二《论语》 子曰：以约失之者鲜矣！

同一“鲜矣”，此“鲜矣”含蓄，而上“鲜矣仁”之“鲜矣”下得斩截，刚健婀娜，各极其妙。

例三《檀弓》 孔子哭子路于中庭，有人吊者而夫子拜之，既哭，进使者而问故。使者曰：醢之矣。遂命复醢。

一哭，一吊，一进使问，凡叙三事，而陡起陡落，语无枝叶，可谓老到之至。

例四《檀弓》 孔子少孤，不知其墓。殡于五父之衢，人之见之者，皆以为葬也。其慎也，盖殡也。问于郰曼父之母，然后得合葬于防。

此章多省文。言少孤，则不必言于父墓，亦不必言殡母。言殡于衢，则包问在内。合葬得于郰母一问，便包问多少人未得合葬在内。只言问，不著问答语，却包问答语在内。

如此之类，殆难悉数。何以千头万绪之事理，两书只三言两语，即能了当？何以不必详说而意无不尽？能于此参透，则可悟文章之贵以简驭繁。《书》曰："辞尚体要。"此之谓也。

古诗之极短者，如《述异记》载吴王夫差时童谣曰："梧桐秋，吴王愁！"不过六字，而情文兼至，吟味无穷，此又诗之简而能尽者也。

白话文往往能尽意而不能简，然自知言者观之，白话文尤宜力求简要。南京陆殿扬教授论"修辞学与语体文"，又尝言："简括的文章最有势力，最能感触人。长篇大论的文章，啰啰唆唆，人看见他，一览无余，毫无想象的余地，往往生厌弃心。报纸上所载的文章，人家多半看短评小论，投稿的文章，短的比长的格外欢迎，都是这个缘故。然短文亦不容易做。人说五分钟的演讲最难，却是最有效率。这句话很有道理……所以凡属文章，句子要短，节段要短，篇幅要短，绝不可累累拖拖。现在做语体文的最犯这个毛病，无谓接续辞，触目皆是……做文章必要用一番精练功夫，刀锯愈磨愈利，思想也愈磨愈利。现在语体文不加磨琢，往往失之太长，好像中国出产之糖盐，里面有许多东西可以拿掉，若愈磨琢，则词华虽少，然却精湛，譬如外国糖盐，质量虽少，而甜度咸度，则较中国远甚。"其论白话文之必宜简，可谓"一鞭一条痕，一掴一掌血"矣！

七　尾语

凡上所陈，我之中国文学的观察，似有不同于时贤者，大雅宏达，有以正之。

国学必读卷上终

大家文库

国学必读（下）

钱基博 著

江西教育出版社
JIANGXI EDUCATION PUBLISHING HOUSE

卷下　国故概论

作者录

唐陆德明，名元朗，字以行，吴县人。善名理。历仕陈、隋。唐高祖时，为国子博士，封吴县男，著有《经典释文》。诸经音读，多遵以为依据，录《经典释文叙录》。

清钱莘楣，名大昕，字晓徵，一号竹汀，嘉定人。乾隆进士，累官少詹事。精研群籍，于经史文义、音韵训诂、典章制度、氏族、地理、金石、画像、篆隶，罔不究心。兼通中西历算。著有《唐石经考异》、《经典文字考异》、《廿二史考异》、《唐书史臣表》、《唐五代学士年表》、《宋学士年表》、《元史氏族表》、《元史艺文志》、《三史拾遗》、《诸史拾遗》、《通鉴注辨正》、《三统术衍》、《四史朔闰考》、《吴兴旧德录》、《先德录》，洪文惠、洪文敏、王伯厚、王弇州年谱，《疑年录》、《恒言录》、《十驾斋养新录》、《竹汀日记》、《钞金石文跋尾》、《元诗记事》、《潜研堂诗文集》。录《十驾斋养新录》论古书音读三则。

清陈恭甫，名寿祺，闽县人，嘉庆进士，历官翰林院编修。解经得两汉大义，诗文沉博绝丽，有六朝三唐风格。有《左海文集》十卷。录《经郛条例》、《汉读举例》。

清胡竹村，名培翚，字载屏，绩溪人。嘉庆进士，官户部主事。有《研六室文集》。录《诂经文钞序》。

清龚定庵，名自珍，字璱人，更名鞏祚，仁和人。道光进士，官礼部主事。博学负才气，于经通《公羊春秋》，于史长西北舆地，晚尤好佛乘。其文导源周秦诸子，沉博奥衍，自成一家。同光之间，所谓新学家者，大率人人皆经过崇拜龚氏之一时期云。有《定庵文集》十五卷。录《六经正名》、《古史钩沉》。

清魏默深，名源，邵阳人。道光进士，官高邮州知州。文笔奥衍，熟于掌故，尤精舆地之学。治经以西汉今文为宗，与龚定庵并称龚魏。有《曾子章句》、《诗古微》、《公羊微》、《春秋繁露注》、《圣武记》、《海国图志》、《古微堂文集》、《清夜斋诗集》。录《两汉经师今古文家法考序》。

梁任公，名启超，字卓如，新会人。受《公羊》学于南海康有为，最为高第弟子。其始论学术，则自荀卿以下，汉唐宋明清学者，掊击无完肤。而钻研之深，则亦以为国学之根柢极深厚，终有其不可磨灭者存。而于文章，夙不喜桐城派古文。幼年为文，学晚汉魏晋，颇尚矜练；既而自解放，务为平易畅达，时杂以俚语韵文及外国语法，纵笔所至不检束，学者竞效之，号为新文体。老辈痛恨，诋为野狐。然其文条理明晰而富于情感，娓娓有致。中国政学维新之动机，要不得不归功于梁氏焉！所著《饮冰室文集》以外，有《墨经校释》、《中国历史研究法》、《清代学术概论》、《盾鼻集》、《梁任公近著》、《讲演集》等书。录《治国学的两条大路》、《五千年史势鸟瞰》、《历史统计学》。

夏穗卿，名曾祐，钱塘人。治西汉今文家言，最与梁任公莫逆。所著《中国历史教科书》，衡権政学，一以今文学为张本，而杂糅以欧儒之说。录《孔子学说》、《周秦之际之学派》。

章太炎，名炳麟，亦名绛，余杭人。少受学德清俞樾，治小学极谨严。又喜治《左氏春秋》。时南海康有为以治《公羊》有高名，而章氏诋排特甚。中年以后，究心佛典，治俱舍惟识有所人。既亡命日本，涉猎西籍，以新知附益旧学，日益宏肆。其治小学，以音韵为骨干，谓文字先有声，然后有形，字之创造及其孳乳，皆以音衍。其精义多先儒所未发。而用佛学解老庄，极有理致。尝自述治学进化之迹曰："平生学术，始则转俗成真，终乃回真向俗。"虽然，章氏谨守家法，而门户之见，时不能免。如治小学排斥钟鼎文、龟甲文，治经学排斥今文派。所著刊行者，有《章氏丛书》、《国故概论》。录《中国文化的根源和近代学问的发达》、《教育的根本要从自国自心发出来》、《中国文字略说》、《古音娘日二纽归泥说》、《论诸子的大概》。

胡适之，名适，绩溪人。绩溪胡氏，本以经学传家。而胡氏在美留学，兼治文学哲学，于西洋哲学史尤研求有得，授博士学位。归国，任北京大学教授。一面倡建设的文学革命之论，而以国语的文学打倒桐城派古文之旧势力；一面又主张整理国故之议，以刷新国学之面目。其于中国学术界摧陷廓清之功，信不可没。惟其衡评国学，过重知识论，而功利之见太深，此其所短。所著有《中国哲学史大纲》、《章实斋年谱》、《胡适文存》、《尝试集》等书。录《清代学者的治学方法》、《研究国故的方法》、《诸子不出于王官论》。

柳翼谋，名诒徵，江苏丹徒人也。自南海康有为作《新学伪经考》、《孔子改制考》，绩溪胡适汲其流，倡新汉学，以为《周礼》为伪作，《尚书》非信史，六籍皆儒家托古，持勿轻信古人之论。而胡氏尤善属书离辞，指事类情，一时风动。后生小子，不事研诵，好骋异议，疑经蔑古，即成通人。余杭章炳麟氏谓："推其所至，十七史之作者骸骨亦已朽矣，一切称为伪托，亦奚不可？而儒家孔子究竟有无其人？今亦何从质验。转益充类，将谓我生以前，无一事可信，无一人是真。"可谓慨乎言之也！而柳氏不徇众好，独以为古人古书不可轻疑。章氏比之"凤鸣高冈"。其为人美须髯，善谭议。治中国史学尤精洽，采摭极博，而议论有裁断。历任南京高等师范学校、东南大学国文教授。录《正史之史料》、《论近人讲诸子之学者之失》。

江易园，名谦，婺源人，南通张謇弟子。尝为安徽教育司、南京高等师范学校校长。于音韵学研探造微。所著有《说音》、《今音读表》、《两汉学风》等书，录《古今音异读表序》。

江山渊，名瑔，廉江人。著《读子卮言》二卷，中有精到语。录《论子部之沿革兴废》、《论九流之名称》、《论道家为百家所从出》。

江亢虎，以字行，安徽旌德人。容貌魁伟，工诗文而好谭议。交游无厚薄，一接以礼。民国初元，创社会党于上海。中国之言社会主义者，自江氏始。既而赴美国，任美国国立图书馆汉文部主任、加利福尼亚大学汉文教习，力以宣传中国文化为己任。又游欧陆，入新俄，参与国际大会。归国后，任北京、东南两大学社会讲师。录《中国文化及于西方之影响》。

陈蘧庵，名嘉异，字德乘，湖南长沙人。尝游学日本，习法政，颇喜研治哲学社会诸问题。录《东方文化与吾人之大任》。

钱基博，字子泉，一字潜夫，无锡人。幼年为文学《战国策》，喜纵横不拘绳墨。既而泽之以汉魏，字矜句练。又久而以为厚重少姿致，叙事学陈寿，议论学苏轼，务为平易畅达。而论学则诘经谭史，旁涉百家，博学而无所成名。诋之者谓其博而不精，喜为附会，殆实录也。录《某社存古小学教学意见书》、《师范学校读经科教授进程说明书》、《吴江沈颍若先生〈文字源流〉后序》。

作者待访录

刘叔雅

陈启天

抗父

金可庄

一

夏曾祐《孔子学说》

第一节　孔子以前之宗教

春秋至要之事，乃孔子生于此代也。孔子一身，直为中国政教之原。中国之历史，即孔子一人之历史而已。故谈历史者不可不知孔子。然欲考孔子之道术，必先明孔子道术之渊源。孔子者，老子之弟子也。孔子之道，虽与老子殊异，然源流则出于老。故欲知孔子者，不可不知老子。然老子生于春秋之季，欲知老子，又必知老子以前天下之学术若何。老子以前之学术明，而后老子之作用乃可识。老子之宗旨见，而后孔子之教育亦可推。至孔子教育之指要既有所窥，则自秦以来，直至目前，此二千余年之政治盛衰，人材升降，文章学问，千枝万条，皆可烛照而数计矣。此春秋前半期学派之所以为要也。中国自古以来，有鬼神五行之说，而用各种巫史卜祝之法以推测之，此为其学问宗教之根本。而国家政治则悉寄于礼乐文物之间，明堂、清庙、瞽宗、辟雍是也。此等社会沿自炎黄，至周公而备，至老子而破，中间事迹有可言焉。

有神，人面白毛，虎爪执钺，是为蓐收，天之刑神也。(《周语》)有神，鸟身，素服三绝，面正方，曰："予为勾芒。"(《墨子·明鬼》)(此界神与非神之间。《礼记·祭法》注谓之人神。)至其名位，则昊天上帝最贵，化而为青帝灵威仰，赤帝赤熛怒，白帝白招拒，黑帝汁光纪，黄帝含枢纽，为王者之所自出，而佐以日月星辰、司中、司命、风师、雨师，则天神备矣。(《周礼·春官》疏)

上天神。

《山海经》(十三篇以前，真禹书，十四篇以后，汉人所作)所列鬼神殆将数百。其状如鸟身、龙首等。(《南山经》)其名如泰逢、熏池、武罗等。(《中山经》)其礼如白狗、糈稌等。(《南山经》)而《楚词》所引湘君、湘夫人、河伯、雒嫔，亦数十见。皆地亓也。惟《左传》、《国语》无明文耳。

上地亓。

齐侯田于贝丘(齐邑名，今青州府博兴县东北十五里)，见大豕。从者曰："公子彭生也。"(《左》庄八年)狐突适下国(晋邑名，今山西闻喜县东)，遇太子。太子曰："帝(上帝也)许我罚有罪(谓惠公)矣！"(《左》僖十一年)大事(禘也)于大庙。夏父弗忌曰："吾见新鬼大，故鬼小。"(《左》文二年)魏颗见老人结草以亢杜回，杜回踬而颠，故获之，夜梦之曰："余，而所嫁妇人之父也。"(《左》宣十六年)郑人相惊以伯有，曰："伯有至矣！"则皆走。子产曰："鬼有所归，乃不为厉。"(《左》昭七年)(本文下云："用物精多则魂魄强。伯有三世为卿，而执其政柄，其用物宏矣，其取精多矣。强死为鬼，不亦宜乎？"案此即庶人无鬼之理也。又《墨子·明鬼》：周宣王杀杜伯而不辜，三年，杜伯乘素车白马，朱衣冠，执朱弓矢，射之，殪之车中。燕简公杀庄子仪而不辜，三年，庄子仪荷朱杖而击燕简公，殪之车上。袥观辜从事于厉，祭不以法，祩子举楫而槁之殪之坛上。墨子虽在老子后，而所引皆古事。杜伯事亦见《国语》。)

上人鬼。

方相氏掌傩以驱方良(即魍魉)。庭氏射妖鸟。(《周礼》)涸泽之精曰庆忌，若人，长四寸，衣黄衣，冠黄冠，戴黄盖，乘小马，好疾驰，可使千里外一日返报。涸川之精曰蟡，一头而两身，其形若蛇，长八尺，呼其名可取鱼鳖。（《管子·水地篇》。又《庄子·达生篇》引此，而物怪更多。）此皆物魅也。

上物魅。

以上所言，乃举古人言神贡鬼魅之分见者。其合见之处，则莫如《周礼》之《春官》。《大宗伯》曰："掌建邦之天神人鬼地祇之礼。（中略）凡祀大神，享大鬼，祭大祇，诏相王之大礼。"《司服》曰："王之吉服：祀昊天上帝，则服大裘而冕。祀五帝亦如之。享先王，则衮冕。享先公，飨射，则鷩冕。祀四望山川，则毳冕。祭社稷五祀，则希冕。祭群小祀，则玄冕。"《大司乐》曰："乐一变而致羽物及川泽之示，再变而致臝物及山林之祇，三变而致鳞物及丘陵之示，四变而致毛物及坟衍之贡，五变而致介物及土祇，六变而致象物及天神。"（郑注：此大蜡之礼。）《大祝》曰："辨六号：一曰神号。二曰鬼号。三曰祇号。"（后略）而终篇则曰："凡以神仕者，掌三辰之法，以犹（郑注：图也。）鬼神祇之居，辨其名物。以冬至日致天神人鬼，以夏至日致地祇物魅。"古人之分天神、人鬼、地祇、物魅，其明画若此。然亦有不甚分明者。如社稷、五祀，皆地祇也（《春官》郑注）。而社即后土，是为勾龙，共工氏之子。稷为柱，烈山氏之子。木正勾芒，是为重。金正蓐收，是为该。水正玄冥，是为熙及修。此三官，皆少皞氏之子。火正祝融，是为黎，颛顼之子。土正即勾龙，是以一体而兼神鬼祇矣。此名之至糅杂者。（《左传》昭二十九年）

鬼神位矣，世间之事，无一不若有鬼神主宰乎其间，于是立术数之法以探鬼神之意，以察祸福之机。术数者，一天文，二历谱，三五行，四蓍龟，五杂占，六形法。（《汉书·艺文志》）今即由此六术以证古人之事，往往相合。惟汉志所列之书，今不传者十之九，故其为术，今人无能通者。今之术数，虽源于古之术数，而不尽为古之术数也（详见后）。术既无师，则观古人之已事，不能知其用何家之学说，然大略亦可分矣。大约可分四类：其天文、历谱、五行三家之说，不甚可分，今列之为一类。其蓍龟、杂占、形法三家尚分明，如其家分之为三。

楚灭陈，晋侯问于史赵曰：“陈其遂亡乎？”对曰：“未也。岁在鹑火，是以卒灭。今在析木之津，犹将复出。”（《左》昭八年）春正月，有星出于婺女。郑裨灶曰：“七月戊子，晋君将死。”（《左》昭十年）春，将禘于武公。梓慎望氛曰：“吾见赤黑之祲，非祭祥也，丧氛也！其在莅事乎？”（《左》昭十五年）冬，有星孛于大辰、西及汉。申须曰：“诸侯其有大灾乎？”梓慎曰：“其宋卫陈郑乎？其丙子若壬午作乎？”裨灶曰：“若我用瓘斝玉瓒，郑必不火。”（《左》昭十七年）春二月乙卯，周毛得杀毛伯过而代之。苌弘曰：“毛得必亡！是昆吾（夏伯也）稔之日也。”（《左》昭十八年）春二月己丑，日南至。梓慎望氛曰：“今兹宋有乱，国几亡。三年而后弭，蔡有大丧。”（《左》昭二十年）天王将铸无射。泠州鸠曰：“王其将以心疾死乎？”（《左》昭二十一年）夏五月乙未朔，日有食之。梓慎曰：“将水。”昭子曰：“旱也。”（《左》昭二十四年）夏，吴伐越。史墨曰：“不及四十年，越其有吴乎？越得岁而吴伐之，必受其凶矣！”（《左》昭三十二年）

上天文历谱五行。

初，懿氏卜妻敬仲。其妻占之曰：“吉！是谓凤凰于飞，和鸣锵锵。有妫之后，将育于姜。五世其昌，并为正卿。八世之后，莫之与京。”周史有以《周易》见陈侯者。陈侯使筮之，遇观䷓之否䷋，曰：“是谓观国之光，利用宾于王。”（《左》庄二十二年）初，毕万筮仕于晋，遇屯䷂之比䷇。辛廖占之曰：“吉！（中略）公侯之卦也。公侯之子孙，必复其始。”（《左》闵元年）成季之将生也，桓公使卜楚丘之父卜之。曰：“男也！其名曰友。间于两社，为公室辅。季氏亡，则鲁不昌。”又筮之，遇大有䷍之乾䷀，曰：“同复于父，敬如君所。”（《左》闵二年，又昭三十二年）秦伯伐晋。卜徒父筮之，曰：“吉！”涉河，侯车败，诘之，对曰：“乃大吉也！三败，必获晋君。其卦遇蛊䷑，曰：‘千乘三去，三去之余，获其雄狐。’”初晋献公筮嫁伯姬于秦，遇归妹䷵之睽䷥。史苏占之曰：“不吉！其繇曰：‘士刲羊，亦无衁也。女承筐，亦无贶也。西邻责言，不可偿也。’归妹之睽，犹无相也！为雷为火，为嬴败姬。车脱其輹，火焚其旗，不利行师，败于宗丘。归妹睽孤，寇张之弧，侄其从姑。六年其逋，逃归其国而弃

其家。明年，其死于高梁之墟。”（《左》僖十五年）

惠公之在梁也，梁伯妻之。梁嬴孕，过期。卜招父与其子卜之。其子曰：“将生一男一女。”招日：“然。男为人臣，女为人妾。”（《左》僖十七年）晋将伐楚，公筮之。史曰：“吉！其卦遇复䷗，曰：‘南国蹙射其元，王中厥目。’”（《左》成十六年）穆姜薨于东宫。始往而筮之，遇艮之八䷳。史曰：“是谓艮之随䷐。随其出也，君必速出！”姜曰：“亡！（中略）必死于是，勿得出矣！”（《左》襄九年）郑皇耳帅师侵卫。孙文子卜追之，献兆于定姜。姜氏问繇，曰：“兆如山陵。有夫出征而丧其雄。”（《左》襄十年）崔武子将娶棠姜，筮之，遇困䷮之大过䷛。陈文子曰：“妻不可娶也！其繇曰：‘困于石，据于蒺藜，入于其宫，不见其妻，凶！’”（《左》襄二十五年）初，穆子之生也，庄叔以《周易》筮之，遇明夷䷣之谦䷎。卜楚丘曰：“是将行（出奔也）而归为子祀（奉祭祀也）。以谗人入，其名曰牛，卒以馁死。”（《左》昭五年）

卫襄公夫人姜氏，无子。孔成子梦康叔谓己：“立元！余使羁之孙圉与史苟相之。”史朝亦梦康叔谓己：“余将命而子苟与孔蒸钼（成子名）之曾孙圉相元。”史朝见成子，告之梦，梦协。晋韩宣子为政聘于诸侯之岁。婤姶生子，命之曰元。孔成子以《周易》筮之，遇屯䷂之比䷇。史朝曰：“元亨，又何疑焉！”（《左》昭七年）南蒯之将叛也，枚筮之（不指其事，泛卜吉凶），遇坤䷁之比䷇。子服惠伯曰：“忠信之事则可，不然必败！”（《左》昭十二年）晋赵鞅卜救郑，遇水适火，占诸史赵、史墨、史龟。史龟曰：“是谓沉阳，可以兴兵。利以伐姜，不利子商。”史墨曰：“（前略）水胜火，伐姜则可。”史赵曰：“（前略）救郑则不吉，不知其他。”阳虎以《周易》筮之，遇泰䷊之需䷄，曰：“宋方吉，不可与也。”（《左》哀九年）（案：卜筮分为二术，卜者，龟也。《周礼》太卜掌三兆之法，一曰玉兆，二曰瓦兆，三曰原兆。其经兆之体，皆百有二十，其繇皆千有二百。盖以火灼龟，观其璺罅，各从其形似占之，所谓使某卜之，其繇曰云云，皆卜也。筮者，蓍也。《周礼》筮人掌三易：一曰《连山》，二曰《归藏》，三曰《周易》。其经卦皆八，其别皆六十有四，盖用蓍草四十九枚，揲之成卦，以观吉凶。所谓使某筮之，遇某卦之某卦云云，皆筮也。其不言《周易》者皆《连山》、《归藏》。）

上蓍龟。

初晋穆公之夫人以条（晋邑名，今山西安邑县北）之役生太子，命之曰仇。其弟以千亩（晋邑名，今山西介休县南）之战生，命之曰成师。师服曰："异哉！君之名子也！（中略）始兆乱矣，兄其替乎！"(《左》桓二年）初内蛇与外蛇斗于郑南门中，内蛇死。六年，而厉公入。申繻曰："人之所忌，其气焰以取之，妖由人兴也。人无衅焉，妖不自作。人弃常则妖兴，故有妖。"(《左》庄十五年）八月甲午晋侯围上阳（虢地名，今河南陕州东南），问于卜偃曰："吾其济乎？"对曰："克之。"公曰："何时？"对曰："童谣云：'丙之晨，龙尾伏辰，均服振振，取虢之旗。鹑之奔奔，天策焞焞，火中成军，虢公其奔。'其九月十月之交乎？丙子旦，日在尾，月在策，鹑火中，必是时也。"(《左》僖五年）秋八月辛卯，沙鹿（山名，今直隶元城县境）崩。晋卜偃曰："期年将有大咎，几亡国。"(《左》僖十四年）晋侯梦与楚子搏，楚子伏己而盬其脑。子犯曰："吉！吾得天。楚伏其罪，吾且柔之矣。"(《左》僖二十八年）楚子玉自为琼弁玉缨，未之服也。先战，梦河神谓己曰："畀余，余赐汝孟诸（泽名，今河南归德府治东）之麋。"弗致也。大心与子西使荣黄谏，弗听。出告二子曰："非神败令尹，令尹实自败也！"(《左》僖二十八年）赵婴梦天使谓己："祭余，余必福汝。"（中略）士贞伯曰："神福善而祸淫，淫而无罚，福也，祭其得亡乎！"祭之明日而亡。(《左》成六年）晋侯梦大厉，被发及地，搏膺而踊曰："杀余孙不义，余得请于帝矣！"坏大门及寝门而入。公惧，入于室，又坏户。公觉，召桑田巫。巫言如梦。公曰："何如？"曰："不食新矣。"公疾病，求医于秦。秦伯使医缓为之。未至，公梦疾为二竖子，曰："彼，良医也，惧伤我，焉逃之？"其一曰："居肓之上，膏之下，若我何？"医至，曰："疾不可为也。在肓之上，膏之下，攻之不可，达之不及，药不至焉，不可为也。"（中略）六月丙午，晋侯欲麦，甸人献麦，馈人为之。召桑田巫，示而杀之。将食，张如厕，陷而卒。小臣有晨梦负公登天，及日中，负晋侯出诸厕，遂以为殉。（《左》成十一年）初，声伯梦涉洹（水名，今河南安阳县北），或与己琼瑰，食之，泣而为琼瑰，盈其怀。从而歌之曰："济洹之水，赠我以琼瑰。归乎归乎，琼瑰盈吾怀乎！"惧不敢占也。三年，占之，暮而卒。（《左》成十七年）中行献子将伐齐，梦与厉公（厉公，献子所弑者）讼，弗胜。公以戈击之，首坠，以前跪而戴之，奉之以走，见梗阳之巫皋。他日见诸道，与之言同。巫曰："今兹，主必死。"（《左》襄十八年）有鸜鹆来巢，师己曰："异哉！吾闻文武之世，童谣有之曰：'鸜之鹆之，公出辱之。鸜鹆之羽，公在外野，往馈之马。鸜鹆蛛跦，公在乾侯，征褰与襦。鸜鹆之巢，远哉遥遥，稠父丧劳，宋父以骄。鸜鹆鸜鹆，往歌来哭。'童谣有是，今鸜鹆来巢，其将及乎？"（《左》昭二十五年）十二月辛亥朔，日有食之。是夜也，赵简子梦童子臝而转以歌，占诸史墨，曰："吾梦如是。今而日食，何也？"对曰："六年，及是月也，吴其郢（楚都，今湖北江陵县）乎？终亦弗克。"（《左》昭三十一年）曹人或梦众君子立于社宫而谋亡曹。曹叔振铎曰："请待公孙疆为政。"许之。旦而求之曹，无之，戒其子曰："我死，尔闻公孙疆为政，必去之。"（《左》哀七年）卫侯梦于北宫，见人登昆吾之观，被发北面而噪曰："登此昆吾之虚，绵绵生之瓜。余为浑良夫，叫天无辜！"卫侯贞卜。其繇曰："如鱼窥尾，衡流而方羊裔焉。大国灭之，将亡！"阖门塞窦，乃自后逾。（《左》哀十七年）

上杂占。

王使内史叔服来会葬。公孙敖闻其能相人也，见其二子焉。叔服曰："谷也食子。难也收子。谷也丰下，必有后于鲁国。"（《左》文元年）（案：《左》文元年，子上曰："是蜂目而豺声，忍人也。"《周语》中叔孙侨如方上而锐下，宜其触冒人，并以相定人之善恶。其以相定人之祸福始此。又《荀子·非相篇》：古有姑布子卿，今之世，梁有唐举，相人之形状颜色，而知其吉凶妖祥。知此术盛于战国也。）

上形法。

以上所言鬼神术数之事，今人不能不笑古人之愚。然非愚也。盖初民之意，观乎人类，无不各具知觉。然而人之初生，本无知觉者也，其知觉不知从何而来？人之始死，本有知觉者也，其知觉又不知从何而去？于是疑肉体之外，别有一灵体存焉。其生也，灵体与肉体相合而知觉显。其死也，灵体与肉体相分而知觉隐。有隐现而已，无存亡也。于是有人鬼之说。既而仰观于天，日月升沉，寒暑迭代，非无知觉者所能为也。于是有天神之说。俯观乎地，出云雨，长草木，亦非无知觉者所能为也。于是有地祇之说。人鬼、天神、地祇，均以生人之理推之而已。其他庶物之变所不常见者，则谓之物魅，亦以生人之理推之而已。此等思想，太古已然。逮至算术既明，创为律历，天文诸事，渐可测量，推之一二事而合，遂谓推至千万事而无不合，乃创立法术以测未来之事，而术数家兴。此社会自古至今未尝或变，非但中国尚居此社会中，即外国亦未离此社会也。所异者，春秋以前，鬼神术数之外无他学；春秋以后，鬼神术数之外，尚有他种学说耳。

第二节　新说之渐

鬼神术数之学，传自炎黄，至春秋而大备。然春秋之时，人事进化，骎骎有一日千里之势。鬼神术数之学，遂不足以牢笼一切。春秋之末，明哲之士渐多，不信鬼神术数者，《左传》所引，如史嚣曰："国将兴，听于民。国将亡，听于神。"（庄公三十二年）子产曰："天道远，人道迩。非所及也，何以知之？"（昭八十八年）仲几曰："薛征于人，宋征于鬼。宋罪大矣！"（定公元年）自此以来，障蔽渐开。至老子，遂一洗古人之面目。九流百家，无不源于老子。老子楚人（史称老子姓李名耳，恐此为后人所窜入也），周守藏室之史也。周制，学术、艺文、朝章、国故，凡寄于言语文字之物，无不掌之于史。故世人之谘异闻、质疑事者，莫不于史。史之学识，于通国为独高，亦犹之埃及印度之祭司也。老子以犹龙之资，读藏室之富，而丁蜕化之时，乃著书上下篇，言道德之意五千余言而去，莫知所终。（后世言老子者甚多，然皆出于神仙家。）

第三节 老子之道

老子之书，于今具在。讨其义蕴，大约以反复申明鬼神术数之误为宗旨。“万物芸芸，各归其根，归根则静，是为复命。”是知鬼神之情状，不可以人理推，而一切祷祀之说破矣！“有物浑成，先天地生。”则知天地山川五行百物之非原质，不足以明天人之故，而占验之说废矣！“祸兮福所倚，福兮祸所伏。”则知祸福纯乎人事，非能有前定之者，而天命之说破矣。鬼神五行前定既破，而后知“天地不仁，以万物为刍狗；圣人不仁，以百姓为刍狗”閟宫、清庙、明堂、辟雍之制，衣裳、钟鼓、揖让、升降之文之更不足言也。虽然，老子为九流之初祖，其生最先。凡学说与政论之变也，其先出之书，所以矫前代之失者，往往矫枉过正。老子之书，有破坏而无建立，可以备一家之哲学，而不可以为千古之国教。此其所以有待于孔子欤！

第四节 孔子世系及形貌

孔子，生鲁昌平乡，陬人（今山东曲阜县）。其先宋人也。宋襄公生弗父何，何生宋父周，周生世子胜，胜生正考父，正考父生孔父嘉，五世亲尽，别为公族，姓孔氏。孔父生木金父，木金父生睪夷，睪夷生防叔，畏华氏之逼而奔鲁，为鲁人。防叔生伯夏，伯夏生叔梁纥。叔梁纥娶鲁之施氏，生九女，其妾生孟皮。孟皮病足，乃求婚于颜氏。颜氏有三女，小女名徵在，嫁叔梁纥。时叔梁纥年六十四矣。孔子母徵在，游于大泽之陂，梦黑帝使请已，已往，梦交，语曰：“汝乳必于空桑之中。”觉则若感，生丘于空桑之中，故曰元圣。（案：此文学者毋以为怪，因古人谓受天命之神圣人，必为上帝之所生。孔子虽不有天下，然实受天命比于文王，故亦以王者之瑞归之。虽其事之信否不烦言而喻，然古义实如此，改之则六经之说不可通矣。凡解经者必兼纬，非纬则无以明经，此汉学所以胜于宋学也。）孔子生于鲁襄公二十二年（《公羊传》孔子以襄公二十一年十一月庚子生，即周灵王二十一年），生而首上圩顶，如屋宇之反，中低而四旁高。身长九尺六寸，人皆谓之长人。古称孔子仪表者非一：如孔子反宇，是谓尼丘。孔子之胸，有文曰："制作定，世符运。"孔子长十尺，大九围，坐如蹲龙，立如牵羊，就之如昴，望之如斗。孔子海口，言若含泽。仲尼斗唇，舌理七重，吐教陈机受度。仲尼虎掌，是谓威射；胸应矩，是谓仪古；龟脊，辅喉，骈齿，面如蒙倛；其颡似尧；其项似皋陶；其肩类子产；自腰以下，不及禹三寸。

第五节　孔子之事迹

孔子为儿嬉戏，常陈俎豆，设礼容。孔子母死，乃殡五父之衢（在山东曲阜县西南二里）。郰人（今山东曲阜县，与邹县相接处）挽父之母，诲孔子父墓，然后合葬于防（今山东费县东北六十里）。孔子少贫贱。及长，尝为季氏史，料量平；尝为司职吏，而畜蕃息。南宫适言于鲁君，请与孔子适周。鲁君与之一乘车，两马，一竖子，俱适周，问礼盖见老子云。孔子自周反于鲁，弟子益进。孔子年三十五，鲁三家共攻昭公。昭公出居乾侯（今直隶成安县东南）。其后顷之鲁乱。孔子适齐，为高氏家臣，在齐闻韶。齐景公问政于孔子，为晏婴所沮，不果用。孔子遂行，反乎鲁。孔子年四十二，鲁昭公卒于乾侯，定公立。是时阳虎为政，自大夫以下皆僭，离于正道。故孔子不仕，退而修《诗》、《书》、《礼》、《乐》。弟子弥众，至自远方，莫不受业焉。定公八年，阳虎欲废三桓，不克，奔于齐。孔子年五十。公山不狃畔季氏，使人召孔子，孔子卒不行。定公十年，会诸侯于夹谷，孔子摄相事。定公十四年，将堕三都。叔孙氏先堕郈（叔孙氏邑名，今山东平度州东南十里），季孙氏堕费（季孙氏邑名，今山东鱼台县东南），孟孙氏不肯堕成（孟孙氏邑名，今山东宁阳县东北九十里）。公围成，未克。定公十五年，孔子五十六，由大司寇摄行相事，鲁国大治。齐人惧，遗鲁君女乐以沮孔子。季桓子与鲁君为周道游，往观终日，三日不听政，又不致膰俎于大夫。孔子遂行。孔子适卫，或谮孔子于灵公。孔子去卫，将适陈，过匡（卫地名，今直隶长垣县境）。阳虎尝暴于匡，孔子貌类阳虎，匡人拘孔子。孔子使从者通于宁武子，然后得去。反乎卫，见夫人南子。灵公与夫人同车，宦者雍渠骖乘之，使孔子为次乘，招摇市过之。孔子丑之，去卫，适曹。复去曹，适宋，与弟子习礼大树下。宋司马桓魋欲杀孔子，拔其树。孔子去，适郑，遂至陈。居陈三年，过蒲（卫地名，今直隶长垣县治），蒲人止孔子。弟子公良孺与疾斗，蒲人惧，盟而出之。遂复适卫，灵公不能用。将西见赵简子，临河不济而返乎卫。灵公问陈。孔子行，复如陈。明年，自陈迁于蔡。三岁，楚使人聘孔子。孔子将往，陈蔡人围之于野，不得行。使子贡至楚，楚兴师迎孔子，然后得免。楚昭王将用孔子，子西沮之。于是孔子自楚反乎卫，年六十三矣！鲁哀公六年也。居卫久之，季康子以币迎孔子，孔子反鲁。孔子去鲁凡十四年，而反乎鲁，然鲁卒不能用孔子。孔子亦不求仕，乃述《诗》、《书》、《礼》、《乐》、《易象》、《春秋》之文。孔子病，子贡请见。孔子方负杖逍遥于门，曰："赐，汝来何其晚也！"孔子因叹，歌曰："太山坏乎！梁木摧乎！哲人萎乎！"因以涕下。谓子贡曰："天下无道久矣，莫能宗予！夏人殡于东阶，周人于西阶，殷人两柱间。昨暮予梦坐奠两柱之间，予殆殷人也！"后七日卒，年七十三。时鲁哀公十六年四月己丑也。

第六节　孔子之异闻

孔子生平至大之事，为制定六经。此事为古今所聚讼，至于近年，争之弥甚。此中国宗教中一大关键也。今略述之：汉人言："得麟之后，天降血书鲁端门内，曰：'趍作法，孔圣没，周姬亡，彗东出，秦政起，胡破术，书记散，孔不绝。'子夏明日往视之，血书飞为赤鸟，化为白书，署曰'演孔图'，中有作法制图之状。孔子仰推天命，俯察时变，却观未来，豫解无穷，知汉当继大乱之后，故作拨乱之法以授之。""孔子作《春秋》，制《孝经》，既成，使七十二弟子向北辰磬折而立，使曾子抱《河》、《洛》事，北向。孔子斋戒，簪缥笔，衣绛单衣，向北辰而拜，告备于天曰：‘《孝经》四卷，《春秋》、《河》、《洛》凡八十一卷，谨已备。’天乃洪郁起白雾摩地，赤虹自上下化为黄玉，长三尺，上有刻文。孔子跪受而读之，曰：‘宝文出，刘季握。卯金刀，在轸北。字禾字，天下服。’”汉儒之说，大率类此，此举其两条耳。大抵上古天子之事有三：一曰感生。二曰受命。三曰封禅。感生者，如华胥履迹之类，受命者，如龙马负图之类，前已与诸生言及矣。惟封禅一事，前节未言。案封泰山禅梁甫之说，至汉而多。六艺之文，未详其事，故后人有疑其不经者。然求之六经，其证尚多，不过未用封禅二字耳，其实则封禅也。《诗·周颂·时迈》序云：“巡守祭告柴望也。”《书·帝典》：“岁二月东巡守，至于岱宗，柴望秩于山川，遍于群神。”《礼记·礼器》：“因名山升中于天，而凤皇降，龟龙假。”三者皆言封禅。故，《时迈》郑笺云：“巡守告祭者，天子巡行邦国，至于方岳之下而封禅也。”《正义》引《白虎通》曰：“王者易姓而起，必升封太山何？告之也。始受天命之时，改制应天。天下太平，功成封禅以告太平。所以必于太山何？岁物交代之处也。”据此证之，知封禅为上古之典礼，非不经之事。《史记·封禅书》引管仲言：“古者封太山，禅梁甫者七十二家，盍足怪乎！”（聚土曰封，除地曰禅，变禅言禅者，神之也。）盖感生者，明天子实天之所生。受天命者，天立之为百神之主，使改制以应天。封禅者，天子受天明命，致太平以告成于天。三事一贯，而其事惟王者能有之，明矣。故上自庖牺，凡一姓兴起，无不备此三端。而孔子布衣非王者，然自汉儒言之，则恒以天子待之。徵在游于大泽，梦感黑龙，感生也。天下血书于鲁端门，化为赤鸟，即文王赤鸟衔书之例，受命也。绛衣缥笔告备于天，天降赤虹白雾，封禅也。三者皆天子之事。更曲为之说曰：帝出乎震，故庖牺以木德王。木生火，故神农以火德王。火生土，故黄帝以土德王。土生金，故少昊以金德王。金生水，故颛顼以水德王。水生木，故帝喾以木德王。木生火，故帝尧以火德王。火生土，故帝舜以土德王。土生金，故禹以金为王。金生水，故汤以水为王。水生木，故文王以木为王。木当生火，而丘为制法主，黑绿不代苍黄（言孔子黑龙之精，不代合周家木德之苍也），此所以既比之以文王，又号之以素王欤？而赤帝子之名，则归之汉高帝矣。此等孔子继周而王，为汉制法之说极盛于前汉。至后汉，渐有不信其说者。然至郑康成为群经作注，仍用此说。自此至唐作注疏，无甚大异。洎乎宋儒，乃毅然废之，似于圣门有摧陷廓清之功，然以解群经之制度名物，微言大义，无一能合。然则宋学所持，其具之胜劣，姑不必言，而其非孔子之道，则断然也。元明二代，不越乎宋学之范围。清朝诸儒，稍病宋学之空疏，而又畏汉学之诡诞，于是专从训诂名物求之，所发明者颇多，而人之身心，渺不相涉，其仍非宗教之真可知也。今平心论之，各为一时社会所限耳。盖自上古至春秋，原为鬼神术数之世代，乃合蚩尤之鬼道与黄帝之阴阳以成之，皆初民所不得不然。（三苗信鬼，乃最初之思想。黄帝明历律，乃有术数，则稍进矣。其后乃合二派而用之。）至老子骤更之，必为天下所不许，书成身隐，其避祸之意耶？孔子虽学于老子，而知教理太高，必与民智不相适而废。于是去其太甚，留其次者，故去鬼神而留术数。《论语》言：“未知生，焉知死！”又言：“不知命无以为君子。”即其例也。然孔子所言虽如此，而社会多数之习，终不能改。至汉儒乃以鬼神术数之理解经，此以上诸说之由来也。

第七节　孔子之六经

中国之圣经，谓之六经：一曰《诗》，二曰《书》，三曰《礼》，四曰《乐》，五曰《易象》，六曰《春秋》。其本原皆出于古之圣王，而孔子删定之。笔削去取，皆有深义。自古至今，绎之而不尽，经学家聚讼焉。今略述其概如下：

一《易》。（六经之次第有二：《七略》以前，首《诗》，次《书》，次《礼》，次《乐》，次《易》，次《春秋》，此法周秦诸子悉遵之。《七略》以后，首《易》，次《书》，次《诗》，次《礼》，次《乐》，次《春秋》，此法用之至今。此为经学中一大问题，本编本从周之义，以

《易》为首。）包牺始画八卦，因而重之，为六十四卦。文王作卦辞，周公作爻辞。孔子作彖辞、象辞、文言、系辞、说卦、序卦、杂卦，是为十翼。以授鲁商瞿子木，凡《易》十二篇。

二《书》。《书》本王之号令，右史所记。孔子删订，断自唐虞，下讫秦穆，典谟训诰誓命之文，凡百篇，而为之序。及秦禁学，孔子之孙惠壁藏之，凡《书》二十九篇。

三《诗》。《诗》者，所以言志，吟咏性情以讽其上者也。古有采诗之官，王者巡守，则陈诗以观民风，知得失，自考正也。动天地，感鬼神，厚人伦，美教化，莫近乎诗。是以孔子最先删录，既取《周诗》，上兼《商颂》，以授子夏，凡三百一十一篇。

四《礼》。帝王质文，世有损益。至于周公，代时转浮。周公居摄，曲为之制，故曰："经礼三百，威仪三千。"及周之衰，诸侯始僭，将逾法度，恶其害己，皆灭去其籍，自孔子时而不具矣。孔子反鲁，乃始删定。值战国交争，秦氏坑焚，故惟《礼》经崩坏为甚。今所存者，惟《仪礼》至为可信。《周礼》、《礼记》皆汉人所掇拾耳。凡《礼》经十七篇。

五《乐》。自黄帝下至三代，乐各有名。孔子曰："安上治民，莫善于礼。移风易俗，莫善于乐。"二者相与并行。周衰，俱坏，孔子自卫反鲁，然后乐正。然乐尤微眇，以音律为节，又为郑、卫所乱，故无遗法。

六《春秋》。古之王者，必有史官，君举必书，所以慎言行昭法式也。诸侯亦有国史，《春秋》即鲁之史记也。孔子应聘，不遇。自卫而归，西狩获麟，伤其虚应，乃因鲁旧史而作《春秋》，上述周公遗制，下明将来之法，勒成十二公之经以授子夏。凡《春秋》十二篇。

上为六经，皆孔子所手定也。此外犹有二经，与六经并重，皆门人记录孔子言行之所作也。

一《论语》。《论语》着，孔子应答弟子时人及弟子相与言而接闻于夫子之语也。当时弟子各有所记，夫子既卒，门人相与辑而论纂，故谓之《论语》。凡二十篇。

一《孝经》。《孝经》者，孔子为曾子陈孝道也。凡一篇。

上二经，六经之总汇。至宋儒乃取《论语》二十篇及《礼记》中之《大学》一篇、《中庸》一篇，而益以《孟子》七篇，谓之四书。于今仍之不改，非孔子之旧矣。

第八节　墨子之道

墨子，名翟，宋人，孔子之弟子也，或史角之弟子也。其学与老子、孔子同出于周之史官，而其说与孔子相反。惟修身、亲士，为宗教所不可无，不能不与孔子同。其他则孔子亲亲，墨子尚贤；孔子差等，墨子兼爱；孔子繁礼，墨子节用；孔子重丧，墨子节葬；孔子统天（《春秋》称以元统天，《文言》称先天而天不违，盖孔子不尚鬼神，故有此说），墨子天志；孔子远鬼（《论语》“未知生焉知死”、“敬鬼神而远之”），墨子明鬼；孔子正乐，墨子非乐；孔子知命（《论语》“道之将行也与，命也；道之将废也与，命也”、“不知命无以为君子也”），墨子非命；孔子尊仁，墨子贵义，殆无一不与孔子相反。然求其所以然之故，亦非墨子故为与孔相戾，特其中有一端不同，而诸端遂不能不尽异。宗教之理，如算式然，一数改，则各数尽改。墨子学于孔子，以为其礼烦扰而不悦，厚葬靡财而贫民，服伤生而害事。丧礼者，墨子与孔子不同之大原也。儒家丧礼之繁重，为各宗教所无，然儒家则有精理存焉。儒家以君父为至尊无上之人，以人死为一往不返之事（无鬼神，则身死而神亦死矣），以至尊无上之人，当一往不返之事，而孝又为政教全体之主纲，丧礼乌得而不重！墨子既欲节葬，必先明鬼（有鬼神，则身死犹有其不死者存，故丧可从杀。天下有鬼神之教，如佛教、耶教、回教，其丧礼无不简略者），既设鬼神，则宗教为之大异。有鬼神，则生死轻而游侠犯难之风起，异乎儒者之尊生；有鬼神，则生之时暂，不生之时长，肉体不足计，五伦非所重，而平等兼爱之义伸，异乎儒者之明伦。其他种种异义，皆由此起。而孔、墨遂成相反之教焉。墨子曾仕宋为大夫，其生卒年月无可考。《墨子·非攻》篇："墨子与公输般相辨。"是与公输般同时。《檀弓》载季康子之母死，公输般请以机封。康子卒在哀公二十七年，则哀公时墨子年已长，宜其逮事孔子也。墨子后，其教分为三支（见《韩非子·显学》篇），至西汉间而微。《墨子》书十五篇，今存。

第九节　三家总论

老、孔、墨三大宗教，皆起于春秋之季，可谓奇矣，抑亦世运之有以促之也。其后孔子之道成为国教，道家之真不传（今之道家皆神仙家），墨家遂亡。兴亡之故，固非常智所能窥，然亦有可浅测之者。老子于鬼神术数，一切不取者也，其宗旨过高，非神州多数之人所解，故其教不能大。孔子留术数而去鬼神，较老子为近人矣，然仍与下流社会不合，故其教只行于上等人，而下等人不及焉。墨子留鬼神而去术数，似较孔子更近。然有天志而无天堂之福，有明鬼而无地狱之罪，是人之从墨子者，苦身焦思而无报，违墨子者，放辟邪侈而无罚也。故上下之人均不乐之，而其教遂亡。至佛教西来，兼老、墨之长而去其短，遂大行于中国。至今西人皆以中国为佛教国也。

二

梁任公《治国学的两条大路》

诸君，我对于贵会，本来预定讲演的题目是《古书之真伪及其年代》，中间因为有病，不能履行原约。现在我快要离开南京了，那个题目不是一回可以讲完，而且范围亦太窄，现在改讲本题，或者较为提纲挈领，较于诸君有益罢！

我以为研究国学有两条应走的大路：

一、文献的学问，应该用客观的科学方法去研究。

二、德性的学问，应该用内省的和躬行的方法去研究。

第一条路，便是近人所讲的“整理国故”这部分事业。这部分事业最浩博、最繁难，又且最有趣的，便是历史。我们是有五千年文化的民族，我们一家里弟兄姊妹们便占了全人类四分之一。我们的祖宗世世代代在“宇宙进化线”上头不断的做他们的工作，我们替全人类积下一大份遗产，从五千年前的老祖宗手里一直传到今日，没有失掉。我们许多文化产品，都用我们极优美的文字记录下来。虽然记录的方法不很整齐，虽然所记录的随时散走了不少，但即以现存的正史、别史、杂史、编年、记事本末、法典、政书、方志、谱牒以及各种笔记、金石刻文等类而论，十层大楼的图书馆也容不下。拿历史家眼光看来，一字一句，都藏有极可宝贵的史料。又不独史部书而已，一切古书，有许多人见为无用者，拿他当历史读，都立刻变成有用。章实斋说“六经皆史”，这句话我原不敢赞成，但从历史家立脚点看，说六经皆史料，那便通了。既如此说，则何只六经皆史也，可以说诸子皆史，诗文集皆史，小说皆史，因为里头一字一句，都藏有极可贵的史料，和史部书同一价值。我们家里头这些史料，真算得世界第一个丰富的矿穴。从前仅用土法开采，采不出什么来。现在我们懂得西法了，从外国运来许多开矿机器了。这种机器是什么？是科学的方法。我们只要把这种方法运用得精密巧妙而且耐烦，自然会将这学术界无尽藏的富源开发出来。不独对得起先人，而且可以替世界人类恢复许多公共产业。

这种方法之应用，我在我去年所著的《历史研究法》和前两个月在本校所讲的《历史统计学》里头已经说过大概。虽然还有许多不尽之处，但我敢说这条路是不错的，诸君倘肯循着路深究下去，自然也会发出许多支路，不必我细说了。但我们要知道，这个矿太大了，非分段开采，不能成功；非一直开到深处，不能得着宝贝。我们一个人生的精力，能够彻底开通几处矿苗，便算了不得的大事业。因此我们感觉着有发起一个“合作运动”之必要。合起一群人，在一个共同目的共同计划之下，各人从其性之所好，以及平时的学问根柢，各人分担三两门，做窄而深的研究，拼着一二十年的工夫下去，这个矿或者开得有点眉目了。

此外和史学范围相出入，或者性质相类似的文献学，还有许多，都是要用科学方法研究去。例如：

（一）文字学　我们的单音文字，每一个都含有许多学问意味在里头，若能用新眼光去研究，做成一部新说文字，可以当作一部民族思想变迁史或社会心理进化史读。

（二）社会状态学　我国幅员广漠，种族庞杂，数千年前之初民社会组织，与现代号称最进步的组织同时并存。试到各省区的穷乡僻壤，更进一步到苗子、番子居住的地方，再拿二十四史里头蛮夷传所记的风俗来参证，我们可以看见现代社会学者许多想象的事项，或者证实，或者要加修正。总而言之：几千年间一部竖的进化史，在一块横的地平上，可以同时看出，除了我们中国以外，恐怕没有第二个国了。我们若从这方面精密研究，真是最有趣味的事。

（三）古典考释学　我们因为文化太古，书籍太少，所以真伪杂陈，很费别择，或者文义艰深，难以索解。我们治国学的人，为节省后人精力，而且令学问容易普及起见，应该负一种责任，将所有重要古典，都重新审定一番，解释一番。这种工作，前清一代的学者已经做得不少。我们一面凭藉他们的基础，容易进行，一面我们因外国学问的触发，可以有许多补他们所不及。所以这方面研究，又是极有趣味的事。

（四）艺术鉴评学　我们有极优美的文学美术作品，我们应该认识他的价值，而且将赏鉴的方法，传授给多数人，令国民成为美化。这种工作，又要另外一帮人去做。我们里头有性情近于这一路的，便应该以此自任。

以上几件都是举其最重要者，其实文献学所包含的范围还有许多。就是以上所讲的几件，剖下去，每件都有无数的细目。我们做这类文献学问，要悬三个标准以求到达。

第一求真　凡研究一种客观的事实，须要先知道“他的确如此”，才能判断“他为什么如此”。文献部分的学问，多属过去的陈迹，以讹传讹，失其真相者甚多。我们总要用很谨严的态度，仔细别择，把许多讹书和讹事都剔去，把前人的误解修正，才可以看出真面目来。这种工作，前清乾嘉诸老也曾努力过一番，有名的清学正统派之考证学便是。但依我看来，还早得很哩！他们的工作，算是经学方面做得最多，史学方面，便差得远！佛学方面，却完全没有动手哩！况且我们现在做这种工作，眼光又和先辈不同，所凭藉的资料，也比先辈们为多，我们应该开出一派新考证学。这片大殖民地，很够我们受用啊！

第二求博　我们要明白一件事物的真相，不能靠单文孤证，便下武断。所以要将同类或有关系的事情网罗起来，贯串比较，愈多愈妙。比方做生物学的人，采集各种标本，愈多愈妙。我们可以用统计的精神，作大量观察。我们可以先立出若干种假定，然后不断的搜罗资料，来测验这假定是否正确。若能善用这些法门，真如韩昌黎说的："牛溲马勃，败鼓之皮，兼收并蓄，待用无遗。"许多前人认为无用的资料，我们都可以把他废物利用了。

但求博也有两个条件：荀子说"好一则博"，又说"以浅持博"。我们要做博的工夫，只能择一两条件专门之业，为自己性情最近者做去，从极狭的范围内生出极博来，否则便连一件也博不成，这便是"好一则博"的道理。又满屋散钱，穿不起来，虽多也是无用。资料越发丰富，则驾驭资料越发繁难，总须先求得个一以贯之的线索，才不至博而寡要。这便是"以浅持博"的道理。

第三求通　好一固然是求学的主要法门，但容易发生一种毛病。这毛病我替他起个名，叫做"显微镜生活"。镜里头的事物，看得纤悉周备，镜以外，却完全不见，这样子做学问，也常常会判断错误。所以我们虽然专门一种学问，却切不要忘却别门学问和这种学问的关系，在本门中，也常要注意各方面相互之关系。这些关系，有许多在表面上看不出来的，我们要用锐利眼光，去求得他。能常常注意关系，才可以成通学。

以上关于文献学，算是讲完。两条路已言其一，此外则为德性学。此学应用内省及躬行的方法来研究，与文献学之应用以客观的科学方法研究者绝不同。这可说是国学里最重要的一部分，人人应当领会的。必走通了这一条路，乃能走上那一条路。

近来国人对于知识方面，很是注意。整理国故的名词，我们也听得纯熟。诚然整理国故，我们是认为急务，不过若是谓除整理国故外遂别无学问，那却不然。我们的祖宗遗予我们的文献宝藏，诚然足以傲世界各国而无愧色，但是我们最特出之点仍不在此。其学为何？即人生哲学是。

欧洲哲学上的波澜，就哲学史家的眼光看来，不过是主智主义与反主智主义两派之互相起伏。主智者主智，反主智者即主情主意。本来人生方面，也只有智、情、意三者。不过欧人对主智特别注重，而于主情、主意，亦未能十分贴近人生。盖欧人讲学，始终未以人生为出发点。至于中国古哲就不然，无论何时代何宗派之著述，夙皆归纳于人生这一途，而于西方哲人精神萃集处之宇宙原理、物质公例等等，倒都不视为首要。故荀子《儒效》篇曰："道，仁之隆也……非天之道，非地之道，人之所以道也。"儒家既纯以人生为出发点，所以以"人之所以为道"为第一位，而于天之道等等悉以置诸第二位。而欧西则自希腊以来，即研究他们所谓的形上学，一天到晚，只在那里高谈宇宙原理，凭空冥索，终少归宿到人生这一点。苏格拉底号称西方的孔子，很想从人生这一面做工夫，但所得也十分幼稚。他的弟子柏拉图更不晓得循着这条路去发挥，至全弃其师传，而复研究其所谓天之道。亚里斯多德出，于是又反趋于科学。后人有谓道源于亚里斯多德的话，其实他也不过仅于科学方面有所创发，离人生毕竟还远得很！迨后斯端一派，大概可与中国的墨子相当，对于儒家，仍是望尘莫及！一到中世纪，欧洲全部，统成了宗教化。残酷的罗马与日耳曼人，悉受了宗教的感化，而渐进于迷信。宗教方面，本来主情、意的居多，但是纯以客观的上帝来解决人生，终竟离题尚远。后来再一个大反动，便是文艺复兴，遂一变主情主意之宗教，而代以理智。近代康德之讲范畴，范围更过于严谨，好像我们的临九宫格一般。所以他们这些，都可说是没有找到人生的大道上去。直至詹姆士、柏格森、倭铿等出，才感觉到非改走别的路不可，很努力的从体验人生上做去，也算是把从前机械的唯物的人生观，拔开几重云雾。但是真果拿来与我们儒家相比，我可以说仍然幼稚！

总而言之，西方人讲他的形上学，我们承认有他独到之处。换一方面，讲客观的科学，也非我们所能及。不过最奇怪的，是他们讲人生也用这种方法，结果真弄到个莫明其妙。譬如用形上学的方法讲人，绝不想到是从人生的本体来自证，却高谈玄妙，把冥冥莫测的上帝来对喻。再如用科学的方法讲，尤为妙极。试问人生是什么？是否可以某部当几何之一角、三角之一边？是否可以用化学的公式来化分化合？或是用几种原质来造成？再如达尔文之用生物进化说来讲人生，证考详博，科学亦莫能摇动，总算是壁垒坚固。但是果真要问他个“人之所以异于禽兽者安在”，人既自猿进化而来，为什么人自人而猿终为猿？恐怕他也不能给我们以很有理由的解答。总之西人所用的几种方法，仅能够用之以研究人生以外的各种问题。人决不是这样机械易与的，欧洲人却始终未彻悟到这一点，只盲目的往前做，结果造成了今日的烦闷徬徨，莫知所措。盖中世纪时，人心还能依赖着宗教过活。及乎今日，科学昌明，赖以醉麻人生的宗教，完全失去了根据。人类本从下等动物蜕化而来，哪里有什么上帝创造。宇宙一切现象，不过是物质和他的运动，还有什么灵魂。来世的天堂，既了不可凭，眼前的利害，复日相肉迫，怀疑失望，都由之而起，真正是他们所谓的世纪末了！

以上我等看西洋人何等可怜，肉搏于这种机械唯物的枯燥生活当中，真可说始终未闻大道！我们不应当导他们于我们祖宗这一条路上去吗？以下便略讲我们祖宗的精神所在，我们可以看看是否可以终身受用不尽，并可以救他们西洋人物质生活之疲敝。

我们先儒始终看得知行是一贯的，从无看到是分离的。后人多谓知行合一之说为王阳明所首倡，其实阳明也不过是就孔子已有的发挥。孔子一生为人，处处是知行一贯，从他的言论上，也可以看得出来。他说“学而不厌”，又说“为而不厌”，可知学即是为，为即是学。盖以知识之广大，在人努力的自为，从不像西人之从知识方法而求知识。所以王阳明曰：“知而不行，是谓不知。”所以说这类学问，必须自证，必须躬行。这却是西人始终未看得的一点。

又儒家看得宇宙、人生是不可分的。宇宙绝不是另外一件东西，乃是人生的活动。故宇宙的进化，全基于人类的创造。所以《易经》曰：“天行健，君子自强不息。”又看得宇宙永无圆满之时，故易卦六十四，始《乾》而以《未济》终。盖宇宙既济，则乾坤已息，还复有何人类！吾人在此未圆满的宇宙中，只有努力的向前创造。这一点，柏格森所见的，也很与儒家相近。他说宇宙一切现象，乃是意识流转所构成，方生已灭，方灭已生，生灭相向，侵成进化。这些生灭，都是人种自由意识发动的结果，所以人类日日创造，日日进化。

这意识流转，就唤作精神生活，是要从内省直观得出来的。我们既知道变化流转，就是宇宙真相，又知道变化流转之权，操之在我，所以孔子曰："人能弘道，非道弘人。"儒家既看清了以上各点，所以他的人生观十分美渥，生趣盎然。人生在此不尽的宇宙当中，不过是蜉蝣朝露一般，向前做得一点是一点。既不望其成功，苦乐遂不系于目的物，完全在我，真所谓无入而不自得。有了这种精神生活，再来研究任何学问，还有什么不成？那么或有人说，宇宙是没有圆满时期，我们何不静止不作，好吗？其实不然。人既为动物，便有动作的本能，穿衣吃饭，也是要动的。既是人生非动不可，我们就何妨就我们所喜欢作的，所认为当作的作下去。我们最后的光明，固然远在几千万年几万万年之后，但是我们的责任，不是叫一蹴而就，达到目的地，是叫我们的目的地日近一日。我们的祖宗尧、舜、禹、汤、孔、孟……在他们的进行中，长的或抱了一尺，短的亦抱过数寸，积累而成，才有今日。我们现在无论是一寸半分，只要往前凑才是。为现在及将来的人类受用，这都是不可逃的责任。孔子曰："士不可以不弘毅，任重而道远。仁以为己任，不亦重乎？死而后已，不亦远乎？"所以我们虽然晓得道远之不可致，还是要努力到"死而后已"。故孔子是"知其不可而为之者"。正为其知其不可而为，所以生活上才满含着春意。若是不然，先计较他可为不可为，那末情志便系于外物，忧乐便关乎得失，或竟因为计较利害的原故，使许多应做的事反而不做。这样，还哪里领到生活的乐趣哩？

再其次儒家是不承认人是单独可以存在的。故仁的社会，为儒家理想的大同社会。仁字从二人。郑玄曰："仁，相人偶也。"（《礼记》注）非人与人相偶，则人的概念不能成立。故孤行执异，绝非儒家所许。盖人格专靠各个自己，是不能完成。假如世界没有别人，我的人格从何表现？譬如全社会都是罪恶，我的人格受了传染和压迫，如何能健全？由此可知人格是共同的，不是孤另的。想自己的人格向上，唯一的方法，是要社会的人格向上。然而社会的人格，本是各个自己化合而成。想社会的人格向上，唯一的方法，又是要自己的人格向上。明白这个意力和环境提携便成进化的道理，所以孔子教人"己欲立而立人，已欲达而达人”。所谓立人达人，非立达别人之谓，乃立达人类之谓。彼我合组成人类，故立达彼，即是立达人类，立达人类，即是立达自已。更用取譬的方法来体验这个达字，才算是仁之方。其他《论语》一书，讲仁字的屡见不一见。儒家何为把仁字看得这么重要哩？即上面所讲的儒家学问专以研究“人之所以道”为本。明乎仁，“人之所以道”自见，孟子曰：“仁也者，人也，合而言之道也。”盖仁之概念，与人之概念相亟。人者，通彼我而始得名。彼我通，乃得谓之仁。知乎人与人通，所以我的好恶，即是人的好恶，我的精神中，同时也含有人的精神。不徒是现世的人为然，即如孔孟远在二千年前，他的精神，亦浸润在国民脑中不少。可见彼我相通，虽历百世不梗。儒家从这一方面看得至深且切，而又能躬行实践，无终食之间违仁。这种精神，影响于国民性者至大。即此一分家业，我可以说真是世界唯一无二的至宝。这绝不是用科学的方法可研究得来的，要全用内省的工夫，实行体验，体验而后，再为躬行实践。养成了这副美妙的仁的人生观，生趣盎然的向前进，无论研究什么学问，管许是兴致勃勃。孔子曰“仁者不忧”，就是这个道理。不幸汉以后，这种精神便无人继续的弘发，人生观也渐趋于机械。八股制兴，孔子真面目日失。后人曰称寻孔颜乐处，究竟孔颜乐处在哪里？还是莫明其妙。我们既然诵法孔子，应该好好保有这份家私——美妙的人生观——才不愧是圣人之徒啊！

此外我们国学的第二源泉，就是佛教。佛本传于印度，但是盛于中国。现在大乘各派，五印全绝。正法一派，全在中国。欧洲人研究佛学的日多，梵文所有的经典，差不多都翻出来。但向梵文里求大乘，能得多少。我们自创的宗派，更不必论了！像我们的禅宗，真可算得应用的佛教、世间的佛教，的确是印度以外才能发生，的确是表现中国人的特质，叫出世法与入世法并行不悖。他所讲的宇宙精微，的确还在儒家之上。说宇宙流动不居，永无圆满可说，是与儒家相同。曰“一众生不成佛，我誓不成佛”，即孔子达人立人之意。盖宇宙最后目的，乃是求得一大人格实现之圆满相，绝非求得少数个人超拔的意思。儒佛所略不同的，就是一偏于现世的居多，一偏于出世的多。至于他的共同目的，都是愿世人精神方面完全自由。现在自由二字，误解者不知多少。其实人类外界的束缚，他方的压迫力，终有方法解除，最怕的是心为形役，自己做自己的奴隶！儒佛都用许多话来教人，想叫把精神方面的自缚解放净尽，顶天立地成一个真正自由的人。这点，佛家弘发得更为深透，真可以说佛教是全世界文化最高产品。这话东西人士都不能否认，此后全世界受用于此的甚多。我们先人既辛苦的为我们创下这份家业，我们自当好好的承受，因为这是人生唯一安生立命之具！有了这种安生立命之具，再来就性之所近的，去研究一种学问，那么才算尽了人生的责任。

诸君听了我这一夜的讲演，自然明白我们中国文化，比世界各国并无逊色。那一般沉醉西风说中国一无所有的人，自属浅薄可笑！《论语》曰："人虽欲自绝，其何伤于日月乎？多见其不知量也！"这边的诸同学，从不对于国学轻下批评，这是很好的现象。自然我也闻听有许多人讽刺南京学生守旧，但是只要旧的是好，守旧又何足垢病！所以我很愿此次的讲演，更能够多多增进诸君以研究国学的兴味！

三

章太炎《中国文化的根源和近代学问的发达》

六百年前，宋朝有个文天祥说的："一部十七史，从何处说起？"十七史尚且无从说起，何况中国全部的学问，比十七史更广！但教育的事，和博览不同，更没有到讲学的地位。只是看人的浅深，见机说法，也就罢了。现在把中国开化的根苗，和近代学问发达的事迹，对几位朋友讲讲，就可以晓得施教的方法，也使那边父兄子弟，晓得受教的门径。

中国第一个开化的人，不是五千年前的老伏羲么？第一个造文字的人，不是四千年前的老苍颉么？第一个宣布历史的人，不是二千四百年前的孔子么？第一个发明哲理的人，不是二千四百年前的老子么？伏羲的事，并不能实在明白，现存的只有八卦，也难得去理会他。其余三位开了一个法门，倒使后来不能改变。并不是中国人顽固，其实也没有改变的法子。

苍颉造字，当初只有"指事"、"象形"两件条例。甚么叫做指事？就像上、下两个字，古篆只作丄丅，不过是指个方向。其余数目字，像一、二、三、四、五、六、七、八、九、十，都也叫做指事，和号码也差不多。甚么叫做象形？就像古篆日字作，月字作，水字作，火字作，是像他的形势，所以叫做象形。

当初苍颉造字的时候，只有这两种例，字都是独体的。苍颉以后，就渐渐把两个字和合起来，变了合体的字，所以又有“形声”、“会意”两件条例。甚么叫做形声？一旁是字的形，一旁是字的声，所以叫做形声。譬如水有各项，不能统统都叫做水，自然别有一句话。要写这个字出来，若照着象形的例，仍还是个字，不能分别，所以在水字旁又加一个声音去指定他。譬如江字水旁加工，河字水旁加个可，水就是形，工和可就是声。甚么叫做会意？把两个字的意和合起来成一个意，这就叫会意。譬如人旁加个言字，就是信字，见得不信就不算人的话，只是狗吠鸡鸣一样。止上加个戈字，就是⿱戈止字，案：楷书写成武。见得别人举动干戈，我能去止住他，就是至。这个“指事”、“象形”、“形声”、“会意”四件条例，造字的法子略备了。

但是中国有一千六百万方里的地面，中国的本部从黄帝到现在有四千年没有甚么大加减。同是一句话，各处的声气自然不能一样，所以后来又添出“转注”一件条例来。甚么叫做转注？这一瓶水展转注向那一瓶去，水是一样，瓶是二个。把这个意思来比喻，话是一样，声音是两种，所以叫做转注。譬如有个老人，换了一块地方，声音有点儿不同，又再造考字。有了这一件条例，字就多了。但是人的思想万变不穷，说话也万变不穷，却往往就这个意思移做别个意思，所以一个字往往包容得三四个意思，又添出“假借”一件条例来。譬如令字本来是号令，后来发号令的人也就叫做令，不必别造一个令字。长字本来是长短的长，后来看年长的人比小孩儿身体长些，也就叫做长。有了这一件条例，字就省造许多。这个“指事”、“象形”、“形声”、“会意”、“转注”、“假借”，六条例并起来，叫做六书。二千九百年前，周公做《周礼》的时候，就有六书的名目。不过苍颉造字以后，谁人把独体的字合做合体的字，这个却没有明据。苍颉造的字，叫做“古文”，后来合体的字，也叫做“古文”。到二千七百年前，周朝有个史籀，又把古文整理一番，改了许多新形，叫做“籀文”，也叫“大篆”。到二千一百年前，秦朝有个李斯又把大篆减省些，叫做“小篆”。那

“古文”、“大篆”、“小篆”三项，虽有不同，只是略略改变。秦朝又把小篆减省，叫做“隶书”。现在通行的“楷书”，也还就是隶书。汉朝又把隶书减省，叫做“草书”，现在也是通行。当初用“隶书”、“草书”的人，不过为写字烦难，想个方便法门，不晓得通行以后，写字就快，识字就难了。识字为甚么难呢？隶书形体方整，象形字都不像了。况且处处省笔，连这个字是哪两个字合起来的都看不出，一点一画，觉得没有甚么意思。小孩识字的时候，不得不用强记，所以识字就难。有说：“中国字何不改成拼音？”我说这个是全不合情理的话。欧洲各国本来地方不大。蒙古、满洲，地方虽大，人数极少，合起来不过中国十六七县的人口。一国的说话，声气自然一样，所以可用拼音。那个印度就不然。地方和中国本部差不多大，说话分做七十余种，却还要用拼音字。这一处的话写成了字，到那一处就不懂了。照这个看来，地方小的，可以用拼音，地方大的，断然不能用拼音字。中国不用拼音字，所以北到辽东，南到广东，声气虽然各样，写一张字，就彼此都懂得。若换了拼音字，莫说辽东人不懂广东字，广东人不懂辽东字，出了一省，恐怕也就不能通行得去，岂不是令中国分为几十国么？况且古今声气，略有改变。声气换了，字不换，还可以懂得古人的文理；声气换了，连字也换，就不能懂得古人的文理。且看英国人读他本国三百年前的文章，就说是古文难得了解。中国就不然。若看文章，八百年前宋朝欧阳修、王安石的文章，仍是和现在一样。懂得现在的文章，也就懂得宋朝的文章。若看白话，四百年前明朝人做的《水浒传》，现在也都懂得。就是八百年前宋朝人的语录，也没有甚么难解。若用了拼音字，连《水浒传》也看不成，何况别的文章！所以为久远计，拼音字也是不可用的。有说：“拼音字写起来容易，合体字写起来难。”这个也不然。中国的单音语，一字只有一音，就多也不过二三十笔。外国的复音语，几个音拼成一音，几个音连成一字，笔画也很不少。中国人若是兼学草书，写起来只有比拼音字快，没有慢的。有说：“拼音字容易识，合体字难识。”这个也不然。拼音字只容易识他的音，并不容易识他的义。合体字是难识他的音，却是看见鱼旁的字，不是鱼的名，就是鱼的事，看见鸟旁的字，不是鸟的名，就是鸟的事，识义倒反容易一点。两边的长短相较，也是一样。原来六书的条例，最是精密，断不是和埃及人只有几个象形字一样。若说小孩子识字烦难，也有一个方便法门，叫他易识。第一要把《说文》五百四十个部首，使他识得，就晓得造字的例，不是随意凑成的。领会得一点，就不用专靠强记。第二要懂得反切的道理。反切也是和拼音相近，但拼音只把这个音当这个字，反切却是把音注在字旁，叫他容易唤出音来，并不是就把这个音去代那个字，所以反切与拼音用法不同。但前人做反切，随便把字取来使用，那个能反切的字，尚且读不准音，何况所反切的字，怎么读得准音呢？现前只照三十六字母，改换三十六个笔画最少的字，又照《广韵》二百六韵约做二十二韵，就是别国人唤叫母音的。两字一拼，成了反切，注在本字旁边。大凡小孩子们识了五十八个字，就个个字都反切得出来了。但声音要照《广韵》读，果然不可用土音，也不可用北京音。土音固是各处不同，北京音也不算正音，都用不着。我以前曾将五十八个字写出，将来就可以用得哩。第三要兼学草书，为临时快写的方便。但不可专用草书，不写正字。草书不过是补助的东西罢了。至于当教习的朋友，总要备段注《说文》一部，《广韵》一部，《四声切用表》一部，《书谱》一部，非但要临时查检，平日也要用心看看。最小的书，像《文字蒙求》，山东人王筠做的，只有薄薄一本。也好给学生讲讲，就晓得文字的妙处了。以上是论教文字的法子。

再说历史。为甚么说孔子宣布历史呢？以前中国的历史，只有《尚书》，叙事不大周详，年代也不明白。又还只是贵族政体的时代，民间只识得字，通得文理，并没有历史读。历史只是给贵族读的。孔子以前三百年的时候，才得有《春秋》出来，用编年的体例，叙事都也周详，却还只许贵族读的。孔子以前一百多年，山东有一个齐国，宰相叫做管仲，颇要民间看看历史，也只为替他政府办事，没有别的好心肠。但那个时候，民间看见《春秋》的，是少得很。管仲想个法子，凡有读得《春秋》的，给他值二十两黄金的衣服，五方里的田。看他的赏这样重，就晓得读《春秋》的少了。孔子也是由百姓起家，很不愿意贵族政体，所以去寻着一个史官，叫做老子，拜了他做先生。老子就把史书都给他看。又去寻着一个史官，叫做左丘明。两个人把《春秋》修改完全，宣布出来，传给弟子。从此民间就晓得历史了。以前民间没有历史，历史都藏在政府所管的图书馆。政府倒了，历史也就失去。自从孔子宣布到民间来，政府虽倒，历史都不会亡失，所以今日还晓得二三千年以前的事。这都是孔子的赐了。孔子以后三百多年，汉朝有一个史官，叫做司马迁，又做成一部《史记》。又过了一百多年，又有一个史官，叫做班固，又做成一部《汉书》。那个体裁是纪传体，虽和《春秋》不同，但总是看个榜样，摹拟几分，所以《史记》、《汉书》的事，仍复可以编排年月。后来人又照着《史记》、《汉书》的体做去，一代有一代的史，到如今有二十四史。假如没有孔子，后来就有司马迁、班固，也不能作史。没有司马迁、班固的史，也就没有后来二十二部史。那么中国真是昏天黑地了。二十四史现在称为正史。此外编年的史，一千六百年前，汉朝有个荀悦，做一部《汉纪》。一千四百年前，晋朝有一个袁宏，做一部《后汉记》。九百年前，宋朝有一个司马光，做一部《资治通鉴》，就是从《春秋》以后，到宋朝以前为止，历代的事都有了。一百年前有一个邵晋涵，替毕沅做一部《宋元通鉴》。这种都是编年的书，比看正史略为简便，但是典章文物不如正史详明。此外还有纪事本末体，是七百年前，宋朝袁枢开头，摹仿《尚书》。近来有七种纪事本末，比看编年体更简便。只是要紧的事，并不在事体大小。纪事本末只有大事，没有小事，就差了。至于典章制度的书，是仿《周礼》、《仪礼》、《礼记》做的。一千一百年前，唐朝有个杜佑，做了一部《通典》，算第一美备。后来还有《通志》、《通考》，比《通典》万万不如，合起叫做"三通"。还有"续三通"并清朝的"三通"，合起叫做"九通"。这四种书，都是最大的历史。论开头的，只是孔子一人，所以孔子是史学的宗师，并不是甚么教主。史学讲人话，教主讲鬼语。鬼话是要人愚，人话是要人智，心思是迥然不同的。中国人留心历史的多，后来却落个守旧的名目。不晓得历史的用处，不专在乎办事，只是看了历史，就发出许多爱国心来，是最大的用处。至于办事，原是看形势变迁，想个补救的法子，历史不过做个参考，原不是照着他做。却是中国历史上的美事，现在人都不经意，不过看了些奇功伟业，以为办事可以顷刻而成，这真是颠倒的见了。还有人说："中国的历史，只是家谱一样，没有精彩。"又说："只载了许多战争的事，道理很不够。"这种话真是可笑极了！中国并没有鬼话的宗教历史，自然依帝王朝代排次，不用教主生年排次。就是看成家谱，总要胜那个鬼谱。以前最好的历史，像《春秋》、《史记》、《汉书》，学术文章，风俗政治，都可考见，又岂是家谱呢？后来历史渐渐差了，但所载总不止战争一项，毕竟说政治的得失，论人物的高下，占了大半，讲战争的能有多少呢？可笑那班无识的人，引了一个英国斯宾塞的乱话，说历史载的，都是已过的事，譬如邻家生了一只小猫，问他做甚么？不晓自己本国的历史，就是自己家里，并不是邻家。邻家就是外国，外国史也略要看看，何况本国史呢！过去的事，看来像没有甚么关痛痒，但是现在的情形，都是从过去渐渐变来。凡事看了现在的果，必定要求过去的因，怎么可以置之不论呢？至于别国人讲的社会学，虽则也见得几分因果，只是他这个理，总合不上中国的事，又岂可任他瞒过么？又有人说："中国的历史，不合科学。"这种话更是好笑！也不晓得他们所说的科学是怎么样。若是开卷说几句历史的系统，历史的性质，历史的范围，就叫做科学，那种油腔滑调，仿佛是填册一样，又谁人不会说呢？历史本来是繁杂的，不容易整理，况且体裁又多，自然难得分析。别国的历史，只有纪事本末一体，中国却有纪传、编年、纪事本末、典章制度四大体。此外小小的体更有无数。科条本来繁复，所以难得清理。但是一千二百年前，唐朝刘知幾做的《史通》，科判各史，极其精密，断非那几句油腔滑调去填的可比。要问谁算科学，谁不算科学呢？至于学堂教科所用，只要简约，但不能说教科适宜的就是科学，这个也容易了解。说科学的历史，只在简约，那么合了科学，倒不得不"削趾适屦"，却不如不合科学的好。试看别国没有编年的史，能够把希腊以来一年一年的事排比得清楚么？没有纪传的史，能够把不关政治的人详载在史中么？至于别国的哲学史，就像中国学案一样，别国的文学史，就像中国文士传一样，那又别是一种，不能说有了这种书，正史上就可不载。这样看来，中国史的发达，原是世界第一，岂是他国所能及的。但是一千年来的正史，却有过于繁碎的病。所以人说看《宋史》、《元史》，不如看《宋元通鉴》，也有一理。现在为教育起见，原是要编一种简约的书。这个本来不是历史，只是历史教科书。所以说教育的事，不能比讲学的事，教育的书，不能比著作的书。历史教科书果然没有好的，初学的也将就可用。凡是当教习的朋友，总要自己的知识十倍于教科书，才可以补书上的不及。大概《通鉴辑览》必是看过。最吃紧的是"四史"，必是要看。外此《日知录》也是有用。有这种知识，就可以讲历史。将来的结果，到学生能看这几部书，就很好了。以上是论教历史的法子。

至于哲理，那就深了一层。但书没有历史的繁，这倒是简易一点。中国头一个高明哲理的，算是老子。老子的学问，《汉书·艺文志》说道："出于史官。"原来老子在周朝，本是做征藏史，所以人事变迁，看得分明。老子这一派，叫做道家。三千五百年前，商朝的伊尹；二千九百年前，周朝的太公；二千五百年前，周朝的管仲，本来都是道家。伊尹、太公的书，现在没了。管仲还有部《管子》留到如今，但管仲兼杂阴阳一派，有许多鬼话。老子出来，就大翻了，并不相信天帝鬼神和占验的话。孔子也受了老子的学说，所以不相信鬼，只不敢打扫干净。老子就打扫干净。老子以后，有二百年，庄子出来，就越发骏逸不群了。以前论理论事，都不大质验，老子是史官出身，所以专讲质验。以前看古来的帝王都是圣人，老子看得穿他有私心。以前有万物都有个系统，及到庄子《齐物论》出来，真是件件看成平等。照这个法子做去，就世界万物各得自在。不晓怎么昏愚的道士，反用老子做把柄。老子的书，现在再也不能附会上去。还有人说老子好讲权术，也是错了。以前伊尹、太公、管仲，都有权术，老子看破他们的权术，所以把那些用权术的道理一概揭穿，使后人不受他的欺罔。老子明明说的："正言若反。"后来人却不懂老子用意。若人人都解得老子的意，又把现在的人情参看参看，凭你盖世的英雄，都不能牢笼得人，惟有平凡人倒可以成就一点事业，这就是世界公理大明的时候了。解老子的，第一是韩非子，在老子后有三百年光景。《解老》、《喻老》两篇，说得最好。后来还算王弼。在一千五百年前王国魏朝。河上公的注，原是假托。傅奕的注，在一千二百年前唐朝时候。更不必说。老子传到孔子，称为儒家，大意也差不多。不过拘守绳墨，眼孔比老子要小得多。孔子以后一百多年有孟子，孟子以后五六十年有荀子。孟子放任一点儿，学问上确少经验。荀子比孟子严整得多，学问上又多经验，说话又多条理。荀子的见解，和庄子纯然相反，但是《正名》、《解蔽》两篇，是荀子学问最深的所在。后来人也都不解老子不看重豪杰，只要“以正治国”。正是甚么？就是法律。这一点，荀子却相近些。后来变出一种法家，像韩非子，本来是荀子的门徒，又是深于老子的，可惜一味严厉，所以《史记》上说“老子深远”，见得韩非也不及了。儒家从孔子以后，又流出一派名家，有个公孙龙，原是孔子的弟子，就是名家的开宗。此外墨子称为墨家，在孔子后几十年，意思全与儒家反对。《经上》、《经下》两篇，也是名家的说。名家就是现在的论理学家。不过墨子、荀子讲得最好，公孙龙就有几分诡辩。墨子的书，除去《经上》、《经下》，其余所说，兼爱的道理，也是不错。只是尊天敬鬼，走入宗教一路，就不足论了。还有农家主张并耕，也是从老子来的。小说家主张不斗，和道家、儒家、墨家都有关系。这七家都是有理的。居间调和的就是杂家。此外有纵横家，专是外交的口辩；阴阳家，就是鬼话连天。文章都好，哲理是一点不相干的。这十家古来通称九流。大概没有老子，书不能传到民间。民间没有书，怎么得成九流？所以开创学术，又是老子的首功。九流行了不过二百年，就被秦始皇把他的书烧了。秦始皇在二千一百年前。到了汉朝，九流都没有人，儒家只会讲几句腐话，道家只会讲几句不管事的话，农家只会讲几句垦田的话，还算农家实在些。小说家只会讲几句传闻的话，名家、法家、墨家都绝了。杂家虽永远不坏，却没有别人的说话可以采取，倒是阴阳家最盛行，所以汉朝四百年，凡事都带一点儿宗教的意味。到三国以后，渐渐复原，当时佛法也进中国来。佛法原是讲哲理的，本来不崇拜鬼神，不是宗教，但是天宫地狱的话，带些杂货在里面，也是印度原有这些话，所以佛法也把他打破。若在中国，就不说了。所以深解佛学的人，只是求他的哲理，不讲甚么天宫地狱。论到哲理，自然高出老庄，却是治世的方法，倒要老庄补他的空儿。后来到宋朝时候，湖南出了一个人叫做周茂叔，名是周敦颐，要想把佛学儒学调和。有一个鹤林寺的和尚，叫做寿涯，对他说："你只要改头换面！"周茂叔果然照他的话做去，可惜还参些道士的话。传到弟子河南程明道，名是程颐，他兄弟程伊川，名是程颢，周、程都是八百年前的人。就把道士话打扫净了，开了一种理学的宗派，里面也取佛法。那时候陕西还有个张横渠，名是张载，说话几分和二程不同，带几分墨子兼爱的意思。程伊川的学派，传到几代以后，福建有个朱晦庵，名是朱熹。朱熹在七百年前。周、程、张、朱几个人，后来将他住址出名唤做濂、洛、关、闽。朱晦庵同时，还有个江西陆子静，名是陆九渊，和晦庵不对。陆子静只是粗豪，也取几分佛法。到明朝有个浙江王阳明，名是王守仁，传陆子静的派，世人都把程朱、陆王当做反对的话，其实陆王反对朱晦庵，也反对程伊川，到底不能反对程明道。陆王比伊川、晦庵虽是各有所长，若比明道，是远比不上。要把理学去比佛学，哲理是远不如，却是治世胜些。若比九流，哲理也不能比得老庄，论理学也不能比得墨子、荀子，只没有墨子许多尊天敬鬼的话。至于治世，就不能并论了。大概中国几家讲哲理的，意见虽各有不同，总是和宗教相远。就有几家近宗教的，后来也必定把宗教话打洗净了，总不出老子划定的圈子。这个原是要使民智，不是要使民愚。但最要紧的是名家。没有名家，一切哲理都难得发挥尽致。现在和子弟讲，原不能说到深处，只是大概说说。几位当教习的朋友，要先把庄子《天下》篇、荀子《非十二子》篇、淮南子《要略训》、《史记》、《老庄申韩列传》、《孟子荀卿列传》、《太史公自序》、《汉书·艺文志》、《近思录》、《明儒学案》讲一段目录提要的话与学生，再就本书略讲些。没有本书，《东塾读书记》也可以取材。这件事本是专门的学问，不能够人人领会，不过学案要明白得一点。以上是教哲理的法子。这三件事，我本来也有些著作，将来或者送给几位朋友看看，不过今日讲的白话教育，还说不到这步田地。

四

章太炎《教育的根本要从自国自心发出来》

本国没有学说，自己没有心得，那种国、那种人教育的方法，只得跟别人走。本国一向有学说，自己本来有心得，教育的路线，自然不同。几位朋友，你看中国是属于哪一项？中国现在的学者，又属于哪一项呢？有人说："中国本来没有学说。"那种话，已经驳过。还有说："中国本来有学说，只恨现在的学者没有心得。"这句话虽然不合事实，我倒愿学者用为药石之言。中国学说，历代也有盛衰，大势还是向前进步，不过有一点儿偏胜。只看周朝的时候，礼、乐、射、御、书、数，唤作六艺。懂得六艺的多，却是历史、政事，民间能够理会的很少，哲理是更不消说得。后来老子、孔子出来，历史、政事、哲学三件，民间渐渐知道了，六艺倒荒疏。汉朝以后，懂六艺的人虽不少，总不如懂历史、政事的多。汉朝人的懂六艺，比六国人要精许多，哲理又全然不讲。魏、晋、宋、齐、梁、陈，这几代讲哲理的，尽比得上六国。六艺里边的事，礼、乐、数，是一日明白一日，书只有形体不正一点，声音训诂，仍旧没有失去。历史、政事自然是容易知道的，总算没有甚么偏胜。隋唐时候，佛教的哲理，比前代要精审，却不过几个和尚。寻常士大夫家，儒、道、名、法的哲理，就没有。数学、礼、乐，唐初都也不坏，从中唐以后就衰了。懂得历史、政事，算是唐人擅长。宋朝人分做几派：一派是琐碎考据的人，像沈括、陆佃、吴曾、陆游、洪适、洪迈，都是。王应麟算略略完全些，也不能见得大体，在六艺里面，不能成就得哪一种。一派是好讲经世的人，像苏轼、王安石、陈亮、陈傅良、叶适、马端临，都是。陈、马，还算着实，其余不过长许多浮夸的习气，在历史既没有真见，在当时也没有实用。一派是专求心性的人，就是理学家了，比那两家总算成就。除了邵雍的鬼话，其余比魏、晋、宋、齐、梁、陈的学者，也将就攀得上。历史只有司马光、范祖禹两家。司马光也还懂得书学。此外像贾昌朝、丁度、毛居正几个人，也是一路。像宋祁、刘攽、刘奉世、曾巩，又是长于校勘，原是有津逮后学的功，但自己到底不能成就小学家。宋元之间，几位算学先生出来，倒算是独开蹊径。大概宋朝人还算没有偏胜，只为不懂得礼，所以大体比不上魏、晋几朝。中国有一件奇怪事：老子明说“礼者忠信之薄”，却是最精于礼，孔子事事都要请教他。魏晋人最佩服老子，几个放荡的人并且说“礼岂是为我辈设”，却是行一件事都要考求典礼。晋朝末年，礼论有八百卷，到刘宋朝，何承天删并成三百卷。梁朝徐勉集五礼，共一千一百七十六卷。可见那时候的礼，发达到十分。现在《通典》里头有十卷的礼，大半是从那边采取来，都是精审不磨。可惜比照原书，存二十分之一了！那时候人，非但在学问一边讲礼，在行事一边也都守礼。且看宋文帝已做帝王，在三年服里头生太子，还瞒着人不敢说。像后代的帝王，那里避这种嫌疑？可见当时守礼的多，帝王也不敢公然逾越。更有怪的。远公原是一个老和尚，本来游方以外，又精于丧服。弟子雷次宋也是一面清谈，一面说礼。这不是奇怪得很么？宋朝的理学先生，都说服膺儒术，规行矩步。到得说礼，不是胡涂，就是谬妄，也从不见有守礼的事。只有一个杨简，通称杨慈湖。在温州做官，遇着钦差到温州来，去和他行礼，主人升自阼阶，宾升自西阶，一件一件，都照着做，就算奇特非常。到底不会变通，也不算甚么高。照这样看来，理学先生远不如清谈先生。明朝时候，一切学问都昏天黑地，理学只袭宋儒的唾余。王守仁出来，略略改变些儿，不过是沟中没有蛟龙，鲵鳍来做雄长。连宋朝人的琐碎考据、字学校勘，都没有了。典章制度，也不会考古。历史也是推开一卷，中间有几位高的：音韵算陈第，文字训诂算黄生，律吕算朱载堉，攻伪古文《尚书》算梅鷟。算学也有一个徐光启，但从别处译来，并不由自己思索出来，所以不数。到明末顾炎武，就渐渐成个气候。近二百年来，勉强唤做清朝，书学、数学、礼学昏黑了长久，忽然大放光明。历史学也比得上宋朝。像钱大昕、梁玉绳、邵晋涵、洪亮吉，都着实可以名家。讲政事的颇少，就有也不成大体。或者因为生非其时，不犯着讲政事给他人用。或者看穿讲政事的，总不过是浮夸大话，所以不愿去讲。至于哲理，宋明的理学已经搁起一边了，却想不出一种道理去代他。中间只有戴震做几卷《孟子字义疏证》，自己以为比宋儒高。其实戴家的话，只好用在政事一边，别的道理，也并没得看见。宋儒在《孟子》里头翻来翻去，戴家也在《孟子》里头翻来翻去。宋儒还采得几句六朝话（大概皇侃《论语疏》里头的话，宋儒采他的意颇多），戴家只会墨守《孟子》。孟子一家的话，戴家所发明的，原比宋儒切实，不过哲理不能专据孟子。阮元的《性命古训》，更不必评论了。到底清朝的学说，也算十分发达了。只为没有讲得哲理，所以还算一方偏胜。若论进步，现在的书学、数学比前代都进步。礼学虽比不上六朝，比唐、宋、明都进步。历史学里头，钩深致远，参伍比校，也比前代进步。经学还是历史学的一种，近代也比前代进步。本国的学说，近来既然进步，就和一向没有学说的国截然不同了。但问进步到这样就止么？也还不止。六书固然明了，转注、假借的真义，语言的缘起，文字的孳乳法，仍旧模糊，没有寻出线索，可不要向前去探索么？礼固然明了，在求是一边，这项礼为什么缘故起来？在致用一边，这项礼近来应该怎样增损？可不要向前去考究么？历史固然明了，中国人的种类从哪一处发生？历代的器具是怎么样改变？各处的文化是哪一方盛，哪一方衰？盛衰又为什么缘故？本国的政事和别国比较，劣的在哪一块？优的在哪一块？又为什么有这样政事？都没有十分明白，可不要向前去追寻么？算学本是参酌中外，依乎那边盛了，这边只要译他就够。但从前有徐光启采那边的，就有梅文鼎由本国寻出头路来。有江永采那边的，就有钱大昕、焦循由本国寻出头路来。直到罗士琳、徐有壬、李善兰都有自己的精思妙语，不专去依傍他人，后来人可不要自勉么？近来推陈出新的学者，也尽有几个。若说现在的学者没有心得，无论不能概全国的人，只兄弟自己看自己，心得的也很多。到底中国不是古来没有学问，也不是近来的学者没有心得，不过用偏心去看，就看不出来。怎么叫做偏心？只佩服别国的学说，对着本国学说，不论精粗美恶，一概不采，这是第一种偏心。在本国的学说里头，治了一项，其余各项都以为无足重轻，并且还要诋毁，就像讲汉学的人看见魏晋人讲的玄理，就说是空言，或说是异学，讲政事的人，看见专门求是，不求致用的学说，就说是废物，或说是假古玩，仿佛前人说的一个人做弓，一个人做箭，做弓的说只要有我的弓就好射，不必用箭，做箭的说只要有我的箭就好射，不必用弓，这是第二种偏心。（这句话并不是替许多学者做调人，一项学术里头这个说的是，那个说的非，自然要辩论驳正，不可模棱了事就算数。至于两项学术，就不该互相菲薄。）这两项偏心去了，自然有头绪寻出来。但听了别国人说本国的学说坏，依着他说坏，固然是错。就听了别国人说本国的学说好，依着他说好，仍旧是错！为什么缘故呢？别国人到底不明白我国的学问，就有几分涉猎，都是皮毛，凭他说好说坏，都不能当做定论。现在的教育界第一种错渐渐打消几分，第二种错又是接踵而来。比如日本人说阳明学派是最高的学派，中国人听了也就去讲阳明学，且不论阳明是优是劣。但日本人于阳明学并没有什么发明，不过偶然应用，立了几分功业，就说阳明学好。原来用学说去立功业，本来有应有不应，不是板定的。就像庄子说："能不龟手一也，或以封，或不免于洴澼绕。"（不龟手，说手遇了冷不裂。洴澼绕，就是打绵。）本来只是凑机会儿。又应该把中国的历史翻一翻。明末东南的人，大半是讲阳明学派。如果阳明学一定可以立得功业，明朝就应该不亡。又看阳明未生以前，书生立功的也很不少。远的且不必说，像北朝种师道是横渠的弟子，用种师道计，北宋可以不亡。南宋赵蔡是晦庵的再传弟子，宋末保全淮蜀，都亏赵蔡的力。明朝刘基（就是人人称刘伯温的），是参取永嘉金华学派的，明太祖用刘基的策，就打破陈友谅。难道看了横渠、晦庵和永嘉金华学派的书，就可以立得功业么？原来运用之妙，存乎其人。庄子说得好："豕零桔梗，是时为帝。"（豕零就是药品中的猪苓，意思说贱药也有大用。）如果着实说去，学说是学说，功业是功业。不能为立了功业，就说这种学说好。也不能为不能立功业，就说这种学说坏。学说和致用的方术不同。致用的方术，有效就是好，无效就是不好。学说则不然，理论和事实合才算好，理论和事实不合就不好，不必问他有用没用。现在看了日本人偶然的事，就说阳明学好，真是道听途说了。又像一班人，先听见宋儒谤佛，最后又听见基督教人也谤佛，就说佛学不好；近来听见日本人信佛，又听见欧洲人也颇有许多信佛，就说佛学好，也不论佛学是好是坏。但基督教人，本来有门户之见，并说不出自己学理论来。汉学人也并不看佛书，这种话本可以搁起一边。宋儒是看过佛书了，固然有许多人谤佛，也有许多人直用佛书的话，没有讳饰。本来宋儒的学说，是从禅宗脱化，几个直认不讳的，就是老实说直话。又有几个，里面用了佛说，外面排斥佛说，不过是装潢门面，难道有识的人就被他瞒过么？日本人的佛学，原是从中国传去。有几种书，中国已经没有了，日本倒还有原版，固是可宝。但日本人自己的佛学，并不能比中国人深。那种华严教、天台教的话，不过把中国人旧疏敷衍成篇。他所特倡的日莲宗、真宗，全是宗教的见解，并没有关系学说的话。尽他说的好，也不足贵。欧洲人研究梵文，考据佛传，固然是好，但所见的佛书，只是小乘经论，大乘并没有几种。有意讲佛学的人，照着他的法子，考求言语历史，原是不错（本来中国玄奘、义净这班人，原是注意在此，但宋朝以后就绝了），若说欧洲人是文明人，他既学佛，我也依他学佛，那就是下劣的见解了。胡乱跟人，非但无益，并且有害。这是什么缘故？意中先看他是个靶子，一定连他的坏处，也取来了。日本出家人皆有妻，是明明不持戒律。既信日本，就与佛学的本旨相反。欧洲人多说大乘经论不是释迦牟尼说的（印度本来有这句话），在看不定的人，就说小乘好，大乘不好，那就弃菁华，就糟粕了！佛经本来和周公、孔子的经典不同。周、孔的经典是历史，不是谈理的，所以真经典就是，伪经典就不是。佛经是谈理的，不是历史，只要问理的高下，何必问经是谁人所说？佛经又和基督教的经典不同。基督教纯是宗教，理的是非，并不以自己思量为准，只以上帝耶稣所说的为准。佛经不过夹杂几分宗教，理的是非，要以自己思量为准，不必以释迦牟尼所说为准。以前的人学佛，原是心里悦服，并不为爱重印度国推爱到佛经。现在人如果要讲佛学，也只该凭自己的心学去，又何必借重日本、欧洲呢？又像一班无聊新党，本来看自国的人是野蛮人，看自国的学问是野蛮的学问。近来听见德国人颇爱讲支那学，还说中国人民，最自由的人民，中国政事，最好的政事。回头一想：文明人也看得起我们野蛮人，文明人也看得起我们野蛮学问，大概我们不是野蛮人，中国的学问不是野蛮学问了。在学校里边，恐怕该添课国学汉文？有这一种转念，原说他好，并不说他不好。但是受教的人，本来胸中像一块白绢，惟有听受施教的话。施教的人，却该自己有几分注意，不该听别人的话。何不想一想：本国的学问，本国人自然该学，就像自己家里的习惯，自己应该晓得，何必听他人的毁誉？别国有几个教士穴官，粗粗浅浅的人，到中国来，要知道这一点儿中国学问，向下不过去问几个学究，向上不过去问几个斗方名士，本来那边学问很浅，对外人说的又格外浅，外人看中国自然没有学问。古人说的："以管窥天，以蠡测海。"（蠡本来应写蠃，俗写作螺，意思说用蠃壳去舀海水，不能晓得海的深浅。）一任他看成野蛮何妨？近来外人也渐渐明白了。德国人又专爱考究东方学问，也把经典史书略略翻去。但是翻书的人，能把训诂文义，真正明白么？那个口述的中国人，又能够把训诂文义真正明白么？你看日本人读中国书，约略已有一千多年，究竟训诂文义，不能明白。他们所称为大儒，这边看他的话，还是许多可笑。像山井、鼎物观校勘经典，却也可取。因为只按字比校，并不多发议论。其余著作，不过看看当个玩具，并没有可采处。近来许多目录家，看得日本有几部旧书，就看重日本的汉学家，是大错了。皇侃《论语疏》、《玉烛宝典》、《群书治要》几部古书，不过借日本做个书簏子！这个也难怪他们。因为古书的训诂文义，从中唐到明代，一代糊模一代，到近来才得真正明白。以前中国人尚不明白，怎么好责备他国人！后来日本人也看近代学者的书，但是成见深了，又是发音极不正当，不晓得中国声音，怎么晓得中国的训诂？既然不是从师讲授，仍旧不能冰释理解。所以日本人看段注《说文》、王氏《经传释词》和《康熙字典》差不多。几个老博士，翻腾几句文章学说，不是支离，就是汗漫。日本人治中国学问这样长久，成效不过如此，何况欧洲人，只费短浅的光阴，怎么样能够了解？有说："日本人欢喜附会，德国人倒不然，总该比日本人精审一点。"这句话也有几分合理。日本人对着欧洲的学说，还不敢任意武断，对着中国的学说，只是乱说乱造。或者徐福东来，带了许多燕齐怪迂之士，这个遗传性，至今还在。欧洲人自然没有这种荒谬，到底时候太浅，又是没有师授，总是不解。既是不解，他就说中国学问比天还要高，中国人也不必引以为荣。古人说"一经品题，声价十倍"，原是看品题人是什么。若是没有品题的资格，一个门外汉对着我极口称赞，又增什么声价呢？听了门外汉的品题，当作自己的名誉，行到教育的一边，也有许多毛病。往往这边学究的陋话，斗方名士的谬语，传到那边，那边附会了几句，又传到这边，这边就看作无价至宝。也有这边高深的话传到那边，那边不能了解，任意胡猜，猜成了又传到这边，这边又看作无价至宝，就把向来精正确实的话，改做一种浅陋荒唐的话。这个结果，使学问一天堕落一天。几位朋友要问这种凭据，兄弟可以随意举几件来：（一）日本人读汉字，分为汉音、吴音、唐音各种，却是发音不准。并不是中国的汉音、唐音、吴音本来如此，不过日本人口舌崛强，学成这一种奇怪的音。现在日本人说他所读的，倒是中国古来的正音。中国人也颇信这句话。我就对那个人说："中国的古音，也分二十几韵，哪里像日本发音这样简单？古音或者没有凭据，日本人所说的古音，大概就是隋唐时候的音。你看《广韵》现在，从《广韵》追到唐朝的《唐韵》、隋朝的《切韵》，并没有甚么变动。照《广韵》的音切切出音来，可像日本人读汉字的声音么？"那个人说："怎么知道《广韵》的声音不和日本声音一样？"我说一项是声纽（就是通称字母的），两项是四声，从隋唐到现在，并没有甚么大改。日本可有四声么？可有四十类细目么？至于分韵，元明以来的声音，比《广韵》减少，却比日本还多。日本读汉字可能像《广韵》分二百六韵么？你看从江苏沿海到广东，小贩做工的人，都会胡乱说几句英语，从来声音没有读准。假如几百年后，英国人说我们英国的旧音失去了，倒是中国沿海的人发得出英国旧音，你想这句话好笑不好笑？（二）日本人常说："日本读中国的古文就懂得，读中国的现行的文就不懂得，原来中国的文气变了。日本人作的汉文，倒还是中国的古文。"这句话也颇有人相信。我说日本的文章，用助词非常之多，因为他说话里头助词多，所以文章助词也多。中国文章最爱多用助词的，就是宋、元、明三朝，所以日本人拿去强拟。真正隋唐以前的文章，用助并不多，日本人可能懂得么？至于古人辞气，和近来不很相同。就中国人粗称能文的，还不能尽解，更何论日本人！自从王氏做《经传释词》，近来马建忠分为八品，做了一部《文通》，原是用文法比拟，却并没有牵强。大体虽不全备，中国的分起来，总有十几品，颇还与古人辞气相合。在中国文法书里边，也算铮铮佼佼了。可笑有个日本人儿岛献吉又做一部《汉文典》，援引古书也没有《文通》的完备，又拿日本诘诎聱牙的排列法，去硬派中国文法。倒有许多人说儿岛的书比马氏好得多。因为马氏不录宋文，儿岛兼录宋文。不晓中国的文法，在唐朝早已完备了，宋文本来没有特别的句调，录了有甚么用？宋文也还可读，照着儿岛的排列法，语势蹇涩，反而变成文理不通，比马氏的书，真是有霄壤之隔！近来中国反有人译他的书，唉，真是迷了！日本几个老汉学家做来的文字，总有几句不通，何况这位儿岛学士。现在不用拿两部书比较，只要请儿岛做一篇一千字长的文章，看他语气顺不顺，句调拗不拗，再请儿岛点一篇汉书，看他点得断点不断，就可以试验得出来了！（三）有一个英国人说："中国的言语，有许多从外边来，就像西瓜、芦菔、安石榴、蒲桃（俗写作葡萄）是希腊语，师子是波斯语，从那边传入中国。"这句话近来信的虽不多，将来恐怕又要风行。要晓这种话也有几分近理。却是一是一非，要自己检点过。中国本来用单音语，鸟兽草木的名，却有许多是复音语。但凡有两字成一个名的，如果两字可以分解得开，各自有义，必不是从外国来。如果两字不能分解，或者是从外国来。蒲桃本不是中国土产，原是从西域取来，枝叶既不是蒲，果实也不像桃，唤做蒲桃，不合中国语的名义，自然是希腊语了。师子、安石榴也是一样。像西瓜就不然，瓜是蓏的通名，西瓜说是在西方的最好，两个都有义，或者由中国传到希腊去，必不由希腊传到中国来。芦菔也是中国土产，《说文》已经列在小篆。两个字虽然不能分解，鸟兽草木的名，本来复音语很多，也像从中国传入希腊，不像从希腊传入中国。至于彼此谈话，偶然一样，像父母的名，全地球没有大异，中国称兄做昆，转音为哥，鲜卑也称兄为阿干；中国人自称为我，拉丁人也自称为爱伽；中国吴语称我辈曰阿旁（《洛阳伽蓝记》自称阿侬，语则阿旁），梵语也称吾辈曰阿旁；中国称彼为他，梵语也称彼为多他；中国叹词有呜呼，梵语也是阿蒿，这种原是最简的话，随口而出，天籁相符。或者古来本是同种，后来分散，也未可知。必定说甲国的话，从乙国来，乙国的话，从甲国去，就是全无凭据的话了。（像日本许多名词，大半从中国去。蒙古黄台吉就是从中国的皇太子变来，满洲的福晋，就是从中国的夫人变来，这种都可以决定。因为这几国都近中国，中国文化先开，那边没有名词，不得不用中国的话，所以可下断语。若两国隔绝得很远的，或者相去虽近，文字差不多同时开的，就不能下这种断语。）有人说："中国象形文字，从埃及传来。"也有说："中国的干支二十二字，就是希腊二十二个字母。"这种话全然不对。象形字就是画画，任凭怎么样草昧初开的人，两个人同对着一种物件，画出来总是一样，何必我传你，你传我。干支二十二字，甲、己、庚、癸是同纽，辛、戌是同纽，戊、卯、未古音也是同纽。譬如支干就是字母，应该各字各纽，现在既有许多同纽的音，怎么可以当得字母？这种话应该推开。（四）法国人有句话说："中国人种，原是从巴比伦来。"又说："中国地方，本来都是苗人，后来被汉人驱逐了。"以前我也颇信这句话。近来细细考证，晓得实在不然：封禅七十二君，或者不纯是中国地方的土著人。巴比伦人或者也有几个，因为《穆天子传》里面谈的颇有几分相近。但说中国人个个是从巴比伦来，到底不然。只看神农，姜姓。姜就是羌，到周朝还有姜戎。晋朝青海有个酋长名叫姜聪，看来姜是羌人的姓，神农大概是青海人。黄帝或者稍远一点，所以《山海经》说在身毒（身毒就是印度）。又往大夏去采竹。大夏就是唐代的睹货逻国，也在印度西北，或者黄帝即印度人。到底中国人种的来源，远不过印度、新疆，近不过西藏、青海，未必到巴比伦地方。至于现在的苗人，并不是古来的三苗。现在的黎人，并不是古来的黎。三苗九黎也不是一类的。三苗在南，所以说左洞庭、右彭蠡。九黎在北，所以《尚书》、《诗经》都还说有个黎侯，黎侯就在山西。蚩尤是九黎的君（汉朝马融说的），所以黄帝从西边来，蚩尤从东边走，赶到涿鹿，就是现在直隶宣化府地界，才决一大战。如果九黎三苗就是现在的黎人、苗人，应该在南方决战，为什么到北方极边去？难道苗子与鞑子杂处？三苗是缙云氏的子孙（汉朝郑康成说的），也与苗子全不相干。近来的苗人、黎人，汉朝称为西南夷。苗字本来写仿字，黎字本来写俚字，所以从汉朝到唐初，只有仿、俚的名，从无苗、黎的名。后来人强去附会《尚书》，就成苗、黎。别国人本来不晓得中国的历史，听中国人随便讲讲，就当认真。中国人自己讲错了，由别国去一翻，倒反信为确据，你说不要笑死了么？（五）法国又有个人说："《易经》的卦名，就是字书，每爻所说的话，看都是由卦名的字，分出多少字来。"这句话颇像一百年前焦循所讲的话。有几个朋友也信他。我说他举出来的字，许多小篆里头没有，岂可说文王作《周易》的时候，已经有这几个字？况且所举的字音，也并不甚合。在别国想到这条路上，也算巧思。但是在中国人只好把这种话做个谈柄，岂可当他实在？如果说他说的巧合，所以可信，我说明朝人也有一句话，比法国人更巧。他说："'四书'本来是一部书。《论语》后边说'不知命'，接下《中庸》开口就说：'天命之谓性。'《中庸》后边说'予怀明德'，接下《大学》开口就说：'在明明德。'《大学》后边说'不以利为义，以义为利也'，接下《孟子》开口就说：'王何必曰利，亦曰仁义而已矣。'"这倒是天然凑合，一点没有牵强。但是信得这句话么？明末人说了，就说他好笑，法国人说了，就说他有理，不是自相矛盾的么？上面所举，不过几项，其余也举不尽，可见别国人的支那学，我们不能取来做准。就使是中国人不大深知中国的事，拿别国的事迹来比附，创一种新奇的说，也不能取来做准。强去取来做准，就在事实上生出多少支离，学理上生出多少谬妄，并且捏造事迹（捏造事迹，中国向来没有的，因为历史昌明，不容他随意乱说。只有日本人最爱变乱历史，并且拿小说的假话当做实事。比如日本小说里头说源义经到蒙古去，近来人竟说源义经化做成吉思汗，公然形之笔墨了。中国下等人相信《三国志演义》里头许多怪怪奇奇的事，当做真正实在，略读书的人不过付之一笑。日本竟把小说的鬼话，踵事增华，当做真正事实，好笑极了。因为日本史学本来不昌，就是他国正史，也大半从小说传闻的话翻来，所以前人假造一种小说，后来人竟当做真历史，这种笑柄，千万不要风行到中国才好），舞弄条例，都可以随意行去，用这个做学说，自己变成一种庸妄子，用这个施教育，使后生个个变成庸妄子。就使没有这种弊端，听外国人说一句支那学好，施教育的跟着他的话施，受教育的跟着他的话受，也是不该。上边已经说了，门外汉极力赞扬，并没有增甚么声价。况且别国有这种风尚的时候，说支那学好，风尚退了，也可以说支那学不好，难道中国的教育家也跟着他旅进旅退么？现在北京开经科大学，许欧洲人来游学，使中国的学说，外国也知道一点儿，固然是好，但因此就觉得增许多声价，却是错了见解了。大凡讲学问、施教育的，不可像卖古玩一样，一时许多客人来看，就贵到非常的贵，一时没有客人来看，就贱到半文不值。自国的人，该讲自国的学问，施自国的教育。像水火柴米一个样儿，贵也是要用，贱也就要用，只问要用，不问外人贵贱的品评，后来水越治越清，火越治越明，柴越治越燥，米越治越熟，这样就是教育的成效了。至于别国所有，中国所无的学说，在教育一边，本来应该取来补助，断不可学格致古微的口吻，说别国的好学说，中国古来多现成有的。要知道凡事不可弃己所长，也不可攘人之善。弃己所长，攘人之善，都是岛国人的陋见。我们泱泱大国，不该学他们小家模样。

五

胡适之《清代学者的治学方法》

一

研究欧洲学术史的人，知道科学方法不是专讲方法论的哲学家所发明的，是实验室里的科学家所发明的；不是亚里士多德（Aristotle）、倍根（Bacon）、弥儿（Mill）一般人提倡出来的，是格利赖（Galileo）、牛敦（Newton）、勃里斯来（Priestley）一般人实地试行出来的。即如世人所推为归纳论理的始祖的倍根，他不过曾提倡知识的实用和事实的重要，故略带着科学的精神。其实他所主张的方法，实行起来，全不能适用，决不能当“科学方法”的尊号。后来科学大发达，科学的方法已经成了一切实验室的公用品，故弥儿能把那时科学家所用的方法编理出来，称为归纳法的五种细则。但是弥儿的区分，依科学家的眼光看来，仍旧不是科学用来发明真理解释自然的方法的全部。弥儿和倍根都把演绎法看得太轻了，以为只有归纳法是科学方法。近来的科学家和哲学家渐渐的懂得假设和证验，都是科学方法所不可少的主要分子，渐渐的明白科学方法不单是归纳法，是演绎和归纳相互为用的。忽而归纳，忽而演绎，忽而又归纳，时而由个体事物到全称的通则，时而由全称的假设到个体的事实，都是不可少的。我们试看古今来多少科学的大发明，便可明白这个道理。更浅一点，我们走进化学实验室里去做完一小盒材料的定性分析，也就可以明白科学的方法，不单是归纳一项了。

欧洲科学发达了二三百年，直到于今，方才有比较的圆满的科学方法论。这都是因为高谈方法的哲学家和发明方法的科学家向来不很接近，所以高谈方法的人，至多不能得到一点科学的精神和科学的趋势，所以创造科学方法和实用科学方法的人，也只顾他自己研究试验的应用，不能用哲学综合的眼光，把科学方法的各方面详细表示出来，使人了解。哲学家没有科学的经验，决不能讲圆满的科学方法论。科学家没有哲学的兴趣，也决不能讲圆满的科学方法论。

不但欧洲学术史可以证明我这两句话，中国的学术史，也可以引来作证。

二

当印度系的哲学盛行之后，中国系的哲学复兴之初，第一个重要问题，就是方法论，就是一种逻辑。那个时候，程子到朱子的时候，禅宗盛行，一个“禅”字，几乎可以代表佛学。佛学中最讲究逻辑的几个宗派，如三论宗和法相宗，都很不容易研究，经不起少许政府的摧残，就很衰微了。只有那“明心见性不立文字”的禅宗，仍旧风行一世。但是禅宗的方法，完全是主观的顿悟，决不是多数人“自悟悟”的方法。宋儒最初有几个人，曾采用道士派关起门来虚造宇宙论的方法，如周濂溪、邵康节一班人。但是他们只造出几种道士气的宇宙观，并不曾留下什么方法论。直到后来宋儒把《礼记》里面一篇一千七百五十个字的《大学》提出来，方才算是寻得了中国近世哲学的方法论。自此以后，直到明代和清代，这篇一千七百五十个字的小书，仍旧是各家哲学争论的焦点。程朱、陆王之争，不用说了。直到二十多年前，康有为的《长兴学记》里，还争论“格物”两个字究竟怎样解说呢！

《大学》的方法论，最重要的是“致知在格物”五个字。程子、朱子一派的解说是：

> 所谓“致知在格物”者，言欲致吾之知，在即物而穷其理也。盖人心之灵，莫不有知，而天下之物，莫不有理。惟于理有未穷，故其知有未尽也。是以《大学》始教，必使学者即凡天下之物，莫不因其已知之理而益穷之，以求至乎其极。至于用力之久，而一旦豁然贯通焉，则众物之表里精粗无不到，而吾心之全体大用无不明矣。（朱子补《大学》第五章）

这一种“格物”说，便是程朱一派的方法论。这里面有几点很可注意：（1）他们把“格”字作“至”字解。朱子用的“即”字，也是“到”的意思。“即物而穷其理”，是自己去到事物上寻出物的道理来。这便是归纳的精神。（2）“即凡天下之物，莫不因其已知之理而益穷之以求至乎其极”。这是很伟大的希望。科学的目的，也不过如此。小程子也说：“语其大，至天地之高厚；语其小，至一物之所以然，学者皆当理会。”倘宋代的学者，真能抱着这个目的做去，也许做出一些科学的成绩。

但是这种方法何以没有科学的成绩呢？这也有种种原因：（1）科学的工具器械不够用。（2）没有科学应用的需要。科学虽不专为实用，但实用是科学发展的一个绝大原因。小程子临死时说：“道著用，便不是。”像这种绝对非功用说，如何能使科学有发达的动机！（3）他们既不讲实用，又不能有纯粹的爱真理的态度。他们口说“致知”，但他们所希望的，并不是这个物的理和那个物的理，乃是一种最后的绝对真理。小程子说：“今日格一件，明日格一件，积习既多，然后脱然有贯通处。”又说：“自一身之中至万物之理，但理会得多，自然豁然有觉悟处。”朱子上文说的“至于用力之久，而一旦豁然贯通焉，则众物之表里精粗无不到，而吾心之全体大用无不明矣”，这都可证宋儒虽然说“今日格一事，明日格一事”，但他们的目的，并不在今日明日格的这一事，他们所希望的，是那“一旦豁然贯通”的绝对的智慧。这是科学的反面。而科学所求的知识，正是这物那物的道理，并不妄想那最后的无上智慧。丢了具体的物理，去求那“一旦豁然贯通”的大彻大悟，决没有科学！

再论这方法本身也有一个大缺点。科学方法的两个重要部分：一是假设，一是实验。没有假设，便用不着实验。宋儒讲格物，全不注重假设。如小程子说：“致知在格物。物来则知起，物各付物，不役其知，则意诚不动。”天下哪有“不役其知”的格物？这是受了《乐记》和《淮南子》所说“人生而静，天之性也。感于物而动，性之欲也”那种知识论的毒。“不役其知”的格物，是完全被动的观察，没有假设的解释，也不用实验的证明。这种格物，如何能有科学的发明？

但是我们平心而论，宋儒的格物说，究竟可算得是含有一点归纳法的精神。“即凡天下之物，莫不因其已知之理而益穷之。”这一句话里，的确含有科学的基础。朱子一生，有时颇能做一点实地的观察。我且举《朱子语录》里的两个例：

> （1）今登高山而望，群山皆为波浪之状，便是水泛如此。只不知因甚么事凝了。
>
> （2）尝见高山有螺蜂壳，或生石中。此石即旧日之土，螺蜂即水中之物。下者却变而为高，柔者却变而为刚。此事思之至深，有可验者。

这两条都可见朱子颇能实行格物。他这种观察，断案虽不正确，已很可使人佩服。西洋的地质学者观察同类的现状，加上胆大的假设，作为有系统的研究，便成了历史的地质学。

三

起初小程子把“格物”的物字解作“语其大，至天地之高厚；语其小，至一物之所以然”，又解作“自一身之中，至万物之理”。像这个“物”的范围，简直是科学的范围。但是当科学器械不完的时候，这样的科学野心，不但做不到，简直是妄想。所以小程子自己先把“物”的范围缩小了，他说：“穷理亦多端：或读书讲明义理，或论古今人物，别其是非，或应接事物，处其当然。皆穷理也。”这是把“物”字缩到穷经、应事、尚论古人三项。后来朱子便依着小程子所定的范围。朱子是一个读书极博的人，他的一生精力，大半都用在“读书穷理”、“读书求义”上。他曾费了大工夫，把四子书、四经（《易》、《诗》、《书》、《春秋》）自汉至唐的注疏细细整理一番，删去那些太繁的和那些太讲不通的，又加上许多自己的见解，做成了几部简明贯串的集注。这几部书，八百年来在中国发生了莫大的势力。他在《大学》、《中庸》两部书上用力更多，每一部书有《章句》，又有《或问》，《中庸》还有《辑略》。他教人看《大学》的法子：“须先读本文，念得；次将章句来解本文，又将或问来参章句，须逐一令记得；反复寻究，待他浃洽，既逐段晓得，将来统看温寻过，这方始是。”看这一条，可以想见朱子的格物方法在经学上的应用。

他这种方法，是很繁琐的。而在那禅学盛行的时代，这种方法自然很受一些人的攻击。陆子批评他道：“易简工夫终久大，支离事业竟浮沉。”“支离事业”，就是朱子一派的“传注”工夫。陆子自己说：“学苟知本，则六经皆我注脚。”又说：“六经注我，我注六经。”他所说的“本”，就是自己的心。他说：“宇宙即是吾心，吾心即是宇宙。”他又说：“万物皆备于我，只要明理。然理不解自明，须是隆师亲友。”

朱子说：“人心之灵，莫不有知；而天下之物，莫不有理。”这是说“理”在物中，不在心内，故必须去寻求研究。陆子说：“此心此理，实不容有二。”心就是理，理本在心中，故说“理不解自明”。这种学说和程朱一系所说“即物而穷其理”的方法，根本上立于反对的地位。

后来明代王阳明也攻击朱子的格物方法。王阳明说：

> 众人只说格物要依晦翁，何曾把他的说去用。我着实曾用来。初年与钱友同论做圣贤，要格天下之物，因指亭前竹子令去格看。钱子早夜去穷格竹子的道理，竭其心思，至于三日，便致劳神成疾。我当初说他是精力不足，因自去穷格，早夜不得其理，到七日，亦以劳思致疾。遂相与叹圣贤是做不得的，无他大力量去格物了！

王阳明这样挖苦朱子的方法，虽然太刻薄一点，其实是很切实的批评。朱子一系的人，何尝真做过"即凡天下之物，莫不因其已知之理而益穷之"的工夫？朱子自己说："夫天下之物，莫不有理，而其精蕴则已具于圣贤之书，故必由是以来之。"从"天下之物"缩小到"圣贤之书"，这一步可算跨得远了。

王阳明自己主张的方法，大致和陆象山相同。王阳明说："心外无物。"又说："物者，事也。凡意之所发，必有其事。意所在之事谓之物。"又说："如吾心发一念孝亲，即孝亲便是物。"他把"格"字当作"正"字解，他说："格者正也，正其不正以归于正也。"他把"致知"解作"致吾心之良知"，故要人"于其良知所知之善者，即其意之所在之物而实为之，无有乎不尽，于其良知所知之恶者，即其意之所在之物而实去之，无有乎不尽"。这就是格物。

陆王一派把"物"的范围限于吾心意念所在的事物，初看去似乎比程朱一派的"物"的范围缩小得多了，其实并不然。程朱一派高谈"即凡天下之物"，其实只有"圣贤之书"是他们的"物"。而程王明明承认"格天下之物"是做不到的事，故把范围收小，限定"意所在之事谓之物"。但是陆王都主张"心外无物"的，故"意所在之事"一句话的范围，可大到无穷，比程朱的"圣贤之书"广大得多了！还有一层，陆王一派，极力提倡个人良知的自由，故陆子说："六经为我注脚。"王子说："夫学贵得之心。求之于心而非也，虽其言之出于孔子，不敢以为是。"像这种独立自由的精神，便是学问革新的动机。

但是独立的思想精神，也是不能单独存在的。陆王一派的学说，解放思想的束缚，是很有功的，但他们偏重主观的见解，不重物观的研究，所以不能得社会上一般人的信用。我们在三四百年后观察程朱陆王的争论，从历史的线索上看起来，可得这样一个结论："程朱的格物论，注重'即物而穷其理'，是很有归纳的精神的。可惜他们存一种被动的态度，要想'不役其知'以求那豁然贯通的最后一步。那一方面陆王的学说，主张真理即在心中，抬高个人的思想，用良知的标准来解脱'传注'的束缚。照这种自动的精神，很可以补救程朱一派的被动的格物法。而程朱的归纳手续，经过陆王一派的解放，是中国学术史一大转机。解放后的思想，重新又探取程朱的归纳精神，重经过一番'朴学'的训练，于是有清代学者的科学方法出现，这又是中国学术史的一大转机。"

四

中国旧有的学术，只有清代的"朴学"确有"科学"的精神。而"朴学"一个名词，包括甚广，大要可分四部分：

(1) 文字学 (Philology)　包括字音的变迁，文字的假借通转等等。

(2) 训估学　训话学是用科学的方法，物观的证据，来解释古书文字的意义。

(3) 校勘学 (Textual Criticesm)　校勘学是用科学的方法，来校正古书文字的错误。

(4) 考订学 (Higher Criticesm)　考订学是考定古书的真伪、古书的著者及一切关于著者的问题的学问。

因为范围很广，故不容易寻一个总包各方面的类名。而"朴学"又称为"汉学"，又称为"郑学"。这些名词都不十分满人意。比较起来，"汉学"两个字，虽然不妥，但很可以代表那时代的历史背景。

而“汉学”是对于“宋学”而言的。因为当时的学者不满意于宋代以来的性理空谈，故抬出汉儒来想压倒宋儒的招牌。因此我们暂时沿用这个字。

“汉学”这个名词，很可表示这一派学者的公同趋向。这个公同趋向，就是不满意于宋代以来的学者用主观的见解来做考古学问的方法。这种消极方面的动机，起经学上所发生的问题，后来方才渐渐的扩充，变成上文所说的四种科学。现在且先看汉学家所攻击的几种方法：

（1）随意改古书的文字。

（2）不懂古音，用后世的音来读古代的韵文，硬改古音为“叶音”。

（3）增字解经。例如“致知”为“致良知”。

（2）望文生义。例如《论语》“君子耻其言而过其行”，本有错误，故“而”字讲不通。宋儒硬解为：“耻者，不敢尽之意；过者，欲有余之辞。”却不知道“而”字是“之”字之误。（皇侃本如此）

这四项，不过是略举几个最大的缺点。现在且举汉学家纠正这种主观的方法的几个例：唐明皇读《尚书·洪范》“无偏无颇，遵王之义”，觉得下文都协韵，于是下敕改“颇”为“陂”，使与义字协韵。至顾炎武研究古音，以为唐明皇改错了。因为古音“义”字本读为我，故与颇字协韵。他举《易象传》“鼎耳革，失其义也。覆公悚，信如何也”，又《礼记·表记》“仁者，右也；道者，左也；仁者，人也；道者，义也”，证明“义”字芷读为我，故与左字何字颇字协韵。

又《易·小过》上六：“弗遇过之，飞鸟离之。”朱子说当作“弗过遇之”。至顾炎武引《易·离》九三“日昃之离，不鼓缶而歌，则大耋之嗟”，证明“离”字古读如罗，与过字协韵，本来不错。

“望文生义”的例，如《老子》“行于大道，唯施是畏”，王弼与河上公都把“施”字当作“施为”解。王念孙证明“施”字当读为迤，作邪字解。他举的证据甚多：(1)《孟子·离娄》："施从良人之所之。"赵岐注："施者，邪施而行。"丁公著音迤。(2)《淮南·齐俗训》："去非者，非批邪施也。"高诱注："施，微曲也。"(3)《淮南·要略》："接径直施。"高注："施，邪也。"以上三证，证明施与迤通，《说文》说："迤，衺行也。"(4)《史记·贾生传》"庚子日施兮"，《汉书》写作"日斜兮"。(5)韩非子的《解老》篇解《老子》这一章，也说："所谓大道也者，端道也。所谓貌施也者，邪道也。"以上两证，证明"施"字作邪字解。照这种考证法，还不令人心服吗？

这几条随便举出的例，可以表示汉学家的方法。他们的方法的根本观念，可以分开来说：

(1)研究古书，并不是不许人有独立的见解，但是每立一种新见解，必须有物观的证据。

(2)汉学家的"证据"，完全是"例证"。例证就是举例为证，看上文所举的三件事，便可明白"例证"的意思了。

(3)举例作证，是归纳的方法。倘举的例不多，便是类推(Analogy)的证法。举的例多了，便是正当的归纳法(Induction)了。而类推与归纳，不过是程度的区别。其实他们的性质是根本相同的。

(4)汉学家的归纳手续，不是完全被动的，是很能用"假设"的。这是他们和朱子大不相同之处。他们所以能举例作证，正因为他们观察了一些个体的例之后，脑中先已有了一种假设的通则，然后用这通则所包涵的例，来证同类的例。他们实际上是用个体的例，来证个体的例，精神上实在是把这些个体的例所代表的通则演绎出来，故他们的方法是归纳和演绎同时并用的科学方法。如上文所举的第一件事，顾炎武研究了许多例，得了"凡义字古音皆读为我"的通则。这是归纳。后来他遇着"无偏无颇，遵王之义"一个例，就用这个通则解释他，说这个义字古音读为我，故能与颇字协韵。这是通则的应用，是演绎法。既是一条通则，应该总括一切"义"字，故必须举出这条

“义读为我”的例来，证明这条“假设”的确是一条通则。印度因明学的三支，有了“谕体”（大前提），还要加上一个“谕依”（例），就是这个道理。

五

我现在且举几个最精密的长例，来表示汉学家的科学方法。清代汉学的成绩，要算文字学的音韵一部分为最大，故我先举钱大昕考定古今音变迁的一条例。钱氏于古音学有两大发明：一是“古无轻唇音”，一是“古无舌头、舌上之分”。前一条，我已引在我的《中国哲学史大纲》里了。现在且举他的“古无舌头、舌上之分”一条。舌上的音，如北方人读知、澈、澄三组的字，都是舌上音，舌头音为端、透、定三组的字（西文的 P、T 两母的字）。钱氏发明现读舌上音的字，古音都读舌头的音。他举的例如下：

（1）《说文》：“冲，读若动。”《书》：“惟予冲人。”《释文》：“直忠切。”古读直如特。冲子，犹童子也。字母家不识古音，读冲为虫，不知古读虫亦如同也。《诗》：“蕴隆虫虫。”《释文》：“直忠反。”徐：“徒冬反。”《尔雅》作爞爞，郭：“都冬反。”《韩诗》作烔，音徒冬反。是虫与同音不异。

（2）古音中如得。《三仓》云：“中，得也。”《史记·封禅书》：“康后与王不相中。”《周勃传》：“子胜之尚公主，不相中。”小司马皆训为得。

（3）古音陟如得。《周礼》：“太卜掌三梦之法……三曰咸陟。”注：“陟之言得也，读如王德翟人之德。”

（4）古音赵如搁。《诗》：“其镈斯赵。”《释文》：“徒了反。”《周礼·考工记》注引此作“其镈斯裯”，大了反。《荀子》杨倞注：“赵，读为掉。”

（5）古音直如特。《诗》：“实惟我特。”《释文》：

“《韩诗》作直，云：相当值也。”《檀弓》：“行并植于晋国。”

注："植或为特。"《王制》："天子植杓。"《释文》："植，音特。"

（6）古音竹如笃。《诗》："绿竹猗猗。"《释文》："《韩诗》作薄，音徒沃反。"与笃音相近，皆舌音也。笃、竹并从竹得声。《论语》："君子笃于亲。"《汗简》云："古文作竺。"《书》："笃不忘。"《释文》："本又作竺。"《释诂》："竺，厚也。"《释文》："本又作笃。"《汉书·西域传》云："无雷国比与捐毒接。"师古曰："捐毒，即身毒，天毒也。"《张骞传》："吾贾人转市之身毒国。"邓展曰："毒，因督。"李奇曰："一名天竺。"《后汉书·杜笃传》："摧天督。"注："即天竺国。"然则竺、笃、毒、督四字同音。

（7）古读猪如都。《礼·檀弓》："洿其宫而猪焉。"注："猪，都也，南方谓都为猎。"《书》："大野既猪。"《史记》作"既都"。"荣波既猎"，《周礼注》引作"荣播既都"。

（8）古读追如堆。《郊》："特牲母追。"《释文》："多雷反。"枚乘《七发》："逾岸出追。"李善注："追，古堆字。"

（9）古读倬如菿。《诗》："倬彼甫田。"《韩诗》作"菿"。

（10）古读枨如棠。孔子弟子申枨，《史记》作申棠。因枨有棠音。可悟古读"长"丁丈切，与党音相似。正是音和，非类隔。

（11）古读池如沱。《诗》："滮池北流。"《说文》引作"滮沱"。《周礼·职方氏》："并州其川虖池。"《礼记》："晋人将有事于河，必先有事于恶池。"即滮沱之异文。

（12）古读廛如坛。《周礼·廛人》注："故书廛为坛。"杜子春读坛为廛。"载师以廛里任国中之地。"注："故书廛或为坛，司农读为廛。"

（13）古读秩如豒。《书》"平秩东作"，《说文》引作豒，从豊，弟声。凡从失之字，如跌、迭、瓞、昳、诶，皆读舌音，则秩亦有迭音，可信也。

（14）姪娣本双声字。《公羊释文》："姪，大结反。娣，大计反。"此古音也。《广韵》姪有"徒结"、"直一"两切。

（15）古读陈如田。《说文》："田，陈也。"陈完奔齐，以国为氏，而《史记》谓之田氏，是古田、陈同声。

钱氏所举的例，不止这十五个，我不能全钞了。看他每举一例，必先证明那个例，然后从那些证明了的例上，求出那"古无舌头舌上之分"的大通则。这里面有几层的归纳和几层的演绎。他从《诗》释文、《檀弓》注、《王制》释文各例上寻出“古读直如特”的一条通则，便是一层归纳。他用同样的方法，去寻出“古读竹如笃”、“古读猪如都”等等通则，便是十几次的归纳。然后把这许多通则贯串综合起来，求出“古读舌上音皆为舌头音”的大通则，便是一层大归纳。而经过这层大归纳之后，有了这个大通则，再看这个通则，有没有例外。如字书读“冲”为“虫”，他便可应用这条大通则，说“虫”字古时也读如“同”这是演绎。他怕演绎的证法还不能使人心服，故又去寻个体的例，如“虫”字的“直忠”和“都冬”两切，证明“虫”字古读如“同”，这又是归纳了。

这是汉学家研究音韵学的方法。三百年来的音韵学，所以能成一种有系统有价值的科学，正因为那些研究音韵的人，自顾炎武直到章太炎都能用这种科学的方法，都能有这种科学的精神。

六

我再举一个训诂学的例。清代讲训诂的方法，到王念孙、王引之父子两人，方才完备。二王以后，俞樾、孙诒让一班人，都跳不出他们两人的范围。王氏父子所著的《经传释词》，可算得清代训诂学家所著的最有统系的书，故我举的例也是从这部里来的。古人注书，最讲不通的，就是古书里所用的“虚字”。“虚字”在文法上作用很大，古人没有文法学上的名词，一切统称“虚字”（语词、语助词等等），已经是很大的缺点了，不料有一些学者，竟把这些“虚字”当作“实字”用。如“言”字在《诗经》里常作“而”字或“乃”字解，都是虚字，被毛公、郑玄等解作代名词的“我”字，便更讲不通了。王氏的《经传释词》全用归纳的方法，举出无数的例，分类排比起来，看出相同的性质，然后下一个断案，定他们的文法作用。我要举的例，是用在句中或句首的“焉”字。

“焉”字用在句尾，是很平常的用法。例如“殆有甚焉”、“必有事焉”，都作“于此”解，那是很容易的。但是“焉”字文常常用在一句的中间，或一句的起首，他的功用等于“于是”、“乃”、“则”一类的状词，大概是表时间的关系，有时还带着一点因果的关系。王氏举的例如下：

(1)《礼记·月令》：“命舟牧覆舟，五覆五反，乃告舟备具于天子，天子焉（于是）始乘舟。”

(2)《晋语》：“尽逐群公子，乃立奚齐，焉（于是）始为令于国。”

(3)《墨子·鲁问》：“公输子自鲁南游，焉（于是）始为舟战之器。”

(4)《山海经·大荒西经》：“夏后开焉（于是）始得歌九招。”

(5)《祭法》：“坛墠有祷，焉（则）祭之，无祷乃止。”

(6)《三年问》：“故先王焉（乃）为之立中制节。”

(7)又：“焉使倍之，故再期也。”

(8)《大戴礼·王言》篇：“七教，修焉（乃）可以守。三至行，焉（乃）可以征。”

(9)《曾子制言》篇：“有知，焉（乃）谓之友；无知，焉为之主。”

(10)《齐语》：“乡有良人，焉（乃）以为军令。”

(11)《吴语》：“吾道路悠远，必无有二命，焉（乃）可以济事。”

(12)《老子》：“信不足，焉（于是）有不信。”

(13)《管子·幼官》篇：“胜无非义者，焉（乃）可以为大胜。”

(14)又《揆度》篇：“民财足，则君赋敛焉（乃）不穷。”

(15)《墨子·亲士》篇：“焉（乃）可以长生保国。”

(16)又《兼爱》：“必知乱之所自起，焉（乃）能治之。”

(17)又《非攻》：“汤焉（乃）敢奉率其众以乡有夏之境。”

(18)《庄子·则阳》篇：“君为政，焉（乃）勿卤莽；治民，焉（乃）勿灭裂。”

(19)《荀子·议兵》篇：“若赴水火，入焉（则）焦没耳！”

(20)又：“凡人之动也，为赏庆为之，则见害伤焉（乃）止矣。”

(21)《离骚》：“驰椒丘，且焉（于是）止息。”

(22)《九章》：“焉（于是）洋洋而为客。”“焉（于是）舒情而抽信兮。”

(23)《九辩》:“国有骥而不知乘兮，焉（乃）皇皇而更索。”

(24)《招魂》:“巫阳焉（乃）下招曰。”

(25)《远游》:“焉（乃）逝以徘徊。”

(26)僖十五年《左传》:“晋于是乎作爰田。晋于是乎作州兵。”《晋语》作:“焉作辕田，焉作州兵。”则是“焉”与“于是”同义。

(27)《荀子·礼论》篇:“三者偏亡，焉无安人。”而《史记·礼书》用此文，焉作则。《老子》:“故贵以身为天下，则可寄天下。”又在《淮南·道应训》引此则作焉。则是“焉”与“则”同义。

照这种方法，先搜集许多同类的例，比较参看，寻出一个大通则来，完全是归纳的方法。但是以我自己的经验看起来，这种方法实行的时候，决不能等到把这些同类的例都收集齐了，然后下一个大断案。而当我们寻得几条少数同类的例时，我们心里已起了一种假设的通则。有了这个假设的通则，若再遇着同类的例，便把已有的假设去解释他们，看他能否把所有同类的例，都解释的满意，这就是演绎的方法了。演绎的结果，若能充分满意，那个假设的通则，便成了一条已证实的定理。照这样的办法，由几个（有时只须一两个）同类的例，引起一个假设，再求一些同类的例，去证明那个假设是否真能成立，这是科学家常用的方法。假设的用处，就是能使归纳法实用时，格外经济，格外省力。凡是科学上能有所发明的人，一定是富于假设的能力的人。宋儒的格物方法所以没有效果，都因为宋儒既想格物，又想“不役其知”。不役其知，就是不用假设，完全用一种被动的态度。那样的用法，决不能有科学的发明。因为不能提出假设的人，严格说来，竟可说是不能使用归纳方法。为什么呢？ 因为归纳的方法，并不是教人观察“凡天下之物”，并不是教人观察乱七八糟的个体事物。归纳法的真义，在于教人“举例”，在于使人于乱七八糟的事物里面寻出一些“类似的事物”。当他“举例”时，心里必已有了一种假设。如钱大昕举冲、中、陟、直、赵、竺等字时，他先已有了一种“类”的观念，先有了一种假设。不然，他为什么不举别的整千整万的字呢？如王氏讲“焉”字的例，他若先没有一点假设，为什么单排出这些句中和句首的“焉”字呢？汉学家的长处，就在他们有假设通则的能力。因为有假设的能力，又能处处求证据来证实假设的是非，所以汉学家的训诂学，有科学的价值。道光年间有个方东澍，做了一部《汉学商兑》，极力攻击汉学家，但他对于高邮王氏的《经义述闻》也不能不佩服，不能不说“实足令郑、朱俯首，自汉唐以来，未有其比”。可见汉学家的方法精密，就是宋学的死党，也不能不心服了！

七

吾在上文已举了音韵学和训诂学的例，我现在再举清代校勘学作例。古书被后人钞写刻印，很难免去错钞错刻的弊病。譬如我做了一篇一百字的文章，写好之后，我自己校看一遍，没有错字。这个原稿，可叫做“甲”。我的书记重钞了一篇，送登《北京大学月刊》，因为“甲”是用草字写的，钞本误认了一个字，遂错钞了一个字。这篇“乙”稿，拿去排印，商务印书馆的排工又排错了一字，这个印本可叫做“丙”。这三个字本子的“可靠性”有如下的比例：

“甲”本 100%；　　“乙”本 99%；“丙”本 97.02。

这一个本子，只经过三手，已比原本减少 2.98% 的可靠性了。何况古代的著作，经过了一两千年的传钞翻印，哪能保得住没有错误呢！校勘学的发生，只是要救正这种“日读误书”的危险。但是这种校勘的工夫，初看似乎很容易，其实真不容易。譬如上文说的“丙”本，只得寻着我的“甲”本，细细校对一遍，就可校正了。但是这种容易的校勘，是不常有的。有些古书，并没有原本可用来校对。所有的古本，无论怎样古，终究是钞本。而有时一部书，只有一个传本，并无第二本。校书的人，既不可随意乱改古书，又不可穿凿附会，勉强解说（说详本篇第四篇），自不能不用精密的方法，正确的证据，方才能使人心服。清代的校勘学所以能使人心服，正为他用的是科学的方法。

校勘学的方法，可分两层说。第一是根据，第二是评判。根据是校勘时用来作比较参考的底本。根据大约有五种：(1)根据最古的旧本子。例如阮元的《论语注疏校勘记》，引据的本子是《汉石经》残字、《唐石经》、《宋石经》、皇侃《义疏》、高丽本(据陈鳣《论语》古训引的)，十行本(宋刻的元明修补的)、闽本(明嘉靖时刻)、北监本(明万历时刻)、毛本(明崇祯时刻)，共计九种古本。(2)根据古书里引用本书的文句。例如《群书治要》、《太平御览》等书，引了许多古书，可以用作参考。又如阮元校勘《论语》"君子耻其言而过其行"一句，先说："皇本、高丽本而作之，行下有也。"这是前一种的根据。阮元又说："按《潜夫论·交际》篇孔子疾夫言之过其行者，亦作之字。"这是第二种的根据。又如《荀子·天论》"内外无别，男女淫乱，则父子相疑，"上下乖离"，这四项是平等的，不当夹一个"则"字。《韩诗外传》有这一段，没有"则"字。《群书治要》引的也没有"则"字。故王念孙根据这两书说则字是衍文。(3)根据本书通行的体例。最明显的例，是《墨子·小取》篇："辟也者，举也物而以明之也。"第二个"也"字，初看似乎无意思，故毕沅校《墨子》便删了这个字。王念孙后来发见"《墨子》书通以也为他"一条通例，故说这个"也"字也是"他"字，"举他物以明此物谓之譬"，这就明白了。他的儿子王引之又用这条通例来校《小取》篇"无也故焉"的"也"字，也是"他"字；又"无故也焉"一句，也应改正为"无也故焉"，那"也"字也是"他"字。后来我校《小取》篇"是犹谓也者同也"、"吾岂谓也者异也"两句，也用这条通例来把第一和第三个"也"字都读作"他"字。(4)根据古注和古校本。古校本最重要的，莫如陆德明的《经典释文》。古注自汉以来多极了，不能遍举。我且举两个应用的例：《易》《系辞传》"拟之而后言，议之而后动"，议字实在讲不通。《释文》曰："陆、姚、桓元、荀柔之作仪。"而"仪"字作效法解，与拟字并列，便讲得通了。《系辞》又有"几者动之微，吉之先见者也"。我不懂得此处何故单说"吉"，不说"吉凶"。后来我读孔颖达《正义》，说"诸本或有凶字者，其定本则无也"，方才知道唐初的人，还见过有"凶"字的本子，可据此校改。后来我读《汉书·楚元王传》："穆生曰：《易》称知几其神乎！几者，动之微，吉凶之先见者也。”此又可证我的前说。(5)根据古韵。我引王念孙《读书杂志》一段作例：

《淮南子·原道训》:“是故无所私而无所公，靡滥振荡，与天地鸿洞；无所左而无所右，蟠委错袗，与万物始终。”按始终，当作终始(上文云“水流而不止与万物终始”)。公、洞为韵，右、始为韵(右古读若“以”，说见《唐韵正》)。若作始终，则失其韵矣。

又《俶真训》:“若夫真人则动溶于至虚而游于灭亡之野，骑蜚廉而从敦圄，驰于外方(外方据道藏本各本作方外)，休乎宇内，烛十日而使风雨，臣电公，役考父，妾宓妃，妻织女。”按“宇内”当为“内宇”(内宇犹宇内也。大林中谓之中林，谷中请之中谷矣)，内宇与外方相对为文。宇与野、圄、雨、父、女为韵(野古读若“墅”、说见《唐韵正》)。若作“宇内”，则失其韵矣。

《说林》篇：“无乡之社，易为黍肉；无国之稷，易为求福。”案“黍肉”当作“肉黍”。后人以肉与福韵相协，故改为“黍肉”。不知福字古读若“偪”，不与肉为韵也。社、黍为韵(社古读若“墅”。《说文》:社从示，土声。《甘誓》“不用命戮于社”，与祖为韵。《郊特牲》“而君亲誓社”，与赋、旅、伍为韵。《左传》闵二年成季将生卜辞“间于两社”，与辅为韵。《管子·揆度》篇“杀其身以衅其社”，与鼓、父为韵)，稷、福为韵。若作黍肉，则失其韵矣。

以上五项，是校勘学的根据。但是这几种根据，都有容易致误的危险。先说古本。我们所有的古本，已不知是经过了多少次口授手写的钞本了，其中难保没有错误。近人最崇拜宋版的书，其实宋版也有好坏，未必都可用作根据。次说古书转引本书的文句，也有两大危险：第一，引书的人未必字字依照原文，往往随意增减字句。第二，初引或不误，后来传钞翻印，难免没有错误。次说本书的通例，也许著书的人偶然变例。次说古注与古校本。古校本往往有许多种不同的，究竟应该从哪一个校本。古注本也有被后人妄改了的。例如《老子》二十三章“信不足焉，有不信焉”，这句本当作“信不足，焉有不信”(看上文第六节)，故王弼注云：“忠信不足于下，焉有不信也。”(此据《永乐大典》本)但今本王注改作“忠信不足于下焉，有不信焉”，这便不成话了。最后说古韵的根据，有时也容易致误。我且引一条最可注意的例：

《易经·剥象传》:“君子得舆，民所载也。小人剥庐，终不可用也。”又《丰象传》:“丰其沛，不可大事也。折其右肱，终不可用也。”这两条的韵，很不容易说明。顾炎武作《易音》，竟不懂“用”何以能与“载”、“事”为韵。杨宾实说，两“用”字皆“害”字之误。卢文弨赞成此说，说：“害在十四泰，载在十九代，事在七志，古韵皆得相通。古害字作周，故易与‘用’字相混。”这一说从表面看去，似乎很圆满了。后来王念孙驳他道：“凡《易》言君子小人者，其事皆相反。君子得舆，小人剥庐，亦取相反之义。……非谓小人不能害君子也。右肱为人之所用，右肱折，则终不可用……折肱，则害及肱矣，何言终不可害乎？今案‘用’读为‘以’。《苍颉篇》:‘用，以也。’‘用’与‘以’声近而义同，故用可读为以。犹‘集’与‘就’声近而义同，故集可读为就，‘戎’与‘汝’声近而义同，故戎可读为汝也。……《剥象传》以灾、尤、载用为韵，《丰象传》以灾、志、事用为韵……于古音并属‘之’部……若‘害’字则从丰声，丰读若介，于古音属‘祭’部（在诸经中与害为韵者）……凡发、拨、大、达、败、晢、逝、外、未、说、牵、迈、卫、烈、目、揭、竭、世、艾、岁等字，皆属‘祭’部。遍考群经、《楚辞》，未有与‘之’部之灾、尤、载、志、事等字同用者。至于老、庄诸子，无不皆然。是害与灾、尤、载、志、事五字，一属‘祭’部，一属‘之’部，两部绝不相通。”（《经义述闻》卷二）

因为这些根据，都容易弄错，故校勘学不能全靠根据。校勘学的工夫，在于“评判”。校勘两字，都是法律的名词，都含有审判的意思。英文 Textual Criticism，译言“本子的评判”。我们顾名思义，可知校勘学决不单靠本子或他种的根据，可知校勘重在细心的判断。上文王念孙校一个“用”字，便是评判的工夫。段玉裁有《与诸同志书论校书之难》一篇，说这个道理最明白。

校书之难，非照本改字，不讹不漏之难也，定其是非之难。是非有二：曰底本之是非，曰立说之是非。必先定其底本之是非，而后可断其立说之是非。二者不分，轇轕如治丝而棼，如算之淆乱其法实而瞀乱乃至不可理。何谓底本？著书者之稿本是也。何谓立说？著书者所言之义理是也。《周礼·轮人》："望而视其轮，欲其蜎尔而下迤也。"自《唐石经》以下各本，皆作"下迤"。唐贾氏作"不迤"。故疏曰："不迤者，谓辐上至毂，两两相当，正直不旁迤，故曰不迤也。"文理甚明。今各本疏文皆作"下迤"（下迤者，谓辐上至毂，两两相当，正直不旁迤，故曰下迤也），其语绝无文理，则非贾文之底本矣。此由宋人以疏合经注者，改疏之"不"字，合经之"下"字。所仍之经，非贾氏之经本也。然则经本有二，"下"者是欤？"不"者是欤？曰："下者是也。""望而视其轮"，谓视其已成轮之牙。轮圆甚，牙皆向下迤邪，非谓辐与毂正直两两相当也。经下文"县之以视其辐之直"，自谓辐。"规之以视其圆"，自谓圆轮之圆在牙。上文"毂、辐、牙为三材"。此言轮、辐、毂、轮，即牙也。然则《唐石经》及各本经作"下"是，贾氏本作"不"非也。而义理之是非得矣。倘有浅人校疏文"下迤"之误，改为"不迤"，因以疏文之"不迤"而改经文之"下迤"，则贾疏之底本得矣，而于义理乃大乖也。（段氏共引五例，今略。）故校经之法，必以贾还贾，以孔还孔，以陆还陆，以杜还杜，以郑还郑，各得其底本，而后判其义理之是非，而后经之底本可定，而后经之义理可以徐定。不先正注疏、释文之底本，则多诬古人。不断其立说之是非，则多误今人。（《经韵楼集》）

我们看了这种校勘学方法论，不能不佩服清代汉学家的科学精神。在浅学的人，只觉得汉学家斤斤的争辩一字两字的校勘，以为"支离破碎"，毫无趣味。其实汉学家的工夫，无论如何琐碎，却有一点不琐碎的元素，就是那一点科学的精神。

凡成一种科学的学问，必有一个系统，决不是一些零碎堆砌的知识。音韵学自从顾炎武、江参、戴震、钱大昕、段玉裁、王念孙直到章炳麟、黄侃，研究古音的分部、声音的通转，不但分析更细密了，并且系统条理也更清楚明白了。训诂学用文字假借、声类通转、文法条例三项作中心，也自成系统。惟校勘学的头绪纷繁，很不易寻出一些通则来。但清代的校勘学，却真有条理系统，故成一种科学。我们看王念孙《读淮南子杂志》的后序，说他订正《淮南子》共九百余条，推求“致误之由”，可得六十四条通则。这一篇一万二千字的空前长序（《读书杂志》九之二十二），真可算是校勘学的科学方法论。又如俞樾的《古书疑义举例》的五、六、七三卷，也提出许多校勘学的通则，也可算是校勘学的方法论。

八

我想上文举的例，很可以使读者懂得清代学者的治学方法了。他们用的方法，总括起来，只是两点：（1）大胆的假设，（2）小心的求证。假设不大胆，不能有新发明。证据不充足，不能使人信仰。上文举的许多例，大概多偏重求证一方面。我现在且引清学的宗师戴震论《尚书·尧典》“光被四表”的光字的历史作为最后的一条例，作为我这一篇方法论的总结束。

《尧典》“光被四表，格于上下”，蔡沈解“光”为“显”，这是最普通的解法。但是孔安国《传》说“光，充也。”光字作显解，何等近情近理，为什么古人偏要解作“充”字呢？岂不是舍近而求远吗？但是戴震说：

> 孔《传》：“光，充也。”陆德明《释文》无音切。孔冲远《正义》曰：“光，充，释言文。”据郭本《尔雅》：“桄、颎，充也”。注曰：“皆充盛也。”《释文》曰：“桄，孙作光，古黄反。”用是言之，光之为充，《尔雅》具其义……虽孔《传》出魏晋间人手，以仆观此字，据依《尔雅》，又密合古人属词之法，非魏晋间人所能。必袭取师师相传旧解，见其奇古有据，遂不敢易尔。后人不用《尔雅》及古注，殆笑《尔雅》迂远，古注胶滞，如光之训充，兹类实繁。余独以谓病在后人不能遍观尽识，轻疑前古，不知而作也。

戴震是不信伪孔《传》的人，但他却要为“光，充也”一句很不近情理的话作辩护士。我们且看他的说法：

> 《尔雅》桄字，六经不见。《说文》："桄，充也。"孙愐《唐韵》："古旷反。"《乐记》："钟声铿，铿以立号，号以立横，横以立武。"郑康成注曰："横，充也，谓气作充满也。"《释文》曰："横，古旷反。"《孔子闲居篇》："夫民之父母乎，必达于礼乐之原，以至五致而行三无，以横于天下。"郑注曰："横，充也。"疏家不知其义出《尔雅》。
>
> 《尧典》古本必有作"横被四表"者。横被，广被也。正如《记》所云"横于天下"、"横于四海"。横四表，格上下对举……横转写为桄，脱误为光，追原古初，当读"古旷反"。庶合充霩广远之义。

这真是大胆的假设。他见郭本《尔雅》的桄字在孙本作光，又见《说文》有"桄，充也"的话，又见《唐韵》读桄为古旷反，而《礼记》的横字既训为充，又读古旷反——他看了这些事实，忽然看出他们的关系来，遂大胆下一个假设，说《尧典》的光字就是桄字，也就是横字。但是《尚书》的各本，明明都作"光"字。戴震于是更大胆的提出一个很近于武断的假设，说"《尧典》古本必有作横被四表者"。这话是乾隆乙亥（一七五五）年《与王内翰凤喈书》里说的，过了两年（一七五七），钱大昕和姚鼐各替他寻着一个证据：

> （证一）《后汉书·冯异传》有"横被四表，昭假上下"。
>
> （证二）班固《西都赋》有"横被六合"。

过了七年多（一七六二），戴震的族弟受堂又替他寻着两个证据：

> （证三）《汉书·王莽传》："昔唐尧横被四表。"
>
> （证四）王褒《圣主得贤臣颂》："化溢四表，横被无穷。"

过了许多年，他的弟子洪榜又寻得一证：

（证五）《淮南·原道训》："横四维而含阴阳。"高诱注："横，读桄车之桄。"是汉人横桄通用，甚明。

他的弟子段玉裁又寻得一证：

（证六）李善注《魏都赋》引《东京赋》"惠风横被"，今本《东京赋》作"惠风广被"，后人妄改也。

这一个字的考据的故事，很可以表示清代学者的学问的真精神。假使这个光字的古本作横已无法证实了，难道戴震就不敢下那个假设了吗？我可以断定他仍是要提出这个假设的。如果一个假设是站在很充分的理由上面的，即使没有旁证，也不失为一个很好的假设。但他终究只有一个假设，不能成为真理。后来有了充分的旁证，这个假设便升上去变成一个真理了。

戴震自己论这个字的考据道：

述古之难，如此类者，遽数之不能终其物。六书废弃，经学荒谬，二千年以至今……仆情僻识狭，以谓信古而愚，愈于不知而作。但宜推求，勿为株守。例以光之一字，疑古者在兹，信古者亦在兹。

"但宜推求，勿为株守"八个字，是清学的真精神。

六

胡适之《研究国故的方法》

研究国故，在现时确有这种需要。但是一般青年对于中国本来的文化和学术，都缺乏研究的兴趣，讲到研究国故的人，真是很少。这也原不怪得他们，实有以下二种原因：(一)古今比较起来，旧有的东西，就很易现出破绽。在中国科学一方面，当然是不足道的。就是道德和宗教，也都觉浅薄得很。这样当然不能引起青年们底研究兴趣了！(二)中国底国故书籍，实在太没有系统了。历史书一本有系统的也找不到，哲学也是如此。就是文学一方面，《诗经》总算是世界文学上的宝贝，但假使我们去研究《诗经》，竟没有一本书能供给我们做研究的资料的。原来中国底书籍，都是为学者而设，非为普通人一般人底研究而做的。所以青年们要研究，也就无从研究起。我很望诸君对于国故有些研究的兴趣，来下一番真实的工夫，使他成为有系统的。对于国故，亟应起来整理，方能使人有研究的兴趣，并能使有研究兴趣的人容易去研究。

"国故"底名词，比"国粹"好得多。自从章太炎著了一本《国故论衡》之后，这"国故"底名词，于是成立。如果讲是"国粹"，就有人讲是"国渣"，"国故"(national past)这个名词是中立的。我们要明现社会底情况，就得去研究国故。古人讲："知道过去，才能知道现在。"国故专讲国家过去的文化，要研究他，就不得不注意以下四种方法：

（一）历史的观念　现在一般青年，所以对于国故没有研究兴趣的缘故，就是没有历史的观念。我们看旧书，可当他做历史看。清乾隆时有个叫章学诚的，著了一本《文史通义》，上边说："六经皆史也。"我现在进一步言之：一切旧书——古书——都是史也。本了历史的观念，就不其然而然的生出兴趣了。如道家炼丹修命，确是很荒谬的，不值识者一笑。但本了历史的观念，看看他究竟荒谬到了什么田地，亦是很有趣的。把旧书当作历史看，知他好到什么地步，或是坏到什么地步，这是研究国故方法底起点，是开宗明义第一章。

（二）疑古的态度　疑古的态度，简要言之，就是"宁可疑而错，不可信而错"十个字。譬如《书经》有今文《尚书》和古文《尚书》之别。有人说古文《尚书》是假的，今文《尚书》有一部分是真的，余外一部分，到了清时才有人把他证明是假的。但是现在学校里边，并没把假的删去，仍旧读他全书，这是我们应该怀疑的。至于《诗经》本有三千篇，被孔子删剩十分之一，只得了三百篇。《关雎》这一首诗，孔子把他列在第一首。这首诗是很好的，内容是一很好的女子，有一男子要伊做妻子，但这事不易办到，于是男子"寤寐求之"，连睡在床上都要想伊，更要"悠哉悠哉，辗转反侧"呢！这能表现一种很好的爱情，是一首爱情的相思诗。后人误会，生了许多误解，竟牵到旁的问题上去。所以疑古的态度，有二方面好讲：（一）疑古书底真伪；（二）疑真书被那山东老学究弄伪的地方。我们疑古底目的，是在得其"真"。就是疑错了，亦没有什么要紧。我们知道哪一个科学家，是没有错误的。假使信而错，那就上当不浅了。自己固然一味迷信，情愿做古人底奴隶，但是还要引旁人亦入于迷途呢！我们一方面研究，一方面就要怀疑，庶能不上老当呢！

如中国底历史从盘古氏一直相传下来，年代都是有"表"的，"像煞有介事"，看来很是可信。但是我们要怀疑这怎样来的呢？根据什么呢？我们总要"打破沙锅问到底"，究其来源怎样？要知道这年月的计算，有的自从假书来的，大部分还是宋朝一个算命先生用算盘打出来的呢！这哪能信呢？我们是不得不去打破他的。

在东周以前的历史，是没有一字可以信的。以后呢，大部分也是不可靠的。如《禹贡》这一章书，一般学者都承认是可靠的。据我用历史的眼光看来，可是不可靠的。我敢断定他是伪的。在夏禹时，中国难道竟有这般大的土地么？四部书里边的经、史、子三种，大多是不可靠的。我们总要有疑古的态度才好！

（三）系统的研究　古时的书籍，没有一部书是“著”的。中国底书籍虽多，但有系统的著作，竟找不到十部。我们研究无论什么书籍，都宜要寻出他底脉络，研究他的系统。所以我们无论研究什么东西，就须从历史方面着手。要研究文学和哲学，就得先研究文学史和哲学史。政治亦然，研究社会制度，亦宜先研究其制度沿革史，寻出因果的关系，前后的关键，要从没有系统的文学、哲学、政治等等里边去寻出系统来。

有人说：“中国几千年来没有进步！”这话荒谬得很，是妨害我们研究的兴趣。更有一个外国人著了一部世界史，说：“中国自从唐代以后，就没有进步了。”这也不对。我们定要去打破这种思想的！总之我们是要从从前没有系统的文学、哲学、政治里边，以客观的态度，去寻出系统来的。

（四）整理　整理国故，能使后人研究起来，不感受痛苦。整理国故的目的，就是要使从前少数人懂得的，现在变为人人能解的。整理的条件，可分形式内容二方面讲：

（一）形式方面　加上标点和符号，替他分开段落来。

（二）内容方面　加上新的注解，折中旧有的注解。

并且加上新的序跋和考正，还要讲书的历史的价值。

我们研究国故，非但为学识起见，并为诸君起见，更为诸君底兄弟姊妹起见。国故底研究，于教育上实有很大的需要。我们虽不能做创造者，我们亦当做运输人。这是我们底责任，这种人是不可少的。

七

刘叔雅《怎样叫做中西学术之沟通》

从前我们中国人，看见西洋人驾了轮船，开起大炮打来，我们共鼓货狄刳木为的舟，倕作的弓，浮游作的矢，是万万敌他不过。又看见铜壶不如钟表，火柴胜似钻燧，于是不能不承认西洋人有“术”。然而这“术”字里面，还含得有“邪术”、“魔术”的意味。后来渐渐晓得轮船、钟表的机括，也不过是铜铁打造，弹药、火柴的原料，也不过是硫黄硝磷等制成，就不能不承认西洋人有“艺术”，不能不承认他的“艺术”比我们高强了。但是却还不晓得西洋人也有“学”，更不晓得他们的“学”比我们的精深！

后来渐渐也有人晓得轮船、火炮、钟表、火柴，都不是一个巧工能凭空创出来的，都是数学、物理、化学的产物。于是也就渐渐有人肯去研究那“声光化电之学”，虽是为了种种原因，没有人真能深造，却也略略尝着了近世自然科学的滋味。这时候的人士，都以为西洋人的学只有“声光化电之学”，至于那“修齐治平之道”、“身心性命之学”，究非西洋人所能有的。若是有人向他们说：“西洋人除了这些自然科学，还有那极精深的文化科学。”恐怕未必有人肯信哩！所以“中国为体，西洋为用”这句话，在几十年前，差不多是个不可动摇的原则。当时的所谓“学士大夫”，一面要读那些什么《洋务汇编》、《西学大全》之类，一面还要读《十三经注疏》、《性理大全》，用后者去做“体”，用前者去做“用”。若是二者都能熟读，就是一位体用兼全的鸿儒了！近二十年来，一般人也渐渐晓得有哲学，有法学，有政治学，有伦理学，甚至于也有考据，也有词章，此外还有那新生的进步很快、功用极大的社会学，并且也晓得我们中国古时已有的那些学问，在今日这样时势，要专靠他去“修齐治平”，有些靠不住了。所以也很有一班人去研究西洋的文化科学，也很有人能研究到精深的地步，思想界也受了极大的影响，引起了极大的变化。社会上、政治上，也竟然有些变动了。要论自来文明的传播，精神的方面，本比物质的方面迟缓些，难些。现在文化科学既已输送进来，消化营养，虽然都还是未知之数，总算在张开口吃了。这本是很可乐观的现象。

然而近来却有一个现象，就是常有人要做那“中西学术沟通”的工夫。开动口，提起笔，总是说西洋学问什么原理原则是中国古时已经有的，哪位圣贤、哪位学者早经说过的；西洋的哪科学问，中国古时已经很发达了；西洋学者的哪一句话，就是中国古书上的哪一句话，说到归结，总是中国的古的好，西洋的新的没有希罕。要说这种沟通之心理的起源，实在是对于本国固有的旧学迷信过深，想利用自己浅尝来的西洋科学上的一些知识，来反证中国学问的精微奇妙。由这强烈过度的感情，就生出那“对于中学价值之误算”。这还是那很有诚意的沟通，至于那无诚意的沟通，老实说一句，就是有心要罗列许多书名、人名、学名来自炫其“学贯中西”罢了。那无诚意的，且不去说他。就是这种有诚意的沟通，其结果于治中学的、治西学的都有恶影响，于他本身的学业，不消说也有不利了！

我在上一段轻轻的说了一句“对于中学价值之误算”，语意恐怕不大明了。这句是本篇的主旨，不能不说得详细些。说明白了，自然也就推出个结论了。

世界上的“文明系”，细说起来为数不少，然而主要的却只有三国，就是欧洲的希腊系、亚洲的中国系、印度系。希腊是西洋的源泉，西洋人的思想大都是以希腊思想为基础的。从一面看来，现代哲学上许多大问题，都是希腊人提出的，并且当日研究过一番，下过解决的，现代又重新加以现代式的研究，下个现代式的解决罢了。然而从另一方面看来，希腊的学术，却自是希腊的学术，近代的学术，却自是近代的学术，各有独立的精神、特殊的色彩。印度民族还住在中央亚细亚的时候，已经颇有文化了。后来渐渐南下，一支到了波斯，一支到了印度。波斯这一支的文明，直接与了基督教许多影响，间接使欧洲中古和近世初期的文化生了许多的变化。印度这一支，因为地土的关系，文化思想发达的极高极快，成了婆罗门教和佛教，使中国、日本的思想文化起了重大的变更。中国系的文明，中国人大致晓得，无待我细说的了。不过有几句话，我却要郑重声明，就是中国这民族，纵然是如何优秀，究竟也是一般的人类，其文明的发达，也要和其他民族循同一的程序，守同一的法则，备同样的条件。换言之，就是也要循序渐进，也有盘旋曲折，也要文化到了某点，社会状态到了某样，才得有某种学说发生。譬如几个学生，内中这一个，无论他是怎样的“天纵之圣”，他的学问，也要循序渐进。纵是比别人进步得快些，也决不能未学算术，就能懂微分积分，未学过无机化学，就能晓得生物化学、天体化学。这是个普遍的定理，中国的古人也不得而独外的。综观各系文明的发达，时间上虽难免有些参差，那路径却都是一致的。地理上、政治上、经济上、社会上的条件齐备了，那自从原人时代积累来的文化，必然要大起发酵作用，发起一种光辉灿烂的文明。那希腊的文明、印度的古文明、中国晚周的文明，就是在这种条件法则之下产生出来的。后来不久，因为民族精神上的惰性，加之条件的欠缺，就一定要衰歇了。久后新得了有利的条件，民族精神复原，就一定又要重兴，比从先更有光彩。要是没有再备具条件的机会，也就会一蹶不振，像那埃及、巴比伦就是证例！

要以公平的眼光观察这三大文明系，可以发见这三系古代文明有许多处是一致的。这是什么缘故呢？因为太古的民族，都是很新鲜、很活泼的，其头脑里前人的传说印得不多，纵然有些，也没得多大的威权，思想很能自由，而生活状态相差得又不远，所以各民族之看自然、看人生，眼光都大略相同。纵然因为地理上的关系，某民族对于某种现象特别注意、下特殊的解释，然而这也只是程度上的差异，并非根本上的不同。所以两个古文明有些一致的地方，这也是件当然的事，毫无什么奇怪。别人家同我一致，我同别人家一致，也并没有什么可夸耀的地方。我的朋友胡适之著了一部《中国哲学史大纲》，这部书我尤喜欢的，就是他这番的第一篇里几句话。他道："我所用的比较参证的材料，便是西洋的哲学。但是我虽用西洋哲学作参考资料，并不以为中国古代也有某学说，便可以自夸自喜。做历史的人，千万不可存一毫主观的成见。须知东西的学术思想的互相证印、互相发明，至多不过可以见得人类的官能心理大概相同，故遇着大同小异的境地时势，便会产出大同小异的思想学派。东家所有，西家所无，只因为时势境地不同，西家未必不如东家，东家也不配夸炫于西家，何况东西所同有，谁也不配夸张自豪。"这是何等的胸襟，何等的识见！我看他有这样的学问见识，就劝他再用几年的心力，做一部需要最切的、西洋学者都还想不到做不出的比较哲学史，把世界各系的古文明，做个大大的比较研究。我以为除了这种比较研究之外，再没有什么中西学术的沟通了。

把中国固有思想学派和其他的文明系做一个比较，说一句公平的话：纵不敢自夸是比人高些，却也不能说一定就比人低些。历史上的价值，是很重的，然而其价值却也只限于历史上的。因为中国的思想学派，自从嵌入铁铸的模子以来，虽然不能说是绝无变迁、绝未进化，毕竟未曾有过根本的改革、产生过新文明来。中国近代的学派思想和古代的学派思想虽然不一样，然而毕竟是经过几番变迁的旧思想、旧学术，决不能算脱过胎、换过骨的新思想、新学术。我固然不敢妄自菲薄，说他毫无价值，却也不敢过分恭维，说他在历史上的价值以外，还有和近世学术同等的价值。

现在那许多"沟通家"，要是把中国古代的思想学术只和西洋古代的思想学术沟通，研求当中的一致点，互相发明参证，这本是一件极好的事，我们哪敢反对，只有欢迎。无奈他们大多数都是误算了中国学术的真价值，始终把中国古代的学术思想看得和西洋近代的学术思想是个对峙的、匹敌的，硬要把两个不相干的东西一起拉拢，既忘却本国学术的价值，把别国学术的价值又没有看清楚，所以费了老大的气力，其结果还是一场毫无意义的徒劳，或竟是许多令人发笑的戏剧。须晓得西洋近代的学术，不但和中国古代的学术不同，就和西洋古代的学术也不是一样。要细论西洋近代科学的方法性质价值，就成了“科学之哲学”一个专科，非专门名家著一部大书，说不清楚的。单是粗粗的说来：先要把所经验的对象，各从其类，聚在一个“类概念”之下，这第一步的工夫，就叫做分类。再把各类所有的特征分析开来，作以其类概念为主部命题的宾部说出来，这第二步的工夫，就叫做记述。做到第二步工夫，才算略具科学的雏形。这种记述的科学的价值还没多大，要再进一步求得其中的原理，能加合理的说明，才算得真正说明的科学。还更要能“利用厚生”，其价值才算高贵。不论自然科学、精神科学都是如此的。近世“学”这个名词的定义，虽然是各家各派都有不同，然而至少总要是“有统系、有组织的智识”才能当得起的。从这种严密的意味说来，中国学术，在今日科学界，位置和价值也就可以略略见得了。

中国古来许多学者，那种敏锐的思路，透彻的观察力，绵密的组织力，本来不在西洋学者之下。近世科学上的许多大问题，真难为他早经见到，早经提出。然而见到提出，不就算能研究、能解决。零零碎碎的知识，比不得有统系组织的学问。例如希腊的辩者才浓说：“极小的距离，都是无限的，那终点是达不到的。那绝尘超影的Achilles和一个乌龟，无论距离怎样近，Achilles都追不上他。因为要追上他，先要走过这距离的一半，再要走一半之一半，以至无穷，还是追不上。”中国的辩者惠施说：“一尺之捶，日取其半，万世不竭。”司马彪解得最当，说：“若其可析，则常有两；若其不可析，其一常存。”这一中一西的两位大辩者的话，都是一个理。然而惠施的话，永远颠扑不破，才浓却犯了一个大错，不该把Achilles纯一不可分的运动，当做个可以分割的直线，被柏格森驳倒了。照这样看来，惠施似乎比才浓高明些。其实也不然。惠施说：“镞矢之疾，而有不行不止之时。”和才浓犯的是一个毛病。无论哪国的辩者论师，都是逻辑或是因明的先驱，都有相当的功绩、相当的价值。要是以为中国出了辩者，就是莫大的光荣，硬说他比别国的辩者高些，甚至于说他比亚里斯多德、比陈那、比密尔多还高些，那就是大错了。近世逻辑说到最高处，有认识论的逻辑。中国古代墨子的《经下》已经讲到了“物之所以然，与所以知之，与所以使人知之……”的话。荀子的《正名》篇，提到了“缘天官”的话头。这自然是墨子、荀子高处，然而却不能说西洋逻辑、印度因明都是拾我们先秦诸子的唾余，或是说荀子、墨子的学问，和西洋近世学者的学问，有同等的价值。这便大谬不然了！因为他们二位不过是提及这句话，见到这一层，并未能有精密的研究，下正确的解决。

又例如《庄子》一书，说生物进化的地方，颇有几处。《寓言》篇道：“万物皆种也，以不同情形相禅，始卒若环，莫得其伦，是谓天均。”（这“种”字据我看来，恐怕不是种类的种，好像是种子的种。《至乐》篇说“种有几”，可见不是说种类。天均好像是现在生物学上所谓“自然界之均平”。）《至乐》篇说得更详细些，说：“种有几：得水则为䜺。得水土之际，则为蛙蠙之衣。生于陵屯，则为陵舄。陵舄得郁栖，则为乌足。乌足之根为蛴螬，其叶为胡蝶。胡蝶，胥也。化而为虫，生于灶下，其状若脱，其名为鸲掇。鸲掇千日为鸟，其名为乾余骨。乾余骨之沫为斯弥。斯弥为食醯。颐辂生乎食醯。黄軦生乎九猷。瞀生芮乎腐蠸。羊奚比乎不箰子。久竹生青宁。青宁生程。程生马。马生人。人又反入于机。万物皆出于机，皆入于机。”这一段明明说最高等生物中的人类，是从下等的原生物进化出来的。䜺和蛙蠙之衣、陵舄究竟是什么，我们现在实在指不出他的学名来。但就文意推测，可以说是“原生植物”中的原藻、原菌。乌足既有根，当然是“后生植物”了。由乌足进化成虫、成鸟，更进化成“哺乳类”的马、“狭鼻门”的人。庄子当日要不是经了许多细心的观察，绝说不出这一段话来。我们当然要承认庄子是曾经见到了生物进化的现象。二千多年前的人，就能见到这一层，说出这番话，本也是难能可贵的。但是现在“沟通派”的学者，看见庄子这些话，就同拾着了宝贝一般，要把他抬来和西洋达尔文、赫凯尔对垒，这就未免有些差了。在庄子的二三百年之前，希腊的哲学家亚拿克、西曼德尔也就说“自化”，说“无动而不变”，说“无时而不移”，说“第一个生物是生在水里”，说“人是由鱼类进化出来的”。其详细的学说，我虽不通希腊文，没有能读他的著作，晓得不清楚，单就希腊哲学史上看来，有些处似乎比庄子上说得还更微妙些。西洋二千多年前，就有了这样的大学者，岂不光彩么？何以不但希腊人未闻把他抬出来和英国达尔文、德国赫凯尔对抗，别国的学者对于希腊哲学很下工夫研究，极其看得重，也没有人说亚氏就算进化论的发明家呢？因为要说进化论，不仅是见到生物进化的现象就能了事，一定要推求出原理来，建立成系统来，提得出证实的证据，下得了不移的结论，才能算的。近世的进化论者，都是仗着理化科学的助手（像那物理学产物显微镜，化学产物染色法等类），应用最新的研究法（像比较研究法之类），根据解剖学、组织学、形态学、生理学、心理学、地质学、古生物学等确切不移的自然科学，从最下等的摩内拉，到最高等的人类，从身体以至精神，从个体发生以至系统发生，寻出来一个一贯的系统，然后才敢倡进化论。他这进化论，也才有价值。若是仅仅看得出生物进化的现象，在古时固很可贵，在今日算得什么呢？所以我们只能把庄子在哲学史上的地位，看得和亚拿克、西曼德尔一般高，因他们两位的话，晓得生物进化这个现象，是自古就有人注目的罢了。要是想把庄子的话来和近世进化论沟通，这岂不是一场喜剧么？

仅仅说一句话，纵然说得十分对劲，也只能说这句话不错，不能说有学术上的价值。我去年夏天游京西的香山，在路旁一株树下歇凉，听见两个驴夫在谈轮回，说什么样的人死后就投胎做驴。旁边有个卖甜瓜的人，说道：“哪有这些话，世间万物都是自然而生。”我笑向同游的朋友说道：“好一位生物哲学家！不料我在这里遇见一位主张‘自然发生说’（Autogonoy Hypothesis）的！”我这句话，不过是一时的戏言。卖甜瓜人所说的“自然”，也未必就是 Autogonoy 的意义。他这一句话，如何能和赫凯尔的学说比！不料“沟通家”却正色庄语的道这种的戏言。只要看见中国古书上有人说过科学上那个现象，提出过科学上那个问题，就想把这部古书来和近世的那科学问沟通，全不晓得看见现象、提出问题是一件事，解决问题、建立系统又是一件事。现象，是聪明人都看得见的。问题，是有点思想的人就能提出的。所难的就是下正确的解决、组织成系统。近世科学也是经了极长的发达阶级，受了别科学问的补助，才得成立的。中国古人生在这发达阶级之前，又没有别科学问的助力，如何能得近世科学所得的结果呢？他的话，更如何能和近世科学沟通呢？至于"社会的科学"，更是要等社会组织到了某点，才会发生某种学说。例如中古的经济组织之下，亚丹斯密的学说不会发生。机器还未通行，怎能会有马克斯的学说呢？然而今日的"沟通家"，却会把封建时代经济组织之下发生的孔氏学说和现在这样时世的经济学沟通，说他的学说很适于二十世纪的经济组织。

此外还有那当然相合的。例如《管子·水地》篇说："集于草木，根得其度，华得其数，实得其量。鸟兽得之，形体肥大，羽毛丰茂，文理明著。万物莫不尽其几，反其常者，水之内度适也。……故曰：'水者何也？万物之本源也。诸生之宗室也。'"希腊的塔里斯所说的和他大致不差。这是由于上古的思想家，都觉得万汇纷纭的世界，总有个共通的本原，看那"集于天地而藏于万物"的水是一切生物所少不了的，当然都先把水看做"万物之本原"、"诸生之宗室"了。又例如中国古人讲五行，西洋古人也讲四行。这是因为思想家把这统一的宇宙，要分析为几种相异的构成原质，当然就都会想到那些形质最特异的土、水、火、风、木、金等类了。这种的相合处，只能互相参证，无所用其沟通的。至于那偶然的巧合，像《庄子·养生主》篇有庖丁解牛的话，卜拉图的*Phaesdrus*上也有这样的话，那就更算不了什么，绝没有希罕处，不过是一样的比喻罢了。

要是中国古人有一两条说头，经了西洋近世科学的确实证明，果然是很可喜的，然而其价值也毕竟有限度的，也不该就自夸自豪，甚至于把他来电光放大。像墨子的经里说："圆一中同长也。"这是说圆心只有一个，圆周上无论哪一点，和圆心的距离都是相等的。墨子这一条，和近世几何学无丝毫差异。又说："辩或谓之牛，谓之非牛，是争彼也。是不俱当。不俱当，必或不当。"这明明是近世逻辑里五大根本原理里的"拒中原理"（或译不容间位原理，或译排中律）。其他光学、逻辑、几何学的定理，很是不少的。我们读了，只能据以推定当时科学的程度已经很高，对他表相当的崇敬，要是因此就说中国古代的科学高过西洋的今日，这就和那些妄人看见有书上说墨子造过飞鸢，说他会造飞艇飞机，都是一般的说梦话。

照这样说，中西的学术，就绝对的不可沟通吗？这也不然。要有那好学深思之士，具有综观世界各系文明的眼光，去了好虚体面的客气，晓得了近世科学的方法、性质、价值，明白了学术之历史的发达路径，把中西学术作个比较的研究，求两系文明的化合，这倒是学界一种绝大的胜业。要照这样的沟通，中国的玄学、心理学、政治哲学、人生哲学，可以和西洋学术沟通的处所很多哩！

八

陈蘧庵《东方文化与吾人之大任》

余撰此论，于未入本题之前，有须先郑重申明者二事：一曰余所谓之东方文化[一]一语，其内涵之意义，决非仅如所谓“国故”[二]之陈腐干枯。精密言之，实含有中国民族之精神，或中国民族再生之新生命之义蕴。故凡兹所揭“振兴东方文化”云云者，非可仅与“整理国故”等比量齐观也。一曰余所谓“吾人之大任”一语，乃对吾民族而言，非对一二先哲而言，抑非仅对吾民族而言，实对世界人类而言。以故吾人今日所以振兴东方文化之道，不在存古，乃在存中国，抑且进而存人类所以立于天壤之真面目，亦尚非保存国粹之说所得而自阈者也。此二义既明，而后可以毕余说。

自辛亥革命以来，皙种学说，如怒潮泻入。所谓“东方文化”一名者，国人已厌闻之久矣。近顷此习乃益益加甚，姑举一二：如见于《新潮》毛君子水之《国故与科学精神》[三]，《新青年》李君大钊之《由经济上解释中国近代思想变动的原因》(《新青年》七卷二号)，《太平洋》陈君承泽之《我国人生哲学之谬误》(《太平洋》二卷五号)，最近《国民》常君乃德之《东方文明与西方文明》(《国民》二卷三号)各论文，对于东方文明，力加抨击。或谓吾国固有之文明乃谬误之文明。或谓虽属文明，已为过去。或谓东方文明决不足与西方文明立于对等之地位。甚且如常君所说，“东方文明”四字，直有不能成立者。以国人而自毁其本族之文化若是！此虽受外来学说之影响，而亦对于已族文化之真正价值，初无深邃之研究与明确之观念使然。余今兹之所论述，毋亦有所谓不得已者在乎！

夫位于东方之国家与民族，亦甚夥矣，然举其特有之文化，则惟中国与印度。日本国势近虽勃兴，而明治维新以前之文化，受自我国，维新以后之文化，取自欧西，尚无特立文化之可言。其他如朝鲜、安南与中央亚细亚之不足齿数者，更无待论。此外如邻于西亚诸古国，虽有所谓巴比伦文明等，西人亦谓之为古代之东方文明者，然此诸国，以地势论，在世界则可谓为东方，而在吾亚洲，则仍处于西极，以史系论，则西洋学者凡撰世界史或西洋史，无不首叙此数国之文化，而归入西洋史系，是所谓巴比伦文明等，与其谓属东方文化之范围，无宁谓为西方文化之远祖。故今日之举东方文化，而即以中国文化、印度文化为其代表者，此实学者所公认，而非吾等有何种族之偏见存也。惟本篇意在针对国人毁弃吾国固有文化之弊，且为篇幅所限，故所论专以中国文化为主。若夫兼论印度文化，则惟有俟诸异日耳。

余上文已言之，所谓东方文化者，无异指吾民族精神所表现之结晶。是东方文化所涵之内容，极为丰富而深厚，从而其研究，亦非极深研几不可，有殆非仅以收拾丛残，饤短笺注为事之国故学所能胜任愉快者。至愚极陋如余，何敢言此，惟就平昔一得之愚，信其可称为东方文化之优点者，特举其纲要如下，并愿与海内宏哲共商榷焉。

第一，东方文化（此专就中国言）为独立的、创造的，西方文化为传承的、因袭的，二者之起源，有根本不同之点，实足对峙为世界文化之二元也。人类学家、历史学家、考古学家咸谓世界文化发源地有五：一印度。二埃及。三美索不达米亚。四中国。五中亚美利加（墨西哥与秘鲁）。除中美文化一系，不久中绝，与世界文化无甚影响，无取论列外，余如埃及文化、美索不达米亚文化，实为产生希腊文化之源泉[四]，而今日欧洲各国之文化，又实混合希腊文化与希伯来

（犹太）文化而铸成者。然试一索埃及、美索不达米亚等文化，则学者有谓多得自中央亚细亚及印度者（五）。是西方文化最初来源之来源，即袭取他人，互相效仿，无一能有特创之独立文化者。今即退让一步，谓古代传记不尽可信，希腊等文化皆为其所自创（六），然须知希腊文化结晶之哲学，尚非发生于本部，乃发生于其殖民地，则以当日与东方诸古国通商交往，慕其文明而始发生者。此杜威博士之言也（七）。试又再让一步，谓今日欧洲各国文化，皆自十七八世纪以来，各本其特殊之国民性以创生各别之文化者，如精神科学（哲学、法学等），则有大陆派与英美派之分，而物质科学，则各国之发明家尤不相让，凡此决非复希腊文化之色彩所能包括。此则诚然矣。然亦须知欧洲文化何以有今日，则食文艺复兴之赐，久为学者所公认。而所谓文艺复兴时代，则以钻研希腊古典得名。且此研求希腊古学之途径，又实自撒拉逊人（亚剌伯人）开之灌之。故谓今日欧人之文化已超过希腊则可（按西人自十九世纪中叶，一切学术思想，始力图摆脱希腊、罗马之范围，犹之日本至最近始以不受汉学影响自夸，此亦言西方文化史者所宜知也），谓其非出自希腊，数典忘祖则大不可。又岂惟希腊文化，即希伯来宗教伦理，亦实为构成西方文化之柱石，虽今之社会学家亦承认之（八）。故余尝谓欧洲文化实一种混合之文化，求其真足为彼族自有之文化者，仅罗马人之法律思想、权利观念，与其后入寇罗马北方各灵族（即建设今日欧洲各国之原始种族）之好战勇气所遗留而成今日之欧族精神两者已耳。使无希腊哲学导其源，后起之科学饰其表，则所谓西方文化者，其内容亦可想矣！今试反观东方文化之中国则何如？吾国文化，创自吾族，古史所载，历历可征。决未有一种载籍，明记系得自外来何族者。有之则自欧西学者始。考欧人论吾文化发生，因溯及吾民族起源一问题。有谓来自西亚之巴比伦者，如法人奥帕尔氏（OPPert）与拉克伯里（Lacouperie）等之说是（九）。有谓来自印度支那半岛者，如卫格尔博士（Dr. Weiger）之说是（十）。有谓来自中央亚细亚者，如鲍尔博士（Dr. Ball）与彭伯来（Pumpelly）等之说是（十一）。有谓来自亚美利加之大陆或美洲北部者，如赫胥黎以来之学者是（十二）。有谓起自于阗者，如德人利希陀芬（Richihofen）之说是(十三)有谓即发生于中国本部者，如特孟亚等之说是(十四)。甚有谓源于埃及或印度者，如托凯内与岱乌士等之说是(十五)。即在日本学者中，亦有此同样之异说(十六)。而吾国人之编历史地理教科书籍者，则几无不奉西来说为根据(十七)。往者蒋观云氏发愤著《中国人种考》一书，多至十五万余言，考证甚为赅博，而其结论乃亦在欲证明拉克伯里之说，顾以证据不充，仍悬而未断。其后舆地学会诸君撰《中国民族考》及《中国民族溯源论》，登诸杂志，至数年之久，亦仍多袭取西来之说(十八)。余如章太炎、刘申叔，则主拉克伯里之说者(十九)。黄节、吴贯因则主源于中央亚细亚之说者(二十)。惟田北湖独排众议，并驳德人利希陀芬之说，谓吾族与文明，皆自本部发生，而非起于塞(二十一)。外众说纷错，备极五光十色之观。而究之吾族如确系西来，则果属中亚细亚或西亚细亚之何地何族？其所随以俱来之文明，究系若何种类？抑如确非西来，则本部之种族与文明，究为如何之发生与演进？则迄无人能为极崭明之判断者。故最近钱秣陵氏编《中国人文地理》，至不取种名而取地名，以中原系、高地系、高原系三者而名吾国之各族(二十二)，殆即为避除此等困难之点计乎？要之在今日考古学、地质学、人种学不发达之中国，而欲考定吾民族之起源，本为至难之事。余于他日拟别著专书，非兹所能详论。兹所欲论者，即一国之文化，是否仅以其种性之优劣为其总因。法人柯比罗（Gobineau）著《人种哲学》（*Russen Philsophie*），谓人种之文明，悉关于其血统。血统之优者，始能发生文明，劣者则否。近世学者至讥之为人种贵族主义。盖一国文化之发生，除种性外，凡土地、气候、经济等，无不有其关系。西波克拉特氏曾论亚洲人种较欧洲人种之温良而爱和平者，实以所处地带之气候均衡一致之故(二十三)。审是，则吾民族西来之说，纵他日因考古学进步，发掘地层所得古代遗物日多，确得证明为由巴比伦等地方迁入者，然于吾民族文化实为自创之说，仍不足以动其毫发。何则？吾族之宅居黄河流域时代绝早，试一翻罗泌《路史》、马骕《绎史》等所辑古籍，即知尚在伏羲、神农以前。如所谓“九头”、“十纪”者(二十四)皆吾族最先入据华夏之远祖，其时且不可以年岁纪。特绵延至于黄帝，始累进于文物聿兴之世耳。若如西人之说，谓黄帝为即率吾族入主中国之始祖，征之史籍，未免太觉无稽。乃蒋观云谓以黄帝一百十一岁之短期日月，决不能发明如许制度文物，必由迁徙而来，因祖国之所有，以栽植之于中国，亦犹今日欧人之至中国而布设其电线铁道也云云，斯真凿空忆揣之词，足为蒋氏全书之累者矣！故余尝综吾史乘，以为吾族奠居中土，所自创之上古文化，实可划分为四大期：第一期为黄帝大兴制作之世。第二期为尧、舜躬开禅让与禹平治水土之世（二十五）。第三期为汤、武开演革命之世。至是始荟萃于成周，有周代之典章文物、春秋之政治学术与秦之统一以构成上古结局。第四期为文化醇成之世。试观黄帝之得名。《白虎通义·号》篇曰："黄帝始作制得其中和，故称黄帝。"又《谥法》篇所称亦同。可知此必吾族所以名黄帝之古谊，实较五德帝运之说为优。其后王船山先生作《黄书》，犹审其义。乃近人多以黄帝为吾族自称其始祖之徽帜，以附和于西来之说，失之远矣（二十六）！综上所论，可见吾族建国华夏，实为绝早。纵令西来，亦在有史以前。而有史以后之文化，则固自伏羲、神农、黄帝以来列祖列宗所披荆斩棘，积铢累寸而手创，决非受任何外族之影响而始生者，则实一不可诬之事实也（二十七）。然此等文化，何以能于吾国发生特早者，则不外余上文所举于种性、地理、气候等等皆有关系之故。种性之说，吾人诚不欲夸大，自尊为神明胄裔（其实吾民族亦自有其伟大精神，特非此等自大之褊见，其详具见下节），且亦不欲如西人誉我之过甚，谓吾族不惟能自创文化，而尤能影响及于巴比伦诸古国之文化者然（二十八）。而要之吾族于地理、气候，得天独厚，享有此创造文明有力之工具，则亦不可诬（二十九）。近世地理学家多谓世界文明古国如埃及、巴比伦乃至中国等文化，咸发生最早者，皆由地处温带，国多平原，河流土壤膏腴，民生沃厚使然（三十）。讨论至此，吾人可得一结论，即与其谓吾中国民族之文化为由巴比伦或埃及等所输入，毋宁谓为彼此因地理气候之相等，而遂发生类似之文明。盖余前举欧人主张吾国文明起自本部之一派中，即有以吾族之文明与中美之墨西哥等文明相衡较，谓墨西哥等国因地理、气候之适宜，用能自产文明，中国亦同其例云云（三十一）如此立说，实较公允。然由此益可证吾国文化实为独立的、创造的文化，而与欧西文化，其起源为传承的、因袭的者，实大有别。乃常乃德君痛驳东西文明二元之说，说东方文明决无足与西方文明对等并称之理。不知即此一端，已足成为对峙之二元而有余。此东方文化之优点一也。

第二，东方文化（此略兼印度言）在有调和精神生活与物质生活之优越性，而尤以精神生活为其锖键，最能镕冶为一者也。夫吾人生活一语，刻深而论，意义本至复杂。其最萦吾人意念、矛盾冲突迄无已时者，即物质上、精神上双方所感受之不能调和是，所谓人生烦闷一问题，即自此生。而古今来大宗教家、大哲学家，乃至大科学家皆无非对此问题而欲求得一解决者也。试先就西方文化而考之：西方文化，实由混合而成，余前文已言之。故其一切学术政治之根据，几无不为希腊精神与希伯来（犹太）精神所支配。前者即偏于物的生活，后者即偏于灵的生活（三十二）。例如欧洲中古教权极盛，史称黑暗之时代，其时政治家、思想家咸望皈依于天国。甚至如奥古斯丁（St. Augustin）唱有名之《神国三界论》（DeCfmYakDd），以罗马教会为第三界的在地神国，应有统治第二界的在地神国（即当时世界各国）之权（三十三）。反之至启蒙时代以后迄于十九世纪末之欧洲，自然科学日兴，唯物论日盛，遂成为过重物质文明之时代，其弊害卒以酿成此次空前之世界大战。最近因此大战结果，改造声浪嚣然以起，始群知变计以谋精神文明与物质文明之调和。其实欧洲文化固承自希腊，而希腊文化，则本具有此调和之精神者也。特欧人不善用之，仅取其注重物的生活一面，而遗其灵肉合一之最高理想，遂有此弊（三十四）然。则中国文化不亦有与希腊文化相同之点乎？虽然，以余观之：希腊文化自身之缺点尚多，故其后希伯来文化因得以乘隙代起。中国文化则有希腊文化之长而无其短，特以非本篇范围所及，姑不深论（后文略有一二语可互看），兹惟论吾国文化所以能调和此物质与精神两生活之根本思想。此则有一事首足自豪，即兹所谓精神生活者，决非如犹太、罗马及今日欧美人士所行之宗教生活是也。考吾民族建国最早，脱离神权时代亦为最早。据古史所载，在循蜚纪有神皇氏执政，使神民异业。是吾国宗教与政治分离，竟远在羲、农以前，不可不谓为世界各国所绝无而仅见者。以是之故，继起之圣，虽不免有神道设教之敷施，而往往即以此神之观念，直体验之于人事，于是神秘之宗教性，已不期而化为抽象之哲理（三十五）。试观伏羲之画八卦，禹之衍九畴，此二派者，实中国最古之哲学（三十六），而皆法天道以明人事。孔子系《易》谓某事某物盖取诸某象者，尤为深切著明（三十七）。《淮南子》至述及古代之明堂，亦由此演出（三十八）。明堂为古王者听朔布政之所，此制于吾国政治史、人文史上极有关系，近人多特加考论。陈焯定为有今日议院之性质，不可不谓为吾考古学上一新发见（三十九）。凡此虽若仅为古帝王一代之设施，然史官之职掌，与其后诸子百家之崛兴，实皆由此出。此其故《庄子·天下》篇言之最精最详（四十）。是故虽以老子还淳返朴之超绝思想，而其所怀望之治世，仍在寡国小民。虽以墨子明鬼尊天之宗教观念，然其苦行救世，所志仍在尚贤非攻。且其天之爱人薄于圣人，而利人则厚于圣人之说，以利为爱，尤近于功利论（四十一）。至于儒家之重实践，农家之倡并耕，法家之尚功利，则更不待论。凡此者可一言蔽之曰：此实吾民族有善于调和物质生活与精神生活之天才，而常能举理想世界与现实世界熔而为一故也。胡汉民谓吾国天人合一之说，至董仲舒而始建立，哲学上之宇宙论，至扬子云而始形成（四十二）。蔡孑民先生谓儒教之系统，至宋时而始凝立（四十三）。余以为实则此等理想，在太古早已萌芽，迄于春秋列国，既已形成有体系之结构，而总其成者即为孔子。故孔子教义，一面注重实际，决不于日常生活外逞玄想（故小儿问日不答，子路问死不答），而一面即就日常生活使人体验其丰富之内容（故曰君子之道造端乎夫妇，及其至也，察乎天地）。观孔门四科四教之旨，即可了然。而尤要者，即孔子一身之示范是。观《礼记》载孔子燕居闲居之语，其最足感吾人者，有曰“不必与言，以礼乐相示”而已。又曰：“无声之乐，无体之礼。志之所至，诗亦至焉。诗之所至，礼亦至焉。礼之所至，乐亦至焉。”（此虽托言古之君子，实则孔子现身说法。）此其融精神上之美情（美的情操）于事物之轨仪之上，几若天衣无缝，令人神往。 盖孔子一身，实最能镕铸精神生活与物质生活而冶成一浑然的理想之人格。以今日术语表之，即最能使肉灵合一之谓者也。而此种浑一的人格之表现，与其谓为善于调和此生活之两面，不如谓为能以精神生活统御物质生活之为愈。此即中国文化胜于希腊之处。盖希腊人理想，以肉体美嵌于精神美之上，中国人理想，则以精神美摄肉体美之魂。一以肉代灵，一以心制物。美感方面之观念不同（四十四），随而智识道德方面之观念亦生歧异。故希腊人重理知（四十五），中国人重实践。主实践者，伦理观念特强，于是克己自律之义起。节性之说，首见于《召诰》，此种心灵克制物欲之论，遂几成中国民族公共之信条。虽然，吾先民之意，不过仅主以精神生活统御物质生活而已，初非吐弃物质生活而不言。故曰"富而后兴教"、"去兵先于去食"。此周秦诸子学说与宋儒不同之点。观孔子系《易》，谓圣人以美利利天下。尤精粹有味者，则《易》所谓"利者，义之和也"一语。自来义利之辨，界域最严，岂知与义和同者即为利。以利而和于义，几有类于今日罗素以创造的冲动改造占有的冲动之说。凡此者皆先民之精言也，而孔子实集其成。故子思作《中庸》，大阐成己成物之说。盖成己成物者，即融合精神生活与物质生活而使之醇化为一之谓，其义实精透绝伦。故一稍有特识之卫西琴（A. Westharp），入吾国而读《中庸》，即惊为得未曾有（四十六）。可知吾先民此种深邃之理想，即世界学者亦称之。余尝谓孟子推孔子为集大成，实有卓识。盖孔子实集吾民族古代思想上之大成，而非仅集文献上之大成而已（四十七）。近人有谓孔子未尝集大成者（四十八），非知言也。虽然，孔子固能集大成，而所恃以集之之道，则有一根本原理在。其理为何？而所谓执两用中之"中"是已（四十九）。孔子以此执中之谊，衡论古之道术而得其全，故于吾人生活之内（精神的）外（物质的）两根柢，能直抉其奥而通其纽。然下此者不能如孔子之得其中，遂日趋于偏枯。孔门龙象，孟、荀二子已不能免。孔、孟、荀同主以心制物之说，然余宁舍荀而取孟。盖荀子主性恶，以礼义教化为改造人性之具，其为教也拘（故曰犹枸木必待檃栝蒸矫然后直），孟子主性善，以仁义礼智为性天所固有，其为教也乐（故曰反身而诚，乐莫大焉）。此则殆有近于希腊哲学之斯多亚派与伊璧鸠鲁派。然须知由荀之说，则吾人物质生活与精神生活截然为二，非克制其一（物质的），则他一生活（精神的）即不能主。由孟说则不尽然。物质生活固为吾人之表面的、粗成的生活，但使有精神生活之意义贯注于其间，则物质生活亦即提高而化为精神生活。故孟子谓好货色亦可以王天下，又谓食色为性情与才均可为善。而尤为余所平生服膺，认为孟子学说之中坚者，即其养气集义之说是。昔张江陵自谓尝一日而神游九塞，余亦敢谓从孟子之说，实亦可一日而智周万物。盖以孟子气象之光昌，精神之活泼进取，其日常生活中，实无时无地不见其精神之渗入（集义）与透出（养气）。余尝谓若精读孟子告公孙丑之言自“我知言，我善养吾浩然之气”至“行有不慊于心则馁矣”之一节，将见其虽寥寥十数语，实足以代表郁根（Eucken）所倡精神生活哲学之全部学说而有余。不惟代表，且实过之[五十]！故余以为国人苟用科学方法而整理孟子之学说，必能成一完备之系统，为吾哲学上、伦理学上放一绝大之光明，其功决不在阳明之下。此实非余之夸词，试观戴东原稍理孟子旧文，而其成就已如彼，可知也。故孟子学说，虽觉有专主精神生活之倾向，然实不悖孔子调节此两者之谊。且虽谓孔子之说，得孟子而益密可也。至此以往，则各走一偏。如汉儒董仲舒“正其谊，不谋其利；明其道，不计其功”之说，以及魏晋六朝时代思想之流于虚玄，宋明时代思想之趋重性理，甚至偏激如张南轩之言，谓“不惟名位货殖而后为利，凡意之所向，一涉于有为，皆成自私自利之举矣”等语，直否认吾人之一切动作云为。凡此皆过偏于精神生活，而忽视外部之事功者也。然同时其反动方面，在汉则有王充、仲长统之谈功利一派，在六朝则有神灭论一派，在隋则有文中子一派，在南宋则有永康、永嘉学派，在明末则有颜习斋、黄黎洲、顾亭林、王船山之经世一派，在前清中叶则有戴东原、阮云台等以汉学训诂而讲性理一派。兹数派者，其间又不免有矫枉过正，或偏物质生活之倾向。惟戴东原上绍孟子，所说颇有精理。吾国此两种相反之思潮，自孟子以后，无人能复统整，浸淫至于戴氏，几骎骎有若可谐合之观。试读其“理也者，情之不爽失者也”及“欲之协于天地之德者，即理之正者”等语，而可知近人王国维力扬戴说，至谓“能使三代之说，还之三代，宋儒之说，还之宋儒”[五十一]诚允论也。吾国今日之大患，非在人人但知崇拜势力、崇拜金钱，太沉锢于物质生活而无精神生活之可耻乎？忧时之士，始群争以西洋人生哲学为药石，提倡所谓新生活者，而实际主义遂为今日论坛之中心。其实当知所谓实际主义之哲学，若论其形式，诚为吾国前此所未有，然衡其原理，则吾先民所见，实早与之契合。此亦非愚一人之私言，日本丰田臻著《实用主义之哲学》一书，已较论及此（五十二）。然则吾民族此种标扬精神生活以提高醇化物质生活之精神，使早有人注重，时时刮磨，得以葆固应用于今日者，则其有裨社会，必较今日始行介绍之实际主义之影响为深厚，当不待智者而知。由此可知今日欲救国人之积病，介绍新说与昌明国学固同为急务，而钩发国学霾而未现之精英，实尤为较重且适。何则？凡一国一民族，必有其精神上之总财产。吾人所享受者，亦必于此总财产内分得，始感其亲切而适宜。欧西有识之士，衡论吾国思想学术之前途，已以此言赠我矣（五十三）。乃今之论者，辄谓东洋文明为静止的，西洋文明为活动的，欲争存于今世，非毁此静的文明而造动的文明不可（五十四）。亦有谓吾先民不知调和物心，而缺乏艺术的人生之美感者（五十五），甚至有谓东方文明并精神文明而亦不能称为完备者（五十六），皆非笃论也。至于代表印度文化之佛教哲理，其最高大鹄，尤在以精神生活而融摄物质生活，使之悉为宇宙化与人格化（五十七）其意义尤为精辟玄远。兹以其理太深，姑留俟他日再论。此又东方文化之优点一也。

第三，东方文化（此亦单就中国言）在有调节民族精神与时代精神（五十八）之优越性，而尤以民族精神为其根柢、最能运用发展者也。夫一民族之成立，所恃者，非仅血统、语言、地理、宗教等关系使然，为其枢纽者，端在此形成浑然一体之民族精神，罗司（Rose）氏尝诏告吾人（五十九）矣是则民族精神之重要，亦可概见。惟是此精神，其民族若不善于运用之，则易流为固性的传统思想，而不克随时代之变易而适应其环境，则此精神或且为一时代之障碍物，所谓“时代错误”（anachronism or ignorant of the modern times）一语，即自此而来。试观各国革命史，何莫非由其民族之传统思想与其新时代思想冲突之所生！我国自前清戊戌以后，欧洲新说竞入，思潮陡变。笃新之士，遂竭力攻击吾固有之道德学说，一时硕旧，咸目为狂潮。而卒之新思想势力如挟万钧之弩，吾旧有政制与传说，均不免如落叶之扫，于是国人咸以为新思想战胜。其实当知所摧扫之旧制度、旧传说，而如是之易且速者，正以此等旧物，自身本已腐朽，早不适于时代之新要求，即无外来之新思想，亦当归于淘汰者。而具有此淘汰作用之根本潜伏力，即余所谓吾族有此调节民族精神与时代精神之天才是也。今请进言其理：余上文固已言之，吾国神人之分最早，他族所视为宗教上不可方物之原理，吾族则早以抽象的概念或形式表出之，使之为哲学化，而一部《易经》即纯演此理者（六十）。职此之故，吾先民实认宇宙为进化之宇宙，而民族亦即应为进化之民族（其详可与下节互看）。故曰“三王不沿乐，五帝不袭礼。”又曰：“礼虽先王未之有，可以义起。”此即夏殷周忠质文三者递进之说，实吾先民所知之通谊（六十一），初非儒家、法家之创言。不过法家之为治，专以应时代之要求为急务，而不顾民族精神之素质，故其功业褊促而不永，如商鞅、李斯之相秦是。儒家则不然，最能以民族意识（national consciousness）之表现，体认其时代之精神，复即以其时代之要求，为社会统制（social control）之标的。此其消息皆在于《诗》。盖古者太史采诗以观民风，观其时民间风尚之所在，以为上下通达情谊之邮。故孔子曰：“诗可以兴，可以观，可以群，可以怨。”此即古之为政者调节民族精神与时代精神之一种政治原理，而其时之学术思想，亦于此萌生（六十二）。观吴季札入鲁观乐，因各国诗词之音节，而历赏其民风之淳浇，盖所谓“风也者，上以风化下，下以风讽上”，实即当时一种时代思潮（current thought of theage）也。此其意惟孔子知之，故以诗教等六艺之教而判其国民族智识道德之文野，且欲窃取其意以应用之于当时。后之知此者则惟孟子，故曰：“王者之迹熄而《诗》亡，《诗》亡然后《春秋》作。”盖孔子作《春秋》，所以贬损当世时王者，即以其悖时代精神以为治之故（六十三）。故《春秋》存三统，张三世之义。在《公羊》则发王鲁新周故宋之说，而在《穀梁》则为尊周亲鲁故宋之词，《公羊》家言明于世运进化之理（六十四），即孔子重视时代精神之遗训。《穀梁》家言深得经义，尊亲旧谊（六十五），又即孔子重视民族精神之表征。观孔子一面言从周，而又言欲用夏礼、殷礼，既以周之典礼为郁郁乎文，而又欲从先进野人之礼乐。盖孔子之意，实在欲调剂此民族精神与时代精神而得其中。其作《春秋》口授弟子，必有此项大义微言。及门人退而异词，遂生歧论。（抑不仅此。孟子之法先王，荀子之法后王，此两派亦由此出，皆各代表孔子教义之一面者。）邱明据本事而作传，使《春秋》仅为记事之书，汉儒不察，横生今古文之争，甚无谓也虽然，吾先民又不仅贵调节此两种精神而已，而实贵以民族精神为其大本。故《大学》引《诗》曰：“周虽旧邦，其命维新。”而以《康诰》之作新民，《汤盘》之日新又新为同义。盖吾先民之意，以为民族之发展，固随时代而异，然能形成一时代之精神者，仍此民族精神之潜力。故曾子曰：“时也者，人与人相续而成者也。”此与法儒某谓“历史之可贵，在累积若干时代之智识道德以传之于国民”之谓同一精审（六十七）。审此则吾人如欲焕新一时代之思想与制度，仍在先淬厉其固有之民族精神。《易》称：“时之为义大矣哉！”又曰：“天行健，君子以自强不息。”诚以时时革新、时时创进，民族精神发展至于何度，即时代精神凝成至于何段。黑格尔之历史哲学，即自此等理性进动之概念而生。而马克斯之阶段进化说，则又以经济之变动为促进新时代之总因。此唯心的历史观与唯物的历史观直成为今日欧洲思想上、制度上之两大总流，其实殆由一重历史精神与一重时代精神立义各歧之所致。吾国先民思想，宁谓进于黑格尔一派而无其胶执（六十八），兹亦不深论。要之如从吾先民之所示，则不惟负有容纳新时代精神之宏量，尤负有创造新时代精神之责任。而创造一新时代精神，尤必以民族精神为其背景。故一申之曰作新民，再申之曰旧邦新命（六十九）。此以视今日但知趋附时代潮流，而不知淬厉固有之民族精神以迎此潮流，加以磨刮，再创一更新之文化者，与夫但知故步自封，而不敢与新时代相周旋之士，其立义之深浅为何如？凡此者，皆吾先民之精谊也。至吾民族精神之内容，是否能有此镕铸新时代精神之素质与其涵量，则试观余上节把举之一点，已足为吾人别启一新生活之源泉。若再合观下节，将益知吾民族实有能开拓未来世界之活力。此外如国内时贤亦多论列。举其最著者，莫如梁任公。任公先生之著作，已为海内共睹，无取赘陈。姑就其较近者言之：如曾举吾族对内则启发力强，对外则同化力强之二义以质国人（七十）。近复著论谓吾族费数千年之精力以完成一统一的国民，为吾民族历史上唯一之大业（七十一），尤为特具史眼。综合以观，则吾民族精神之伟大，实有未可妄自菲薄者。此又我东方文化之优点一也。

第四，东方文化（此略兼印度言）在有由国家主义而达世界主义之优越性，而尤以世界主义为其归宿，故东方文化即可为将来之世界文化也。夫国家一物，本不过人类生命发展之一过程（七十二）。而自来言国家之起源与本质，则各异其说。求其能通国家与社会之邮者，实莫如卢梭之国家契约说（亦称社会契约说）。中间自历史法学与国家有机体说、国家人格说等迭兴以来，卢说几无人齿及（七十三）。至最近德谟克拉西政治之声浪日高，卢说始见真价（七十四）。吾国立国数千年，政治组织极不坚强。论者咸以吾族无建国能力、无国家观念相垢病。其实以愚所见，则有不然。余尝谓吾族之所谓国家，实与社会有不可分离之关系（七十五）。自其组织上言之，有绝类于法人狄骥之国家事物说（七十六）。自其意义上言之，则又与卢梭之契约说相通（七十七）。孟子谓人有恒言曰天下国家。天下之本在国，国之本在家，家之本在身。天下国家可连续为一词（七十八）者，即世界的国家，社会的国家之谓，而其本则在于各个人之一身。故曰："自天子以至于庶人，一是皆以修身为本。"而士礼直可推行于天子。孟子且严天爵人爵之分。综合古义而观，吾族之国家与政制，实一建立于人性之上，而非建立于权力之上者。虽其组织上不免有治者与治于人者之分，而其意义上实绝符于今日之民主政治。梁任公谓中国人几无一非无治主义之信徒（七十九），余亦敢言中国人实无一非久为民主国家之一员。昔顾亭林谓"有亡国，有亡天下。亡国与亡天下奚辨？曰：'易姓改号谓之亡国。仁义充塞而至于率兽食人，人将相食，谓之亡天下。（中略）保国者，其君、其臣，肉食者谋之。保天下者，匹夫之贱与有责焉矣。'"此其视国家不过权力阶级之组织，而其所谓天下，乃人间本性表现之集团。本性而有牿亡，虽匹夫亦有拯救之责，此实置国家与天下于伦理的考察之上。故此种天下的国家，非仅政治组织，而实社会组织。可知吾民族之国家观念，实一彻头彻尾之人性的政治论也。职是之故，吾族决不以国家之领域自画，而常有一世界精神（八十）悬于其襟怀。儒家尤代表此思想。《春秋》三世之谊、《礼运》大同之说，皆其最博深切明者。此实不得不谓为吾民族绝伟之天才也。虽然，犹不止此。所谓世界精神一物，其内容尚有不同，运用亦各有别。罗马人何尝无世界精神，而其成就竟为一武力之帝国。德意志人亦何尝无世界精神，而其怀抱乃在欲创一日耳曼的军国主义之文化（八十一）。凡此者，皆实抱一征服世界之野心，而非与世界以共见。欧族之有世界精神者，乃竟若此！若返观之吾民族则何如？儒教之大一统主义，在内其国而外诸夏，进而内诸夏而外夷狄，更进则夷狄中国内外大小远近若一，有如今日之由国而联邦，而世界联盟，逐次演进，使各民族得为自立的大联合，其义甚明。尤有味者，则《春秋》反道亲德尊礼重信之说（八十二）。盖所谓中国夷狄之分者，乃视信义之有无、文化之优劣以为别，初非贱视外族之名。此可知欧族之欲统一世界在武力，而吾族之欲世界大同，则在文化。故曰："天下车同轨，书同文，行同伦。"此尤吾族所具世界精神之内容与方法有足多者。故凡吾族所有之德目，如仁爱等名词，以及四海一家、民胞物与之语，无不含有极普遍极博大之精神。质而言之，吾族之传统道德，实世界道德、人类道德，而非仅国家道德（八十三）。故将来之世界文化，必为吾东方文化此等精神所缔造而成，则可断言。故余以为东方文化，实非仅东方国家之文化，乃一未来之世界文化也。至于印度文化，其最高潮之佛教哲理，所持纯为世界主义，尤不待多论。特惜印度民族，其人生观过于空漠阔达（八十四），用是此种世界精神，不能与国家主义相调剂，遂至其历史上竟无建立民族国家之遗迹，此则不及我民族之处。然世界而终有大同之一日者，则印度文化将来之盛运，有未可以今日之眼光限之也。此又东方文化之优点一也。

以上所举四端，乃东方文化优点之荦荦最著者。此外如日本学者所论东西文明之异同，足资吾人参考者，则尤不胜偻指（八十五）。余虽不学，然最恶与人苟同，故概不复援引其说，惟略述余平日所见者如此。夫东方文化之优点，既如是其卓著矣，则发扬而光大之者，即应大有其人。乃环顾国中，一谈及东方文化，几无不举首蹙额，直视为粪蛆螂蛲之不若（八十六），即有为东西文明融合之论，亦多装饰门面之谈（八十七）。其在笃旧之家，虽心知其善，而以见之不莹，言之不能亲切有味，遂亦含胡委随，甚至忸怩嗫嚅而不敢出诸口，余实耻之。余今请以最诚恳最刻骨之一语而告国人曰：吾民族之可宝贵者，乃此所以形成东方文化之精神（原理），而非其所演之事迹。若国人必以已往之事迹而蔽罪，则余亦可反问西方文化两大柱石之基督教与科学，在欧洲所演之事迹为何若。试观欧洲中古时代之血污，之黑暗，何一非基督教所演成？欧洲近世自工业革命以来，社会阶级之流于倾轧，人类之化为机械，最近空前之大战之莫大牺牲，又何一非科学之结果所演成？然则吾人亦可就基督教所演之事迹而定其爰书，就科学所生之结果而判其死罪，遂将基督教之宗教精神与科学上之科学精神一概抹煞。天下庸有如是不公允之论乎？则不佞可决其在信西方文化者，又必振振有词也。夫谈西方文化之宜知所别择有若此，则谈东方文化亦何独不然！然则东方文化之为东方文化，其可贵者正自有在，初不必因噎而废食矣。余于是请得而再告国人曰：东方文化精神之可贵，既已确定，则吾人今后所以发扬光大之者，其责任正自宏巨。余以为吾人有应从事者数端：第一以科学方法整理旧籍（八十八），将吾先民之学术思想乃至吾国社会所以形成之原理（八十九），一一抉择阐发，为统系之说明，使人咸知东方文化之真面目究竟安在，而后东方文化，确有可存在与其讨论之范围。第二既知东方文化真义之所在，即当择善而从，笃信其说（九十）。复本其原理以求实现，为奋斗的生涯，以建一有意义有价值的生活（九十一）。第三吾人即本此奋斗之精神，以文字的译述、团体的宣传（九十二），尽量灌输东方文化之精蕴于欧美人士，以为文化之交换。第四一面以极精锐之别择力、极深到之吸收力融合西方文化之精英（九十三），使吾人生活上内的生命（精神）与外的生命（物质）为平行之进步，以完成个人与社会（九十四）最高义的生活，同时即本互助之努力（东西两文化交换之结果）以创造一最高义的世界文化（九十五）。四者既尽，而后吾人所以为吾民族计、为世界人类计之大任，庶以克完。盖吾人由物的生活到灵的生活，由国家主义到世界主义，一面发挥民族之精神，一面启发时代之曙光，以完成个人无上之人格与世界无上之文化，此即东方文化唯一之精髓，亦即吾人今后之唯一大任也。故凡不佞所斤斤辨论，不惮癀口哓音者，实一效忠吾民族之良心与义务所无可避免，初非仅为一二陈死人吐气已也。故不佞又以为吾辈何幸而生于中国，抑又何不幸而始生于中国！幸者，即幸天假吾人以得附此伟大民族之缘；不幸者，即此伟大民族本负有对于吾国与世界之两重责任。吾人苟持褊狭之爱国心与爱古心，即失应为世界尽力之责。苟徒盲从欧化主义，则又愧对先民精神遗产之丰。稍一不慎，咎俱莫逭。故在负有此两重责任之吾人，其志在振兴吾固有东方文化者，即应循上举四事之途径而期其实行。其或志在崇信西方文化之流，事重分功，谊宜不废，特亦当知有应守之范围数端，即：（一）既以介绍西方文化为己任，则应先将欧美各派（无论精神方面或物质方面）学说尽量输入，使西方文化成一有条贯之体系，然后便于与东方文化为明确之比（九十六）。（二）必用如此严密之方法较勘，确得东方文化之缺点，然后再对东方文化施以总攻击，尚不为迟。此时暂勿以枝节之西说，为割裂之攻击，致令东方统系为所紊乱。（三）抑不当仅以攻击固有文化为能事，即所介绍之新学说等，亦当使之融铸消化（九十七），而后有真正欧化，可兼纳于吾国之可言。诚如是，则将见所抉择、所消化之西方文化之菁英，必有与东方文化之菁英相接相契者，则虽不亟亟谋两文化之调和，而自有彼此莫逆而笑，相见一堂之一日。于是而世界文化或世界哲学之完成，庶几可睹。以视今之互相排斥，但见新旧思潮之冲突，既未能尽力于祖国，又未克开拓世界于将来者，其得失为何如！若夫不学如余，则敢告不敏。余实一东方文化之信徒，虽不敢以前之四事自期，而欲以文字宣传为吾民族有所尽力之一念，则未尝梦寐或忘。爰拟勉著《中国政教学术探源论》与《东方文化与宇宙人生之根本价值》两书，一洗东方文化之沉冤积垢。顾学识谫劣，重以人事卒卒，此二书者，不知成于何时。虽然，余已言之，东方文化者，即吾民族精神之结晶，其能振兴与否，仍在吾民族全体之努力。吾闻之西儒有恒言曰：“二十世纪之文明，已非条顿人种之文明，而为斯拉夫人种之文明。继其后者，当为通古斯人种（西人称吾民族之通名）之文明。”（九十八）抑又闻日本某学者之演说，则曰："犹太有宗教，而行之者非犹太。印度有哲学，而行之者非印度。中国有文明，而行之者未必即为中国。"(九十九) 由前之说，则吾文化必昌于世界。由后之说，吾不自昌而人昌之，吾化虽昌，而吾族已不知存于何所。吾人试平心以察二说，能不为之忧喜交并而思奋然兴起也乎？然则余之草此论也，与其谓为余一人有何主张，不如谓为余对于吾民族之涕泣陈词。则兹篇也，虽视为余伤心之作可也！

注一　文化（culture）一语，细义本难，吾国近日讲学之士，有举其与文明（civilization）一语区别者。如张东荪君则谓前者多指精神现象，后者多指物质现象（见《时事新报·学灯》栏忘其月日）。姜琦君则谓文化意义，大于文明。文化为文明现象之发动力，文明为文化作用之目的物（见《解放与改造》二卷五号附录）。余按此两语在欧人著书通用者甚多，晚近始加以区别，鲍尔文（J.Baldwin）即主其说者。今就鲍氏《哲学辞典》中所列文化一语之定义，举其意义较完者，摘录原文一条如下：

Culture refers to the comprehensive changes individual and social life, due to the continued and systematic influences of mental improvement and refinement. 试按此条所下之定义，即可知与姜君等所诂之范围意义大致相符。是文化一语，原义实指一民族精神方面之发展为多。余本论所标之东方文化，即指吾民族此等精神现象而言，决非谓将古代所有之典章制度等，悉以移置于今日，如洪宪时代复古论者之愚谬。此则首宜辨认者也。

注二、三　"国故"一名始见于章太炎之《国故论衡》，近来北京大学张煊诸君取以标名其杂志，而《新潮》之傅斯年、毛子水诸君又取而较论，于是始有国故学一名词出现于吾学术界。今按毛君之论国故，谓即中国古代学术思想与中国民族过去之历史，其所释范围甚宽，几与余本文所标之中国民族精神之结晶一义相等。然考之毛君之论断，则谓此所谓古代学术思想之一部，为已死之陈物（此层毛君之意最坚，文中再三申明），而所谓过去历史之一部，则又只能看为历史的材料，不能看为历史。如此一来，极庞大之国故，遂变为一极劣小之国故。（毛君最后并所指之古代学术思想一部，亦括之于过去历史的材料一部之内。因曰我们简直可以用中国过去历史的材料一语，代替国故这个名词。）于是“国故万万无与欧化对等的道理”与“研究国故，比研究科学不过九牛一毛”等等之结论遂生矣。其实余以为“国故”一名，实欠精当。国而曰故，必其国已成僵石。国之文化而曰故，亦必其文化亦全不留于今日。此二者，皆非我曾有之事实。毛君之蔽误，在重视国故一“故”字，致混视历史事迹与历史精神为一而一概抹煞。不知以言历史事迹，诚有一部已为过去而不适于今日者，然此过去而不适者，乃其民族所遗留之制度，而非其民族所持续之精神也。若言其精神，则日日在生长发育之中，焉有如毛君所言为已死之理！譬如个人，其身体之机能，固时有摄取与排泄之固体物，然此浑然一体之人格（精神），则固历一生而常新，虽时或有新旧思想之冲突，而经一度之冲突，即遂生一度之统整，决不能割裂为前后两人格也。个人如感有割裂人格之痛，不流于自杀，即走于狂易。民族亦然，如演有割裂其全体精神之变剧，则不亡国，即自萎耳。故必欲标举国故之名，只可用之于制度典章等有固性的体制之上，而决不可以名民族精神。如必强划民族精神为若干部分，若者为国故，若者为国新（亦毛君所命名），实觉其有未安。余故不欲取国故之名以代表东方文化也。（毛君此文，张煊君已有驳论，见《国故》三号。乃所驳全为枝叶，于此等紧要论点，未道着一字，此毋怪毛君之振振有词也。）

注四、五　欲知希腊、埃及文化与古代东方诸国文化之关系，可参考下列各书：

（1）L.R.Farnell：*Greeceand Bobylon.*

（2）Gulick：*The Li fe of Ancient Greek.*

（3）J.L.Myras：*The Daum of History.*

（4）F.Lenormont：*Chaldean Magic.*

（5）G.M.N.Darvisi：*The Asiatic Dionysos.*

注六　晚近欧洲学者中亦有不主张希腊与意大利文化发源于东方亚细亚者，如法人菲叶（Fouillee）氏即其一人（参看日本文明协会所译菲氏之《欧洲各国民心理》一书第一编第一章第一节）。然菲氏亦不能不承认希腊历史第一期最古之文明，仍受腓尼基之影响。而腓尼基之文明，则固感受东亚诸古国文明之影响甚多。即菲氏亦自认者也（同书上册二六、二七页）。

注七　见杜威《哲学史讲演》。其原讲有“希腊哲学不发生于本部，而发生于四围的殖民地。……因（本部人士）到殖民地以后，和东方文明相接触，如埃及、巴比伦等处科学发达，为希腊所不及，因见两种文明不同，就发生一种新现象”等语（兹据南高讲演本第三页），可知希腊文化渊源，实有所自，决非能自产生者，即杜威亦承认之也。

注八　可参看 C.A.Ellwood 所著 *Social Pro6Z* 第二章。

注九　法人拉克伯里（Lacouperie）著有《中国太古文明西元论》（*Western Origin of the Early Chinese Cinuilization*，一八八〇年出版）论中国民族由巴比伦迁入，引证甚多。蒋观云著《中国人种考》，以之为蓝本。吾国人奉吾族西来说者，大都以此说为根据。今考先于拉氏者尚有奥怕尔（Oppert）氏，亦主此说，于一八五八年已有著作出版，因无英译本，兹不复引。

注十、十一　见《东方杂志》第十六卷第三号所译美国人类学协会远东部长威廉士（Williams）论文。

注十二　见蒋氏《中国人种考》六三至六六页，又前注所引威氏论文亦列此说。

注十三　见《庸言》第二卷第三期王桐龄《中国文化之发源地》论文所引。

注十四　见《中国人种考》一一一页，又前引威氏论文。

注十五　见《中国人种考》一一二页。

注十六　见《中国人种考》一一四至一三三页，可并参考日人白鸟库吉《支那北方民族史》、白河次郎《支那文明史》。

注十七　不惟坊间教科书为然，即前次京师大学堂《中国史中国地理讲义》亦全采拉克伯里之说者。

注十八　《中国民族考》，见《地学杂志》第二年第八期，第三年第三、第四各期。《中国民族溯源论》，见《她学杂志》第五年第十期至第六年第三期。

注十九　见章太炎《訄书》序《种姓》篇（太炎直称古巴比伦为宗国似太欠斟酌矣）及刘光汉《思祖国》篇、《华夏》篇、《国土原始论》等文。

注二十　见黄节《黄史种族书·种源》篇、吴贯因《五族同化论》（《庸言》第一卷七至九号）。吴君虽未明言吾族出于中亚细亚，然就其论西藏族之所出一段而观，有“与古代由西东渐之汉族同出一本”之语，其言外之意可知也。

注二十一　见《地学杂志》第七年第三期田北湖《黄土之成因》一论文。

注二十二　见钱氏《本国人文地理》上卷第三章第二至第九页（北京大学出版）。

注二十三　见日本文明协会所译菲叶氏《欧洲各国民心性》上卷第四〇页所引。

注二十四　九头十纪之说，其言虽不雅驯，而皆出《太平御览》所引。故书雅记，未可尽湮。且《雒书》无最后之《疏仡纪》，至《禅通纪》为止，则《禅通》即肇始黄帝，尤为合于史实。故史迁作《五帝本纪》，即断自黄帝为始，诚为有识。然则黄帝以前，吾族建国之年代，尤必甚长，不过书阙有间，不尽可考见耳。

注二十五　近人某君（不著撰人名氏）有《〈尚书〉为中国古代最完备之文明发达史论》一文，历举唐虞时代文明之事绩，甚为详赡。又夏曾佑著《中国历史》，以禹之于黄帝尧舜，一如秦之于三代，为古今进化一大界线，亦有见也。

注二十六　屠君寄有《黄帝辨》一篇，中有“西人以肤色别人种，彼谓我为黄种，而我四亿之人亦自认为黄帝之子孙，然则黄帝者，果何种人之帝耶”之语，其意可知（前京师大学堂《史学讲义》）。

注二十七　吾国文化为自创之说，最近梁任公先生亦言之。任公近在高师史地学会，讲演《佛教东来之史迹》，有曰：“世界文明之发源地五：埃及、小亚细亚、希腊、印度、中国是也。埃及、小亚细亚、希腊环地中海而居，风帆往来，三国之智识，赖以交换，故三国之文明自己的，实兼有外来的。此天之所赋者独厚也。印度僻在东陲，地理较三国为逊，然亚力山大之兵力侵入印度，亦得与西方文明接触。惟我中国东南环海，遥与南洋群岛及日本、美洲相邻，诸地皆后进国也，无关于我国文明之促进。而西北二面，山沙为阻，所与邻者，又皆匈奴、东胡等野蛮民族，以言交换文明，更无足论矣。惟西南一部连接印度，而又为雪山所阻隔，是犹人之蛰居斗室，其所有文明皆自己的，而无外来的。此天之所赋中国者甚薄也。”此寥寥数十语，直将中国文明所以独自产生之故，道其梗概，可与余说互参。足见东方文化中之吾国文明，论其起源与发育，实有较其他文明国为尤著特色者。此则吾国文化为独立自创之说，固非余一人之私言也。（任公演说词并见十一月二十三日《时事新报·学灯》。）

注二十八　最近日人西村真次著《世界文化三大潮流》一论文（大正八年十二月《大观杂志》），中引有名史学家格宁梭布之言，兹摘译数语于此。格氏曰："支那文化，决非可与希腊文化等同样观察。彼早发达于黄河溪谷之汉民族之文化，决非西来，宁谓为由东而影响于西，以造成亚细亚与巴比伦之文化者。"此说必有可观，乃一与拉克伯里之说极相反者。惜日人引之不完。吾人诚不必遽取其说以自夸大，然亦可反证拉氏西来之说，未必即为定论。吾人诚宜审慎以处之也。

注二十九　康白情有《论中国之民族气质》一文，于吾族之种性、地理、气候之相互关系，言之甚详，颇多可采之处（《新潮》第一卷第二期）。又去秋《留美季报》某君之《汉族再生论》，亦可参考。

注三十　参看日人牧口常山郎《人生地理学》第十章至十二章。（志贺重昂评语尤足参考。）

注三十一　参看吴稚晖所译麦开柏氏《荒古原人史》一一九与一二五等页。又吴氏于此书之尾，加以跋语，虽亦主吾族西来之说，而颇多创语。且亦承认吾族文明为独立自创者（同书一三一至一三三页），与余说不谋而合，尤可贵也！

注三十二、三十四　欲知欧人重精神生活（克己主义 rigorism）与物质生活（官能主义 sensualism）两种思潮之消长于西方文化之关系者，可参考下列各书：

（一）金子筑水《欧洲思想大观》

（二）《近世欧洲文化史论》（日本文明协会出版）

（三）《近代思想界之变迁》（同上）

（四）朝永三十郎《于近世我之自觉史》

（五）厨川白村《文艺思潮史》

（六）周作人《欧洲文学史》（北京大学出版）

又田汉君所作《俄国文学思潮之一瞥》一文，论此两思想之起状甚详，亦可参考。（《民铎》一卷六号）

注三十三　见工藤重义《世界宗教制度论》六三页。

注三十五、三十七　近人夏曾佑著《中国历史》，论中国古代苗民，则信鬼神，吾黄帝子孙，则信术数，上古宗教已分两派。邓实本之，著《国学原论》，大阐其说（《国粹学报》第一年第一期）。梁任公著《中国学术思想变迁之大势》，亦谓古代学术渊源出于史、祝二职，而祝之所司，则术数实其专业云云。余按由鬼神而变为术数，实初民思想进化之表征。此亦不独在吾中国为然。试观克孟特教授(Cumont) 所著《希腊罗马之星占学与宗教》一书，至谓星占学实关于世界奥义之神秘的启示，始与斯多亚派之哲学混合，继修正于柏拉图之理想主义，乃太古之加尔底亚人之信条，与基督教始终对抗者，其后竟为基督教所征灭云云，可知由具体的神格之崇拜变为抽象的灵术之推衍，实世界人类智识递进所同经之阶级。所异者，在欧族，此种递演而不能成一有体系之哲学，其后复为有力之神道（即基督教之一神教义）所战胜以迄于今。而在吾国，则由术数而演成一部幽远之《易经》哲理，由此哲理复开老、孔哲学与魏晋人之《易》学，而神道即永退处于无权。此真研究东西哲学起源者之一至有趣味之问题也。（吾国哲学与数理之关系，昔刘申叔著《中国哲学起源考》已微论之，惟其文中缀可惜也。）

注三十六　章太炎《訄书·争教》篇谓吾国古代分八卦五行两种宗教。禹之伐有扈，武王之不用箕子，皆争教也。其后蔡孑民先生著《中国伦理学史》，皆主此说（其实此说日本学者已主之）。余以为八卦五行之理，皆古之术数，皆以抽象概念之法式而范围其事者，其理实有相通，不必强分为二派。兹为行文之便，姑仍其说耳。

注三十八《淮南子·泰族训》曰："昔者五帝三王之莅政施教，必用参五。何谓参五？仰取象于天，俯取度于地，中取法于人，乃立明堂之制，行明堂之令。"可见吾国古代之政治，皆由此等抽象之哲学（宇宙论）所推演而来。

注三十九　明堂之制，本为吾国古今学者聚讼之一问题。近人论此者，以余所知，则有某君之《明堂考》（不著撰人姓名，《国故钩沉》第一期）与陈君焯之《议院古明堂说》两篇为有价值。某君之《明堂考》，已知古明堂有二：一为镐京明堂，在国。一为洛阳明堂，在郊。而陈君则直考定古代有宗祀之明堂与会议之明堂，两者各别，一在宫中，一在国门之外。扫清旧说葛藤，尤为有识。余尝谓国人如欲标榜"国故之名，必如此等有所创见之著作，而后庶不致蹈陈腐干枯之病也！"

注四十　吾国古代学术出于史官之论，自章实斋、龚定庵、汪容甫辈考定之后，近人如章太炎、刘申叔、梁任公、夏曾佑诸君皆主其说。至胡适之教授则力反之。胡君有《诸子不出于王官论》一文（《太平洋》一卷七期），所见固不失为创解，然须知若胡君之说而果确者，则中国古代学艺系统将被其打断，无复可寻。其实余以为吾国古代学统，本极散漫沉霾，诚难寻索，然其中亦未尝无蛛丝马迹之可循。此则求其最有特识、最能见其源流，而言之又最晰者，要莫如庄子。试观其《天下》篇首即叙道之全体（即古之学术总体），谓无乎不在；次即接述其明而在数度者，旧法世传之史尚多有之，其在于《诗》、《书》、《礼》、《乐》者，邹鲁之士，缙绅先生多能明之。（此二语最要。）此即谓得古道术之全体，惟史官与儒家。再次即致慨于道术之分裂，因历叙诸家，谓古之道术有在于是者，某某闻其风而悦之，并己身亦算在内。最后则谓如惠施、公孙龙一派，支离诡辩，不足与于道术，故不列为一家。其全篇脉络，本极明晰。乃后人不察，坐令中国数千年迄无人能为古代学术源流考者，实至可慨之事！虽有一荀卿、司马谈，而言之不详。刘歆则亦仅知作盖尔之词。直至章、龚辈始得搜集古说，稍加考定。刘申叔推阐其说，实较太炎为详。乃胡君于此极明显有据之《庄子·天下》篇，始则不置一词（其《诸子不出王官论》即首引《天下》篇而不评一词），继乃谓其非庄子所作（《中国哲学史》二五四页），意在先颠覆此篇，根本不认其成立，而后便于自伸其说，此则诚有非下走之愚所敢知者也！（胡君此说，即北大学生中如毛君子水亦谓其论证不完，见前引《国故与科学的精神》一文之注。又其后朱君毅在《唯是杂志》第一期亦有驳论，惟树义不坚，恐未足以折胡氏也。）

注四十一　参看蔡先生《中国伦理史》六十六页。又记某君曾在长沙某学会讲演《墨子学说》中论墨子爱利观念不同之点甚详，曾载《时事新报·学灯》，惜今不能举矣。

注四十二　见《建设》第一卷第四期胡汉民《中国哲学史之唯物的研究》。

注四十三　见《中国伦理学史》第三编第四页。

注四十四　参照本节后注（五十六）。

注四十五　吾国人与希腊人因审美观念不同，影响及于知识道德各方面之说，近人言之者尚少，惟蒋梦麐教授前曾略道及此。其与某公论学，有曰："言做人（道德）之道，可分中国、希腊、耶教三系。中国系之道德，基于人伦。希腊人之道德，基于智慧。耶教之道德，基于天志。人伦之道德尚礼，智慧之道德尚理，天志之道德尚志……中国系与耶教道德均责任道德，希腊系则为德性（智性）道德。责任道德与美术无甚关系，德性道德非美术不为功。智以烛其真，美以养其情，则德性始备。（中略）西洋人智识美术之发达，饮水思源，不得不归功于希腊人之德性道德也。"（民国四年《留美学生季报》第一号）可与余说互参。

注四十六　见严又陵译卫西琴之《中国教育议》(《庸言》第二卷第三、四两期)。

注四十七　张尔田君作《史微》(《孔教会杂志》第一卷一期)，其《原史》一篇论六艺由史入经，以孔子继道家而绍史统，其言颇典要可据。此即以孔子集文献上之大成之说也。

注四十八　曾崧峤有《孔子未曾集大成》一文(《太平洋》第一卷第一期)，谓吾国学术至周公太公时有分野之观，孔子不过分得周公学术之一半而已。其后有徐天授君驳之，谓孔子并非集百家学说之大成，乃集群圣道德之大成(《太平洋》一卷二期)。《太平洋》记者即大不谓然。嗣曾君又反驳徐君，谓孔子不善理财用兵，由于复古之理想所蔽；又孔子所讲之道德，为贵族道德而非平民道德，故难实行云云(《太平洋》一卷三期)。余以为吾人治学谈理，首当明体用之分（即今治科学所言之纯理与应用两面）。体则有普遍之价值，用则为时地所区限。审此则吾人今日所挹仰于孔子者，并非望将周公制礼作乐与太公理财用兵之事迹，重演于今日。然则纵令孔子兼擅太公之长，试问于吾人有何裨益？曾君亦知行孔子之道，在去其刚性而保其柔性矣（见《东方杂志》曾君所作《我之孔道全体观》一文）。然则复何争辩于孔子有无兼擅太公之才之谓乎？至于集大成之说，今人一闻此语，辄加骇怪，以为一人如何能集若干人之才性之总和。不知所谓集大成者，亦犹今日哲学术语所谓统整（integration）作用、综合（synthesis）作用而已。若谓此而不能，则斯宾塞尔之综合哲学（synthetic philosophy）与夫哲学家、科学家之思建立哲学或科学之新系统者，皆为僭妄多事。而斯宾塞尔谓哲学之任务在有"完全之综合的智识"（completely united knowledge），亦将成为夸诞之词矣。

注四十九　日人广池千九郎著《支那法制史》，极推崇吾国“中”之一德，且谓与亚里斯多德之中庸（mean）之说相符云云（同书第一卷六九页）。其后谢无量之《中国哲学史》与《孔子》等书皆本之。余以为吾国“中”之一谊，自方法上论之，可视为中国哲学上之一种特殊方法（即执两用中之义），几与黑格尔之辩证法默契。自实际上论之，则即为调节物心生活，使之达于谐和之一妙用。故孔子称《关雎》乐而不淫，哀而不伤，诚吾族之美德也！

注五十　郁根哲学，有实际主义重生活经验之切实，而不流于浅薄；有布格逊重创造进化之透辟，而不走于凿空，殆可谓兼有二派之长者。余愧未能读郁根之原著，仅得读日译本数种。又畏友章君行严曾赠有约翰斯（A.J.Jones）所著《郁根之人生哲学》（*Eucken*□ *a philosophy of life*）一书，余受而读之，觉其于郁根哲学颇有钩元提要之观。惟余终以为郁根所倡之精神生活，于外的奋斗一面，诚发挥尽致，即孟子集义之说（昔日注疏解“集义”之集字，谓与义相杂而生，实太无精彩且失孟子原意矣）。而于内的修养一面，则实欠指导说明，不及孟子养气之功远矣。此问题颇关重要，余他日当著一《郁根人生哲学与孟子人生哲学之比较论》以勘发之。

注五十一　王国维君曾有《国朝汉学派戴阮二家之哲学论》一文，登于前江苏某教育杂志，仓猝不及检出。

注五十二　参看日人丰田臻《实用主义之哲学》四三三至四四四页。

注五十三　见余友钱智修君所译英人约翰斯顿（Joneston）《中国宗教之前途》一文中所引嘉托顿希尔博士（Dr. G. Chatterton-hill）之言（《东方杂志》第十卷第九期）。

注五十四　详李守常君《东西文明根本之异点》一论文。惟此文余实未见，仅据梁漱冥君《东西文化及其哲学导言》中所引，得窥见一二耳（《唯识述义》第五、六两页）。

注五十五　详江绍原《艺术人生》一论文（《东方杂志》第十七卷十五期）。江君此文在揭一“美的生活”为标准，用以衡论中国理学家与佛教徒之人生观为不合此标准云云。不知其所攻击吾民族之所短，乃正其所长也！

注五十六　此即常乃德最近所发表《东方文明与西方文明》一文中之语。常君谓中国固有文明不配称为完全的精神文明，因系偏于实际的、功利的、善的一方面，非真、善、美三者平均的，无论不能与近代西洋文明相比较，亦不配与希腊时代学术相比较云云。其论骤视之似颇中理。然以余观之，就“真”一方面论，则须知中国人所求之真，决非与希腊人乃至今日欧人所求之真相同。科学之不能发生于中国，认识论之不能完成于中国，皆坐此故。中国民族此种思想之特异处，不惟与欧西民族不同，亦并与印度民族不同。若欲精论，当合中国文化、欧西文化、印度文化三大系文化比较研究，而后能得其真髓。此实关于人生根柢问题极巨，余当勉为专书，非今日所能讨论，亦不愿讨论，以今日国人尚谈不到此也。至于就“美”一方面论，则同志已有罗敦伟一论文，举及艺术本有两派，一为艺术独立论，一为艺术实用论，如柏拉图主张以善为美，即为实用论派等语。须知中国先民之观念，亦正所谓以善为美，观孔子谓《尧典》可以观美，又谓“尽美，未尽善也”等论旨即可概见。故谓中国人审美观念与西洋人有不同则可，谓其直无此种美感则不可也。又况历代均有山林隐逸之流，往往宁杀身赤族而不肯为权势献其艺术作品，则亦非不知艺术独立之可贵乎。至若关于“善”一方面，则常君已言之，兹不论。

注五十七　此问题关于佛教根本原理太巨，详论之，即入世间与出世间之问题，今日国人亦尚谈不到此。海内谈佛者虽多，以余浅陋所知，似尚无有人肯深究此问题，以明显之文字宣达其理者（惟余友梅君光羲尝有志于此）。余不敏，当竭毕生之力于兹。今国人如欲闻其梗概，则梁漱冥君之《究元决疑论》(《东方》十三卷第五六七三期)。

注五十八　民族精神与时代精神两语，在德文有专字为“volksgeist”与“Zeitgeist”，而在英文，则前者相当于“nationality”一字，后者则英文无专名，只可译为“spirit of the age”。

注五十九　具见 John Holland Rose 所著 *Nationality as Factor in Modern History* 一书

注六十　此理已散见余上两节各注。即胡适之教授之释《易》，亦发见此根本原理。其论《易》之基本观念凡三：一曰极（即变易之最简的公式），二曰象，三曰辞。（皆由孔子系《易》之词看出，可见孔子对于古代学术思想实有极深透极统整之能力。吾人于此实当处处虚心。）以《易》纯为推变之学（《中国哲学史大纲》七八至九一页)，一扫自来讲《易》者之葛藤，可谓卓具创解。惟胡君忽又以孔子释《易》在认此推变之理为唯物的，并谓系受老子之影响云云，一若此《易经》哲理纯为一部机械的宇宙论者，此则未免大错而特错！余尝谓胡君所著《中国哲学史大纲》，其中意匠独造，所得本多。独惜其处处以唯物论眼光观察判断，甚至施及于老、庄，几令中国哲学真面目无以自白于世界。故梁漱冥君曾谓倘然像他（胡君）所讲的那个样子，除了供现代的大哲把玩解闷以外，可有这两大支哲学接触影响，发生一种世界哲学（此本胡君语）的价值身份势力么(《唯识述义》第七页)？又记得缪凤林君最近于胡君所讲之老庄哲学亦有质正之语（曾见《时事新报·学灯》，忘其月日）。以极富有创解之学者，而所以攻吾哲学者，其结果乃如此，至可惜也。

注六十一　墨子谓："国家昏乱，则语之尚贤尚同。国家贫，则语之节葬。"又庄子亦有"礼义法度应时而变者也"之语，可见吾国先民，未有不应时代之要求以为治者矣。

注六十二　胡适之教授之《中国哲学史大纲》亦以《诗经》等考见当世社会意识，认为中国结胎时代。虽其所以观察者不必与余相同，而要之《诗经》实当时社会意识之结晶，则无可疑也。

注六十三　墨子《耕柱》篇曰："叶公子高问政仲尼。仲尼对曰：'善为政者，远者近之，而旧者新之。'"此可以见孔子之志。故《淮南子》直曰："殷变夏，周变殷，春秋变周，三代之礼不同，何古之从！"是则余谓孔子贬损当时君主，为其悖时代精神以为治之说，或不至骇流俗欤？

注六十四、六十五、六十六　《春秋》三传之谊，本自各别。其间最生争议者，即公羊家言孔子改制之说。此说倡于董子，而著于何休。迄有清末叶，有所谓常州学派者，始以治公羊微言大义之说相推重。及至廖季平、康南海两氏出，以之通于《王制》、《礼运》诸篇，于是孔子学说分大同、小康两派之说，几风靡天下。廖、康均不愧为今文家大师。惟廖氏晚年著作，乃益恣肆恢诡，其著《孔经哲学发微》一书，直类方士之言。至是，今文学派乃不得不一落千丈。攻之最力者，莫如刘申叔。刘氏之《孔子无改制论》与《汉代古文学辨诬》等篇，均精悍绝伦。其实余以为孔子以《春秋》当新王、素王之法等说，公羊家必有所承受。不然，以董仲舒之趋附武帝，必不敢倡此等不利于君主之说。故余谓孔子改制之谊，自当不废。特所当知者，孔子此种理想，非必如汉儒所说之迂，亦非必如今人所言之凿。余于此别有考证，兹不细说。至于穀梁学，则自汉以来，即不甚著。近人江慎中始发愤董理，得《穀梁十指》。其全书余未得见，见其《春秋穀梁传条指》一篇（《国粹学报》第六年第六期至十一期）。其论尊周、亲鲁、故宋各有广狭二义，实得孔子重民族精神之倌，合而观之，始知公、穀所言，皆孔子教义之一面，故其义亦有可互通者。是则今古文之争，视之为治经学之方法有别则可，因以议及孔子教义，如所谓信末师而背往古者，则不可也。

注六十七　记得系日人吉江孤雁最近于日本《改造杂志》某论文中所引某法国学者之言。

注六十八　吾国先哲认世运之演化，纯由精神界（宇宙全体）之进动而来。此则绝有类似于黑格尔哲学所立之自然世界之“罗哥斯”（Logos，黑氏哲学体系之第一部）与精神世界之“绝对的精神”（DerAbsolute Geist，黑氏哲学体系之第三部）之学说。（黑氏哲学与吾国哲学有相通之理。杨昌济先生遗著中已略论之，见最近《民铎》二卷三号。）惟黑氏一面重精神之开展，而一面复谓现实者皆合理，致令德国军国主义得以假其说为根据，酿成此次世界空前之大战祸。若吾国哲人，则无此等胶固束湿之说。余别有详论，不赘于此。（此注可与本节前注六十比照对看。）

注六十九　旧邦新命之谊，孟子当日即欲据之以应用救世。观其对滕文公“子力行之，亦以新子之国”之语，即引此诗作证。可知此在当日，固不能不专对君主说法，然新国之义，亦今日所不废者也。

注七十　记得任公此文曾登载于《庸言》，仓猝间竟遍检不得。

注七十一　见《改造》第三卷第二期任公所著《历史上中华国民事业之成败及今后革进之机运》一论文。

注七十二　日人田边忠勇男著有《柯尔（G.D.H.Cole）氏之社会学说之根本思想》一文（《中央公论》大正九年十月号），引述柯氏学说至多。柯氏即主张个性为万全（universe）。自国家市町村乃至于一俱乐部，皆不过为“共同生活”（community）之一机能，皆各个人“个性之团结的发表”而已。（此论文某君已译载《时事新报·学灯》，惟删节柯氏原书不少，兹不及记忆其月日。）又吉田博士于丁酉伦理讲演会有《批判与国家之威力》一讲演词，依国家之伦理的考察，判断国家为“兼个体与全体、现实与理想，而不绝进动之自由的生命”之一种表示云云（《大正八年十一月丁酉伦理讲演集》及《新时代》等杂志）。前此视国家为万能，今则视为吾人生命表现之一过程，亦可以觇今日世界思潮之趋势矣。

注七十三、七十四、七十五　卢梭学说影响最大者，即其国成于约、约发于意之说，而其最受攻击者亦在此。盖其所谓“公意”（La Volonté Génerale）一物，本为极茫漠而无畔岸者，以之当国家之“主权”，于是而主权一物，亦成不可捉摸之态矣。故其后谈国家学者，无论为反对派或调和派，均莫不以卢氏之说为邻于荒诞（可参看《政治学报》第一期《主权论沿革》一文）。吾国严几道先生亦曾力斥之，致劳余畏友章君行严之辨驳（见《甲寅》第一期章君《读严几道民约平议》一文）。最近因民治主义弥漫世界，尊重人民公意之说勃起，于是卢梭学说乃稍稍有人发见其真理（可参看《建设》第一卷第一期孙译《罗威尔博士公意与民治》一文）。其实余以为卢梭民约之说，若专从国家学一方面而论，则诚不免有不完之处，若就社会学一方面论，则卢说正自有不磨之价值。日人通口秀雄著《社会学小史》，即推卢梭民约说，为社会学上研究“社会意识”一物之远源，谓其可为今日心理的社会学之先导，历叙其与社会学各派学说之关系沿革（参看同书九四页以下）。可知求谈国家学而能与社会学根柢相通者，要不能不推卢氏。余尝谓欧人之视国家与社会，其界域未免太严，以致国家学与社会学不能沟通。社会学为最晚出之科学，而在初创是学诸宗匠，则往往以社会学为综合诸科学之学，以建设理想的社会为研究社会学之最后目的（试观首建斯学之孔德氏所创之人道教 Religion de l’humani 话可见）。乃最近社会学号称进步，其范围转狭。以为研究社会学，不过在归纳事实（社会现象）、籀得公例为止，至于理想社会之如何建立，当让之于政治学与技术家（官吏及热心改良社会者），非社会学所宜过问（参看日本远藤博士之《近世社会学社会史论》等书暨《社会及国体研究录杂志》等即可知其大凡）。此固科学分类日密，所不可免之结果。然实欧人眼光，认社会自社会、政治自政治之一念有以中之，职是之故，政治与社会二者遂永永打成两橛。在理论上，则发生孰轻孰重孰先孰后之问题（即以政治改良社会抑以社会左右政治之谓）。在实际上，则一部政治史，皆此两者权力互为争长之历史。易言之，即马克斯所谓之一部阶级争斗史。故此问题虽在今日，欧人亦尚未能解决者。试一放眼观察，如欧洲中古之教权政治，与今日之社会主义，殆皆欲对此问题而下解决。中古教会，在以神意统贯政治与社会之两面。社会主义，则在以人道打通政治与社会为一元。前者已属过去之僵物，后者则今方在试验之中。于是而民主主义乃于此时起，而作由政治渡于社会之桥梁。凡此者，皆欧人以全副精神所肉薄而始得者也。然返观吾中国固有文化，则此政治与社会形影相依，甚至吾先民脑影中，绝不知另有所谓政治一物足以制社会之死命之一种训条。国人数千年已习用之，如布帛菽粟水火而不自知。今者吾国已建民主政治制度矣，在此制下一切政习之运用，诚为多数国人所不解。然救之之道，但在昌明吾固有之"政治须与社会一贯"之教义，使之生于其心，发于其政，则必较日日徒以政法之书强聒国人为尤能神其用。此诚吾民族再生之一新生命也。抑不仅此，今日世界思潮，咸有欲使政治日趋于社会化之倾向，则未来之世界文化，吾此种绝精之理想，必为其中最有力之一因素，要无可疑。读者幸勿河汉余言，须知吾国有识之士已曾衡论及此。曩者梁任公作《政治之基础与言论家之指针》一文（《大中华》第一卷第二期），大意即谓与其为政府建议，不如为国人陈情。而余友章行严即作《政治与社会》一文驳之（《甲寅》第一卷第六期），意谓今日国中之现象，非借政治以改良不可。即一主先改良社会而后影响及于政治，一主先改良政治而后社会从而向风也。两公所见，均有独到。独惜其皆仅针对当日政象立言，而于此政治与社会二者根柢之异同轻重、究属安在，一至可讨论之问题，则均未之及。迩者一年余以来之所谓文化运动，则又欲即以社会刷新之力而影响政治者。凡此讨论，所涉问题过巨，而范围亦过宽，以至陋劣不学如余，何足言此。惟中怀耿耿，终以为政治与社会，一日而不能打通为一者，即世界人类之文化一日而未臻绝顶之域。东方哲人烛照及此，故其所产生之文化，其发动点与归宿点，皆力向此方面而行。虽长途辽远，且其工具又极不完，圆满达到，尚不知在于何日。而其示人类以应循之径，则要可宝贵也。

注七十六、七十七　余以为吾民族之国家观念，一方近于狄骥（LoonDuguit）之"国家事物说"，一方近于卢梭之"国家契约论"，闻者又必笑余言之牵强。盖卢氏之说，为有立权论，而狄氏之说，乃一反对主权论也。然余则谓此并无伤。此其理已可由余上一注得之。何则？诚使打通国家与社会之界域而观，则主权之有无，正不必过事争论，而但求群知有“社会意识”之可贵，有“社会统制”之理法之应循，则所以范围其群者，要未始无其道耳。此诚东方文化与西方文化界域绝殊之处也。（余夙有志著一《中国国家学》，今后当勉成此书，故兹不细论。至于狄氏之说，国人欲得汉译书籍，可参看神州编译社出版之《法国宪政通诠》，又《太平洋》某期译英人某之《狄骥法学批评》一文。）

注七十八　江慎中《春秋穀梁传条指》有曰：“家国天下，是古人通用名词。故孟子曰：‘天下有恒言，皆曰天下国家。’苟知所谓家国天下者，为以文化所及之远近广狭言之，则推之全经，无不六通四辟矣。”云云。可知天下国家等语，古人既可通用。且孟子直谓其系当日之恒言，则其视国家为含有世界（天下）性，其义当皎然无疑。故虽连读“天下国家”为一词，在未始不可，此非必余之好为异论也。

注七十九　见前举任公近著《历史上中华国民事业之成败及今后革进之机运》一文中之语。

注八十、八十一　“世界精神”一语，德文为“weltgeist”，英文无专字，可译为“universal spirit”或“welfgist”或“world soul”。按此语自希腊、罗马以来，多用之于纯正哲学方面，至黑格尔组织其精神哲学（Geistesphilosophie），以历史的所生之社会体制（如国家家属等）皆为客观的精神（derObjetiveGeist）所实现，因谓世界精神有应为开展世界历史之努力云云（参看 Harald Hoffeding 所著《近世哲学史》第八编《黑格尔之哲学》一节。赫氏此书为晚近哲学界有名大著，有英、日译本。兹据日译本下册二一四及三二四页），于是此语始应用之于历史哲学与文明史上。而德人以历史的世界的民族自命，则所谓开展世界历史之事业，亦遂若为德人之所独擅。如是而世界精神一语，乃与德人所尝自夸“惟德人有宣传其文化于世界劣等民族之责任”一义相等，而德国之军国主义成矣！故世界精神一名词，本极正大，乃在德人心目中，直与帝国主义之语无异。最近陶孟和教授讲演《新历史观》，因驳黑格尔此种历史哲学之不当（见《新青年》八卷一期）。然此非黑格尔用语之失，乃德人所抱世界精神内容之不正当所致。庄生谓：“与之仁义，乃并其仁义而窃之。”甚矣，名之不可假人有如是也！

注八十二　具见《春秋繁露·观德》与《楚庄王》等篇。

注八十三　日人长谷川如是闲氏近著《斗争之本能与国家之进化》一文，大意谓现在国家皆欲人勉尽国民道德，而不欲其尽人类道德。譬如杀人夺地一事，自人类方面观之，极不道德，而自国家方面观之，则多以此奖励其民为有爱国心之美德者矣。故今后国家之进化，要必以能调和此两种道德，而使国家不至桎梏人类为合宜云云。具见《时事新报·学灯》，不及记忆其全文，姑举其大略如此。

注八十四　印度诗人台莪尔（Tagore）曾以文学得诺贝尔(Nobel) 赏金，著声于欧洲学术界。其论东西洋文明之不同，谓西洋文明起自希腊，其民族历古今，皆浸润于砦堡城市之中，其人生观为封执，为有畛域，为壁垒森严，故西洋文明实城市之文明；东洋文明（单就印度言）则产生于广林漠野，其人生观为阔达，为胸无城府，故东洋文明可为森林之文明。日人多摭拾其说。有《台莪尔森林哲学》等书可参考。

注八十五　余此篇纯为独立之观察，初不袭取他人成说，于日人所作之东西文明比较及调和论本无取征列。兹为便于国人研究此问题之参考起见，姑就所知，举其一二较有价值之说如下：

（一）建部博士之说（见其近著《社会学》第四卷中之第三篇）：

西洋文明之所短　依学术思想不解放之结果，遂生以下四种之缺点：第一德教之过于单纯。第二法治的社会之失。第三其社会至今仍不免囿于惯习。第四人心之缺乏内的修养。

东洋文明之所长　第一道心之发达（建部氏自注谓此“道心”一语虽任何西洋文字不能译出）。第二德教之发达。第三宗教之现实的调和（按此条系兼日本佛教与中国儒教而言，则建部氏殆认儒教有宗教性质者）。

又建部氏尚有《哲学大观》一书，中论中国文明及印度文明与西洋文明之异同，比较甚详，可并参考。

（二）北聆教授之说（见其最近出版之《光自东方》一书中所载《论东西文明之融合》一文）：

西洋文化，在能利用及征服自然界。东洋文化则在能与自然界融和。

西洋文化，在吸合希腊之个人主义，与希腊教灵魂不灭之说，而成一保存个人价值之哲学。东洋文化则具有孔、老之天及自然，与佛教之涅槃而成一无我之哲学。

具补足融和两文化之能力与责任者，则在唯一之日本国民。（按我国人之聆此语，其感想当何如？）

又北聆氏尚有《东洋思想之复活与第一义生活之提倡》等文，均甚推崇东方文化者，亦可参考。

（三）野村隈畔氏之说（见大正八年十二月《中央公论》《东西文明之根本精神与在来之哲学》一文）：

（一）儒教之根本精神在忠恕。（二）佛教之根本精神"在无我法中有真我"（《涅槃经·迦叶品》语）。（三）基督教之根本精神在"天国在尔衷"（《路加传》第十七章语）。（四）泰西哲学之根本精神在自我思想之发达。（五）日本将来之哲学即在融合此等哲理以建一自我批判之哲学。

又野村氏尚有《文化论文集》，亦可参考。

此外如三宅博士所著之《政与教》一书，专言东方文化之精理。此类专书尤多。又本年秋间日本西京大学哲学文学学部复新创刊一《支那学杂志》，为专研各国学术思想之作品。日本学者于东方文化之研究，勤勤恳恳若此！吾国人对之，其亦有愧色否耶？

注八十六　国人之真能洞见东方文化之优点，而又不惮为亲切之说明者，以余寡陋所知，实居最少数，惟梁任公先生则尝忠实从事于此。其最近著论（见第四节本文所引），余尤钦佩。惟其论文中有谓吾民族不免视社会与政治歧而为二之语，所见与余适得其反。细阅前节之七四、七五、七六一合注自知。

注八十七　此则梁漱冥君已慨乎其言之（见《唯识述义》前数页所引《近人诸识之批评》）。又余所见如刘叔雅君之《怎样叫做中西学术之沟通》一文（新中国》一卷六期），谓当以比较的研究，求两系文明的化合，立论绝佳。然细按其通篇本旨，仍一鄙视东方文化之著作。惟本志伧父君前曾有《静的文明与动的文明》一文，论中国之静的文明之特长，尚为忠允核实之论。然余以为单从动静方面观察东西文明之总体，总嫌未尽惬当。西方文化，吾不敢知。东方文化，如余之所论，则又何尝为静止的也耶？

注八十八　近人治吾国学而能用科学方法，或近于得科学旨趣而条理井然者，以余寡学所知，如黄建中之《中国哲学上宇宙论》、《原知》，陈钟凡之《老庄学说略》，朱谦之《周秦诸子学统述》，高元之《辨学古遗》，谢无量之《老子哲学》以及张尔田之《史微》、陈启彤之《群道解科》等，皆其成绩之最著者。胡适之教授有《清代汉学家的科学方法论》一文，可见吾古人善治学者，亦未始不由此。注八十九、九十一、九十五此关于社会组织与生活一问题，于东方文化前途之影响，实为至巨。今人能洞瞩及此者，以余之陋，殆仅见有梁漱冥君一人，观其《东西文化及哲学》导言中言之至为警心怵目可知。余别有文论之，非兹所能详已。（此可与本文第三节暨第五节之七四等一合注参看，当亦可稍得其中变奥矣。）

注九十　昔闻友人告余，谓日本之笃信阳明学者，至镌一阳明先生之木像，佩之于身，虽赴友家，亦必先取木像置之案端，向其稽首，然后敢坐，与友寒暄云云。窃谓此种仪式，虽觉过重，然吾人笃信一说，须以宗教精神（宗教精神与宗教乃二物，近人已言之）出之，而后能期以贯彻，则固吾人所应取法者也。

注九十二　此事余别有具体办法，兹不具述。

注九十三、九十四　余非讲求西方文化之人，于西方文化全体，不敢谓有所得。姑较言之，觉西方文化之特长，实有最要者三点：（一）科学之方法与其精神。（二）物质文明。（三）社会组织力。此三者，又实以科学精神一物贯之。盖物质文明乃科学精神自然产生之副带品，而社会组织力之精而且强，则亦人人头脑富于科学精神之所致。我国先民自来于求真（智识）一方面，与西洋人绝异（本文第二节注中已提出之），故最缺乏此科学精神。从其正面论，则吾之此种求真方法，善于直契究极原理（宇宙本体）。从其反面论，则吾此种思想之方式，极易流于笼统颟顸。昔余亡友黄君远生曾力攻之（远生有《国人之公毒》一文，即力斥国人思想笼统之病。曾载《东方》某号，惜远生所见仅此种思理之坏的一方面耳）。今补救之道，惟有求之于科学精神，故此实吾民族所应虚心完全采纳者。至于物质文明与社会组织，亦当为有条件的容受。必有科学方法以瀹吾学，物质文明以厚吾生，社会组织以缮吾群，而后东方文化之原理乃得附丽于此种方式与其体制以尽其用。所谓吸收西方文化之精英以为文化之交换者，道在是耳。

注九十六　此则胡适之教授亦抱此理想，谓当合东西两大支哲学而产生一世界哲学，见其所著《哲学史大纲》第五页。

注九十七　曩者蔡孑民先生于《旅欧杂志》著有《文明之消化》

一文，有曰："人类之消化作用，不惟在物质界，亦在精神界。一人然，一民族亦然。（中略）欧洲文明以学术为中坚，而附属品之不可消化者，亦随而多歧……向使吾侪见彼此习俗之殊异，而不能推见其共通之公理，震新旧思想之冲突，而不能预为根本之调和，则臭味差池即使强饮强食，其亦将出而哇之耳。"此诚今日以介绍西方思潮自任者之准绳也。

注九十八　《民铎》一卷六号田汉君《俄国文学思潮之一瞥》一文中亦引有此语。

注九十九　此日人演说语。忆曾见日本某杂志，仓猝无从查检。惟日人此种夸大心，试观本节八六所引诸家之说，亦可知其大凡矣。

九

陈启天《中国古代名学论略》

一　中国古代名学的地位

中国古代有所谓“名家”，无所谓“名学”。名学这个名词，不过近人用以译西洋的Logic之后，才通用于学术界。初学者流，以为Logic是西洋的特产品，中国实绝无其学。稍进者则谓东洋也有，即如印度的“因明”，虽不能与西洋近代的Logic相比，至少也可以敌西洋古代的Logic。于是有些名学家，插入因明，与西洋论理学相提并论。见解比从前自高一筹了，却于此外很少论及中国名学的，未免是一个大缺陷。

今欲说明中国古代名学的重要，当先研究中国古代名学的地位如何。

一、中国古代名学在世界名学上的地位——世界名学，可照世界学术的分野，划为三大派：

A 西洋名学——即 Logic，又译为“逻辑”或论理学。始于 Aristotle，著有 Organon 一书，多讲形式论（formal logic），为西洋古代逻辑的经典。到 Bacon，乃反对 Aristotle 的说法，著 Nounm Organum 一书，提倡归纳法（induction）。更经 Mill 的发挥光大，而西洋近代逻辑乃完全成功。他的 *A System of Logic*，可算个代表的著作。到现在杜威（Dewey）极力推尊试验（experiment），因有试验论理学（experimental logic）的徽号。他的 *How We Think* 一书，就是这派代表的著作。这是西洋名学的小史，也就是世界名学的一部。

B 印度名学——印度名学，叫做因明。始于足目，号古因明；到陈那，著《正理门论》，大为改革前说，号新因明。自此至今，在印度无大改进。这又是世界名学小史的三分之一。

C 中国名学——中国名学的变迁，可分三大时期：a. 固有名学时期——断自秦汉以前。不但古代所谓名家有一种名学，即儒家、道家、法家也各有一种名学，尤以墨家为较完备。关于名学的理论，多散见于诸子百家之书，如《论语》、《中庸》、《大学》，《庄子》的《齐物论》、《天下》篇、《尹文子》、《公孙龙子》，《荀子》的《正名》和《解蔽》两篇以及《墨子》等，尤以《墨子》中的《经上》、《经下》、《经说上》、《经说下》、《大取》、《小取》六篇较详细而有西洋科学方法的色彩。b. 印度名学输入时期——自汉唐到明，因佛学输入日广，而因明也次第输入，为治佛学者所必知。其较有系统的著作，只有唐玄奘法师译的《因明入正理论》，复经窥基注疏，乃更为完备。印度名学得有光明于今日的缘故，赖此而已。c. 西洋名学输入时期——从明末到今。明末，李之藻译《名理探》，为西洋名学输入中国之始。自后译者渐多，其最著名而又可代表西洋名学精华的，要算严复译的《穆勒名学》和《名学浅说》二书。次为王星拱编的《科学方法论》和刘伯明译的《思维术》。科学社的《科学通论》虽为杂集，也可窥见西洋近代论理学的一斑。至于从日文中重译过来的，多不出《穆勒名学》和《名学浅说》二书的范围，而且多属形式论理，不足指数。必欲举一二部充数，以我所见，就要算胡茂如所译日人大西祝的《论理学》和张子和杂辑日籍所成的《新论理学》二书而已。其他坊间关于名学的教科书，更简陋不足道了。这是中国名学的小史。除印度因明在中国稍有光大，而且在一部分思想界稍生影响外，西洋逻辑还完全只有翻译，无所发明，在学术思想上的实际影响也甚微弱。质而言之：尚未成中国的名学，可以在我们脑筋中发生极大的化学作用。所以论到中国名学的精华，还在古代。我们欲完成世界名学的大观，合西洋名学、印度名学、中国名学于一炉而冶之，就要知中国古代名学的概要，和在世界名学上的地位。

二、中国古代名学在中国学术上的地位——世界名学有三大派别，而学术也因此产生三大派别，即中国学术、西洋学术、印度学术。中国名学是中国学术的工具，有中国的名学，才产生中国的学术。西洋名学是西洋学术的工具，有西洋的名学，才产生西洋的学术。印度名学是印度学术的工具，有印度的名学，才产生印度的学术。中国系的学术，不发源于西洋和印度，西洋系的学术，不发源于中国和印度，印度系的学术，不发源于中国和西洋，他们的最大最要的原因，就在各系都各有一种特别的名学和方法。所以我们要研究西洋学术的精神，不可不先知西洋学术的方法。要研究西洋学术的进化，不可不先知西洋名学的进化。要研究印度学术的精神，不可不先知印度学术的方法。要研究印度学术的变迁，不可不先知印度名学的变迁。要研究中国学术的精神何以不能如西洋学术的正确进取、印度学术的精深广大，也不可不先知中国学术的特别方法和名学的变迁了！

不但欲明世界学术的异同须明各派的名学和特殊方法，就是欲明中国学术中的各派异同，也非明各派的名学和特殊方法不可。儒家何以不同于道家？墨家何以不同于儒家？所谓“孔老之争”、“儒墨之辩”，其最大的原因，又在何处呢？简单说来，多由各家的方法不同、名学殊异。所以欲知中国学术的支分派别，也不可不知支分派别的方法。老子和杨子的“无名”，孔子和荀子以及法家的“正名”，墨子的

“实用”，庄子的“齐论”（庄子的齐物论有二义，一为齐物，二为齐论），皆各家名学的根本观念。不明这种根本观念，也就无由知他们的真正异同了！

中国学术，多发源于古代。古代学术，又以古代名学占重要的地位。一来是古代学术的一部分，二来是中国学术的根本方法，即Bacon所谓“诸学之学”。所以我们真欲整理国故，使古代学术复明于今日，则研究古代名学，实为先务之急。

二　中国古代名学的派别

我国分别学派的标准，有用“家”的，如所谓道家、法家、名家，有用“人”做单位的，如孟子、荀子同家而分别叙述，老子、庄子同家而各别讨论。胡适的《中国哲学史大纲》即多用后法。我今说到中国自古代名学的派别，如用“家”做标准，则学说不免有所出入，法家的名学多同于儒家、庄子的名学不同于道家的老子就是实例。如用“人”做单位，又不免支离，不易得中国名学的要旨，而且也太词费。所以我今以学说的异同做分派的标准，不袭“九流”之说，也不必人各一篇，只要学说大体相同，就合成一派研究。如不相同，虽昔人叫做一家，也必分别讨论。综其大略，约有五流如下：

一、无名学派——老子发其端，杨朱继倡其说，以时代论，无名学说发生最先，故为古代名学第一派。他的要旨，可分二端，略述于下：

A. 无名主义——老子最先主张无名，他的理由大概有二，他说：

> 名可名，非常名。无名，天地之始。有名，万物之母。……此两者同出而异名，同谓之玄。玄之又玄，众妙之门。

他既说常名无名，而有名之后，又常同出异名，自必至于失“道”，所以不如复归“无名”之始，而可入于“众妙之门”。这是老子开宗明义的第一义，也就是他主张无名主义的第一个理由。且有名了，最易引起人去争名好名。老子曾为周室柱史，历观前代争名和好名的事实自多，又见当日周室衰微，名守俱乱。他是一个学术的大革命家，富有反抗的精神，更不得不主张无名，使世俗无所藉口，两相争执，与孔子的正名同一用意，不过孔子是用的积极方法，老子是用的消极方法罢了。所以他说：

> 名与身孰亲？……甚爱必大费，多藏必厚亡……
> 大辩若讷……圣人不行而知，不见而名。

这是他主张无名的第二个理由。到了杨子，更说得显明。他说：

> 实无名，名无实。名者，伪而已矣！

他以"名"为人造的东西，与"实"不相干。所以他又说："不矜贵，何羡名？""安上不由于忠，而忠名灭焉；利物不由于义，而义名绝名焉。""实者，固非名之所与也。"照这样说来，所谓名者，已由名物的名，变为名位的名了。他恶名位，而主张无名，与孔子欲赖正名以定分的适相反对。或者杨子即以孔子主张正名过度，而毫不顾实际，遂有此反动，与老子默合了。

B. 观物法——老子虽然一面主张无名，却一面又指出观物法。其意或者即在名可无而物不可不观。西洋论理学原有二大派别：一为注重正名的，即为 Aristotle 的形式论理学。二为注重观物的，即为 Bacon 的归纳的论理学。老子的名学，即偏重观物学。他说：

> 道之为物，惟恍惟惚。恍兮惚兮，其中有象；惚兮恍兮，其中有物。窈兮冥兮，其中有精。其精甚真，其中有信。自古及今，其名不去，以阅众甫。

所谓"物"、"象"、"精"、"真"、"信"，即事物、现象、真理。"阅众甫"，即观察万物，与西洋逻辑注重事实与观察的有些相同。他还指出两种观物法，很有研究的价值。他说：

无名，天地之始；有名，万物之母。故常无欲，以观其妙；常有欲，以观其徼。

无欲以观物，是一种客观法。有欲以观物，是一种主观法。前法要人除去个人的利害观念以观察物的变化，那么就可知物的“妙”。“妙”就是物的真相。后法任人挟着主观的利害观念观物的结局对于人怎样，所以不免于“徼”，“徼”，有偏蔽的意思。比如看见一老虎，我们就说他是个孽畜，这全是从老虎对于人的利害关系上着想，所以不免把老虎的真相变了。其实老虎与耕牛同生宇宙间，离开个人主观的欲心，完全平等，无所谓孰善孰恶。不过人类容易以有欲观物，不易以无欲观物，所以所谓是非善恶，有许多是人的，不是物的；是主观的，不是客观的。老子即欲人由主观法到客观法的，所以他说：

不见可欲，使民心不乱。是以圣人之治，虚其心，实其腹，弱其志，强其骨，常使民无知无欲。

无名主义，应用于哲学，就成老子所描写的无名朴之道而任其自化。应用于人事，就成了杨子的逸乐主义，恐易于流于放纵，不顾社会了！晋世清谈之士，多不讲行检的，就由受了无名主义的流毒。

无欲观物法的应用，就成了老子所说“以身观身，以家观家，以乡观乡，以国观国，以天下观天下。吾何以知天下然哉？以此”。质而言之，不得以私心害事就是了。

二、正名学派——正名主义发端于孔子，荀子更专论其说，而法家则窃取这种主义，应用于政法，为中国两千多年来大多数人的主要观念。其起源大概有两种理由：一对于老子无名学说的反动；二对于纷乱的时局，籍正名以救济。我们考察孔子与子路为出公辄不认其父蒯聩，而称祖父灵公为父的问答，就可见孔子主张“正名的作用。他们的问答是：

子路曰："卫君待子而为政，子将奚先？"子曰："必也正名乎！"子路曰："有是哉？子之迂也！奚其正！"子曰："野哉，由也！君子于其所不知，盖阙如也。名不正，则言不顺；言不顺，则事不成；事不成，则礼乐不兴；礼乐不兴，则刑罚不中；刑罚不中，则民无所措手足。故君子名之必可言也，言之必可行也，君子于其言，无所苟而已。"

这个学派要旨，可分为三：a. 正名主义——孔子的正名说，很为简单，到荀子兼取墨家之说，论列较为明备。他见当时有惑于用名以乱实的，所以他阐明所谓有名的缘故，说："故知者为之分别，制名以指实，上以明贵贱，下以辨异同。如是，则志无不喻之患，事无困废之祸。"见有惑于用实以乱名的，所以他发明何缘而有异同，说："缘天官。凡同类同情者，其天官之意物也同。……形体色理以目异，声音清浊调竽奇声以耳异，甘苦咸淡辛酸奇味以口异，香臭芬郁腥臊洒酸奇臭以鼻异，疾养沧热滑铍轻重以体形异……五官簿之而不知，心征之而无说，则人莫不谓之不知。"这是推论论理的异同与心理生理的关系了。见有惑于用名以乱实的，所以他发明制名的概要。他说："同则同之，异则异之。单足以喻，则单。单不足以喻，则兼。单与兼无所相避，则共。虽共，不为害矣。知异实者之异名也，故使异实莫不异名也，不可乱也。犹使同实者莫不同名也。"同实同名，异实异名，这本是名学中的要义。惜乎荀子未尝说出如何同则同之，异则异之，所以终不能在实际上去应用。他还知名学上所谓"名词"、"命题"、"推论"的分别。他说："名也者，所以期累实也。辞也者，兼异实之名以论一意也。辩说也者，不异实名以喻动静之道也。"名，就是名词，所以代表事物的。辞，是命题，所以集合名词以发表意思的。辩，是推论，所以合多数命题以推出事理的。所用名词，应名实相符，才易得真相。不然，就多陷于西洋逻辑所谓不尽物的谬误了。b. 格物主义——孔子系《易》曾说："古者庖牺氏之王天下也，仰则观象于天，俯则观法于地，观鸟兽之文与地之宜，近取诸身，远取诸物，于是始画八卦，以通神明之德，以类万物之情。"这种用观察以类万物之情的方法，是中国最古的格物方法。古人为学次第，见于《大学》的，莫要于格物，《大学》上说："古之欲明明德于天下者，先治其国。欲治其国者，先齐其家。欲齐其家者，先修其身。欲修其身者，先正其心。欲正其心者，先诚其意。欲诚其意者，先致其知。致知在格物。"接着又说："物格而后知至，知至而后意诚……"从此可见"格物"对于正心、诚意、致知的重要了。可惜关于致知、格物的解说，独阙而不知其要。他书也未见详论在实际上应如何致知、如何格物。所以虽有格物之说，而不能发生物的学问——指西洋自然科学。到朱子注释略为完备，却也未明言致知格物的具体方法，足以产生物的学问。朱子说："致，推极也；知，犹识也。推极吾之知识，欲其所知无不尽也。格，至也；物，犹事也。穷至事物之理，欲其极处，无不到也。"解致知有综合法的意思，格物有分析法的意思。至如何综合，如何分析，则未明言。所以虽有抽象的理论，不能生实际的影响。他接着又说："所谓致知在格物者，言欲致吾之知，在即物而穷其理也。……是以大学始教，必使学者即凡天下之物，莫不因其已知之理而益穷之，以求至乎其极。至于用力之久，而一旦豁然贯通焉，则众物之表里精粗无不到，而吾心之全体大用无不明矣。此谓物格，此谓知之至也。"所谓"致吾之知，在即物而穷其理"和"即凡天下之物，莫不因其已知之理而益穷之，以求至乎其极"，笼统说来，本与西洋归纳法的原理相契合。然如何即物穷理，又如何即凡天下之物，莫不因其已知之理而益穷之，以求至乎其极，却未曾明示我们，如西洋论理学的观察法、试验法以便应用，所以竟成空话而已。或者朱子不过要补缀传文，而有此想象罢了。在他自己也未能时常真正即物穷理，何况后人呢！ c. 求诚的方法——子思发明求诚的方法约有五种，如下："博学之。审问之。思之。明辨之。笃行之。"这是说明我们思想的步骤应始于博学，终于笃行，与 Dewey 分思想进行的次第为疑难、观察、假设、演绎、证实五段有点相像的，不过子思重在修德，Dewey 重在论理而已。所以子思接着又说："能尽人之性，则能尽物之性。能尽物之性，则可以参天地之化育。"这个学派，虽有上说三种主义，然名学上最重要的格物主义，在孔子自身未尝实际应用，而求诚的方法，又多偏修德一方面，无大影响于论理。其最有影响于思想与事实的，只有正名主义，所以把正名主义代表这个学派。正名主义应用于伦理，就成了“名教主义”，《春秋》就是孔子的名教的经典。孟子说“孔子作《春秋》而乱臣贼子惧”，庄子说“《春秋》以道名分”，就可见名教经典的内容和势力了。这种名教主义的理想，就在使伦理与政治合一，而以名分为其中心。所以孔子说：“为政以德。”“政者，正也；子率以正，孰敢不正！”“君君臣臣，父父子子。”法家应用正名主义于法律，就成了“刑名主义”。尹子说：“名实判为两，合为一。是非随名实，赏罚随是非。”这可见法家的彩色与孔子相同了。

三、实用学派——墨子是实用学派的鼻祖。他的主义，对于孔子的正名主义是个反动。《墨子·耕柱》篇有一段说：

> 叶公子高问政于仲尼，曰：“善为政者若之何？”仲尼对曰：“善为政者，远者近之，而旧者新之。”子墨子闻之曰：“叶公子高未得其问也，仲尼亦未得其所以对也。叶公子高岂不知善为政者之远者近之而旧者新之哉！问所以为之，若之何也？”

墨子又说：

> 言足以迁行者常之，不足以迁行者勿常。不足以迁行而常之，是荡口也。

这主张近于西洋现代实验主义（pragmatism），以实际的功用定事物的价值，与儒家的“正其谊，不谋其利；明其道，不计其功”的学说完全不同。

墨家实用主义要旨，可分二项：a. 三表——三表是墨子立言的方法，所以又叫“三法”。墨子说：“必立仪。言而毋仪，譬犹运钧之上而言朝夕者也，是非利害之辨，不可得而明知也。故言必有三表。何谓三表？……有本之者，有原之者，有用之者。于何本之？上本之于古者圣王之事。于何原之？下原察百姓目名之实。于何用之？发以为政刑，观其中国家百姓人民之利。”这种考察事实的利害以定立言行事的标准，是墨子的根本观念，与孔子藉正名以定分的方法相去不知多远了。b. 辩经——《经说》上下等六篇，向叫做《墨辩》或《墨经》，我以为不如叫做“辩经”，直接了当。因为《墨经》是墨家所用为辩论的经典，犹之 Aristotle 的连珠律令——即三段论法的规则，为讲形式论理学的不可不遵守。《辩经》就是墨家的一种辩学而已。辩经的根本原理，只在一个“类”字。根本的方法，只在“以类取，以类予”。什么叫做“类”？《经上》说：“重体合，类。……二体不合，不类。”这是说两个事件有相同的，就是类，不然，就不类了。《经说上》解说：“合同也，有以同，类同也。……不合也，不有同，不类也。”由这看来，所谓类与不类，就是异同的问题了。相同，就是“类”，不相同，就是“不类”。《经下》说：“止类以行，说在同。”更可证明。然则又怎样知道什么是同，怎样是异呢？《经上》说：“同异，而俱于之一也，异同交得知有无。”这是说我们辩异同，而论点要同一，才知类与不类。同类与异类都知道了，方可断定哪有哪无的是非。胡适的《中国哲学史大纲》点读“同异，而俱于之一也”为“同，异而俱于之一也”，而又自加“异”的界说，不但截断前半句与后半句的关系，也未免太牵强了。《大取》篇又发明类与辞的关系，说：“夫辞以类行者也，立辞而不明其类，则必困矣！”

墨家立辞明类的方法有二：a. 以类取的方法——这是说我们要推论一个道理，所取的事实，必出于同类。比如说：“凡人有必死；泰山上有森林。”后者非从前者取出、相与同类，所以不能下什么断定，那就“困”了。如接着说：“孔子是个人。”孔子是从人类取出来的，所以可将一个“孔子必死”的结论。怎样以类取呢？《小取》篇说：“以名举实，以辞抒意，以说出故。”什么叫做“以名举实”？《经说上》说：“所以谓，名也；所谓，实也。”胡适《中国哲学史大纲》解“名”为表词 Predicate，“实”为主词 subject，完全错了。所谓以名举实，就是用名词代表事实。名为名词，所以代表事实的，故说“所以谓”。实是事实，即是所辨别的，故说“所谓”。《经说上》说：“名实耦，合也。”就是说名词与事实相配，那就对了。也就是荀子要闻名而实喻的意思。《经说上》又说："命之马，类也。若实也者，必以是名也。命之藏，私也。是名也，止于是实也。"这是说类名，兼指一类之实；私名，则只指某事某物某人之实。果如胡适所说，将无以解此了。Aristotle 的形式论理学，首辨名词的涵义，与墨家名足以举实及名实合为一有点相同。所以演绎法的次第，不可不以此为先务。什么叫做"以辞抒意"？辞是命题，有了举实的名，然后可合名成辞以抒意，即离合名词以成一意。什么叫做"以说出故"呢？《经上》说："说，所以明也。"有了抒意的辞，自不得不有一种说明的理由。所以说"以说出故"。"说"与印度名学的"因"及西洋名学的"大前提"是同一的作用。说所出的"故"，就是因，是通例。在演绎推理没有通例，就不能成立。故《经上》说："故所得而后成也。"故有二种，《经说上》说："故，小故有之不必然，无之必不然……大故有之必无不然。"（原文只一然字，按文意疑一不字，故补。）这是说因有主助，例有大小，推论最可靠的理由，自是主因与大例了。这种以类取的方法，很近于西洋的演绎法，不过不拘于三段的形式而已。b. 以类予的方法——《小取》篇说："援也者，子然我奚独不然也。推也者，以其所不取之同，于其所取者予之也。""援"，就是类推。援例相推，以彼论此，本是常法。然其结论只是或然，不是必然，所以《小取》篇接着又说："有所以然也同，其所以然也不必同。"所谓所以然也不必同，就是果同因不必同。反过来即是因异，果不必异。这是因果律中所宜知的，不然，就易陷于谬误了。"推"，就是真正的归纳推理。"以其所不取之同，于其所取者予之也"的意思，就是以少数的事理归到同类的多数事实。不过观察事实的方面不同，其结论也不易正确，所以《小取》篇又接着说："其取之也同，其所以取之也不必同……夫物或乃是而然，或是而不然，或一害而一不害，或一是而一不是也，不可常用也。故言多方，殊类，异故，则不可偏观也。"因物多方、殊类、异故，不但要观察，还要观察的范围不可过狭，几与西洋归纳之首重观察相同了。

从上看来，墨家的名学，简直可与 Aristotle 的 Organon 及陈那的《因明正理门论》相比拟，而同为世界名学最古而又有条理的著作。墨子应用他的三表法，非儒、非攻、非命，主张兼爱、节用、节葬，甚至非乐，而成中国古代最有价值的一个学派。至于别墨的《辩经》，则久成绝学，不能完全句读，只为当时诡辩学派增一工具而已。可惜！

四、齐论学派——齐论学派，只有庄子一个人。他的主张，全为对于杨墨、儒墨之争的反动。《骈拇》篇说："骈于辩者累瓦、结绳、窜句，游于坚白异同之间，而敝跬誉无用之言非乎？而杨、墨是已。"《齐物论》说："道恶乎隐而有真伪？言恶乎隐而有是非？道恶乎往而不存？言恶乎存而不可？道隐于小成，言隐于荣华。故有儒墨之是非，以是其所非，而非其所是。"这两段话，可见庄子主张齐论的动机了。

庄子见儒墨更相是非，更想到认识论的问题。他极端怀疑人智，以为不但"人生也有涯而知也无涯，以有涯随无涯，殆已"，更用吊诡之辞推及人智一无所知，也不能有所知，所以《齐物论》上说：

> 啮缺问乎王倪曰："子知物之所同是乎？"曰："恶乎知之？""子知子之所不知耶？"曰："恶乎知之？""然则物无知耶？"曰："吾恶乎知之？虽然，尝试言之：庸讵知吾所谓知之非不知耶？庸讵知吾所谓不知之非知耶？……自我观之，仁义之端，是非之涂，樊然淆乱，吾恶能知其端？"

"彼亦一是非，此亦一是非"，以辩论正辩论，自有恶知其端的困难。而庄子不能于事实上加以辨正，只趋于反动，否认人智，所以不能使思想发生良好的影响。

庄子阐明争辩的起原约有三端：a. 由于成心——《齐物论》说："夫随其成心而师之，谁独且无师乎，奚必知代而心自取者有之，愚者与有焉。未成乎心而有是非，是今日适越而昔至也。是以无有为有。无有为有，虽有神禹，且不能知，吾独且奈何哉！"这攻击师心好辩，何等痛快淋漓！ b. 由于感情——《齐物论》说："劳神明为一而不知其同也，谓之朝三。何谓朝三？曰："狙公赋芧，曰：'朝三而暮四。’众狙皆怒。曰：‘然则朝四而暮三。’众狙皆悦。名实未亏而喜怒为用，因是也。”这形容感情影响于论理的势力，又何等的切当！C. 由于偏成——《齐物论》说：“辩也者，有不见也。”又曰：“物无非彼，物无非是。自彼则不见，自知则知之。”“道隐于小成，言隐于荣华。故有儒墨之是非，以是其所非，而非其所是。”这都说辩起于知识的浅薄，和文字的含糊。

总而言之，庄子以辩多起于心理的原因而非事理的实际，故辩论终无已时。所以他说：

> 既使我与若辩矣，若我胜，我不若胜，若果是也，我果非也耶？我胜若，若不吾胜，我果是也，而果非也耶？其或是也，其或非也耶？其俱是也，其俱非也耶？我与若不能相知也。则人固受其黮闇，吾谁使正之？使同乎若者正之，既与若同矣，恶能正之？使同乎我者正之，既同乎我矣，恶能正之？使异乎我与若者正之，既异乎我与若矣、恶能正之？使同乎我与若者正之，既同乎我与若矣，恶能正之？然则我与若俱不能相知也，而待彼也耶？

庄子见“彼亦一是非，此亦一是非。……是，其一无穷也。非，亦一无穷也”，而以两法止辩。a. 两行法——庄子说：“圣人和之以是非而休乎天钧，是谓之两行。”郭注：“两行，为任天下之是非。”是非两行，争辩自少，而且所谓是非，多因见地不同，故说：“劳神明为一而不知其同也。”物有多方，或从甲方去观，或从乙方去观，争辩即由此起。若通观全体，则或是或非，或俱是，或俱非，据庄子的思想，只好任其两行而已。故说：“是不是，然不然。是若果是也，则是之异乎不是也亦无辩。然若果然也，则然之异乎不然也亦无辩。”b. 以明法——庄子说：“欲是其所非而非其所是，则莫若以明。”郭象解“以明”为反覆相明，即是用是非两说反覆相明，可以知所是的不必全是，所非的不必全非，而反对的论调，也有相为订正的价值，不必拘于一隅，好同恶异了。

以上为庄子齐论的大旨。他应用于哲学而成齐物之说，达观一切。应用于处世，成了“彼且为婴儿，亦与之为婴儿；彼且为无町畦，亦与之为无町畦；彼且为无涯，亦与之为无涯，达之入于无疵”的人。好的，不过是一个不谴是非的名士。不好的，就成了同流合污的乡愿了。

五、诡辩学派——诡辩学派，多用辩经的方法而昌言道家的理论，自成一派，与墨家以实用为主旨的绝不相同。其好辩又近乎纵横家。庄子《天下》篇说：

> 相里勤之弟子，五侯之徒，南方之墨者，苦获、已齿、邓陵子之属，俱诵《墨经》而倍谲不同，相谓别墨。以坚白同异之辩相訾，以觭偶不件之辞相应。以巨子为圣人，皆愿为之尸，冀得为其后世，到今不决。

这可见诡辩学派与《墨经》的关系。不过属于这派的，不止所谓别墨而已。上到邓析，下到惠施、桓团、公孙龙，辩者之徒，亦均属之。据庄子的说法，可把这派的要旨分为二：a. 奇辞的诡辩——即以觭偶不件之辞相应者。这种辩论，要以邓析为鼻祖。《吕氏春秋》说：“洧水甚大，郑之富人有溺者，人得其死者，富人请赎之。其人求金甚多。以告邓析，邓析曰：‘安之，人必莫之赎矣！’得死者患之，以告邓析。邓析又答之曰：‘安之，此必无所更买矣！’”这即是列子所说邓析操两可之说、设无穷之辞的例子。诡辩家正如此耳。《庄子·天下》篇说：“惠施以此为大观于天下而晓辩者。天下之辩者，相与乐之……辩者以此与惠施相应。桓团、公孙龙，辩者之徒，饰人之心，易人之意，能胜人之口，不能服人之心。”这可见惠施、公孙龙等乐为奇辞的诡辩，不过又参有哲理而已。荀子说：“今圣王没，名守慢，奇辞起，名实乱，是非之形不明，则虽守法之吏，诵数之儒亦皆乱。”即是攻击奇辞的流弊。b. 推理的诡辩——惠施历物之意，偏为万物说，和公孙龙白马非马等说，多含有哲理的问题，大要不外乎庄子齐物之旨，加以引申，而又益之以辩辞而已。《庄子·德充符》说：“自其异者视之，肝胆，楚越也。自其同者视之，万物皆一也。”《秋水》篇说：“以功观之，因其所有而异之，则万物莫不有；因其所无而无之，则万物莫不无。知东西之相反，而不可以相无，则功分定矣。”可与惠施等的“大同而与小同异，此之谓小同异”，“万物毕同毕异，此之谓之大同异”，以及白马非马等说相印证。不过这种哲理不易为通俗所了解，所以能胜人之口而不能服人之心。《庄子·天下》篇又说：“惠施……以反人为实，而欲以胜人为名，是以与众不适也。”就可以见诡辩学派的流弊了。公孙龙见黜于平原君，即由他“烦文以相假，饰词以相悖，巧譬以相移，引人声使不得其意”。质而言之，诡辩学派只重在诡辩，不重求真理，与希腊诡辩学派相近，结果只足以乱是非而已。荀子作《正名》篇极力攻击，正与 Aristotle 作 *Qrganon* 以正希腊诡辩学派之失同意。

三　中国古代名学的批评

中国古代名学，直接为古代学术思想的根本方法，而间接又影响于后代的一切学术思想。所以要明从古代到现代中国学术思想的变迁和结果，不可不于叙述古代名学派别之后，略加批评，使我们知道中国学术思想不振之源究在何处，与西洋学术思想的方法根本不同的，又在何处，我们以后要改进中国学术思想，又应先从何处着手才易收效，这都是我要略略批评，不辞浅陋的用意。当世明达，对于我的批评，更加批评，使学术思想可以从此根本改造，那就更好。

中国古代名学可批评之点约有四：

A. 重人事不重自然——无论何派名学，多重人事，不重自然。孔子借着正名主义，不过用为伦理的中心观念。而老庄等绝圣弃智，更未曾多论自然（自然即英文的 nature，与老庄所谓任天的自然不同）。墨子虽提倡“实用”，略略近于西洋的 Pragmatism，也多应用于人事一方面。到别墨的《辩经》，虽偶涉论数理质力之说，也无何种系统可寻。所以可以武断说一句“古代名学全应用于人事，未尝应用于自然，而中国学问，亦自只有社会科学，而无自然科学”了。西洋论理学祖 Aristotle，应用他的方法于哲学，又应用于物理学、生物学，发端既不同，结果自与中国相异。

B. 重玄理不重事实——老庄的学说，偏重玄理，自不待说。惠施、公孙龙的辩论，也多属玄理。玄理而不与事实相印证，则自易玄之又玄，莫明其妙了。即孔、墨本多实际的彩色，而一则偏重伦理，一则偏重应用，也少应用各人的方法，从事实上为学问而研究学问。单从科学上着想，比之 Aristotle，殊有愧色。原来科学的基础，建立于事实之上，离开事实去讲玄理，自无发生的希望。

C. 重辩论不重实验——诡辩学派以诡辩见称于当时，注重辩论，自不待说。其余各家明是非、别异同的惟一方法，也多在辩论。虽墨子注重实用，为古代名学的异彩，而苦获、已齿、邓陵氏之属，竟变成那“以坚白异同之辞相訾，以觭偶不仵之辞相应”的诡辩家，与墨子的根本方法完全不同了。以辩论定是非，而绝不实验，自然是“彼亦一是非，此亦一是非”与“是亦一无穷，非亦一无穷”无决定。所以有孔老之辩、儒墨之辩、杨墨之辩，至今不决。庄子主张齐论息争，即由于此。不过他不能发明实验方法以止辩论，为时代和历史所限，未免可惜。西洋自 Bacon 提倡实验，而科学乃大放光明。由此知中国无科学的根本原因了。

D. 重达观不重分析——庄子以齐论法止儒墨之辩，似可奏效一时，然其达观方法，实贻害于学术思想界不浅。科学起于分析事实，今既达观一切不别异同，则真正的科学自无由产生。从好一面说，叫做达观。从坏一面说，就成含浑笼统的思想了。科学上还有一个最重要的观念，就是“类”。苟不明于事物的类，则学问无系统了。西洋自 Aristotle 提出类的观念，至今各种科学，大受其赐，都有条理脉络可寻。而中国虽墨家曾提出类的观念，为《辩经》的根本方法，然未实用于何种科学，故在思想界无大影响。更经庄子蔑视类的分析，说：“今且有言于此，不知其与是类乎？其与是不类乎？类与不类，相与为类，则与彼无以异矣。”于是类的观念，扫地无余。各家著述，亦多无类的观念贯串其间。所以中国古代学术，外似广博，其实杂乱不堪，毫无头绪。这由于方法不注重分析的结果。

总之中国古代学术，多由于各家的方法产生出来。既不重自然的和分析的实验，自无西洋近代的科学了。我们多缺乏“物的观念”和“数的观念”，不喜研究自然科学，也由于薰染古代名学方法太深所致。我们无论整理国故，或是输入欧化，非先改革遗传的古代名学方法，终恐无大望了！

附注前引胡适《中国哲学史》中误解墨子名实之说，近查他的《墨辩新诂》已更正。

一〇

抗父《最近二十年间中国旧学之进步》

辛酉冬日，《东方杂志》记者属余书中国近日学术情形一篇，将揭诸新年号。此问题固余所亟欲陈述者，岁暮鲜暇，因循未果，新年无事，始得应其请，题曰：《最近二十年间中国旧学之进步》——旧学者，因世俗之名以名之；实则我中国固有之学术也。今人辄谓中国无学术，或谓中国虽有学术，绝无进步，或谓中国学术虽有进步，至今日则几衰息者，皆大谬不然之说也。中国义理之学，与书画诸技术，及群众普通旧学之程度，在今日诚为衰颓，然昔人所谓考证之学，则于最近二十年中，为从古未有之进步。特专门之事，少数个人之业，世人鲜有知之者，而阅杂志之少壮诸君，则知之者尤鲜。然今日专门旧学之进步，实与群众普通旧学之退步为正比例——此奇异之现象，殆遍于世界，不独中国为然。余因此机会，将介绍此进步情形于阅者诸君之前。姑就耳目所及之出版物言之，而出版之书，亦只就其最重者言之，其未发表者，则不可得而记焉。为记述之便，分二科述之：

（甲）古器物古书籍之发见

此二十年中，古器物古书籍出世之最盛时代也。自来学术之兴，无不本于古器古书之发见：有孔壁经传之出，而后有两汉以来古文家之学。有赵宋古器之出，而后有宋以来古文字古器物之学。惟汲冢竹简发见后，未几即遭永嘉之乱，于学术上乃无甚结果耳。百年以来，古物之出，倍蓰于宋时，而近二十年尤为古物出世之黄金时代。数其最大者，则如殷虚之甲骨文字、敦煌及西域诸城之汉晋木简、敦煌千佛洞之六朝唐人所书古籍、内阁大库之宋元刊本并明以后史料。此数者之一，已足敌孔壁汲冢之所出。其余各地所出之三代彝器、汉唐石刻及种种古器物，亦较前此二十年为多。故此二十年中所出之古书古物，谓之绝后则未敢言，谓之空前，则人人所首肯也。今更分别说之：（一）殷商文字，昔人惟于古彝器中见之，然其数颇少。光绪戊戌己亥间，河南安阳县西北五里之小屯，洹水厓岸为水所啮，土人得龟甲牛骨，上有古文字。其地数十亩，洹水三周环之，《史记·项羽本纪》所谓"洹水南，殷虚上"者也。估客携甲骨至京师，为福山王文敏公懿荣所得。庚子秋，文敏殉国难，其所藏悉归丹徒刘铁云氏鹗。而洹水之虚，土人于农隙掘地，岁皆有得，亦归刘氏。光宣间所出，则大半归于上虞罗叔言氏振玉。文敏所藏凡千余片，刘氏所藏三千余片，罗氏所藏二三万片，其余散在诸家者亦当以万计，而驻彰德之某国牧师，所藏亦且近万片。其拓墨影印成书者，有刘氏之《铁云藏龟》十册（光绪壬寅癸卯间印），罗氏之《殷虚书契前编》八卷（甲寅印）、《后编》二卷（丙辰印），《殷虚书契菁华》一卷（甲寅印），《铁云藏龟之余》一卷（同上）。后英人哈同氏复得刘氏所藏之一部八百片，印行《戬寿堂所藏殷虚文字》一卷（丁卯印，大都在《铁云藏龟》之外）。甲骨所刻，皆殷王室所卜祭祀、征伐、行幸、田猎之事，故殷先公先王及土地之名所见甚众。又其文字之数，比彝器尤多且古，故裨益于文字学者尤大。惟事类多同，故文字亦有重复。刘氏所印，未及编类，但取文字精者印之。罗氏则分别部居，去其重复，故其选印者，实所藏二三万片中之精粹也。此殷虚文字，其始发见，虽在二十年以前，然其大半则出于前此十年中。此近时最古且最大之发见也。（二）汉晋木简。此实英印度政府官吏匈牙利人斯坦因博士之所发掘也。博士于光绪壬寅癸卯间，曾游我国新疆天山南路，于和阗之南发掘古寺废址，得唐以前遗物甚夥。复于尼雅河之下流获魏晋间人所书木简，约四十枚。博士所著《于阗之故迹》中曾揭其影本，法国沙畹教授为之笺释。又于丁未戊申间，复游新疆全土及甘肃西部，于敦煌西北长城遗址发掘两汉人所书木简约近千枚，复于尼雅河下流故址，得后汉人所书木简十余枚，于罗布淖尔东北海头故城得魏晋间木简百余枚，皆当时公牍文字及屯戍簿籍。其后日本大谷伯爵光瑞前后所派遣之西域探险队，仅于吐鲁番侧近得魏普间木简三四枚而已。故木简之发见，殆可谓斯氏一人之功。斯氏戊申年所得之木简，沙畹教授复为之考释，印行成书。罗君复与海宁王静安氏国维重加考订，于甲寅之春，印以行世，为《流沙坠简》三卷、《考释》三卷、《补遗》一卷、《附录》二卷。（三）敦煌千佛洞石室所藏古写书。石室之开，盖在光绪已亥庚子之际，然至光绪季年，尚未大显。至戊申岁，斯坦因博士与法国伯希和先后至此，得六朝及隋唐人所写卷子本书各数千卷，及古梵文、古波斯文及突厥、回鹘诸古国文字无算，始为我国人所知。其留在石室者尚近万卷，后取归学部所立之京师图书馆。前后复经盗窃，散归私家者亦数千卷。其中佛典居百之九五。其四部书为我国宋以后所久佚者，经部则有未经天宝改字之《古文尚书孔子传》及陆氏《尚书释文》、糜信《春秋穀梁传解释》、郑氏《论语注》、陆法言《切韵》，史部则有孔衍《春秋后语》、唐时西州沙州诸图经、慧超《往五天竺国传》（以上并伯氏所得），子部则有《老子化胡经》（英法俱有之）、《摩尼教经》（京师图书馆藏一卷，法国一卷，英国亦有残卷，书于佛经之背）、《景教经》（德化李氏藏《志玄安乐经》、《宣元至本经》各一卷，日本富冈氏藏《壹神论》一卷，法国国民图书馆藏《景教三威蒙度赞》一卷），集部则有《玄谣集杂曲子》及唐人通俗诗小说各若干种。（《玄谣集》藏伦敦博物馆，通俗诗及小说英法皆有之，德化李氏亦藏有二种。）而已逸四部书之不重要者及大藏经论尚不在此数。皆宋元以后所未见也。己酉冬月，罗叔言氏即就伯氏所寄之影本，写为《敦煌石室遗书》排印行世。越一年，复印行其影本为《石室秘宝》十五种。又十一年癸巳，复刊行《鸣沙石室逸书》十八种。又五年戊午，刊行《鸣沙石室古籍丛残》三十种及《鸣沙石室佚书续编》四种。又四年辛酉，伯氏复以陆法言《切韵》三种影本寄罗君，未及精印。王静安君先临写一本，石印以行世。故巴黎所藏要书，略皆印行。又京师图书馆所藏《摩尼教经》一卷，罗君亦于辛亥印入《国学丛刊》。其余敦煌佛典及内阁大库书，具在学部图书馆目录。近时所出金石器物，罗君复拟一一为之结集，其书虽仅成一半，然不可谓非空前绝后之一大事业。此二十年中古书古器物之发见及其刊行之大略也。

（乙）新研究之进步

最近研究之事业，亦与古书古器之发见并行，故当承上章所言之三大发见述之：在二十年前，古器物学与古文字学，经潍县陈簠斋氏介祺、吴县吴愙斋氏大澂已渐具眉目。及殷虚文字出，瑞安孙仲容氏诒让即就《铁云藏龟》，考其文字，成《契文举例》二卷（书成于光绪甲辰，越十三年丁巳，罗君得其手稿印行），虽创获无多，而殷虚文字之研究，实自此始。嗣是罗君之《殷商贞卜文字考》（宣统庚戌）、《殷虚书契考释》（甲寅）、《殷虚书契待问编》（丙辰）、王君之《戬寿堂所藏殷虚文字考释》（戊午）先后成书。其于殷人文字，盖已十得五六。又罗君《考释》一书，兼及书契中所见之人地名及制度典礼。王君复纂其业，成《殷卜辞中所见先公先王考续考》及《殷周制度论》各一卷（丁巳），就经传之旧文与新出之史料，为深邃绵密之研究，其于经史二学，裨益尤多。兹举其重要者：商自成汤以前，绝无事实，《史记·殷本纪》惟据《世本》书其世次而已。王君于卜辞中发见王亥、王恒之名，复据《山海经》、《竹书纪年》、《楚辞·天问》、《吕氏春秋》中之古代传说，于荒诞之神话中，求历史之事实。更由甲骨断片中发见上甲以下六代之世系，与《史记》纪表颇殊，真古今所不能梦想者也。又《书序》、《史记》均谓盘庚迁殷，即是宅亳。罗君引古本《竹书》，谓殷为北蒙即今彰德。王君于《三代地理小说》中证成其说，遂无疑义。又王君之《殷周制度论》，从殷之祀典世系以证嫡庶之制始于周之初叶，由是对周之宗法丧服及封子弟尊王室之制，为有系统之说明。其书虽寥寥二十页，实近世经史二学上第一篇大文字。此皆殷虚文字研究之结果也。至西域汉晋木简之研究，则审释文字，多出罗君，而考证史事，则多出王君。其所发见，如汉时西域两道之分歧、塞上各烽燧之次第、魏晋间葱岭以东之国数及西域长史之治所，均足补史之阙文。而敦煌所出古书之研究，则全出罗君一人之手。其新得之成绩，如高昌麴氏之年号世系、沙州张氏及曹氏之事实，皆前此所未知。此敦煌古简古书研究之结果也。至西域各处所出之古番文，伯希和君于此中发见古代窣利、覩货逻及东波斯三种世所未知之文字。而罗君之子君楚（福苌）亦从俄人所得西夏字书《掌中珠》残本及种种西夏遗文，发明西夏文字之构造及意义。此今日研究之进步，皆与古书古器之发见相关者也。至经史小学，在前三百年中已大进步者，王君复由新材料出发以图解决数千年未决之问题。其最重要者，如《周书》、《洛诰》、《顾命》之新说，鬼方、玁狁之地理，明堂、庙寝之制度，与声音文字上种种之解释，于乾嘉以来纸上之旧学及近时土中之新学问，确得其根本之结合与调和——此惟于最近十年中始得见之。凡此皆与新出之古书古器相关者也。其与此无关而由固有之学派发生者，经部如瑞安孙仲容氏之《周礼正义》（序于光绪二十五年，然印行在后），史部如胶州柯凤孙氏劭态之《新元史》，其书皆浩大繁博，著手皆在数十年前，而皆出于此二十年中。《孙书》荟萃诸家之说，全用六朝唐人义疏体裁，采择既博，论断亦允。而其所自发明，转不若其所著《籀庼述林》之富。长沙王葵园氏先谦之《汉书补注》、娄县张闻远氏锡恭之《丧服学》，风尚略同。惟宜都杨星吾氏守敬之《水经注疏》，要为开创之学，其精密亦出诸家之上。柯氏《新元史》意在增订旧史，惜未探考异致，其所以增订之意及其所根据之书籍，晦而不明。顾皆竭一生之精力而成，前此二十年中未尝有此大著述也！

由上所论观之，则最近二十年中，我国旧学之进步，求之前古，盖未有如此之亟者。而孙、柯、王、杨诸君，其书出于此二十年中，然其研究实亘于前此数十年。至近旧学之进步，则以罗、王二君为中心。罗君以学者之身，百方搜求新出之材料，而为近百年文化之结集，其研究之功，乃为其保存流通之功所掩。王君以精密之分析力与奇异之综合力，发见旧材料与新材料间之关系，而为中国文化第二步之贡献，遂使群众旧学退步之近二十年中，为从古未有之进步。余故草此篇以谂阅者，使知言中国学术无进步者之谬，并以为二君祝。而罗君之子君楚——即发明西夏文字之读法者，去岁以劬学死，更不能不为中国学术前途致惜也！

二二

江亢虎《中国文化及于西方之影响》

中国本是最古的文明国，但是因为进步迟钝，国势凌夷的原故，有许多西人讥我们为半开化，似乎中国有没有文化，还是未决的问题。并我们本国人震于西方文化的发达，也存着一个谦让未遑的思想。其实中国文化，在世界上很有价值的，并且对于西方的文化，是很有贡献的。西方的文化，可以叫做物质文化、科学文化。你看物质上、科学上的三大发明，不都是中国人的功劳么？所谓科学上三大发明，就是指南针、印刷、火药三种。我在外国的时候，尝想把这三大发明的确实起源和逐渐传播到西方的沿革历史编作一本书，详详细细考据一番。后来因为中国方面参考的材料太不够用，因而中止。现在只就大概来说：（一）指南针。指南针制造的起源，据史书所载，最古是黄帝轩辕氏因征蚩尤而造的指南车。但是和此事有连带关系的，便是因为蚩尤能作大雾，所以黄帝才造指南针来破他。这种事情，近于神话，严格的讲，有不能令后人十分确信的地方。但是史载周公作指南车以通越裳，那时中国文明大启，指南针的发明和应用确是很靠得住的了。至于传到西方的经过，大概是由中国传到高丽，由高丽传到日本，由日本传到荷兰，由荷兰传到德国。这种仪器用处真是非常之大。我们试想，假定世界上要是没有指南针，天文学当然是茫无头绪，航海事业也断断不能成功。不但美洲不能发见，就是地圆的学说，也不能得一个确实凭据。回想我们古人这种大发明，真称得起在世界文化上一种绝大绝大的贡献！（二）印刷术。欧洲人对于印刷术的起源，最初以为是德国发明的。因在十四世纪的时候，德国已有雕版印出来的《圣经》，算是西方最早的印刷品。近五十年前，他们多读中国的古书，才知道印刷术也是中国先发明的。我们中国印刷术的发明，究竟始于何时呢？五代时候，冯道刻九经，相传是印刷发明之祖。但是前清末年，甘肃敦煌县从地下刨出的古物，又有隋开皇三年印刷的佛经，还有南京某氏藏有木版的开元杂报残片，岂不是又古于冯道刻书么？大概印板的方法，似乎是从刻石拓纸变迁而来，由正字版一变而为反字版，印刷便立刻便利多了。又活字版也是我们中国发明的。《梦溪笔谈》上说宋朝人毕昇创造胶泥活字版。元朝有旌德县知县王某仿造木刻。还有一层最有研究价值的：现在活版印刷，有一件顶困难的事，就是字。而在元代是用一种活字盘，应用的时候，非常便利。此法现在虽已失传，我们确是不可不研究的。至于活字的原质，大概是最初用泥，继用木，继用金属。他传播到西方的顺序，和指南针是完全一样的。（三）火药。火药这种东西，是制造炮弹炸药的原料，真不愧为杀人利器。但我们中国人发明火药的时候，却不是为杀人才来制造他。因为我们中国人杀心，比较的是很薄弱的。火药的发明，大约是始于西汉。汉武帝好鱼龙曼衍之戏。所谓鱼龙曼衍之戏，即属一种燃烧火药的幻术，如同现在所谓放烟火花炮一类的东西。原是一种游戏品，并没有用他制造杀人兵器的意思。至后来，传到蒙古，才渐渐有鸟枪的发明。又由蒙古传到欧洲，越研究越有进步，才渐渐的制造出来种种杀人利器的枪炮来。推源溯本，火药虽是我们中国发明的，但是拿火药制造成枪炮来杀人，这个责任，欧洲人比较得应当多担负一些，与我们中国古人是无甚关系的。况且火药作用，除杀人外，开山、采矿，有益的也很多。

以上所说，是中国文化传播入西方的一种旧历史。现在再把我前后旅居欧洲十二年、美洲八年，所耳闻目见的中国文化发展情形，择要讲讲。大别可分三项：第一是宗教，第二是文学，第三是美术。(一)宗教。世界上的宗教，多为亚洲人所发明，这是人人都知道的。现在西方物质文明总算很发达了，他们物极而反，对于形而上的宗教，近来忽又热心研究起来。比方东方的印度哲学，就是他们欧美人很热心研究的。而且他们所研究的印度哲学，是很完全的，不止是佛学一种，即在非佛学的种种印度外道，也是一样来研究讨论。但是关于佛教的一切经论，差不多都经咱们中国人翻成中国文字，是很完备的。甚至印度现在已经失传的许多经论，中国却仍旧存有顶好的译本。于是，欧人打算研究佛学，非先在中国文的佛经上多用功夫不可。这是一层。其次，我们中国固有的儒教道教的经书，都极受他们欧美人特别欢迎。就我所知道的，老子的《道德经》，各国文译本已经在一百种以上。止就英文说，已经有二十种。他们见仁见智，虽各不同，但是译本如此之多，便可想见其研究的亲切了。此外庄、列、尹文、鹖冠各种子书，英文的译本都各有好几种。不但译书而已，并且实在有深造自得的专门学者。他们研究起中国佛学、道学来，也是一样的分门别户，也分什么南宗、北宗、内宗、外宗。并且有一部分学者想把《易经》和《道德经》两部书参合着研究起来，成一种“易经道”，自诩为得了不传之秘，甚至还发生出种种迷信的举动。至于孔教经书的英文译本，第一应推 Legge 君翻译的《四书五经》。这位先生在前清道咸时间，在我们中国传教多年，因而笃信孔道，所以用全副精神来译孔教的书。当时王紫诠先生韬，本是抱有革命思想的前辈，因为所图不遂，不得已逃往外国。先到南洋新加坡，又到欧洲英法各国，正是 Legge 君翻译经书的时候，他很帮他的忙。自从他们翻译以后，后来关于中国的学术，一年比一年研究的人多，翻译的本子也层出不穷。直到欧洲大战以后，他们欧美人研究中国学术的越发的多了。比较最爱读的，更推《诗经》和《易经》两部，因为《诗经》是文学的上乘，《易经》是哲学的结晶。而研究《易经》比较的更多，因为《易经》多说哲理，研究起来很容易把自己的意思参入里边去，如何讲，便如何有理的原故。至于最近二三年间，美国方面把王阳明《传习录》也翻译过去了，研究的人非常之多，于是一样的引起朱陆异同、陆王授受等问题，在讲堂上辩难的很激烈。（二）文学。欧美的文学，小说占重要地位，前几年趋向写实主义一派，最近又趋向新象征主义一派。所谓新象征主义，即是近于神怪一类的小说，仿佛我们中国旧小说《封神演义》一类的东西。这种小说好处，因为可以启发讲小说的人一种理想，即如《封神演义》上所说的哪吒能踏风火轮一类的话，颇可以引起我们的造飞机、飞车的新思想，是很有异趣的。其次是诗。我们中国现在许多新文学家作起诗来，往往直接采用西文诗的格式。而在美国人，却又很喜欢学作我们中国旧诗。《诗经》三百篇，早已有了许多西文译本。汉魏古歌乐府，翻成西文的也很不少。最近他们研究复研究，渐渐的知道注重唐诗，更特别注重盛唐诗。李、杜、王、孟诸大家的名字，谈不去口。他们翻译中国诗的人，从前丁韪良君翻的就很不少。其次英国 Giles 君翻译的也很多。最近美国有一位 Camse 君，对于中国诗词研究的很热心。他苦于中国文学程度太浅，打算请一位中国人帮忙。一时又找不着合适的人，因为中国住在美国的，以工人学生两种人为最多，工人大半文学程度太低，学生又因功课忙，多半不暇及此。无可奈何，只好请到一位日本人帮着他翻译。近几年来，很出版了几本书。最近翻译清代吴梅村、王渔洋、赵瓯北、袁简斋四家的诗，预约券非常发达，没有多少日子，已经印过三版了。我在美国课暇无事，打算把《唐诗三百首》完全翻成英文，现在已经翻出许多首了。有一位专门研究中国诗学的美国朋友 Bynner 君用全副精神来帮我的忙。我们的书，现在也正卖预约券，已经卖出很不少了。更有一事很有趣的：他们美国人作起英文诗来，也很喜欢引用中国古书上的典故，什么汉啊，虞啊，不绝口的称道，恰恰和我们中国新文学家作诗好用外国故事的相映成趣。（三）美术。美术第一种当然要先说图画。我们中国的古画最重神似。六法讲究，以气韵生动为上乘。而他们西洋古画，实在是偏重形似。讲究惟妙惟肖，这是已往的情形。到了现在，他们欧美人思想一变，以为尚形似者不足取，因为形式到登峰造极的地位，不过作成一张照像而已，不足奇异。图画这种美术，要从里边见人格，要激起人的向上的理想，不仅仅求到形似，就能算了事的。这种议论一倡，他们的趋向一变，立刻崇尚写意图画。他们最新的写意图画，颇和我们中国写意派的古画相近，粗枝大叶，近看几乎不成东西，远远望去，却神采完足的很。这是他们图画的新趋势，叫做未来主义。因为这个缘故，他们对于中国古画非常宝爱。美京华盛顿有一位富翁 Jreer 君，酷好中国古画，现在正建造藏中国古画的巨室，预算落成以后，建筑费也在一百万金元以上，大约一二年后可以落成。我想他这大藏画馆开幕的时候，我们中国政府似乎应当派员前往参与典礼的。此外雕刻和刺绣，都极力去研究。

以上所说欧美人近年崇尚我们中国宗教、文学、美术种种情形，都是实事。细想起来，也有好笑的地方。所以然者有两种原因：一是好尚新奇。喜新厌故，人之恒情。我们中国所谓旧学问、旧美术，在他们欧美人眼光看来，当然都是崭新的。所以凡事都要来考究，来摹仿，就是这个缘故。二是受欧洲大战后的激动。此次欧洲大战，欧美人精神上受的刺激最大。因刺激而生出种种新理想，对于他们自己的文化，很有怀疑的地方，于是对于与他们相反的，当然感情要浓厚到十分。逞其一种不可形容的热狂来吸收东方文化，几乎连抉择力都失掉了。这种现象虽说是一时的行动，但是久而久之，我们东方，我们中国的文化真精神，毕竟有彻底介绍到欧美的那一天。反一面说：我们中国现在对于输入西方文化的情形，还不是和这种情形完全相同的么?

我在美国一住八年，所担任的职务，差不多的都和发展中国文化、东方文化密切关系的。总说起来共有三件事：第一、是在 California 州大学作汉文教习。我起初到这个学校，系代替傅兰雅君讲功课。后来傅君去职，我便开了讲席。所讲的中国哲学、文学，学生们都很喜欢用功研究。至今志同道合、研究中国学术有心得的学生，已经有二百多人了。第二、我近年担任美国国立图书馆汉文部的主任。这馆里的中国古书，共有六万多卷。我已经按四库分类办法，编成一个中美书目。我们的书，不但很多，并且有两种特色：一是搜罗中国的地理志书，差不多已经全了，二是搜罗明、清两代有价值的农书，共有三百多部，总算是洋洋大观。他们美国政府和学者近年着实注意中国学问。他们的农部因为有几种植物，科学家研究不出的性质和能力，我们中国《本草》书上所记载的，却非常详明，试验起来更是非常靠得住，因而对于中国《本草》和《植物名实图考》这一类的书，特别注意，年派专员从事研究和实行试验种植。这也可见我们中国学术见重于美国的一斑了！第三、我在美国为研究中国旧学起见，在四年前发起了一个学会，名曰“弘道会”，实行讲学。所讲的大约不出两种范围：一中国哲学，二中国故事。现在欧美同志加入学会，已有三百多人，内中很有著名的学者。讲学的时候，除我担任主讲以外，欧美同志也都分任讲演。其余各处请我讲演的，每星期总在两三次以上。前途希望，总算是很好的。

以上所说又是关于我个人在美国尽力于发展中国文化的大概情形，总而言之：学术本是世界人类公有的东西，但是因为地理上的关系，发生和发展上便天然有了东方、西方的区分，这是古代无可如何的事。现在世界大通，交通频繁。东西文化互相输灌，互相采取，进步之速，一日千里，将来自然能够得到一种最圆满的结果。所以人类的大同世界，也就不甚远了！

一二

钱基博《某社存古小学教学意见书》

小学何能言存古！顾邑中某社诸君办存古小学，以教科属定于余，姑即余意以为说：人类者，历史之动物也。法之哲家孔德（Comte，一七九三——一八五七）曰：“人道有二属性：曰结合性，曰永续性。而永续性尤为显著。今日之人道，乃古来之人道之连续也。人道，乃有历史者也。吾人过去时代之精神生活，实传于现今之人道之中。人道者，固不仅今人之所构成，而积多数之古人以构成之者也。”是则古者，今之所自也。无古安有今。有今，焉有不存古者？虽然，古者，又今之积也，无今，安所事于古？存古者，存其宜于今者也。老子曰：“执古之道，以御今之有。”爰本斯旨而草为文。

（子）初等科（八岁至十岁）

（一）文　读书必先识字，而识字以初文为主

（二）理　《论语》《孟子》

（三）史　《世说新语》　《唐语林》《今世说》

（丑）高等科（十一岁至十四岁）

（一）理　《礼记》节读《春秋左氏传》《经余必读》《老

子》《列子》《庄子》《管子》《墨子》《孙子》《荀子》以上诸篇可读余删。

（二）史　王船山《读通鉴论》　严复《社会通诠》

（三）文　黎选《古文辞类纂》摘读　《马氏文通》讲

读书不贵多而贵精。曾涤生《圣哲画像记》云："书籍之浩浩，著述者之众，若江海然，非一人之腹所能尽饮也。要在慎择焉而已。"择之奈何？曰：不贵考据而贵义理，不重事实而重观感，要使教者受教者胥知人之所以为人，且知中国人之所以为中国人。其教授法，可参观安丘王筠《教童子读书法》此书甚佳，自识方字起，以至初学作文，皆有论列，乃存古小学教师不可不读之书也。列入江标《灵鹣阁丛书》。及近人武进沈友卿通州张氏《经史国文补习科答问》，中国图书公司印行。暨拙著《国文研究法》。岳武穆曰："运用之妙，存乎一心。"非口说所能尽也。兹姑就鄙意略言之：

（一）读书必先识字，而教儿童识方字，自来无善法。何者？以蒙师不识文字学者多也。须知独体曰文，合体曰字。字者，文之所合而成也。文之不识，奚能识字？《说文解字》九千余字，究其语根，不过五百余文而已。夫《说文》所载独体，皆苍颉初文。然苍颉作书，不仅独体，其稍复杂者，如"二"、"三"诸文，即由"一"积画而成，当准初文之例。合初文准初文计之，大抵五百有余。详见章柄麟所著《文始》。后世孳乳之字，在苍颉当时，盖即以此五百余文当之。厥后孳乳虽多，究其语根，概不出初文以外也。鄙意教儿童识方字，当以初文为主，而参以习见之合体字。如儿童识"日"、"月"两文，即授以"明"，而语之曰："'日'、'月'皆光明体，合'日'、'月'两文而为'明'字，即光明之意也。"次又授以"木"文，而教以"日在木上为杲"，《诗》：杲杲出日。"日在木下为杳"，张衡赋：日杳杳而西匿。而"日在木中为東"，则日出之方位也。《礼》：大明生于東。次又授以"囗"古围字。文，而语以从"木"从"囗"，曰"束"、曰"困"。但"束"则囗在木之中腰间，而遍木四周囗之，则"困"矣。又如儿童识

"一"之文，而教以"一大为天"、"一贯三为王"、"推十合一为士"。如此头头是道，触类旁通，学者自有举一反三之乐。盖寻常教儿童识方字，仅令死记，每苦索然无味。若授受之次序，配当适度，而能以浅近之言说明其形声义构成之则，使儿童心知其意，斯记忆自易矣。此文字配当之次序也。至教师于教授时，尤有不可不注意者数事：（1）教授象形文字，绘与字形相近之图，对照以明之。如山，口等是也。指事文之有形可象者亦然。（2）复习时，集同从一字得声、如仲、衷、忠同从中得声，证、整、政同从正得声之类。同从一字得形如江、湖、河、海同以水字得形，桃、梅、杏、李同从木字得形之类。之字列示之，俾确知形声之组织。（3）复习时，集同从一字之会意字，如杲、東、杳同从日从木，困、束同以木以口，棗棘同从束之类。使知组织的意味。（4）复习时，集数字之同从一义者示之，使知此字与彼字有可互训之处。其声同训通之字，复习时尤宜汇集一处，使知声义之相通。（5）复习时，集假借字注释之，先注其本义，次释其假借之义。如彊字，（子）弓力足者为彊，（丑）国力盛者为彊，（寅）凡物力足者皆称为疆。（6）类似字之易误者辨明之，如偏、徧、折、拆、場、塲等。

（二）吾人修己接物之方，《论语》一书备言之。而明心见性，所以自淑世者，则《孟子》言之尤精。二书者，我中国数千年之蒙塾课本也。此次欧洲大战方殷之时，德人召里乌司氏尝举此事以诏其国人曰："中国三岁儿童，学中国大思想家之思想，洞彻其精神。而德人在学校中，于己国高等之文化，绝不得闻。德国之大思想家，虽有甚深微妙之论，而如群鹤之高翔于九天，地上之人曾不得闻其羽搏之微音。"见日本《东亚之光》杂志。盖有味乎其言之也。若论文章之妙，全在简而能尽。然文之简者，往往不能尽意，而能尽意者又苦辞繁不杀。孟子即能尽而不能简。维《论语》简而尽，千古无对也。何以千头万绪之事理，只《论语》三两言即能了当？何以不必详说，而意无不尽？能于此留心，则可悟文章之贵以简驭繁。《书》曰："辞尚体要。"此之谓也。然读《论语》，观其笔之何以敛；而读《孟子》，则观其笔之何以纵。

苏老泉以为“《孟子》之文，辞约而意尽”，此言未当。“语约意尽”四字，可以评《论语》，而不可以评《孟子》也。《孟子》之妙，尤在引譬取喻。寻常琐屑事，一经孟子眼前指点，其中皆有理趣。故不读《孟子》，不知瓦砾糠粃之中无非至道，不读《孟子》，不知文章之面目变化百出，莫可端倪也。太史公称“邹衍作终始大圣之篇十余万言，其语宏大不经，必先验小物，推而大之，至于无限”。博谓孟子之论王伯，亦先验小物，推而大之。读者能于此玩索有得焉，则思路不患不日恢拓矣。

（三）为儿童讲书，最忌囫囵，忌笼统。宜咬得清，嚼得碎，逐字逐句分析解释，使知其意义，然后并合全体授之，使知其全文之内容与形式之关系。

（四）儿童读书，能背诵尚靠不住，以其随口唱诵，往往于字形未曾体认，文义不必理会也。生字既识以后，须使之照书抄写一遍，而后为之讲解。及其能背诵以后，尤必责使默写无讹而后已。谚云：“口过心过，不如手过。”斯言良信。

（五）初等科书法，讲不到临帖，最好与读法联络。每日课书中之生字，由教师书范字，复习音义，为之讲明结构，使之模写，即写即读，自无认字不真及写别字之弊。

（六）初等科年稚，使之作文颇难。然不可不渐使作文以养成其习惯。鄙意有二法焉：（1）笔述。《论语》为孔子记夫子之言，即圣门之笔述了。教师日常训话，即可使儿童仿《论语》记言之体，以简明之文言记之。（2）讲《世说新语》之故事。其是非得失，教师不必即下断语，可使之以己意作论以觇其判断力。

（七）谢程山先生曰：“学明理于经，习事于史。”博以为先圣修齐治平之至理明言，尽于《礼记》一书；而古今御天下之变，莫备于《春秋左氏传》。明其理，达其变，而人情世态之幻，可得而言也。但《礼记》四十九篇，其中不可不读者，只《曲礼》、《檀弓》、《王制》、三篇可节读。《礼运》、全读。《内则》、节读。《学记》、《乐记》、《孔子闲居》、《中庸》、《问丧》、《三年问》、《大学》、七篇全读。《昏义》、《乡饮酒义》、《射义》三篇节读。十五篇而已。

（八）读史之大病，在记忆事实，而不深究其所以。宁都魏禧称："程伊川先生每读史到一半，便掩卷思其成败，然后再看，有不合处，又更思之。其间有幸而成、不幸而败者，不得徇其已然之迹与众人之论。"王船山《读通鉴论》即是如此做出。

（九）王船山《读通鉴论》，每一篇未授之先，可先使检《通鉴本事》，各抒所见，然后授以王氏之论，看其是异是同。如异，则使之申论己见，辟去王论而札记之。如此诵习一番，必能有所悟入也。

（一〇）王船山《读通鉴论》或可看而不读，而严复《社会通诠》则不可不熟读。何者？以严氏之书，乃籀绎历史之程序及其公例者也。或者疑此非中国古书，不适存古之用。而博则以为存古者，决非抱残守缺者之所能存。必也放眼八表，时衡千古，如陈同甫所云上下五千年，纵横九万里，而后知古之何以不可不存，古之不可不存者又何在。须知古亦有不可存者也。否则，适成其高头讲章，村夫子之见而已矣，庸古之足存乎！博弱冠以前，反覆读《资治通鉴》七遍而无所悟。至二十岁读《社会通诠》，然后向之《二十四史》，不知从何说起，至是乃如珠得串，如土委地，心凝形释而得其会通，至今思之，醰醰有余味也。

（一一）《马氏文通》一书，取四书三传兼及诸子《语》、《策》为之字栉句比，繁称博引，比例而同之，触类而长之，穷古今之简编，字里行间，涣然冰释，皆有以得其会通，亦犹严氏书之于历史也。学者于经传章句粗明以后，读此书以籀其大例，亦如珠之得串矣。

（一二）古者八岁入小学，而教之以洒扫应对进退之节，礼乐射御书数之文，固不仅以读书作文为事。宋胡安定先生分经义治事，明体用之学以教诸生。鄙意存古小学，可仿此意。于诸生经经纬史之外，使之略习世务：（1）洒扫。（2）仪节。可仿修身做法，挂图行之。（3）九九数口诀。以上三项，可于初等科课余行。（4）算术。球算、笔算。（5）尺牍。（6）寻常簿记。以上三科，可配高等科正课。自新文化盛唱以来，而保存国粹之呼声，亦随之日高，国学专修馆、存古学校，一时风起云涌。博以为此中国教育之病理的现象也。夫古之存，必不能外于今。今有不适，即古亦奚以存为？而欧化之输入，亦无妨于国之有粹。呜呼，国之有粹无粹，一视今人之奋发自力如何，匪可藉古人以撑门面。苟今人不自振奋，而徒诵习孔子、孟子之言，曰："我保存国粹者也！"是则老子所谓"子所言者，其人与骨皆已朽矣"，何国粹之有焉！

跋

余非某社社员也，顾余戚友多入某社者，以余粗治古学，属为草定存古小学学程及教学法。然而某社之所欲存者，乃子不语"怪力乱神"之神怪，而非真如孔子之好古敏以求之，故吾说卒不能用也。姑录之以质大雅宏达。

一三

唐陆德明《经典释文叙录》

鲁商瞿子木受《易》于孔子，以授鲁桥庇子庸。子庸授江东馯臂子弓。子弓授燕周丑子家。子家授东武孙虞子乘。子乘授齐田何子庄（《高士传》云字庄，《汉书·儒林传》云临淄人）。及秦燔书，《易》为卜筮之书，独不禁，故传授者不绝。汉兴，田何以齐田徙杜陵，号杜田生，授东武王同子中及洛阳周王孙、梁人丁宽（字子襄，事田何，复从周王孙受古义，作《易说》三万言，训故举大谊而已。《艺文志》云《易说》八篇。为梁孝王将军）、齐服生（刘向《别录》云齐人，号服先），皆著《易传》。汉初言《易》者本之田生。同授淄川杨何（字叔，一本作字叔元，太中大夫）。宽授同郡砀田王孙。王孙授施雠及孟喜、梁丘贺。由是有施、孟、梁丘之学焉。施雠（字长卿，沛人，为博士）传《易》，授张禹（字子文，河内轵人，徙家莲勺，以《论语》授成帝，官至丞相安昌侯）及琅邪鲁伯（会稽太守）。禹授淮阳彭宣（字子佩，大司空，长平侯，作《易传》）及沛戴崇（字子平，少府作《易传》）。伯授太山毛莫如（字少路，常山太守）及琅邪邴丹（字曼容）。后汉刘昆（字桓公，陈留东昏人，侍中弘农太守光禄勋）受施氏《易》于沛人戴宾。其子轶（字君文，官至中正）。孟喜（字长卿，东海兰陵人，曲台署长丞相掾），父孟卿。喜为《礼》、《春秋》。孟卿以《礼经》多，《春秋》烦杂，乃使喜从田王孙授《易》。喜为《易章句》，授同郡白光（字少子）及沛翟牧（字子况）。后汉洼丹（字子玉，南阳育阳人，世传《孟氏易》，作《易通论》七篇，官至大鸿胪）、觟阳鸿（字孟孙，中山人，少府）、任安（字定祖，广汉绵竹人）皆传《孟氏易》。梁丘贺（字长卿，琅邪诸人）本从太中大夫京房受《易》（房，淄川杨何弟子），后更事田王孙，传子临（黄门郎少府）。临传五鹿充宗（字君孟，代郡人，少府、玄菟太守）及琅邪王骏（王吉子，御史大夫）。充宗授平陵士孙张（字仲方，博士、扬州牧、光禄大夫、给事中，家世传业）及沛邓彭祖（字长夏，真定太守）、齐衡咸（字长眉，王莽讲学大夫）。后汉范升（代郡人，博士）传《梁丘易》（一本作《孟氏易》），以授京兆杨政（字子行，左中郎将）。又颍川张兴（字君上，太子少傅）传《梁丘易》，弟子著录且万人。子鲂传其业（鲂官至张掖属国都尉）。京房（字君明，东郡顿邱人，本姓李，推律自定为京，至魏郡太守）受《易》梁焦延寿（字延寿，名赣）。延寿云尝从孟喜问《易》。会喜死，房以《延寿易》即孟氏学。翟牧白生不肯，曰："非也！"延寿尝曰："得我术以亡身者，京生也。"房为《易章句》，说长于灾异。以授东海段嘉（《汉书·儒林传》作殷嘉）及河东姚平、河南乘弘（一本作桑弘），皆为郎博士。由是前汉多京氏学。后汉戴冯（字次仲，汝南平舆人，侍中兼领虎贲中郎将）、孙期（字仲奇，济阴成武人，兼治《古文尚书》，不仕）、魏满（字叔牙，南阳人，弘农太守）并传之。费直（字长翁，东莱人，单父令）传《易》，授琅邪王璜（字平仲，又传《古文尚书》），为费氏学。本以古文，号古文《易》，无章句，徒以《彖》、《象》、《系辞》、《文言》解说《上下经》（《七录》云直《易章句》四卷残缺）。汉成帝时刘向典校书，考《易》说，以为诸《易》家说，皆祖田何、杨叔元、丁将军，大义略同，唯京氏为异。向又以中古文《易经》校施、孟、梁丘三家之《易经》，或脱去《无咎》、《悔亡》，唯《费氏经》与古文同。范晔《后汉书》云："京兆陈元（字长孙，司空南阁祭酒，兼传《左氏春秋》）、扶风马融（字季长，茂陵人，南郡太守议郎，为《易传》，又注《尚书》、《毛诗》、《礼记》、《论语》)、河南郑众（字仲师，大司农，兼传《毛诗》、《周礼》、《左氏春秋》)、北海郑玄（字康成，高密人，师事马融，大司农征不至，还家，凡所注《易》、《尚书》、《三礼》、《论语》、《尚书大传》、《五经中候》。笺毛氏，作《毛诗谱》。驳许慎《五经异议》，针何休《左氏膏肓》，去《公羊墨守》，起《穀梁废疾》，休见大惭）、颍川荀爽（字慈明，官至司空，为《易言》）并传《费氏易》。”沛人高向治《易》，与直同时，其《易》亦无章句，专说阴阳灾异，自言出于丁将军，传至相。相授子康（康以明《易》为郎）及兰陵毋将永（豫章都尉），为高氏学。汉初立《杨氏易》博士。宣帝复立施、孟、梁丘之《易》。元帝又立京氏《易》。费、高二家不得立，民间传之。后汉费氏兴而高氏遂微。永嘉之乱，施氏、梁丘之《易》亡。孟、京、费之《易》，人无传者，唯郑康成、王辅嗣所注行于世。（江左中兴，《易》唯置王氏博士，太常荀崧奏请置郑《易》博士，诏许，值王敦乱，不果立。）而王氏为世所重。

济南伏生（名胜，故秦博士）授《书》于济南张生、千乘欧阳生（字和伯，千乘人）。生授同郡倪宽（御史大夫）。宽又从孔安国受业，以授欧阳生之子（欧阳、大小夏侯《尚书》皆出于宽）。欧阳氏世传业，至曾孙高，作《尚书章句》，为欧阳氏学。高孙地余（字长宾，侍中少府）以《书》授元帝，传至欧阳歙（字正思，后汉大司徒）。歙以上八世，皆为博士。济南林尊（字长宾，为博士，论石渠，官至少府、太子太傅）受《尚书》于欧阳高，以授平当（字子思，下邑人，徙平陵，官至丞相封侯，子晏亦明经至大司徒）及陈翁生（梁人，信都太傅，家世传业）。翁生授殷崇（琅邪人，为博士）及龚胜（字君宾，楚人，右扶风）。当授朱普（字公文，九江人，为博士）及鲍宣（字子都，渤海人，官至司隶）。后汉济阴曹曾（字伯山，谏大夫）受业于欧阳歙，传其子祉（河南尹）。又陈留陈弇（字叔明，受业于丁鸿）、乐安牟长（字君高，河内太守，中散大夫）并传欧阳《尚书》。沛国桓荣（字春卿，太子太傅、太常、五更关内侯）受《尚书》于朱普（《东观汉纪》云荣事九江朱文，文即普字），以授汉明帝，遂世相传，东京最盛。(《汉纪》云：门生为公卿者甚众，学者慕之，以为法。荣子郁以《书》授章帝，官至侍中太常。郁子焉复以《书》授安帝，官至太子太傅、太尉。)张生（济南人，为博士）授夏侯都尉（鲁人）。都尉传族子始昌（始昌通五经，以《齐诗》、《尚书》教授，为昌邑太傅）。始昌传族子胜（字长公，后汉东平长信少府，太子太傅）。胜从始昌受《尚书》及《洪范五行传》，说灾异。又事同郡简卿。卿者，倪宽门人。又从欧阳氏问，为学精熟。所问非一师，善说礼服。受诏撰《尚书论语说》，(《艺文志》：夏侯胜《尚书章句》二十九卷。)号为大夏侯氏学。传齐人周堪（堪字少卿，太子少傅、光禄勋）及鲁国孔霸（字次孺，孔子十三世孙，为博士，以《书》授元帝，官至大中大夫、关内侯，号褒成君）。霸传子光（字子夏，丞相博山侯，光又事牟卿），堪授鲁国牟卿（为博士）及长安许商（字伯长，四至九卿，善算，著《五行论》）。商授沛唐林（字子高，王莽时为九卿）及平陵吴章（字伟臣，王莽时博士）、重泉王吉（字少音，王莽时为九卿）、齐炔钦（字幼卿，王莽时博士）。后汉北海牟融亦传大夏侯《尚书》。夏侯建（字长卿，胜从父兄子，为博士议郎、太子少傅）师事夏侯胜及欧阳高，左右采获。又从五经诸儒问与《尚书》相出入者，牵引以次章句，为小夏侯氏学。传平陵张山拊（字长宾，为博士，论石渠，官至少府）。山拊授同县李寻（字子长，骑都尉）及郑宽中（字少君，为博士，授成帝，官至光禄大夫，领尚书事，关内侯）、山阳张无故（字子孺，广陵太傅）、信都秦恭（字延君，城阳内史，增师法至百万言）、陈留假仓（字子胶，以谒者论石渠，至胶东相）。宽中授东郡赵玄（御史大夫）。无故授沛唐尊（王莽太傅）。恭授鲁冯宾（为博士）。后汉东海王良亦传小夏侯《尚书》。汉宣帝本始中，河内女子得《泰誓》一篇献之，与伏生所诵，合三十篇，汉世行之。然《泰誓》年月，不与序相应，又不与《左传》、《国语》、《孟子》众书所引《泰誓》同，马、郑、王肃诸儒皆疑之。《汉书·儒林传》以为百两篇者，出东莱张霸，分析合二十九篇，以为数十，又采《左传》、《书序》为作首尾，凡百书。《古文尚书》者，孔惠之所藏也。鲁恭王坏孔子旧宅（汉景帝程姬之子，名余，封于鲁，谥恭王），于壁中得之，并《礼》、《论语》、《孝经》皆科斗文字。博士孔安国（字子国，鲁人，孔子十二世孙，受《诗》于鲁申公，官至谏议大夫、临淮太守）以校伏生所诵，为隶古写之，增多伏生二十五篇（《艺文志》云多十六篇）。又伏生误合五篇，凡五十九篇，为四十六篇。（《艺文志》云：《尚书》古文经四十六卷，五十七篇。）安国又受诏为《古文尚书传》，值武帝末，巫蛊事起，经籍道息，不获奏上，藏之私家。（安国并作《古文论语》、《古文孝经》传。《艺文志》云：安国献《尚书传》，遭巫蛊事，未列于学官。）以授都尉朝。司马迁亦从安国问故，迁书多古文说。刘向以中古文校欧阳、大小夏侯三家经文，脱误甚众。（《艺文志》云：《酒诰》脱简一，《召诰》脱简二，文异者七百有余，脱字数十。）都尉朝授胶东庸生（名谭，亦传《论语》）。庸生授清河朝常（字少子，以明《穀梁春秋》为博士，至部刺史，又传《左氏春秋》）。常授虢徐敖（右扶风掾，又传《毛诗》）。敖授琅邪王璜及平陵涂恽（字子真）。恽授河南乘钦（字君长，一本作桑钦）。王莽时，诸学皆立。恽璜等贵显。范晔《后汉书》云：中兴，扶风杜林传《古文尚书》，贾逵（字景伯，扶风人，左中郎将、侍中）为之作训，马融作传，郑玄注解。由是《古文尚书》遂显于世。案今马、郑所注，并伏生所诵，非古文也。孔子之本绝，是以马、郑、杜预之徒，皆谓之逸书。王肃亦注今文，而解大与古文相类，或肃私见孔传而秘之乎？江左中兴，元帝时，豫章内史枚赜（字仲真，汝南人）奏上《孔传古文尚书》，亡《舜典》一篇，购不能得，乃取王肃注《尧典》，从"慎徽五典"以下分为《舜典》篇以续之。（孔序谓伏生以《舜典》合于《尧典》。孔传《尧典》止于"帝曰往钦哉"，而马、郑、王之本同为《尧典》，故取为《舜典》。）学徒遂盛。后范宁（字武子，顺阳人，东晋豫章太守，兼注《穀梁》）变为今文集注。俗间或取《舜典》篇以续孔氏。齐明帝建武中，吴兴姚方兴采马、王之注，造《孔传舜典》一篇，云于大航头买得，上之。梁武帝时为博士。议曰："孔序称伏生误合五篇，皆文相承接，所以致误。《舜典》首有'曰若稽古'，伏生虽昏耄，何容合之？"遂不行用。汉始立欧阳《尚书》，宣帝复立大小夏侯博士，平帝立古文。永嘉丧乱，众家之书并灭亡，而古文《孔传》始兴，置博士。郑氏亦置博士一人。近唯崇古文，马、郑、王注遂废。今以孔氏为正，其《舜典》一篇，仍用王肃本。

汉兴，传《诗》者有四家：鲁人申公（亦谓申培公，楚王太傅，武帝以安车蒲轮征之。时申公年八十余，以为大中大夫），受《诗》于浮丘伯，以《诗经》为训故以教，无传，疑者则阙不传，号曰鲁诗。弟子为博士者十余人。郎中令王臧（兰陵人）、御史大夫赵绾（代人）、临淮太守孔安国、胶西内史周霸、城阳内史夏宽、东海太守鲁赐（砀人）、长沙内史胶生（兰陵人）、胶西中尉徐偃、胶东内史阙门庆忌（部人）皆申公弟子也。申公本以《诗》、《春秋》授，瑕丘江公尽能传之，徒众最盛。鲁许生、免中徐公皆守学教授。丞相韦贤受《诗》于江公及许生，传子玄成（贤字长孺，玄成字少翁，父子并为丞相，封伏阳侯，又治《礼》、《论语》。玄成兄子赏以《诗》授哀帝，大司马、车骑将军）。又王式（学翁思，东平新桃人，昌邑王师）受《诗》于免中徐公及许生，以授张生长安（名长安，字幼君，山阳人，为博士，论石渠，至淮阳中尉）及唐长宾（东平人，为博士，楚王太傅）、褚少孙（沛人，为博士。《褚氏家传》云即续《史记》褚先生）。张生兄子游卿（谏大夫）以《诗》授元帝、传王扶（琅邪人，泗水中尉）。扶授许晏（陈留人，为博士）。又薛广德（字长卿，沛国相人，御史大夫）受《诗》于王式，授龚舍（字君倩，楚国人，太山太守）。齐人辕固生（汉景帝时为博士，至清河太守）作《诗传》，号齐诗。传夏侯始昌。始昌授后苍（字近君，东海郯人，通《诗》、《礼》，为博士，至少府）。苍授翼奉（字少君，东海下邳人，为博士，谏大夫）及萧望之（字长倩，东海兰陵人，御史大夫，前将军，兼传《论语》）、匡衡（字稚圭，东海承人，丞相乐安侯子。咸亦明经，历九卿，家世为博士）。衡授师丹（字公仲，琅邪人，大司空）及伏理（字游君，高密太傅，家世传业）、满昌（字君都，颍川人，詹事）。昌授张邯（九江人）及皮容（琅邪人），皆至大官，徒众尤盛。后汉陈元方亦传《齐诗》。燕人韩婴（汉文帝时为博士，至常山太傅）推《诗》之意，作《内外传》数万言，号曰韩诗。淮南贲生受之。武帝时，婴与董仲舒论于上前，仲舒不能难（婴又为《易传》，燕赵间好《诗》，故其《易》微，惟韩氏自传之）。其孙商为博士。孝宣帝时，涿韩生其后也。河内赵子事燕韩生，授同郡蔡谊（谊以《诗》授昭帝，至丞相封侯）。谊授同郡食子公（为博士）及琅邪王吉（字子阳，王骏父，昌邑中尉，谏大夫。吉兼五经，能为《邹氏春秋》，以《诗》、《论》教授）。子公授太山栗丰（部刺史）。吉授淄川长孙顺（为博士）。丰授山阳张就，顺授东海发福，并至大官。《艺文志》云："齐、韩诗或取《春秋》，采杂说，咸非其本义。鲁最为近之。"《毛诗》者，出自毛公，河间献王好之。徐整（字文操，豫章人，吴太常卿）云："子夏授高行子。高行子授薛仓子。薛仓子授帛妙子。帛妙子授河间人大毛公。毛公为《诗故训》，传于家，以授赵人小毛公（名苌）。小毛公为河间献王博士，以不在汉朝，故不列于学。"一云："子夏传曾申（字子西，鲁人，曾参之子）。申传魏人李克。克传鲁人孟仲子（郑玄《诗谱》云子思之弟子）。孟仲子传根牟子。根牟子传赵人孙卿子。孙卿子传鲁人大毛公。"《汉书·儒林传》云："毛公，赵人，治《诗》，为河间献王博士。授同国贯长卿。长卿授解延年（为阿武令，《诗谱》云齐人）。延年授虢徐敖。敖授九江陈侠（王莽讲学大夫）。或云陈侠传谢曼卿。"元始五年，公车征说《诗》。后汉郑众、贾逵传《毛诗》。马融作《毛诗注》，郑玄作《毛诗笺》，申明毛义，难三家，于是三家遂废矣。魏太常王肃更述毛非郑。荆州刺史王基（字伯舆，东莱人）驳王肃，申郑义。晋豫州刺史孙毓（字休郎，北海平昌人，长沙太守）为《诗评》，评毛、郑、王肃三家同异，朋于王。徐州从事陈统（字元方）难孙申郑。宋征士雁门周续之（字道祖，及雷次宗俱事庐山惠远法师）、豫章雷次宗（字仲伦，宋通直郎，征不起）、齐沛国刘瓛并为《诗序义》。前汉鲁、韩、齐三家诗列于学官。平帝世，《毛诗》始立。齐诗久亡，鲁诗不过江东。韩诗虽在，人无传者。惟《毛诗》、《郑笺》独立国学，今所遵用。

汉兴，有鲁高堂生传《士礼》十七篇，即今之《仪礼》也。而鲁徐生善为容，孝文时为礼大官夫。景帝时，河间献王好古，得古《礼》献之。（郑《六艺论》云：后得孔氏壁中河间献王古文《礼》五十六篇,《记》百三十一篇,《周礼》六篇，共十七篇，与高堂生所传同而字多异。刘向《别录》云：古文《记》二百四篇。《艺文志》曰：《礼古经》五十六篇，出于鲁淹中。苏林云：淹中里名。）或曰：“河间献王开献书之路。时有李氏上《周官》五篇，失《冬官》一篇，乃购千金，不得，取《考工记》以补之。”瑕丘萧奋以《礼》至淮阳太守，授东海孟卿（孟喜父）。卿授同郡后苍及鲁闾丘卿。其《古礼经》五十六篇，苍传十七篇，所余三十九篇以付书馆，名为《逸礼》。苍说礼数万言，号曰《后苍曲台记》（在曲台校书，著记因以为名）。孝宣之世，苍为最明。苍授沛闻人通汉（字子方，以太子舍人论石渠，至中山中尉）及梁戴德（字延君，号大戴，信都太傅）、戴圣（字次君，号小戴，以博士论石渠，至九江太守）、沛庆普（字孝公，东平太傅）。由是礼有大小戴、庆氏之学。普授鲁夏侯敬，又传族子咸（豫章太守）。大戴授琅邪徐良（字斿卿，为博士州牧郡守，家世传业），小戴授梁人桥仁（字季卿，大鸿胪，家世传业）及杨荣（字子孙，琅邪太守）。王莽时，刘歆为国师，始建立《周官经》以为《周礼》。河南缑氏杜子春受业于歆，还家，以教门徒。好学之士郑兴父子（兴字少赣，河南人，后汉大中大夫。子众已见前，并作《周礼解诂》）等多往师之。贾景伯亦作《周礼解诂》。《礼记》者，本孔子门徒共撰所闻以为此记。后人通儒，各有损益。故《中庸》是子思伋所作,《缁衣》是公孙尼子所制。郑玄云：“《月令》是吕不韦所撰。”卢植（字子幹，涿郡人，后汉北中郎将，九江太守）云：“《王制》是汉时博士所为。”陈邵（字节长，下邳人，晋司空长史）《周礼论序》云：“戴德删古《礼》二百四十篇为八十五篇，谓之《大戴礼》。戴圣删《大戴礼》为四十九篇，是为《小戴礼》。”（汉刘向《别录》有四十九篇，其篇次与《礼记》同名，为他家书拾撰所取，不可谓之《小戴礼》。）后汉马融、卢植考诸家同异，附戴圣篇章，去其繁重，及所叙略而行于世，即今之《礼记》是也。郑玄亦依卢马之本而注意。范晔《后汉书》云：中兴，郑众传《周官经》。后马融作《周官传》，授郑玄。玄作《周官注》。（郑注引杜子春、郑大夫、郑司农之义。郑玄《三礼目录》云：二郑信同宗之大儒，今赞而辩之。）玄本治《小戴礼》，后以古经校之，取其义长者顺者，故为郑氏学。玄又注小戴所传《礼记》四十九篇，通为三礼焉。汉初立高堂生礼博士，后又立大小戴、庆氏三家。王莽又立《周礼》。后汉三礼皆立博士。今庆氏《曲台》久亡，大戴无传学者，惟郑注《周礼》、《仪礼》、《礼记》并列学官。而《丧服》一篇，又别行于世。今三礼俱以郑为主。

《春秋》有公羊（名高，齐人，子夏弟子，受经于子夏）、穀梁（名赤，鲁人，麋信云与秦孝公同时。《七录》云名俶，字元始。《风俗通》云子夏门人）、邹氏（王吉善《邹氏春秋》）、夹氏之传。邹氏无师，夹氏有录无书，故不显于世。汉兴，齐人胡毋生（字子都，景帝时为博士，年老归教于齐。齐之言《春秋》者宗事之。公孙弘亦颇受焉）、赵人董仲舒（官至江都胶西相）并治《公羊春秋》。兰陵褚大（梁相）、东平嬴公（谏大夫）、广川段仲温、吕步舒（步舒丞相长史）皆仲舒弟子。嬴公守学，不失师法，授东海孟卿及鲁眭弘（字孟，符节令）。弘授严彭祖（字公子，东海下邳人，为博士，至左冯翊、太子太傅）及颜安乐（字翁孙，鲁国薛人也，孟姊子也，为鲁郡太守丞），由是《公羊》有严、颜之学。弘弟子百余人，尝曰："《春秋》之意，在二子矣！"彭祖授琅邪王中（少府，家世传业）。中授同郡公孙文（东平太傅，徒众甚盛）及东门云（荆州刺史）。安乐授淮阳泠丰（字次君，淄川太守）及淄川任翁（少府）。丰授大司徒马宫（字游卿，东海戚人，封扶德侯）及琅邪左咸（郡守九卿，徒众甚盛）。始贡禹（字少翁，琅邪人，御史大夫）事嬴公而成于眭孟，以授颍川堂溪惠。惠授泰山冥都（丞相史）。又疏广（字仲翁，东海兰陵人，太子太傅）事孟卿，以授琅邪筦路。筦路及冥都又事颜安乐。路授大司农孙宝（字子严，颍川鄢陵人）。瑕丘江公受《穀梁春秋》及《诗》于鲁公，武帝时为博士（传子至孙，皆为博士），使与董仲舒论。江公呐于口，而丞相公孙弘本为《公羊》学，比辑其义。卒用董生。于是上因尊《公羊》家。诏太子受。卫太子复私问《穀梁》而善之，其后寖微。惟鲁荣广（字王孙）、浩星公二人受焉。广尽能传其《诗》、《春秋》。蔡千秋（字少君，谏大夫郎中户将）、梁周庆（字幼君）、丁姓（字子孙，至中山太傅）皆从广受。千秋又事浩星公，为学最笃。宣帝即位，闻卫太子好《穀梁》，乃诏千秋与《公羊》家并说。上善《穀梁》说。后又选郎十人，从千秋受。会千秋病死，征江公孙为博士。诏刘向受《穀梁》，欲令助之。江博士复死，乃征周庆、丁姓待诏，使卒授十人。十余岁，皆明习。乃召五经名儒太子太傅萧望之等大议殿中，平《公羊》《穀梁》同异。（时《公羊》博士严彭祖、侍郎申輓、伊推、宋显，《穀梁》议郎尹更始待诏，刘向、周庆、丁姓并论。）望之等多从《穀梁》，由是大盛。庆、姓皆为博士。姓授楚申章昌曼君（为博士，至长沙太傅）。初尹更始（字翁君，汝南邵陵人，议郎谏大夫，长乐户将）事蔡千秋，又受《左氏传》，取其变理合者，以为章句，传子咸（大司农）及翟方进（字子威，汝南上蔡人，丞相，封侯）、房凤（字子元，琅邪石其人。光禄大夫五官中郎将，青州牧）。始江博士授胡常。常授梁萧秉（字君房），王莽时为讲学大夫。

左丘明作传以授曾申。申传卫人吴起（魏文侯相）。起传其子期。期传楚人铎椒（楚大夫）。椒传赵人虞卿（赵相）。卿传同郡荀卿（名况）。况传武威张苍（汉丞相，北平侯）。苍传洛阳贾谊（长沙梁王太傅）。谊传至其孙嘉。嘉传赵人贯公（《汉书》云贾谊授贯公为河间献王博士）。贯公传其少子长卿（荡阴令）。长卿传京兆尹张敞（字子高，河南平阳人，徙杜陵）及侍御史张禹（字长子，清河人）。禹数为御史大夫萧望之言《左氏》，望之善之，荐禹征待诏。未及问，会病死。禹传尹更始。更始传其子咸及翟方进、胡常。常授黎阳贾护（字季君，哀帝时待诏为郎）。护授苍梧陈钦（字子佚，以《左氏》授王莽至将军）。《汉书·儒林传》云：汉兴，北平侯张苍及梁太傅贾谊、京兆尹张敞、大中大夫刘公子皆修《春秋左氏传》。始刘歆（字子骏，向之子，王莽国师）从尹咸及翟方进受《左氏》（哀帝时，歆与房凤、王龚欲立《左氏》，为师丹所奏，不果，平帝世始得立），由是言《左氏》者本之贾护、刘歆。歆授扶风贾徽（字元伯，后汉颍阴令，作《春秋条例》二十一卷）。徽传子逵。逵受诏列《公羊》、《穀梁》不如《左氏》四十事奏之，名曰《左氏长义》，章帝善之。逵又作氏训诂》。司空南阁祭酒陈元作《左氏同异》。大司农郑众作《左氏条例章句》。南郡太守马融为三家同异之说。京兆尹延笃（字叔坚，南阳人）受《左氏》于贾逵之孙伯升，因而注之。汝南彭汪（字仲博）记先师奇说及旧注。大中大夫许淑（字惠卿，魏郡人）、九江太守服虔（字子慎，河南人）、侍中孔嘉（字山甫，扶风人）、魏司徒王朗（字景兴，肃之父）、荆州刺史王基、大司农董遇、征士燉煌周生烈并注解《左氏传》。梓潼李仲钦著《左氏指归》。陈郡颖容（字子严，后汉公车征，不就）作《春秋条例》。又何休（字邵公，任城人，后汉谏大夫）作《左氏膏肓》、《公羊墨守》、《穀梁废疾》。郑康成《针膏肓》，《发墨守》，《起废疾》。自是《左氏》大兴。汉初立《公羊》博士。宣帝又立《穀梁》。平帝始立《左氏》。后汉建武中，以魏郡李封为《左氏》博士，群儒蔽固者数廷争之。及封卒，因不复补。和帝元兴十一年，郑兴父子奏上《左氏》，乃立于学官，仍行于世，迄今遂盛行。二传渐微。（江左中兴，立《左氏传》、《杜氏》、《服氏》博士，太常荀崧奏请立二传博士，诏许立《公羊》，云《穀梁》肤浅，不足立博士。王敦乱，竟不果立。）《左氏》今用杜预注。《公羊》用何休注。《穀梁》用范宁注。

河间人颜芝传《孝经》，是为今文。长孙氏、博士江翁、少府后苍、谏大夫翼奉、安昌侯张禹传之，各自名家，凡十八章。又有古文出于孔氏壁中，别有《闺门》一章，自余分析十八章，总为二十二章。孔安国作传。刘向校书，定为十八。后汉马融亦作《古文孝经传》而世不传。世所行《郑注》，相承以为郑玄。案《郑志》及《中经薄》无。惟中朝穆帝集讲《孝经》云“以郑玄为主”。检《孝经注》与康成注五经不同，未详是非。（江左中兴，《孝经》、《论语》共立郑氏博士一人。）古文《孝经》世既不行，今随俗用郑注十八章本。

汉兴，传《论语》者则有三家：《鲁论语》者，鲁人所传，即今所行篇次是也。常山都尉龚奋、长信少府夏侯胜、丞相韦贤及其子玄成、鲁扶卿、太子少傅夏侯建、前将军萧望之并传之，各自名家。

《齐论语》者，齐人所传，别有《问王》、《知道》二篇，凡二十二篇。其二十篇中，章句颇多于《鲁论》。昌邑中尉王吉、少府宋畸、琅邪王卿、御史大夫贡禹、尚书令五鹿充宗、胶东庸生并传之，惟王阳名家。《古论语》者，出自孔氏壁中，凡二十一篇。有两《子张》（如淳云分《尧曰》篇后“子张问何如可以从政”以下为篇名，曰《从政》），篇次不与齐、鲁《论》同（《新论》云文异者四百余字）。孔安国为传，后汉马融亦注之。安昌侯张禹受《鲁论》于夏侯建，又从庸生王吉受《齐论》，择善而从，号曰《张侯论》，最后而行于汉世。禹以《论》授成帝。后汉包咸（字子长，吴人，大鸿胪）、周氏（不详何人）并为章句，列于学官。郑玄就《鲁论》张、包、周之篇章，考之齐、古，为之注焉。魏吏部尚书何晏集孔安国、包咸、周氏、马融、郑玄、陈群（字长文，颍川人，魏司空）、王肃、周生烈（燉煌人，《七录》云字文逢，本姓唐，魏博士侍中）之说，并下己意为集解，正始中，上之，盛行于世，今犹为主。

一四

清龚定庵《六经正名》

孔子之未生，天下有六经久矣。庄周《天运》篇曰："孔子曰：'某以六经奸七十君而不用。'"《记》曰："孔子曰：'入其国，其教可知也。'"有《易》、《书》、《诗》、《礼》、《乐》、《春秋》之教。孔子所睹《易》、《书》、《诗》，后世知之矣。若夫孔子所见《礼》，即汉世出于淹中之五十六篇。孔子所谓"春秋"，周室所藏百二十国宝书是也。是故孔子曰："述而不作。"司马迁曰："天下言六艺者，折衷于孔子。""六经"、"六艺"之名，由来久远，不可以臆增益。善夫，汉刘向之为七略也！班固仍之，造《艺文志》，序六艺为九种，有经，有传，有记，有群书，传则附于经，记则附于经，群书颇关经则附于经。何谓传？《书》之有大小夏侯、欧阳，传也。《诗》之有齐、鲁、韩、毛，传也。《春秋》之有公羊、穀梁、左氏、邹、夹氏，亦传也。何谓记？大小戴氏所录凡百三十有一篇是也。何谓群书？《易》之有《淮南道训》、《古五子》十八篇，群书之关《易》者也。《书》之有《周书》七十一篇，群书之关《书》者也。《春秋》之有《楚汉春秋》、《太史公书》，群书之关《春秋》者也。然则《礼》之有《周官》、《司马法》，群书之颇关《礼》经者也。汉二百祀，自六艺而传记，而群书，而诸子毕出，既大备，微夫刘子政氏之目录，吾其如长夜乎！何居乎后世有“七经”、“九经”、“十经”、“十二经”、“十三经”、“十四经”之喋喋也！或以传为经，《公羊》为一经，《穀梁》为一经，《左氏》为一经，审如是，是则韩亦一经，齐亦一经，鲁亦一经，毛亦一经，可乎？欧阳一经，两夏侯各一经，可乎？《易》三家，《礼》分庆、戴，《春秋》又有邹、夹，汉世总古、今文，为经当十有八，何止十三？如其可也，则后世名一家说经之言甚众，经当以百数。或以记为经，大、小戴二记毕称经。夫大、小戴二记，古时篇篇单行，然则《礼》经外，当有百三十一经。或以群书为经。《周官》晚出，刘歆始立。刘向、班固灼知其出于晚周先秦之士之掇拾旧章所为，附之于礼，等之于《明堂阴阳》而已。后世称为经，是为述刘歆，非述孔氏。善夫，刘子政氏之序六艺为九种也！有苦心焉！斟酌尽善焉！序六艺矣，七十子以来，尊《论语》而谭《孝经》。小学者，又经之户枢也。不敢以《论语》夷于记、夷于群书也，不以《孝经》还之记、还之群书也，又非传，于是以三种为经之贰。虽为经之贰，而仍不敢悍然加以经之名，向与固可谓博学明辨慎思之君子者哉！《诗》云：“自古在昔，先民有作。”向与固岂非则古昔、崇退让之君子哉？后世又以《论语》、《孝经》为经。假使《论语》、《孝经》可名经，则向早名之，且曰“序八经”，不曰“序六艺”矣！仲尼未生，先有六经。仲尼既生，自明不作。仲尼曷尝率弟子，使笔其言以自制一经哉！乱圣人之例，淆圣人之名实以为尊圣，怪哉！非所闻！非所闻！然且犹为未快意，于是乎又以子为经。汉有传记博士，无诸子博士。且夫子也者，其术或醇或疵，其名反高于传记。传记也者，弟子传其师，记其师之言也。诸子也者，一师之自言也。传记，犹天子畿内卿大夫也。诸子，犹公侯各君其国，各子其民，不专事天子者也。今出《孟子》于诸子，而夷之于二戴所记之间，名为尊之，反卑之矣！子舆氏之灵，其弗享是矣。问：子政以《论语》、《孝经》为经之贰，《论语》、《孝经》则若是班乎？答：否！否！《孝经》者，曾子以后支流苗裔之书，平易泛滥，无大疵，无闳意眇指，如置之二戴所录中，与《坊记》、《缁衣》、《孔子闲居》、《曾子天圆》比，非《中庸》、《祭义》、《礼运》之伦也。本朝立博士，向与固因本朝所尊而尊之，非向、固尊之也。然则刘向、班固之序为九种也，北斗可移，南山可隳，此弗可动矣。后世以传为经，以记为经，以群书为经，以子为经，犹以为未快意，则以经之舆台为经，《尔雅》是也。《尔雅》者，释《诗》、《书》之书，所释又《诗》、《书》之肤末，乃使之与《诗》、《书》抗，是尸祝舆台之鬼，配食昊天上帝也！

一五

清魏默深《两汉经师今古文家法考序》

魏源曰：余读《后汉书·儒林传》，卫、杜、马、贾诸君子承刘歆之绪论，创立费、孔、毛、左古文之宗，土苴西京十四博士今文之学，谓之俗儒，废书而喟。夫西汉经师，承七十子微言大义，《易》则施、孟、梁丘，皆能以占变知来，《书》则大小夏侯、欧阳、倪宽，皆能以《洪范》匡世主，《诗》则申公、辕固生、韩婴、王吉、韦孟、匡衡，皆以三百篇当谏书，《春秋》则董仲舒、隽不疑之决狱，《礼》则鲁诸生、贾谊、韩元成之议制度，而萧望之等皆以《孝经》、《论语》保傅辅道，求之东京，未或有闻焉。其文章述作，则陆贾《新语》以《诗》、《书》说高祖，贾谊《新书》为汉定制作。《春秋繁露》、《尚书大传》、《韩诗外传》、刘向《五行》、扬雄《太玄》皆以其自得之学，范阴阳，矩圣学，规皇极，斐然与三代同风，而东京亦未有闻焉。今世言学，则必曰"东汉之学胜西汉，东汉郑许之学综六经"。呜呼，二君！惟六书三礼并视诸经为闳深，故多用今文家法。及郑氏旁释《易》、《诗》、《书》、《春秋》，皆创异门户，左今右古。其后郑学大行，骎淫遂至《易》亡施、孟、梁丘，《书》亡夏侯、欧阳，《诗》亡齐、鲁、韩，《春秋》部、夹，公羊、縠梁半亡半存，亦成绝学。谶纬盛，经术卑，儒用绌。晏、肃、预、谧、赜之徒，始得以清言名理并起持其后。东晋梅赜伪《古文书》遂乘机窜入，并马、郑亦归于沦佚。西京微言大义之学，坠于东京。东京典章制度之学，绝于隋唐。两汉故训声音之学，熄于魏晋。其道果孰隆替哉！且夫文质再世而必复，天道三微而成一著。今日复古之要，由诂训声音以进于东京典章制度，此齐一变至鲁也。由典章制度以进于西汉微言大义，贯经术政事文章于一，此鲁一变至道也。道光商横摄提格之岁，源既叙录武进礼曹刘申甫先生遗书，略陈群经家法。兹乃推广遍集两汉《儒林传》、《艺文志》之文，凡得《周易》今文家：施氏学第一。梁丘学第二。孟喜氏学第三。孟氏学旁出京氏、焦氏第四。《周易》古文家费氏学第五。其流为荀氏卦气之学、郑玄爻辰之学，此外又有虞翻消息卦变之学。斯为《易》学今古传授大概也。《尚书》今文列于博士者，有伏生、欧阳、大小夏侯二十八篇之学。有孔安国古文四十余篇之学。东汉初，刘歆、杜林、卫宏、贾逵、马融、郑康成又别创古文之学，其篇次与今文同，而孔安国佚十六篇仍无师说。此皆不列于博士者。及东晋伪古文及伪孔传出，唐代列于学校，而伏、欧之今文，马、郑之古文，同时并亡。予据《大传》残编加以《史记》、《汉书》诸子所征引，共成《书古微》。斯《尚书》今古文传授大概也。《诗》则汉初皆习齐辕固生、鲁申公、韩婴三家。惟《毛诗》别为古文。郑康成初年习《韩诗》。及笺《诗》，改从毛。于是齐、鲁、韩次第佚亡，今惟存《毛传》。及宋朱子、王应麟始略采三家诗残文而未得条绪。明何楷、本朝范家相、桐城徐璈次第搜辑，始获三家诗十之七八，而余发挥之，成《诗古微》。此《诗》今古文大概也。小学以《说文》为大宗，历代罕究。国朝顾炎武始明音学，而段、王二氏发明《说文》、《广雅》，惟转注之说尚有疏舛，予特为发明之。此小学家之大概也。《礼经》则禘祫之义，王肃与郑玄抗衡。郑主纬书感生五帝之说，肃主人帝为始祖所自出之帝。输攻墨，一本墨下有守字。秦固失之，楚亦未得。而郑玄《周礼注》计口出泉，至宋遂启王安石新法之祸。惟宋朱子纂《仪礼经传通解》，分家礼、邦国礼、王朝礼、丧祭礼，合三礼为一书，集三代古礼之大成。又欲采后世制度因革损益以择其可行，国朝《读礼通考》、《五礼通考》实成其志。此则古今三礼之大概也。今采史志所载各家，立案于前，而后随人疏证，略施断制于后，俾承学之士法古今者，一披览而群经群儒粲然如处一堂。识大识小，学无常师，以为后之君子，亦将有乐于斯乎！

一六

清胡竹村《诂经文钞序》

经学莫盛于汉。自文帝置《论语》、《孝经》、《孟子》、《尔雅》博士，其后增立五经博士，传业寖广。一经说至百万言，大师众至千余人，可谓盛矣！然诸儒讲论六艺之文章鲜传焉，以无裒集之者故也。汉儒说经，各有家法，不为向壁虚造之谈。历魏晋至隋唐，遵循勿失。宋时周、程、张、朱诸子讲明义理，而名物制度，犹必以汉儒为宗。逮至元明，讲章时文之习胜，率多高心空腹，束书不观，而经术日衰矣。我国家重熙累洽，列圣相承，尊经重学。颁御纂钦定之书于天下，而又广开四库，搜罗秘逸。两举鸿博，一举经学，天下之士，靡然向风。二百年来，专门名家者，于《易》有半农定宇惠氏父子，于《书》有艮庭江氏、西庄王氏，于《诗》有长发陈氏，于《春秋》有复初顾氏，于《公羊》有𢍰轩孔氏，于《礼》有稷若张氏、慎修江氏、易畴程氏，于《尔雅》、《说文》、音韵有亭林顾氏、东原戴氏、二云邵氏、懋堂段氏、石臞王氏，于诸经言天文则勿庵梅氏，言地理则东樵胡氏、百诗阎氏，言金石文字则竹汀钱氏。其读书卓识，超出前人，自辟途径，为诸儒所未及者，约有数端：一曰辨群经之伪。如胡氏之《易图明辨》辨《河图》、《洛书》先天后天各图非

《易》书本有，王氏之《白田杂著》辨《周易本义》前九图非朱子所作，阎氏《古文尚书疏证》、惠氏《古文尚书考》辨东晋晚出之古文《孔传》为梅赜伪托，《毛氏诗传诗说驳议》辨子贡传申培说为丰坊伪撰是也。一曰存古籍之真。如《易经》二篇，《传》十篇，本自别行，王弼作注，始分传附经。朱子《本义》复古十二篇，而明时修《大全》用《程传本》，以本义附之，后坊刻去《程传》，专存《本义》，仍用程传本，而朱子书亦失其旧。自御纂《周易折中》改从古本，学者始见真面目。惠氏《周易本义辨证》详言之。又如竹君朱氏之倡刊《说文》始一终亥之本，通志堂、抱经堂之校刊《经典释文》全书是也。一曰发明微学。惠氏之《易汉学》、《周易述》，张氏之《周易虞氏义》、《虞氏消息》，王氏之《广雅疏证》，段氏之《说文注》，黄梨州、梅勿庵之本《周髀》言天文，邵二云之重疏《尔雅》，焦里堂之重疏《孟子》是也。一曰广求遗说。余氏之《古经解钩沉》，任氏之《小学钩沉》，邵氏之《韩诗内传考》，洪氏之辑郑、贾、服诸家说为《左传诂》，臧氏之辑《仪礼丧服马王注》、《礼记卢植解诂》、《月令蔡邕章句》、《尔雅古注》是也。一曰驳正旧解。江氏之《深衣考误》辨深衣非六幅交，解为十二幅，《乡党图考》辨治朝本无屋无堂，顾亭林《左传杜解补正》、顾复初《春秋大事表》皆纠杜注谅闇短丧之谬，戴东原《声韵考》以转注为互训，历指前人解释之误是也。一曰创通大义。顾氏之《音学五书》分十部，江氏之《古韵标准》分十三部，段氏之《六书音均表》分十七部以考古音，王尚书之《经传释词》标举一百六十字以明经传中语词非实义，凌教授之《礼经释例》分《通例》、《饮食例》、《宾客例》、《射例》、《变例》、《祭例》、《器服例》、《杂例》以言礼之节文等杀是也。凡此皆本朝经学之卓卓者。其他闭户研求，以其所得笔之于书，不可殚述。盖惟上有稽古同天之圣人，而后下之服习者众，彬彬乎超轶两汉也。诸儒所注群经，成书具在。而其散见于文集者，或与友朋辨论经义，或剖析古今疑旨，或所注之经，句诠字释，关涉大义者，别为文发之。又有札记之书，所释非一经，经不数条，顾较通释全经者，时有创获，裒而辑之，诚通经之轨辙已。然而诸儒著述，散在人间，为类甚繁，非博闻多识好学深思之君子，未易揽其全，集其成也。泾邑朱兰坡先生以许、郑之精研，兼马、班之丽藻，出入承明金马著作之庭二十余年，内府图籍，外间所未见者，辄录副本，又性好表章遗逸，宏奖士类，四方著述未经刊布者，多求审定。先世培风阁藏书最审，而其万卷斋所得秘本尤多，于是博采本朝说经之文，核其是非，勘其同异，分类编录，名曰《诂经文钞》。凡《易》八卷，《书》八卷，《诗》八卷，《春秋》八卷，《周礼》十卷，《仪礼》五卷，《礼记》五卷，《三礼总义》十卷，《论语》、《孟子》附群经义共五卷，《尔雅》一卷，《说文》一卷，《音韵》一卷，总七十卷。续钞又已积二十卷。其文多钞自诸家集中，而解经之书，有分段笺释自成篇章者，亦同录入。寻其义例，宗主汉儒，惟取征实之文，不取蹈空之论。至于一事数说，兼存并载，以资考证。盖欲读者因文通经，非因经存文也。然而诸家撰著之精，亦藉是萃聚，不致散逸矣。培翚曩岁在都，追陪讲论，饫闻大旨，今获睹是书之成，奉命作序。自惭肤末，无裨高深，惟敬述我朝经学之盛，与是书所以嘉惠艺林之意，揭之于篇，以谂来者。倘有好而梓之，广其传布，则后进获益无穷，不朽之业，实在于斯，所深企焉。

一七

清陈恭甫《经郛条例》

《经郛》，荟萃经说，本末兼赅，源流具备，阐许、郑之闳眇，补孔、贾之阙遗，上自周秦，下讫隋唐，网罗众家，理大物博。汉魏以前之籍，搜采尤勤，凡涉经义，不遗一字。其大端有十：一曰探源本。以经解经，厥义最古，如三传、《礼记》所引《易》、《书》、《诗》,《尔雅》所释《诂》、《言》、《训》是也。二曰钩微言。奥训渺辞，注家阙略，如《说文》所解,《广雅》所释是也。三曰综大义。发明指归，会通典礼，如荀子之论礼乐，董子之论《春秋》史志，《通典》之历议、礼议、服议是也。四曰存古礼。三代遗制，周人能言，如《左氏传》之称《礼经》,《小戴记》之载杂说是也。五曰存汉学。两京家法，殊途同归。载籍既湮，旧闻廑见。如《史记》载《尚书》多古文说,《白虎通》引经多今文说,《汉书·五行志》多三传先师之说,《五经异义》多石渠议奏之说是也。六曰证传注。古人解经，必无虚造，间出异同，皆有依据。如《毛传》之合于《雅》诂，《郑笺》之涉于鲁、韩是也。七曰通互诠。一家之说，或前后参错而互相发明，如《郑志》之通诸注差互,《箴膏肓》、《发墨守》、《起废疾》之别三传短长是也。八曰辨剿说。晋代注家，每摭拾前人而不言所自，如伪孔《尚书传》之本于王肃，杜预《左传注》之本于服虔，郭璞《尔雅注》之本于樊、孙是也。九曰正缪解。大道多歧，习非胜是，实事求是，择焉必精。如《易》之象数明，则辅嗣之玄宗可退，《书》之训诂核，则仲真之伪传可排是也。十曰广异文。古籀篆隶，易时递变，众家授受，传本不同。如《说文》之古文，《玉篇》之异字，汉碑之异体，《经典释文》之异本是也。统绪十端，囊括古今，诚六艺之潭奥，众论之苑囿。今仍厘为条例如下，览者详之：

一、以经注经，此为汉学之先河。六艺指归，具见《尔雅》。博文明事，首推《孟子》。《坊表》二记，动引《诗》、《书》。《燕聘》诸义，本诠《仪礼》。《春秋左氏传》，说经尤夥。元亨利贞之辨，黄裳元吉之解。夏后之九功九歌，文武之九德七德。《卷耳》能官人，则《大戴记》、《逸周书》具之。《虞书》数舜功，则四凶十六相详之。岂独王应麟所举《外传》叔向、单穆公、闵马父、左史倚相、观射父、白公、子张诸人，其言有功圣学，在汉儒训故之前哉！今并辑录以资讨论源。《礼记》冠义、昏义、乡饮酒义、射义、燕义、聘题诸篇，本释《礼经》，全文具在，止注每经篇义之下，不必复杂。

一、经中援经，有不标经名，实据经义者。如《礼记·檀弓》“仲遂卒于垂”云云，即据《春秋》宣八年之文。《王制》“天子五年一巡狩”至“归假于祖祢用特”，即据《尚书·尧典》之文。《文王世子》“庶子之正于公族者”以下，即据《周官》诸子“司士”、“甸人”诸职之文，《燕义》篇首亦引《周官》庶子之文。《郊特牲》“乡人杨”云云，即据《论语》“乡人傩”之文。“大罗氏”云云，即据《周官·罗氏》之文。《郊特牲》、《冠义》以下，即据《仪礼·士冠礼记》之文。《内则》“凡食齐视春时”以下，即据《周官》“食酱”、“庖人”之文。此类必由经传洽熟，乃能左右逢源。《逸周书》中如《职方解》，《大戴礼记》中如《哀公问》、《曾子大孝》、《诸侯衅庙》、《朝事》、《投壶》、《本命》诸篇，有与《周官》、《小戴记》相出入者，宜皆详录。至乃孤章断句，文字异同，或其本传习各殊，如《公羊》文十二年传引“惟贱钱善浄言”云云，《礼记·缁衣》引“周田观文王之德”是也。或其词麋括相就，如《左氏》隐六年庄四年传并引《商书》，有“恶之易也”四字，僖十三年、三十三年、昭二十年传并引《康诰》“父子兄弟，罪不相及”之语是也。举此见例，他经可推。

一、经中援经证事，本非释经。然如隐元年传：“君子曰：‘颍考叔，纯孝也。爱其母，施及庄公。’《诗》曰：‘孝子不匮，永锡尔类。’其是之谓乎！”《大雅·既醉》郑笺即转引此传为说，则左氏最先得经意矣。此类义在探原，亦宜详录。

一、经中引经。如《礼·坊记》引高宗云：“三年，其惟不言，言乃谨。”《檀弓》同。郑注：高宗名篇，在《尚书》。《丧服四制》引《书》曰：“高宗谅闇，三年不言。”《论语》同。下云：“载之书中而高之，故谓之高宗。”则此语当在高宗之训，而非《无逸》所称。《左氏传》引《夏书》曰：“维彼陶唐”至“乃灭而亡”，贾、服、孙、杜皆解为夏桀之时。《夏书》止于《允征》，当仲康世，则此语当在百篇之外，而非《尚书》所有。此类归之逸经，附每经后。

一、所采群经，皆取其援引他经者。至于一篇之内，前后相承，数卷之间，异同互见，义具本书，无庸赘录，如三传之释《春秋》凡例是也。惟《礼记》为七十子之徒，各述所闻，辞非一家，事有万族，义类繁博，错综纷挐，为之条分栉比，则不独会通本书，且参校古制，愈于后仓推士礼而致于天子之礼。又春秋时，周礼在鲁，左氏鲁人，而善于礼，传中援礼最详，所称先王之制、先王之令，皆是物也。是故发凡起例，咸周公之礼经；三聘五朝，乃文襄之霸制。盖非好学深思，不能心知其意。今于此二书，特广条绪，异乎他经。剖纤析微，实有裨于礼学。

一、《春秋》三传事迹，它书所载，多相出入。明薛虞畿有《春秋别典》，国朝陈厚耀有《春秋战国异词》，今不重采。

一、《说文解字》引经之例，有用正训，与次训不相蒙者，如《口篇》啴字，引《诗》“啴啴骆马”，义为“喘息”，与“喜也”之训隔，《齿篇》齻字，引《春秋传》“晳齻”，义为齿相值，与“啮也”之训隔是也。有用次训，与正训不相蒙者，如《人篇》假字，引《虞书》曰“假于上下”，义为至，不与“上非真”之训相属，《土篇》盗字重文垐，引《虞书》曰“龙朕垐谗说殄行”，义为疾恶，不与上以土增大道上之训相属是也。有字止一训，引经为假借者，如𣌭训羽猎韦绔，《虞书》借为“鸟兽𣌭毛”，敃训人姓，《商书》借为“无有作敃”，啍训口气，《诗》借为“大车啍啍”，𨒞训行貌，《诗》借为“管磬𨒞𨒞”是也。至若䕥训草木相附，䕥土而生，引《易》“百谷草木䕥于地”，与本义合。《释文》云：“‘草木麗’，《说文》作䕥。”是唐以前《说文》如此。《玉篇》引《易》同《说文》，是顾野王尚见汉《易》有作䕥字者。寷训大屋也，引《易》“豐其屋”，与本义合。《释文》云：“‘豐其屋’，《说文》作寷。”今《释文》寷字误脱是唐以前《说文》如此。《广雅》：“豐，大也。”是张揖尚见汉《易》有作寷字者。则不必执古文《易》之本字不为䕥为寷也。𡠗，训至也，读若挚。同一曰：《虞书》“雉𡠗”，与郑君《尚书注》“挚之言至”合。炪，训火充，当依《类篇》所引兑上增不字。引《商书》曰：“予亦炪谋”，与经“予若观火义”相应。皀，训迮也，引《周书》“常皀常任”，迮为迫近之义，常皀谓近侍之官，与扬雄、胡广《侍中箴》合。㓵，训共也，引《周书》“在后之㓵”，与马融本《尚书》合，与《礼记注》“㓵之言同”亦合。则不必执古文《易》、《尚书》之本字不为𡠗，为炪，为皀，为㓵也。此类循文考义，务在求是，不可苟同，亦不可立异。

一、《说文》引经，因文散举，虽繁简错综，皆可寻其条理。故有上下数文，辄随字类系者。如《示篇》祟字引《虞书》，下文禷字即释类于上帝，《玉篇》瑗字引《尔雅》，下文环字即举“肉好若一谓之环”，瑁字引《周礼》，上文珽、瓛、场字即并举《玉人》之文是也。有一句数字辄随字类系者。如《玉篇》环引《禹贡》“球琳琅玕”，上文即载琅字，《牛篇》犉引《春秋传》“牻犉”，上文即载牻字，《口篇》唸引《诗》“民之方唸吚”，下文即载吚字是也。又有不著经名，实用经语者。如《示篇》祠字注“仲春之月”云云，用《月令》文，祅字注“地反物为祅”，用《左氏传》文是也。有不著经名，实系经字者。《潜研堂答问》尝举异文墒、昏、㠯、捊、扴、戬等三百余字，有合有违，宜别择之。此外尚多，当更搜采。有引某说，即系经说者。如《卜篇》贞字引京房说，即《京易章句》释贞字之义。《卣篇》𦘬字引徐巡说，即释《尚书》“宽而栗”之义。《𨸏篇》隉字引徐巡说，即释《秦誓》“邦之杌捏”之义。巡受古文《尚书》。《心篇》引博士说，即三家《尚书》说《洪范》之文。《五经异义》可证。《水篇》溺、湿、汶字引桑钦说，即释《禹贡》之文。钦受古文《尚书》。《黹篇》黻字引卫宏说，即宏《古文尚书训旨》，释《皋陶谟》黼黻之文。《玉篇》玭字引宋宏说，即释《禹贡》玭珠之文。宏从孙登少传欧阳《尚书》，见《后汉书》登传。然则宏亦为今文之学者与？《内篇》离字引欧阳乔说，乔、高义同，形、声近。即《欧阳尚书章句》释《牧誓》“如豺如离”之文。据《史记·周本纪》引《牧誓》可证。《木篇》樀字引贾侍中说，似侍中《四家诗同异》中说“樀桐梓漆”之文。《牛篇》牺字引贾侍中说，似《古文尚书训》中说《微子》“牺牲牷”之文。《酉篇》酏字引贾侍中说，似《周官解诂》释《酒正》之文。《亚篇》引贾侍中说，似《左氏传解诂》中释文六年传“为亚卿焉”之文。《辵篇》造引谭长说，亦释《礼记·王制》造士之文，其余称贾侍中说者或非经解，贵审别择，庶无误收。

一、《说文》引经，有散见于它字读法中者，但须节录其句。如《竹篇》莩字读若《春秋》鲁公子彄，《言篇》侈读若《论语》“誃予之足”之类。至于蘧读若《春秋传》曰“辅蘧”，辵读若《公羊传》曰“辵阶而走”，竄读若《虞书》曰“竄三苗”之竄，𢧢读若《诗》“𢧢𢧢大猷”，即用本字为音，与全书之例不合。近儒以为传写淆讹。案此或“读若”下脱一比音之字。“之竄”二字则衍耳，传写者未必改注中易识之窜秩竄截也。又如繻既需声，又言读若《易》繻有衣”，则“读若”二字为衍也。又如引《书》栞读若刊，圛读若驿，而今本《尚书》即为刊字、驿字。引《春秋》嵒读若聂，而今本《春秋》即为聂字。此类或由后人改易，相沿至今，或古文今文传授异本。

一、《说文》引经之字，重文者，有古文、籀文、篆文，或字诸体，并附载。

一、小学之书，《说文》、《广雅》最与《尔雅》相辅，诂训名物，敷证极博，辄依部居逐字甄采。《玉篇》以下，颇经窜乱，必择明引经句者录之。旁至汉魏碑铭，释藏音义，文字异同，靡不搜讨。

一、汉儒传注，有古学今学之分，必先考其家法，然后异同可辨。郑司农先事京兆第五君，通《京氏易》、《公羊春秋》，又从东郡张恭祖受《周官》、《礼记》、《左氏春秋》、《韩诗》、《古文尚书》,《北堂书钞》引《续汉书》与〈治汉书同》。又因琢郡卢植事扶风马融。其自序云:"遭党锢之事,逃难注《礼》。党锢事解,注《古文尚书》、《毛诗》、《论语》。为袁谭所逼,来至元城,乃注《周易》。"《郑志》:"炅模问《坊记》注以'燕燕'为定姜之诗,答云:'为《记》注时,执就卢君先师亦然。后得《毛公传》而为《诗》注,更从毛本。'"故郑君注《礼》,《易》用京氏,《诗》用韩、鲁,《公羊春秋》用颜氏,此其证也。典午以后,家法遂亡。河洛之间,尚遵古学。迄于唐初,得失参半。今自见存两汉传注以下,唐人义疏以前,及诸散佚注,凡释此经而引彼经者并采,所以博存异义,补缀阙遗。

一、《经典释文》所载诸本异字,诸家异读并采。

一、伪书如《家语》、《孔丛子》之类亦采者,如谳狱之当具两造。

一、周秦诸子,未遭燔经。汉儒先师,荀卿最近。贾傅董生,绝学如线。淮南刘向,杂家博收。《论衡》以下,条绪可寻。讫于《家训》,辨难颇核。它如宏景《药录》,多通雅诂。甄鸾《算术》,专释五经。今并肴核百家,溯洄六学,例诸介纯夏杭,广征《尸子》之大名,槐檀柞槽,旁援《邹书》之改火。

一、史部起《史记》讫《唐书》,稽讨志传,钩提疏议。二京经业,可一字而千金。五代儒林,孰重南而轻北。至于《通典》之淹贯礼说,《水经注》之研核地理,阐助经义,是为闳博。

一、子注史注有涉经义者,并采以资证明。其为训释本书,使文义易晓者,稍择最要,附缀每条。

一、逸纬及唐以前逸子、逸史、传记有涉经义者悉采。

一、六朝以前,通人撰著,史传而外,文集间存。苟与经术有裨,不废采求散佚。

一、采书悉仍原文,宁详毋略,每书必标某卷某篇以明所征。有据善本订误者,附注其下。

一、卷首仿《经典释文》之法,为序录若干卷,以稽家法、考废兴。

一、总经编纂之例，凡鸿章巨典，众论如林，及闳意眇指，综括经解，皆提挈纲领，不宜破碎。取刘向《别录》之法，为通论若干卷，取班固《白虎通义》、杜佑《通典》之法，为目若干条。

一、分经编纂之例，逐条排比；离析章句，各依汉儒家法。其古学焯然可知者，循其义类，按次缉缀。有所阙疑，以类附当篇末。

一、编纂之例，每条先揭本经篇名，次录所采之书。《易》上下经题某卦。《书》、《诗》、《仪礼》、《礼记》、《尔雅》题某篇。《周礼》题某职。《春秋三传》题某公某年。《论语》、《孝经》、《孟子》题某章。文字异者，悉标经句以便循省。其为传注证明者，并列传注本文于章句下。

一八

钱基博《师范学校读经科教授进程说明书》

（甲）“读经”二字之诂释 按师范学校规程第二十八条规定预科及本科第一部各学科目，第四十一条规定本科第二部各学科目，皆有读经一科，次于修身科之后。汉刘熙《释名·释典艺》云：“经，径也，常典也，如径路无所不通，可常用也。”是“经”之本训“径路”，而圣贤相传之法言，与吾人以共由者，遂谓之“经”。《易》、《书》、《诗》、《礼》、《春秋》、《论语》、《孟子》是也。《荀子·劝学》篇曰：“学恶乎始？曰：‘始于诵经。’”《广韵》：“读，诵也。”是“诵经”即“读经”也。《说文·言部》：“读，籀书也。”又《竹部》：“籀，读书也。”《毛诗传》：“读，抽也。”《方言》：“抽，读也。”抽，即籀。籀读二字互训。“读”之云者，谓籀绎推演而发挥其义。“太史公读秦楚之际”、“读秦纪”，诸读字皆谓籀绎其义以作表也。是则所谓“读经”云者，意原不在章句记诵之末，而在籀绎大义也。朱子云：“书只贵读，读便是学。夫子说：‘学而不思则罔，思而不学则殆。’学便是读，读了又思，思了又读。盖书，先须熟读，使其言皆若出于吾之口，继以精思，使其言皆若出于吾之心，然后可以有得尔。”其说善矣！然基博则谓读而不思，只是未读。盖读者，籀书之义也，焉有不思而可以籀书之义者耶？“读经”二字之诂释既明，则请进而申论师范学校读经之旨趣。

（乙）师范学校读经之旨趣　师范学校之读经，其旨趣与大学文科之治经不同。盖大学文科治经之所以，在讲学、在董理国故，而师范学校之读经，则重经世、重修养人格，观于师范学校规程第九条而可知也。其曰：“讲经要旨，在讲明吾国古先圣哲相传人伦道德之要，尤宜注意于家庭社会国家之关系，以期本经常之道，应时势之需。”本条涵意可分三层解释之：

（a）讲明吾国古先圣哲相传人伦道德之要此一语所以定师范学校读经之范围。盖经，有《易》、有《书》、有《礼》、有《春秋》、有四书，而《礼》有《周礼》、有《仪礼》、有《礼记》，而《春秋》有《左氏》、有《公羊》、有《穀梁》。昔人所谓“廿年传经，皓首莫竟”者，固非一端可尽，而可大别之为三类：其一言天人相与之际，所谓性与天道，宋明诸儒竭智尽能之所钻仰者也。以近世通行语指之，可谓为属于哲学之范围。其二言治国平天下之大法，非惟博论其原理而已，更推演为无数之节文礼仪制度。以近日通行语指之，可谓为属于政治学、社会学之范围。其三言各人立身处世之道，教人以所以为人者与所以待人者。以近世通行语指之，可谓为属于伦理学、道德学之范围。其第一种，中国古代之哲学，诚有其精深博大之系统，然此当以付之专门哲学家之研究，万不能以喻诸人人。《易经》属之。其第二种，则所言治国平天下之道，为百世后从政家所当遵守者殊多。至节文礼仪制度，原为当时人说法，而不必尽适时宜，此惟当留以供考古者之讲求。至其言治国平天下之理之精粹者，亦仅从政者所宜服膺，不必尽人而学。《尚书》、《周礼》、《仪礼》、《春秋》胥属焉。故窃以为今日读经以蕲从事国民教育者，宜将此两大部分画出，暂置为后图，而最切于民生日用，先务之急，为人人所宜服膺勿失者，则此所谓“古先圣哲相传人伦道德之要”，而言“各人立身处世之道”者是已。四书、《礼记》之类属焉。

（b）尤宜注意于家庭社会国家之关系此一语所以为“人伦道德”下之诂释，“尤宜”二字须着眼。盖言人伦道德而不注意于家庭、社会、国家之关系，则“道德”为不“人伦”。《礼记》、《曲礼》、《乐记》注皆云：“伦，犹类也。”人伦道德者，全人类之道德也，非只我之道德也。粤我先民，常以为我者，天下国家组织之分子。我，非自有之我，乃天下国家所有之我，故己不可不修。孔子日：“修己以安人。”修己者，非为己而修，乃为安人而修。《大学》言：“修身而后家齐，家齐而后国治，国治而后天下平。欲平天下，必先治国。欲治国，必先齐家。欲齐家，必先修身。自天子以至于庶人，一是皆以修身为本。”《皋陶谟》曰：“慎厥身，修思永。惇叙九族，庶民励翼，迩可远，在兹。”兹，即指慎厥身修思永而言。曰慎厥身，有谨小慎微之意。曰修思永，有长图大念之意。言慎厥身，而必申之曰修思永者，盖戒修己者之见小欲速，局于小我也。修己者，所以安人，匪只以自修。齐家（家庭关系）、治国、平天下（社会国家关系），皆安人也。敦叙九族（家庭关系）、励翼庶民（社会国家关系），皆安人也。安，有胜残去杀之意。若以西洋生存竞争、优胜劣败之说证之，则修己者，所以谋自存之具，而竞胜于世焉耳。同一修己也，有仁暴之分焉。窃尝为西洋人之自我观，大抵以我为主，以人为从，而二十世纪之社会主义，其反响也。至吾国古先圣哲相传人伦道德之自我观，则以全人类为主，以我为从。仁者人也。修己安人之说，厥为吾国古先圣哲相传人伦道德之中枢焉。

（C）以期本经常之道适应时世之需此为本条之结穴语，不可不注意。所谓本经常之道，适应时世之需者，盖蕲古经之时代化，以适于经世致用。其有不适应时世者，如孔子之削则削可也。武进刘逢禄《论语述何篇》曰：“‘温故而知新’之故，古也。六经，皆述古昔，称先王者也。‘知新’，谓通其大义以斟酌后世之制，汉初经师是也。”何休注《公羊》，率举汉律，郑君注三礼，亦举律说。以此知汉儒穷经，无不“本经常之道，应时世之需”者。老子曰“执古之道以御今之有”，此言最可体味。古者，今之积也，无今，安所事于古？执古之道，所以御今之有也，使非以御今之有，则亦奚所事于执古之道者？自新文化盛唱以来，而国粹保存之呼声，亦相应日高。庸知有不误认师范学校之读经，以为国粹之廑保持者？其实国之粹与不粹，尚视今人之奋发自力，匪可藉古人以撑门面。苟今人不自振奋，而徒诵习孔子、孟子之言，曰："我保存国粹也。"是则老子所谓"子所言者，其人与骨皆已朽矣"，何国粹之有焉！

师范学校读经之旨趣既明，则可进而说明读经科教授进程。

（丙）读经科教授进程　兹遵依师范学校规程第九条第二项之规定，就《论语》、《孟子》、《礼记》、《春秋左氏传》四书撮要讲解。惟苏东坡谓："读书须数过以尽其意，每次作一意求。"即是教人分类读之意。曾文正公云："一种学问，即有一种分类之法。"近儒武进沈友卿先生亦曰："读《论》、《孟》须分类讲解，观其异同。如问孝为一类，而答各不同，更引他处言孝者比类参观之，知其所以异，即知其所以同。"然则经不可不分类讲解，以蕲读者每次作一意求也。

（a）预科

（一）《论语》　就全书分为三类讲解：

（1）正名篇　名学者，学人之公器，非一家之私得，不论道儒名法诸家，皆必精于名学而后能立能破。《春秋繁露·深察名号》篇："孔子曰：'名不正，则言不顺。'《春秋》辨物之理以正其名，名物如其真，不失秋毫之末。故名赏石则后其五，言退鹢则先其六。圣人之谨于正名如此。"毛奇龄《稽求》篇引汉《艺文志》谓："名家者流，盖出于礼官。古者名位不同，礼亦异数。"孔子曰："必也正名乎？"凡辨名所在，不可苟为𨱏析。且从来有名家如《郑析》、《尹文子》、《公孙龙》、《毛公》诸篇，俱以坚白同异辨名义为辞，此则名家之说之所由著也。若汉后儒者犹尚名，曰名物，曰名义，曰名象，而寖寻失真。至晋时鲁胜注《墨辩》一书，深论名理，谓："名者，所以列同异、明是非，道义之门，政化之准绳也。孔子曰：必也正名云云。墨子著《辩经》以立名本，而荀卿、庄周辈皆非之，然终不能易其论也。”其序尚存《晋史》，约四五百言，极言隐显虚实同异真似之辩。毫厘纤悉，皆有分部，其论甚著。故今以“卫君待子为政”章冠全书，而附以剖析名义诸论。凡十二目：曰《通论》。曰《论知》。曰《论仁》。曰《论恕》。曰《论孝》。曰《论刚》。曰《论直》。曰《论明》。曰《论达》。曰《论文》。曰《论狂狷》。曰《论政》。政者，正也。

（2）君子篇　凡孔子之论君子者胥隶焉。近儒梁任公先生曰：“读者若稍治当代教育史，当能知英国之教育，常以养成人格为其主要精神，而英之所以能久霸于大地，则以此故也。英人之理想的人格，常以gentleman一字代表之。昔俾士麦尝赞叹‘此字在德文中苦不得确译。岂惟德文，无论何国，殆断不能得恰适切之语以译之’。斯言诚然。然求诸吾国语，则易易耳！‘君子’一语，即其确译。此无他故，盖我国与英国，其古昔传来之教育精神同，皆以养成人格为其职志，故不期而各皆有一语以表示人格之观念，而为他国人所不易袭取，且不易领会。今试执一英人而叩之曰：‘何谓gentleman？’其人必沉吟良久而不能对。更叩之曰：‘如何斯可以谓之gentleman？’则必曰如何温良恭俭让，如何博爱济众，如何重然诺、守信义，如何动容貌，出辞气，乃至如何如何，列举数十剌剌不休。试观彼字典之释义可知也。求一简该之释，殆不可得。虽然所谓gentleman者，自有一种无形之模范深嵌于人人之意识中，一见即能知其是非真伪。苟其人言论行谊，一旦悖戾此模范，则立见摈于gentleman之林，而为群gentleman所不齿。养成人格之教育，其收效有如此者。我国亦然。突然问曰：‘何谓君子？’人人莫知所对也。更叩曰：‘如何斯可谓之君子？’则其条目可以枚举至于无算，苦不得其简该之义。而人人意识中，固若有一种无形之模范，以示别于君子非君子。其与英人异者：英人此种意识，见之甚了，操之甚熟，律之甚严，行之甚安，推之甚溥。我国不然。

此种意识本已在朦胧茫漠之中，而其力又甚单微，不足以断制社会，故人人不必求勉为君子，即躬行君子者，久之亦且自疑沮，或反弃其所守以求同于流俗。此则教育致力与不致力使然也。吾非谓英人所谓 gentleman 与吾国所谓‘君子’其模范恰同出一型。吾殊不必引彼义以自重。吾深信吾国所谓‘君子’，其模范永足为国人所践履。真践履焉，则足使吾国人能自立自达以见重于天下。而孔子养人格之旨，其最终之鹄，所谓‘使人人有士君子之行’。”而此之三十余章所云云，即诂释君子之所以为君子也。吾侪试悉心细绎体验之，则能知孔子所欲养成之人格。“君子人”者，其不可缺之条件有几，其条件之类别系统何若，其践履之途径先后次第何若。既以自励，而更思以种种方法牖导民众而训练之，以使之成教于国，此岂非社会教育之盛德大业，而吾侪从事师范教育者之所有事耶？

（3）教学篇　凡孔子之论教与学者胥隶焉。孔子之论学重自动，而教在启发，曰：“不愤不启，不悱不发，举一隅不以三隅反，则不复也。”

（二）《孟子》就全书分为六类讲解：

（1）原性篇　凡孟子之论性者胥隶焉。孟子道性善，世人之所知也。而孟子之所以道性善者，则或世人之所未知。其一孟子论性之方法。孟子论性之方法有二：一以故言性。孟子曰：“天下之言性也，则故而已矣。”朱注：“性者，人物所得以生之理也。故者，其已然之迹，若所谓‘天下之故’者也。言事物之理，虽若无形而难知，然其发见之已然，则必有迹而易见。故天下之言性者，但言其故而理自明。犹所谓善言天者，必有验于人也。”此孟子“以故言性”之说也，与法兰西学者古悭（Caiisin，一七九二——一八六七）之论心理学同倌。古氏之言曰：“哲学必自事实始。此事实，乃供给哲学者以入思辩之境涯之机会者也。心理学不过为入形而上学之桥梁。形而上学，乃最优之科学也，科学之科学也。科学之对象为实体，乃常不变化永久之实在也。而其研究之方法，则依观察。无观察之工夫，则不能有何等之科学。故可谓吾人乃观察精神之事实而穷究其所以蕲到达绝对之原理。心理学之方法，乃充此职役者也。易言以明之，即以后天之方法，得认先天之原理者也。”此孟子“以故言性”之说也。敬兄敬乡人，孺子入井，皆孔子之所谓“故”也。二以情证性。孟子好以“恻隐”、“羞恶”、“辞让”、“是非”四端言性，皆情也。盖生之谓性，而情只是性之发，性不可见而情可见也。其二孟子性善之界说。孟子道性善，只限于人，而物非所论。其“杞柳杯棬”一章，论人性之不同于植物。“生之谓性”一章，论人性之不同于动物。而“性犹湍水”一章，则论人性之不同于无生物。故尝见意于“人之所以异于禽兽”一章曰：“明于庶物，察于人伦。”盖人之性善，而物之性不必皆善；人之性可率，而物之性不必可率。此孟子之所为“明”所为“察”也。

（2）存心篇　《易》曰：“继之者善也。存之者性也。君子闲邪存其诚。”凡孟子之言存心者胥隶焉。

（3）养气篇　凡孟子之论养气者胥隶焉。虽然，孟子之所谓气者，何也？曰：“情（感性）之冲动是也。”德之哲家康德曰：“世界无制限纯粹之善，惟其善意志而已。何谓善意志？曰：‘为理性之故而从理性之意志是已。为义务之故而行义务之意志是已。’此乃不从感情之指挥而求与理性之命令一致之意志也，非可由感情欲望而决定者也。譬如人生怜悯之情而为慈善，是既为感情之所左右矣，不得为道德之行为也。必绝情祛欲，始有道德之价值。”则是感性与性不相容也。自孟子言之，则曰：“其为气也，以直养而无害，则塞乎天地之间。”则是理性可以养感性也。“其为气也，配义与道，无是馁也。”则是感性可以配理性也。是理性与感性非不相容也。孟子谓情非不善，而康德则认情为不善，不知道德之行为，乃自取舍统驭种种之感情欲望而成立。孔子曰：“礼，所以治人七情，然礼必以人情为本。”非必悉去感情欲望而道德始成立也。离感情欲望，则不能有行为。若如康德所言，绝情祛欲，则道德之行为亦全消灭。清儒戴震著《孟子字义疏证》一书曰：“君子之治天下也，使人人各得其情，各遂其欲，而天下治。君子之自治也，情与欲使一于道义。”孟子“集义”之功，“情与欲使一于道义”而已。戴氏又与某书曰：“后儒不知情之至于纤悉无憾，是谓理。”康德之谓矣！

（4）教学篇　凡孟子之论教与学者胥隶焉。按孟子之论“教”、“学”，“在自得”。曰：“君子深造之以道，欲其自得之也。”“君子”，指教者说；“深造之以道”之“之”字，代名词，指学者。谓君子深造之以道，期于学者之自得，而非尽量输入。“造”，作造就解，读在早切。此亦自动教育之说也。

（5）辨诸子篇　此可以证见孟子与诸子不同之所在。凡五目：曰辨墨家。曰辨农家。曰辨兵家。曰辨游说家。曰辨治生家。

（6）政制篇　凡孟子之论政治法制者胥隶焉。按“儒家虽著为一总名，而其中支分流别。战国之际，疑别有一种儒家法学派。此法学又不同管、商、申、韩诸家之言。惟就儒家而论，大都但说仁义，重束修，敦伦理，而此派则特自研有治国之方法，各种政法制度，亦复具体可以立案画策。且古今之制度，皆经考证，言之可稽。如《孟子》一书，其明举王制所宜，孔子《论语》二十篇中，尚无此种文字。盖孔子之实体法制说，皆分见于六经。而《论语》所记，则但言王而未言制。”近人刘少少说。

（b）本科一年级

（一）《礼记》　《礼记》四十九篇，据郑玄《目录》，考之于刘向《别录》，其篇次本以类相从。而唐魏徵又作《类礼》二十篇，太宗美其书，诏曰：“以类相从，别有篇第，并更注解，文义粲然。”朱子惜不之见。迨元吴澄撰有《礼记纂言》三十六卷，其篇第亦以类相从。是《礼记》旧本，本多分类者。兹据经文，酌时宜，分为六类，凡十五篇。

（1）有言古代之家庭教育者——（子）《内则》、（丑）《曲礼》。凡桐城姚鼐所谓古《曲礼》正篇，有韵可诵之五十九句俾童子诵者，以及《曲礼》所载事长、敬老、接宾、执贽、纳女之说，皆选焉。

（2）有言学校教育者——（子）《中庸》、（丑）《大学》、

（寅）《学记》。戊戌政变以前，中国无所谓教育焉。马端临曰：“所谓学者，姑视为粉饰太平之一事耳。”然而古之教者，家有塾，党有庠，术有序，国有学，所谓学校至不一也。其教育在自动，其教育之旨趣及方法具见于《中庸》、《大学》、《学记》三篇。

《学记》论教授法，《大学》、《中庸》论教育原理。而《学记》与《大学》、《中庸》三篇之间，有最扼要之一语为之枢机，即《学记》所谓“教也者，长善而救其失者也”。此一言所以示教育之效能。盖以为教育者，非真能有移风易俗之力也。所谓“长善”云者，不过善者长之以蕲止于至善焉耳。其效能绝对有限量而非无限量，不似近今吾人信教育有改造社会、化恶为善之力。何也？以其植基于“性善”之说也。人性本善，何须改造，亦何可改造！惟性善，故自动。惟性善而不无末流之说，故自动不能废教育。恶者，其末流之失已耳。教育者，匪创造人生本无之善，而救其末流之失已耳。故曰“教者长善而救其失”。《中庸》之“率性”、“修道”，《大学》之“明明德”、“新民”、“止至善”，皆依据斯言以定教育之原则焉。《中庸》之开宗明义曰：“天命之谓性，率性之谓道，修道之谓教。”何谓“性”？本能是也。何谓“率性”？“发挥本能”是也。朱子注：“率性之率，不是用力字，只是顺其自然之意。道，犹路也。人物各循其性之自然，则其日用事物之间，莫不各有当行之路，是则所谓道也。修，品节之也。性道虽同而气禀或异，故不能无过不及之差。圣人因人物之所当行者而品节之以为法于天下，则谓之教。”故曰：“教者长善而救其失。”迨善之长也，“能尽其性，则能尽人之性；能尽人之性，则能尽物之性；能尽物之性，则可以赞天地之化育。”“尽性”云者，谓本能之发展，推而致乎其极云耳。此《大学》之“明明德”所以必推极其效于“新民”、“止至善”也。盖明德，即性也，以其德之于天而昭明不昧，故谓之明德。德本明也，昏于气而蔽于物，则失之矣。学者所以明之而已，此“救”之说也。民亦同有明德，而旧染污俗，故又当推吾之明德以新之也。性之体纯粹至善，而其用见于人伦事物之间，故修己治人，皆必止于至善，然后有以尽其性。故曰：“教者长善而救其失者也。”《学记》之论教也，重在教学生学，不重在教学生。《记》曰：“今之教者，呻其呫毕，多其讯，言及于数。”教亦勤苦矣！然而“施之也悖，求之也佛。夫然，故隐其学而疾其师，苦其难而不知其益也，虽终其业，其去之必远”。徒劳而无功者，何也？则以未能浚发其活泼及创作之自动能力、研究之精神，而觉为学之可乐，藏焉修焉，息焉游焉，则自“安其学而亲其师”矣。故曰：“君子之教喻也，道而勿牵，强而勿抑，开而勿达。道而勿牵则和，强而勿抑则易，开而勿达则思。和易以思，可谓善喻矣。”此其所以养成学者活泼及创作之自动能力、研究之精神者为何如乎！基博尝谓学生者，学而能自毕焉；教师者，匪教而能事毕焉。《记》曰：“记问之学，不足以为人师。”何也？以其只知教也。《大学》论“止于至善”，必曰“知其所止”。《中庸》之论“诚身”，必曰“明善”，曰“择善”。谁则知之？曰：止至善者自知之也。谁则明之、择之？曰：诚身者自明之，自择之也。何以知？何以明？何以择？曰：博学，审问，慎思，明辨。确知其为“善”、“至善”，然后固执而笃行焉。呜呼！此《学记》之所以先“辨志”，而蕲至于“知类通达，强立不反”，然后“谓之大成”也。始焉善之不择，终之不知所止。而国人今日遂不忠于所学，以讲学为投机。今日国粹，明日欧化，其实不过揣迎时好，弋猎声誉，作一种投机事业而已，非真有所主张，有所研究云尔也。卒之随波逐流，而思想陷于破产，转徙流离，依依乎何之。孟子曰：“人有鸡犬放则知求之，有放心而不知求，哀哉！”此则今日学者之大患也！呜呼，仲尼不云乎？“人皆曰余知，择乎中庸而不能期月守也。”然则如何而可？曰：“诚之者，择善而固执之者也。”所谓“择善”者，非漫然而善之也。“博学之，审问之，慎思之，明辨之，笃行之。有弗学，学之勿能，勿措也。有弗问，问之弗知，弗措也。有弗思，思之勿得，勿措也。有弗辨，辨之弗明，弗措也。有弗行，行之弗笃，弗措也。”得一善，则拳拳服膺而弗失之矣！此则硁硁之愚，以为忠于所学，忠于其主义者当如是也！今日学之大患，一言蔽之，曰不诚而已矣！“诚者物之终始，不诚无物。”伯尔同志，尚体斯意。

（3）有言社会教育者——（子）《乡饮酒义》、（丑）《射义》。今之学校，厥为教师学生之学校，而古之学校，则为社会之学校。所谓社会之学校者，其意味有二：（一）学校为社会之学校，而非学校之学校。（二）学校之教育，为社会之教育，而不限于学校。要之，学校与社会融合为一而已。试论其略：

（子）三代之隆也，学校为社会之学校，校长即为社会领袖之人物。五家为邻，五邻为闾，闾有塾。二十五家同住一巷，巷首有门，门侧有塾。四闾为族，五族为党，党有庠。五党为州，州有序。五州为乡，乡，二千五百户也。乡之中，乡大夫各掌其邻为邦教，受于司徒，司徒犹今之教育总长。颁于乡吏，六礼以节民性，七教以兴民德，八政以防民淫。州长，即一州之师也。党政，即一党之师也。下之为闾胥、为比长，即乡长。皆乡吏也，亦皆学校之教职也。古者农可为士，而吏即为师。马端临《文献通考》序曰：“国学有司乐、司成，专主教士，而州闾乡党之学，则未闻有司职教之任者。及考《周礼·地官》：党正，各掌其党之政令教治；州长，各掌其州之政令教治。然后知党正即一党之师也，州长即一州之师也。以至下之为比长、闾胥，上之为乡遂大夫，莫不皆然。盖古之为吏者，其德行道艺俱足为人之师表。”于是学校领袖即社会之领袖，而学校教育，自不致有与社会隔膜之虞矣。

（丑）古之人，自家至于天子之国，皆有学，自幼至于长，未尝去于学之中。春令民毕在野，闾胥平旦坐于右塾，邻长坐于左塾，师古注：督促幼之知其早宴，防怠惰也。按塾在里门之侧。毕出然后归。夕亦如之。入者必持薪樵，轻重相分。斑白不提挈，所以优老人也。岁之蜡月，十二月。党正则以礼属民而饮于序。州序。州长春秋以礼会民而射于州序。乡大夫行乡饮酒之礼于学，以励其德行，以观其贤能。迨三年而以乡射之礼五物询众庶：一曰和。二曰客。三曰主皮。四曰和容。五曰兴舞。此谓使民兴贤，出使长之；使民兴能，入使治之，胥无不于学焉。诸侯之学曰泮宫，天子曰辟廱。班朝布令，享帝右祖，则以为明堂。同律候气，治历考详，则以为灵台。而养老必于学，大射必于学，出征、受成、郑康成注：定军谋也。讯馘必于学。大师旅，则将士会焉；大狱讼，则吏民期焉，大祭祀，则天祖飨焉。盖其制皆于国之胜地筑宫，环水。国有大事，则以礼属百官群吏下民而讲行之；无事，则国之耆老子弟游焉，以论鼓钟而修孝弟。盖学校为社会之学校，故社会所有事无不于学校行之。而学校教育，亦不限于诗书六艺，又有祭祀、乡射、养老之礼，以习其恭让；司律、治历、论狱、出兵、授捷之法，以习其从事。而其大要，则务使人人尽其性，不独防其邪僻放肆也。其在黉舍之内，而社会之文为制度，无不习熟闻见，究其所以。以及出而任社会之事，方物出谋发虑，则随所施为，无不可者。何也？学校与社会沟通为一，而其教育不徒以读死书为能事也。

（寅）学校为社会之学校，社会有辅相学校之义。《王制》："司徒命乡简不率教者以告。耆老皆朝于庠。元旦，习射，上功。习乡，上齿，大司徒率国之俊士与执事焉。"耆老，谓其乡之老成有德者，而俊士，则年少英俊之士，皆所谓模范人物也。盖欲使不帅教之人，得于观感改过以从善，《学记》所谓相观而善摩之谓也。习射，谓行射礼，使知心平体正之德，而尽所以修身。习乡，谓行乡饮酒体，使知长幼尊卑之礼，而尽所以事焉。此所以待不肖也。三年大比，兴贤者有德行。能者，有材艺。乡老及乡大夫率其吏与其众，以礼宾之，使俊士宾焉以为荣，不肖者慕之而知奋焉。

（卯）学校为社会之学校，而学校遂为社会教育之机关。一九一九年美国全国教育会会长泼力士登夫人以"公众集会法"为最重要之社会教育。先是，夫人村居，深知乡村生活，须有一种有秩序有组织社会交际之法，国风化人之道而长日劳动之徒，亦应有休养畅乐之法。农庄中若快乐不与劳苦同等，断不能保传儿女。然农家挥汗锄云，何得有此。夫人知其然，遂提倡一"公众集会法”，其言曰：“公众集会所行之事，无论其为音乐会、辩论会，抑他种游戏，甚至细如蜂之斗衙者，亦能加生机于乡村之生活，使人民和谐之风从此发生，使公民日趋于良美，而成国家完善之公民。”见《新教育》第四卷第二期。基博则以为乡饮酒、乡射，三代之公众集会法也，当日最要之社会教育。而学校，则其乡饮酒乡射之地也。《乡饮之义》曰：“主人拜迎宾于门之外，入三揖而后至阶，三让而后升，所以致尊让也。盥洗扬觯，所以致絜也。拜至，拜洗，拜受，拜送，拜既，所以致敬也。尊让絜敬也者，君子之所以相接也。君子尊让则不争，絜敬则不慢。不慢不争，则远于斗辨矣。不斗辨，则无暴乱之祸矣。斯君子所以免于人祸也。”又曰：“祭荐，祭酒，敬礼也。祭肺，尝礼也。啐酒，成礼也。于席末言是席之正，非专为饮食也，为行礼也。此所以贵礼而贱财也。卒觯致实于西阶上，言是席之上，非专为饮食也。此先礼而后财之义也。先礼而后财，则民作敬让而不争矣。”此其所以养成“人民谐和之风”者为何如乎！吕祖谦曰：“乡饮酒者，乡人以时会聚饮酒之礼也。因饮酒而射，则谓之乡射。”《射义》曰：“射者，仁之道也。求正诸己，己正而后发，发而不中，不怨胜己者，反求知己而已矣。”孔子曰：“君子无所争，必也射乎！揖让而升，下而饮，其争也君子。”于角射较胜之时，不失雍容揖让之度。其争也，乃所以彰其为君子也。故曰“可以观德”。此其刑仁讲让，示民有常，而限制民之竞争者又何如乎！岂非“所谓一种有秩序、有组织社会交际之法”而为“国风化人之道”者耶？夫党正以礼属民而饮州序，必于岁之蜡月者，此正以农家挥汗锄云，终岁勤动，而“休养畅乐之法”遂不得不行于岁之蜡月农隙之时焉。夫农村为国富之策源地，此欧美经济学者之公言。使如泼力士登夫人所云，“快乐不与劳苦同等”，俾其人憔悴郁结，意不得发舒，而精神体力日即于委靡，则社会将隐受其害，宁只一乡一邑之荣悴已耶！

要之三代之世，掌学校者，不视学校为独立社会以外之团体，而视学校为社会之一部。其教授之所取资，一以实际之社会为衡，不似今日之学校教育，与社会隔膜，而不问社会之现状如何也。

（4）有言社会组织者——（子）《王制》。

（5）有言社会组织之原则者——（子）《礼运》、（丑）《乐记》。乐者为同，礼者为异。《中庸》曰："忠恕，违道不远，施诸己而不愿，亦勿施于人。""乐者为同"之旨也。西谚有名言曰："自由，以不侵人之自由为界。""礼者为异"之旨也。"乐者为同"，所以协人情之好恶。"礼者为异"，所以别群己之权界。故曰："乐至则无怨，礼至则不争，揖让而治天下者，礼乐之谓也！"

（6）有古代社会之风俗制度沿袭至今其遗意犹可考见者——（子）《昏义》、（丑）《檀弓》、（寅）《问丧》、（卯）《三年问》、（辰）《祭义》。

（二）《春秋左氏传》

（1）齐桓公召陵之师。

春秋时之国际形势，分为南北两国际团体：南方国际团体以楚为首领国，而北方则以晋为首领国。郑介两大之间，犹欧战之际比利时之介于德法二国间也。当是之时，楚国时向北方为侵掠战争，可比欧战之同盟国首领德意志。而北方之首领晋国则纠合北方诸侯为防卫战争，犹之欧战中之协约首领英国。晋之先有齐，楚之衰有吴，此其大略也。

（2）宋襄公泓之战。

（3）晋文公城濮之战。

（4）楚庄王邲之战。

（5）吴入州来。为后来吴入郢张本。晋通吴以掎楚，犹英联法以制德也。楚于是乎始衰矣。

（6）晋鄢陵之战。

（7）宋之盟。

春秋弭兵之会，自宋之盟始。自此以前，为晋楚武力竞争时代，而此后则为外交竞争时期矣。春秋世运一大枢机也。

（8）虢之会。

（9）申之会。

（10）平丘之盟。

（11）召陵之会。晋于是乎失诸侯。

（12）吴入郢。楚衰而吴代兴。晋楚争伯之局，一变而为晋吴争伯。

（13）夹谷之会。

（14）黄池之会。晋楚争先。

是编之主旨，在以春秋列国之会盟征伐，援古衡今，说明国际之道德，不同于个人，以唤起国民性之自觉。而时贤著述之可供参考者：（子）马丁韪良博士之《支那古代万国公法》，载丙午社《平时国际公法》一七一二四页。（丑）日本《东方时论》之《旧战国与新战国》，译载《东方杂志》十五卷十号五六一六三页。（寅）梁任公之《国际同盟与中国》，载《东方杂志》十六卷二号一六六三页。皆引《春秋》之国际事实以衡论当世者也。吾国自嬴秦混一六王以迄于今，国民习于数千年之闭关，不复知国际为何事。其始遇外人也，一以夷狄待之。虚骄之心理，地地拒人之声音笑貌，可以怒敌而召衅者，亦既无在无之。一经败衄，则又嗒焉若丧，卑怯之习日以长，以为中国事事不如人，甘心居人后，自侮而人亦侮之，于是国际上之地位，遂以一落千丈！强顾衡诸春秋诸国何如者？不论晋楚齐秦，泱泱大国之风，必不以疆场胜负之一彼一此，自损其荣誉。即以小事大之蕞尔郑，亦能一遵当日国际之惯例，不亢不卑，保持其国际上之地位。岂有俯仰随人，习于媚外而可以立国者哉？呜呼，国家之积弱、国民之志气不振实为之！悦非吾党教育者之责欤？

（丁）读经科与他科之关系

（a）公民科　吾国古先圣哲相传人伦道德之要。

（b）教育科　吾国古先圣哲相传之教学法，及学制之记载讨论。

（c）国文科　《论语》之文简尽，而《孟子》之文则雄峭。《礼记》之文蕴藉，而《左氏》之文则恢诡。皆自古文事之至精能者。韩退之曰："沉浸酞郁，含英咀华。"其于斯文必有得矣！

（d）历史科　《春秋左氏传》无论已。《礼记》之载典礼，《孟子》之论政制，皆绝好上古政治史料也。《礼记》之载冠昏丧祭，《春秋》之记聘享赋诗，皆绝好上古风俗史料也。

基博任本校读经科五年于兹。国内参观诸君，见课程表有读经一科，往往以教学之旨趣及方法垂询。言国粹者，则见誉曰："是存古也。是正人心，息邪说也！"言欧化者，则又曰："是守旧也！是锢蔽青年之耳目聪明也！"其实世间青年无绝对可读之书，亦无绝对不可读之书，要视教之读者何如耳。孔子曰："温故而知新。"新即自故中温出。今之学者，不事温故，只求知新，未能继承，已思创作，袪理知而言直觉，超现实而骛玄想，浮谈无根，等于说梦，此大蔽也！至以读经为存古，则又拘虚之见，而未能游于方之外者。爰草此篇以就正于有道焉。

一九

清钱莘楣《十驾斋养新录》论古书音读三则

古今音　《释名》:“古者曰车，声如居，所以居人也。今曰车，声近舍。”韦昭辨之云:“古皆音尺奢反，从汉以来，始有居音。”二说正相反。韦氏误也。韦特见《诗》“王姬之车”、“君子之车”皆与华韵，而不知读华为呼瓜切，亦非古音也。古读华为敷。《诗》“有女同车”，与“华”、“琚”、“都”为韵。“携手同车”与“狐”、“乌”为韵。车之读车，又何疑焉。宏嗣生于汉季，稍染俗学，故于古音不甚了了。

古无轻唇音　凡轻唇之音，古读皆为重唇。《诗》:“凡民有丧，匍匐救之。”《檀弓》引《诗》作“扶服”，《家语》引作“扶伏”。又“诞实匍匐”，《释文》本亦作“扶服”。《左传》昭十二年:“奉壶饮冰以蒲伏焉。”《释文》本又作“匍匐”，蒲本亦作扶。昭二十一年:“扶伏而击之。”《释文》本或作“匍匐”。《史记·苏秦传》:“嫂委蛇蒲服。”《范睢传》:“膝行蒲服。”《淮阴侯传》:“俛出袴下蒲服。”《汉书·霍光传》:“中孺扶服叩头。”皆匍匐之异文也。古读扶如酺，转为蟠音。《汉书·天文志》:“晷长为潦，短为旱，奢为扶。”郑氏云:“扶当为蟠。齐鲁之间，声如酺。酺扶声近。蟠，止不行也。”《史记·五帝本纪》:“东至蟠木。”《吕氏春秋》:“东至扶木。”又云:“禹东至榑木之地。”“扶木”,谓扶桑也,说文作“榑桑”。古音扶如蟠,故又作“蟠木”。服又转为犕音。《说文》引《易》“犕牛乘马”。“犕牛”即“服牛”也。《左传》:“王使伯服游孙伯。”《史记·郑世家》:“伯犕。”《后汉书·皇甫嵩传》:“义真犕未平。”注:“犕,古服字。”服又转为暑音。《汉书·东方朔传》:“舍人不胜痛,呼暑。”服虔云:“暑,暴。”邓展云:“瓜瓟之瓟。”师古曰:“痛切而叫呼也,与《田蚡传》‘呼服’音义皆同。”《田蚡传》:“蚡疾,一身尽痛,若有击者,呼服谢罪。”晋灼云:“服,音瓟。关西俗谓得杖呼及小儿啼为呼瓟。”《广韵》:“菢,薄报切,鸟伏卵。伏,扶富切,鸟菢子。”伏,菢,互相训,而声亦相转,此伏羲所以为庖牺,伏羲氏亦称庖牺氏。《说文》:“䨿,迫也。读若《易》虙羲氏。”《唐韵》:“䨿,平秘切。”《风俗通》:“伏者,别也,变也。伏羲始别八卦以变化天下。”伏又与逼通。《考工记》:“不伏其辕,必缢其牛。”注:“故书,伏作偪。”杜子春云:“偪,当作伏。”按偪、迫、别、变,皆重唇。古音负如背,亦如倍。《史记·鲁周公世家》:“南面倍依。”《汉书·徐乐传》:“南面背依。”倍与背同,即负扆也。《书·禹贡》:“至于陪尾。”《史记》作“负尾”,《汉书》作“倍尾”。《汉书·宣帝纪》:“行幸萯阳宫。”李斐曰:“负,音倍。”《东方朔传》:“倍阳宣曲尤幸。”师古曰:“倍阳,即萯阳也。”《释名》:“负,背也,置项背也。”《书》:“方命圮族。”《史记》作“负命”。《正义》云:“负,音佩。”依《字通》:“负,违也。”按负命,犹言背命。古读附如部。《左传》:“部娄无松柏。”《说文》引作“附娄”,云:“附娄,小土山也。”《诗》:“景命有仆。”传:“仆,附也。”《广雅》:“薄,附也。”苻,即蒲字。《左传》:“取人于萑苻之泽。”《释文》:“苻,音蒲。”《晋书》:“蒲洪孙坚,背有草付字,改姓苻。”古读佛如弼,亦如勃。《诗》:“佛时仔肩。”《释文》:“佛,毛符弗反,大也。”郑音:“弼,辅也。”《学记》:“其求之也佛。”《正义》:“佛者,佛戾也。”《释文》本又作:“拂,扶弗反。”《曲礼》:“献鸟者佛其首。”注:“佛,戾也。”《释文》作“拂”,本又作“佛,扶弗反”。《晋书》:“赫连勃勃。”《宋书》作“佛佛”。乞伏氏亦作“乞佛”。佛亦作奮。《说文》：“奮，大也，读若予违汝弼。”古读文如门。《水经注·汉水》篇：“文水，即门水也。”《书》：“岷嶓既艺。”“岷山之阳。”“岷山导江。”《史记·夏本纪》皆作“汶山”。《汉书·武帝纪》：“文山郡。”注：“应劭曰：‘文山，今蜀郡嶓山。’”《礼记》：“君子贵玉而贱婚。”或作“玟”。《释文》：“玟，武巾反，又音枚。”《汉书·高帝纪》：“亡诸身帅闽中兵。”如淳曰：“闽，音缗。”应劭曰：“音文饰之文。”文闽同音，皆重唇。《史记·鲁世家》：“平公子文公。”世本作“湣公”。湣与闵同。闵亦从文声。古读弗如不。《广韵》：“不，与弗同分勿切。”《说文》：“吴谓之不律。燕谓之弗。秦谓之笔。”笔、弗声相近也。古读拂如弼。《孟子》：“入则无法家拂士。”《史记·夏本纪》：“女匡拂予。”古读第如蔽。《诗》：“翟第以朝。”传：“第，蔽也。”《周礼注》引作“翟蔽以朝”。“簟第鱼服”。笺：“第之言蔽也。”“簟第朱鞹”，传：“车之蔽曰鲔。”《论语》：“色勃如也。”《说文》两引，一作孛，一作艴。《广韵》十一没部：“艴，艴然不悦。蒲没切。”此古音。又八物部：“艴，浅色，敷勿切。”此齐梁后之音。古读繁如鞶。《左传》成二年：“曲县繁缨以朝。”《释文》：“繁，步干反。”繁缨，亦作樊缨。《周礼》：“巾车，玉路，锡樊缨十有再就。”注：“樊，读如鞶带之鞶，谓今马大带也。”《释文》：“樊，步干反。”繁又转如婆音。《左传》定四年：“殷民七族：繁氏，锜氏……”《释文》：“繁，步何反。”《汉书·公卿表》：“李延寿为御史大夫，一姓繁。”师古曰：“繁，音蒲元反。”《陈汤传》：“御史大夫繁延寿。”师古曰：“繁，音蒲胡反。”《萧望之传》师古音婆，《谷永传》师古音蒲何反。延寿一人，而小颜三易其音，要皆重唇非轻唇，则是汉人无轻唇之证也。《史记·张丞相列传》：“丞相司直繁君。”《索隐》音繁为婆。《文选》：“繁休伯。”吕向音步何反。《广韵》八戈部有繁字，薄波切，姓也。则繁姓读婆音为正。古读蕃如卞。《汉书·成帝纪》引《书》“于蕃时雍”。于蕃，即于变也。《孔宙碑》又云：“于卞时雍。”卞、变、蕃皆同音。古读藩如播。《周礼·大司乐》：“播之以八音。”注：“故书播为藩。杜子春云：‘播，当为播，读后稷播百谷之播。’”《尚书大传》：“播国率相行事。”郑注：“播，读藩。”古读偾如奔。《礼·射义》：“贲军之将。”注：“贲读为偾，覆败也。”《诗·行苇》传引作“奔军之将”。古读纷如豳。《周礼·司几筵》：“设莞筵纷纯。”司农云：“纷，读为豳。”古读甫如圃。《诗》：“东有甫草。”《韩诗》作“圃草”。《薛君章句》：“圃，博也，有博大茂草也。”郑笺云：“甫草，甫田之草也。”郑有圃田，《释文》：“郑音补。”《左传》：“及甫田之北竟。”《释文》：“甫，布五反，本亦作圃。”古音敷如布。《书·顾命》：“敷重篾席。”《说文》引作“布重莫席”。《诗》：“敷政优优。”《左传》引作“布政”。《仪礼》：“管人布幕于寝门外。”注：“今文布作敷。”敷亦读如铺。《诗》：“铺敦淮濆。”《释文》：“《韩诗》作敷。”又“敷时绎思”，《左传》引作铺。《寥萧》笺：“外薄四海。”《释文》云：“诸本作外敷，注芳夫反。”是亦读如铺也。古读方如旁。《书》：“方鸠僝功。”《说文》两引，一作“旁逑僝功”，一作“旁救孱功”。《史记》作“方聚布功”。《书》：“方施象刑惟明。”《新序》引作“旁施”。《立政》：“方行天下。”亦读为旁，与《易》“旁行而不流”义同。传云：“方，四方。”非也。《书》：“方告无辜于上。”《论衡》引作旁。《士丧礼》：“牢中旁寸。”注：“今文旁为方。”《左传》：“衡流而方羊。”《释文》：“方，蒲郎反。”《庄子·逍遥游》篇：“彷徨乎无为之侧。”崔譔本作“方羊”。方又读如谤。《论语》：“子贡方人。”郑康成本作“谤人”。《广雅》：“方，表也。边，方也。”《说文》：“方，并船也。”古人读方重唇，与边、表并声相近。《字林》：“䆅，方遥反。襮，方沃反。邶，方代反。”吕忱，魏人。其时初行反语，即反语可得方之正音。六朝以后，转重唇为轻唇。后世不知有正音，乃强为类隔之说，谬矣！古音鲂如鳑。《说文》：“鲂，或作鳑。《春秋》‘晋侯使士鲂来乞师’，《公羊》作‘士彭’。”是鲂非轻唇也。古音逢如蓬。《诗》：“鼍鼓逢逢。”《释文》：“逢，薄红反。”徐仙民音丰，亦读丰，重唇也。《尔雅》：“岁在甲曰阏逢。”《淮南·天文训》作“阏蓬”。《庄子·山木》篇：“虽羿、蓬蒙不能眄睨。”即《孟子》之逢蒙也。后世声韵之学行，妄生分别，以鼓逢逢读重唇，入東韵，相逢字读轻唇，入钟韵，又别造一逄字，转为薄江切，训人姓，改逢蒙、逢丑父之逢为逄以实之，则真大谬矣！洪氏《隶释》引司马相如云："乌获、逄蒙之巧。"王褒云："逄门子弯乌号。"《艺文志》亦作"逄门"，即"逄蒙"也。《古今人表》有逄於何数人。阳朔中，有太仆逄信。《左传》有逄伯陵、逄丑父矣。汉有逄萌。《庄子》："羿、逄蒙不能睥睨。"《淮南子》："重以逄蒙门子之巧。"皆作逢迎之逄。石刻有《汉故博士赵傅逄府君神道》、《逄童子碑》，其篆文皆从夅。魏《元丕碑》有逄牧，《孔宙碑》阴有逄祈，《逄盛碑》阴有逄信，亦不书作逄。又谓："汉儒尚借韸为逄，则恐诸逄当读为'鼍鼓逄逄'之逄。"洪说是也。汉魏以前，无逄字，其为六朝人妄造无疑。《广韵》江部又有韸字，训鼓声，此即鼍鼓逄逄之逄音，转为薄江切，俗师改从音旁，又改夅为夆，皆所谓不知而作也。古读封如邦。《论语》："且在邦域之中矣。"《释文》："邦或作封。""而谋动干戈于邦内"，《释文》："郑本作封内。"《释名》："邦，封也，有功于是，故封之也。"封又读如窆。《檀弓》："县棺而封。"注："封当为窆，下棺也。《春秋传》作堋。"《周礼·乡师》："及窆，执斧以莅匠师。"郑司农云："窆，谓葬下棺也。《春秋传》曰：'日中而堋。'《礼记》所谓封者。"《太仆》："窆亦如之。"郑司农云："窆，谓葬下棺也。《春秋传》所谓'日中而塴'，《礼记》谓之'封'，皆葬下棺也，音相似。"窆读如"庆封汜祭"之汜。《左传》："日中而堋。"《释文》："堋，北邓反，下棺也。礼家作窆，彼验反，义同。"《说文》："堋，丧葬下土也，《礼》谓之封，《周官》谓之窆。"封，府容切；窆，方验切；堋，方邓切；声皆相似，故可互转。后儒不通古音，乃有类隔之例，不知古音本无轻唇也。古人读封如邦。先郑云："窆、堋、封音相似。"是东京尚无轻唇音。古音勿如没。《尔雅》"蠠没"即《诗》"密勿"也。《诗》："黾勉从事。"《刘向传》引作"密勿从事。"《礼记·祭义》："勿勿诸其欲其飨之也。"注："勿勿，犹勉勉。"《大戴礼·曾子立事》篇："君子终身守此勿勿。"注："勿勿犹勉勉。"《曲礼》："国中以策彗卹勿。"注："卹勿，搔摩也。"古人读勿重唇，故与勉、摩声相转。《颜氏家训》云："《战国策》音刎为免。"古音刎免皆重唇，六朝人转刎为轻唇，故以为异。古读副如劈。《说文》："副，判也。"判、副双声。引《周礼》"副辜"，籀文作疈辜。《诗》："不坼不副。"读孚逼反。《字林》:“副，判也，匹亦反。”古读罚如铍。《周礼》:“大驭犯铍。”注:“故书铍作罚。”杜子春云:“罚为铍，铍，读为别异之别。”古读非如颁。《说文》:“羙，赋事也。读若颁，一曰读若非。”《周礼·太宰》:“匪颁之式。”郑司农云:“匪，分也。”匪、颁双声。古读匪如彼。《诗》:“彼交匪敖。”《春秋》襄廿七年传引作“匪交匪敖”。《诗》:“彼交匪纾。”《荀子·劝学》篇:引作“匪交匪纾”。《春秋》襄八年传引《诗》“如匪行迈谋”，注:“匪，彼也。”《广雅》:“匪，彼也。”匪又与邶通。《诗》:“有匪君子。”《韩诗》作邲。腓与芘同。《诗》:“小人所腓。”郑笺云:“腓当作茁。”毛于此文及“牛羊腓字之”皆训腓为辟，盖以声相似取义。古文妃与配同。《诗》:“天立厥配。”《释文》本亦作配。《易》:“遇其配主。”郑本作妃。剕与膑通。《书》:“剕罚之属五百。”《史记·周本纪》作膑。菲与苞通。《曲礼》:“苞屦扱衽。”注:“苞或为菲。”浘与浼通。《诗》:“河水浼浼。”《释文》:“浼，每罪反，《韩诗》作浘浘。”娓即美字。《诗》:“谁侜予美。”《韩诗》作娓。《说文》:“娓，顺也，读若媚。”古音微如眉。《少年礼》:“眉寿万年。”注:“古文眉为微。”《春秋》庄廿八年“筑郿”,《公羊》作微。《诗》:“勿士行枚。”传:“枚，微也。”古读無如模。《说文》:“橆或说规模字。”汉人规模字或作橅。《易》:“莫夜有戎。”郑读莫如字，云無也，無夜，非一夜。《诗》:“德音莫违。”笺:“莫，無也。”《广雅》:“莫，無也。”《曲礼》:“毋不敬。”《释文》云:“古文言毋，犹今人言莫也。”無又转如毛。《后汉书·冯衍传》:“饥者毛食。”注云:“按衍集，毛字作无。”《汉书·功臣侯表序》:“靡有孑遗，耗矣!”注:“孟康曰:‘耗，音毛。’师古曰:‘今俗语犹谓無为耗。’”大昕按:今江西、湖南方音，读無如冒，即毛之去声。無转训为末。《檀弓》:“末吾禁也。”注:“末，无也。”又转训为靡。《释言》:“靡，無也。”古读蕪与蔓通。《释草》:“蔓菁。”《释文》云:“蔓，音万，本又作蕪，音無。”古读膴如模。《诗》:“民虽靡膴。”笺:“膴，法也。”《释文》:“徐云:‘郑音模，又音武。’《韩诗》作靡媒。”《诗》:“周原膴膴。”《文选》注引《韩诗》作“腜腜”。莫来切。模、腜声相近。《说文》:“膴，读若谟。”膴从無声。《周礼·弁师》:

“瑁玉三采。”注：“故书瑁，作瑦。”《说文》：“瑦，三采玉也。”瑦瑁声相近。古读反如变。《诗》：“四矢反兮。”《韩诗》作变。《说文》“汲水”即汴水。古读馥如宓。《诗》：“宓芬孝祀。”《韩诗》作“馥芬”。古读复如愎。《释言》：“狃，复也。”孙炎云：“狃伏前事，复为也。”《春秋传》：“愎谏违卜。”谓谏不从而复为也。《说文》无愎字，盖即狃复字，后儒改从心旁耳。今人呼鳆鱼曰鲍鱼，此方音之存古者。古音晚，重唇。今吴音犹然。《说文》：“晚，莫也。”《诗》毛传：“莫，晚也。”莫、晚声相近。古读冯为凴，本从冰得声。《易》：“用冯河。”《诗》：“不敢冯河。”《论语》：“暴虎冯河。”《春秋》：“宋公冯。”皆皮冰反。吾衍谓：“《孟子》诸冯、冯妇之冯，皆皮冰反。”按《水经注》：“皇舅寺，是太师昌黎凴晋国所造。”考《魏书》：“冯熙，字晋国，文明太后兄也，封昌黎王。”是魏时读冯姓皮冰反，故或作凴也。俘与宝通。《春秋》：“齐人来归卫俘。”《公穀》俘作宝。《一切经音义》引诏定古文官书，抱桴二字同体，扶鸠反，是桴与抱同音。古读望如茫。《释名》：“望，茫也，远望茫茫也。”《周礼·职方氏》：“其泽薮曰望诸。”注：“望诸，明都也。”疏：“明都，即宋之孟诸。”古读务如牟。《荀子·成相》篇：“天乙汤，论举当，身让卞隋举牟光。”即务光也。《左传》：“莒公子务娄。”徐音莫侯反。古读发如拨。《诗》：“鳣鲔发发。”《释文》：“补末反。”此古音也。“一之日觱发”，《说文》作“滭泼”。此双声，亦当为补末切。《释文》云“如字”，误矣！《说文》：“泼，分勿切。”.

舌音类隔之说不可信　古无舌头舌上之分，知、彻、澄三母，以今音读之，与照、穿、床无别也，求之古音，则与端、透、定无异。《说文》：“冲，读若动。”《书》：“惟予冲人。”《释文》：“直忠切。”古读直如特。冲子，犹童子也。字母家不识古音，读冲为虫，不知古读虫亦如同也。《诗》：“蕴隆虫虫。”《释文》：“直忠反。”徐，徒冬反，《尔雅》作“爞爞”。郭，都冬反。《韩诗》作“烔”，音徒冬反。是虫与同音不异。古音中如得。《周礼·师氏》：“掌王中失之事。”故书中为得。杜子春云：“当为得。记君得失，若《春秋》是也。”《三仓》云：“中，得也。”《史记·封禅书》：“康后与王不相中。”《周勃传》："勃子胜之尚公主不相中。"小司马皆训为得。《吕览》："以中帝心。"注："中犹得。"古音陟如得。《周礼·太卜》："掌三梦之法曰咸陟。"注："陟之言得也，读如王德翟人之德。"《诗》："陟其高山。"笺："陟，登也。"登、得声相近。古音赵如禂。《诗》："其镈斯赵。"《释文》："徒了反。"《周礼·考工记》注引作"其镈斯撊"，大了反。《荀子》杨倞注："赵读为掉。"古音直如特。《诗》："实惟我特。"《释文》："《韩诗》作直，云相当值也。"《孟子》："直不百步耳。"直，但也。但、直声相近。《吕览·尚廉》篇："特王子庆忌为之赐而不杀耳。"注："特，犹直也。"《檀弓》："行并植于晋国。"注："植或为特。"《王制》："天子犆礿。"注："犆，犹一也。"《释文》："犆，音特。"《玉藻》："君羔幦虎犆。"注："犆，读如直道而行之直。"《士相见礼》："丧俟事不植吊。"定本作特。《穀梁传》："犆言同时。"本亦作特。古音竹如笃。《诗》："绿竹猗猗。"《释文》："《韩诗》竹，作藩，音徒沃反。"与笃音相近，皆舌音也。笃、竺并从竹得声。《论语》："君子笃于亲。"《汗简》云："古文作竺。"《书》："曰笃不忘。"《释文》云："本又作竺。"《释诂》："竺，厚也。"《释文》云："本又作笃。"按《说文》："竺，厚也。"笃厚字本当作竺，经典多用笃，以其形声同耳。《汉书·西域传》："无雷国北与捐毒接。"师古曰："捐毒，即身毒，天毒也。"《张骞传》："吾贾人转市之身毒国。"邓展曰："毒音督。"李奇曰："一名天竺。"《后汉书·杜笃传》："摧天督。"注："即天竺国。"然则竺、笃、毒、督四文同音。古读禂如祷。《周礼·甸祝》："禂牲，禂马。"杜子春云："禂，祷也。"引《诗》云："既伯既祷。"后郑云："禂，读如伏诛之诛，今侏大字也。"按《说文》引《诗》："既杩既祷。"祷与禂文异义同。后郑读禂为诛，是汉时诛、侏亦读舌音。古读猪如都。《檀弓》："洿其宫而猪焉。"注："猪，都也，南方谓都为猪。"《书·禹贡》"大野既猪"，《史记》作"既都"。"荥波既猪"，《周礼注》作"荥播既都"。古读追如堆。《士冠礼》"追"注："追，犹堆也。"《郊特牲》："毋追。"《释文》："多雷反。"枚乘《七发》："逾岸出追。"李善注："追，古堆字。"《诗》："追琢其章。"传："追，彫也。"彫追声相近，故荀子引《诗》"彫琢其章"。

《释文》："追，对回反。"追琢又作敦琢。《诗》："敦琢其旅。"《释文》："敦，都回反。"徐又音彫。古读卓与的相近。《觐礼》："匹马卓上。"注："卓，犹的也，以素的一马为上。"古读倬如菿。《诗》："倬彼甫田。"《韩诗》作菿。古读枨如棠。《论语》："或对曰：'申枨。'"《释文》："郑康成云：'盖孔子弟子申续。'"《史记》云："申棠，字周。"《家语》云："申续，字周也。"王应麟云："今《史记》以棠为党，以续为绩，传写之误也。后汉《王政碑》：'有羔羊之节，无申棠之欲。'则申枨、申棠一人耳。"大昕案：《诗》："俟我于堂兮。"笺云："堂当作枨。"枨与棠、堂同音，党亦音相近，非由转写之讹。古文赓续同声。《家语》申续盖读如庚，与棠音亦不远。今本《史记》作绩，则转写误也。因枨有棠音，可悟古读长，丁丈切，与党音相似，正是音和，非类隔。古读池如沱。《诗》："滮池北流。"《说文》引作滮沱。《周礼·职方氏》："并州，其川虖池。"《礼记》"晋人将有事于河，必先有事于恶池"，即滹沱之异文。古读褫如拕。《易》："终朝三褫之。"《释文》："褫，徐敕纸反，又直是反，郑本作拕，徒可反。"《说文》："褫，夺衣也，读若池。"池，即拕之讹。拕、夺声相近。古读沈如潭。《史记·陈涉世家》："夥颐涉之为王沈沈者。"应劭曰："沈沈，宫室深邃之貌。沈，音长含反。"与潭同音。韩退之诗"潭潭府中居"，即沈沈也。古读廛如坛。《周礼·廛人》注："故书廛为坛。"杜子春读坛为廛。《载师》："以廛里任国中之地。"注："故书廛或为坛。"司农读为廛。古读秩如豒。《书》："平秩东作。"《说文》引作豒，爵之次弟也，从豊，弟声。秩又与戴通。《说文》："戴，大也，读若《诗》'戴戴大猷'。"戴、大声相近。秩又与䞣通。《说文》："䞣，走也，读若《诗》'威仪秩秩'。"凡从失之字，如跌、迭、瓞、蛈、诛皆读舌音，则秩亦有迭音可信也。姪、娣本双声字。《公羊释文》："姪，大结反。娣，大计反。"此古音也。《广韵》姪有徒结、直一两切。今南北方音皆读直一切，无有作徒结切者。古今音有变易。字母家乃谓舌头舌上交互出切，此昧其根源而强为之词也。古读抽如搯。《诗》："左旋右抽。"《释文》云："抽，敕由反。"《说文》作搯，他牢反。古读陈如田。《说文》："田，陈也。"齐陈氏后称田氏。陆德明云："陈完奔齐，以国为氏，而《史记》谓之田氏。"是古田、陈声同。《吕览·不二》篇："陈骈贵齐。"陈骈，即田骈也。《诗》："维禹甸之。"《释文》："毛，田见反，治也。郑，绳证反，六十四井为乘。"《周礼·小司徒》："四邱为甸。"注："甸之言乘也。"《稍人》："掌邱乘之政令。"注："邱乘，四邱为甸，读与'维禹敶之'之乘同。"《礼记·郊特牲》："邱乘共粢盛。"注："甸，或谓之乘。"《左传》："浑良夫乘吏甸两牡。"《释文》："甸，时证反。"《说文》引作中佃。古者乘、甸、陈、田声皆相近。乘之转甸，犹陈之转田，经典相承。陈，直觐反，乘，绳证反。后世言等韵者，以陈属澄母，甸属定母，乘属床母，由于不明古音，徒据经典相承之反切而类之，而不知其本一音也。《尔雅》："堂途谓之陈。"《诗》："胡逝我陈。"传："堂涂也。""中堂有甓。"传："堂涂也。"《正义》："《尔雅》：'庙中路谓之唐，堂涂谓之陈。'唐之与陈，庙庭之异名耳，其实一也。"古读咮如斸。《诗》："不濡其咮。"《释文》："咮，陟救反，徐又都豆反。"《广韵》五十候部有噣字，或作咮，都豆切，与斸同音。古读涿如独。《周礼·壶涿氏》注："故书琢为独。"杜子春云："独读为浊，其源之浊，音与涿相近，书亦或为浊。"古人多舌音，后代多变为齿音，不独知、彻、澄三母为然也。如《诗》"重穋"字，《周礼》作"種稑"，是重、種同音。陆德明云："禾边作重，是重穋之字。禾边作童，是穜蓺之字。今人乱之已久。"予谓古人重、童同音。《峄山碑》動从童。《说文》董从童。《左传》："予发如此種種。"徐仙民作董董。古音不独重穋读为穜，即种蓺字亦读如穜也。后代读重为齿音，并从重之字，亦改读齿音，此齐梁人强为分别耳。而元朗以为相乱，误矣！今人以舟、周属照母，辀、啁属知母，谓有齿舌之分，此不识古音者也。《考工记》："玉椰雕矢磬。"注："故书彫或为舟。"是舟有雕音。《诗》："何以舟之。"传："舟，带也。"古读舟如雕，故与带声相近。彫、雕、琱、鹏皆从周声，调亦从周声，是古读周亦如雕也。《考工记》："大车车辕挚。"注："挚，辀也。"《释文》："辀，音周，一音吊，或竹二反。"陆氏于辀字兼收三音。吊与雕有轻重之分而同为舌音。周、挚声相近，故又转为竹二反。今分周为照母，竹为知母，非古音之正矣！至、致本同音，而今人强分为二，不知古读至亦为陟利切，读如窠，舌头，非舌上也。《诗》“神之吊矣”、“不吊昊天”，毛传皆训吊为至，以声相近为义。咥、耋皆从至声可证。至本舌音，后人转为齿音耳。古读支如鞮。《晋语》：“以鼓子苑支来。”苑支，即《左传》之鸾鞮也。《说文》引杜林说，芰作茤。彖本舌音。椽，从彖声。徐仙民《左传音》切椽为徒缘，此古音也，而颜之推以为不可依信，后来韵书，遂不收此音。

二〇

清陈恭甫《汉读举例》

汉儒音读之法，凡言读如、读若、读为、读曰、读与某同，皆别举一字以定其音，此常例也。亦有即本字为音者。盖字包数音，音包数义，字同而音异者别其音，字同而义异者别其义，故或举经典习见之文以证之，或举方俗易晓之语以征之，字虽不改而音与义已判矣，此又一例也。复有字止一音一义，难为比况之词，但就本义为本音者，此又一例也。前一例，人所易知。后二例见经籍古注者，详考如下。

杜子春《周礼》注八事：《地官·稻人》："以沟荡水。"注："荡读为和荡。"《春官·磬师》："击编钟。"注："读编为编书之编。"《箠氏》："掌共燋契。"注："燋读为细目燋之燋。"《大祝》："五曰振祭。"注："礼家读振为振旅之振。""四曰振动"，注："振读为振铎之振。""七曰奇拜"，注："奇读为奇偶之奇。"《夏官·圉师》："射则充椹质。"注："读为齐人言铁椹之椹。"《职方氏》："其浸颍湛。"注："湛读当为人名湛之湛。"《服不氏》："以旌居乏而待获。"注："乏读为匮乏之乏。"

郑司农《周礼》注二十六事：《地官·序官》"遗人"注："遗读如《诗》曰'弃予如遗'之遗。"《春官》："巾车翳总。"注："翳读为皃蟞之蟞。"《车仆》："大射共三乏。"注："乏读为匮乏之乏。"《天府》："衅宝镇。"注："衅读为徽。"或曰："衅鼓之衅。"《典瑞》："驵圭璋璧琮琥璜之渠眉。"注："驵读为驵疾之驵。"《夏官·大司马》："师旅执提。"注："提读如摄提之提。"《秋官·序官》"萍氏"注："萍，读或为'萍号起雨'之萍。"《序官》"冥氏"注："冥读为《冥氏春秋》之冥。"《序官》"哲蔟氏"注："蔟读为爵蔟之蔟，谓巢也。"《同仪》："皆旅摈。"注："旅读为'旅于泰山'之旅。"《掌客》："车三秅。"注："秅读为'秅秭麻答'之秅。"《秋官·序官》"掌讶"注："讶读为'跛者讶跛者'之讶。"《考工记》"函鲍"注："鲍读为鲍鱼之鲍。"《轮人》："欲其掣尔而纤也。"注："掣读为'纷容掣参'之掣。"《轮人》："捎其薮。"注："薮读为蜂薮之薮。"《辀人》："马不契需。"注："契读为'爰契我龟'之契，需读为畏需之需。"《辀人》："良辀环灂。"注："灂读为灂酒之灂。"《冶氏》："铤十之。"注："铤读为'如麦秀铤'之铤。"《鲍人》："之事卷而抟之，欲其无迆也。"注："卷，读为'可卷而怀'之卷。迆，读为'既建而迆'之迆。"《梓人》："为筍虡。"注："筍读为竹筍之筍。""出舌寻缜寸焉。"注："缜读为竹中皮之缜。"《弓人》："菑栗还迆。"注："菑读为'不菑而畬'之菑，栗读为榛栗之栗。""夫筋之所由幨"，注："幨读为车幨之幨。"《矢人》："亦弗之能惮矣。"注："惮读当为'惮之以威'之惮。"

郑康成《易》注一事：解，读如人倦解之解。

康成《尚书》注二事：降，读如"郕降于齐师"之降。聒，读如聒耳之聒。

康成《毛诗》笺三事：《终风》笺："嚏读为'不敢嚏咳'之嚏。"《狼跋》笺："孙读如'公孙于齐'之孙。"《伐檀》笺："飧读如鱼飧之飧。"

康成《仪礼》注四事：《觐礼》注："右读如'周公右王'之右。卓读如'卓王孙'之卓。"《特牲馈食礼》注："与读如'诸侯以礼相与'之与。"《士丧礼》注："綦读如'马绊綦'之綦。"

康成《周礼》注二十六事：《太宰》注："利读如'上思利民'之利。"《小司徒》注："甸读如衷甸之甸。"《外府》注："布读为宣布之

布。"《�人》注："滞读为沉滞之滞。"《质人》注："淳读如'淳尸盥'之淳。"《钟师》注："鼓读如'庄王鼓'之鼓。"《磬师》注："缦读为缦锦之缦。"《典同》注："甄读为甄曜之甄。陂读为险陂之陂。籥读为飞钳籥之籥。"《韎师》注："韎读为韎韐之韎。"《射人》注："作读如作止爵之作。"《弁师》注："会读如大会之会。"《廋人》注："散读如中散之散。"《挈壶氏》注："挈读如挈发之挈。"《掌客》注："见读如卿皆见之见。"《掌交》注："辟读如辟忌之辟。"《秋官·序官》注："冥氏冥方之冥。"《桌氏》注："量读如量人之量。"《辉人》注："穹读如穹苍之穹。"《陶人》注："庾读如'请益，与之庾'之庾。"《荒氏》注："渥读如'郑人渥菅'之渥。"《匠人》注："淫读如淫腋之淫。"《弓人》注："简读如简札之简。测读如测度之测。"《矢人》注："抟读如抟黍之抟。"

康成《礼记》注七事：《丧服小记》："生不及祖父母诸父昆弟而父税丧。"注："税，读如'无礼则税'之税。"《乐记》："则易直子谅之心。"注："子读如不子之子。"《祭义》注同。《中庸》："可以与知焉。"注："与读为'赞者皆与'之与。""仁者人也"，注："人，读如相人偶之人，以人意相存问之言。""温故而知新"，注："温读如焊温之温。"《深衣》："续衽钩边。"注："读如'鸟喙必钩'之钩。"《表记》："衣服以移之。"注："移，读如水泛移之移。移，犹广大也。"

高诱《吕氏春秋》注六事：卷二《当染》篇："以茹鱼去蝇，蝇愈至。"注："茹，读茹船漏之茹字。茹，臭也。"卷三"执舆如组"，注："组，读'组织之'之组。"卷三《论人》篇："人之窍九，一有所居，则八虚。"注："居，读曰居处之居。居，犹壅闭也。"卷三《月纪》篇："与为复明。"注："复，读如《诗》云'吁嗟复兮'。"卷二十六《务大》篇注："巧，读如巧智之巧。"《任地》篇："农夫知其田之易也。"注："易，治也，读如易纲之易。"

高诱《淮南》注六十五事：卷一《原道训》："柝八极。"注："柝，开也，读'重门击柝'之柝。""悦兮忽兮"，注："悦，读'人空头扣悦'之悦。""虽有钩箴芒距"，注："距，读距守之距。""用不屈兮"，注："屈，读'秋鸡无尾屈'之屈。""而田者争处墝埆"，

注："墝埆读'人相墝橡'之墝。""新而不朗"，注："朗读汝南朗陵之朗。""一之解"，注："解，读解故之解。""连嵝"，注："读'嶆嵝无松柏'之嵝。""不以慊为悲"，注："慊，读'辟向慊'之慊。""漠瑉于势利"，注："瑉，读'织绡致密瑉无间孔'之瑉。"卷二《俶真训》："蚑行哙息。"注："哙读'不悦怿外之哙'。""汪然平静"，注："汪，读《传》'尸诸周氏之汪'同。""代谢舛驰"，注："舛读舛涣之舛。""茫茫沈沈"，注："沈，读'水出沈正白'之沈。""设于无垓坫之宇"，注："垓坫，垠堮也。垓，读'人饮食太多以思下垓'。坫，读为'筦氏有反坫'之坫。""被施颇烈"，注："被读'光被四表'之被。""乃始樠觟离跐"，注："樠读'箫无缝际之樠'。""以睹其易也"，注："易，读河间易县之易。"卷三《天文训》："本标相应。"注："标，读刀末之标。""是谓朏明"，注："朏，读若朏诺皋之朏。"卷四《坠地训》："曰亢泽。"注："亢，读常山人谓伯为亢之亢。""食木者多力而鼽"，注："鼽，读'内鼽于中国'之鼽，近鼻也。""有斥山之文皮焉"，注："斥，读斥丘之斥。""其人惷愚"，注："惷，读人谓'惷然无知'之惷。""樠山"，注："樠，读人姓樠氏之樠。"卷五《时则训》："穿窦窖。"注："读窖藏人物之窖。""乃命大酋"，注："酋，读酋豪之酋。""秫稻必齐"，注："齐，读齐和之齐。"卷六《览冥训》："昼随灰而月运阙。"注："运，读运围之运。""夫阳燧取火于日"，注："夫，读大夫之夫。""过归雁于碣石"，注："过，读眚过之过。"卷七《精神训》："芒芠漠闵。"注："闵，读闵子骞之闵。""日中有踆乌"，注："踆，读踆巍之踆。""薄蚀无光"，注："薄，读厚薄之薄。""而增之以任重之忧"，注："任，读任侠之任。""得茠越下"，注："越，读'经无重越'之越。""仇由"，注："仇读仇余之仇。"卷八《本经训》："其行侻而顺情。"注："侻，读'射侻取不觉'之侻。""芒繁纷挐"，注："芒，读麦芒之芒。""戴角出距之兽"，注："距读距守之距。""盘纡刻俨"，注："俨读俨然之俨。""菱杼紾抱"，注："抒，读言抒，紾读紾结之紾。""巧为纷挐"，注："挐，读'人性纷挐不解'之挐。""益树莲菱"，注："莲，读'莲芋鱼'之莲。""甬道相连"，注："道，读道布之道。""冠无觚赢之理"，注：

"赢读指端赢文之赢。"卷九《主术训》:"黈纩塞耳。"注:"黈，读'而买黈益'之黈。"卷十三《泛论训》:"以劳天下之民。"注:"劳读劳勑之劳。""乾鹄知来而不知往"，注:"乾读乾燥之乾。"卷十六《说山训》引"輶者为之止也"，注:"輶读土行輶之輶。""揲挺其土"，注:"揲，读揲脉之揲。""社何爱速死"，注:"江淮谓母曰社。"注:"社，读'虽家谓公为阿社'之社。""故寒颤惧者亦颤"，注:"颤，读天寒冻颤之颤。"卷十七《说林训》:"非其任也。"注:"任，读甚任之任。""以王钍者发"，注:"发，读射百发之发。""倚者易軵也"，注:"軵，读軵济之軵。""毁舟为杕"，注:"杕，舟尾，读《诗》'有杕'之杕。"　"缯为之纂绎"，注:"纂，读曰'绫绎纂'之纂。"卷十九《修务训》:"以身解于阳盱之阿。"注:"解，读解除之解。""啳膢哆呐"，注:"哆，读大口之哆。""越人有重迟者而人谓之讥"，注:"讥，读燕人言趮，操善趁者谓之讥，同也。""攫援摽拂"，注:"摽，读刀摽之摽。""虽鸣廉修营"，注:"营，读营正急之营。"

《史记》注八事:《秦始皇本纪》:"推终始五德之传。"《集解》引郑氏注:"传，音亭传。"《高祖纪》:"尝告归之田。"《索隐》引韦昭注:"告，音告语之告。""高武侯鳃"，《集解》引苏林注:"鳃，音鱼鳃之鳃。"《平准书》:"名曰白选。"《索隐》引苏林音选择之选。《陈涉世家》:"又閒令吴广。"《索隐》引服虔云:"閒音中閒之閒。"又《樊郦滕灌列传》:"赐上间爵。"《索隐》引如淳证"上间音中间之间。"《南越尉佗列传》:"即被佗书。"《集解》引韦昭曰:"被，音光被之被。"《傅靳蒯成列传》,《集解》引服虔曰:"蒯，音菅蒯之蒯。"《万石君传》"减宣",《集解》引服虔曰:"减，音减损之减。"

《汉书》注五十三事:《高祖纪》:"上隆准。"文颖曰:"准，音准的之准。""走至戚"，郑氏曰:"音忧戚之戚。"志八注同。"高武侯鳃"，苏林曰:"鳃，音鱼鳃之鳃。""燕将臧荼为燕王"，郑氏曰:"荼，音荼毒之荼。""明其为贼"，应劭曰:"为，音无为之为。"郑氏曰:"为，音人相为之为。""卢绾"，苏林曰:"绾，音以绳绾结物之绾。""枞公"，注:"苏林曰:'音枞木之枞。'"《高祖纪下》:"万民与苦甚。"如淳曰:"与，音相干与之与。""沛侯濞重厚"，服虔

注："濞，音滂濞。""行田宅"，苏林："行，音行酒之行。""居南方，长治之"，晋灼曰："长，音长吏之长。""亡可跻足待也"，如淳曰："跻，音如今行乐跻行之跻。""葬长陵已下"，苏林注："下，音下书之下。""规摹宏远矣"，邓展曰："若画工规模物之摹。"《文帝纪四》："常假借纳用焉。"苏林注："假，音休假。借，音以物借人之借。"《景帝纪》："五更议著合。"苏林注："著，音著帻之著。"《武帝纪六》："怵于邪说。"如淳注："怵，音怵惕。"《昭帝纪七》："今三辅太常谷减贱。"郑氏注："减，音减少之减。"《王子侯表》："三戛羹侯。"服虔注："戛，音戛击之戛。"《礼乐志》："二丰草萋。"孟康注："萋，音'四月秀萋'。萋，盛貌也。"又"窅窊桂华"，苏林注："窅，音窅肤之窅。窊，音窊下之窊。"《郊祀志五》："上推终始传。"郑氏注："传，音亭传。"《天文志》："六天棓。"苏林注："棓，音棓打之棓。"《五行志七》："毋乃有所辟。"服虔注："辟，音辟邪之辟。"《五行志七中之上》："霿性风若。"服虔注："霿，音人傋霿。"《五行志七下之上》："大经在辟而易臣。"服虔注："辟，音刑辟之辟。"《地理志八》："平原群般。"如淳注："般，读如面般之般。"《韩王信传》："国被边。"李奇注："被，音被马之被。"《韩侯传》："刻印刓。"刓林注："刓，音刑角之刓。"《周勃传》："趋为我语。"苏林注："趋，音趋舍。"《周亚夫传》："吏簿责亚夫。"如淳注："簿，音主簿之簿。"又《张汤传》苏林注同。《任敖传》："及以比定律令。"如淳注："比，音比次之比。或曰：'比，音比方之比。'"《贾谊传》："则因而梃之矣。"服虔注："梃，音梃起。"《晁错传》："连有假五百。"'服虔注："假，音假借之假。"《邹阳传》："封之于有畀。"服虔注："畀，音畀予之畀。"传二十三"淖姬"，郑氏注："淖，音泥淖。"《司马相如传》："二十七末光绝炎。"李奇注："炎，音火之光炎。"传二十七："坌入曾官之嵯峨。"苏林注："坌，音马坌叱之坌。"传二十七："下云之油油。"苏林注："油，音油麻之油。"《武五子传三十三》："因长御倚华。"郑氏注："长，音长者。"《李广利传三十一》："名昧蔡。"服虔注："蔡，音楚音蔡。"《东方朔传三十五》："是窭薮也。"苏林注："窭，音贫窭之窭。薮，音数钱之数。"又"同胞之徒"，苏林注："胞，音胞胎

之胞也，言亲兄弟。”《段会宗传》：“即留所发兵塾娄地。”服虔注：“塾，音塾陀之塾。”《扬雄传》：“上天动地岌。”苏林注：“岌，音岌岌动摇之岌。”“蹶浮麋”，郑氏注：“蹶，音马蹄蹶之蹶。”“弸彋”，苏林注：“弸，音石堕井弸尔之弸。”《王莽传》：“上摽末之功。”服虔注：“摽，音刀末之摽。”叙传七十上：“匪党人之敢拾兮。”郑氏注：“拾，音负拾之拾。”叙传七十：“说难既酋。”应劭注：“酋，音酋豪之酋。酋，雄也。”

《说文解字》十五事：《丢部》：“趨，读若《春秋传》‘辅趣’。㚇，读若《春秋公羊传》曰：‘㚇阶而丢’。”《足部》：“蹢，当读如豕白蹢之蹢。”《言部》：“该，读若中心满该。”《穴部》：“竄，读若《虞书》曰‘竄三苗’之竄。”《髟部》：“鬊，读若江南谓酢母为鬊。”《马部》：“驭，读若《尔雅》‘小山驭，大山峘’。”《犬部》：“猲，读若南楚相惊曰猲。”《黑部》：“黚，读若染缯中束缴黚。”《大部》：“戴，读若《诗》‘戴戴大猷’。”《手部》：“掔，读若‘赤舄掔掔’。扰，读若告言不正曰扰。”《女部》：“嬻，读若人不孙为不嬻。”《瓦部》：“瓬，读瓬破之瓬。”《糸部》：“繻，读《易》‘繻有衣’。”

案本字为音，汉魏注家，此例多矣。《说文》，字书也，读若之音，例举它字，然亦有辄用本字者，如㚇、𧼯、蹢、该、竄、戴、驭、鬊、猲、黚、掔、扰、嬻、瓬、繻等字是也。盖所拟之音，与其本字形声义三者，皆无别异者也。汉人未有反切，凡解释文字，徒以声相譬况。声不足明，则又为内言、外言、缓气言、急气言、笼口言、闭口言、急舌言、作江淮间人言、以舌头言、以舌腹言诸法，其委曲晓示之意，亦可见矣。近儒段若膺最精《说文》之学，独于竄、戴等读若本字者，以为“传写淆讹。《说文》注中‘竄三苗’之竄，二竄字仍当作竄。‘戴戴大猷’，仍当作秩秩。它仿此。”考《说文》：𦺇，读若春麦为𦺇之𦺇。段君云：“注两𦺇字，皆𦺇之误。证以《广雅》，𦺇，舂也。”此说信然。然𦺇之形似，相乱可也。竄与竄，戴与秩，皆形相远。且竄难而竄易，戴难而秩易，传写不应讹《书》、《诗》之竄、秩为竄、戴也。况《说文》𧼯、蹢、耳、驭、猲、掔、扰、嬻、繻等字读若与竄戴一例，此又何以言之？案《糸部》：繻，读若《易》“繻有衣”。陆氏《周易音义》

引薛虞云："古文作繻。"《说文》称《易》孟氏，古文也，经之作繻，更无淆伪，段说于此不可施矣。《犬部》"猲犬"，徐本作："南楚谓相惊曰猲，读若想。"小徐本作"读若南楚相惊曰猲"。以鬵字注例之，则大徐未必是，小徐未必非也。《虞书》"竄三苗"作竄者，惟枚颐本，伪《孔传》则然。别无左证，非真古文也。《说文》："竄，匿也。"它字书亦无疏放之训。《左氏传》言"流四凶族，投之四裔"，《史记·五帝本纪》作"迁三苗于三危"，则经文不作竄可证。《孟子》引《书》作"杀三苗"。杀者，𣪠之同声假借字。𣪠与竄音正相近。《说文》："𣪠，散之也。竄，塞也。"言其流散之意，谓之㯻，言其闭塞之义谓之竄，义正相合。许叔重以本音本义，即援古文《尚书》以明之，此与杜子春、先郑、后郑、高诱、应劭、服虔、如淳、孟康、李奇、苏林等注书所读若出一辙，不必疑也。

又案《说文·品部》："喦，读与聂同。"《春秋传》曰："次于喦。"案今《春秋》即作聂，不作喦。《文部》："𢾊，读若杜。《书》曰：'𢾊乃擭'。"案今《书》作杜，不作𢾊。《口部》："圛，读若驛。《尚书》曰：'圛。'"案今《书》即作驛，不作圛。《邑部》："䣕，读若许。"案今经传国名皆作许，不作䣕。《㫃部》："㫃读若偃。"案今经传旗、斿皆作偃，不作㫃。《夰部》："奡读若傲。"案《尚书》"毋若丹朱傲"，傲，当作奡，即《论语》所谓"奡荡舟"也。今书作傲，不作奡。此类疑是隶变之后，博士经师改易其字，亦如《周礼》故书经杜子春、贾景伯、郑少赣父子灼然变易者也。但杜、贾、郑三君子发疑正读，多存古字。而杜元凯之于《春秋》，王子雝之于《尚书》，则信今而弃古，失之远矣！

二一

章太炎《中国文字略说》

中国开化顶早。在四千年以前，有一个皇帝，叫做伏羲氏，他做了八个卦，就是☰乾（天）、☷坤（地）、☵坎（水）、☲离（火、）☶艮（山）、☳震（雷）、☱兑（泽）、☴巽（风）。左边注的是卦的名目，右边注的是卦的意义。这八个卦，就是中国文字的起源。不过上古的时候，没有历史，并且事物还简单，所以这八卦为甚么缘故要画这样一个形象，却无从知道。伏羲氏死了之后，便是神农氏做皇帝。那个时候，社会渐渐开明，事物比以前要多了，那简单的八卦，渐渐里不够用起来了，所以到黄帝的时候，有一个仓颉，便照着万物的形像造起字来。譬如日字作，象太阳的形像；月字作，像月亮的形像；鸟字作，鱼字作，象鸟、鱼的形像；草字作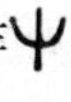，木字作，象草、木的形像。这些是顶早造的字，就叫做象形字。但是，有形可以象的才可以造象形字，没有形可以象的，便又想出一种法子来：譬如上字作，下字作，立字作。上、下、立这些字，都是没有形可以象的，于是假定一画做个标准，在一上面竖丨便是上字，在一画下面竖丨便是下字，至于立字这一画，又把他当做地的记号，上面写个字，大是古文的大字，大字本来的意义就是人字。仿佛是人立在地上的样子。这种叫做指事字，意思是说指

着这事体的样子，看了假定的形象，可以晓得这个字的意义。后来还有“会意”字，是把几个字合成一个字，这几个字的意义，就是这合成的一个字的意义。譬如天字从一、大两个字，就是说天是第一样大的东西，没有第二样东西能比他的。初字的意义，是起头裁衣服，所以从刀、衣两个字，就是说拿把刀去裁衣服的意思。休字的意义，是说人休息，所以从人、木两个字，就是说人坐在树木底下休息的意思。老字的意义，就是老年人，所以从人、毛、匕，现在楷书写老字，笔画都错，照正体应该写做耂字。就是说人到老了，他身上的毛，如眉毛、胡须、头发这些东西，都要从黑颜色变化做白颜色的意思。匕字就是变化的化字的正体。这“象形”、“指事”、“会意”三种字，都是从形象意义上头造出来的。但是社会的事体，是一天多一天，形象意义，是有不够用的时候，于是造出一种“形声”字来。甚么叫做形声字呢？就是一边写这字的形象，就是意义。一边写这字声音。譬如蘇字，本义是紫蘇，是草类的东西，所以从艸，艸字就是草木的草字的正体。是个形；声音和穌字一样，所以从穌，是个声。喉字本义是喉咙，在嘴里边，所以从口，是个形；声音和侯字一样，所以从侯，是个声。響字本义是音响，所以从音，是个形；声音和鄉字一样，所以从鄉，是个声。餌字本义是粉做的饼，可以吃的，所以从食，是个形；声音和耳字一样，所以从耳，是个声。自从这形声字一造，一切的东西，都可以有名目了。这是因为无论甚么事物，总有个意义，所以总可以有个字去配他做形；一切事物，都是先有声音才造文字，所以这字的声音叫甚么，便可以把一个同音先造的字去配他做声。此外还有“转注”、“假借”两种，合起来叫做六书。这便是中国造文字一定不可变的规则。试把古今书籍里边的字，一个一个看去，个个字都不能逃出这个六条公例的。这六条公例，固然不是仓颉一个人造出来的，不过仓颉第一个造字，先有了象形，以后逐渐加备，到了形声的例一设，便把本国事物的名目逐渐造完备了。假借的例一设，便无论后来新造的东西、新发明的道理，和九州万国的事物，中国古来所没有的，都可以用他字的意义去引申，借他字的声音做标记，一一写将出来。且说仓颉那时虽然造了文字，但是上古的时候，还是酋长政治，天下没有统一，兼之那个时候，还没有记字的书，所以写法却还没有一定。到了周朝初年，离现在大约有三千年光景。教育大兴，小孩子八岁就要进小学校，头一步就是教他识字，便把六书的规则教给他，所以周朝的时候，有学问的人很多，就是人人识字的缘故。后来周宣王的时候，有一个人叫做史籀，他又造了一种字，名目叫做大篆，又叫籀文。他把他造的这一种大篆，做成一部书，名叫《史篇》。这个书，到汉世祖的时候，已经少了一半，后来渐渐里一点一点亡完了，现在这个书早已没有了。他这书的字体和古文有些不同。仓颉以来到史籀以前所造的字，都叫做古文。这书现在虽然没有，但是《说文解字》里边却还收了许多。大概比了古文的字，笔画总要来得繁多。据在下看来：大约这以前的字，各人各造，止要合着六书的规则。至于这个字写法，却你这样造，我那样造，没有一定的形体。所以一国的文字，大约还不能统一。这史籀看了，觉得有些不能普及，所以把一个字有许多写法的，聚合各种异体，写成一个有定的形体。既然这样做法，他这文字的偏旁配合，都要有一定的规则，不是随便省几笔、做几点记认便可以敷衍的，自然这笔画不得不繁多了，这也是一定道理。论起来，这史籀在中国文字上，是很有一番整齐统一的功劳的。但是后来孔子写六经，左丘明写《春秋左传》，都仍旧用古文，不用大篆，这个缘故，或者因为是近人所造的字，不能据了改古来的书，是这个意思，也未可知。孔子和左丘明离史籀不过三一年光景。史籀之后，过了四百多年光景，已经到周朝末了的时候，那时周朝的王是没有一点权力，天下大乱。诸侯中间有韩、魏、赵、燕、齐、楚、秦七国，都是很强大的。国国都想灭了别国自己做皇帝，平日讲求的是用兵打仗，恨古来圣人所讲的道理和他自己这种强盗行径合不上，于是便把那些书籍盩俗写作丢。掉了。一切制度、法律、政治都随意乱改，不照古来的样子。就是说话和文字，也是各自改变，不遵周朝颁定的用。这样搅了一二百年，末了便是秦国出来，灭了周朝，又灭了韩、赵、魏、燕、齐、楚六国，一统天下。那时秦朝的宰相叫做李斯，他跑了出来，就统一文字，这是秦始皇二十六年的事。但是这李斯却并不能复古文大篆，不过拿秦国的文字做个标准，凡各处的文字，和秦文不同的，一概都废掉。这种字就叫做小篆。所以叫做小篆的缘故，因为小篆的笔画就是拿史籀的大篆来改少一点，其实就是大篆的省写罢了。李斯自己便做了一部《仓颉篇》，同时还有一个赵高做了一部《爰历篇》，胡毋敬做了一部《博学篇》，这三部都是小篆的字书，一共三千三百个字，后世总称叫《仓颉篇》。这书现在也没有了，但是近世有人把别的书里边有引《仓颉篇》的集在一起，虽然不是完全的书，也还可以见其一斑。大约小篆就是秦文。的字，就是这一点了。李斯虽则拿小篆来统一文字，但是那时《史篇》这部书却还在，所以大篆没有废灭。古文却在那时亡了。又小篆的文字，和古文大篆也都相通。有小篆从古文大篆的字，譬如於字本来是古文的乌字，小篆有菸、淤字从於。其字本来是大篆的箕字，小篆有其、斯等字从其。小篆既然有从古文大篆的字，便可见小篆也不是随意乱造，不合古法的。还有古文大篆从小篆的字，譬如唐字古文作啺，这口、昜两个字都是小篆。遷字古文作栖，这手、西两个字都是小篆。铺字大篆作𨪐，这浦、皿两个字都是小篆。驾字大篆作㭃，这牛、各两个字都是小篆。骤然一看，这小篆既是在古文大篆以后的东西，怎么古文大篆反会去从他？这就更可知小篆的字，并非秦人妄造，有许多都是沿用古文大篆的字不改。上面所列口、昜、手、西、浦、皿、牛、各这些字，既有古文大篆去从他，自然本来是古文大篆，小篆不过沿用不改罢了。且说李斯用小篆统一文字以后，那时秦始皇正在烧书坑儒，厉行专制的时候，官吏奏事极多，平民动不动便要坐牢杀头，刑罚的事情也一天多似一天。于是有一个人叫做程邈，造出一种“隶书”来，是把小篆的体随意增减，这条例一开，从此便把造六书的精意破坏了。因为篆字古文大篆小篆都是。造的时候，或象形，或指事，或会意，或形声，这字写成这样一个形象，总是有意义，合着六书中间的一种，决不是随随便便乱写几点几画可以算数的。隶书便不然了，随便拿起一个篆文来少写几笔，多写几笔，都没有甚么不可以，于是形也不象，事也不知所指，意也会不成，形声的字，或形是声错，或声是形错。譬如字本来很象太阳的形状，隶书写方了，变成日字，便不象了。字本来很象月亮的形状，隶书写长方了，变做月字，便不象了。字本来很象鸟的形状，隶书写方了，已不象形，又把匕形变做灬，于是两只脚的鸟，变做四只脚了。Ψ字本象前面看牛的样子，∪形是两只牛角，隶书写牛，于是把两只角做成一只角，并且切断的了。这是形不象的。甘字本从口含一，本来是说好吃的杀西，一是指事，就是那样好吃东西的记号。隶书变做甘，把口字变做廿字了。交字本是一种皂隶的衣服，从衣，因为这一种衣服上有一点记号，所以在衣字底下画做记号。隶书变做卒，变从十字，便看不出记号了。这是事不知所指的。弔字从人拿弓，因为上古时候还没有棺材，人死了便埋在圹野，恐怕有鸟兽去吃他，所以人家来吊丧的，都带了弓来相帮赶鸟兽，隶书变做弔，只有弓，不见带弓的人了。夓字本来的解说是“中国人”，从页，就是古文首字。从臼，象手。从夂，象脚。合头和手和脚，就是一个人的意思。隶书变做夏，有头脚，没有手了。这是会不成意的。歙字从欠，是形，从㱃是声。隶书作飲，变㱃为食，声错了。奔字从夭是形，从卉是声。隶书作奔，变夭为大，形错了。賊字从戈是形，从则是声。隶书作贼，变成从贝从戎，形声都错了。秊字从禾是形，从千是声。隶书作年，禾千都看不见了。这是形声不对的。照这样看来，岂不是程邈造隶书，实在是中国文字界的大罪人么？但是他造的意思，原是给官府衙门里的差人皂隶用的，所以叫做隶书。我想随便递张呈子，写篇口供，本来不是学问上规规矩矩的上等事情，就是这样求其省快，胡乱写写，原也不妨。无如秦朝亡后，到了汉朝，地保做皇帝，屠户做将军，不知道学问是甚么东西，竟因陋就简，把这种差人皂隶写的字，当做正正当当的用场，无论诏书、律令、历史、古书都用隶书写。篆书虽没有废，却并不当做正经用。所以到汉中宗的时候，共和前七百八十年光景。这些学士大夫，已经连小篆都不能识得。那时只有五个人能够读秦朝的《仓颉篇》。这五个人，第一个是齐人，姓名却已无从晓得。还有四个叫做张敞、杜业、爰礼、秦近。到汉平帝的时候，共和前八百四十多年光景。叫爰礼这些人来解说古篆文字，那时有一个人叫做扬雄，就做了一部《训纂篇》，从《仓颉篇》以来的正体字都收在里边了。从《仓颉篇》到《训纂篇》一共有七部书：（一）《仓颉篇》。（二）《爰历篇》。（三）《博学篇》。（四）《凡将篇》。司马相如做的。（五）《急就篇》。史游做的。（六）《元尚篇》。李长做的。（七）《训纂篇》。其中《急就篇》和《元尚篇》所收的字都是《仓颉篇》里边所有的字。《凡将篇》稍微多几个，但是《训纂篇》里边必定都已收了进去。所以只要说《仓颉篇》、《训纂篇》，那便连《凡将篇》、《急就篇》、《元尚篇》都包括在内了。《仓颉篇》这个名目包括《爰历篇》、《博学篇》两种，上面已经说过了。扬雄之后，班固、贾鲂又有著作。班固的书分十三章，没有名目。贾鲂的书叫做《滂喜篇》。这上面所列的甚么篇，甚么篇，从《史篇》起到《滂喜篇》止，大都是四个字一句，或是七个字一句，和现在的《千字文》差不多。这许多书中间，只有《急就篇》现在还在开头是七个字一句，底下是三个字一句，底下又是七个字一句，末了又是四个字一句，别的书里边有引《仓颉篇》的，都是四个字一句，有引《凡将篇》的，都是四个字一句。大概还有这几部也是差不多。因为这些书都是给小孩子识字的时候读的，要他容易上口，所以句子都有一定。此外还有《尔雅》、《小尔雅》、孔鲋做的。《方言》、扬雄做的。《释名》、刘熙做的。《广雅》，张辑做的。这些书都是专解释古书中间文字的意义，现在要看古书，明白古来文字的意义，这五部书都是很有用的。这五部现在都还在。但是这五部书只讲古书文字的意义，至于这个书在六书上头是属于哪一种，造这个字的时候是个甚么解说，却没有讲到。共和前九百四十一年，汉和帝永元十二年。有一个许慎，他据《仓颉篇》以下的小篆、《史篇》里的大篆、那时候《史篇》虽然缺少，却还没有亡完。壁中书古文在秦朝时候已经亡灭，前面已经说过了，但是孔子用古文写的六经还藏在孔子家里。汉朝的时候有一个鲁恭王，毁掉孔子的房子，于是六经便发见了出来，古文又重复被人家看见了。和钟鼎上面刻的古文，这三种东西合拢来，做成一部《说文解字》。照字的形，分做五百四十部。譬如艸类里边的字，字形必定从艸，便归在艸字部里。关乎一个人行为的字，字形必定从人，便归在人字部里。关乎说话里的字，字形必定从言，便归在言字部里。这艸、人、言这些字，叫做部首。部首一共五百四十个字，所以成为五百四十部。这五百四十部的分法，精微之至，后来无论再做甚么字书，一部都不能加减他的。这是甚么缘故呢？因为中国的文字到小篆时候，便完全无缺，现在所用的字，总逃不出《说文解字》这一部书。虽然有许多现在用的字《说文》就是《说文解字》，简称就叫《说文》。里边没有，但是这个是后来人没有学问，随意乱造的。要知道无论文言白话书上写的、嘴里说的，到《说文》里去寻，总有一正体字在里边。譬如这个字的“这”字,《说文》正体作“者”。怎么的“怎”字,《说文》正体作“曾”。“腔套”两个字,《说文》正体作“肯韬”。“丢”字,《说文》正体作“盩”。“甩”字,《说文》正体作“奂”。这些市井俗语的字,《说文》里边还寻得出正体，更何况正正经经的书里边，间或有几个《说文》所没有的字，岂有反寻不出正体的道理么？《说文》里边收的字，既然完全无缺，不能加减，自然他分的部，也一部不能加减的了。《说文》没有出以前，虽然有文字，却没有一部可以查字的书。《仓颉篇》、《尔雅》这些书不分部不说本义，所以只可记记单字和书上的解说，要查他的字形和本义便没有法子想。自从这位许先生做了这部《说文》，从此字的形体在六书上属于哪一类，和造这字时候最初的本义，一一都明白了。人家要查字，随时可以按部去寻。所以论到古来在文字上有大功劳的，一共是三个人：第一个是仓颉，字是他造的。伏羲画八卦，那不过是个记号，所以造文字的第一个人总要推仓颉了。第二个是史籀，其时文字异体太多，他造了大篆出来统一，这在文化普及上是很有大功劳的。第三个就是许慎，他创这分部的例，把文字的形体和本义都弄明白，这也是有大功劳的。至于李斯这些人，便讲不上甚么功劳了。程邈第一个创造隶书，破坏六书精当的规则，虽然他只叫差人皂隶胡乱用用，至于正经行用，是汉朝人没有学问，不关他的事，但是他倘然不造，汉朝又从哪里用起？所以论到罪魁祸首，这程邈在文字上，总要算他一个大罪人了！

二二

章太炎《古音娘日二纽归泥说》

古音有舌头泥纽，其后支别，则舌上有娘纽，半舌半齿有日纽，于古皆泥纽也。何以明之？涅从日声。《广雅·释诂》："涅，泥也。涅而不缁，亦为泥而不滓。"是日泥音同也。暱从日声。《说文》引传"不义不暱"。《考工记·弓人》杜子春注引传"不义不昵"。是日昵音同也。（昵今音尼质切，为娘纽字，古尼、昵皆音泥。）传曰："姬姓，日也。异姓，月也。"二姓何缘比况日月？说文復字从日，亦从内声作衲，是古音日与内近。月字古文作外，则古月、外同字。姬姓，内也。异姓，外也。音同则以日月况之。太史公说："武安贵在日月之际。"亦以日月见外戚也。日与泥、内同音，故知其在泥纽也。入之声今在日纽。古文以入为内。《释名》曰："入，内也，内使还也。"是则入音同内在泥纽也。任之声今在日纽。《白虎通德论》、《释名》皆云："男任也。"又曰："南之为言任也。"《淮南·天文训》曰："南吕，任包大也。"是古音任同男、南，本在泥纽也。然、而、如、若、尔、耳，此六名者，今皆在日纽。然之或体有蘸，作草难声。《剧秦美新》："蘸除仲尼之篇籍。"《五行志》："巢蘸堕地。"皆作难声。明然古音如难，在泥纽也。而之声类有耐。《易·屯》曰："宜建侯而不宁。”《淮南·原道训》曰：“行柔而刚，用弱而强。”郑康成、高诱皆读而为能。是古音而同耐、能，在泥纽也。如从女声，古音与奴、拿同。音转如奈。《公羊》定八年传：“如丈夫何。”《解诂》曰：“如，犹奈也。”又转如能。《大雅》：“柔远能迩。”笺曰：“能，犹伽也。”奈、能与如皆双声，是如在泥纽也。若之声类有诺。称若，称乃，亦双声相转。是若本在泥纽也。《释名》曰：“尔，昵也。泥，迩也。”《书》言：“典祀无丰于昵。”以昵为祢。《释兽》：“长脊而泥。”以泥为麛。是古耳声字皆如泥，在泥纽也。《汉书·惠帝纪》曰：“内外公孙耳孙。”师古以耳孙为仍孙。仍，今在日纽，本从乃声，则音如乃。是耳、仍皆在泥纽也。耎、弱、儒、柔，此四名者，今皆在日纽。耎声之稬音奴乱切。耎声之煗音乃管切。耎声之煗音奴困切。是耎本在泥纽也。弱声之嫋音奴鸟切。弱声之搦音奴历切。弱声之溺，或以为尿音奴吊切。《管子·水地》：“夫水淖溺以清。”《庄子·逍遥游》：“淖约若处子。”李颐曰：“淖约，柔貌。”明古音弱与淖同，故得以淖为弱，或为联语。是弱在泥纽也。儒之声类羺、獳、䰭、魗皆从耎变，《广韵》并音奴钩切。此则儒本音羺，在泥纽也。《广雅·释诂》柔训为弱。《说文》鞣、镙皆训为耎。柔与弱、耎，本双声而义相似，故柔亦在泥纽也。明此则恁为下赍，荏染为柔木，其音皆在泥纽，可例推也。人、仁之声，今在日纽。人声之年为奴颠切。仁声之佞为乃定切。此则人、仁本音年、佞，在泥纽也。丹之声今在日纽。邢，从丹声，则丹邢以双声相转，在泥纽也。攘之声今在日纽。枪攘古为枪囊。此攘本音如囊，䖆亦如囊，在泥纽也。举此数事，今日纽者，古音皆在泥纽。其他以条例比况，可也。今音泥、坭为泥纽。尼、昵在娘纽。仲尼，《三苍》作“仲坭”。《夏堪碑》曰：“仲泥何侘。”足明尼声之字，古音皆如坭、泥，有泥纽，无娘纽也。今音男、女在娘纽，尔、女在日纽。古音女本如帑。妻帑、岛帑，其字则一。《天文志》，颜师古说：“帑，雌也。”是则帑即女矣。尔、女之音展转为乃，有泥纽，无娘纽也。狃之声今在娘纽。公山不狃，狃亦为扰。往来频复为狃，《说文》作揉。扰、揉今在日纽。古无日纽，则狃亦泥纽也。其他亦各以条例比况可也。问曰：“声音者，本于水土，中乎同律，发乎唇西，节族自然。今曰古无娘、日，将迫之使不言耶？其故阙也？”答曰：“凡语言者，所以为别。日纽之音，进而语之则近来，退而呼之则近禅。娘纽之音，下气呼之则近影，作气呼之则近疑。古音高朗而彻，不相疑似。故无日、娘二纽矣。”今闽广人亦不能作日纽也。

二三

梁任公《从发音上研究中国文字之源》

假使古代有字母，则我文字结构之嬗变当如何？人类先有语言，然后有文字。声发于天籁，人之所不学而能者也。以某声表某意，其所表者为一群之人所公喻而公认，于是乎成语言。言而著诸竹帛以广其用而永其传，于是乎有文字。字也者，声与言之符号而已。然符号之选择与应用，各族不同。有施设若干音符，规定其骈合运用之法，但求符之能悉传其音，而所含意义与所用之符不必相丽者，如印度、欧洲诸民族所用字母是也；亦有不施设一定之音符，同一音而表之之符（即写法）有各种，即缘异符以表异义者，则中国文字也。此两法者，孰为精善？孰为便利？其间可以比较论列者甚多，非此短篇所能殚述。惟有一事首当明辨者，流俗之论，每谓中国文字属于衍形系统，而与印、欧衍声之系统划然殊途，此实谬见也！倘文字而不衍声，则所谓"孳乳寖多"者，末由成立，而文字之用，或几乎息矣！象形、指事、形声、会意、转注、假借，是曰六书。自班孟坚、许叔重以来，皆称为造字之本。象形、指事、会意，衍形之属也。形声、转注、假借，衍声之属也。《说文》万五百十六字，形声之字八千四百零七，象形、指事、会意之字，合计仅一千有奇，其间兼谐声者尚三之一，依声假借而蜕变其本义者亦三之一，然则中国之字，虽谓什之九属于声系焉可也。单字且然，其积字以成词者，更无论矣。

自来言六书者，每谓形声为易解，忽而不讲。有清一代，古韵之学大昌，于声音与文字之关系，渐知注重矣。然其研究集中之点，在收音而不在发音，重视叠韵而轻视双声，未为至诣也。刘成国《释名》每字皆诂以双声，《尔雅》《诂》、《训》、《言》三篇用双声为解者亦过半，其必有所受矣。吾尝略为探索，谓宜从音原以求字原，辄拟为两公例：

（一）凡形声之字，不惟其形有义，即其声亦有义。质言之，则凡形声字，什九皆兼会意也。

（二）凡转注、假借字，其递嬗孳乳，皆用双声。试举最显之数音以为例：戋，小也，此以声函义者也。丝缕之小者为綫，竹简之小者为箋，木简之小者为牋，农器及货币之小者为錢，价值之小者为賤，竹木散材之小者为棧（见《说文》），车之小者亦为棧（见《周礼注》），钟之小者亦为棧（见《尔雅·释乐》），酒器之小者为琖，为璞、为醆，水之少者为淺，水所扬之细沫为濺，小巧之言为諓（见《盐铁论》及《越语注》），物不坚密者为俴（见《管子·参患篇》），小饮为餞，轻踏为踐，薄削为剗，伤毁所余之小部分为殘。右为“戋声”之字十有七，而皆含有小意。《说文》皆以此为纯形声之字，例如“綫”下云：“从糸，戋声。”以吾观之，则皆形声兼会意也。当云“从糸，从戋，戋亦声”。旧说谓其形有义，其声无义，实乃大误。其声所表之义，盖较其形为尤重也。

更旁征他音，如：“氐，本也，从氏下著一。一，地也，指事。”（《说文》文）此字即根柢之“柢”之本字，示木根之在低处者也。后起加木旁，则为柢。在人下者则为低，在屋宇下者则为底，石之础为砥，水低处为泜，土低处为坻，低阜为阺，生于低地之虫为蚳，车后为軧，属国之舍为邸，三岁之羊为羝，地神为祗，下视为觗，以肢体之末梢相距为抵。此皆形声兼会意字，当云“从某，从氐，氐亦声”也。

“夌，从夂，从穴。夫，高也，会意。”（《说文》文）爱之字，从夫以表其凸出，从夂以表其尖利。于是地之坟而阜者为陵，四隅有觚角者为棱，冰坼成锐角者为凌，果蓏之两尖者为菱，帛纹纤现若冰凌者为绫（见《释名》)。此皆形声兼会意字，当云“从某，从夌，夌亦声”也。

假使吾国如用字母，则其字体结构当何如？试以“戋”字为例：如凡“戋声”之字，皆用“Ch’ien”之一符号以表之，而其偏旁则在其字之首一音母添附语尾，则前举之十七字者当如下写：

Ch’ien……戋	Ch’ienm……栈
Ch’iens……綫	Ch’iensm……盏
Ch’ienj……箋	Ch’ieny……醆
Ch’ieny……琖	Ch’ieny……俴
Ch’iens……淺	Ch’iene……諓
Ch’iens……濺	Ch’ients……餞
Ch’ienp……帴	Ch’iens……踐
Ch’iens……錢	Ch’iend……剗
Ch’ienp……賤	Ch’iend……殘

此种写法，吾国旧文之写法，孰为利便，此属别问题。要之此十七字者，同一语根，同一音符，而因以同得一极相类似之概念，则章章然也。以上三音母，吾不过偶举忆念所及者以为利，若能将全部《说文》之形声字一一按其声系以求其义，或能于我文字起原得一大发明，未可知也。

又不必声之偏旁同一写法者为然也，凡音同者，虽形不同而义往往同。如“地”字并不从氐，而含“底”、“低”等义，“弟”字亦因其身材视兄低小而得名。“帝”字有上接下之义，故下视亦称“谛视”。“滴”字、“谪”字、“摘”字，皆以表由上而下之一种动作。从可知凡用“Dee”之一音符所表示者，总含有在下之义，或含有由上而下之意，无论其写法为氐，为低，为底，为地，为弟，为帝，为滴……而其为同一语原，即含有相同之意味，则历历可睹也。

不宁惟是，同一发音之语，其展转引申而成之字可以无穷。《尔雅·释天》云：“天气下地不应曰雺。地气发天不应曰雾。雾谓之晦。”王国维云：“雺、雾、晦，一音之转也。晦本明母字，后世转入晓母，与黴、衅诸字同。”盖雾音当读如慕（吾粤语正然），晦音当读如每，皆用“M”母发音，而含有模糊不明的意味。由是而晚色微茫不明者谓之暮，有物为之障而不能透视者谓之幕，不可得见而徒寄思焉谓之慕，此一引申也。晦亦谓之冥，闭目而无见则谓之瞑，瞑久而觉全体休止者谓之眠，此又一引申也。冥亦谓之昧，眠亦谓之寐，此又一引申也。视而不明谓之蒙，雨之细而不易见者谓之濛，视官本身不明者谓之朦，朦之甚者谓之盲，此又一引申也。细而难察者谓之毛，矇亦谓之毛，年老而意识作用疲缺者谓之耄，此又一引申也。意识有所蔽而错乱者谓之瞀，亦谓之谬，不自知其瞀谬而任意以行者为之贸贸然，此又一引申也。难察而致误者谓之迷，视官中有障刺者谓之眯，此又一引申也。晦冥亦谓之霾，深入而至视线所不及谓之采，全掩覆而不可见谓之埋，此又一引申也。睡眠而仿佛若有所见，其状态恰如雾中看物者谓之梦，虽醒而作梦态者谓之瞢、谓之瞢懂，谓之瞢腾，醉态谓之酩酊，此又一引申也。细而难察者谓之微（读如眉，粤语犹然），重言之谓之微茫，微之甚者谓之渺、谓之杳，重言之谓之渺茫、谓之杳冥、谓之茐漠，尤甚者谓之泯，重言之谓之泯没、谓之磨灭，此又一引申也。微亦谓之末，水之霏屑如雾者谓之沫，此又一引申也。迷之重言，谓之迷离、谓之迷糊、谓之迷茫，或谓之模糊、谓之麻糊，此又一引申也。迷而求之谓之摸，重言之谓之摸索，此又一引申也。迷亦谓之懑罔，重言之谓之惘惘，迷惘之状态谓之闷，此又一引申也。凡微末之物，如雺露等，皆物之细屑也，故屑物谓之磨、谓之礦，物之成屑谓之糜、谓之靡，小而不可见之物谓之么麽，鬼物隐约闪烁不可确见者谓之魔，此又一引申也。草本植物，其叶碎屑者谓之蘼芜、谓之绵马，木本植物，其叶碎屑者谓之木髦，鱼之小者谓之鲵（俱见《尔雅》），鸟之小者谓之绵蛮（见《诗毛传》），虫之小者谓蠓蠡，尤小者谓之蠛蠓，其别一种谓之脉望（望读盲去声，粤语犹然），雨之小者谓之霢霂，其实只是一语之异写耳，此又一引申也。草木初茁不甚可察者谓之萌，其细英谓之芒，光之细碎隐约闪烁者亦谓之芒，此又一引申也。无所知谓之冥，人之无所知者谓之民（《礼记》郑注：民者冥也，言冥无所知。）、谓之氓（《诗》：氓氓蚩蚩。），此又一引申也。于是凡蒙昧之民族则加以此名，谓之雺、谓之蛮、谓之苗、谓之闽者，此又一引申也。既视察不明，则只能付诸疑问。故对于不能确知之人或地，则曰某人某地，疑问所用字曰无曰毋（古读如模，粤语犹然），或添字以足其意曰得无、将毋，白话则转为么、为吗，某字或转为甚么、为什么，此又一引申也。以上所举八十三语，皆以“M”字发音者，其所含意味，可以两原则概括之：其一，客观方面，凡物体或物态之微细暗昧难察见者，或竟不可察见者。其二，主观方面，生理上或心理上有观察不明之状态者。诸字中孰为本议，孰为引申义，今不能确指，要之用同一语原，即含有相同或相受之意味而已。试以字母表之，至其语根所生之变化如下：

Mao	髳	(Mei) many	微 茫
Mao	雺	Miao	渺
Mui	晦	Miao	杳
Mu	暮	Miaomang	渺茫
Mu	幕	Miaomang	杳瞢
Mu	慕	Mao	瞀
Meng	濛	Miu	谬
Meng	矇	Moumou	贸贸
Mang	盲	Mi	迷
Mao	毛	Mi	眯
Mao	眊	Mai	霾
Mao	耄	Mai	寀
Ming	冥	Mai	埋
Ming	瞑	Mong	梦
Mien	眠	Mong	瞢
Mei	昧	Mongton	瞢懂
Mei	寐	Mongtang	瞢腾
Meng	蒙	Mimo	茐漠

（Mei）……微
Ming……泯
Ming mu……泯灭
Mi……灭
Mo mi……磨灭
Mu……末
Mu……沫
Mili……迷离
Mihu……迷糊
Mimang……迷茫
Muhu……模糊
Ming……酩酊
Mo……模
Mosho……摸索
（Mang）……罔
（Mangmang）……惘惘
Meng……闷
Meng……懑
Mu……磨
Mi……礳
Mi……糜
Mi……靡
Mo……么
Mo……魔
Mienmiao……缅邈
Mi（mu）……糜芜
Mienma……绵马
Mimas……木髦
Ming……蝇
Mienman……绵蛮
Mahu……麻糊
Mingmang……蠠蝱
Mimeng……蠛蠓
Mei（Mang）……脉望
Meimu……霡霂
Meng……萌
Maug……芒
Ming……民
Mang……氓
Mao……蠓
Man……蛮
Miao……苗
Ming……闽
Mu……某
Mu……无
Mu……毋
Mo……么
Ma……吗

不宁惟是。有一字而其义分寄于形与声，后起孳乳之字，衍其形，兼衍其声，而即以并衍其义者。例如“八”字。《说文》云：“八，别也。象分别相背之形。”八字发音，与别与背同，既一听而即可察其义矣，其形亦一望而得之。于是凡从八之字，非徒衍八字形也，亦衍八字声。《说文》“北”字下云：“北，分，从重八。八，别也，亦声。”《书·尧典》：“分北三苗。”《吴志·虞翻传》云：“北，古别字。”此明其形声并衍，至确实矣。然于其他从八之字，则多忘却其衍声之部分。今举其应是正之数字如下：

《说文》原文	拟改正
分，别也，从八，从刀。刀以分别物也。	分，别也，从八，从刀，八亦声。
必，分极也，从八弋。弋亦声。	必，分极也，从八弋，亦声。
釆，辨别也，象兽指爪分别也，读若辨。	釆，辨别也……从重八，八亦声。
半，物中分也，从八，从牛。	半，物中分也，从八，从牛，八亦声。
平，语平舒也，从亏，从八。八，分也。	平，分均也，从亏，从八，八亦声。

欲释此数字，当先承认钱大昕所发明“古无轻唇音”之一公例，知“分”字古读如“奔”，“釆”字即“番”之原。徐铉云“蒲见切。”古读如“班”（此两字日本读法尚与古同）。平字古读如兵，皆用“B”母发音，与八字正同。由是知凡衍“分声”、“北声”、“番声”、“半声”、“平声”之字，一面既从“八”衍形，一面又从“八”衍声，形声合而其义乃益著。如非字即古别字，衍而为背、必字，表分别确定之意，此皆蒙“八”形“八”声而衍其义也。其从分字衍出者，如平均分配为颁，亦为放，文质相半为份（《论语》孔注），财分而少为贫（《说文》），研米使分散为粉（《释名》），目黑白分为盼（《说文》），草初生，其香分为芬（《说文》），气候不纯良为氛，鸟所化鼠为鼢（《说文》），分而不理为棼、为纷，此亦蒙“八”形“八”声而衍其义也。其从半字衍出者，如物之解剖分析为判，冰之溶解为泮，田之分界为畔，男女好合为胖，相结偶为伴，半体肉为胖（《说文》），分背为叛，此亦蒙“八”形“八”声而衍其义也。其从

番字衍出者，如分布种子为播，迻译异文为繙，改其旧态为翻，为幡，发有二色为皤，草分布茂盛为蕃，肉由生而熟为燔，二水洄漩为潘，此亦蒙“八”形“八”声而衍其义也。其从平字衍出者，如田之分界为坪，棋局界郵者为枰，水藻旋分寸合者为萍，此亦蒙“八”形“八”声而衍其义者也。其仅蒙其声而不蒙其形者，如北亦为别，份亦为彬、为贲，颁赐之颁亦为班，颁白之颁亦为斑，皆或引申、或假借，而仅留其声略去其所从之形者也。如人相与讼为辨（《说文》），判其是非得失为辨，以言相辨为辩，文之驳杂为辩（《说文》），发之交结者为辫，蕊之分开者为瓣，判事已了为辦，此虽不从“八”而仍从“八”声以递衍成义者也。以上所举四十四字，皆用“P”母发音者，所含义不外两种：（一）事物之分析、分配、分散。（二）事物之交互错杂，而其语原皆同出于一。试界之如下：

八 Pa {
- 必
- 北 Pei 别……背 Pie
- 分（Peng）……颁攽（Pan）粉（Peng）盼（Pan）
- 芬（Peng）氛（Peng）翂（Peng）棼、粉（Peng）
- 半 Pan……判（Pan）泮（Pan）畔（Pan）牉（Pan）
- 伴（Pan）胖　（Pan）叛（Pan）
- 番 Pan……播 Po 繙（Pan）翻、幡（Pan）皤 Po 蕃（Pan）
- 潘（Pang）
- 平（Ping）坪（Ping）枰（Ping）萍（Ping）
- 彬（Pin）贲（Peng）班（Pan）斑（Pan）
- 辡（Ping）……辨（Pien）辩（Pien）瓣（Pien）辫（Pien）
- 辦（Pan）

此外同一事物，稍变其语尾而示其种类之微异者，在《尔雅》中多见之，如《释宫》云：“樴大者谓之拱。长者谓之阁。”《释水》云：“川注溪曰谷，注谷曰沟，注沟曰浍。”“大波为澜，小波为沦。”《释器》云：“黄金美者谓之镠，白金谓之镣。”诸篇中如此者尚多（王国维《尔雅鸟兽草木虫鱼释例》列举不少）。试以拼音写之则如下：

拱 Kun　澜 Lan　镠 Liao　谷 Ku　沟 Ko
阁 Kou　沦 Lun　镣 Liao　浍 Kuei

此等变化法，绝似英文中 Man 与 Men，只变其字中一母或两母，以示同一事物中种类之微别也。《尔雅》《训》、《诂》、《言》三篇，其所训亦多用声转之字，如："初、哉、首、基、肇、祖、元、胎、俶、落、权、舆，始也。"除元、胎、落三字外，其音皆相近。如："永、素、引、延、融、骏，长也。"除骏字外，余尽双声。他如怡、怿、悦、愉、豫之训乐，展、谌、允、慎、亶之训诚，粤、於、严之训曰，爰、粤、於、繇之训於，貉、谧、密之训静，永、悠、远之训遐，大抵皆同一发音，而语尾有若干之变化而已。

尤有极奇异之一例，《公羊传》云："伐者为客。伐者为去。"据何注所释："上伐者，指伐人者，短言之。下伐字，指被伐者，长言之。"其所谓短言长言者，今无从确知其音读为何，如试以意写之，则：

主动位之伐字 Fut
被动位之伐字 Fart

此种变化法，与英文之 Strike Struck 等类，宁非极相肖？特因吾文字结构与彼殊科，故其变化不能以音符表现耳。

许君之释转注，谓："建类一首，同意相受。"而全部《说文》未有一字明言其属于转注者。后人不得转注之确解，聚讼纷纭，至今未决。以吾所臆断，则所谓"建类一首"者，非形之类，形之首，而声之类、声之首也。建立一类之声以为发音之首一母，凡衍此一首之声者，虽收音有变异，然皆同意而相受，是谓转注。例如建"戔"声为一首，而綫、箋、錢等皆同意相受。建"八"类之声为一首，而分、平、北、别、辨等皆同意相受。然则凡谐声之字，十有九兼转注矣，其例既举不胜举，故许君竟阙而不举也。

本篇所论，吾亦未敢遽自信。要之欲知中国文字源流，不可不大注意于发音，则吾敢断言也。惜吾于古音学殊乏素养，未能博证以自张其说。世之君子，若对于此事有研究兴味，则其用力方法及所产之结果当如下：

一、先研究古代音读与今不同者（例如古无轻唇音之类），使追寻声系，不致沿讹。

二、略仿陈澧之《声类表》，别造一新字母以贯通古今之异读（注音字母恐须改正者甚多）。

三、略仿苗夔之《说文声类读表》，以声类韵类相从，以求其同意相受之迹。

四、制新字典，一反前此以笔画分部之法，改为以音分部，使后之学子得一识字之捷法。

二四

江易园《古今音异读表序》

宣统三年，学部谋国语统一，设国语调查会。江谦议宜分两部，招集闳达，从事研究编辑之务：其一统一国语，其一调查方音。统一国语，则主京音，所以通今。调查方音，以古音之散见于方言也，所以通古。癖古之士，有议并为一事者，曰："孰若标准古音以易时习。"下走伟夫斯议。是昆山顾氏之所欲复焉而未之能也。虽然，硕学之士，以是为闻古之译焉可矣，若以易今一般之社会而复之古，则其不适于时之故，下走犹能言之。古音钝而重，今音清以利。古音简而偏，今音繁而全。古音北之祖也，今音南之原也。汉魏以前，北音之时代也，南不列于雅。东晋以来，南音之时代也，北亦稍鈉焉。本朝经师及晚近时哲，于古今音多有考证。今为分别列表，挈其要领，庶夫大夫君子，口焉而明之，一览而知其大较，若为今音，若为古读，今变今音尽为古读，为便不便？自东晋以后，古者扬州之域，更迭为帝都，其音轻扬。主盟文学之坛者，又大都南士。齐梁之际，昌言声韵，文物邕遂，势力日加。隋唐以还，从龙之士北征，南音北渐。历代帝者往往移徙南方豪族充斥京畿，由是轻扬之音，习为普通之语。北方族氏，迭遭胡乱，又复南迁。于是古来刚劲钝重之音，浸以潜弱。今虽山林偏僻之地，交通困绝，尚能保存文献之遗，然已降为土音，不复熟于当世学士大夫之口。今如江西、抚州者，读《论语》“知之为知之”而为“的的为的的”，则闻者犹然陋之，畴孰知其存古矣！夫其积重而欲返之也诚难，必欲返之，则将使有重唇音，无轻唇音；有舌头音，无舌上音及半舌半齿音；有邦滂并明音，无非敷奉微音；有端透定泥音，无知彻澄娘音；有泥音，无日音；有见音，无匣音。弃清而就钝，舍全而抱偏，行之国中而不能便也。后生学子以是重唇钝舌，习欧美之译，其困难又加强！惟夫高才学者究专门之业，必于古有事焉，则是诚金科玉律哉！徒示以古之云云也，虽证罍确凿，学者犹或瞠目结舌，莫释于疑。则必北究燕秦，南穷闽粤，旁搜朝鲜、日本，标注音符，舰之一简，知夫某与经通，某与传合，某与笺注音疏相明。经传聱牙，则为奥僻；口舌惯习，则为易知。斯业之成，古义益显。抑悬念夫百年以往，语言统一，国习一音，而古训方言，赖斯不坠，岂非空前之盛业，垂后之鸿篇？调查国语之大夫君子，傥有事乎？

二五

金可庄《声音学听讲录》

丙辰夏，江师易园讲学于江苏省教育会，予往听焉。顾后至不得坐前列，堂高人众，潜听为难，加之妙谛泉涌，左右逢源，秉笔摘录，终难卒记。归而构思，本所记忆者笔之于册，断片鳞爪，恐终不免毫千里之谬。乃欲有所就正，而又苦无其机。今者江师登报征集，并云准予裁正，是固师之热心，抑亦庄之幸也！用赘数言以志快慰。

一　声音之定义

《礼记》(《乐记》)：声相应，故生变，变应方，谓之音。单声为声，复声为音。明代西儒金居阁有言曰："……声为父……韵为母……音为子。"盖必一声一韵相合而后始成为音，与复声为音之说若合符节。古今中外，理无二致也。

二　发音法

（一）发音有自觉性　言为心声，发音必有所感。小儿饥则啼，得食则笑，此亦自觉之表现也。

（二）发音部位　发音机关，不外腭、唇、齿、舌四部，此即发音之部位也。

（三）声母发音法　发音部位，虽并牙喉为一部，定名曰腭；然三十六字母（见溪群疑等）仍无变动。今任取一常语之字，辨别其发音部位，则声母发音法亦可明矣。举例如下：

腭音：脚、间、觉、哥、果、根、公、姑（属见母）。哭、糠、恳、开（属溪母）。局、憨（属群母）。牛、呆（属疑母）。烘、黑、兄、火（属晓母）。荷、行、雄、寒（属匣母）。衣、翁、屋、烟、恶（属影母）。夜、蝇、用、药、有（属喻母）。

舌音：爹、刀、斗、当（端母）。跳、偷、汤、吞（透母）。地、动、读、弟（定母）。南、恼、能、泥（泥母）。知、中、追（知母）。宠、畜、獭（彻母）。除、传、丈（澄母）。娘、匿（娘母）。来、冷（来母）。仍、日（日母）。

齿音：精、则、宰（精母）。请、七、采（清母）。族、裁、齐（从母）。思、仙、心（心母）。习、详、席（邪母）。周、枕（照母）。初、出（穿母）。世、床（状母）。手、失（审母）。善、受（禅母）。

唇音：布、背、奔（帮母）。溃、攀、匹（滂母）。跑、婆、皮（并母）。妹、梅、妈（明母）。飞、封（非母）。费、肺（敷母）。父、饮（奉母）。无、物（微母）。

发音机关为腭、舌、齿、唇，而其间必分为三十六字母者，则以声音固有刚柔轻重之不同也。分别说明如次：

（甲）腭音刚柔之区别及轻重之阶梯

- 腭音
  - 深腭
    - 吉各
    - 吃哭
    - 热岳
  - 浅腭
    - 吸霍
    - 一郁

声重而自内发出者，谓之深音，吉各、吃哭、热岳是也。声轻而自外发出者，谓之浅音，吸霍、一郁是也。而深浅之中，复有刚柔之分：吉、吃、热、吸、一，为柔声；各、哭、岳、霍、郁，其刚声也。

（乙）舌音之刚柔及舌尖舌上之区别

- 舌音
  - 舌尖……
    - 滴笃
    - 踢脱
    - 立落
  - 舌上……
    - 鸡觉
    - 气确
    - 叶肉

舌尖抵上腭，为舌尖音。舌边抵上腭，为舌上音。至于刚柔之区别，仍如前例。（上一字为柔，如滴、踢、立。下一字为刚，如笃、脱、落。）

（丙）正齿粗齿及刚柔之区别

- 齿音
  - 正齿（即柔声）
  - 粗齿（即刚声）
    - （上部）即足……（精母）
    - （中部）切促……（清母）
    - （下部）息束……（心母）

齿音刚柔之区别，一如前例。所不同者，正齿粗齿之分耳。

（丁）唇音轻重及刚柔之区别

- 唇音
  - 重……
    - 笔八……（瓶彭）……（兵滨）
    - 劈拍
    - 密莫……（米妈）
  - 轻……
    - fi 腹
    - we 学……（此音最轻似乎带扁）

甲乙丙丁四项，全以俗音为代表，无非取其易明耳。而所取之音，纯属双声，则上一字为柔，下一字为刚，更觉明显矣。

（四）韵母发音法　吾人习用之韵，每有联带之关系，如东、通、同是也。然则单独一音，其声与韵如何区别乎？概括言之：短促者谓之声，延长者谓之韵。譬诸“东”，延长呼之则为“翁”。譬诸“张”，延长呼之则为“盎”。“东”与“张”为声母，“翁”与“盎”

即韵母也。

（五）常语习练觉性　腭音：哥（阳），兄（四阴），舅（一阴），姑（五阳），胸（四阴），眼（三阳），鞋（四阳），呢（三阴），架（一阳），蚁（三阴）。舌音：娘（六阳），弟（一阴），履（三阴），梯（二阴），兔（二阳），狼（三阳），耳（七阴），土（二阳），蝶（一阴）。齿音：叔（三阳），姊（一阴），窗（二阳），墙（二阴），桌（一阳），膝（二阴），猪（一阳）。唇音：妹（三阳），伯（一阳），妈（三阳），面（三阴），豹（一阳），蚊（四阳），非（四阴），猫（三阳），房（四阳），门（三阳）。常语虽通俗，其间却含至理。哥与兄义同而音异，一则属阳，一则属阴；舅与姑为对待名词，而亦判为阴阳，从可知常语与声音学有密切之关系矣。

（六）天然声母　小儿坠地其声呱呱。人有所苦，发声长吁。此即天然之声母也。

（七）天然韵

天然韵母	五音	宫（翁）	商（盎）	角（脚）	徵（嘴）	羽
	四等	合		开	齐	撮

歌诀曰：“欲知宫，舌居中。欲知商，口大张。欲知角，舌后缩。欲知徵，舌抵齿。欲知羽，唇上取。”盖宫商角徵羽者，天然之韵母也。惟短促为声，延长为韵，故宫当读作翁，商当读作盎。此五音又恰成为开齐合撮四等，可谓巧不可阶。至于四等究属若何区别，更举例如次：

开	齐	合	撮
挨	意	乌	于
格	鸡	故	居
客	气	苦	去
额	尼	吾	女
塔	底	都	斗

同一发音部位，同一字母，而开口呼为挨，齐齿呼为意，合口呼为乌，撮口呼为于。此之谓四等。而四等之外，复有六转之分，即清平、浊平、清上、浊上、清去、浊去是也。更举例如次：

开 张长长丈帐仗

齐 真陈诊准镇阵

合 宗虫肿重众仲

撮 珠储租左注祝

说明：

（甲）一清。二池。三清。四油。五清。六池。（缓长名清，短促名浊。）

（乙）韵书说：一、二，平声。三、四，上声。五、六，去声。

（丙）凡韵书所谓入声，其转音皆在第六。故反切上辨其清浊，入声与浊声同，因古无入声，今北方犹然。

古谓入声者，闰声也。谓闰余之声。因韵书所列入声字，其上去平往往有音无字，故附系于旁转之中，如丁订得，真枕震则是也。

三 反切法

反切根源于双声叠韵。凡二声同母者为双声，同韵者为叠韵。"故居"、"宣泄"、"都督"、"做足"、"空哭"、"生声"、"兵柄"，凡此皆双声也，其平仄可不论。"曹操"、"鸡啼"、"溪西"，凡此皆叠韵也，其韵母必同。故平上去入，各归其类，不可相混。

反切之法：上字定位，即双声也。下字定音，即叠韵也。譬如公字，其反切用"格翁"、"孤翁"、"该洪"、"钩空"，均无不可。盖格、孤、该、钩与公字同属见母，皆双声也。翁、洪、空与公字同属东韵，皆叠韵也。惟其间以"孤翁切"为最适当。盖孤与公同为合口呼之平声，而翁又属天然韵母，故一读即可得公字之音。此之为音和切，其他皆普通切耳。至于借他部之音以为定位之用，如舌尖音之“丁”，切舌上音之“贮”（丁吕切贮），此之谓类隔。类隔者，隔类之谓也。

四　拼音法

音和切既因字数之缺乏，不可多得，则反切固难言矣。谋补救之方，斯拼音法尚矣。拼音之法：譬如苏干切“三”，先将苏干二字拆成反切（苏私乌切，干古寒切），用劈法将乌古二字劈去，则私寒切“三”，一读即得矣。但此法亦宜熟练。

齿音第一种四等五音六转拼音之练习：

开口	齐齿	合口	撮口
之（曷汪）张	之（因）真	之（翁）宗	之（乌）珠
之（曷王）长	之（人）陈	之（洪）虫	之（吴）储
之（曷网）丈	之（隐）诊	之（耸）钟	之（武）租
之（曷盎）帐	之（引）准	之（哄）仲	之（户）左
之（曷枉）长	之（印）镇	之（动）重	之（故）注
之（曷尚）仗	之（任）阵	之（贡）众	之（屋）祝

腭音第一种四等五音六转拼音之练习：

开口	齐齿	合口
吉（汪）姜	吉（因）金	吉（翁）袭
吉（王）强	吉（人）禽	吉（洪）穷
吉（枉）讲	吉（引）近	吉（耸）拱
吉（网）	吉（隐）	吉（动）
吉（盎）强	吉（印）禁	吉（贡）贡
吉（尚）	吉（任）仅	吉（哄）共

唇音第一种四等五音六转拼音之练习：

开　口	齐　齿	合　口	撮　口
不（汪）帮	不（因）宾	不（翁）	不（乌）
不（王）傍	不（寅）频	不（洪）蓬	不（吴）
不（枉）榜	不（引）宾	不（耸）	不（武）
不（网）	不（隐）牝	不（动）奉	不（户）
不（盎）螃	不（印）傧	不（贡）	不（故）
不（尚）傍	不（任）	不（哄）蓬	不（屋）

舌音第一种四等五音六转拼音之练习：

开　口	齐　齿	合　口	撮　口
得（汪）当	得（因）	得（翁）东	得（乌）
得（王）唐	得（寅）	得（洪）同	得（吴）
得（枉）党	得（引）	得（耸）董	得（武）
得（网）荡	得（隐）	得（炭）动	得（户）
得（盎）谠	得（印）	得（贡）冻	得（故）
得（尚）宕	得（任）	得（哄）洞	得（屋）

五　南北音之不同

北无入声，而南少开口。哥孤不分，关傀莫辨。即合口之中，亦鲜区别，此南音之所短也。齿腭混合，潇湘转入晓香，此即北音之所短也。其异同若此。

二六

钱基博《吴江沈颖若先生〈文字源流〉后序》

文字源流之中英比较观

吾读吴江沈颖若先生《文字源流》一编，语繁不杀而举例尽，因为广其意以诏诸生曰：仲尼诲人不倦，然举一隅不以三隅反，则不之复。庄生有言："井蛙不可以语于海者，拘于虚也。"夷考埃及、墨西哥之古文，而知世界文字，同出于一源。埃及国语，一曰图解，二曰符号，三曰音声模拟，较之吾国六书，图解即象形，符号即指事，音声模拟即谐声。墨西哥古语，由图解易为符号，由符号易为音声，虽不合许君之六书次第，而揆之班氏所言六书次第，亦颇相符。故文字之形声虽殊，而制作之大例则一。盖既为地球上之人类，同此五官四肢，喜怒形于色，哀乐动乎中，音之不能尽而笔诸书，文字之声虽异，所以为传达言语之具者实同。特以各国所处之地位不同，洋海环之，山岭障之，斯言文不能统一耳。虽然，中西文字之异，人之所知也，中西文字之异而有其不异者存，则人之所不甚知也。诸生皆旁治英文者也，试以英文为例：

（一）文字之初，先有义有声而后谐声以制文字，不论中西一也。盖气清而上浮者谓之天。天音何自生？生自颠。气浊而下凝者谓之地。地音何自生？生自低。推此类也，读上字高字如张口仰望，读下字低字如闭唇下视，读吃字如吞咽，读呕字如呕吐。盖未造字之先，已发其音义矣。英文亦然，如 high，高也，读之张口如仰望。lower，低也，读之闭唇如下视。eat 读之亦如吞咽。又如吾国有感叹词呜呼、噫、嘻、唉及丁东、剥啄之类，专以谐声为义，而西文亦有 o、oh、ah、ha、ahas、hurrah 及 soom、爆发声。click、轻击声。crashing、折断声。hick 齘声。等字。若此类者，不胜枚举。

（二）凡韵母悉属喉音，而英文之韵母 vowel 有五，曰：a、e、i、o、u，同于中国之宫商盇角脚徵羽。a 商，e 角，i 徵，o 宫，u 羽也。亦有变音，与中国同，谓之双音（pipletbong），如 oi 之在 boil、ai 之在 aisle，皆变徵之音也。试以 a、e、i、o、u 五韵母而征之中国韵书，如 a 在 father，音阿，正六麻、二十一马、二十二禡音。a 在 all，其音与 au 之在 laud 同，则五歌、二十寄、二十一个也。a 在 gnat，入声短呼，七曷、八黠。e 之在 me，正四支音，而 e 在 met，则入声短呼，九屑。i 之在 knit，入声二十锡、十四缉。o 在 not，入声十药，在 no，介五歌七虞之间，在 move，七虞，其音与 u 之在 rude 同。而 oo 之在 wood，其音与 u 之在 hut 同，则入声一屋矣。u 在 nut，入声十五合、十七洽。而 i 之在 high，其音与 ai 之在 aisle 同，则九佳也。oi 在 boil，十灰。ou 在 bow 及 bound，四豪。ew 在 mew，其音与 U 之在 tube 同，则十一元矣。惟英语无六鱼音，而法语之 u 字，乃真六鱼音也。

（三）夷考英文有字根，乃有展转引申之字。字根皆拉丁、希腊文也。如以 acer 拉丁字有尖利辛辣尖酸苦刻薄诸义。为字根，而 acrid 辛辣。acrimony、姜桂之性，严酷刻薄。acid 酸、醋酸。诸字由之引申而出。以 stasi 希腊字有坚持植立不动永久诸义。为字根，而 ecstasy、颠狂妄动。ahosstay、背叛、道教。system 法则。诸字即由之引申而出。详见《纳氏文法》第四册第二十七章三八五一三九二页。声相从者义亦相从，而我国文字亦然。如以“中”为字根，而尽中心为“忠”，中衣为“衷”，人次在中为“仲”，其从“中”展转引申之字，声从中者义亦从中。又如以“戔”为字根，戔，小也，于是貝之小者为“賤”，皿之小者为“盞”，竹简之小者为“箋”，凡从戔展转引申之字，声从“戔”者义亦从“戔”。诸如此类，不可枚举。

（四）独体为文，合体为字。文不足于用，而孳乳成字以济其穷，此不论中西一也。侯官严复所谓从或字之法而言之，英字又可分为两大类：其一曰文（Primary words），其一曰字（secondary words）。文者何？原成之字，不可复析者也，如化学之原质然。字者何？孳乳寖多之字，所可更析之以为文者也，如化学之杂质。字分二类，中西皆然。中国之文，如一、人、夕、口、马、日诸字。西国之primary words，如one、man、night、mouth、horse、sun等。中国之字，如信、武、证、忠、娶、钱诸字，皆合文而成者也。西国之secondary words，如tedshoom、midday、kingdom、beautiful，亦可更析为Primary words者也。

（五）英字之孳乳，其法有二：一曰会合（composition）。会合者，取分立之文字而合之使成一也。如light house、灯塔。ink stand墨水瓶。等字，谓之compound words。所会合者，自二字有时至于三字四字。如shend-thrift，豪奢之子。合二字者也。midship-man，海军学生。合三字者也。out-of-the-way，非常者。合四字者也。一曰转成（derivation）。转成者，由一字之根，以意义之殊而变化其体成异字者也。如love爱字为根，而loving、爱、中意。lover、情人。lovely、可爱。loveable可爱者。诸字由之而出。full富足。字为根，而富于信义者谓之truthful，甚可畏者谓之fearful，富有希望者谓之hopeful。ward者，著其物之所趋也，以此为根，而进往曰forward，向往曰toward，北首曰northward，西南首曰southwestward，不便利曰awkward。凡此之类，谓之derivatives。按许君六书定义，以事为名，取譬相成，谓之形声，比类合谊，以见指挥，谓之会意，皆有合义分立之文，而孳乳成字。如形声之中衣为衷，正言为证，会意之一大为天，用口为周，即是西文之compound words也。又合两字见意者，如会意之天从一大，古从十口，形声之衷从衣，中声，证从言，正声是也。有合三字四字见意者，如会意之祭从示，以手持肉，𦋮从四屮，形声之整从攴，从朿，从正，正亦声是也。此与英文之 compound words 相同。至英文之 derivation，则亦犹转注建类一首，同意相受之例耳。惟 derivatives 之同意相受，大抵皆即一字为根，而前后附益之，而转注则以一字建一类之首，而上下左右附益之耳。盖西文横行，中文纵行也。

（六）按中国六书，象形、指事二者，为西国拼切之字所无，间见于记号，如天学以◉为日，以☽为月，然非文字。惟会意、赅形声而言之，以声亦兼意也。转注、假借三者，为用与中文正同，而假借之用尤宏。如 back，背也，而 backslide、backslider 之 back，则作违背解。way，路也，而亦训为方法。以肩背之背引申作违背之背，道路之道引申作道术之道，即六书之假借也，西文谓之 ambiguity，皆以一字而当数义。如 box 有二十余诂，皆由本义引申而假借之。此类最多，如 rampant，本训跃者、缘者、兽之立者，引申为事势之方兴，皆谓 rampant 也。patient，本训受事者，引申之为病人、为忍耐。valant，本训飞者、傲者、鸟之张翼者，引申之为流荡、为轻迅。fment，本训流者，故言辞之流利、书法之流美，皆用之。patent 本训开者，故事之显无隐者、途之通者，皆谓之。而制造专利亦云 patent 者，以其得国家之明论，故有此称也。

（七）乃英文中拉丁字，往往同此一字，在此为名词，在彼为动词，其形无殊，但变其所读之重音（accent），而实用之名词即转为动词之虚用者，此其变流之趣，乃与吾国文字正同，盖即中文之读破法。如“春风扇微和”，扇读平声，而名词转成动词。“春风风人，夏雨雨人”，风雨皆读去，亦转名词为动词者。他若“解衣衣我，推食食我”之衣、食二字，“春朝朝日，秋夕夕月”之朝、夕二字，皆缘读破法而名词转动，湘乡曾国藩所谓实字虚用者也，盖不胜枚举焉。此于英字如下，可略举以为释例者也：

Noun 名词	Verb 动词
a'ccent 重音	acce'nt 重读之
a'ffix 接尾字	affi'x 附后
co'llect 总会	colle'ct 集会
co'ncert 和会	conce'rt 相和
co'nvert 改宗教者	conve'rt 劝化
e'xtract 精华	extra'ct 摄取
in'sult 羞辱	insu'lt 凌辱
o'bject 外物	obje'ct 疏凌外辱兼恶
pro'duce 物产	produ'ce 出产
fre'quent 常有	freque'nt 时常往来
a'bsent 所亡	abse'nt 脱身
co'mpound 混合物	compo'und 混合
pre'sent 礼物	prese'nt 奉献
re'bel 叛徒	reb'el 作叛

虽然 accent 变而后义异者固多，而 accent 不变而异义者尤夥。此如中文“人其人，火其居”，而未闻人、火二字有读破也。《公羊传》“入其宫无人宫焉，入其门无人门焉”，其第二宫第二门字，亦不读破也。此在英文，如 help 助可为名词，可为动词。他若 water、paper、stuff、dance、book、smoke、fire 等，几无实用之名词不可虚用者，亦观其司中之职为何如耳，乌得变乎？此所以宏文字之用也。

但以中文与西文比例为论，有其难者，则西文常用之名，例为一字，而中文或以数字为一名，故其相似难见，此在学者能以意通之而已。即如英文 arise（起）、awake（醒）、agoe（去）诸字，起首之 a 母，正与《书·尧典》“黎民於变”、《大学》“於止”之於字合符。而 abed（在床）、ashore（于岸）两字起首之 a 母，则又与《易·系辞传》“其於中古乎”、《曲礼》“於外曰公，於其国曰君”之於相当。盖我之於字乃象形，在古正读为鸦，与 a 音近也。中西言语当上古时，本为合一，在此可以证见，此不过一事耳。

二七

清龚定庵《古史钩沉论二》

龚自珍曰：周之世官，大者史。史之外，无有语言焉。史之外，无有文字焉。史之外，无人伦品目焉。史存而周存，史亡而周亡。殷纣时，其史尹挚抱籍以归于周。周之初，始为是官者，佚是也。周公、召公、太公既劳周室，改质家跻于文家，置太史。史于百官，莫不有职事。三宅之义，佚贰之，谓之四圣。盖微夫上圣睿美，其孰任治是官也。是故儒者言六经，经之名，周之东有之。夫六经者，周史之宗子也。《易》也者，卜筮之史也。《书》也者，记言之史也。《春秋》也者，记动之史也。《风》也者，史所采于民而编之竹帛，付之司乐者也。《雅》、《颂》也者，史所采于士大夫者也。《礼》也者，一代之律令，史职藏之故府而时以诏王者也。小学也者，外史达之四方，瞽史谕之宾客之所为也。今夫宗伯虽掌礼，礼不可以口舌存，儒者得之史，非得之宗伯。乐虽司乐掌之，乐不可以口耳存，儒者得之史，非得之司乐。故曰："六经者，周史之大宗也。"孔子殁，七十子不见用。衰世著书之徒，蠭出泉流，汉氏校录，最为诸子。诸子也者，周史之小宗也。故夫道家者流，言称辛甲、老聃，墨家者流，言称尹佚。辛甲、尹佚官皆史。聃一本作聃之官。实为柱下史。若道家，若农家，若杂家，若阴阳家，若兵，若术数，若方技，其言皆称神农、黄帝。神农、黄帝之书，又周史所职藏，所谓三皇五帝之书者是也。老于祸福，熟于成败，絜万事之盈虚，窥至人之无竞，名曰任照之史，宜为道家祖。综于天时，明于大政，考夏时之等以定民天，名曰任天之史，宜为农家祖。左执绳墨，右执规矩，笃信谦守，以待弹射，不使王枋弛，一本作阤。不使诸侯骄上，名曰任约剂之史，宜为法家祖。博观群言，既迹其所终始，又迹其所出入，不蒙一物之讥，不受诸侯蹈抵，使王政不清，庶物奸生，名曰任名之史，宜为名家祖。胪引群术，爱古聚道，谦让不敢删定，整齐以待能者，名曰任文之史，宜为杂家祖。窥于道之大原，识于吉凶之端，明王事之贵因，一呼一吸，因事纳谏，比物假事，不辞矫诬之刑，史之任讳恶者，于材最为下也，宜为阴阳家祖。近文章，眇语言，割荣以任简，养怒以积辨，名曰任喻之史，宜为纵横家祖。抱大禹之训，矫周文之偏，守而不战，俭而不夺人，名曰任本之史，宜为墨家祖。五庙以观怪，地天以观通，六合之际，无所不储，一本储下有无所不语四字。谓之任教之史，宜为小说家祖。刘向云："道家及术数家出于史"，不云"余家出于史"，此知五讳二十八宿异度，而不知其皆系于天也；知江河异味，而不知皆丽于地也。故曰："诸子也者，周史之支孽小宗也。"夏之亡也，孔子曰文献杞不足征，伤夏之史亡也。殷之亡也，孔子曰文献宋不足征，伤殷之史亡也。周之东也，孔子曰天子失官，伤周之史亡也。灭人之国，必先去其史。隳人之枋，败人之纲纪，必先去其史。绝人之材，湮塞人之教，必先去其史。夷人之祖宗，必先去其史。周之东，其史官大罪四，小罪四，其大功三，小功三。帝魁以前，书莫备焉。郯之君知之，楚之左史知之，周史不能存之，故传者不雅驯，而雅驯者不传，谓之大罪一。正考父得商之名颂十二于周，百年之间亡其七，太师亡其声弦焉，太史又亡其简编焉，谓之大罪二。周之雅颂，义逸而事荒，人逸而名亡。瞽所献，燕享所歌，大氐断章，作者之初指不在。瞀儒序诗，以断章为初指，以讽谏为本义，以歌者为作者。三者史不能宣而明，谓之大罪三。有黄帝秋，有颛顼秋，有夏秋，有商秋，有周秋，有鲁秋，有列国秋，七者周天子不能同。列国赴告，各步其功，告朔怠终，乃乱而弗从。周享国久，八百余祀，秝敝不改，是以失理，是失官之大者，谓之大罪四。古之王者存三统，国有大疑，匪一祖是师，于夏于商，是参是谋。今《连山》、《归藏》亡矣，三易弗具。孔子卒得《坤乾》于宋，亦弗得于周。史之小罪一。列国小学不明，声音混茫，各操其方，微孔子之雅言，古均其亡乎！史之小罪二。夫史籀作大篆，非一本非下有为字。废仓颉也。周史不肯存古文，文少而字乃多矣。象形指事，十存三四，形声相孳，千万并起，古今困之。孔壁既彰，蝌斗煌煌，匪籀而仓。盖宪章者文武，而匪宪章宣王。史之小罪三。列国展禽、观射父之徒，能言先王命祀，而周史儋乃附苌弘为神怪之言，不能修明巫觋祝宗，不能共鬼神。燕昭、秦皇，淫祀渐兴，儋、弘阶之，妖孽是征。史之小罪四。帝魁以降，百篇权舆。孔子削之，十倍是储，虽颇阙不具，资量有余。史之大功一。孔子与左丘明乘以如周，获百二十国之书，夫而后《春秋》作也，史之大功二。冠昏之杀，丧祭之等，大夫士之曲仪，或以为数。夫舍数而言义，吾未之信也，故十七篇之完，亦危而完者也。史之大功三。周之时有推步之方，有占验之学，其步疏，其占密。天官有书，先臣是传，唐都、甘公，一本公作石。爰及谈、迁，是迹是宣。史之小功一。史秩，下大夫，商高，大夫，官必史也。自高以来，畴人守之，九章九数幸而完。史之小功二。吾韪彼奠世繫一本繫作系。者，能奠能守，有历谱谍，有世本，竹帛咸旧。是故仲尼之徒，亦著《帝系姓》。后千余岁，江介之都，夸族之一本之作始。甚。史之小功三。夫功罪之际，存亡之会也，绝续之交也。天生孔子，不后周，不先周也，存亡续绝俾枢纽也。史有其官而亡其人，有其籍而亡其统，史统替夷，故孔统修也。史无孔，虽美何待！孔无史，虽圣曷庸！由斯以谭，罪大亦可揜，功大亦可蒙也。孔虽殁，七十子虽不见用，王者之迹虽息，周历不为不多，数不为不跻，府藏不为不富，沉敏辨异之士不为不生，绪言绪行之迹不为不埃。庄周隐于楚，墨翟傲于宋，孟轲端一本端作瑞。于齐梁，公孙龙哗于齐赵之间，荀况废于道路，屈原淫于波涛，可谓有人矣！然而圣智不同材，典型不同国，择言不同师，择行不同志，择名不同急，择悲不同感。天吝材，材吝志，志吝器，器吝情，情吝名，名吝祖。夫周自我史佚、辛甲、史籀、史聃、史伯而后，无闻人焉。鲁自史克、史丘明而后，无闻人焉。此失其材也。七十子之徒，不之周而之列国，此失其志也。不以孔子之所凭藉者凭藉，此失其器也。三尺童子，瞀儒小生，称为儒者流则喜，称为群流则愠，此失其情也。号为治经则道尊，号为学史则道诎，此失其名也。知孔氏之圣而不知周公、史佚之圣，此失其祖也。梦梦我思之，如有一介故老，镶臂河洛，悯周之将亡也与典籍之将失守也，搜三十王之右史，拾不传之名氏，补诗书之隙罅，逸于后之剔钟彝以求之者；以超辰之法，表不显之年月，定岁名之所在，逸于后之布七历以求之者；为礼家之儒，为小节之师，为考订之大宗，逸于后之弥缝同异以求之者；明象形，说指事，不比形声，不谈孳生，推本音，明本义，逸于后之据引申一本无引申二字。假借以求之者；本《立政》，作《周官》，述《周法》，正封建之里数，逸于后之杂真伪以求之者；诵《诗》三百，篇纲于义，义纲于人，人纲于纪年，明著竹帛，逸于后之据断章以求之者。乌乎，周道不可得而见矣！阶孔子之道求周道，得其宪章文武者何事，梦周公者何心，吾从周者何学，逸于后之一本下有侈道学三字。谈性命以求之者。辞七逸而不居，负六失而不恤。自珍于大道不敢承，抑万一一本无万一二字。幸而生其世，则愿为其人欤！愿为其人欤！

二八

梁任公《五千年史势鸟瞰》

第一章　地理及年代

历史者，因空际时际之关系而发生意义者也。吾尝言之矣，曰：“史迹之为物，必与‘当时’、‘此地’之两观念相结合，然后有评价之可言。”（《研究法》一七九）故于地理及年代托始焉。

第一节　地　理

中国领土，以地势言之，可略分为六部：第一部，十八行省。第二部，东三省及三特别区域。第三部，新疆。第四部，外蒙古。第五部，青海及川边。第六部，西藏。

此六部者，其文化之开发有先后，其历史之关系有深浅，即在今日，其统治权行使之所及，亦有松密。大概言之，则第一部为中华民族（狭义的）历古之根据地，而其西南一隅，至今犹有苗蛮族未尽同化。第二部，历古为东胡、北胡与我族交争之区，今则在广义的中华民族完全支配之下。第三部，则历古为西羌、北胡乃至中亚、东欧诸族错处代兴，今亦完全在我主权之下，而人种同化犹未尽。第四部，历古为北胡根据地，至今犹为东北胡杂种之一族（蒙古）居之。所谓主权者，羁縻而已。然我族势力之向北地发展者，今方兴未艾。第五部，西羌及北胡居之。统治权之行使，较优于第四、第六两部，而居民中我族势力之微弱，亦仅与第四部相埒耳。第六部，名义上虽为领土，事实上则居民与统治权，皆属西羌族。其各部蜕变状况之分析，别于第二章详之。

地理形势，非本书所宜喋述。今惟抽出其与史迹关系最巨之数特点，略为推论。而当推论之前，有一义应先商榷者，则历史现象受地理之影响，支配果至若何程度者。历史为人类心力所构成，人类惟常能运其心力以征服自然界，是以有历史。若谓地理能支配历史，则五百年前之美洲地形气候，皆非有以大异于今日，而声明人物，判若天渊，此何以称焉？虽然，人类征服自然之力本自有限界，且当文化愈低度时，则其力愈薄弱，故愈古代则地理规定历史之程度愈强。且其所规定者，不徒在物的方面，而兼及心的方面，往往因地理影响形成民族特别性格，而此种性格，递代遗传，旋为历史上主要之原动力。近代以科学昌明之结果，其能嬗变地理而减杀其权威者虽不少，然衡以总量，究属微末，且前此影响之镌入民族性中者，益非可以骤变，故治史者于地理之背景，终不能蔑视也。今请列举中国地理特点数端，而说明其与史迹之关系。

（1）中国黄河流域，原大而饶，宜畜牧耕稼，有交通之便，于产育初民文化为最适，故能于邃古时即组成一独立之文化系。

（2）该流域为世界最大平原之一，千里平衍，无同峦崎岖起伏，无湾琦孤离旋折，气候四时寒燠俱备，然规则甚正，无急剧之变化，故能形成一种平原的文化，其人以尊中庸、爱和平为天性。

（3）以地形平衍且规则正，故其人觉得自然界可亲可爱，而不觉其可惊可怖，故其文化绝不含神秘性，与希伯来、埃及异。居其地者，非有相当之劳作，不能生活，不容纯耽悦微眇之理想，故其文化为现世的，与印度异。

（4）天惠比较的丰厚，不必费极大的劳力以求克服天然，但能顺应之即已得安适，故科学思想发达甚缓。又以第2项所言，地形气候皆平正少变化，故乏颖异深刻的美术思想。又以爱乐天然、顺应天然之故，故伦理的人生哲学最发达。

（5）此一区域中，别无第二个文化系。而本部（即第一部）地势毗连，不可分割，故随民族势力之发展，文化亦愈益扩大，结成单一性的基础。

（6）以第2项理由，故中庸性质特别发展。惟其好中庸，万事不肯为主我极端的偏执，有弘纳众流之量，故可以容受无数复杂之民族，使之迅速同化。亦惟因周遭之野蛮或未开化的民族太多，我族深感有迅令同化之必要，而中庸性格，实为同化利器，故演化愈深，而此性格亦愈显著。

（7）国境西界葱岭以与中亚及欧洲之文化隔绝，南界喜马拉耶以与印度文化隔绝，缺乏机缘以与他系文化相摩厉、相资长，故其文化为孤立的、单调的、保守的。

（8）以下文第10项之理由，其文化屡受北方蛮民族之蹂躏，我族常须耗其精力以从事于抵抗及恢复，故愈益养成保守性。

（9）东南虽濒海，然其地之岛民，无文化足以裨我，又以地大物博之故，凡百闭关皆足自给，故民族从不作海外发展之想，益无以改其单调的、保守的之特性。

（10）西北徼之中亚细亚、西伯利亚诸区，夙为群蛮所产育出没。其人生苦寒土域，习于勇悍，而常觊觎内地之温沃富殖，狡焉思逞。北境既无重洋峻岭以为之限，而我土著之民，爱护其耕稼室庐，以平和为职志，其势易为所蹂躏。故三千年来，北狄之患，几无宁岁，其影响于文化及政治者至大。

（11）文化发源，起自黄河流域，次及长江流域。此两流域平原毗连，殆无复天然境界可以析划，与欧陆形势绝异。我民族既以此地为枢核，则所谓“大一统”主义自然发生。故幅员虽大于欧陆，而欧陆以分立为原则，以统一为例外，吾土正反是。

（12）以第10项之理由，吾民族有集权御侮之必要。此种必要与第11项之理由相结合，遂产生中枢专制的政治。而此中枢时复为外族所劫夺，则其助长专制也益甚。

（13）因下列各理由，致地方自治不能发达。（甲）因地势地味关系，始终以农立国。乡村农民，惟安习于家族的统制。（乙）都市常为政治或军事之中心地，专制干涉力极强。（丙）如第11项所说，无画疆自保之凭藉。（丁）如第10项所说，悍蛮恣暴，地方事业易被摧坏。

（14）地势既不适于诸国分立，又艰于发育自治，其势自然趋于中枢专制。而又以幅员太广之故，统治力不能贯彻，故内乱屡起，或为外族所乘。此种野蛮革命，既成为历史上常态，故文化恒屡进而屡踬。

（15）地势虽不可分裂，然因山脉与河流皆自西而东（专就第一部言），且气有寒温热带之异，故南北常不免自为风气。而当政象有变动时，亦恒以南北对峙为暂局。

（16）西南与东北两边际，以位置弯僻及地形有特别构造，故虽加入我族文化系，而迄未成熟，“远心力”常常发动，故朝鲜、安南屡次编为郡县，屡次自立，至今竟排出中国历史圈外。而辽东、滇南往往蒙其影响，其不自绝于中国，乃间不容发。

（17）第三、四、五、六之四部，地理上各有其特色，而形势上各有其与中国不可离之关系，故吾族常努力吸收之以自卫，所以促其住民同化者亦多术，而此愿望至今犹未能全达，则吾侪及吾子孙所当有事也。

（18）以全势论之，则此一片大地，最不宜于国家主义之发育，故吾族向不认国家为人类最高团体，而常以“修身”为出发点，以“平天下”为究竟义。全部文化皆含此精神，故其历史或不在过去而在将来也。

上所举地理影响于历史者，崖略可睹矣。然此类地理之权威，迄近代既日以锐减。例如海运及国境上之铁路既通，则连山大漠，不足为对外交通之障。国内铁路邮电诸机关渐备，则幅员虽广，不难于统治。周遭诸民族同化略尽，则野蛮的侵掠蹂躏，不复成问题。工商业渐发展，则重心趋于都市，而自治之可能性愈大。诸如此类，今皆以异于古所云。特前此影响之留迹于心理者，则其蜕变，非旦夕间事也。

第二节　年　代

史何自起？就广义之史言之，可谓有人类即有史。而据地质学家所推定，人类发生，已在五十万年或二十万年前，即新石器时代迄今，亦已五万年。吾侪既确知新石器时代中国已有人，则亦可谓五万年前，中国已有史。虽然，吾今所治，为狭义之史，以先民活动之迹有正确记录可征者为限。则中国有史时代，盖起于夏禹。若再以严格的年代学绳之，则完全信史起于周之共和元年，即西纪前八百四十一年。

有史以前，谓之神话时代（其实神话时代亦有史迹，历史时代亦有神话，此不过举概划分）。神话时代，其悠远乃数十百倍于有史时代。若著一部《人类活动通考》，则有史时代所占之篇幅，不过其最末数页而已。神话时代状态之研究，其大部分当以让诸地质学家，非治史者所宜过问。史家有时或以神话时代为副料，不过藉以推见初民心理或因其象征所表示而窥其生活之片影。例如因盘古剖卵而生的神话，推想吾先民最古之宇宙观。因三皇、五帝等神话，推想三才五行说之起源。因燧人、神农等名称，推想火及耕稼之发明影响于当时人心者若何深切。神话之辅助历史，其程度当至是而止。

司马迁曰“学者多称五帝，尚矣，而《尚书》独载尧以来。百家言黄帝，其言不雅驯，搢绅先生难言之。”此语足表其态度之谨严。虽然，迁之为书，仍托始于《五帝本纪》，未能践其断制也。夫岂必黄帝以前，即《尚书》所载尧、舜事，吾侪亦只能以半神话视之。韩非曰："孔、墨皆言尧、舜，而取舍不同，皆自谓真尧、舜。尧、舜不可复生，谁与定儒、墨之诚乎？"由是观之，恐《尚书》"曰若稽古"，亦半为后人所追记，未必能悉视为信史也。而迁乃于《尚书》所不载之黄帝、颛顼、帝喾偏有尔许事实，为之铺张扬厉。降及皇甫谧、罗泌之徒，生迁后又数百年、千年，乃自诧为知迁之所不知，举凡迁所吐弃为"不雅驯"之言者而悉宝之，于是古代史益芜秽不可治。近世治史者动辄艳称炎、黄、尧、舜时代之声明文物，此说若真，则夏、商千余年间，不可不认为文化之中绝或停顿。其原由何在？实无说明。而或者更摭拾前说，穿凿考证，例如五帝三王是否同出一宗，彼此相距年代几何等，聚讼之言，殆将充栋，皆所谓"可怜无益费精神"。盖考证惟当于事实范围内行之，事实存在与否尚成问题，则对于事实内容之讨论，太早计矣。吾侪不敢谓黄帝、尧、舜绝无其人，但至多认为有史以前半开化部落之一酋长，其盛德大业，不过后人理想中一幻影。《古本竹书纪年》托始夏禹，当是史官旧文，吾辈遵之，可以寡过矣。

夏以后，固已有近真之史迹，然年代殊难确算。如俗说皆称夏四百年，殷六百年，而《竹书》则云夏年多殷。《书·吕刑》称："王享国百年。"旧说谓指周穆王在位之岁，《竹书》则云周武王至穆王凡百年。诸如此类，异说滋多。《竹书》虽若较可信凭，惜原本今亦久佚。故司马迁于三代，但作世表而不凿考其年（注一）。纪年则起于《十二诸侯年表》，其第一年为西周之共和元年，下距今民国十一年为二千七百六十三年。此表殆极可信。盖共和后六十六年，周幽王六年十月辛卯朔，有日食，见于《诗经》（注二）。共和后百二十年，即鲁隐公元年，《春秋》于是托始焉。故我国史，可谓有二千七百六十三年极正确之年代，继续不断以迄今日也。

旧史皆以帝王纪年，盖舍此亦实无良法。然而破碎断续，虽强记者犹不能遍，致使史迹之时间的尺度，恒在朦胧意识之中，不便莫甚焉。故定出一画一的纪年标准，实为治史者急切之要求。近年来讨论此问题者，或议用孔子卒后，或议用帝尧甲寅，然皆不能言之成理。共和元年，既为历史上最初正确之年，则以之托始，在理论上固无可疵议。然既为国人耳目所不习，且与世界史迹比照，亦须多费一重换算。吾以为史之为物，以记述全人类活动为职志，国别史，不过人类通史之一部分，故所用记号，总以人类最大多数已经通行者为最便。基督纪元，在今日，殆可称为世界公历，吾侪不妨径采用之，以史之时间的公尺，无庸有彼我分别之见存矣。

历史时代当作何分画耶？史迹所以记人类之赓续活动相，强分时代，乃如抽刀断水，欲得绝对的精确标准，为事殆不可能。近今史家率将欧史区为古、中、近之三世，此如治天体学者画分若干星躔以资研究方便而已。中国欲仿斯例，颇极困难。依严格的理论，则秦以前为一时代，自秦统一迄民国成立为一时代，两者分野极为严明。然似此区分，则每时代所包含时间太长，几与不区分相等，若欲稍得平均，则易陷削趾适履之敝。故吾以为论次国史，或以不分时代为适宜。必不获已，则姑命秦以前为远古，自秦迄清为近古，民国以后为今代，而远古、近古中复为小区画，庶几不至大戾。今列表如下：

远古……	前期（约六百年）	夏禹迄周东迁	公历前一三六四（？）迄前七七一
	后期（约五百年）	春秋战国	公历前七七〇迄前二二二
近古……	初期（约四百年）	秦汉	公历前二二一迄二一九
	中期（约七百年）	三国两晋六朝隋唐	公历二二〇迄九〇六
	后期（约七百年）	五代宋元明	公历九〇七迄一六四三
	末期（约三百年）	清	公历一六四四迄一九一一
今代……		民国纪元以后	公历一九一二以后

远古近古今代之区别，最为分明。其在政治上，则远古为分治的、贵族的，近古为集治的、独裁的，今代行将为联治的、平民的。

其在文化上，则远古为发育的，近古为保守的，今代行将为蜕新的。凡百现象，皆俨若有一鲜明之帜志以示别。更将远近古各期细分之，则其特色可指者如下：

1　远古前期　自大禹以来，“诸夏”的观念（即中国人的观念），已完全成立，故为国史之始。然夏商称王天下，其实仍是部落分立，政治中枢势力甚微，文化亦仆僿，不甚可考见。自周创制封建，诸夏结合密度益增，政治渐渐有重心，文化亦或可观。

2　远古后期　周东迁后，政治重心渐失，各地方分化发展。诸夏以外之民族，亦渐形活动。然藉封建之势，各地皆以诸夏所建国为中心，以吸收同化境内诸异族。而此诸夏之国，复次第合并，由数百而数十，而六七以归于一。故此期实为中华民族混成时代。亦因分化之故，思想言论皆极自由，社会活态呈露，故文化极高度，且极复杂。

3　近古初期　民族既抟梡为一，故秦汉以后，完全成为不可分之界。然版图既廓，统治益艰，故因封建时代经验蜕变之成规，创立中央君主独裁政体。人民亦经长期战争之后，动极思静，务咀嚼前期所产文化以应用之于恬适的生活，故保守性习，从此发生，文化渐入停顿时代。中间境外诸蛮族，屡图侵入，卒距之不得逞，故此期最足为代表吾族真面目。

4　近古中期　两汉之政治组织，及其末年，已发见流弊，且呈露情性，于是有三国之分裂。在前期中，境外及边徼诸异族本已蓄有潜势，但被抑不得发，至是乘虚纷起，遂至有五胡及南北朝之难，历数百年，及唐之兴，乃始告一结局。此期内之政治现象，因外族杂治之结果，法律屡失效力，人民保障益危，中央之组织能力亦渐趋薄弱，故汉唐虽同称盛世，然唐政实不逮汉远甚！文化方面，固有者极形衰落，惟因于与印度开始交通，加人外来之新成分，在史中开一异彩。即民族方面，亦因外族侵入之结果，次第同化，使吾族内容益加扩大，其得失正参半焉。

5　近古后期　唐代号称统一，然中叶以后，蕃将跋扈，吾族统一能力，既日减杀，经五代及宋，人民以厌兵之故，益趋孱弱。而北徼新兴之族，翻极鸱张，辽、元、金相继蹂躏，大河以北，久逸出吾族支配之外。而蒙古入主，与前此五胡情势悬殊，以绝对不受同化之族而据有中国全境，吾族殆无所托命。明代虽云光复，然为膻腥所染，政治组织益紊其轨。文化方面，则印度学术输入既久，完全消化，别构成中印合流之新哲学，亦因政治上活动余地较狭，士大夫之聪明材智专用之于学艺，故文学美术等皆别辟新方向，然而消极颓废的思想，实随处表现。

6　近古末期　前清以异族统一中国，逾二百年，在史上盖无前例。然东胡民族与北族殊，其被同化也甚速，久已渐失其种族的色彩。此期内之政治，虽不能谓为美善，然就组织力言之，则除汉代外，殆无其匹！西北徼诸地，在此期内，悉隶中国版图，历年悍族侵暴之祸殆绝，人民颇得苏息。明中叶以降，欧人航海觅地热骤兴，开华欧交通之端绪，逮清而转变愈剧。于是中国人始渐知有“世界”，不能不营国际的生活。此期文化承前明空疏之反动，刻意复古，由明而宋，而六朝、唐而两汉，而先秦，次第逆溯，精神日趋朴实。及其晚期，则受欧学输入之影响，驯至思想根本动摇。故此期可谓为历史之一大转捩之过渡时代，遂酝酿以成备后之局。（本文未完）

（注一）《史记·三代世表序》云：“孔子因史文，次《春秋》，纪元年，正时月日，盖其详哉。至于序《尚书》，则略无年月，或颇有，然多阙而不录。故疑则传疑，盖其慎也。”此最足见良史谨严态度。

（注二）看《研究法》一四一页。

二九

梁任公《历史统计学》

历史统计学，是用统计学的法则，拿数目字来整理史料、推论史迹。这个名称是我和我的几位朋友们杜撰的。严格的说，应该名为“史学上之统计的研究法”，因贪省便，姑用今名。但我们确信他是研究历史的一种好方法，而且在中国史学界，尤为相宜。我们正在那里陆续试验，成绩很是不坏，所以我愿意把我们所拟的方法介绍诸君，盼望多得些同志共同做去。

我们为什么想用这种方法研究历史呢？我们以为欲知历史真相，决不能单看台面上几个大人物、几桩大事件便算完结，最要的是看出全个社会的活动变化。全个社会的活动变化，要集积起来比较一番，才能看见。往往有很小的事，平常人绝不注意的，一旦把他同类的全搜集起来，分别部类一研究，便可以发见出极新奇的现象，而且发明出极有价值的原则。比方我们看见一两只蝴蝶算得什么呢？一旦到动物学者的手里，成千成万的蝴蝶标本聚拢起来，综合一番，分析一番，便成绝大学问。我们做史学的人，对于史料之搜集整理，也是如此。

统计学的作用，是要“观其大较”，换句话说，是专要看各种事物的平均状况，拉匀了算总账。近来这种技术应用到各方面，种种统计表出来。我们想研究哪件事，只要拿他的专门统计表一看，真相立刻了然。所以《统计年鉴》等类之出版物，真算得绝好的现代社！会史。假如古代也有这种东西传下来，我们便根据着他，看出许多历史上“大较”的真相。然后究其所以然之故，岂非快事！这种现成的饭固然没得给我们，但我们用自己的努力，也许有许多方面能弥补这种缺憾来！

用统计方法治史，也许是中国人最初发明。《史记》的“表”是摹仿那“旁行斜上”的《周谱》。《周谱》这部书今虽失传，想也该是西纪前三四百年人做的。后来历代正史多有表，给我们留下种种好资料和好方法。可惜范围还太窄了，许多我们想知道“大较”的事件，都没有用表的形式排列出来。到清初有位顾栋高先生，著成一部五十卷的《春秋大事表》，把全部《左传》拆碎了，从各方面分析研究，很有统计学的精神。我从小读这部书，实在爱他不过，常常想我几时能有工夫，定要把全部二十四史，照他样子，按着我自己所要研究的目的，分类做一部通表，才算快事哩！我这个心愿怀抱了二十多年，但我很惭愧到今日还没有动手。

我想我们中国的史学家做这件事，便宜极了。因为我们纸片上的史料，是再丰富不过的。一切别史、杂史、文集、笔记之类且不必说，就以一部二十四史而论，真算得文献宝藏。就学校里头学历史的学生看，固然恨他“浩如烟海”，就我们专门做史学的人看，真不能不感谢我们先辈给我们留下这大份遗产。我们只要肯在里头爬梳，什么宝贝都可以发见出来。

以上把这种学问的理论大略说明了，以下要说我们着手的试验及其成绩。

我多年想做一张表，将二十四史里头的人物分类，学者、文学家、政治家、军人、大盗等等，每人看他本传第一句“某某地方人也”，因此研究某个时代多产某种人，某个地方多产某种人。我这计划曾经好几次和我的朋友丁文江先生谈起，他很赞成。后来他说先且不必分类，只要把正史上有传的人的籍贯列下来再说。他自己便干起来了。现在还没有完全成功，只是把几个统一的朝代——汉、唐、宋、明做成了，编出一张很有趣的《历史之人物地理分配表》。

他那张表的体例，是将《汉书》、《后汉书》、《新唐书》、《宋史》、《明史》中有传的人都列出，调查他们的籍贯，分配现今各省，再拿所有列传总数，按照各省人数，列出百分比例。例如两汉通共六百六十五篇传，河南人二百零九，占百分之三十一零四三。山东人一百十八，占百分之十七零七五。湖南人只有两个，占百分之三厘。福建人只有一个，占百分之一厘五。广东、云南、贵州一个也没有。全表以是为推。我们在这表中可以看出几个原则：

（一）帝都所在地人物往往特多。例如后汉之河南，占百分之三十七而强。唐之陕西，占百分之二十一而强。北宋之河南，占百分之二十三而强。南宋之浙江，占百分之二十二而强。都是居全比例之第一位。但其中有两个例外：前汉的陕西，仅占百分之十，居第四位，不惟远在山东、河南之下，而且还在江苏之下。明的直隶，仅占百分之七，居第五位。

（二）南北升降之迹甚显著。如山东、陕西、直隶、山西，汉、唐时平均比例皆在百分之十以上，多者至二三十以上。宋、明后，皆落至十分以下，平均不过五六分。内中惟河南勉强保持平度，然亦有落下的趋势。反之如江苏、安徽、江西、浙江，汉、唐时甚微微，以次渐升，至明时皆涨百分之十以上。此种现象，恐由于宋南渡后，南方之人为的开发，与蒙古侵入后，北方之意外的蹂躏。但人民自身猛进与退萎之精神，亦不容轻轻看过。

（三）原则上升降皆以渐，然亦有突进者。例如四川在前汉不及百分之二，后汉忽升至百分之六，其后即上下于此圈内。浙江向来不过百分之二三之间，北宋忽升至百分之八，南宋又升至百分之二十二。江西向来不到百分之一，北宋忽升至百分之五以上，南宋忽升至百分之十三以上。福建情形与江西亦大略相等。我们想这种情形，系由文化之新开辟。从前这些地方，离中央文化圈很远，一经接触之后，再加以若干年之酝酿醇化，便产出一种新化学作用。美国近年之勃兴，就是这种道理。以此推之，还有许多新地方也该如此。这表现仅编到明朝为止，若继续编下去，当又有新资料可以证明这个公例。例如湖南始终没有到过百分之二，倘将《清史》编出来，恐怕要骤涨到百分之十以上。广东向来差不多都是零度，倘将民国十年史编出来，恐怕也要涨百分之十以上。

（四）此外尤有一最显著之现象，则人物分配，日趋平均。前汉山东占百分之三十而弱，河南占百分之二十而弱。后汉河南占百分之三十七而强，山东占百分之十二而强。仅此两省，占汉史人物之半数。其余长江流域各省，没有能到百分之五的。湖南、福建、两广、云贵，都是零度。唐、宋人各省都渐渐有人，均匀许多了。到明时越发均遍，没有一省没有人。除广西、云、贵三省不满一分外，其余各省最高的不过百分之十三四，最低的省分亦有百分之一二,十八省中之九省，皆来往于百分之三与百分之七。平均数目之间，可见我们文化普及的程度一天比一天进步。倘若将《清史》续编下去，只怕各省不平等的现象还要格外减少哩。

诸君想想，像这样粗枝大叶的一张表，我们已经可以从这里头发见四个原则来，而且还能逐个求出他所以然之故，这是何等有趣的事！凡做学问，终要在客观正确的事实上才下判断，这是人人共知的。史学对象的事实，你说单靠几位大英雄的战记、几位大学者的著述吗？这固然可以表现社会的特殊力，却不能表示社会的一般力。我们搜集史料，断不能以此为满足。许多事实，并不必从个人有意的动作看出来，即如这张表所根据的材料，不过每篇的一句——“某处人也”，这样干燥无味的句子，从前读史的人，谁又肯信这里头还有研究价值？殊不知拆开了一句一句，诚丝毫无意味，聚拢起来，一综合，一分析，无限意味都发生出来了。这表所编仅限于两汉、唐、宋、明五代，而且是不管人物如何，有一篇传算一篇，倘若把二十四史全数编出，再将人物分类，恐怕继续发明的原则，还要多哩。青年诸君啊，须知学问的殖民地丰富得很，到处可以容你做哥仑布，只看你有无志气、有无耐性罢了。

我又请说我们别方面的试验。我近来因为研究佛教史，有一回发生起趣味，要调查我们先辈留学印度的事实。我费不少的劳力，考据出二百来个人，内中有姓名可考者一百零五，无姓名可考者八十二。我做了一篇文叫做《千五百年前之留学生》，曾经登在《改造杂志》。我在那篇文章里面，做了种种统计：

（一）年代别

西历第三纪后半　　二人

第四纪　　五人

第五纪　　六十一人

第六纪　　十四人

第七纪　　五十六人

第八纪前半　　三十一人

（二）籍贯别（内籍贯可考者仅六十五人）

甘肃十人　河南八人　山西七人　两广七人　四川四人　湖北五人　直隶四人　陕西四人　山东四人　新疆四人　辽东四人　湖南三人

（三）行迹别

1　已到印度学成后安返中国者四十二人

2　已到西域而曾否到印度无可考者十六人

3　未到印度而中途折回者十四人（？）

4　已到印度随即折回者二人

5　未到印度而死于道路者三十一人

6　留学期中病死者六人

7　学成归国死于道路者五人

8　归国后第二次再留学者六人

9　留而不归者七人

10　归留生死无考者八十人（？）

（四）留学期间另（可考者）

四十年以上一人

三十年以上一人

二十年以上一人

十五年以上八人

十年以上五人

五年以上三十九人

（五）经途别（可考者但有往返异途者）

海道六十八人

西域葱岭路七十七人

于阗罽宾路二人

西藏尼波罗路七人

云南缅甸路二十许人

我根据这些数目字，知道事实上“如此如此”，我便逐件推寻他“为什么如此如此”，于是得了许多条假说或定说。对于那位事情的真相，大概都明了了。我高兴到了不得，好像学期试验得了一回最优等。诸君若要知道详细，请把那篇文章一看。

我研究佛教史，从各方面应用这种统计法，觉得成绩很不坏。我也曾从各家金石目录中，把几千种关于佛教的石刻，如造像经幢之类，调查出土的地方，调查所刻文字的内容，如所造像为释迦像、为弥勒像、为阿弥陀佛像，所刻经为《心经》、为《金刚经》、为《陀罗尼经咒》等等。我因此对于各时代各地方信仰态度之变迁，得着一部分很明了的印象。我又曾将正续《高僧传》及各家经录中凡关于佛教著述的目录，搜寻出一千来种，用他们所解释的经论分类一看下去，便可以知道某时代某宗派兴衰状况何如。这些都是我现时正在进行的工作。我做这种麻烦的工作，很劳苦，但是我很快乐，因为我常常在我的工作中发见意外的光明。我确信我的工作，做一分定有一分成绩，做十分定有十分成绩。

我想这种方法，可以应用到史学的全部分。我的脑筋欢喜乱动，一会发生一个问题。我对于我所发的问题，都有兴味。只可惜我不能把每日二十四点钟，扩充为四十八点钟，所以不能逐件逐件去过我的瘾。现在请把思做而未能做的题目，随便说几个请教诸君。

（一）我们试做一篇《历代战乱统计表》，把战乱所起的年月、所经过的年月、所起的地方、所波及的地方、为何事起、起于某种性质的人，为敌国相攻，抑人民造反，为自相残杀，抑对外防卫……诸如此类，预定十几个题目，依格填去，也不必泛滥许多书籍，只要把正续《资治通鉴》编完，我信得过可以成一张很好的表。根据这表，研究他为甚么如此，一定可以发明许多道理来。

（二）我们试做一篇《异族同化人物表》。先把各史有传的人姓氏谱系来历稍为蹊跷的——如长孙、宇文之类，都去研究一下。考定某姓出于某族，并不是很困难的事。一面将各史传中明记某人本属某族，——如金日磾本籍匈奴，王思礼本籍高丽类，一一列出，其族别则分为匈奴、鲜卑、氐、羌、蛮詔、高丽、女真、蒙古、满洲等等，看某种族人数何如、某时代人数何如、某地人数何如。此表若成，则于各外族同化程度及我们现在的中华民族所含成分如何，大概可以了解。

（三）我们试做一篇《地方统治离合表》。其各地在本族主权者统治之下不计，其北魏、元、清三代虽属外族，而势力统一全国或半国者亦不计。自余各地约以现制各道为区域。每一区域，先记其未隶中国版图之年代，既隶之后，或本地异族据而自立，或外来异族侵据，皆记之，也不必记详细事迹，但记分立侵据之年代及年数。有恁么一张表，我们各地方进化退化之迹，自然有许多发明。

（四）我们试做一篇《历代著述统计表》。把各史的艺文志和各人的本传，凡有著述者，将其书名、部数、卷数列出，再将书的性质分类，将著书人的年代籍贯分类，求出某时代某地方人，关于某类学问的著述有几多部、几多卷，只把数目字列出，便可知道某时代某种学问发达或衰落，某地方文化程度或高或低，或进化，或退化。

（五）我们试做一篇《历代水旱统计表》。我们历代史官，对于这类灾异极为注意。试把各史的本纪和五行志做底本，参以各省府县志，以年代地方为别，做一张表，看隔多少年发一回，何时代多、何时代少，这样一来，上而气候、地质的变化，下而政治的修明或颓废，都可以推测得几分。诸君试思天下最无用的东西，还有过于五行志么？到了我们这些刁钻古怪的史学家手里头，也许有废物利用的日子哩。

像这种大大小小的统计题目，常常在我脑子里头转的，不下几十个，我也无暇细述，姑且举这五个不伦不类的讲讲。诸君举一反三，或者想出来的题目比我还多还好哩！总之凡做学问，不外两层工夫：第一层要知道"如此如此"。第二层要推求"为甚么如此如此"。论智识之增殖，自然以第二层为最可宝贵。但是若把第一层看轻了，怕有很大的危险。倘若他并不是如此，你模模糊糊认定他如此，便瞎猜他为什么如此，这工夫不是枉用的么？枉用还不要紧，最糟是瞎猜的结论，自误误人。所以我们总要先设法知道他"的确如此如此"，知道了过后，我自己能跟着推求他"为什么如此"固然最好，即不能，把事实拢出来，让别人推求也是有益的事。问设什么法子才能知道"的确如此如此"呢？我简单回答一句："有路便钻。"统计法，便是里头一条路。

我并非说这是研究史学的唯一好方法，但我敢说最少亦是好方法中之一种。因为史家最大任务，是要研究人类社会的"共相"和"共业"。而这种"观其大较"的工作，实为"求共"之绝妙法门，所以我们很欢喜他。加以我们现存的史料实在丰富，越发奖励我们工作的兴味。但是这种工作是很麻烦很劳苦的，而且往往失败，我自己就曾经失败过好几回。

我并不劝各位同学向这条路上走，但哪一位对于这种工作有兴味，不妨找一两个题目一试，须知从麻烦劳苦中得一点成功，便是人生最快乐的事。或者还可以说人生目的就在此地！

三〇

柳翼谋《正史之史料》

今之治史学者，罔不以考证史料为要务。盖史料征实，始可从事编纂。然不知史料所自来，仅凭本文以意之，亦不能明其真若伪也。此审查史料之来源，为尤足重也。来源正确，则史料不烦考而信矣。正史者，今人咸目为史料，故先讨其源焉。其名昉于《隋书·经籍志》。《史通》叙正史兼《尚书》、《春秋》，《隋志》则以《史记》为始。自《史记》迄《明史》并《新元史》凡二十五种，皆隶于正史。兹先考其前之史料，次及正史之来源。

（一）正史前之史料　正史以前之史料，大半为官书，正史亦据之。周代，地方有州史、闾史，政府有太史、小史、内史、外史、御史、女史诸职。其五官所属之史，不下千余人，可不谓多与！《记》曰："左史记言，右史记事。"此则专于天子者也。《春秋》即据诸书而成。孔子命弟子求百二十国宝书，其原文多佚。庄七年经云："星賞如雨。"《公羊传》曰："《不修春秋》曰：'雨星不及地尺而复。'"此其遗文之仅见者。孔子曰："吾犹及史之阙文也。"故信以传信，疑以传疑。如夏五郭公之类，不妄有所增损。此吾国史家之美德。今人读古史，动辄怀疑，以为此为某某作伪，此为某某增窜，嚣然以求真号于众，不知古人以信为鹄，初未尝造作语言以欺后世。若谓今人始善考史，昔之人皆逞臆妄作，则由未读古书，不详考其来历耳。

（二）一家所撰史书之史料　正史，有一家撰者，有众手修者，其取材之源不一。撮其大要，不外见、闻二种。众手合修之史，仅及所见，一家之书，则可并书所闻。此二者不同之点也。《史记》、前后《汉书》、《三国志》、《宋书》、《南北史》、《五代史》均一家言。《后汉书》、《三国志》而外，皆有叙述其材料之所自，《史记》言之尤详。盖其所闻亦有二种：有闻之一人者，如下列数例是也：

《项羽本纪》：吾闻之周生。（孔文祥曰：周生，汉之儒者。）

《赵世家》：吾闻冯王孙曰："赵王迁，其母倡也。"

《卫将军传》：苏建语余曰："吾尝责大将军。"

《樊哙滕灌列传》：余与他广通，为言："高祖功臣之兴时若此"云。

《陆贾传》：至平原君子与余善，是以得具论之。

有闻之多人者：

《魏世家》：吾适故大梁之墟。墟中人曰："秦之破梁，引河沟而过大梁，三月城坏。"

《苏秦列传》：世言苏秦多异。异时事有类之者，皆附之苏秦。

《樗里子甘茂甘罗列传》：秦人谚曰："力则任鄙，智则樗里。"

《孟尝君列传》：……问其故，曰："孟尝招致天下任侠奸人入薛中，盖六万余家。"

《刺客列传》：始公孙季功、董生与夏无且游，具知其事，为余道之如是。

《淮阴侯列传》：吾如淮阴，淮阴人为余言。

或指名或否，其见可区为四。有见之书者，包罗最富。或为前世之书：

《太史公自序》：天下遗闻古事，靡不毕集太史公。太史公仍父子相续纂其职。又：厥协六经异传，整齐百家杂说。

《五帝本纪》：然《尚书》独载尧以来。而百家言黄帝，其文不雅驯，荐绅先生难言之。孔子所传宰予问五帝德及帝系姓，儒者或不传。

《夏本纪》：学者多传《夏小正》云。

《殷本纪》：自成汤以来采于《书》、《诗》。

《秦始皇本纪》：述六石刻辞。（及贾生《过秦论》）

《三代世表》：余读谍记，黄帝以来，皆有年数。以《五帝系谍》、《尚书》集世纪黄帝以来迄共和为世表。

《十二诸侯年表》：太史公读《春秋历谱谍》、《左氏春秋》、《铎氏微》、《虞氏春秋》、《吕氏春秋》。

《六国表》：《秦纪》不载日月，因《秦纪》踵《春秋》之后。

《秦楚之际月表》：太史公读《秦楚之际》。

《乐书》：太史公曰："余读《虞书》。"

《历书》：《历术甲子篇》。

《天官书》：昔之传天数者，高辛以前重黎，于唐虞羲和，有夏昆吾，殷商巫咸，周室史佚、苌弘。于宋子韦，郑则裨灶。在齐甘公，楚唐昧，赵尹皋，魏石申。

《吴太伯世家》：余读《春秋》古文，乃知中国之虞与荆蛮句吴兄弟也。

《卫康叔世家》：余读《世家》言。

《孔子世家》：余读孔氏书，想见其为人。

《伯夷列传》：其传曰："伯夷、叔齐，孤竹君之二子也。"（《索隐》：其传盖《韩诗外传》、《吕氏春秋》也。）《管晏列传》：吾读管氏《牧民》、《山高》、《乘马》、《轻重》、《九府》及《晏氏春秋》，详哉其言之也！

《司马穰苴传》：余读《司马兵法》，闳廓深远，虽三代征伐，未能竟其义。如其文也，亦少褒矣！世既多《司马兵法》，以故不论。

《孙武吴起列传》：世俗所称道师旅，皆道《孙子》十三篇、《吴起兵法》，世多有，故弗论。论其行事所施设者。

《仲尼弟子列传》：《论言弟子籍》出孔氏古文，近是。

《商君鞅列传》：余尝读商君《开塞》、《耕战》书，与其人行事相类。

《孟子荀卿列传》：余读孟子书，至梁惠王问何以利吾国，自如孟子至于吁子，世多有其书，故不论其传云。

《平原君虞卿传》：虞卿非穷愁不能著书以自见于后世。

《屈原贾生列传》：余读《离骚》、《天问》、《招魂》、《哀郢》，悲其志。

《大宛列传》：《禹本纪》言河出昆卷，言九州山川，《尚书》近之矣。至《禹本纪》、《山海经》所有怪物，余不敢言之也。

《汉书·司马迁传》：据左氏《国语》，采《世本》、《战国策》，述《楚汉春秋》，接其后事迄于大汉。

或为当代之书：

《太史公自序》：迁为太史令，紬石室金匮之书。(《索隐》：石室、金匮皆国家藏书之处，不尽并世之书。)

《惠景间侯者年表》：太史公读《列封》。

《建元以来王子侯者年表》：制诏御史诸侯王，或欲推私恩分子弟邑者，令各条上朕且监定号名。

《三王世家》：载霍去病疏及三王策。

《田儋传》：蒯通者，善为长短说，语战国之权变为八十一首。

《陆贾传》：余读陆生《新语》书十二篇，固当时之辩士。

《儒林传》：余读《功令》，至于广厉学官之路，未尝不废书而叹也！

或为天下计书：

《汉书·司马迁传》注如淳曰：《汉仪注》："太史公，武帝置，位在丞相上。天下计书，先上太史公，副上丞相，序事如古《春秋》。迁死后，宣帝以其官为令，行太史公文书而已。"

可知史公能罗列千百年之行事及成《河渠》、《平准》、《货殖》等传者，实博览之功。后世断代为史，多取材当代官书，然下至野史说部，亦未尝不甄采也。欧阳修得五代时小说一篇，载王凝妻李氏事，杂传以成，可以知其所采之广已。

有见其地者：史公生龙门，耕牧河山之阳，南游江淮，上会稽，探禹穴，窥九疑，浮于沅湘，北涉汶泗，讲业齐鲁之都，乡射邹峄，厄困鄱薛彭城，过梁楚，复西征巴蜀以南，北抵北地，履蹑周中国，往往询故老，访求遗闻佚事，流风余韵，入之于编，今犹可考也。

《齐太公世家》：吾适齐，自泰山属之琅邪，北被于海，膏壤二千里。其民阔达多匿，知其天性也。

《魏世家》：吾适故大梁之墟，墟中人曰："……。"（见前）

《孔子世家》：适鲁，观仲尼庙堂车服礼器。

《伯夷列传》：余登箕山，其上盖有许由冢云。

《孟尝君传》：吾尝过薛，其俗闾里率多暴桀子弟，与邹鲁殊。问其故，曰："孟尝君招致天下任侠奸人入薛中，盖六万余家。"

《魏公子列传》：吾过大梁之墟，求问其所谓夷门。

《春申君传》：吾过楚，观春申君故城宫室，盛矣哉！

《屈原贾生列传》：适长沙，观屈原所自沉渊。

《蒙恬传》：吾适北地，自直道归，行观蒙恬所为秦筑长城亭障。

《淮阴侯传》：余如淮阴，淮阴人为余言。

《樊哙滕灌列传》：吾适丰沛，问其遗老，观故萧、曹、樊哙、滕公之冢及其素，异哉所闻！

《龟策传》：余至江南，观其行事，问其长老。

有见其人者：

《李将军列传》：余睹李将军悛悛如鄙人，口不能道辞。

《游侠列传》：吾见郭解状貌不及中人，言语不足采者。

或未见而得之图像：

《留侯世家》：至见其图，状貌如妇人好女。

故描摹曲尽其致，使后之读者悠然想其风采，岂无故也！可不奉为圭臬与？

有见其事者：汉建封禅，塞宣房，征西南夷，史公皆得亲从事，言之尤详尽覈实，有以也！

《封禅书》：余从巡祭天地诸神名山川而封禅焉。入寿宫，侍祠神语，究观方士祠官之意，于是退而论之。

《河渠书》：余南登庐山，观禹疏九江，遂至于会稽、太湟，上姑苏，望五湖，东窥洛汭、大伾，迎河行淮、泗、济、漯、洛渠，西瞻蜀之岷山及离碓，北自龙门至于朔方，曰："甚哉！水之利害也！"余从负薪塞宣房，悲《瓠子》之诗而作《河渠书》。

《韩长孺列传》：余与壶遂定律历，观韩长孺之义，壶遂之深中隐厚。世之言梁多长者，不虚哉！

史公得之见与闻概如此。刘向、扬雄号博极群书，皆许为实录。古人之崇尚翔实，有非后世所能梦想者已！今人固未尝亲履史公所至之地，编翻史公所读之书，又未睹刘向、扬雄所校刊讽诵者，徒就一二遗编，毛举细故，斥史公之不经或他人之作伪，岂不冤哉！班《书》述取材之源，不及迁《史》之详，观其叙传及他篇所录，亦可见其一斑：

《汉书·叙传》：况生三子：伯、斿、稚。斿博学有俊材，与刘向校秘书。每奏事，斿以选受诏进读群书。上器其能，赐以秘书之副。时书不布，自东平思王以叔父求太史公诸子书，大将军白不许。稚生彪。彪与从兄嗣共游学，家有赐书，内足于财，好古之士自远方至。父党扬子云以下，莫不造门。固永平中为郎，典校秘书，专笃志于博学，以著述为业，探纂前记，缀辑所闻，以述《汉书》。综其行事，·旁贯五经，上下洽通，穷人理，该万方，纬六经，缀道纲，总百氏，赞篇章，函雅故，通古今，正文字，惟学林。

《律历志序》：羲和刘歆等典领条奏，言之最详。故删其伪辞，取正义著于篇。司徒掾班彪曰："考观诸儒之议，刘歆博而笃矣！"

班氏阅书既博，前世器物，亦有亲见之者。

《孝宣赞》：至于技巧工匠器械，自元成间鲜能及之。

设未尝即目，安能为此言乎？皇室外戚间事，闻之尤悉。

《孝元赞》（班彪撰）：臣外祖兄弟为元帝侍中，语臣曰："元帝多材艺云云。"（应劭曰：外祖金敞也。）

《成纪赞》：臣之姑充后宫为婕妤。父子昆弟侍帷幄，数为臣言云云。

其放怪诞而尚翔实，犹夫史公之指也。

《东方朔传赞》：刘向言少时数问长老贤人通于事及朔时者，皆曰："……朔之诙谐，逢占射覆，其事浮浅，行于众庶。儿童牧竖，莫不炫耀。而后世好事者因取奇言怪语附著之朔。"故详录焉。

《西域传叙》：自宣元后，单于称藩臣，西域服从，其土地山川、王侯户数、道里远近，翔实矣！

其后李延寿之作《南北史》，盖承其父大师之学而益广之也。大师尝以宋、齐、梁、陈、周、隋南北分隔，各以其本国周悉，略于别国，且往往失实，欲改正之。兄恭仁家富书籍，乃恣意披览宋、齐、魏、梁四代之书，颇有编辑，未竣而卒。延寿初在中书，既以家有旧本，且欲追终兄志。其齐、梁、陈五代旧事所未见，因编纂之暇抄录之。及敕修《晋书》，复得勘究宋、齐、魏未得之事。褚遂良之修《晋书十志》，延寿亦被召，因遍得披寻。凡魏、齐、周、隋、宋、齐、梁、陈正史，并手自写，外更勘杂史，于正史所无者一千余卷，削其烦以编入。此皆延寿所资之史料也。

欧阳修《五代史》亦时书其见闻。以上皆一家史书所取之资料也。

《新五代史·职方考》：唐之封疆远矣！前史备载，而羁縻寄治虚名之州在其间。五代乱世，文字不完，而时有废省。又或陷于夷狄，不可考究其详，其可见者具之如谱。

又《十国世家》：行密之书，称行密为人云云。

又《唐明宗本纪》：余闻长老为予言。

又《唐臣传》：呜呼！官失其职久矣！予读梁宣底，见敬翔、李撵为崇政院使。

又《死节传》：今《周世宗实录》载刘仁赡降书，盖其副使孙羽等所为也。考其制书，乃知仁赡非降者也。

（三）众手所修史书之史料　众手所修之史，其取材之法，征诸官制，可以知已。一曰起居注与著作之所记。汉武帝有《禁中起居》，后汉马皇后撰《明帝起居注》，为起居之始。然尚属内官。汉献以后，变为外官。《隋书·经籍志》载《汉献帝起居注》五卷，盖其所记已广于前。以至于宋，其域益广。迄明清而不废，惟时有轻重耳。掌之者立帝座之后，定时日以报，势不敢伪。史官据以撰述，亦莫由伪也。

《文献通考·职官考》：凡宣徽、客省、四方馆阁门、御前忠佐、引见司制置、进贡、辞谢、游幸、宴会、赐赉、恩泽之事，五日一报。翰林麻制、德音、诏书敕榜、该沿革制置者、门下中书省封册、告命、进奏院四方官吏风俗美恶之奏、礼宾院诸蕃职贡宴劳赐赉之事，并十日一报。吏部文官除拜选调沿革、兵部武臣除授、司封封建、考功谥议行状、户部土贡旌表、州县废置、刑部法令沿革、礼部奏贺祥瑞贡举品式、祠部祭祀画日、道释条制、太常雅乐沿革、礼院礼仪制撰、司天风云气候、祥异证验、宗正皇属封建出降宗庙祭享制度，并月终而报。盐铁金谷增耗、度支经费出纳、户部版图升降，咸岁终而报。每季撰集以送史馆。是岁令审刑院奏覆、有所谕旨可垂戒者，并录送院。

著作设自六朝，掌缀国录。又有大著作，初之任，必撰名臣传以献，所以见其叙述之才也。其职与起居注分，要其所记足供史料一也。

一曰时政记。唐长寿中，史官姚琦奏请撰时政记。《新唐书·艺文志》载琦《时政记》二十卷。元置时政科，一文学掾掌之，以事付史馆。及一帝崩，则国史院据所付修实录。一曰实录亦史官所记。唐玄宗一朝实录之多，至二千六百余卷，他可想已。

一曰日历。唐元和中，韦执谊奏史官撰录。其法，以事系日，以日系月，以月系时，以时系年，至为精密。宋代日历之修，必诸司关白，如诏诰政令，则三省必录，兵机边事，枢庭必报。百官之拜罢、刑罚之与夺、台谏之论列、给舍之缴驳、经筵之论答、臣僚之转对、侍从之直前启事，中外之囊封匭奏，下至钱谷兵甲、狱讼造作，凡有关政体者，必随日以录。又虑其出于吏牍，未免讹谬，或一日之差，则后难考定，一事之失，则后难增补，此欧阳子所以虑日历或至遗失，奏请岁终监修。宰相点检修政官日所录事，有隳官失职者罚之，其于日历慎重如此。日历不至遗失，则后日会要之修取于此，他年实录之修取于此，百年之后，纪志列传取于此。此宋氏之史所以为精确也。元不置日历。天历间，诏修《经世大典》，明初纂修之士，《实录》而外据之以成《元史》者也。语在《曝书亭集·徐一夔传》。

总之史之修于众手者，必取材于起居注、时政记、实录、日历数者。（外此则有官私之行状，如柳宗元《柳公行状》上之《尚书考功》及《段太尉逸事状》上之史馆之类。）今欲考证史料，舍数者而外，其道莫由。京师图书馆尚存《宋太宗实录》八卷（本八十卷），《明十一朝实录》二百三十一册。予尝欲取《明史》帝纪比而观之，庶有以见其去取之意及其疏密所在。前人之考史者，多只就本史研索，若赵云崧之《二十二史札记》、王鸣盛之《十七史商榷》，胥是法也。亦有就二史对照者，皆非探源之法。例如明国子监事，《太祖本纪》及《选举志》如《宋史》、《金史》所载之事有详有略，则以二书互勘言之，均极略。而清《国子监志记》采《明太祖实录》，则详于《明史》。若不旁收远采，安能知其缺略乎？日历、实录等外，足资史家者尚众。宋祁录韩、柳文入之《唐书》。《元史》取《元典章》。柯绍忞著《高丽传》，即采于《经世大典》、《高丽记事》。若此类不可胜数。要之，史书无一事无来历，其小有出入，乃一时之疏，非故意以误后人，不得执一以疑其百也。今不务考其本源，而凭空言出私见，冀以补其遗而正其讹，吾不知其可也。

三一

夏曾祐《周秦之际之学派》

周秦之际，至要之事，莫如诸家之学派。大约中国自古及今，至美之文章，至精之政论，至深之哲理，并在其中，百世之后，研穷终不能尽，亦犹欧洲之于希腊学派也。然诸子并兴，群言淆乱，欲讨其源流，寻其得失，甚不易言，自古以来，即无定论。著录百家之书，始于《汉书·艺文志》(《汉书》汉班固撰，而《艺文志》则刘向、刘歆之成说也)，后人皆遵用其说。然《艺文志》实与古人不合。案《艺文志》分古今（自上古至汉初）学术为六大类：一曰六艺（即儒家所传之经）。二曰诸子（即周秦诸子）。三曰诗赋。四曰兵（中分四派：一权谋，二形势，三阴阳，四技巧）。五曰术数（中分六派：一天文，二历谱，三五行，四蓍龟，五杂占，六形法）。六曰方技（中分四派：一医经，二经方，三房中，四神仙）。此六者，加以提要一类，名曰七略，而其精粹则皆在六艺、诸子二略之中。六艺前已言之，今但当言诸子。分诸子为十家：一儒家（五十三家八百三十六篇）。二道家（三十七家九百九十三篇）。三阴阳家（二十一家三百六十九篇）。四法家（十家二百二十七篇）。五名家（七家三十六篇）。六墨家（六家八十六篇）。七纵横家（十二家百七篇）。八杂家（二十家四百三篇）。

九农家（九家百十四篇）。十小说家（十五家千三百八十篇）。其间除去小说家，儒、道、阴阳、法、名、墨、纵横、杂、农谓之九流。此周秦诸子之纲要也。向、歆父子又一一溯九流所自出，而谓其皆六艺！之支流余裔。儒家出于司徒之官，道家出于史官，阴阳家出于羲和之官，法家出于理官，名家出于礼官，墨家出于清庙之官，纵横家出于行人之官，杂家出于议官，农家出于农稷之官，小说家出于稗官，其初皆王官也。王道既微，官失其职，散在四方，流为诸子。此说自古通儒皆宗之。（近人分诸子为南北派：儒、墨、名、法、阴阳为北，道、农为南。然此说求之古书，绝无可证。且又何以处纵横家、杂家乎？其说不足从也。）然其中有一大蔽存焉。盖六艺皆儒家所传，授受渊源明文具在，既为一家之言，必不足以概九流之说。而向、歆云尔者，因向、歆之大蔽，在以经为史。古人以六艺为教书，故其排列之次自浅及深，而为《诗》、《书》、《礼》、《乐》、《易象》、《春秋》。向、歆以六艺为史记，故其排列之次自古及今，而为《易》、《书》、《诗》、《礼》、《乐》、《春秋》。此宗教之一大变也。既已视之为史，自以为九流之所共矣。然又何以自解于附《论语》、《孝经》于其后乎？其不通如此。分别各家之说，见于周秦西汉间人者，言人人殊。庄子（名周，楚人，道家）《天下》篇所引凡六家：一墨翟（宋人，墨家之初祖）、禽滑釐（墨翟弟子）。二宋钘（即《孟子》中之宋轻）、尹文（齐宣王时人，令尹文子书尚在）。三彭蒙（未详）。田骈（齐人，游稷下，著书十五篇）、慎到（又名广，韩非称之）。四关尹（名喜，老子弟子）、老聃（即老子）。五庄周（自表其家）。六惠施（名车，庄子之友）。荀子《非十二子》篇所引凡六家：一它嚣（疑是楚人）、魏牟（魏公子有书四篇）。二陈仲（即《孟子》书中陈仲子，或作田仲）、史鳝（卫大夫，字子鱼）。三墨翟、宋钘（见前）。四田骈、慎到（见前）。五惠施（见前）、邓析（郑大夫，书一卷今存）。六子思（名伋，孔子孙，有《中庸》二篇）、孟轲（字子舆，子思弟子，有书七篇）。皆胪其学说而不著其所自出。今案其学说（文繁不录，在《庄子》第十卷、《荀子》第三卷中），则庄子所言，第一为墨家，第二亦墨家，第三道而近于法家，第四道家，第五亦道家，第六名家。荀子所言，第一道家，第二墨家之一派，第三.墨家，第四道家，第五名法家，第六儒家。总之不过道、儒、墨三家（名法出于道家、儒家之间）而已。其他周秦间书所引学者之名，其分合之间，亦粗有以类相从之例，大约亦与此相似。至司马迁则分为六家：一阴阳，二儒，三墨，四法，五名，六道。则于庄、荀所举之外增入一阴阳家。惟不举其人，无从证其同异。观此则可知诸子虽号十家，其真能成宗教者，老、孔、墨三家而已。而皆为师弟子，同导源于史官，亦可见图书之府之可贵也。然周秦之际之学术，出于周之史者，又不仅此三家。儒、道、名法、墨固已证其同源矣。若阴阳家，老子未改教以前之旧派也。此即周史之本质。纵横出于时势之不得不然，初无待于师说。然鬼谷子、苏秦、张仪并周人，而《鬼谷子书》义兼道德。杂家号为调停，实皆以道家为主。农家传书最少，然据许行之遗说以推之，亦近道家也。小说家即史之别体。是诸子十家之说，同出一原。其他诗赋略固不能于六艺九流之外，别有所谓文章义理。兵略别为一事，与诸学无与。术数方技，事等阴阳，皆老子以前之旧教。此七略之大概也。其后儒、墨独盛，皆有可为国教之势。周秦间人，以儒、墨对举之文，殆数百见，而其后卒以儒为国教，而墨教遂亡。兴亡之际，虽因缘繁复，然至大之因，总不外吾民之与儒家相宜耳。然自此以还，遂成今日之局。墨蹶儒兴，其涿鹿之战后之第一大事哉。

三二

章太炎《论诸子的大概》

现在人把一切的书，分做经、史、子、集四部。这个是起于一千五百年前晋朝荀勖。以前却并不然。《汉书·艺文志》从刘歆《七略》出来，把一切书分做六部。其中诸子、兵书、数术、方技四部，现在通通叫做子书。六部中间，子书倒占了四部，可见当时学问的发达了。当时为甚么要分做四部呢？因为诸子大概是讲原理，其余不过一支一节，所以要分（但纵横家也没有理）。流传到现在，兵书！只存了《孙子》，数术只存了《山海经》，方技只有黄帝《素问》、扁鹊《难经》还在，也难免有后人改窜，惟有诸子存留的还多。到底是原理惬心，永远不变，一支一节的，过了时就不中用，所以存灭的数不同。

诸子也叫做九流。汉朝太史公司马谈只叙六家，就是道家、儒家、法家、墨家、阴阳家。刘歆做《七略》，又添叙了四家，就是农家、纵横家、杂家、小说家。合起来是十家。因为小说家是附录，所以叫做九流。为甚么称家为流呢？古来学问都在官，民间除了六艺没有别的学问。到周朝衰了，在官的学问渐渐散入民间，或者把学问传子孙，或者聚徒讲授，所以叫做家。九流就是九派的意思。流字古书上不见，家字在《孟子》里头已经说“法家拂士”,《荀子》里头也说“小家纷说”,《庄子》里头也说“大方之家”。大概六国时候唤做家，汉朝时候唤做流。

古来学问都是在官，所以《七略》说：“儒家者流，出于司徒之官；道家者流，出于史官；阴阳家者流，出于羲和之官；法家者流，出于理官；名家者流，出于礼官；墨家者流，出于清庙之官；纵横家流，出于行人之官；杂家者流，出于议官；农家者流，出于农稷之官；小说家者流，出于稗官。”固然有些想象，也有几个有确实凭据。道家成气候的，到底要算老子。老子本来做征藏史，所以说道家本于史官。墨子的学派，据《吕氏春秋》说，是得史角的传授。因为鲁国想要郊天（在南郊祭天叫做郊天），求周朝允许他，周朝就差史角去，自然史角是管祭祀的官，所以墨家出于清庙之守。这两项都是有真凭实据。但是《七略》里头，道家一个是伊尹，伊尹在商朝初年，墨家头一个是尹佚，尹佚在周朝初年，并不是周末的人，倒不能不使人起疑问。原来伊尹、尹佚的书，并非他自己做成，只是后来人记录一点儿，所以说九流成立的时候总在周。

九流里头，老子不过是一流，但是开九流著书的风气，毕竟要算老子。况且各家虽则不同，总不能离开历史。没有老子，历史不能传到民间。没有历史的根据，到底不能成家。所以老子是头一个学派。有人说诸子所说的故事，有许多和经典不同，怎样说九流都有历史的根据？这个也容易解说：经典原是正史，只为正史说的事迹不很周详，自然还有别的记录。记录固然在官，在官的书，也有流传错误。况且时代隔了长久，字形训诂也不免有些走失，所以诸子说的故事许多和经典不同，并不是随意编造。

九流分做十家：儒家、道家、法家、名家都有精深的道理。墨家固然近宗教，也有他的见地。《经上》、《经下》两篇，又是名家的开山。这五家自然可贵了。纵横家只说外交，并没甚么理解。农家只讲种田，阴阳家只讲神语，小说家录许多街谈巷语，杂家钞集别人的学说，看来这五家不能和前五家并列，为什么合在一起？因为五家都有特别的高见，也有特别的用处，所以和前五家并列。就像农家有君臣并耕之语，小说家宋钘有不斗的语，有弭兵的话，都是特创的高见。杂家是看定政治一边，不能专用一种方法，要索取各家的长，斟酌尽善，本来议官应该这样。阴阳家别的没有好处，不过驺衍的大九州，很可以开托心胸。后来汉武帝取三十六国，灭大宛，通印度、奄蔡（奄蔡大概是露西亚地界），只为看了驺衍的书，才得发出这个大主意来（《盐铁论》里头说的）。纵横家的话，本来几分像赋，到天下一统的时候，纵横家用不着，就变做词赋家。本来古人说“诵诗三百，可以专对”，可见纵横家的长技，也是从诗赋来，所以屈原是赋家第一人，也就娴于辞令。汉朝初年，邹阳、枚乘几个人，都是纵横家变成赋家的魁首。汉朝一代文章，大半是由纵横家变来。从子书的局面变成文集的局面，全是纵横家做个枢纽，这就是特别用处。所以十家并列，并没有甚么不称。

现在的分部，兼有诸子、兵书、数术、方技四部。古来分，近来合，原没有什么不可。不过做目录的，一代不如一代。且看子部里头，本来没有释道。从梁朝阮孝绪做子录，添了佛录、道录两种。后来《隋书·经籍志》佛道两家，还录在经史子集四部以外。以后的目录，佛道也收入子部。却是佛藏、道藏的书，并不全采，不过偶然杂采几种，已经不如《隋书》远了。究竟后来的道经和老子、庄子、道家并不混乱。像欧阳修、宋祁修《唐书》，都还明白这个道理。因为道经本是张道陵开头，虽则托名老子，到底和老子不相干。况且晋朝葛洪，好讲炼丹，倒还痛骂老、庄。老子说的：“吾所以有大患，为吾有身。若吾无身，吾又何患？”庄子说的：“莫寿于殇子，而彭祖为夭。”和道士求长生的意见，截然相反，怎么能合做一家？若为张道陵托名老子，就把道家、道士看成一样，那么道藏里头，连墨子、韩非子也都收去，也好说古来的九流个个都是道士么？不晓怎么样，万斯同修《明史》，把老子、庄子的注解和道士的书录在一块。近来的《四库提要》也依着这种谬见，真是第一种荒唐了！又像小说家虽然卑近，但是《七略》所录，《鬻子》、《宋子》、《青史子》、《周纪》、《周考》都在小说家。《隋书·经籍志》所录，《辩林》、《古今艺术》、《鲁史欹器图》、《器准图》都在小说家。大概平等的教训、简要的方志、常行的仪注、会萃的札记、奇巧的工艺，都该在小说家的著录。现在把这几种除了，小说家里面，只剩了许多闲谈奇事。试想这种小说，配得上九流的资格么？这是第二种荒唐了！古来的九流，近来虽不完全，但看隋《经籍志》，名家只有四部书，墨家只有二部书，纵横家只有两部书，也还各自分开，并不为书少了，就勉强凑做一堆。近来人不管合得合不得，一把叙送杂家圈子里。章学诚说的："驱蛇龙而放之菹。"这是第三种的荒唐了！要把子部目录细细整理，就不是刘向父子出来，总要有王俭、阮孝绪的学问才够得上，断不是纪昀、陆锡熊这班人所能胜任的。

三三

胡适之《诸子不出于王官论》

今之治诸子学者，自章太炎先生以下，皆主九流出于王官之说。此说关于诸子学说之根据，不可以不辨也。此说始见《汉书·艺文志》，盖本于刘歆《七略》。其说曰：

> 儒家者流，盖出于司徒之官……
> 道家者流，盖出于史官……
> 阴阳家者流，盖出于羲和之官……
> 法家者流，盖出于理官
> 名家者流，盖出于礼官
> 墨家者流，盖出于清庙之守……
> 纵横家者流，盖出于行人之官……
> 杂家者流，盖出于议官
> 农家者流，盖出于农稷之官
> 小说家者流，盖出于稗官……
> 本十官，原文有"其可观者九家而已"之语，故但言九流。

此所说诸家所自出，皆属汉儒附会揣测之辞，其言全无凭据。而后之学者，乃奉为师法，以为九流果皆出于王官。甚矣，先入之言之足以蔽人聪明也！夫言诸家之学说，间有近于王官之所守，如阴阳家之近于占候之官，此犹可说也。即谓古者学在官府，非吏无所得师，亦犹可说也。至谓王官为诸子所自出，甚至以墨家为出于清庙之守，以法家为出于理官，则不独言之无所依据，亦大悖于学术思想兴衰之迹矣。今试论此说之谬，分四端言之：

第一，刘歆以前之论周末诸子学派者，皆无此说也。

（甲）《庄子·天下》篇

（乙）《荀子·非十二子》篇

（丙）司马谈《论六家要指》

（丁）《淮南子·要略》

古之论诸子学说者，莫备于此四书，而此四书皆无出于王官之说。《淮南·要略》专论诸家学说所自出，以为诸子之学皆起于救世之弊，应时而兴。故有殷、周之争，而太公之阴谋生；有周公之遗风，而儒者之学兴；有儒学之敝，礼文之烦扰，而后墨者之教起；有齐国之地势，桓公之霸业，而后管子之书作；有战国之兵祸，而后纵横修短之术出；有韩国之法令"新故相反，前后相缪"，而后申子刑名之书生；有秦孝公之图治，而后商鞅之法兴焉。此所论列，虽间有考之未精，然其大旨以为学术之兴，皆本于世变之所急，其说最近理。即此一说，已足摧破九流出于王官之陋说矣！

第二，九流无出于王官之理也。《周官》司徒掌邦教，儒家以六经设教，而论者遂谓儒家为出于司徒之官。不知儒家之六籍，多非司徒之官之所能梦见。此所施教，固非彼所谓教也，此其说已不能成立。其最谬者，莫如以墨家为出于清庙之守。夫以"墨"名家，其为创说，更何待言。墨者之学，仪态万方，岂清庙小官所能产生！《七略》之言曰：

> 茅屋采椽，是以贵俭。养三老五更，是以兼爱。选士大射，是以上贤。宗祀严父，是以右鬼。顺四时而行，是以非命。以孝视天下，是以上同。

此其所言，无一语不谬。墨家贵俭，与茅屋采椽何关？茹毛饮血，穴居野处，不更俭耶？又何不谓墨家为出于洪荒之世乎？养三老五更，尤不足以尽兼爱。墨家兼爱，本之其所谓“天志”，其意欲兼而爱人，兼而利人，与陋儒之养老异矣！选士大射，岂属清庙之守？其说已为离本。至谓“宗祀严父，是以右鬼”、“以孝视天下，是以上同”，则更荒谬矣。墨家爱无差等，何得宗祀严父？其上同之说，谓一同天下之义，与儒家之以孝治天下全无关系也。墨家非命之说，要在使人知祸福由于自召，丰歉有待耕耘，正攻儒家“死生有命，富贵在天”之说。若“顺四时而行”，适成有命之说，更何“非命”之可言？

凡此诸端，皆足征墨家之不出于王官。举此一家，可例其他。如云纵横之术出于行人之官，不知行人自是行人，纵横自是纵横，一是官守，一是政术，二者岂相渊源耶？《周礼》尝有掌皮之官矣，岂可谓今日制革之术为出于此耶？

第三，《艺文志》所分九流，乃汉儒陋说，未得诸家派别之实也。古无九流之目，《艺文志》强为之分别，其说多支离无据。如《晏子》岂可在儒家？《管子》岂可在道家？《管子》既在道家，《韩非》又安可属法家？至于《伊尹》、《太公》、《孔甲盘盂》种种伪书，皆一律收录，其昏谬更不待言。其最谬者，莫如论名家。古无名家之名也。凡一家之学，无不有其为学之方术，此方术即是其逻辑也。是以老子有无名之说，孔子有正名之说，墨子有三表之法，“别墨”有《墨辩》之书，即今《墨子》书中之《经上下》、《经说上下》、《大取》、《小取》诸篇。荀子有正名之篇，公孙龙有名实之论，尹文子有刑名之论，庄周有齐物之篇，皆其“名学”也。古无有无“名学”之家，故名家不成为一家之言。此说吾于所著《先秦名学史》中详论之，非数言所能尽也。惠施、公孙龙，皆墨者也。观《列子·仲尼》篇所称公孙龙之说七事、《庄子·天下》篇所称二十一事，及今所传《公孙龙子》书中《坚白》、《通变》、《名实》诸篇，无一不尝见于墨经，晋人如张湛、鲁胜之徒，颇知此理。至于惠施主兼爱万物，公孙龙主偃兵尤易见。皆其证也。其后学术散失，汉儒固陋，但知掇合诸家之伦理政治学说而不明诸家为学之方术，于是凡“苛察缴绕”司马谈语。之言，概谓之名家。名家之目立，而先秦学术之方法沦亡矣。刘歆、班固承其谬说，列名家为九流之一，而不知其非也。先秦显学本只有儒、墨、道三家，后世所称法家如韩非、管子，管仲本无书，今所传《管子》乃伪书耳。皆自属道家。任法、任术、任势以为治，皆“道”也。其他如《吕览》之类，皆杂糅不成一家之言。知汉人所立“九流”之名之无征，则其九流出于王官之说不攻而自破矣！

第四，章太炎先生之说亦不能成立。近人说诸子出于王官者，惟太炎先生为最详，其说见《诸子学略说》，此篇今不列于《章氏丛书》。然其言亦颇破碎不完。如引《艺文志》之说而以为“此诸子出于王官之证”。此如惠施所云“以弹说弹”，见《说苑》。不成论证也。其称老聃为柱下史，为征藏史，以为道家固出于史官，然则孔丘尝为乘田矣，尝为委吏矣，岂可遂谓孔氏之学固出于此耶？又云：“墨家先有史佚为成王师，其后墨翟亦受学于史角。”史佚之书，今无所考，其名但见《艺文志》。其书之在墨家，亦犹晏子之在儒家与伊尹、太公之在道家耳。若以墨翟之学于史角，为诸子出于王官之证，则孔子所师事者尤众矣。况史佚、史角既非清庙之官，则《艺文志》墨家出于清庙之说亦不能成立。又云：“其他虽无征验，而大抵出于王官。”然则太炎先生亦知其为无征验矣。

太炎先生又曰：“古之学者，皆出王官。世卿用事之时，百姓当家则务农商畜牧，无所谓学问也。其欲学者，不得不给事官府，为之胥徒，或乃供洒扫为仆役焉。故《曲礼》云：‘宦学事师。’学字本或作御，所谓宦者，谓为其宦寺也。适按此说似未必然。郑注云：宦，仕也。《正义》引《左传》宣二年服虔注云：宦学也，谓学仕官之事。其说似近是。所谓御者，谓为其仆御也。适按原作学，本可通。正艺谓学习六艺是也。即作御，亦是六艺之一。古者车战之世，射御并，孔子亦有“吾执御矣”之言，未必是仆役之贱职也。……《说文》云：‘仕，学也。’仕何以得训为学？所谓宦于大夫，犹今之学习行走耳。是故非仕无学，非学无仕。”《诸子学略说》。又曰：“不仕则无所受书。”《订孔上》。适按此言古代书册司于官府，故教育之权，柄于王官，非仕无所受书，非吏无所得师，此或实有其事，亦未可知。然此另是一问题。古者学在王官是一事，诸子之学是否出于王官又是一事。吾意以为即令此说而信，亦不足证诸子出于王官。盖古代之王官，定无学术可言。《周礼》伪书，本不足据。无论如何，《周礼》决非周公时之制度。即以《周礼》所言“十有二教”及“乡三物”观之，皆不足以言学术。徒以古代为学皆以求仕，故智能之士或多萃于官府。此如欧洲中世，教会柄世政，才秀之士多为祭司神甫，而书籍亦多聚于寺院，以故其时求学者皆以祭司为师。故谓教会为握欧洲中古教育之柄可也，然岂可遂谓近世之学术皆出于教会耶？吾意我国古代或亦如此。当周室盛时，教育之权或尽操于王官。然其所谓教，必不外乎祀典卜筮之文，礼乐射御之末，其所谓“师儒”，亦如近世“训导”、“教授”之类耳。其视诸子之学术，正如天地之悬绝。诸子之学，不但决不能出于王官，果使能与王官并世，亦定不为所容，而为所焚烧坑杀耳。此如欧洲教会尝操中古教育之权，及文艺复兴之后，私家学术隆起，而教会以其不利于已，乃出其全力以抑阻之。哲人如卜鲁诺（Bruno）乃遭焚杀之惨。其时哲学、科学之书，多遭禁毁。笛卡儿至自毁其已著未刊之《天地论》。使教会当时竟得行其志，则欧洲今世之学术文化，尚有兴起之望耶？是故教会之失败，欧洲学术之大幸也。王官之废绝，保氏之失守，先秦学术之大幸也。而世之学者，乃更拘守刘歆之谬说，谓诸子之学皆出于王官，亦大昧于学术隆替之迹已！太炎先生《国故论衡》之论诸子学，其精辟远过其《诸子学略说》矣，然终不废九流出于王官之说。其说又散见他书，如《孝经用夏法说》、《订孔上》诸篇。其言曰：“是故九流皆出王官。及其发舒，王官所不能与。官人守要，而九流究宣其义，是以滋长。”《原学》。此亦无征验之言。其言“官人守要而九流究宣其义”，大足贻误后学。夫义之未宣，便何要之能守？学术之兴，由简而繁，由易而赜。其简其易，皆属草创不完之际，非谓其要义已尽具于是也。吾意以为诸子自老聃、孔丘至于韩非，皆忧世之乱而思有以拯济之，故其学皆应时而生，与王官无涉。诸家既群起，乃交相为影响。虽明相攻击，而冥冥之中，已受所攻击者之薰化。是故孔子攻“报怨以德”之言，而其言无谓之治，则老聃之影响也。墨子非儒，而其言曰：“义者，正也。必从上之正下，无从下之正上。”则同于“政者正也”之说矣。又言必称尧、舜古圣王，则亦儒家之流毒也。孟子非墨家功利之说，而其言政无一非功利之事。又非兼爱，而盛称禹、稷之行与不忍人之政，则亦庄生所谓“名实未亏而喜怒为用”者耳！荀子非墨，而其论正名，实大受墨者之影响。诸如此类，不可悉数。其间交互影响之迹，宛然可寻，而皆与王官无涉也。故诸子之学，皆春秋战国之时势世变所产生。其一家之兴，无非应时而起。及时变事异，则向之应世之学，翻成无用之文。于是后起之哲人，乃张新帜而起。新者已兴而旧者未踣，其是非攻难之力，往往亦能使旧者更新。儒家之有孟、荀，墨家之有“别墨”，别墨之名始见庄子《天下》篇。其造诣远过孔、墨之旧矣。有时一家之言，蔽于一曲，坐使妙理晦塞，而其间接之影响，乃更成新学之新基。如庄周之言天地万物进化之理，本为绝世妙论，惜其“蔽于天而不知人”，荀卿之语。遂沦为任天安命达观之说。此说流毒中国最深，庄子书中如《大宗师》诸篇，皆极有弊。然荀卿、韩非受其进化论而救之以人治胜天之说，遂变出世主义而为救世主义，变乘化待尽之说而为戡天之论，变“法先王”之儒家而为“法后王”之儒家、法家。学术之发生兴替，其道固非一端也。明于先秦诸子兴废沿革之迹，乃可以寻知诸家学说意旨所在。知其命意所指，然后可与论其得失之理也。若谓九流皆出于王官，则成周小吏之圣知，定远过于孔丘、墨翟。此与谓素王作《春秋》为汉朝立法者，其信古之陋，何以异耶？

三四

柳翼谋《论近人讲诸子之学者之失》

近日学者喜谈诸子之学，家喻户习，寖成风气。然探研诸子之原书，综贯史志，洞悉其源流者，实不多觏。大抵诵说章炳麟、梁启超、胡适诸氏之书，展转稗贩以饰口耳。诸氏之说子家学派，率好抨击以申其说，虽所诣各有深浅，而偏宕之词，恒谬盭于事实。后生小子，习而不察，沿讹袭谬，其害匪细，故略论之以救其失。

讲求学术，必先虚心读书，实事求是，不可挟一偏之见，舞文饰说，强古人以就我。此即诸氏所称客观之法也。

> 章炳麟《诸子学略说》：记事之书，惟有客观之学。党同妒真，则客观之学必不能就。
>
> 胡适《中国哲学史大纲》：清初的汉学家嫌宋儒用主观的见解来解古代经典，有种种流弊，故汉学的方法，只是用古训古音古本等等客观的根据，来求经典的原意。

然诸氏好称客观，而其论学则多偏于主观，逞其臆见，削足适履，往往创为莫须有之谈，故入人罪。如：

章炳麟《诸子学略说》：老子以其权术授之孔子，而征藏故书，悉为孔子诈取。孔子之权术，乃有过于老子者。孔学本出于老，以儒、道之形式有异，不欲崇奉以为本师，而惧老子发其覆也，于是说老子曰："乌鹊孺，鱼傅沫，细要者化，有弟而兄啼。"老子胆怯，不得不曲从其请。逢蒙杀羿之事，又其素所怵惕也。胸有不平，欲一举发，而孔氏之徒遍布东夏，吾言朝出，首领可以夕断。于是西出函谷，知秦地之无儒，而孔氏之无如我何，则始著《道德经》以发其覆。藉令其书早出，则老子必不免于杀身。如少正卯在鲁，与孔子并，孔子之门，三盈三虚，犹以争名致戮，而况老子之凌驾其上者乎？呜呼！观其师徒之际，忌刻如此，则其心术可知，其流毒之中人，亦可知已！

胡适《诸子不出于王官论》：周室王官视诸子之学术，如天地之悬绝。诸子之学，不但决不能出于王官，果使能与王官并世，亦定不为所容，而必为所焚烧坑杀耳。此如欧洲教会操中古教育之权，及文艺复兴之后，私家学术隆起，而教会以其不利于己，乃出其全力以阻抑之。哲人如卜鲁诺乃遭焚杀之惨。其时科学哲学之书，多遭焚毁。笛卡儿至自毁其已著未刊之《天地论》。使教会当时得行其志，则欧洲今世之学术文化，尚有兴起之望耶？是故教会之失败，欧洲学术之大幸也。王官之废绝，保氏之失守，先秦学术之大幸也。

章之论孔老，则似近世武人政党争权暗杀之风。胡之论王官，直同欧洲中世教会黑暗残酷之状。不知其何所据而云然？章所据之论证，一为《庄子·天运》篇之文，其下文曰："'久矣夫，丘不与化为人。不与化为人，安能化人。'老子曰：'可，丘得之矣！'"郭象注曰："夫与化为人者，任其自化者也。若翻六经以说则疏也。"而章氏出以臆解，（《诸子学论略》自注见《庄子·天运》篇。）意谓已述六经学皆出于老子。吾书成，子名将夺，无可如何也。不知乌鹊、孺鱼、傅沫等语，何以即有夺老子之名且含逢蒙杀羿之事之意。庄以名其任化，章乃目为背师，是直不知老孔为何等人物，故以无稽之谈诬之也。一为《论衡·讲瑞》篇。夫孔子杀少正卯之事，前人疑之者多矣。

梁玉绳《史记志疑》历引明陆瑞家、清王澍、尤侗、阎若璩等之说以辨其非实事。陆氏之说尤精，其略曰：

> 昔季康子问政，孔子曰："为政，焉用杀！"岂有已为政未满旬日，而即诛一大夫耶？卯既为闻人，亦非不可教诲者，何至绝其迁善之路，而使之身首异处耶？鲁季氏三家，阳货，奸雄之尤者。司寇正刑明辟，当自尤者始。尤者尚缓而不诛，诛者可疑而不缓，两观之思，不其有辞于孔氏哉？不告而诛，不啻专杀大夫矣，圣人为之乎？凡此皆涉于无理，故不可信。朱元晦尝疑此以为不载于《论语》，不道于《孟子》，虽以左氏《内外传》之诬且谤，而犹不言，独荀况言之。愚谓况，忍人也，故以此为倡。当是时，吾见三桓之弱鲁矣，未闻卯之夺君也。此其刑政缓急之间，一庸吏能辨之，况吾夫子哉？

何得以此为孔老相猜之证？章氏以此诬孔子，胡氏更为之推波助澜。

> 《中国哲学史大纲》：孔子作司寇，七日便杀了一个乱政大夫少正卯。有人问他："为甚么把少正卯杀了？"孔子数了他的三大罪：一其居处足以聚徒成党。二其谈说足以饰邪荧众。三其强御足以反是独立。中国古代的守旧派，如孔子之流，对于这种邪说，自然也非常痛恨。所以孔子做司寇，便杀少正卯。

按胡以少正卯、邓析并举，而于杀邓析之子产，独疑其不确（《中国哲学史大纲》：《左传》鲁定公九年，郑驷颛杀邓析而用其竹刑，那时子产已死了二十一年，《吕氏春秋》和《列子》都说邓析是子产杀的，这话恐怕不确。），何以于孔子杀少正卯即认为确？《左传》详载孔子会齐堕都之事，未尝记杀少正卯之事。故《荀子》、《尹文子》称孔子诛少正卯，与《列子》、《吕览》之称子产杀邓析同一不确。诒谓邓析尚有其人，故传载之，少正卯则并无其人。不然，卯之徒党既多，何以不流传其学说？藉令孔子有杀少正卯之事，亦不得以此推之于老子。至于焚烧坑杀，则桀、纣、白起、项羽之所为，何以断定古之王官皆是桀、纣、起、羽？《王制》有"执左道以乱政者杀"之语，未尝有执左道以乱政者焚坑之律也。欧洲教会焚杀哲人，与古王官直是风马牛不相及。王官行事，何以必同于教会？假使如此论史，则世有嫪毐，便可断定古人无不奸淫。世有盗跖，亦可设古人无非盗跖。恐虽宋儒，亦无此等主观的见解也。

章氏好诋孔子而笃信汉儒，故论诸子源流犹守《七略》之说。胡氏之好诋孔子与章同，而于诸子出于王官之说独深非之。

> 胡适《诸子不出于王官论》：今之治诸子学者，自章太炎先生以下，皆主九流出于王官之说。此说关于诸子学说之根据，不可以不辨也。又近人说诸子出于王官者，惟太炎先生为最详，然其言亦颇破碎不完。如引《艺文志》之说，而以为“此诸子出于王官之证”。此如惠施所云“以弹说弹”，不成论证也。

其作《哲学史大纲》，即本此主张。从春秋时代开端，而其前则略而不论。按胡氏所据以驳刘歆、班固者凡四书：

> 《诸子不出于王官论》：第一，刘歆以前之论周末诸子学派者，皆无此说也。甲，《庄子·天下》篇。乙，《荀子·非十二子》篇。丙，司马谈《论六家要指》丁，《淮南子·要略》。古之论诸子学说者，莫备于此四书，而此四书皆无出于王官之说。

而其文唯引《淮南·要略》：

> 《诸子不出于王官论》：《淮南·要略》专论诸家学说所自出，以为诸子之学皆起于救世之弊，应时而兴。故有殷周之争，而太公之阴谋生；有周公之遗风，而儒者之学兴，有儒学之敝，礼文之烦扰，而后墨子之教起；有齐国之地势，桓公之霸业，而后管子之书作；有战国之兵祸，而后纵横修短之术出；有韩国之法令“新故相反，前后相缪”，而后申子刑名之书生；有秦孝公之图治，而后商鞅之法兴焉。此所论列，虽间有考之未精，然其大旨以为学术之兴，皆本于世变之所急，其说最近理。即此一说，已足摧破九流出于王官之陋说矣！

不知何以不引《庄子·天下》篇。学者但取《天下》篇一读，则胡氏之说之谬立见：

《庄子·天下》篇：不侈于后世，不靡于万物，不晖于数度，以绳墨自矫而备世之急，古之道术有在于是者，墨翟、禽滑厘闻其风而说之。不累于俗，不饰于物，不苟于人，不忮于众，愿天下之安宁以活民命，人我之养，毕足而止，以此白心，古之道术有在于是者，宋钘、尹文闻其风而说之。公而不当，易而无私，决然无主，趣物而不两，不顾于虑，不谋于知，于物无择，与之俱往，古之道术有在于是者，彭蒙、田骈、慎到闻其风而说之。以本为精，以物为粗，以有积为不足，澹然独与神明居，古之道术有在于是者，关尹、老聃闻其风而说之。芴漠无形，变化无常，死与生与，天地并与？神明往与，芒乎何之？忽乎何适？万物毕罗，莫足以归，古之道术有在于是者，庄周闻其说而说之。

曰"古之道术有在于是者"，曰"某某闻其风而说之"，是诸子之学，各有原本，初非仅以忧世之乱，应时而生也。胡氏论哲学史料，再三称引《庄子·天下》篇：

《中国哲学史大纲》:《庄子·天下》篇与《韩非子·显学》篇论墨家派别，为他书所无。有许多学派的原著已失，全靠这种副料里面论及这种散佚的学派，借此可以考见他们的学说大旨。如《庄子·天下》篇所论宋钘、彭蒙、田骈、慎到、惠施公孙龙、桓团及其他辩者的学说，都是此例。

是此书此篇之可信，非胡氏所斥诸伪书可比，何以独忘却"古之道术有在于是者"一语？岂此篇之中，独论墨家派别及辩者学说为真者，而其余皆儒家伪撰乎？然即此论墨家派别为他书所无一语，已自承"古之道术有在是者"。而其痛诋王官时，则未计及其言之矛盾也。

胡氏论学之大病，在诬古而武断，一心以为儒家托古改制，举古书一概抹杀。故于《书》则斥为没有信史的价值：

《哲学史大纲》：二十八篇之真古文，依我看来，也没有信史的价值。

于《易》则不言其来源：

《哲学史大纲》但称孔子晚年最喜《周易》，而那时的《周易》，不过是六十四条卦辞和三百八十四条爻辞，不言《周易》之来历。

于《礼》则专指为儒家所作：

《哲学史大纲》：儒家恐怕人死了父母，便把父母忘了，所以想出种种丧葬祭祀的仪节出来。儒家的丧礼，有种种怪现状，种种极琐细的仪文。儒家说尧死时三载如丧考妣，商高宗三年不言，和孟子所说"三年之丧，三代共之"，都是儒家托古改制的惯技，不足凭信。

独信《诗经》为信史：

《哲学史大纲》：古代的书只有一部《诗经》，可算得是中国最古的史料。

而于《诗经》之文，又只取变风变雅以形容当时之黑暗腐败，于《风》、《雅》、《颂》所言不黑暗不腐败者一概不述。

《哲学史大纲》：那时的政治除了几国之外，大概都是很黑暗很腐败的。

盖合于胡氏之理想者，言之津津；不合于其理想者，不痛诋之，则讳言之。此其著书立说之方法也。依此方法，故可断定曰：

古无学术。古无学术，故王官无学术。王官无学术，故诸子之学，决不出于王官。

胡氏谓："先秦显学本只有儒、墨、道三家。而儒家之书，十九不可信。"故据儒家之书以驳之，决不足以服胡氏之心。道、墨二家，则胡氏所心折者也。胡氏疑古，而道、墨二家则皆信古。墨子之书动辄称引三代圣王尧、舜、禹、汤、文、武，胡氏亦许为温故知新，彰往察来。

> 《哲学史大纲》：墨子说："凡言凡动合于三代圣王尧、舜、禹、汤、文、武者为之。凡言凡动合于三代暴王桀、纣、幽、厉者舍之。"这并不是复古守旧，这是温故而知新，彰往而察来。

是古代有所谓圣王，非儒家所伪造也。先知古代有所谓圣王，然后知王官之学所从出。王官之学所从出，亦出于《天下》篇。

> 《天下》篇：古之所谓道术者，果恶乎在？百官以此相齿。古之人其备乎？其明而在数度者，旧法世传之，史尚多有之。其在于《诗》、《书》、《礼》、《乐》者，邹鲁之士，缙绅先生多能明之。《诗》以道志。《书》以道事。《礼》以道行。《乐》以道和。《易》以道阴阳。《春秋》以道名分。其数散于天下而设于中国者，百家之学，时或称而道之。天下大乱，贤圣不明，道德不一，天下多得一察焉以自好。是为内圣外王之道．暗而不明，郁而不发。天下之人，各为其所欲焉以自为方。

曰"百官以此相齿"，曰"缙绅先生多能明之"，是古代之官有学术之明证也。立此义为前提，而胡氏之说，在在皆失其根据矣。

诸子之学，发源甚远，非专出于周代之官。章氏专以周代之官释之：

> 《诸子学略说》：《周礼·太宰》言"儒以道得民"，是儒之得称久矣。司徒之官，专主教化，所谓"三物化民"。三物者，六德、六行、六艺之谓。是故孔子博学多能而教人以忠恕。

胡氏亦据《周官》以相訾謷：

> 《诸子不出于王官论》：古代之王官，定无学术可言，《周礼》伪书，本不足据。即以《周礼》所言“十有二教”及“乡三物”观之，皆不足以言学术。若谓九流皆出于王官，则成周小吏之圣知，定远过于孔丘、墨翟。此所谓素王作《春秋》，为汉朝立法者，其信古之陋，何以异耶？

按《七略》原文，正未专指周官。如羲和、理官、农稷之官之类，皆虞夏之官。但据《周礼》，尚不足以证其发源之远。而《周官》之伪撰与否，更不足论矣。羲和治历，故有阴阳之学。理官典刑，故有法律之学。农稷治田，故有农家之学。此皆事义之最明者。胡氏不此之思，但以墨子一家为例，其说已偏而不全。

> 《诸子不出于王官论》：墨者之学，仪态万方，岂清庙小官所能产生？凡此诸端，皆足征墨家之不出于王官。举此一家，可例其他。

而墨家之出于王官，出于清庙之守，适有确证。

> 《吕氏春秋·当染》篇：鲁惠公使宰让请郊庙之礼于天子，桓王使史角往。惠公止之，其后在于鲁，墨子学焉。

史角掌郊庙之礼，为周代王室之官。墨子学于史角之后，故曰：“墨家者流，出于清庙之守”。而胡氏猥谓其非清庙之官，何不检乃尔耶？

胡氏本文但引章氏之说而驳之，其文曰：

> 太炎又云：“墨家先有史佚，为成王师。其后墨翟亦受学于史角。”史佚之书，今无所考。其名但见《艺文志》。其书之在墨家，亦犹《晏子》之在儒家，与《伊尹》、《太公》之在道家耳。若以墨翟之学于史角为诸子出于王官之证，则孔子所师事者尤众矣。况史

佚、史角既非清庙之官，则《艺文志》“墨家出于清庙”之说，亦不能成立。

〔附注〕史佚亦作逸，亦称尹佚，其事亦见于《尚书·洛诰》（逸祝册，作册逸诰），见于《周书·克殷》（尹逸荚曰云云，史佚迁九鼎三巫），见于《史记·周本纪》（尹佚荚曰云云，史佚展九鼎保玉），其名言见于《左传》（僖十五年，史佚有言曰云云），见于《国语》（《周语》下昔史佚有言曰云云）。其官既掌祭祀神祇，其学亦为世所诵述，何得谓无所考。又古代祝史之官，其职甚尊。《曲礼》曰：“天子建天官，先六太，曰太宰、太宗、太史、太祝、太士、太卜。”周之史佚、史角，始以天官世守清庙，传其家学以开墨家。而胡氏猥谓墨者之学，岂清庙小官所能产生。守清庙者何以见为小官？即为小官，何以不能产生硕学？岂哲学家必为大官耶？

儒家出于司徒之官，论其远源，实唐、虞之司徒。司徒之掌、教，自唐、虞至周皆然，不独周有十二教乡三物也。惟胡氏以《尚书》为没有信史的价值，则契为司徒，敷五教及孟子所称“教以人伦”者，胡氏必会目为儒家奮言，不可依据。请就墨子之书征之。墨子之书，常称古之三公：

《墨子·尚贤下》：汤得伊尹而举之，立为三公。武丁得傅说而举之，立为三公。

又《尚同上》：择天下之贤者置立之以为三公。

又《天志下》：诸侯不得须已而为正，有三公正之。

古之三公，即司徒、司马、司空也。三公既多贤者，何能断定其无学术？然仅曰贤良，或但就行谊立论，不足为其人有学术之证。则更就墨子征之。

《墨子·尚同中》：选择天下贤良圣知辩慧之人，立以为天子。选择天下赞选贤良圣知辩慧之人，置以为三公。

曰“圣知”，日“辩慧”，皆学术之美称，非仅行谊之谥号也。古无哲学家之名，所谓“圣知”，即哲学家也。古者（墨子所谓选择云云，皆承其上古者而言）天子三公，多有圣知辩慧之人，岂惟可以产生儒家，举凡名法之学，无不开其先河。后世学者，各得其一官之所传。而司徒掌教，唯儒家绍其统系，此《汉志》所以谓其道最高也。

班《志》：儒家者流，盖出于司徒之官。助人君，顺阴阳，明教化者也。游文于六经之中，留意于仁义之际，祖述尧、舜，宪章文、武，宗师仲尼以重其言，于道最为高。

胡氏若谓古之司徒定无学术，必须证明古之三公绝无圣知辩慧之人，或证明《墨子》诸篇所言古之三公皆儒家所羼入，不然，则古代王官之有学术，非儒家一家之言，天下之公言也。

胡氏属文，强词夺理，任举一义，皆有罅漏。如驳斥儒家出于司徒，谓儒家之六籍多非司徒之官所能梦见，不知司徒之官何以不能梦见六籍？《诗》、《书》之类经孔子删订，岂孔子以前无《诗》、《书》乎？墨家时时称举《诗》、《书》，多有与今日所传之《诗》、《书》相同者，如《兼爱下》引《周诗》，《明鬼上》引《甘誓》之类。

《庄子·天下》篇盛称六艺，谓其“散于天下，设于中国百家，时或称道”。此岂儒家私有之物耶？胡氏欲抹杀春秋以前圣知辩慧之天子三公，故以六籍归纳于儒家，以便肆意诋毁。然道、墨二家之书具在，不能恶其害已而尽去之。即令天下不读儒家之书，亦不能使人无疑于其说也。

胡氏论学，亦知寻求因果。

《中国哲学史大纲》：大凡一种学说，决不是劈空从天上掉下来的。我们如果能仔细研究，定可寻出那种学说有许多前因、许多后果。

而其讲诸子之学，则只知春秋时代之时势为产生先秦诸家学派之原因，不知有其他之原因。若合《庄子·天下》篇、《淮南子·要略》、刘歆《七略》观之，则诸子之学出于古代圣哲者为正因，而激发于当日之时势者为副因。举副因而弃正因，岂可谓仔细研究乎？《天下》篇无论矣。即《淮南子·要略》，亦非专主救世之弊一端也。其述儒者之学，则曰："修成康之道，述周公之训。"其述墨子之学，则曰："学儒者之业，受孔子之术，背周道而用夏政。"其述管子之书，则曰："崇天子之位，广文武之业。"夫夏及文、武、成、康、周公，皆诸子之学之前因也。胡氏削去此等文句，但曰："有周公之遗风，而儒者之学兴。"是胡氏于《淮南子》之言，亦未仔细研究也。按胡氏之病原，实由于不肯归美于古代帝王官吏，一若称述其事，即等于歌功颂德的官书。

> 《中国哲学史大纲》：我以为《尚书》或是儒家造出的托古改制的书，或是古代歌功颂德的官书。

不知客观之法，在得其真。伪者不容妄为傅会，真者亦岂可任意削减。吾国唐虞三代，自有一种昌明盛大治教并兴之真象，故儒家言之，墨家言之，即好为谬悠之说、荒唐之言之庄周，亦反复言之。若削去此等事实，则后来事实都无来历，而春秋战国时代诸子之学说，转似劈空从天上掉下来的。且其对于前此之事迹，又须诡辞曲说，尽翻成案，不但异己者不容尽泯，即其所主张崇奉之书，亦须抑扬斡旋以就其说，是亦不可以已乎？

胡氏谓学术皆出于忧世之乱，应时而生，实阴窃孔子论《易》之说。

> 《易·系辞下》：《易》之兴也，其于中古乎？作《易》者其有忧患乎？《易》之兴也，其当殷之末世，周之盛德耶？当文王与纣之事耶？是故其辞危。

然窃其言而不肯明举其言，故论史而失其先后本末之序。使胡氏从孔子之言，以《易》为哲学史之开宗，次及周公之制作，则诸子之出于王官，自然一贯，无所用其强辩。而忧世之乱，应时而生之说，更可因此而证明。盖中国历年悠久，事变孔多，岂独幽、厉以降天下始乱。诸子起于周末，文、周生于殷季，其为夏氏均也。论哲学而断自春秋，岂春秋战国之时势可以产生哲学思想，而殷商末造之大乱不能产生哲学思想乎？且由殷周而推至唐虞，推至伏羲、神农均无不通。世乱非一次，故忧世者非仅一时代人，而学术思想之孳乳渊源，乃益厘然可见。胡氏崇奉《淮南子·要略》者也，使其仔细研究《淮南子·要略》，则知其法正与吾言相同。

《淮南子·要略》：今《易》之乾坤，足以穷道通意也。八卦可以识吉凶，知祸福矣。然而伏羲为之六十四变，周室增以六爻，所以原测淑清之道而捃逐万物之祖也（此可见《淮南》论道以《易》为始）。文王四世累善修德行义以为天下去残除贼，而成王道。周公断文王之业，持天下之政（此可见《淮南》论诸子本于文王、周公）。

惜乎其不知而妄作也！

诸子之学之发源，既当从《七略》之说，而诸子之学之失传，亦不可以不考。今之讲诸子之学者，不但不知其源，复不知其流，动以诸子之学之失传，归罪于董仲舒请汉武帝罢黜百家。其说盖倡于日本人（日本人久保天随等著东洋历史多言之）。

梁氏撰《新民丛报》时，拾其说而张大之：

梁启超《论中国古代思潮》《儒学统一章》曰：儒学统一云者，他学销沉之义也。董仲舒对策贤良，请“表章六艺，罢黜百家，凡非在六艺之科者绝勿进”。自兹以往，儒学之尊严迥绝百流，二千年来国教之局乃始定矣！吾中国学术思想之衰，实自儒学统一时代始。

胡氏《哲学史》亦言之：

《中国哲学史大纲》：汉兴以后，儒家当道，则汉武帝初年竟罢黜百家，独尊孔氏。儒家这样盛行，墨家自然没有兴盛的希望了！

夫吾人今日得见周秦诸子之书，能知春秋战国时代之学术思想者，繄何人之力？汉武帝之力也。

《汉书·艺文志》：汉兴，改秦之政，大收篇籍，广开献书之路。迄孝武世，书缺简脱，礼坏乐崩，圣上喟然而称曰："朕甚闵焉。"于是建藏书之策，置写书之官。下及诸子传说，皆充秘府。

汉武时，诸子之书，正由销沉而复行发见之时，何得谓儒学统一即他学销沉？考汉《董仲舒列传》，称抑黜百家，立学校之官，未明言其何年。

《董仲舒列传》：仲舒对策，推明孔氏，抑黜百家，立学校之官。

《通鉴》载仲舒对策，在建元元年。齐召南谓当在建元五年。要之仲舒对策，在汉武帝初年，无疑也。淮南王安以元狩元年死，司马谈以元封元年死，其时皆在仲舒请黜百家之后，而淮南述《太公阴谋》、儒、墨、管、晏纵横修短、刑名之书、商鞅之法，太史公《论六家要指》，皆讲求诸子之学者也。武帝罢黜百家之后，诸子之源流转明，是得谓之销沉乎？司马迁死于昭帝时。

王鸣盛《十七史商榷》：迁实卒于昭帝初。观《景帝本纪》末云：太子即位，是为孝武皇帝。《卫将军骠骑传》末段亦屡称武帝。按其文义，皆非后人附益。间有称武帝为今上者。《史记》作非一时，入昭帝时未久即卒，不及追改也。

其作《孟子荀卿列传》，述战国诸子，有孟子、驺子、淳于髡、慎到、环渊、接子、田骈、驺奭、荀卿、剧子、公孙龙、李悝、尸子、长卢、吁子等人，且云"世多有其书"。

《孟子荀卿列传》：自如孟子至于吁子，世多有其书，故不论其传云。

诸子书世既多有，更不得谓之销沉矣。成帝、哀帝均重学术，向、歆父子校理秘文，于是诸子之渊源益明。

《艺文志》：成帝时，以书颇散亡，使谒者陈农求遗书于天下。诏光禄大夫刘向校经传诸子诗赋，步兵校尉任宏校兵书，太史令尹咸校数术，侍医李柱国校方技。每一书已，向辄条其篇目，撮其指意，录而奏之。会向卒，哀帝复使向子侍中奉车都尉歆卒父业。歆于是总群书而奏其《七略》。故有《辑略》，有《六艺略》，有《诸子略》，有《诗赋略》，有《兵书略》，有《术数略》，有《方技略》。

至东汉时，班固述之为《艺文志》。其时所存之子书，凡百八十九家四千三百二十四篇，此皆汉人讲求保存之力也。若儒学统一，屏黜百家，则公孙龙、墨翟之学说何以巍然与儒家并存乎？

梁、胡二氏学术不同，要皆抱一反对儒家之见，以为汉崇儒术，即不容他家置喙，不知汉人讲求诸子之学，初无轩轾之念，故其于诸家之短长，皆平心静气以论之。如：

司马谈《论六家要旨》曰：阴阳之术大祥，使人拘而多所畏。儒家博而寡要，劳而少功。墨子俭而难遵，是以其事不可偏循。名家使人俭而善失真。法家严而少恩。

班《志》论九流之失，于儒家则曰：

惑者既失精微，而辟者又随时抑扬，违离道本，苟以哗众取宠。后进循之，是以五经乖析，儒学寖衰。

于道家则曰：

及放者为之，则欲绝去礼学，兼弃仁义。曰："独任清虚，可以为治。"

于阴阳家则曰：

及拘者为之，则牵于禁忌，泥于小数，舍人事而任鬼神。

于法家则曰：

及刻者为之，则无教化，去仁义，专任刑法而欲以致治，至于残害至亲，伤恩薄厚。

于名家则曰：

及警者为之，则苟钩鈲析治而已。

于墨家则曰：

及蔽者为之，见俭之利，因以非礼，借兼爱之意而不知别亲疏。

于纵横家则曰：

及邪人为之，则上诈谖而弃其信。

于杂家则曰：

及荡者为之，则漫羡而无所归心。

于农家则曰：

及鄙者为之，以为无所事圣王，欲使君臣并耕，悖上下之序。

是汉人初未特尊儒家，以为至高无上，神圣不可侵犯也。梁氏徒执董仲舒“请黜百家”一语，遂以意测之，造为专制之议论。

> 《中国古代思潮》篇：秦汉之交，为中国专制政体发达完备时代，不喜其并立，而喜其一尊。惟孔学则严等差，贵秩序，而措之施之者，归结于君权，于帝王驭民最为适合，故霸者窃取一而利用之以宰制天下。

不知自西汉至东汉，阴阳、名、法诸家，皆与儒家并立，何尝统于一尊？仲舒请罢黜百家，未见汉武有何明文，禁人习此诸家之学说也。至谓“儒家归结于君权，于帝王驭民最为适合”，则墨家尚同一义，何以不适合于君权？且汉之好儒，独元帝耳。宣帝论汉之家法，杂用霸道，何尝纯任儒教？

> 《汉书·元帝纪》：帝柔仁好儒，尝侍燕从容言：“陛下持刑太深，宜用儒生。”宣帝作色曰：“汉家自有制度，本以霸道杂之，奈何纯任德教，用周政乎？且俗儒不达时宜，好是古非今，使人眩于名实，不知所守，何足委任？”乃叹曰：“乱我家者，太子也！”

董仲舒请罢黜百家之后，汉之诸帝且不任儒，乃谓秦汉之交即为儒学统一时代，何其武断一至于此！然今日信梁氏之说者，实繁有徒。稍涉古书之藩，即纵笔而讥儒教如胡氏者，亦中梁氏之毒者也！

诸子之学，至何时中绝，此为治学术史者所不可不问者也。此事亦至易明，惟今日为梁、胡诸氏之谰言所晦，故论者不讼儒家则嗤汉武，而为吾国学术之大憨者，反为人所不知。讲学之士，第取《汉》、《隋》二志相较，便知子学沦于何时。

《汉书》九流之书，见于《隋书·经籍志》者甚鲜，今为约举于下：

> 儒家亡二十四家，存七家。（此指汉以前之书，余并同。）
> 道家亡二十五家，存六家。（《管子》入法家。）
> 阴阳一家不存。

法家亡四家，存三家。
名家亡五家，存二家。
墨家亡三家，存三家。
纵横一家不存。
杂家亡五家，存三家。
农家亡一家，余并存。

其书之亡之原因，则《隋志》历言之。

《隋书·经籍志》：董卓之乱，献帝西迁。图书缣帛，军人皆取为帷囊。所收而西，犹七十余载。两京大乱，扫地皆尽。惠怀之乱，京华荡覆，渠阁文籍，靡有孑遗。元帝克平侯景，公私经籍归于江陵。周师入郢，咸自焚之。

然则诸子之学之销沉者，董卓、李傕、郭汜、石勒、王弥、刘曜诸人之罪，与汉武帝何涉，与董仲舒何涉！舍奸恶凶顽之盗贼不问，而痛责一无权无勇之儒生，此吾国人之所以不乐为儒而甘于从贼也！诸书之亡，自《鐼志》外，尚有张湛《列子序》可证：

张湛《列子序》：先君与刘正舆、傅颖根皆王氏之甥，少游外家。舅始周，始周从兄正宗、辅嗣皆好集文籍，先并得仲宣家书，几将万卷。傅氏亦世为学门。三君总角，竞录奇书。及长，遭永嘉之乱，与颖根同避难南行，车重各称力，并有所载。而寇虏弥盛，前途尚远。张谓傅曰："今将不能尽全所载，且共料简世所希有者，各各保录，令无遗弃。"颖根于是唯赍其祖玄父咸子集。先君所录书中有《列子》八篇。及至江南，仅有存者，《列子》唯余《杨朱》、《说符》、《目录》三卷。比乱，正舆为扬州刺史，先来过江，后在其家得四卷。寻从辅嗣女婿赵季子家得六卷，参校有无，始得全备。

兵燹之祸为学术之劫。书既不存，学说自然歇绝。湛所得之《列子》尚系乱后凑集，其不泯于兵燹，亦云幸矣！

胡氏研究墨学，尝称鲁胜《墨辩注》。鲁胜者，西晋初年之人也。

《晋书·鲁胜传》：少有才操。兀康初，官建康令，称疾去官。中书令张华遣子劝其更仕。再征博士，举中书郎，皆不就。其著述为世所称，遭乱遗失。惟注《墨辩》存。

当西晋初，犹有讲求墨学者，安知其时不更有讲求他家学术之人？徒以乱离散佚，故至隋而无传。又《汉志》墨家有《田休子》，梁时犹有其书，至隋而亡。

《隋书·经籍志》墨家注：梁有《田休子》一卷，亡。

《隋志》墨家犹有三书，至《宋史·艺文志》仅存《墨子》一种，余均不著录，则又唐末之乱亡之也。假令某一时代诸家之书具存，有专制之帝王与凶恶之儒生一举而尽焚之，则此帝王与儒生诚无所逃其罪。今其学术之微，书籍之亡，绵世历年，确因兵乱而递衰递减，而诸人束书不观，但执己见，坐儒家以万恶之名，不知是何心肝也！焚书坑儒，只有秦始皇。其事见于《史记》。而刘海峰辨之，谓“六经亡于项羽、萧何，非始皇之过”（见《海峰文集·焚书辨》）。是中国古学之销沉惟一之原因，只有无赖之徒作乱纵火，余皆无灭绝学术之事。即此一端，亦可见吾国文化胜于欧人。欧洲有焚杀哲人卜鲁诺之事，中国无之也。

综上所论，而吾国古代学术之源流乃可得言。其学之兴也渐，其学之衰也亦渐，故可分为五期：

第一期　伏羲以来，为萌芽时代。
第二期　唐虞及三代盛时，为官守时代。
第三期　春秋至战国，为私家学术盛兴时代。
第四期　两汉，为古学流派昌明时代。
第五期　汉末至唐末，为古学迭因兵乱销沉时代。

时期既明，更须知吾国学术思想本来一贯，所谓儒、墨、道、法者，皆出于王官，皆出于六艺。特持论有所偏重，非根本不能相容。不当以欧人狭隘褊嫉之胸襟推测古代圣哲，更不当以末俗争夺权利之思想诬蔑古代圣哲。其为文化学术之蠹贼者，实为武夫乱贼，应确定其主名为今人之炯戒。诸氏为有心拥护文化，当不以予言为河汉也。

梁、胡二氏皆痛诋刘歆。

《中国古代思潮》篇：《艺文志》亦非能知学派之真相者也。既列儒家于九流，则不应别著《六艺略》（诒按此正可见六艺纯贯诸家）。既崇儒于六艺，何复夷其子孙以济十家（诒案刘歆胸中并无儒家专制统一之念）？其疵一也。纵横家毫无哲理（诒按纵横家之书久亡，不能断定其有无），小说家不过文辞（诒按小说亦亡，不能妄断），杂家既谓之杂矣，岂复有家法可言（诒按《汉志》明云"知国体之有此，见王治之无不贯"，是杂家自有其家法）？而以之与儒、道、名、法、墨者比类齐观，不合论理。其疵二也。农家固一家也，但其位置与兵、商、医诸家相等。农而可列于九流也，则如孙、吴之兵，计然、白圭之商，扁鹊之医，亦不可不为一流。今有《兵家略》、《方技略》在《诸子略》之外，于义不完（诒按此正可见吾国古代以农立国，非以兵商医立国）。其疵三也。《诸子略》之《阴阳家》与《术数略》界限不甚分明（诒按此可观《孟子列传》载驺衍之言，则知阴阳家与术数之别）。其疵四也。故吾于班刘之言亦所不取。

胡适《诸子不出于王官论》：《艺文志》所分九流，乃汉儒随说，未得诸家派别之实。

二氏所见九流十家之书，才歆之《七略》。因即据其分类以訾毁之，不知二氏所见九流十家之书，视歆孰多？果已尽见其所举之书而一一衡其分际，因知歆之不当耶？抑仅就今日所存者略事涉猎，遂下此判断耶？梁氏而分为二派，其说之谬殆莫之逾。

《中国古代思潮》篇：据群籍审趋势，自地理上、民族上放眼观察，而证以学说之性质，制一《先秦学说大事表》。先秦学派，一北派，二南派。北派正宗：孔子、孟子、荀卿及其他儒徒。南派正宗：老子、庄子、列子、杨朱及其他老徒。

古代地势之分南北，或以淮为界，或以江为界，未有同在大河之南淮水之北而可分为南北者也。孔、孟、老、庄所生之地，所居之境，皆无南北之分。

《史记·老子传》："老子者，楚苦县厉乡曲仁里人也。"《索隐》："苦县本属陈。春秋时，楚灭陈，而苦又属楚，故云'楚苦县'。"按楚苦县，即今河南鹿邑县，在亳县之西。

又《庄子传》："庄子者，蒙人也，名周。周尝为蒙漆园吏。"《索隐》："刘向《别录》云：'宋之蒙人也。'"《正义》："《括地志》云：'漆园故城，在曹州冤句县北十七里。'此云'庄周为漆园吏'，即此。按其城古属蒙县。"按蒙县在今河南商丘县之东北。

苦、蒙之去曲阜、邹邑约四五百里。蒙在睢水之北，苦在沙水之北，其南去淮之道里几与去曲阜、邹邑相等，而距江水之远无论矣。梁氏既称自地理上、民族上观察，不知曲阜、邹邑至苦县、蒙县之间，以何等标准画分南北。度其属文之时，第以为老、庄皆楚人，故误以楚为南方。不知《史记》"楚苦县"三字是据老子之后之苦县而言，当老子时，苦县尚属陈，不属楚也。庄子《天运》篇虽有孔子南之沛之文，

《天运》篇：孔子行年五十有一而不闻道，乃南之沛见老聃。

然《天道》篇亦有西藏书见老聃之文。

《天道》篇：孔子西藏书于周室，往见老聃。

不过据自鲁出行所指之方而言，不足据以为天下大势及学派歧分之

证。如以孔子南之沛，即为孔、老学派分南北之证，则孔子西之周见老聃，老聃且有西度函谷之事，何不分孔、老学派为东西耶？按孔、老南北之说，亦出于日本人。日本人读中国书素无根柢，固不足责。梁氏自居学识高于刘歆者，何得出此不经之言耶？其论南北派别有一表繁称博举：

《中国古代思潮》篇：

北派崇实际	南派崇虚想
北派主力行	南派主无为
北派贵人事北	南派贵出世
北派明政法	南派明哲理
北派重阶级	南派重平等
北派重经验	南派重创造
北派喜保守	南派主勉强
北派畏天	南派任天
北派言排外	南派言无我
北派贵自强	南派贵谦弱

要皆强为分配，故甚其说。孔子主中庸，故论南北方之强，皆所不取，独主中道，何得硬派孔子为北派。至谓南派明哲理，则孔子之赞《易》非以明哲理乎？有清之季，海内人物，并无南北之分。自梁氏为此说，而近年南北人乃互分畛域，至南北对峙，迄今而其祸未熄，未始非梁氏报纸论说之影响也。

胡氏菲薄汉儒而服膺清儒。

《中国哲学史大纲》：校勘之学，从古以来，多有人研究。但总不如清朝王念孙、王引之、卢文弨、孙星衍、顾广圻、俞樾、孙诒让诸人的完密谨严。

夫清儒之有功于古籍，诚不可没。然其所见古书之多，则去向、歆远甚。举亲见原书之向、歆所言之学说而诋毁之，转就仅见原书之十一之人，所为补苴掇拾，斤斤辩论于逸文只字者而崇奉之，此犹一人身居衣肆，熟睹锦绣之衣，能评论其价值，一人第见残破锦绣之片，缝纫补缀，而争论其位置，谓此应为袂，彼应为领，试思此二人之见解，孰为可凭？清儒校勘古书，谓其愈于宋、元、明人则可，若谓为昌明古学，则犹逊于汉儒。

> 《中国哲学史大纲》：综观清代学术变迁的大势，可称为古学昌明的时代。自从有了那些汉学家考据校勘训诂的工夫，那些经书子书方才勉强可以读得。

胡氏不称汉儒昌明古学，动斥其陋，甚且谓为昏谬。

> 《诸子不出于王官论》：古无九流之目，《艺文志》强为之分别，其说多支离无据。如《晏子》岂可在儒家？《管子》岂可在道家？《管子》既在道家，《韩非子》又安可属法家？至于《伊尹》、《太公》、《孔甲盘盂》种种伪书，皆一律收录，其为昏谬，更不待言。（诒案此病与梁氏正同，皆是因刘歆之书方知其误。若无刘歆，则公等从何知其谬？《汉志》于六国人所托者，皆明注之，非无别白古书真伪之识力也。）

而于王、俞诸公低首下心，颂扬唯恐不至。孟子曰："不揣其本而齐其末，方寸之木，可使高于岑楼。"其斯之谓乎？

吾为此论，非好与诸氏辩难。只以今之学者不肯潜心读书，而又喜闻新说，根柢本自浅薄，一闻诸氏之言，便奉为枕中鸿宝，非儒谤古，大言不惭，则国学沦胥，实诸氏之过也。诸氏自有其所长，故亦当世之学者。第下笔不慎，习于诋诃。其书流布人间，几使人人养成山膏之习，故不得不引绳披根以箴其失。至于所言之浅俚，故不值海内鸿博者一哂也。

三五

江山渊《论子部之沿革兴废》

子者，男子之美称也。古者门弟子之于师，亦称之曰子（按《孝经》释文、《论语》皇疏皆云古者称师为子）。故周秦以前儒者之撰述，未必尽出己手，往往由门弟子述其师说，缀辑而成（按孙星衍云凡称子书多非自著）。是以尊其师而称之曰子，后世即以其人之名名其书，此子部之书所由成也。子书今列四部之一，与经、史、集并称，世呼之曰丙部（按隋唐以后，分经、史、子、集为甲、乙、丙、丁四部，子居第三，适为丙位，故曰丙部，详见下）。然子书所赅之范围若何，究何种始可入子书，自汉魏以迄今兹，言人人殊。兹试略述子部之沿革、与学者共商讨焉。目录之学，古人无之，有之，自刘歆始。歆括天下图书，区为《七略》：一《辑略》。二《六艺》。三《诸子》。四《诗赋》。五《兵书》。六《术数》。七《方技》。子书之特立为一类，实始于此。班固承之，其撰《汉书·艺文志》仿歆之例而为《六略》，独无《辑略》。盖《辑略》为歆自述辑撰之大纲，非图书之类别也。自班固以后，各有变更。王俭则为《七志》：一《经典》并《史记》。二《诸子》。三《文翰》。四《军书》。五《阴阳》。六《术艺》。七《图谱》。虽名目略有变异，而实与歆之《七略》无殊，不过所多者《图谱》耳。其后阮孝绪则有《七录》：一《经典》。二《纪传》。三《子兵》。四《文集》。五《技术》。六《佛》。七《道》。则与前之分合颇异。许善心《七林》因之，无所异同，并校《七录》各为《总叙》，冠于篇首。至荀勖始分为四部：一甲为六艺小学。二乙为诸子兵书术数。三丙为史记之属。四丁为诗赋图赞汲冢书。李充亦分为四部，而略变勖之次序。五经为甲，史记为乙，诸子为丙，诗赋为丁。谢灵运、王亮之四部因之。任昉又加术数而为五部。至唐之四库，始确分经、史、子、集四类。甲部则经类十一，乙部则史类十三，丙部则子类十七，丁部集类三，以子类之包罗为最多。所谓丙部十七者，即儒、道并神仙、释氏、法、名、墨、纵横、杂、农家、小说、天文、历算、兵、五行、艺术、类书、明堂、经脉、医术是也。宋代又于四库之外增加天文、图书，别为六阁。元明以来，复仍唐之旧。清修《四库全书》，而四部之名始定。由此可见由汉以来以迄今日，无一同者。信乎分类之难也！然分类之难，不难于经、史、集，而难于子。盖经、史、集三类，颇有畛域，易于判别。若子类，则无畛域之可言，判别维艰。故古人或分或合，议论纷然，莫衷一是。如歆之《七略》，固之《六略》，以诸子与兵书、术数、方技分而为四。孝绪之《七录》合兵于子，而技术复别为一类。任昉五部，子之外又有术数。宋人六阁，亦别天文、图书于子之外。是子之范围甚为单纯，而不至如后世之驳杂。自荀勖创立四部，合诸子、兵书、术数而一之。唐以后之四库，遂以子部包罗十余类之多，殊与古人异。然子部之范围究若何，兵书、术数、方技、天文、图书之属果可入于子部耶，抑不能名之曰子耶，是亦古今一大疑问也。大抵世之论子部者有广狭二义，而以荀勖为二者之枢纽。荀勖以前，皆取狭义者也。荀勖以后，皆取广义者也（惟宋略异）。取狭义，故分类多。取广义，故分类少。然由前之说，则术数、方技诸类，究将奚属？由后之说，又能否名称其实耶？此古今学者所以聚讼纷纭也。窃谓古今图书，皆所以达意而明理，原六通四辟，而非判若鸿沟，有一定之界限。故言其小，则同为儒家而有孟、荀，同为道家而有老、庄，同为法家而有申、韩（按老与庄，申与韩俱不相同），同为礼学而有郑、王，同为性理而有朱、陆，各明一义，不可以强同。若言其大，实无往而不通。学者特立四部，而以经、史、子、集统之，原为未当。惟学者为以简御繁起见，提纲絜领，举其大以统其小，本为不获已之苦心，则以术数、方技诸类附于子部之后，亦无大害。然以之与周秦诸子相较而并观，则渊源各别，拟非其类，而失诸子之真矣。古人著书，必持之有故，言之成理，卓然成一家言，而后可以名曰子书。唐宋以后，诸子道衰，类书繁起，钞胥是务，剿袭相因，亦褎然列名于子部之中，子书之体不明，先民之绪遂湮。无惑乎诸子百家之学响沉景绝于后世，而缀学汲古之士所以拭然而惧也。古之学术，曰道，曰器。道者形而上，器者形而下。形而下者有形，形而上者无形。诸子百家之学，寄想于无朕，役志于无涯，显之家国天下之大，隐之身心性命之微，皆纯然为无形之学，故其为道，诚为百学之冠，下视彼纷纷者，均亡足以攀其肩。惟昔在古代，天地秘藏，钥之未启。至周秦之际，诸子乃逐浪奔澓，礐石漂沙，扶舆旁薄，坌然兴起，开古今未有之奇观。吾国所以获称为数千年声名文物之邦，亦赖此焉。然吾国学术之盛，莫过于周秦，而吾国学术之衰，亦自周秦始。盖盛极难继，理则然也。自秦政愚民，燔百家语，诸子之学，扫荡无余。后儒掇拾残灰，虽复稍出，然赵绾等请罢黜于汉（按《汉书·武帝纪》，建元元年，丞相绾奏所举贤良或治申、商、韩非、苏秦、张仪之言，乱国政，请皆罢，奏可），吕公著请排斥于宋（按《宋史·吕公著传》，元祐元年，公著请令禁主司不得出题老、庄书，举子不得以申、韩、佛书为学），李廷机请严禁于明（按《翰院名臣录》，李廷机入翰院为讲官时，子书盛行，廷机以异端害教，非表章六经，尊崇孔、孟之意，乃上疏数千言，请严禁罢黜之，疏太长不录），虽自汉以后历代间有奉诏校定及诏求子书之事（如汉武帝元朔五年，诏诸子传说皆充秘府，见《汉书·艺文志序》。成帝时，诏刘歆与父向领校秘书讲诸子，见《刘歆传》。后汉安帝永初中，诏刘珍校定东观诸子等书，见《后汉书·刘珍传》。顺帝永和元年，诏伏无忌与议郎黄景校定诸子百家艺术，见《后汉书·伏湛传》。唐玄宗开元元年，诏中书令张说举能治《易》、《老》、《庄》者，见《新唐书·儒学康子元传》。开元八年，马怀素卒，后诏秘书馆并号修书学士草定四部，又令毋煚、刘彦直等治子部书，见《儒学·马怀素传》。开元二十年，置崇元学令习《老》、《庄》、《列》、《文》等书，准明经例举送，见《旧唐书·礼仪志》。开元二十九年，诏求明《道德经》及《庄》、《列》、《文子》者，见《新唐书·玄宗本纪》及《选举志》。天宝元年，诏以《庄》、《文》、《列》、《庚桑》为真经，又诏崇文习《道德经》，见《旧唐书》本纪及《礼仪志》。宋真宗景德二年，幸龙阁观书，见《真宗实录》。三年，御崇政殿，观秘阁新校子库书。四年，召辅臣登太清楼观新写四部书。仁宗景祐三年，命张观等编四库书。皆见《玉海》。金世宗大定二十三年，使译经所进所译《老子》、《扬子》、《文中子》、《刘子》等书，分颁行之，见《金史》本纪。此皆可考见者也），或在上者有所嗜好，自行撰著，为天下倡（如魏武帝注《孙子》。梁武帝善《老子》，制《老子讲疏》并释典诸经义记数百卷。简文帝制《老庄法宝连璧》诸书。元帝制《补阙子》十卷、《老子讲疏》四卷。唐代推尊道家，提倡尤力。明太祖亦喜《道德经》诸子百家之书），然前者不过饰为具文以壮外观（如汉武帝既诏求诸子，又罢黜百家），后者又往往援诸子而入于神仙，去之益远（如梁武帝、简文帝等虽喜《老》、《庄》，究不得其真义。唐代自以为老子之后，因尊崇老子并及道家诸人，然视道家之学等于神仙，其尊老子为皇帝，庄、列、文、庚桑诸子为真人，尤为可笑）。而世之学者类以为诸子之学皆反经术，非圣人，明鬼神，信物怪，小辩破义，小道不通，致远恐泥，皆不足以留意（语见《汉书·东平思王宇传》）。自宋儒以后，更肆为诋斥，目为异端邪说，束其书而不观，于是诸子遂成绝学。大抵在昔古代，诸子之学在官。而秦汉以后，诸子之书亦在官。故秦政燔书，令天下以吏为师。汉以马上得天下，谩视儒生，厉行挟书之禁。厥后禁虽解除，然成帝河平五年，东平王宇来朝，上疏求诸子书，拒而不与（见《汉书》宇传）。南宋文帝元嘉三年，沮渠蒙逊遣使奉表请《周易》及子集诸书，文帝并赐之，合四百七十五卷（见《宋书·大沮渠蒙逊传》）。此可见当时诸子之书，皆储于官府，民间绝无可得，故藩王外国纷纷请求，盖此亦秦政愚民之术，延数百年而不变。是以汉于藩王则拒之，宋于外国则可以与之，亦均有深意于其间。子学衰微之原因，亦端在于是。迨隋唐以降，子部之籍渐散及于人间，然亦因是而亡佚者，又不知几许。征诸唐宋，可以推见。如唐初图书分立四部，置知书官八人分掌之。凡四部库书，两京各一本（见《旧唐书·经籍志后序》）。开元十九年，集贤院所储子库共二万一千五百四十八卷，至天宝三载，更造四库书目，则子库仅一万六千二百八十七卷（见《唐会要》），亡者殆三之一！至宋真宗景德二年，幸龙阁观书，则子书又仅八千四百八十九卷（见《真宗实录》）。四年，召辅臣登太清楼观新写四部书，子库亦仅八千五百七十二卷（见《玉海》）。方诸天宝，亡者又居半数。及仁宗景祐元年，命张观、李淑、宋郊等编四库书。二年，上经史。明年，上子集万二千三百六十六卷（亦见《玉海》），其数并集库言之，则其时子书殆又少于真宗景德四年之数（按景德四年，集库五千三百六十一卷，合子库共万三千九百三十三卷。今以景祐时较之，则子集共少一千五百余卷）。是可见子部之书，每随世而锐减，销亡于无形。或毁于火，或散于兵，或没于水，或湮霾于文人学士之摈弃，其锐减之数、销亡之速，偶一稽检，辄足骇人听闻。其诸史经籍、艺文志之所录，求诸今日，殆又十亡八九，此尤子书之大厄也（按近儒郑献甫作《书不亡于秦火论》，曰："隋以后一束于唐人之正义，专主一家；再弃于宋人之讲义，尽废百家。而汉魏之古书、隋唐之旧本，于是乎日湮月没而尽亡矣。"又曰："隋《经籍志》较汉《艺文志》所录殆少十之三，宋《艺文志》较隋《经籍志》所录又少十之三，而唐时《艺文类聚》、宋时《太平御览》以及孔冲远疏诸经、颜师古注汉史、李崇贤注《文选》所引诸书，或存或佚，今多未见，此不焚而焚者也。"其言最为详尽沉痛，虽非专指子书言之，而子书殆尤甚也）。清代右文，硕学辈出，于数千年残缺之子书，为之考订掇辑，蔚然可观。诸子一线之微绪，赖兹不坠，厥功最伟。然于百家分合异同之故及其渊源派别之所在、姓氏名字之纷乱，则阙焉未详。又往往以数术、方技二类与诸子相混杂，识者憾之。余不敏，治百家语有年，寝馈既久，颇有所悟，每亦有为前人所未见及者。窃不自揆，用敢以积年所得，援近儒《礼经通论》之例，述为兹篇，分章标论。前后仍有条贯，往往一篇之稿，经年累月而后就，虽有时言或近于奇创，而详征博引，必有据依，非敢故立异说。至若篇中所述，悉依《汉志》以存子书之真。惟九流之外，若小说家者流，虽不足与诸家并，然亦为论道之书，为当时之所尚。兵书一类，尤纯然为子体，不过成帝时，诸臣奉诏分门校辑，以用兵之道所关靡细，其书亦繁富，其中类别颇多，故别立一类，专人任之。迨刘、班纂述，悉仍其旧，而其实与诸子绝无所异（按《汉志序》谓成帝诏刘向校经传诸子诗赋，步兵校尉任宏校兵书，尹咸校数术，李桂国校方技，是兵书别立一类，实始于其时。盖以任宏知兵故命宏专任其责。及歆之《七略》、固之《艺文志》，皆仍其旧而不变。故班氏叙述诸子十家皆云出于某官，而于兵家亦云出古司马之职，体例无异。是可知兵家亦诸子之一也。阮氏《七录》合兵于子，最为有识。惟宜列兵于子中，不宜既曰子，又曰兵，似截然二事耳），兹亦并述及之，博雅君子幸有所正焉。

三六

江山渊《论九流之名称》

九流之名，见于班氏《艺文志》，昉于刘氏《七略》，古无有也。周秦之世，官失其守，百家争鸣，而诸子之学兴，然未有九流之名号。《荀子·非十二子》虽举其名而不列其家。《庄子·天下》篇于儒教外亦举彭蒙、田骈、慎到、墨翟、禽滑厘、老聃、惠施、公孙龙之畴，亦不指其为某家之学。司马《论六家要指》始举儒、道、名、墨、法、阴阳，然其数只六而未有九也。刘氏撰《七略》，班氏本之为《汉志》，始定九流之名。后世沿而用之，垂二千余年而不变。大抵所谓某家之学者，皆综其学术之宗旨言之，必其宗旨纯一，可以贯彻初终、成一家言者，而后举其纲以括其目。然窃援名以核实，唯名、法、墨、农、阴阳五家为名正而言顺（按墨为学术之名，与名、法诸字同，非墨子之姓，详见下），余皆于理有未安。未知命名之意始于何时，析而为九创于何人（按班、刘当必有所本），殊大惑而不可解也。古者通天地人曰儒。《周官·太宰》："儒以道得民。"与师对举。又《大司徒》："四曰联师儒。"是儒为术士之称（见《说文》），有道德有道术者之通名（见《周礼·太宰》疏及《汉书·司马相如传》注），不特儒家得称为儒，即诸子百家，无一而非儒也。虽《儒行》见于《礼记》，“君子儒”见于《论语》，然孔门未尝标儒之目，举以自号。《墨子》虽有《非儒》之篇，然亦泛指当时之儒者言之，亦由孔子勿为小人儒之意。乃九流之名首列儒家，一似非孔门之士不足以猎斯号也者，何也？岂以儒有濡义，言孔子之道可以润身而泽民耶？则百家之学皆有之，不独儒家。岂以儒有儒懦儒缓之义，言儒家实有此病，因以号之耶？恐非命名之初意。况《荀子》一书，言儒字甚多，如云“偷儒转脱”（见《修身》篇），为儒弱畏事之意（见杨倞注）。荀子，儒家也，岂有举此不美之名以自名其学哉？大抵所谓儒教者，本于《周官》“儒以道得民”一语，谓儒即以六艺教民之保氏（见郑注）。孔门传六艺之学，故加以儒之号。然六艺为上古三代之史，为当世之所共有，非孔门所得而私。且孔门之六艺，实传于道家之老子，不以名师，反名其弟子，亦未合于理也。故窃以谓儒教为学士通称，不能独加于孔门之士而与八家并列。乃后世强谓儒为孔子之道（见《淮南子·俶真》篇注），又谓能说一经者谓之儒生（见《论衡·超奇》篇），质诸孔门，何有是哉？道之为物，大之足以弥纶天地，小之足以无间身心，精深广大，不可方物，然亦道术之通称，犹孟子所云若大路然。诸子百家，莫不包涵大道者也，乃独举道家之名以目老庄之徒，则诸子百家皆非道耶？若云道者指玄妙之道言，然道家所言，虽迹涉虚无不可端倪，而实皆檃栝治平天下之旨。观《汉志》道家首列伊尹、太公，而下及于管子，皆勋业烂然，声垂后世，尤显著易见者。是言虽玄妙，而道实非玄妙。即以玄妙为道，则彼博大坪易，人当共由者，将何以名之耶？大抵命名道家之故，实由于老子之《道德经》，以首句之道字、德字而得名，如《关雎》、《麟趾》之类，古人著书素有此体。非老子深意所在，无关宏旨者，乃掇取其书之半名而为其一家之专号，恐非老子之所愿。且老子书本名《道德经》，非名《道经》，与其掇其半名而曰道家，何如掇其全名而曰道德家之为愈耶？纵横一家，仅苏、张数人为之，持其利口长舌，巧捷齐给，游说于诸侯之庭，以猎一时之富贵。此在战国之世，说士之风盛行，固足以惊人而动众，而究无切实之学问，若儒、墨、名、法诸家足以成一家言。不特其意在希荣取宠，异于古之行人之官，且夸诞无学，又与远西之雄辩家相去绝远也。况纵横者，一纵一横，迥不相侔，盖苏、张之术不同，宗旨各别，明为二家，安可纳于一家耶？杂家之学，兼儒、墨，合名、法，而兼取各家之长。大抵诸子之书，不能属于各专家者，可以隶于杂家，此在学者分析学术之派别以寓天下之群书，其于各有专家之名者，既各从其类，若夫既无专名，又不能附于各家之下，则不能不以杂家之名统括之，此诚为不得已之苦心。（按近学者于分析事类或条举约章，往往有列举及总括之二法。其可以指数者既列举于前，恐有罣漏，则以凡字及其他字以总括于其后。九流之中有杂家，想其命名之故，理亦犹是。然如其说，则宜以杂家居九流之末，列于第九，其理始顺。今班《志》列杂家于第八，反居农家之前者，亦未可解。岂以农家之学传者甚微，不及杂家之盛，故列之于前耶？）然既曰杂，则并畜兼收，宗旨必不纯一。古之名为一家之学者，必有纯一之宗旨以贯彻其初终。既杂矣，何家之可言？杂则非家，家则不杂，未可混而一之。既曰杂，又曰家，则不词之甚。况杂家之学，出于议官，名之曰杂，与议官之意何涉？是则杂家之名，于理亦未当矣。凡兹之类，命名之意，均未有安。总之儒为学士之通称，非孔门所得独有；道为学问之总汇，非老庄所得自私。曰纵横，曰杂，又未得为专家之名。然九流之名，其来已久，而儒、道二字又常见于秦汉以前之书，韩非子亦以儒墨并称为显学，则刘、班二氏必有所承受。至若命名始于何人，其意又何在，则不可考而知也。

三七

江山渊《论道家为百家所从出》

百家之学，俱源于史，上已详述之矣。然则春秋战国以前，学在官而不在民。自史官失守，而百家之学，即联镳而齐起，并辔而交驰乎？非也。其起也有先后焉，有程序焉，有递嬗相生之道焉。盖言其末流，虽并辔联镳，各不相谋。而溯其初起之源，则实统于一。一者何？即道家是也。道家者，上所以接史官之传，下所以开百家之学者也。道家之学，较诸家为最早。然所谓早者，非专指老子之时言之也。诸家之学，皆起于春秋战国之时，道家之学，则在春秋战国以前，而源于有史之初。夫史官之初设，所以制文字、掌文书。（按《周礼·天官·序官》：史十有二人。《注》：史，掌书者。又《疏》：史，主造文书也。）盖立史官以制文字，文字既成，复专为史官所司。然文字之兴，肇于黄帝之世（按制文字者为仓颉，仓颉为黄帝史臣），而黄帝固为道家之始祖。是时百学未兴，道家即岿然以立。然则谓有史官即有道家可也，谓有文字即有道家亦无不可也。自是厥后，为人君者皆以道家之术治天下。如尧之让天下，舜之无为而治，禹之节俭，汤之身为牺牲，武王之大赉，皆深得道家之精意。即在下者，如巢、许、务光之徒，敝屣天下，自乐其乐，亦默传道家之遗风。其他著书立说以行于世者，如殷之伊尹，周之鬻子、太公，齐之管仲，皆盛行于一时。可见其学之盛，而其来已久。盖自黄帝以后，老子以前，上下二千年，惟道家之学扶舆磅礴，而无他家立足于其间。然则是时舍道家外，殆无学之可言矣。上古三代之世，学在官而不在民。草野之士，莫由登大雅之堂。惟老子世为史官，得以掌数千年学库之管钥，而司其启闭。故老子一出，遂尽泄天地之秘藏，集古今之大成。学者宗之，天下风靡。道家之学，遂普及于民间。即儒家书所载如长沮、桀溺、接舆、荷蒉、石门之伦，亦皆道家之徒。则其流行之盛，亦可想见。然是时诸家之学，尚未兴也。道家之徒既众，遂分途而趋，各得其师之一耑，演而为诸家之学，而九流之名以兴焉。道家之学，无所不赅，彻上彻下，亦实亦虚，学之者不得其全，遂分为数派：其得道家之玄虚一派者，为名家、为阴阳家，及后世之清谈家、神仙符箓家。得道家之践实一派者，为儒家。得道家之刻忍一派者，为法家。得道家之阴谋一派者，为兵家、为纵横家。得道家之慈俭一派者，为墨家。得道家之齐万物、平贵贱一派者，为农家。得道家之寓言一派者，为小说家。传道家之学而不纯，更杂以诸家之说者为杂家。是春秋战国之世，百家争鸣，虽各张一帜，势若水火，而其授受之渊源实一，一出于道家。诸子之书具在，间有散佚不存者，古籍亦载其遗说，其学之所自来，可按而寻也。道家之言，半涉玄虚。老、庄、列、文之书，皆寄想于无何有之乡，游神于鸾窅寥廓之地，眇然而莫得其朕。名家、阴阳家宗之。名家坚白异同之辩，以及鸡三足、卵有毛之说，多涉虚想。阴阳家谈天雕龙之术，亦虚言其理，不征其数（本章学诚说）。故惠施为名家之巨子，尝问道于庄周。尹文子亦名家之学，刘向论其学本于黄老。此名家出，于道家之证也。黄帝为道家之祖，阴阳家亦有《黄帝泰素》二十篇（刘向《别录》：或言韩公诸孙之所作，言阴阳五行以为黄帝之道也，故曰《泰素》）。南公本道家者流，阴阳家又有《南公》三十一篇（考《史记·项羽本纪》，楚南公曰："楚虽三户，亡秦必楚也。"《正义》引《虞喜志林》云：南公者，道士，识兴废之数。按道士者，言其为道家之士，犹儒家之称儒士也）。而道家小天地，邹衍因推言九州为小。此阴阳家出于道家之证也。盖名家、阴阳家之学，皆本道家玄虚之说而推求其故，或辨论其是非，或推诘其终始。然由前一派，又变为晋之清谈。由后一派，而后世之神仙符箓家又依附其阴阳五行之说，盖愈变而愈远矣。道家之言，虽涉于虚，而其学实征于实，小之足以保身，大之足以治国，故三代以前之文化及西汉之治术，皆食道家之赐。此其已试之效，载于史乘，尤彰明而较著者。儒家以践实为务，以身体力行为归，其义即本于道家。六经为道家所旧有，孔子曾问礼于老聃，奉之为严师（见《史记》），儒学脱胎于道家，无可讳言，故孔子窃比于老彭而有犹龙之叹（按老子、老聃、老彭即一人，详见下第十二章）。太公为道家之巨子，而《六韬》亦列于儒家。管子明道家之用，其书有《内业》，儒家亦有《内业》十五篇（按《汉志》儒家《内业》十五篇，不知作书者。王应麟考证曰《管子》有《内业》篇，此书恐亦其类）。至若孟子痛辟杨、墨，不遗余力，而无一语及老子，此盖渊源所自，不敢轻议其师也。此儒家出于道家之证也。道家之学虽征于实，然亦非守实而不知变。唯无为而无不为，必相时而后动，无躁进以希功。盖道家之学，最善于忍者也。如老子所谓“名与身孰亲”，所谓“功成而弗居”，所谓“功成名遂身退”，所谓“夫唯不争，故无尤”，所谓“无遗身殃，是谓袭常”，所谓“知足不辱，知止不殆”，大抵其学不好名，不尚贤，不贵难得之货，不见可欲，非极善忍者，断不能为此。盖道家既以善忍为能事，而老子生当乱世，尤不敢放论以贾祸，故以忍辱为高，此亦明哲保身之良法。然大凡能忍天下之所不能忍者，其心必极残忍者也。故申、韩宗之，一变而为刻薄寡恩之行，而法家于以立！（按忍有二义，一曰坚忍，一曰残忍。大抵能坚忍者性多残忍，性残忍者亦善于坚忍；所谓怒者常情，笑者不可测也。清儒魏祥说黄、老之后为申、韩，曾本此理论之。其言曰：“忍者必阴性，阴者必毒。女子之为质，婉娈而多美，柔泽而善从，匿影闺房之中，势气不出壶阈，然一言而破国，一笑可以倾城。虺蛇潜于空洞，人或经年不见，出而螫人，则人必死。”其譬虽略失于苛，然亦确有至理。）故申不害、韩非之学，皆本于黄、老（《史记》谓申子之学本于黄老而主刑名，韩子喜刑名法术而其归本于黄老）。太史公以老、庄、申、韩合传，言“申韩惨核少恩，皆原于道德之意”。韩非著书，亦有《解老》、《喻老》之篇。《管子》一书，《汉志》列于道家，《隋志》以后，则入于法家。而慎子亦法家之徒（按《汉志》法家有《慎子》四十二篇），荀子谓其蔽于法而不知贤（按不知贤即老子之不尚贤），杨惊注亦谓“其术本黄、老，归刑名，多明不尚贤不使能之道”。《太平御览》引《慎子》云：“昔者天子手能衣而宰夫设服，足能行而相者导进，口能言而行人称辞。”又云：“不瞽不聋，不能为公。”此皆黄、老清静无为之旨。又道家有《郑长者》一篇，班氏曰：“先韩子，韩子称之。”今考韩非书亦每引郑长者之言。是可知法家诸人，无一不本于黄、老者。此法家出于道家之证也。道家善忍，忍则必阴（本魏详说），故黄帝有《阴符经》。太公之谋亦曰《阴符》。后世之纵横家、兵家，皆由是出焉。《阴符经〉为言兵之书，后世兵家咸本其谋。盖用兵之道，虽贵于正，而行兵之术，不妨出于奇。此兵家之学，所以权谋为先（按《汉志》兵家四类，首列权谋）。然道家沉机观变，最精于谋，若施之于战阵之间，天下遂莫与敌。如太公之言曰：“鸷鸟将击，其势必伏。至人将动，必有愚色。”此即兵家示敌以弱之术也。老子之言曰：“将欲翕之，必固张之。将欲夺之，必固与之。”此即兵家饵敌之策也。又曰：“知其雄，守其雌。”此即兵家知己知彼，百战百胜之道也。又如老子曰：“天下皆谓吾大似不肖。”庄子曰：“呼我为牛，则应之曰牛。呼我为马，则应之曰马。”亦即蒗蠡“吾虽觍然人面，吾犹禽兽”之意也（按蠡亦兵家，《汉志》有《范蠡》二篇）。大抵道家之术，最坚忍而阴鸷，兵家即师其术以用兵，故五兵战法，始于道家之黄帝。太公为道家之巨子，而《汉志》道家有《太公》二百三十七篇，《谋》八十一篇，《言》七十一篇，《兵》八十五篇，皆言兵之书。（李靖曰：“谋所谓阴谋，不可以言穷；言不可以兵穷；兵不可以财穷。此三门也。”）《史记·齐世家》亦云：“后世之言兵及周之阴权，皆宗太公为本谋。”兵家有《范蠡》，今其书虽亡，而《国语·越语下篇》多载其语。吕祖谦谓其多与《管子·势》篇相出入，则其学亦必出于道家之管子。他若《汉志》兵家所录《黄帝》十六篇、《太一兵法》一篇、《地典》六篇，皆黄帝之书

（按《隋志》有《黄帝太一兵历》，即《太一兵法》无疑。《帝王世纪》云黄帝以风后配上台，天老配中台，五圣配下台，谓之三公。其余知天、规纪、地典。则《地典》亦出于黄帝也）。班氏论兵阴阳、推刑德亦黄帝之术（按《尉缭子·天官》篇，梁惠王问曰："黄帝刑德可以百胜，有之乎？"对曰："刑以伐之，德以守之，所谓天官时日阴阳向背也，人事而已矣。"则推刑德亦黄帝之术明甚）。又《封胡》五篇，《风后》十三篇，《力牧》十五篇，《鬼谷区》三篇，《蚩尤》二篇，皆黄帝之臣，道家之流（按《管子·五行》篇：黄帝得蚩尤而明于天道。则蚩尤亦黄帝臣也。盖古代蚩尤有数人：有为天子之蚩尤，如应劭谓蚩尤古天子，好五兵是也。有庶人之蚩尤，如臣瓒谓蚩尤庶人之贪者是也。有与黄帝战之蚩尤，如《史记》言黄帝与蚩尤战于涿鹿之野是也。有黄帝臣之蚩尤，如《管子》云云是也。考《史记·高帝纪》谓祠黄帝祭蚩尤于沛庭。又《隋志》有《黄帝蚩尤兵法》一卷。则《汉志》所言蚩尤，必黄帝之臣无疑）。至若道家所录，往往互见于兵家。刘《略》兵家更有伊尹、太公、管子、鹖冠子诸人。是道家者流，殆无不知兵者。此兵家出于道家之证也。若纵横家者，亦坚忍而阴鸷者也。纵横家以苏、张为最著。苏秦受妻、嫂之辱，张仪受馆人之殴，而忍辱负耻，志不少衰。盖其学亦出于《阴符经》。考苏、张皆师鬼谷子。鬼谷子善阴谋，其书有《阴符七术》及《揣》、《摩》诸篇。《战国策》亦言："苏秦发书，陈箧数十。得太公《阴符》之谋，伏而诵之，简练以为揣摩。"是则纵横家之学，出于《阴符经》无疑。《史记》又言："鬼谷子长于养性治身。苏秦、张仪师之，受纵横之事。其后秦、仪复往见，先生乃正席而坐，严颜而言，告二子以全身之道。"是即老子明哲保身之旨也。苏、张既传鬼谷之学，出而纵横捭阖，鼓其如簧之舌，而发为违心之论，取功名富贵如拾芥，是亦老子翕张与夺之术也。纵横家又有《蒯子》五篇。考《汉书·蒯通传》谓："论战国时说士权变。"按所谓权变者，即权谋之谓。是可知纵横家之学，以权谋为宗，与兵家同。此纵横家出于道家之证也。道家虽善忍，而仍以慈俭为宗。老子之言曰："天下之宝三：一曰慈，二曰俭，三曰不为天下先。"《道德》五千言，可以此三者楷之。其曰“不为天下先”，杨朱之学所从出也。其曰“慈”、曰“俭”，墨翟之学所从出也。墨子得道家之慈，故有《兼爱》之篇；得道家之俭，故有《节用》、《节葬》之篇。惟其慈，故不嗜杀人。老子曰：“以道佐人主者，不以兵强天下。”又曰：“天下有道，却走马以粪。天下无道，戎马生于郊。”此即墨子《非攻》之旨也。（按惟慈故能勇，墨子为宋守，其服役者百八十人，可使赴汤蹈刃，盖人能以慈，故人乐为之效死也。此派后世任侠之墨宗之。）亦惟俭，故不尚奇巧。老子曰：“人多技巧，奇物滋起。”此即墨子《经说》之旨也。虽其他不能尽同，老子欲弃义，墨子则有《贵义》篇，老子欲不尚贤，墨子则有《尚贤》篇，此则正言若反，相反而实相成。盖墨子之学，虽本于道家，亦采于儒学，故《淮南子·要略训》称墨子学儒者之业，受孔子之术。其与老子之说相背者，皆采于儒家者也。汪中谓墨学出于史佚、史角，史佚、史角皆史官，与老子之为柱下史同。其出于史佚、史角，即出于道家也。《庄子·天下》篇论列诸家，首举墨子而言，虽讥其道过于觳，然终美之曰：“墨子，真天下之好也，将求之不得也，虽枯槁不舍也，才士也！”庄子于诸子之学多所呰毁，独于关尹、老聃无毁辞。尹、聃之外，于墨子亦誉之者多，与对于惠施诸人辞调大异，盖以其同出于老氏也。杨朱亦道家别派，故孟子书以杨、墨并称。大抵杨氏偏于为我，墨氏偏于为人，皆得道家之一偏，故庄子虽誉之而亦略有所讥。然墨子之所得，亦实较诸子为最多也。此墨家出于道家之证也。道家之学，既以慈俭为宗，俭则自食其力，慈则视物我为一体，此其道农家宗之。农家之书，今已尽佚，无从考见，惟据《孟子》所载许行之言，可略得其梗概。大抵农家之学，力苦以自食，使天下无逸民，且尽君臣并耕，尽去上下之序。盖慨战国之世，君权过重，荒淫酣嬉，而民受其虐，故发为此匡救之论（按农家专重论理，非泛言种植农艺之事，与后世之农家迥别），亦即道家绝去礼法，平上下尊卑之序，使万物得其大齐之旨也。故亢仓子为道家者流，而其书亦有《农道》之篇。农家有《神农》二十篇（按《氾胜之书》亦引《神农之教》）。管子为道家，亦引《神农之教》曰：“一谷不登，减一谷，谷之法十倍。”《吕氏春秋》，道家兼杂家言，亦引《神农之教》曰："士有当年而不耕者，则天下或受其饥。女有当年而不绩者，则天下或受其寒。"是亦农家均劳逸之旨也。此农家出于道家之证也。道家之学既包罗万有，识大识小，罔不赅备。然生于乱世，不敢放言高论以招当世之忌。故庄、列著书，寓言居半，或借人借事以写意，或并其人其事而无之。小说家本之，因以掇拾琐闻，借以风世（按小说家虽在九流之外，不能与诸子并，然班《志》仍列于诸子略，想亦当为一时之尚也）。故《汉志》小说家有《黄帝说》四篇、《伊尹说》二十七篇、《鬻子说》十九篇。而黄帝为道家之祖，伊尹、鬻子亦皆道家者流，虽其书为后人依托，然其言必近于道家无疑。考《史记·殷本纪》载伊尹从汤言素王及九主之事，《伊尹说》所载，亦必其事（故王应麟《艺文志考证》即引此以为证）。然刘向《别录》云："九主者，有法君、专君、授君、劳君、寄君、等君、破君、国君、三岁任君，凡九品。"（按其言甚奇，颇有合于今日君主民主之制。）其言绝与道家相类。又有《宋子》十八篇，班氏曰："其言黄老意。"《庄子·天下》篇曰"不累于俗，不饰于物，不苟于人，不忮于众，愿天下之安宁以活民命，人我之养毕足而止，以此白心，古之道术有在于是者。宋妍、尹文闻其风而悦之"云云，盖即隐合道家之旨（按尹文子虽列名家，刘向亦言其学本于黄老）。荀子引宋子曰："明见侮之不辱，使人不斗。"（按庄子亦云宋妍、尹文见侮不辱，救民之斗。）又曰："人之情欲寡，而皆以己之情欲为多，是过也！"皆纯然道家之言。又有《务成子》十一篇，荀子谓"舜学于务成昭"，当即其人。杨倞注："《尸子》曰：务成昭之教舜曰：避天下之逆，从天下之顺，天下不足取。避天下之顺，从天下之逆，天下不足先。"其言亦与道家相符契。又有《待诏臣安成未央术》一篇，应劭曰："道家也。好养生术，为未央之术。"又有《待诏臣饶心术》二十五篇（刘向《别录》云：饶齐人也，不知其姓，武帝时待诏，作书名曰《心术》），以心术名书，似非闾里小知者之所及，当亦道家之言。又有《青史子》五十七篇，班氏曰："古史官记事也。"则亦与道家出于史官同。他若《封禅方说》十八篇，为武帝时之书（见班注）。其时方士最盛，争言封禅事，则此书当为方士所作，而冒称道家之支流者。此小说家出于道家之证也。然以上诸家，皆道家之支流也，亦皆得道家之一偏者也。其有得道家之正传，而所得亦较诸家为多者，曰杂家。惟其学虽本于道家，而亦旁通博综，更兼采儒、墨、名、法之说，故世名之曰杂家。此不过采诸家之说以浚其流，以见王道之无不贯，而其归宿固仍在道家也。杂家之书，最著者为《吕氏春秋》。其书有八览、六论、十二纪之称，虽由门下士杂纂而成，而其八览、六论实采于黄、老，又以有十二纪以纪岁时，故名曰《春秋》，而《春秋》之名，亦本于道家所世传之史。次若《淮南子》，亦半近道家之言。淮南王安本喜黄老之学，其书分内外篇。颜师古曰："内篇论道，外篇杂说。"所谓论道者，盖论道家之道也。又次如《鹖冠子》，《汉志》列于道家，后世则列于杂家。今其书犹存，韩愈谓其词杂黄、老、刑、名，宋濂亦云："所谓天用四时，地用五行，天子执事以守中央，此亦黄老之至言。盖其学实道家而兼杂家言者也。"又次如《尸子》，《榖梁传》论舞夏，引尸子言，谓："自天子至诸侯皆用八佾。"则尸子必长于礼，然礼亦道家之所守也（故孔子问礼于老聃）。《后汉书注》谓："尸佼作书二十篇，内十九篇陈道德仁义之纪。"所谓道德者，当即老子《道德经》之旨，而以道德仁义为次，亦老子"失道而后德，失德而后仁，失仁而后义"之意也。他若《孔甲盘盂》，班氏列杂家之首，而孔甲为黄帝之史。考蔡邕《铭论》谓："黄帝有巾机之法，孔甲有盘盂之戒。"则其书与道家所录之《黄帝铭》六篇大旨相同。此可见凡杂家之学，皆以道家为本而兼采于诸家。此又杂家出于道家之证也。然则道家之学，为百家所从出，溯源寻本，厥理最明，虽为余一人之创言，而实非余一人之诬语。惟其中以儒、法、名、墨、杂、兵诸家所得于道家为最多，故其传独盛。阴阳、纵横、农、小说诸家所得于道家为略少，故其传亦甚微。故虽同出于道家而有盛衰之别，由于其所得之多少而分，亦犹同在孔门而有登堂入室之不同，不足怪也。大抵古今学术之分合，以老子为一大关键。老子以前，学传于官，故只有道家而无它家，其学定于一尊。老子始官而终隐，学始传于弟子，故由道家散为诸家，而成为九流之派别。是老子为当时诸家之大师，或亲受业于其门，或转辗相授，故诸子著书每多攻击，而罕有诋及老子之言，则不敢背本忘师之故。惟同一大师，而弟子则异派，则由于本其师说而附益以己见，遂致殊途，亦犹儒分为八，墨分为三，不足怪也。同一大师，而弟子则操戈于同室，则由于各务求其说之胜，遂至于交攻，亦犹同出孔门而有孟、荀之相非，亦无足怪也。或疑道家既为诸家之大师，何以诸子之学有与道家绝异者？然椎轮为大辂之始，大辂宁有椎轮之质；增冰为积水所成，积水曾微增冰之凛（语本昭明太子，见《文选序》）。诸子各因师以明道，非屈道以徇师。远西哲学家有言曰："吾爱吾师，吾尤爱真理。"故诸子虽出于道家，亦不能与道家尽同，亦犹曾子之有吴起、墨子之有墨者夷之。即老、庄同为道家，而其学亦略异，无足怪也。或又疑道家既为诸子之大师，何以诸子之学有轶过于道家者？又何以道家之传，后世殆绝，而儒家为道家所出，反历千万祀而不衰耶？此则自来学术之传授，均以后来者居上，前人发其端，其力难；后人扬其绪，其力易。故荀子之言曰："青出于蓝而胜于蓝，冰成于水而寒于水。"亦犹郑玄之经传于马融，而郑之学则优于马，亦无足怪也。是可见老子以前，道家独盛。老子以后，百家朋兴。而诸子之学，虽支分派别，源远流歧，而溯其授受之渊源，咸萌芽于道家，实了然无可疑。故司马谈《论六家要旨》首推道家，司马迁撰《史记》先黄老而后六经，盖溯其学术所自来，而不能强为倒置也。乃班固则反诋其是非谬于圣人，韩愈之徒更力辟老氏而深非其吾师弟子之言，下至宋儒，又咸以老子为异端，诋之不遗余力，抑何未之深思，数典而自忘其祖耶？

国学必读卷下终